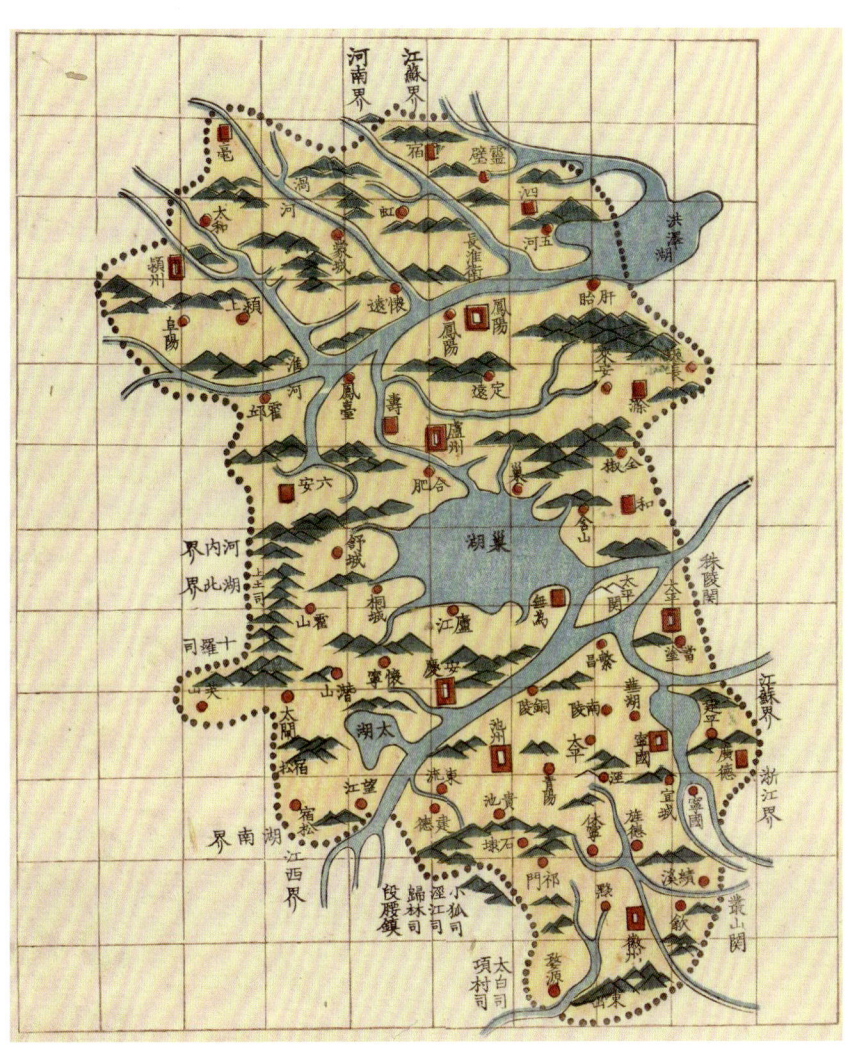

安徽全图（1850年）

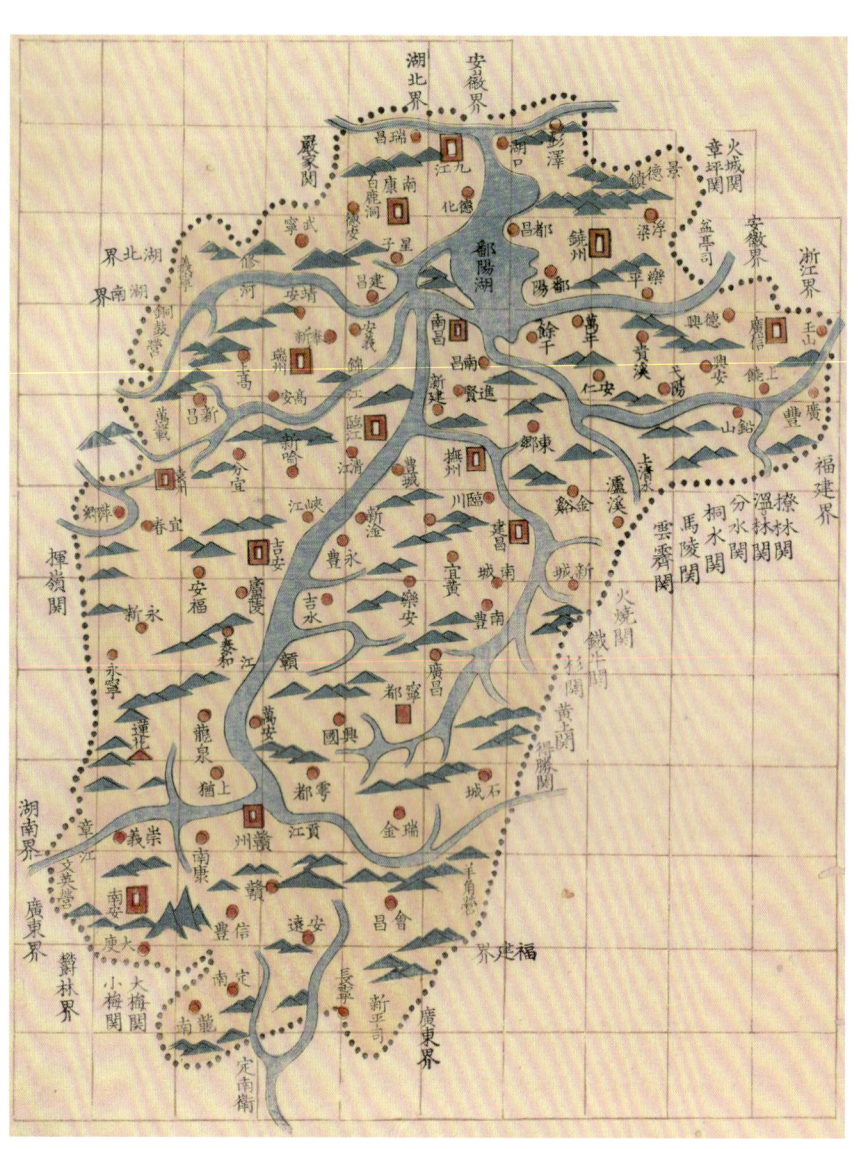

江西全图（1850 年）

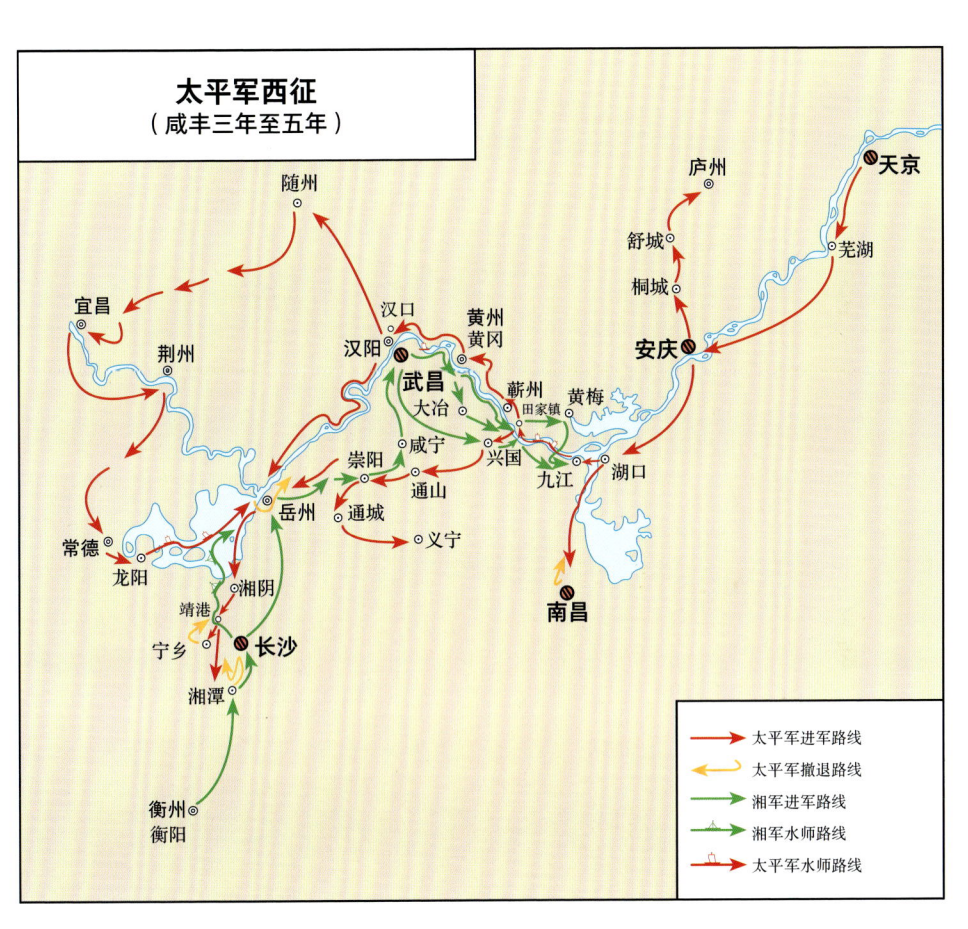

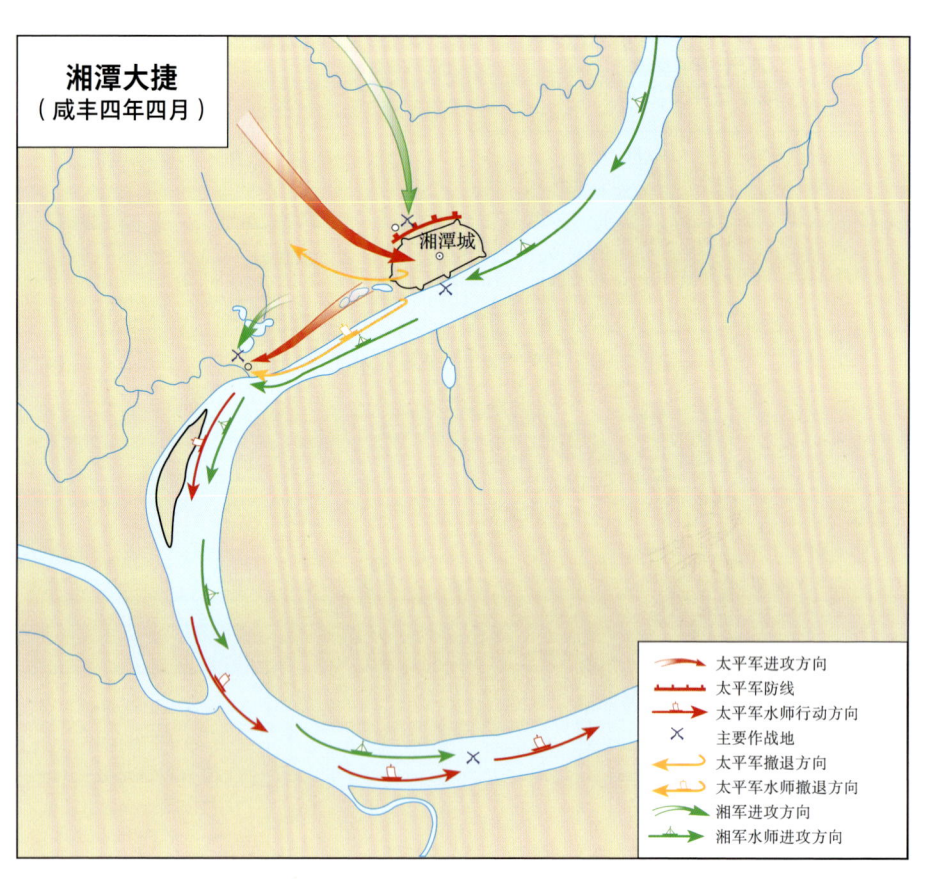

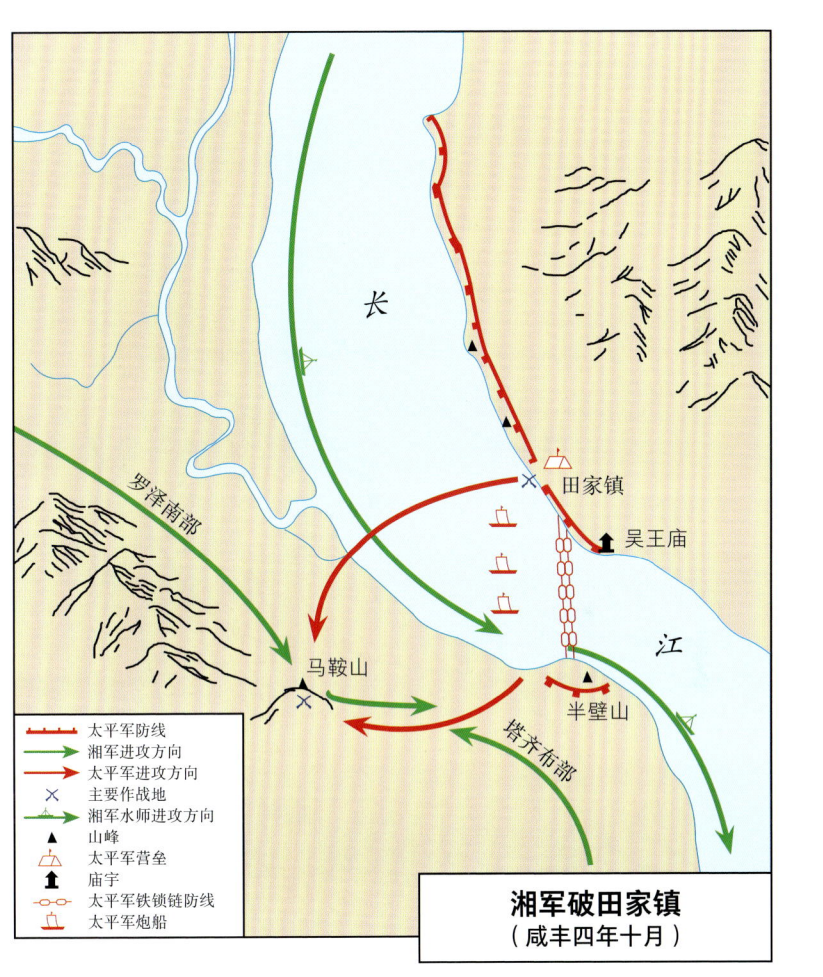

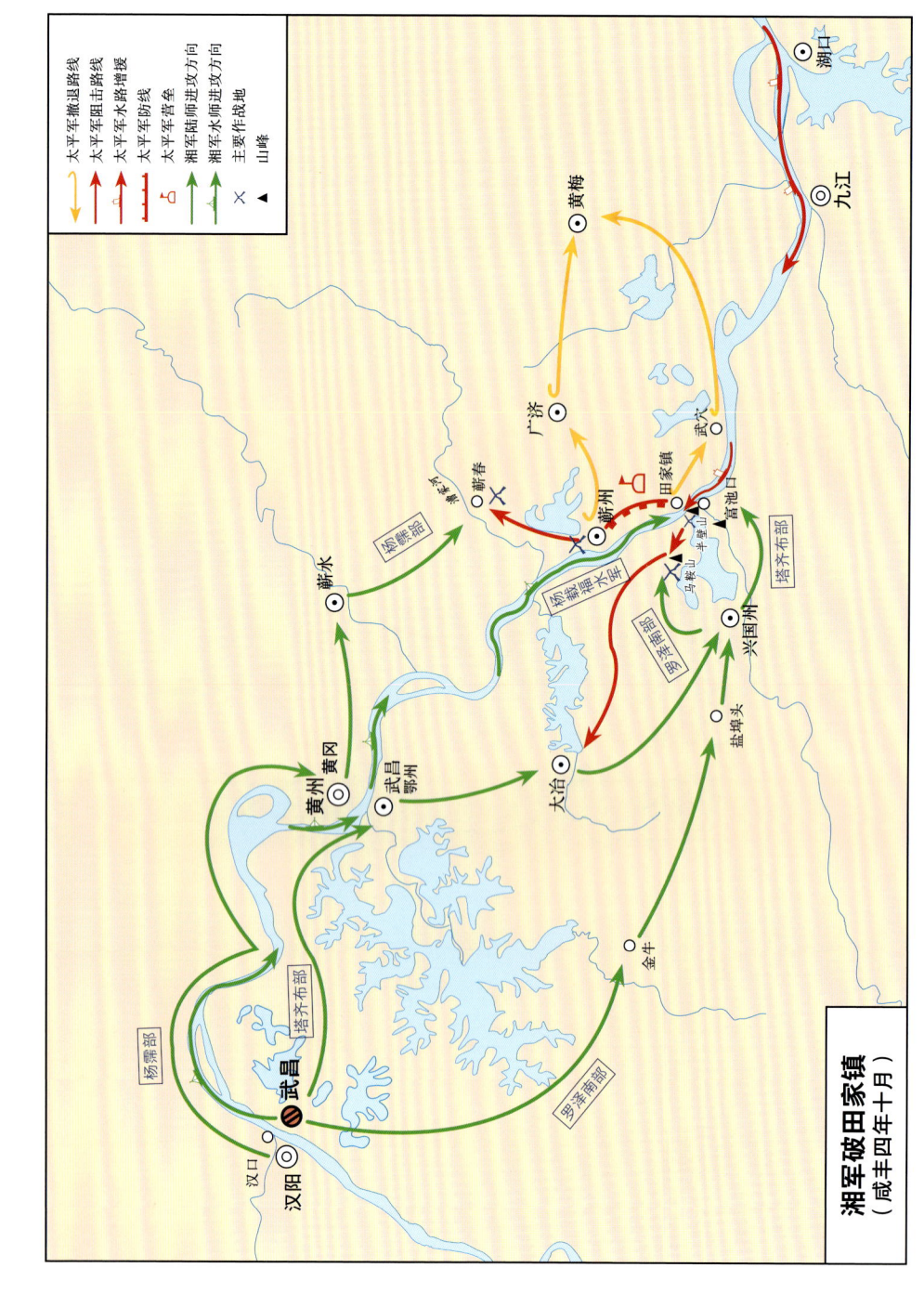

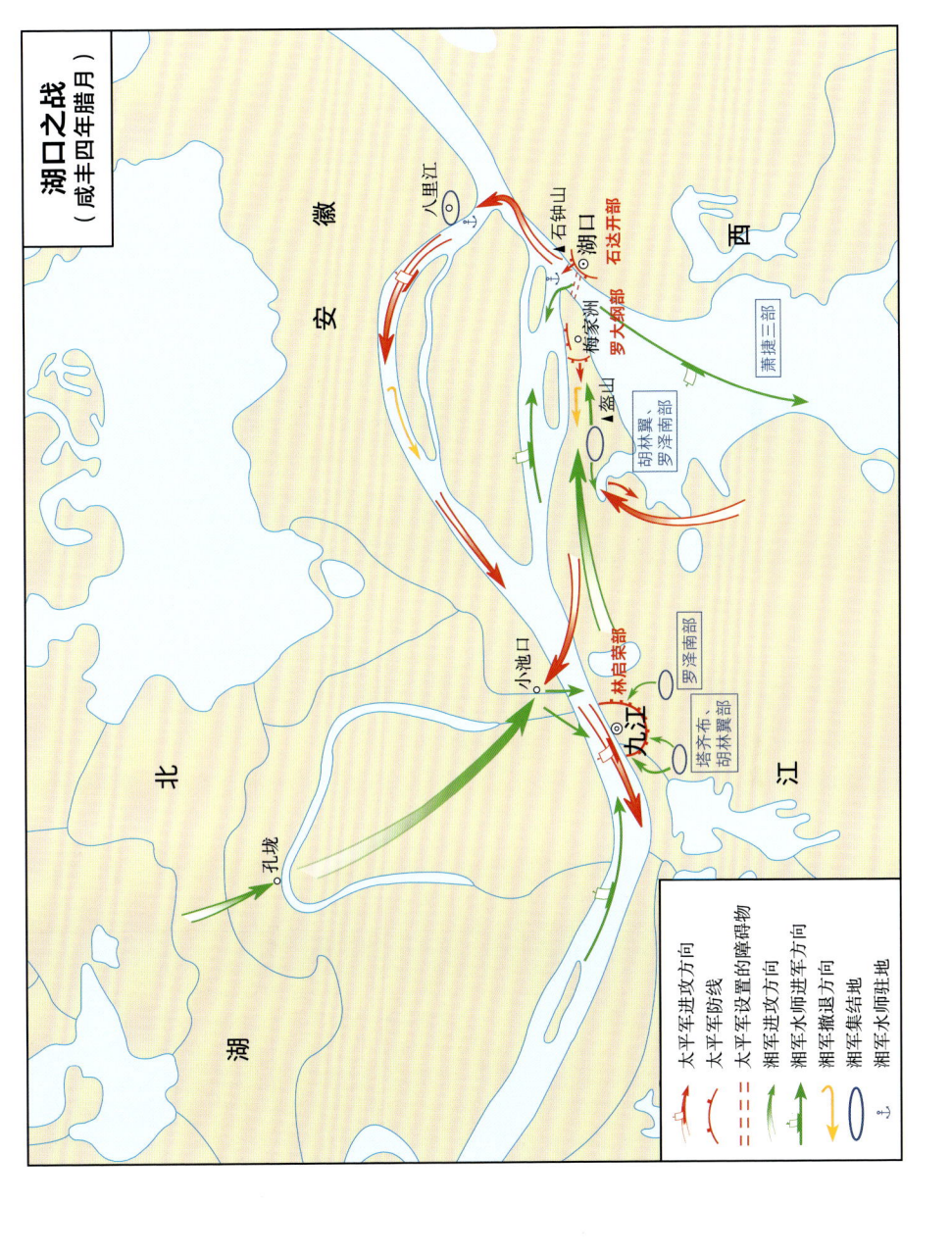

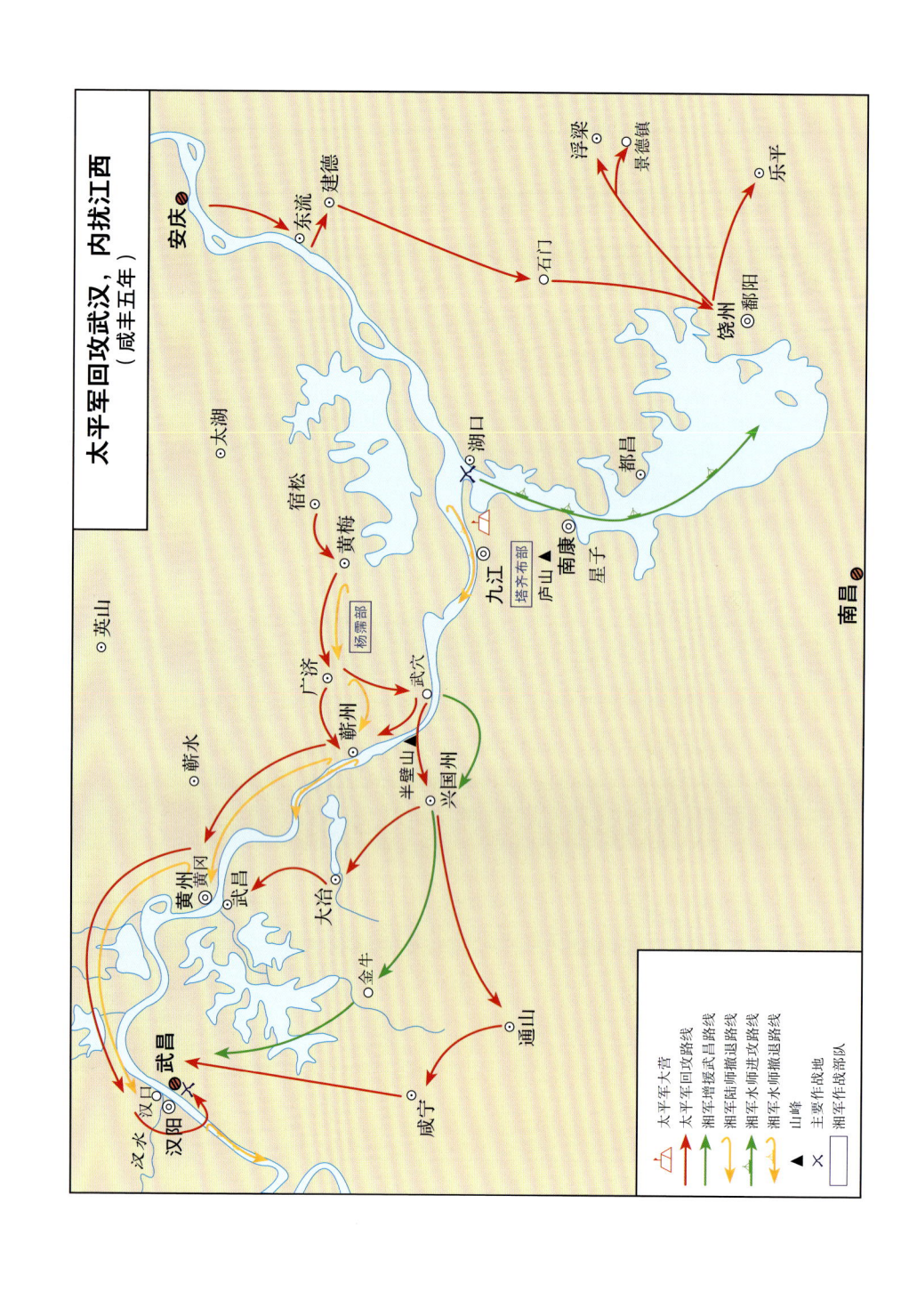

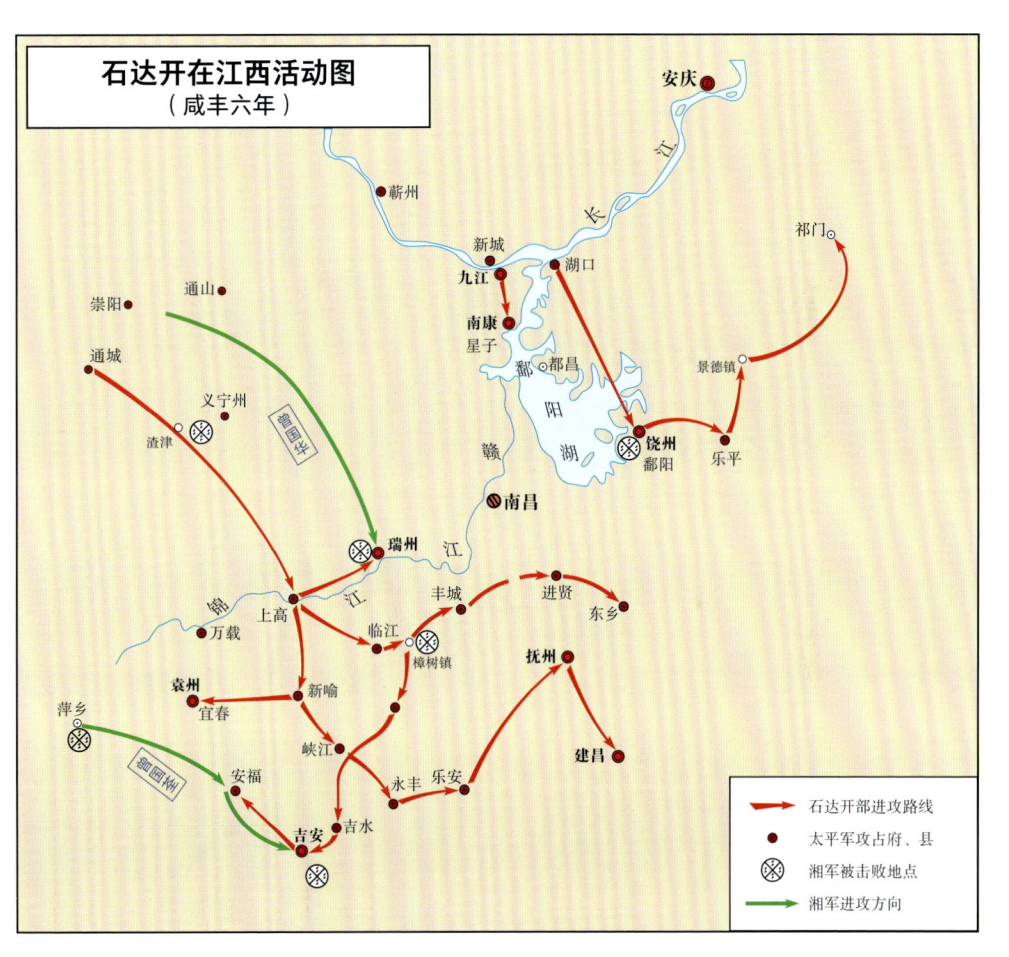

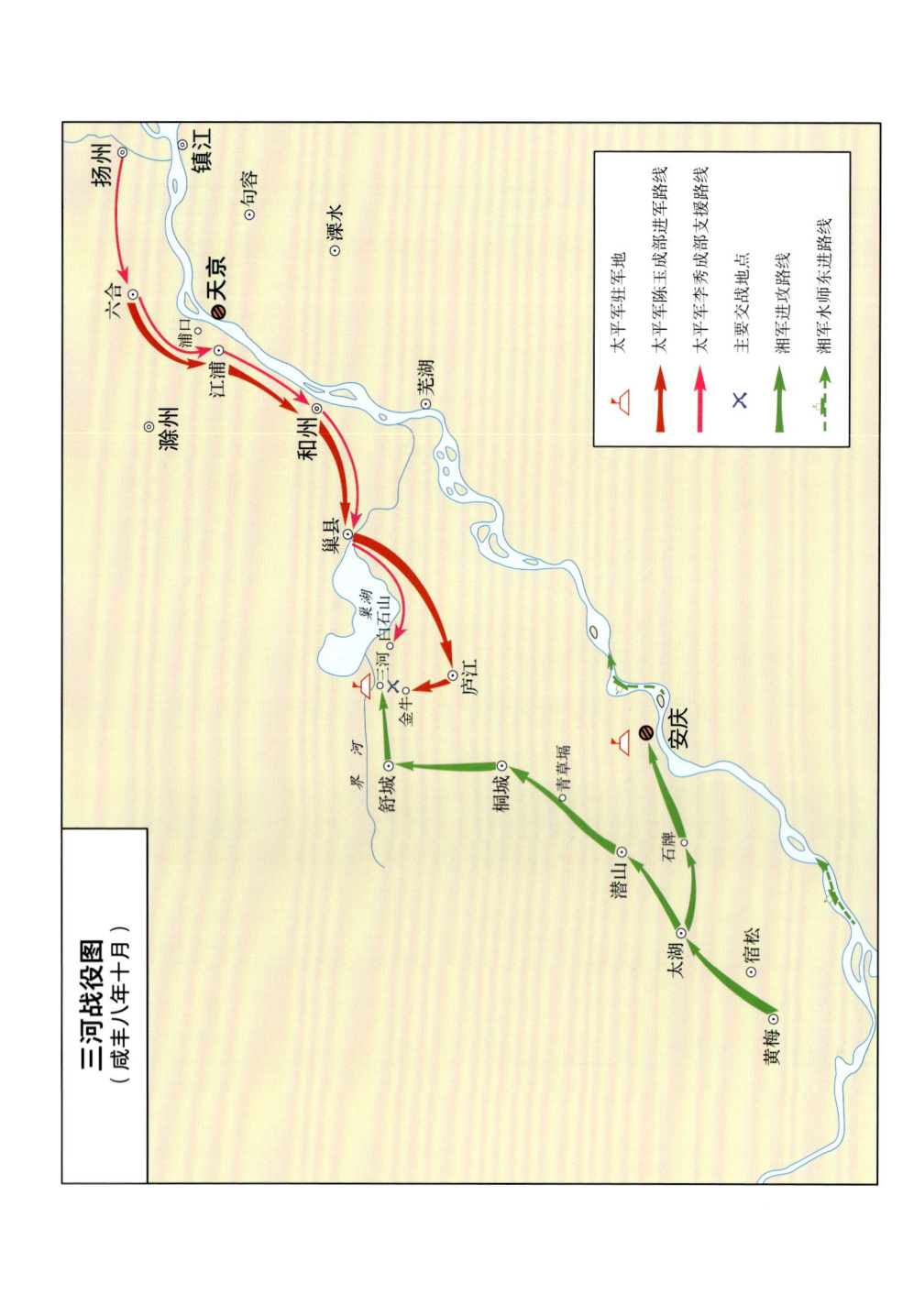

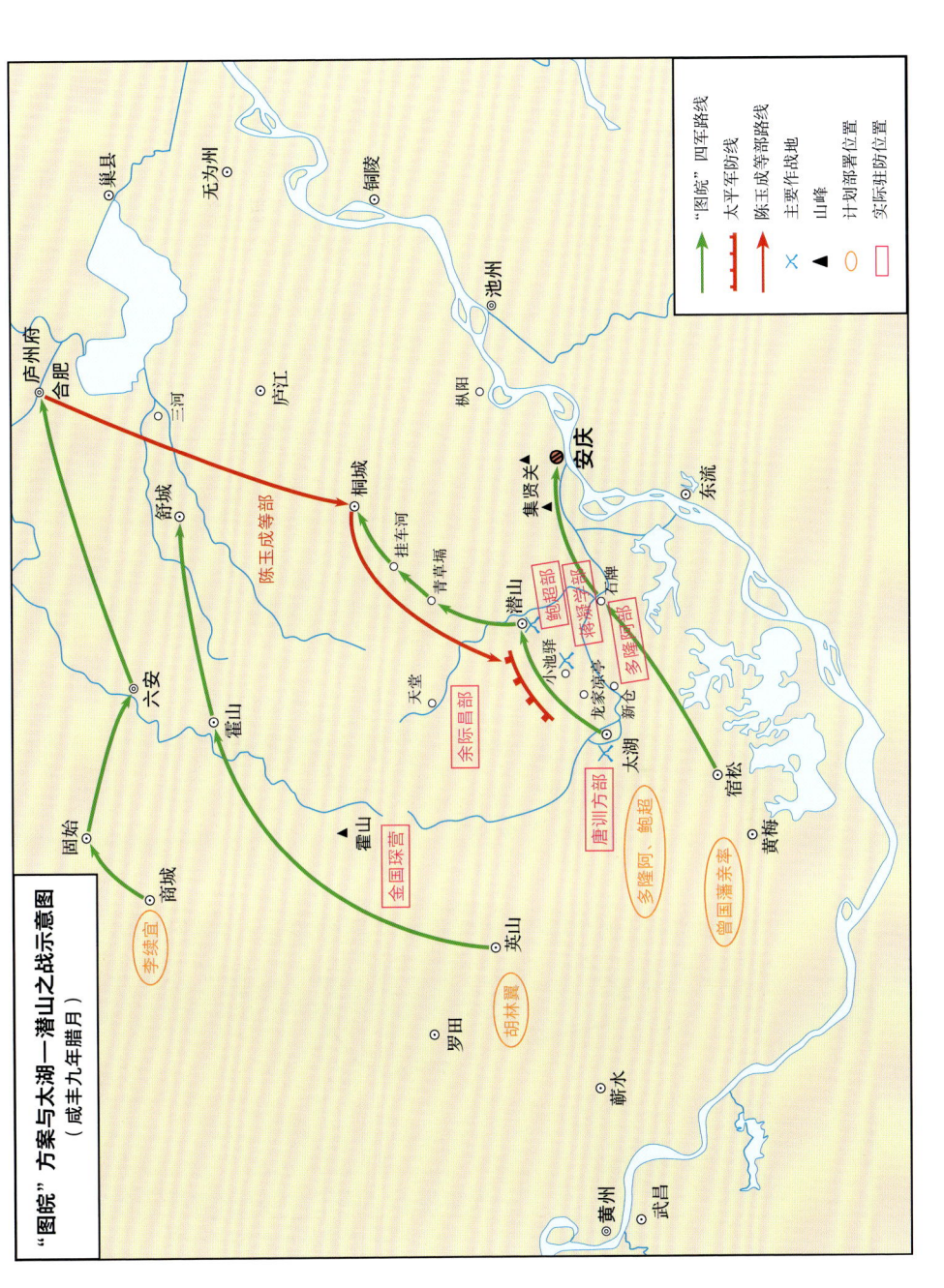

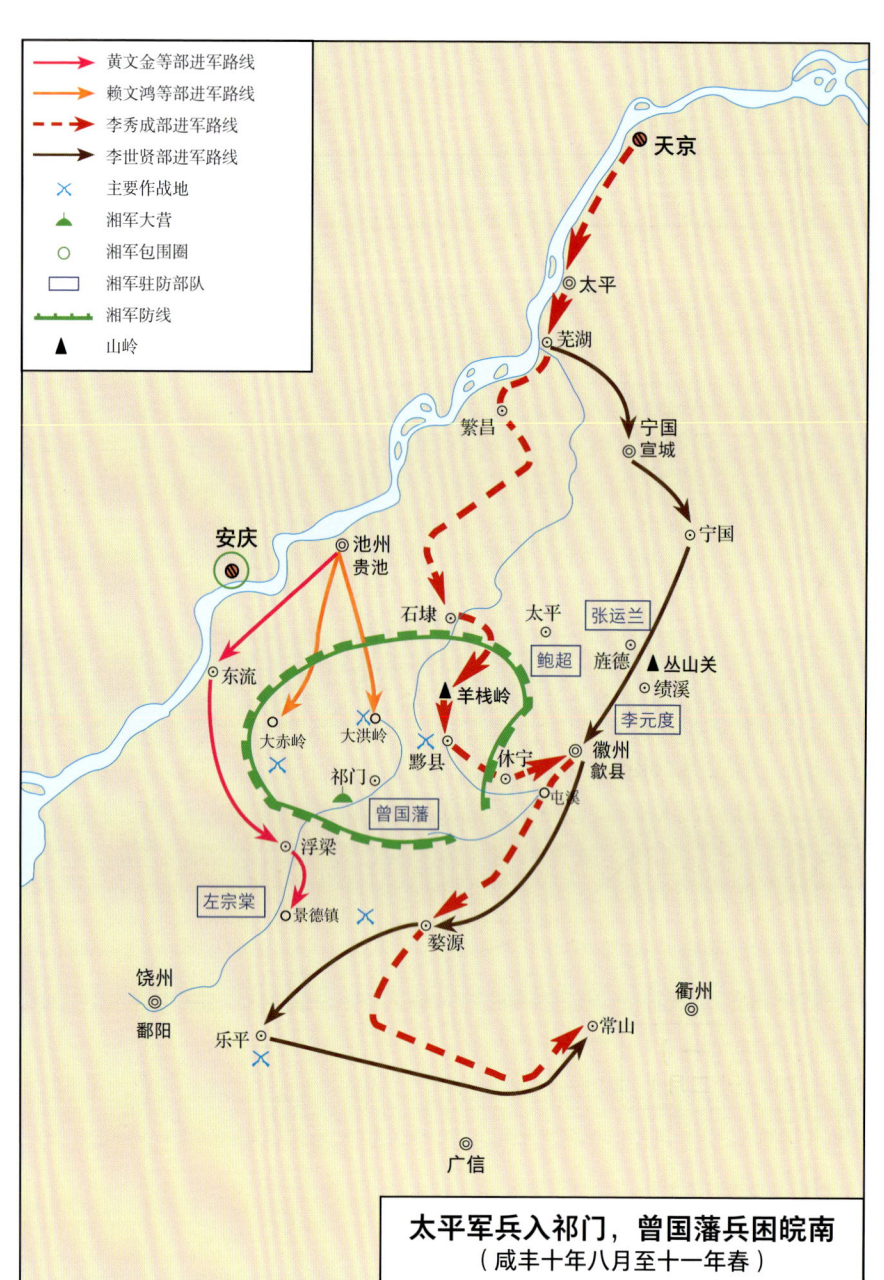

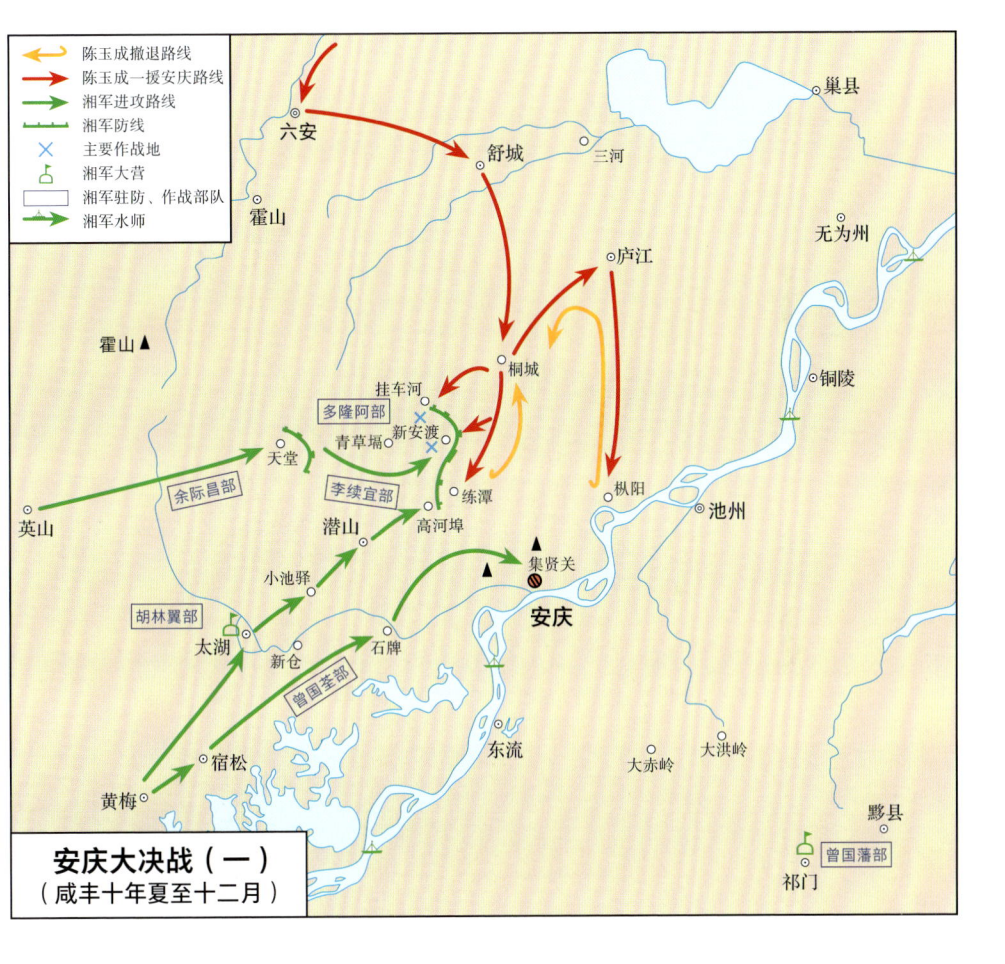

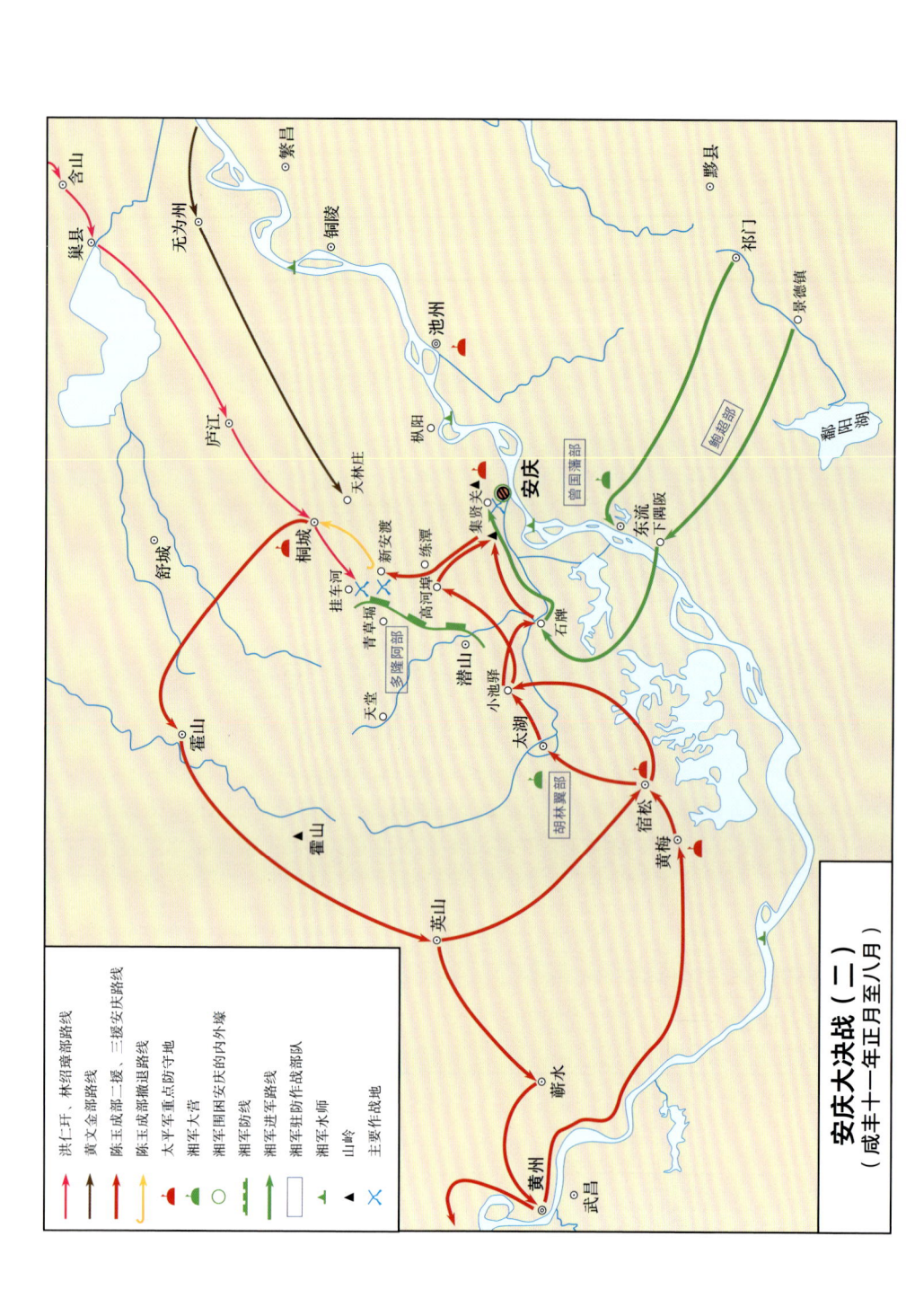

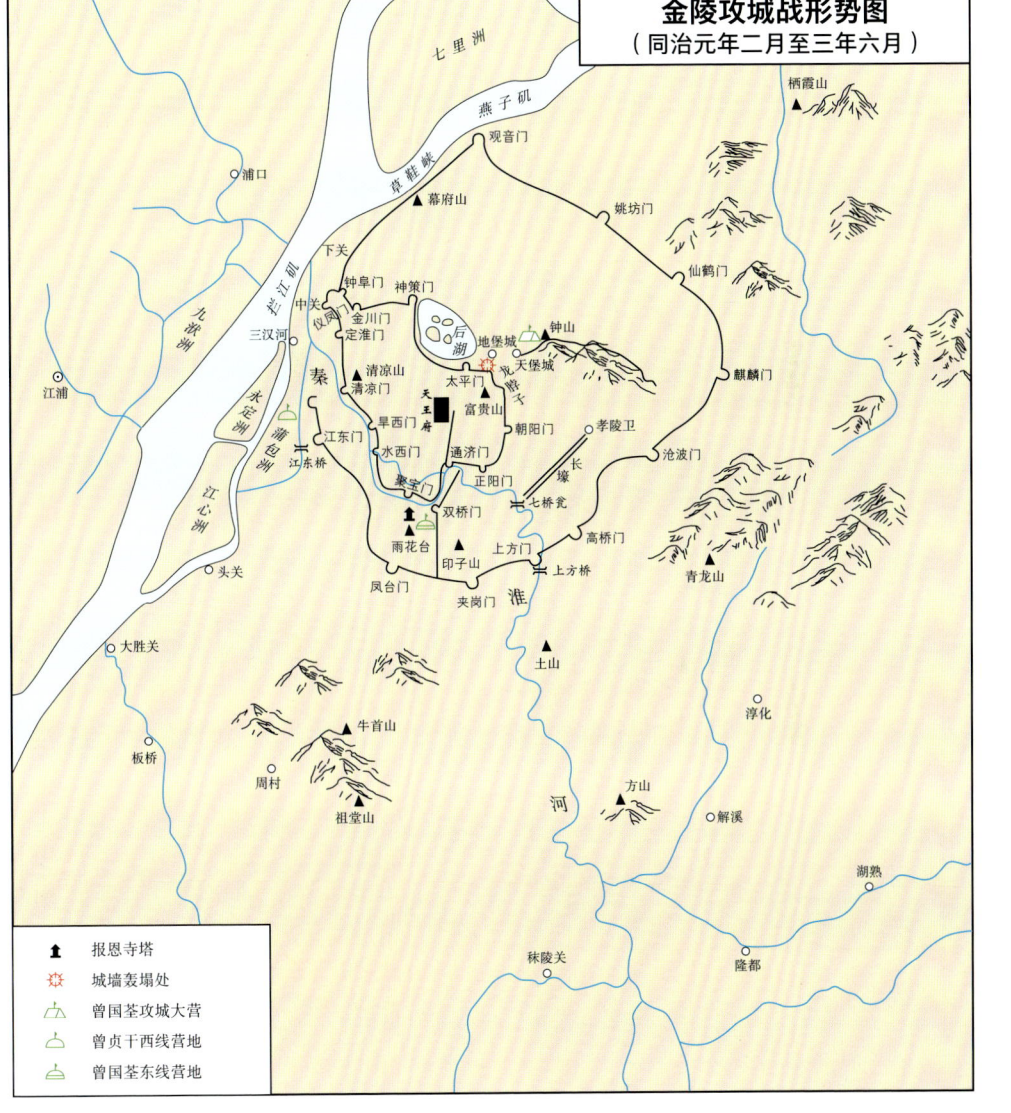

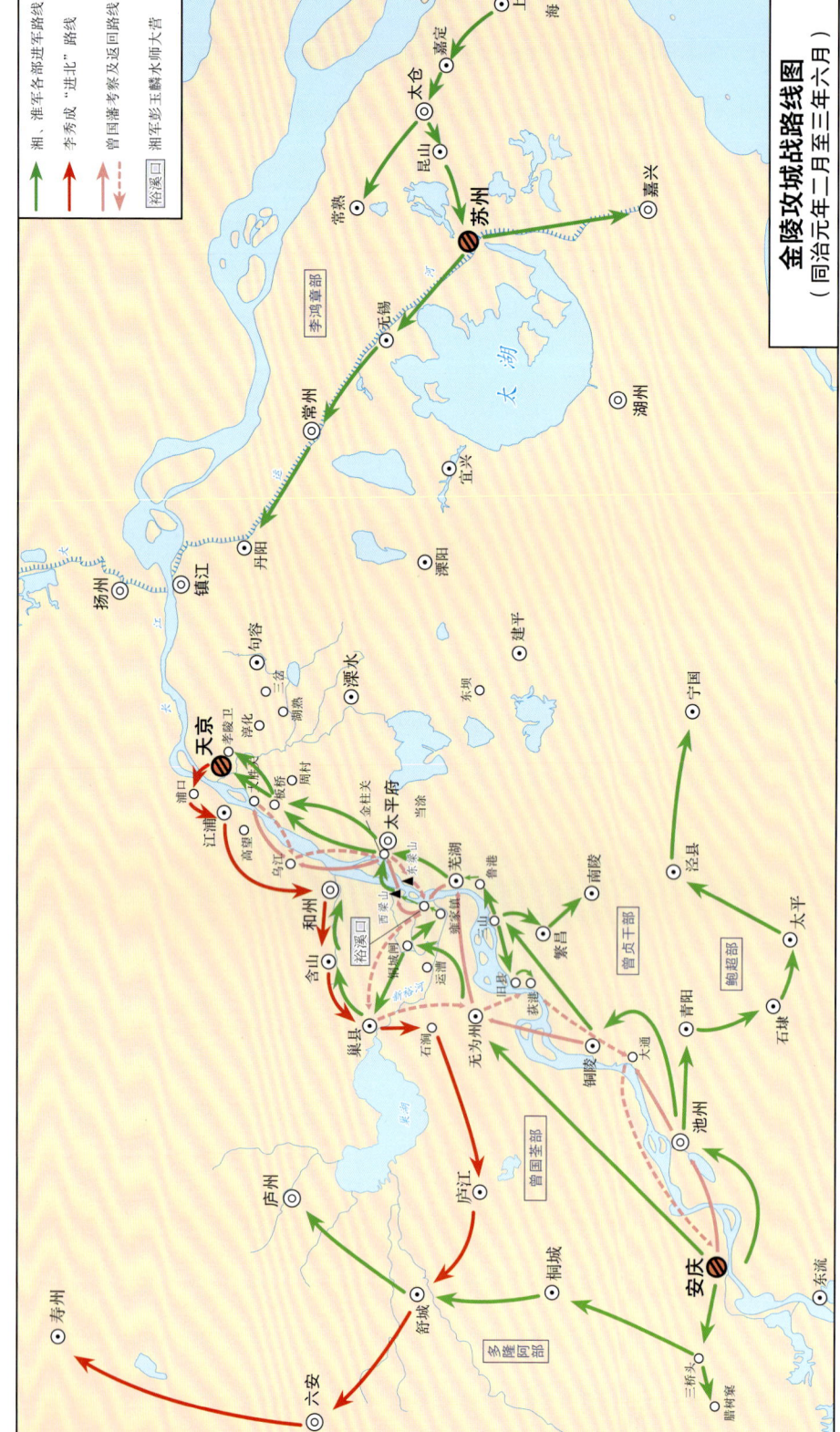

夹缝中的总叔督

鞠海 著

北京联合出版公司

图书在版编目（CIP）数据

夹缝中的总督 / 鞠海著 . -- 北京：北京联合出版公司, 2024.10（2024.11 重印）

ISBN 978-7-5596-7664-1

Ⅰ.①夹… Ⅱ.①鞠… Ⅲ.①中国历史—清后期—通俗读物 Ⅳ.① K252.09

中国国家版本馆 CIP 数据核字 (2024) 第 105612 号

本书所有权利归属于银杏树下（北京）图书有限责任公司。
审图号：GS（2024）1458 号

夹缝中的总督

著　　者：鞠　海
出 品 人：赵红仕
选题策划：后浪出版公司
出版统筹：吴兴元
编辑统筹：张　鹏
特约编辑：程　彤　王晓晓
责任编辑：李　伟
营销推广：ONEBOOK
装帧制造：墨白空间·尬木

北京联合出版公司出版
（北京市西城区德外大街 83 号楼 9 层　100088）
北京盛通印刷股份有限公司印刷　新华书店经销
字数 438 千字　655 毫米 × 1000 毫米　1/16　29.5 印张　插页 16
2024 年 10 月第 1 版　2024 年 11 月第 2 次印刷
ISBN 978-7-5596-7664-1
定价：99.80 元

后浪出版咨询（北京）有限责任公司　版权所有，侵权必究
投诉信箱：editor@hinabook.com　fawu@hinabook.com
未经书面许可，不得以任何方式转载、复制、翻印本书部分或全部内容
本书若有印、装质量问题，请与本公司联系调换，电话 010-64072833

推荐序

早些天，鞠海送来他的一本新书《夹缝中的总督》清样，希望我给这本书写几句话。

鞠海是我这几年接触比较多的一个年轻学者，其间有过几次关于音频课程的愉快合作经历。如果不是鞠海的敦促与坚持，《民国史二十讲》和《孟子精读》大约我都不会去做。鞠海的认真、踏实，给我留下很好的印象，当他的第一部专著出版时，我也确实有责任说几句祝贺的话。而且，这本书确实写得不错。

我知道鞠海是历史学硕士，具有扎实的历史学基本功，我也一直劝他坚持读书，坚持研究，坚持写作，找到合适的机会，继续深造。只是这几年疫情耽搁的事情太多了，好多事情都没法展开，但是鞠海在上班的同时，依然坚持读书，坚持写作，这本厚厚的《夹缝中的总督》就是最好的证明，我替鞠海感到高兴。

在这么繁忙的事务中，还能有大量时间去写作，去阅读史料，确实不容易。这几天，我断断续续翻看书稿，也仔细看了我感兴趣的几个部分。书稿写得确实不错，语言清新，可读性非常高，当然更重要的是作者仔细阅读了相关史料，比勘对照，写出自己的研究心得，并不是人云亦云，全面而浮光掠影地写曾国藩的一生，而是扣住曾国藩人生关头几个最重要的生死节点，这样就显得比较深刻，而不是一般意义上的人物传记。

曾国藩是一个有严重自杀倾向的人，动辄自杀，而且高调。如何理解这种现象，众说纷纭。我个人理解，这就是一种"政治洁癖"，这在中国古典政治伦理中是值得赞美的。鞠海这本书有很好的解释，整本书都是围绕着曾国藩的生死来展开，写得饶有兴致，解释理由也大都可以接受。

曾国藩在关键时刻做出必死的决断，其实是基于一种强大的信念，就是儒家教导的"杀身以成仁"。这样的人有强大的心理素质，不能接受失败，面对失败，宁愿自杀，宁愿成仁。这就是儒家倡导的担当、情怀、责任感。《夹缝中的总督》从这个角度展开，为读者呈现出细致的故事，并对曾国藩的心理活动进行了精彩的刻画，这当然是因为作者资料收集得全，阅读得细，才能重构出这样清晰的历史画面。比如作者写曾国藩人生的最后时刻，这是我们过去都熟知的故事，但是在鞠海笔下，通过排比各种史料，层层推理，始终有一种悬念在引领读者，让我们对这段故事又有了新的感悟。新一代学者的写作风格，还是值得我们去关注，去体会的。

在阅读《夹缝中的总督》时，我当然也想对曾国藩的学术研究讲讲自己的一些看法。曾国藩是近代中国历史上绕不开的第一流大人物，作为一名历史专业工作者，我对曾国藩不可能无感、没有想法。我们这一代不仅经历政治上的改天换地，还经历了学术史上的过山车。我们今天看到的曾国藩的历史形象，早已不是我初学历史时的形象，他的形象在过去四十年确实经历了几次起落，甚至是颠覆性的变化。

1978年底，中国共产党第十一届三中全会召开。第二年，我从一所中专学校考到大学本科读历史，此后一直以此为业。四十多年，我经历了史学领域的全部变化，我的史学理念，对一些重大历史事件、历史人物的认知，也就在这个过程中逐渐形成。

对于曾国藩，我最初接受的是我们近代史所的创所所长范文澜先生20世纪40年代所建构的形象，"汉奸刽子手"。按照范老的解释，曾国藩为挽救垂死的清王朝而残酷镇压了太平天国，这就是刽子手，是清帝国的帮凶，也是出卖汉人利益者，是汉奸。范老的这个观点影响深远，也是范老最坚信的一个历史论断。50年代初，范著《中国近代史》重印，范老毫不迟疑地写道："《汉奸刽子手曾国藩的一生》是一九四四年我在延安时写的。曾国藩是近百年来反动派的开山祖师，而他的伪善乔装却在社会上有很大的影响。他的继承者人民公敌蒋介石把他推崇成'圣人'，以为麻醉青年、欺蔽群众的偶像。为了澄清当时一些人的混乱思想，所以有揭穿曾国藩这个汉奸刽子手本来面目的必要。这篇文章便是在这种情况之下写出的。现在仍把它附在书后，其中某些部分是可与本书所述太平天国部分相互补充、印证的。"

范文澜先生是中国马克思主义史学大家，影响几代人对中国历史的认识。在范老的话语中，曾国藩完全是一个负面的反动形象。范老的这个说法对我们的影响当然很大，我们这一代后来如果没有在史学当中继续钻研或者深造的话，大概就留下了这样一个曾国藩印象。

范老讲曾国藩是"屠杀镇压人民的刽子手"，主要是指对太平天国的镇压。但从曾国藩、清政府的立场说，这件事情恰恰又是曾国藩最大的事功。曾国藩之所以成为曾国藩，值得研究，主要就是因为他领导的湘军，以及由此衍生出来的淮军，平定了太平天国"洪杨之乱"。如果抽空了这件大事，曾国藩不过是中国传统社会无数经生中的一个有名或无名的读书人而已。当然，范老这样说，主要是与范老所处的时代，以及时代主题的转换有关。

至于"汉奸"的说法，也影响了我们很多年。就像严复很早说过的，宋代以来，中国人讨论与异族的冲突，只有殊死抵抗、妥协投降这两种选择。言战、抵抗，就是民族英雄；言和、妥协，甚至与异族勾肩搭背，当异族的鹰犬，就是汉奸，就是败类。我们当然不能说这个观点不对，但将这种说法贯彻到底，否定与异族的一切合作，似乎也不是历史主义的态度。

其实，这是一个历史学的悖论。满洲人入关，从晚清以来的民族主义叙事，从革命党人、孙中山先生的历史叙事而言，当然是异族征服。孙中山民族主义革命的历史依据，就是将满洲人入主中原看作"殖民"，因此他向国际社会呼吁，支持中国革命，推翻满洲人的统治，把满洲人驱逐出去。这就是"驱除鞑虏，恢复中华"口号之由来。

从这个角度讨论曾国藩，当然可以得出范文澜先生的结论，曾国藩是为异族统治服务的汉奸。但是如果放到历史场景中去观察，似乎又不是那么一回事。

在讨论清初历史时，确实有一个"气节"问题，不战而降，为虎作伥，为满洲入主中原当"带路党"，确实应该谴责。但是到了曾国藩的时代，大清帝国已有两百多年历史，中国最正统的王朝叙事也不能无视这个王朝的存在。如果将这两百年间服务于帝国的"非满洲人"都视为屈节、附逆，似乎也不能成立。张扬正义，谴责变节，大约也只能放在明清之际那几十年的时空中，过此就已经意义不大，徒生困扰。

明清之际三大家"顾黄王"（顾炎武、黄宗羲、王夫之）除思想深刻外，也具有相当的民族气节，特别是顾炎武、王夫之坚持抵抗，直至最后，这都是很难得的。但是我们也要注意到他们的后人并没有永远"不食周粟"，远离政治，拒绝服务于新朝。事实上，他们很快也以各自的特别方式与异族和解。王夫之隐身山林后撰写的大量著述，百年后还是由曾国藩出面整理问世，嘉惠后人的。

历史上的恩怨情仇，如果一味计较下去，就是中国老话"冤冤相报何时了"了。尊重事实，认清大势，既是历史人物的眼界与见识，也是研究者重新认识历史应该秉持的一个原则。价值判断固然重要，脱离历史环境的价值可能就没有价值了。

范老的讨论放在今天当然仍有价值，他其实是在提醒人们去思考在异族统治下如何安身立命，怎么去守住人伦底线。从这个意义上说，曾国藩也为历史提供了一个典范，一个案例。

曾国藩处在一个天翻地覆的大时代，用时人的话说，是三千年未有之大变局。曾国藩不仅是这场大变局的见证者，更是亲历者和弄潮儿。平定太平天国只是他事功的一个方面，他的另一大功绩则是策动了影响深远的洋务新政，被誉为晚清"中兴大臣"。

多年来学界研究普遍认为洋务新政失败了，只变其末不变根本，中体西用，导致几十年之后甲午惨败。我个人多年来不太认同这种观点，我认为如果没有洋务新政，甲午战争可能打得更难看。更重要的是，洋务新政是三千年未有之大变局的起点，是中国走出农业文明，步入工业化社会的开始，也是城市化、现代化的起步。"曾左李"（曾国藩、左宗棠、李鸿章）以及文祥、恭亲王奕訢等都为这个时代做出过巨大贡献，永远都值得后人感念追思。

洋务新政产生出一个半生不熟的新阶级——买办和先富阶层，他们不是传统中国社会地主阶级的替换阶级，也不是真正意义上的资产阶级，他们只是"半封建社会"的"半资产阶级"，他们当然还不足以引领中国社会迈向现代国家，但是他们的出现毫无疑问地为中国历史注入了新元素，是后世中国一系列变化的基础。从这个意义上去讨论曾国藩那一代人，或许可以找到新的话题与视角。

读鞠海这本《夹缝中的总督》还引起我的一点联想，曾国藩之所以在生死关头总能坦然面对，主要应该与其接受的教育有关。我们知道，中国古典教育就是君子教育、圣人教育，就是要培养每一个人都成为圣人，成为君子。君子坦荡荡，小人长戚戚。圣人君子，就是中国读书人追慕的目标，也是涵养的结果或终点。所谓"三纲领、八条目"，所谓"诚意、正心、修身、齐家、治国、平天下"，从现代观点看显得迂腐，显得不那么时尚，但这些确确实实是中国读书人千百年所遵从的原则和奋斗的方向。阅读曾国藩，我一直能深刻感受到他的成圣情结，记得年轻时读到他的逸闻趣事，说他浑身牛皮癣，但他不抓不挠，不哼不哈，我当时就觉得挺佩服。这不是做作，而是修为，是修炼，是意志，是意念。有这种训练，有这种自制力，还有什么是不可以克服的呢？

中国古人推崇"三不朽"：立德、立功与立言。但在中国历史上真正做到三不朽的却为数极少，"孔孟荀"（孔子、孟子、荀子），"董程朱"（董仲舒、二程、朱熹），固然是儒学史上的伟大人物，但说三不朽，各自总是三缺一。在我看来，中国历史上真正做到三不朽的，前有王阳明，后有曾国藩。只有他们二人上马能打仗，建功立业，报效朝廷；下马能治国；余暇能著述，且有不凡的见解，影响一个时代，因而不朽。

曾国藩值得后人注意的故事很多，在我看来，子女教育尤为突出。曾家至今不过一百多年，至多五代、六代人，但是曾家奉献出来的人才，可是数不胜数。尤其是那个时代强调门当户对，我们去翻检近代以来有成就者名录，常能看到与曾家有关的。这一点很值得研究。

由读鞠海的新著引发了一点感想，不对之处，请读者诸君批评赐教。

鞠海还很年轻，三十多岁就有专著出版，很值得祝贺。当然未来的学术路还很长，要继续阅读曾国藩的史料，阅读这一个时代的史料，要从时代去观察曾国藩，要从曾国藩的研究来重新认识这一个时代，之后就是不断修正改写自己的作品，那么久而久之就可以将这本《夹缝中的总督》打造成一个可以传下去的经典文本。

是为序。

马勇

2023 年 11 月 6 日

目 录

自　序　xi

序章　曾国藩之死　001

第一章　靖港跳河　007
  01　兵败自杀　010
  02　墨经从戎　013
  03　八旗、绿营和团练　018
  04　以团练始，不以团练终　023
  05　审案局　028
  06　永顺营事件　032
  07　与王鑫的分途　038
  08　"屡试屡变"办水师　044
  09　与咸丰皇帝的战略分歧　050
  10　湘军出征　056
  11　初次自杀之谜　061
  12　湘潭大捷　068
  13　君臣之防　071
  14　祭奠恩师，挥师田家镇　074

第二章　九江策马　083
  01　九江大战：遭遇石达开　086

02 兵阻九江　094

03 另立内湖水师，弹劾江西巡抚　098

04 塔齐布病逝，萧捷三阵亡　104

05 罗泽南别走　108

06 蜡丸隐语，棋危劫急　114

07 非位任巡抚，决不能以治军　124

08 丁忧反思，中年改弦易辙　129

第三章　祁门被围　135

01 再度出山莅事　138

02 三河镇大败：湘军最严重的一次惨败　143

03 先轸归元何日是？　148

04 好战友胡林翼　153

05 "图皖"的方案　158

06 太湖之战：安庆大战前的预演　162

07 李秀成二破江南大营　176

08 两江总督，何担重任？　179

09 兵入祁门，兵困皖南　184

10 安庆大决战　199

第四章　金陵困局　215

01 节制四省军务　220

02 杭州陷落及曾国藩的南路战略　223

03 上海告急，淮军入沪　229

04 曾国藩围攻金陵的部署　233

05 兵进雨花台　237

06 多隆阿临阵退出　239

07 咸同大瘟疫　245

08 雨花台血战四十六天　248

09 季弟殒命　260

10 太平军进北攻南　265

11　曾国藩金陵考察　　270
　　12　李秀成的不归路　　276
　　13　天京攻坚战　　279
　　14　曾沈厘金之争　　289
　　15　难兄难弟　　296
　　16　最终的胜利　　301
　　17　功成后的猜忌　　307

第五章　**临淮遇险与天津名裂**　　317
　　01　剿捻新任务　　320
　　02　剿捻战略　　324
　　03　屡辞"节制三省"　　329
　　04　河防之策　　332
　　05　思退隐　　336
　　06　河防失败，辞职引退　　340
　　07　鞭跛鳖而登太行　　347
　　08　天津教案始末　　352
　　09　曾国藩的遗嘱　　362
　　10　曾国藩的对外思想　　368
　　11　办案思路　　374
　　12　查案辩诬　　377
　　13　法国的要求　　379
　　14　上折　　382
　　15　外惭清议，内疚神明　　384
　　16　以和结局　　388

尾章　铜官感旧　　397
尾　注　405
参考文献　449
出版后记　453

自　序

咸丰十年（1860年）五月初三日，安徽宿松。

夏至，天极热。辰时*的日头就已经灼烧起来，将清晨的余凉一驱而尽。

此时，曾国藩已出城巡营完毕，头戴凉帽骑马而回。凉帽丝毫抵不住烈日的炙烤，他眉头挤在一起，眼睛眯成一线，身上衣服湿了干、干了湿，浸出道道盐渍。走到一片树荫下时，曾国藩驻马小停，略舒眉头，心想近几日高温难做一事，但今日务必强行做事，把谢恩折发出去。

树上蝉鸣倏然而起，叶间喷洒出些汁液，曾国藩略感清凉，促马再行，他要赶回署内阅核谢恩等折片，未刻拜发。**

曾国藩要谢什么恩？

……膺（yīng）九陛之殊恩，畀（bì）两江之重寄……***

咸丰皇帝命他署理两江总督。署理为代理之意，但曾国藩清楚以目前情势而言，"署理"只是走过场，实授两江总督的任命很快会下来。

他终于得到"梦寐以求"的督抚之位，成为一名总督。今年他已五十岁了，还是第一次担任有地方实权的总督。

---

* 早七点至九点。——编注

** 咸丰十年五月初三日，《曾国藩全集·日记之二》，岳麓书社2012年第2版，第46页。

*** 《谢署两江总督恩折》，咸丰十年五月初三日，《曾国藩全集·奏稿之二》，岳麓书社2012年第2版，第502页。

曾国藩，这位晚清风云人物，二十七岁中进士，入翰林，之后循着大多数文官所走之路，按部就班在京城六部任职、流转、升迁。然而太平天国运动打破了他的循规之路，四十三岁时他在湖南创办湘军，湘军也在日后成为对抗太平军的一支劲旅。湘军并非朝廷的经制兵，而是招募的练勇，曾国藩虽有指挥权，却无地方实权，无法调用地方资源辅助作战。六七年过去了，太平军仍然占据金陵等重地，曾国藩感觉他的军队就像无根之萍，"客寄虚悬"，他意识到非位任督抚之位，绝不能以治军。为此，他甚至曾以辞职威胁，向皇帝讨要一个督抚之位。*

督抚制度是清代管理地方的政治制度，总督和巡抚都是封疆大吏。简要来说，巡抚负责一省内的刑名、钱谷、文官任选和部分军事事务，总督品级略高于巡抚，一般综治二三省的军政大务，在某些方面可节制其辖内的巡抚。总体来说，总督"掌厘治军民，综制文武，察举官吏，修饬封疆"。**

曾国藩就任的两江总督，统辖江苏、安徽、江西三省，掌理军政、盐务、漕运、河工等诸多要务，号称"东南第一要缺"。两江地区地大物众，一直都是清朝的财赋汇聚之地、人文荟萃之所，而太平军起事以来，金陵等处被太平军占据，这里又成了战争的风暴眼，因此两江总督之位极为重要，仅次于八大总督***之首的直隶总督，其历任人选尤被朝廷重视。嘉庆朝之前，两江总督多由旗人担任，尤其是康熙朝和乾隆朝，更是多派满人亲信出任此缺。嘉庆朝以来，汉人担任两江总督的情况才逐渐变多，到了道光朝，翰林出身的南方汉人担任江督的人数和任期超过了旗人。两江总督的人事变化反映着清朝历代的满汉关系、央地关系、南北关系等时局的变化。

如今曾国藩出任两江总督，不仅是他个人努力的结果，更是时局发展

---

* 《沥陈办事艰难仍吁恳在籍守制折》，咸丰七年六月初六日，《曾国藩全集·奏稿之二》，岳麓书社2012年第2版，第221—224页。

** 赵尔巽等撰：《清史稿》，卷一百十六《职官三》，中华书局1977年版，第3336页。

*** 清朝入关后，仿效明朝实行督抚制，期间多有变化，至乾隆时期大体完善，总督共设八员：直隶总督、两江总督、闽浙总督、湖广总督、陕甘总督、四川总督、两广总督、云贵总督。光绪三十三年（1907年），增设东三省总督。因此，清朝有"八大总督"之说，也有"九大总督"之说。

至此的产物，是整个湘系集团在与太平军战斗中被朝廷认可或重用的体现，当然也是江南大营被太平军打垮时朝廷的不得已而为之。可想而知，此时两江总督处于多重势力角逐的夹缝中，所涉关节重大，是个烫手的山芋。

太平天国运动以来，历任两江总督者皆未得善终，陆建瀛战败革职，最后在金陵城破时与其继任者祥厚，双双殉城；接下来的杨文定兵败革职，遣戍军台；其后的怡良，以病解职；何桂清弃城而逃，遭革职，被斩于市；接任者徐有壬防卫苏州，城破身死，全家殉难。曾国藩也会步之后尘吗？其实就在他收到署理江督消息的当天，他就为一项军事决策占了一卦，得"解"之"师"。*卦相篆辞预示着什么？曾国藩没有在日记中透露，但那一晚他寝不成寐。他可能没有料到成为总督后第一项决策竟然让自己深陷难熬的生死困局中。

19世纪五六十年代风云动荡，两江地区就是彼时的暴风眼，清军与太平军，绿营与湘勇，朝廷与督抚……一种势力挤压着另一种势力，一个派系排挤着另一个派系，它们相互缠绕、斗争，挤出一道道夹缝，把两江总督夹在其中，为中年曾国藩制造出险象环生的生死局。

其实这不是曾国藩第一次应对生死局，也不是他最后一次。此前有两次：四十四岁，兵败靖港，跳河自裁；九江又败，二度投湖；此后还有两次：五十岁时，兵困祁门，生机渺茫，悬剑帐中，随时自裁；五十六岁，北上剿捻，河遇风暴，险些身溺。

历经种种困局，太平军终于被平息下来，曾国藩功成名就。同治七年（1868年），五十八岁的他又被调任直隶总督。直隶地处京畿要地，其地位较他省尤重，直隶总督号称"八督之首，疆臣领袖"，提督军务、粮饷、管理河道并兼巡抚事，第二次鸦片战争后，其辖内的天津成为长江以北最主要的通商口岸，涉外事务也极其重要。很多学者认为曾国藩移任直督，是因为朝廷担心他在江南坐大，故意将其调离长期经营的地盘。因此，曾国藩在直隶总督任上，步步小心。六十岁时，天津教案爆发，他又被拽入

---

* 咸丰十年四月二十八日，《曾国藩全集·日记之二》，岳麓书社2012年第2版，第45页。

中外交涉的繁重事务里。他疲于应付，自感年老体衰，大限将至，无奈写下遗嘱，再一次经历生死煎熬。

细数下来，曾国藩担任总督之前与之后的二十年间，陷于生死困局的次数不下五次，仅自杀就不少于两次，而有轻生念头的次数就多了。

为何曾国藩屡屡陷困于生死呢？不得不说，这是由他身处时局的夹缝中所致的。

每次生死局都由他所遇各种情势相逼而成。担任总督之前，他率孤军迎敌，不但得不到同僚友军的协助，反而受到权力中枢的猜忌，常陷战阵之危的困局。担任两江总督后，随着权力的增大，他肩上责任和面对的压力陡然增加，不仅要想御敌之策，更要协调各战区的关系，处理复杂的人事纠葛和权力纠缠，常因心绪焦虑而陷入迷茫、绝望的困局中。担任直隶总督后，他又面临处理中外事务的难题，处在"外惭清议，内疚神明"的夹缝中。每次生死局都煎熬着曾国藩的肉体和精神，也牵扯着他所处时局中的各种势力。

目前以曾国藩为主题的学术研究和通俗著作众多，仅其传记优秀者就不下数本，如萧一山、朱东安、董丛林、张宏杰等学者所著的。同时，朱东安的《曾国藩集团与晚清政局》、邱涛的《咸同年间清廷与湘淮集团权力格局之变迁》、董丛林的《晚清"三集团"关系及走势研究》等著作，都将曾国藩置于晚清政治大格局中进行考察，涉及曾国藩与各种势力集团的关系。韩策的《江督易主与晚清政治》一书讲述曾国藩以湘系集团首领就任两江总督与当时政局的关系，揭示出晚清时期各派势力围绕江督的争夺。此外，对于曾国藩的研究，学术界还从其他角度进行了充分尝试，成果可谓"浩若繁星"，不再赘述。

然而，关于曾国藩生死经历和其心灵的研究著作并不多，仅有一篇文章以"曾国藩到底缘何自杀"为题，且只讨论了曾国藩的第一次自杀*；其他传记虽也提到曾国藩自杀，但是多以讽刺和调侃为主。"生死事大"，曾国藩两度自杀，五陷生死局，这些生死经历不仅煎熬着他的肉体和精神，

---

* 王学斌：《破山中贼易，破心中贼难——曾国藩到底缘何自杀？》，《书屋》2014年第4期。

也牵动着其所处时局的各种势力。无论是研究曾国藩个人，还是追溯那段晚清史，五大生死局都是很好的切入点。这正是本书的写作缘起。

本书以五次生死瞬间切入，还原每次生死局形成的过程，以及曾国藩在此过程中的所作所为、所思所想，探索他如何在各种势力夹缝中挣扎以求立身、立命，并以其为原点向外发散，进一步考察局中所涉的人与事，试图回答到底是什么一再把曾国藩逼入生死绝境，又是什么让他死而不亡？每次绝地逢生如何改变他的生死态度，改变他处世做事的方式，进而影响历史发展？

全书核心视角聚焦于曾国藩身上，通过奏折、日记展示他的日常作息，通过与家人、友人及同僚部属的信件来探索他的内心状况；第二视角由曾国藩而向外，以他的视角去观察周围的人与事；第三个视角从上而下，鸟瞰历史全局，厘清曾国藩生死局所处的历史脉络。因此，你在书中会看到各位湘军大佬，如王鑫、罗泽南、塔齐布、胡林翼、李元度、李鸿章、沈葆桢等人，与曾国藩同心互助共谋大事，以及他们之间出于各种目的而明争暗斗；会看到曾国藩和他的兄弟们，曾国华、曾国荃、曾国葆（曾贞干）等人，互勉互助、共历生死；会看到咸丰皇帝、慈禧太后、恭亲王奕訢等朝廷势力对曾国藩的拉拢与打压；还会看到他的敌人石达开、陈玉成、李秀成等太平军杰出将领与曾国藩的斗智斗勇。总之，你看到的是围绕曾国藩展开的君臣制衡、同僚斗争、朋友协助、兄弟情义以及谋略斗智和战场拼杀，这是对他中年及其以后人生的考察，也是对他所处的晚清史的考察。

说起晚清史，我们就不能忽略它的"变"性。我的导师曾说，读晚清史要谨记"变"字，大约以十年为单位，中国社会为之一变。

时局如此，身处时局中的人更是如此，曾国藩一生也在不断变化。他自己曾总结："故自戊午至今九载，与四十岁以前迥不相同，大约以能立能达为体，以不怨不尤为用。"戊午年（咸丰八年，1858年）是曾国藩四十七岁左右，被称为他的"中年变法"，确实是曾国藩人生中明显的转折点，不过在其他时期，尤其是他在历经生死前后，他也在"变"。从四十多岁带军东征，到五十多岁功成封爵，再到六十岁蹒跚赴津办理教案，曾国藩的年纪、容貌和处世做事的心态发生了巨大变化，他对生死的态度也自然不同。

因此本书紧抓住"变"字，考察曾国藩应对不同的生死局的不同做法和心态。不过，无论如何变化，他还是曾国藩，他内心的某种坚守从没有变过。因此，本书所要探讨的不仅是他的"变"，更是他的"不变"。

那他不变的是什么？坚守的是什么？是立志做圣人的志向？是对天命的敬畏之心？是"坚忍持之"的做事态度？还是能达能立、不怨不尤的处世态度？到底是什么让他顽强渡过数次生死劫难的呢？

同治十年（1871年）正月十七日夜，曾国藩偶得一联，其下联是"死中求活，淡极生乐"。那时他六十一岁，距离他去世仅剩一年零十七天。

我们就先从他去世的那一刻讲起吧。

序章 曾国藩之死

同治十一年二月初四（1872年3月12日），金陵微雨，天气阴惨。[1]

曾国藩上午处理了一些文件，略感疲惫，中午便和幕僚薛福成下了两盘围棋。午饭是湘菜，由于近年来曾国藩身体不好，他忌荤食素，吃得清淡简单。饭后，家人们围坐一起，女儿曾纪芬给他剥了一个橙子。

曾国藩吃了几瓣，没有什么胃口，想去花园里散散步。花园在署衙西侧，地方不小，儿子曾纪泽担心老父出事，便一起跟着走到园子里。

二人一前一后，曾纪泽忽然看见父亲的脚不停地向前踢，便问："鞋子穿得不合适吗？"

曾国藩答道："我感觉脚有点麻。"

一听脚麻，曾纪泽眉头一皱，心说不妙，赶紧喊人过来搀扶父亲。说话间，曾国藩已不能走路，脚不停抽搐。曾纪泽赶紧搬来一把椅子先让父亲坐下，然后和人一起把父亲抬到书房里。

这时家人都聚了过来，曾国藩看了看围绕着的众人，想说话却发不出声。他干脆闭上眼睛，默默坐了片刻后，就去世了。

这就是晚清重臣、时任两江总督、被授予一等侯爵的曾国藩去世的情形。《清史稿》写得简单，仅用了七个字，"薨于位，年六十二"[2]。

"薨于位"意思是说他在官任上去世。曾国藩当时任两江总督，因此算是殉职。古人用词讲究，称帝王去世为崩，称诸侯去世为薨。曾国藩平定太平天国运动，被封为一等侯爵，所以用"薨"。这一个字体现了官方对曾国藩功勋的认可。《清史稿》是官方史书，惜字如金，而带有私家史料性质的《曾国藩年谱》（以下简称《年谱》）对他去世的记载却较为丰

序章　曾国藩之死　003

富,增添了不少传统史学的谶纬色彩。《年谱》里写道:"金陵微雨,天色阴惨,忽火光烛城中,江宁、上元两县惊出救火,卒无所见,见有红光圆如镜面,出天西南隅,良久渐微。"[3]这就把曾国藩的死和天象联系起来了。当时天是否在下雨不好判断,但是西南出现红光大概率不可能。传统史学讲究天人感应,天出异象,必有大事,这里暗指两江总督曾国藩的去世。这种天象的表述将曾国藩比作太阳,他去世好似红日落山。消息传出,"江南士民巷哭","上震悼,辍朝三日"。

《年谱》也记载了曾国藩去世前的细节,称"端坐三刻乃薨。是日戌时也"[4]。三刻相当于四十五分钟,时间不算长。但是用四十五分钟的时间来感受生命的流逝直至殆尽,未经历生死的人完全体会不到这是一种怎样的感受,是惶恐?是平静?还是遗憾呢?

有人说曾国藩是笑着离开的。幕僚赵烈文在日记里写道:"闻涤师……扶至签押房坐定,倚椅背一笑而逝,其来去自如,非天人中人不能吉祥如此。"[5]

有人说曾国藩是带着遗憾和痛苦去世的,太平天国运动让他受尽磨难,天津教案令他心力交瘁。

谁也不知道,表面上端坐的曾国藩的内心在经历着什么。

也许在这三刻的时间里,他大脑放空,什么都没有想。他早就清楚如何面对死亡,因为他已经用半生的时间在生与死之间徘徊了;

也许他大脑飞转,重游宦海,再上戎马,回忆了生命中那几次生死攸关之刻,然后泯然一笑,静待生命的流逝;

也许他确实就在惶恐,一生静心养性的功夫修炼也难以抵御死神降临时的恐慌,他还有遗憾,还有想做的事情,还有未了的心愿,比如隐居山林,比如提升古文写作水平。

曾国藩去世这一年——同治十一年,即1872年——似乎国内外并没有发生特大事件,但如果我们稍微把时间段拉长一点,就能感受到这正是历史上的风云变幻之际。往前推一年[6],普法战争进入第二阶段,其间,德意志完成统一,建立了德意志帝国;法国政府与德意志签订投降条约和停战协定,法国巴黎工人起义,成立巴黎公社,开启无产阶级政权的尝试;

德法签订和约，普法战争结束。再往前推两年[7]，苏伊士运河通航，从欧洲到印度洋的海上航道被缩短了约一万公里；横贯美国的太平洋铁路接通，人类历史上第一次以铁路连接了太平洋和大西洋。无论是政治还是经济，世界都在发生剧烈变化。

中国在这一时间内也处于"三千年未有之大变局"中。往前推两年（1870年），震惊中外的天津教案爆发；往前推四年（1868年），中国第一艘自制机器动力轮船"恬吉"号下水试航；往前推八年（1864年），太平天国首都天京被攻破，轰轰烈烈的太平天国运动宣告结束；往前推十二年（1860年），英法联军攻占北京，火烧了圆明园；往前推十九年（1853年），一支不同于八旗绿营的新型军队湘军被创建出来，它的发展改变了清朝中后期的政治格局……

这些重要历史事件无不都有曾国藩的参与，而关键时刻的何去何从是对他的巨大磨炼，做还是不做，有时就成了决定他选择生与死的重要瞬间。太平天国运动期间，曾国藩曾三次面临死亡威胁，两度自杀；天津教案时，他承受巨大压力，写下遗嘱，交代后事。

尽管曾国藩多次与死神打交道，但无论是与"留取丹心照汗青"的文天祥，还是和"我自横刀向天笑"的谭嗣同相比，他的死总显得不那么悲壮英豪，反而有些拖泥带水，甚至是欲死还生。他自杀两次都没有成功，写下遗嘱后也没有干脆利落地引刀自裁。曾国藩的死是在作秀吗？他有必死的决心吗？还是在临死前身不由己地退缩了呢？他到底在犹豫什么呢？

湖南靖港兵败，投水自杀；

江西九江、湖口战败，骑马赴敌阵自杀；

安徽祁门被围，悬利剑于帐中，时刻准备自杀；

江苏金陵夺城攻坚，痛失幼弟，承受巨大压力；

安徽临淮遇险，险些溺亡，平捻无功，进退失策；

直隶天津教案，饱受清议煎熬，写下遗嘱备后事。

曾国藩一生宦海，半生戎马，历经险境，看惯亲朋故友的生生死死，自己也多次面临生死情景，每一次的感受不一样，每一个生死局前后的心境也发生着巨大变化。

　　在宏大的历史下，个体的生死大多被忽略，但关键人物面临的生死局却与历史走向密切相连。曾国藩的生死瞬间，或许也正是清朝的存亡关头。

第一章 靖港跳河

不料陆路之勇与贼战半时之久即行崩溃；而水师之勇见陆路既溃，亦纷纷上岸奔窜。……臣愧愤之至，不特不能肃清下游江面，而且在本省屡次丧师失律，获罪甚重，无以对我君父。谨北向九叩首，恭折阙廷，即于△△日殉难。

——《靖港败溃后未发之遗折》
咸丰四年四月初二日

咸丰四年（1854年）四月初二日清晨，靖港白沙洲，风正急，浪不息。

四十四岁的曾国藩命人竖起帅旗，他拿着长剑，站在旗旁，隔空大喊："过旗者斩！"可是，任凭他声嘶力竭地叫喊，兵勇们全然不顾。既然不让过旗，他们就绕旗而走，纷纷逃命去了。

面对太平军的攻势，曾国藩指挥的湘军完全不堪一击，损失惨重，水师船炮损失三分之一，水勇有一半溃散。他看着身边如山倒而崩的兵勇们，望着远处亲手打造的战船，或被太平军掠走，或被烧毁凿沉，他仰天一望，大叫一声："罢了！"

曾国藩双腿一蹬，跳入河中。

瞬间，污浊的江水浸透全身，灌入口鼻，他的整个世界黑了。

01 兵败自杀

靖港之战是曾国藩的出师之战。

练兵一年多以后，曾国藩终于在皇帝的严催之下，率水陆两军一万七千名士兵，从衡阳出发，北上进军。他的目标是沿湘江北上，进入长江，向西夺回武昌，然后顺流而下，歼灭盘踞在金陵（今南京）的太平军。

不巧的是，曾国藩出兵之际，正是太平军西征之时，也就是说，还没有等曾国藩去金陵找太平军决战，太平军就已经先打到了曾国藩的湖南家门口。西征是太平天国定都金陵以后的重要战略行动之一。金陵西边的长江中游地区如安徽、江西、湖北、湖南等省，不仅是太平天国的粮草供应地，也是自古以来的战略要地。东王杨秀清在下一盘大棋，他计划拿下江西、湖北等地以巩固政权，然后继续南下湖南，西入四川，再定两广，将长江以南的大半个中国连成一片，建立稳定且广阔的根据地。如果这一战略行动成功，大清将会依着长江被拦腰斩成两半，南北不能相通。这是曾国藩他们最不愿意看到的。

咸丰三年（1853年）夏，太平军的西征开始了。他们以翼王石达开为前敌总指挥，一路猛进。清军不堪一击，安徽、江西等地纷纷失陷。不久，杨秀清又命猛将秦日纲主持西征事务，同时增派韦俊、石祥祯和曾天养三员大将，三军会合，水陆三万沿着长江西进。

攻势一浪猛过一浪！

咸丰三年腊月，太平军攻下庐州，新任安徽巡抚江忠源兵败自杀；次年正月，太平军火烧连营于湖北堵城，湖广总督吴文镕兵败自杀。太平军乘胜第三次攻克汉口、汉阳，进围武昌，久攻不下。之后兵分三路继续向前，其中一路伺机攻武昌，一路西进入四川，一路南下进入湖南，而入湖南的这路军恰好碰上了由衡州北上的曾国藩。

攻入湖南的太平军势头不减，先占岳州，再占湘阴，锋抵靖港，威逼长沙。曾国藩派出先锋部队分道阻击，不过湘军初出茅庐，作战经验不足，先败于宁乡，再败于岳州。曾国藩干脆以水师护陆军，全线退保长沙。太平军乘胜追击，占靖港为大本营，又派出部队进攻南边的湘潭，以成掎角之势，意图对长沙进行南北合围，攻下这座湖南重镇。

形势危急，曾国藩认为不可消极防守，坐以待毙，要趁着太平军立足未稳，主动出击。不过，是先攻北边的靖港，还是先打南边的湘潭，他还拿不准，于是他召集众将，连夜讨论。众将认为，若先攻靖港而不胜，便只能向南撤军至长沙城下，士气受损，再加上南边湘潭敌军的夹攻，湘军无路可退，会导致全军溃散。于是，他们决定先攻湘潭，即使进攻受挫，他们也有路可退，可向南退保衡阳，重整旗鼓，伺机再战。

曾国藩命塔齐布率陆军五千人，褚汝航、杨载福、彭玉麟等率水师五营，向湘潭进发；并决定次日一早，由自己亲率剩余五营水师为后续梯队，增援湘潭，以求必胜。

不过，当天夜晚，等主力部队出发后，情况有了新变化。

探子带来一个消息：靖港的"长毛"贼营只有几百人，防守薄弱；当地乡团*已搭好浮桥，我军可联合乡团过桥击贼，以获大胜！机不可失！

这可是一个好战机。敌军以湘潭和靖港互为掎角之势，围攻长沙，如果拿下靖港，敌人的掎角之势将被打破，使其首尾不能相顾，既解决长沙北面的威胁，又截断湘潭敌军的北归之路。曾国藩算了算手中的兵力，有后继水师五营和陆军一千，尽管这不是湘军的水陆精锐，但对付区区几百毫无准备的太平军应该是绰绰有余了。

战机稍纵即逝，自然不容错过！因此，曾国藩当机立断，改攻靖港。

曾国藩本是个求稳的人，几乎不打无准备之仗，攻打靖港便是他为数不多的无准备之仗。不过，他有信心，这一仗以多敌少，以强对弱，定会打赢。湘军太需要一场胜利了，曾国藩想借此胜利激励士气，在咸丰皇帝和湖南文武官员面前好好表现一下。

第二天拂晓，曾国藩带着战船四十艘，陆军八百人，顺风顺水，来到靖港外的白沙洲。他大旗一挥，命五营水师顺流而下，直指靖港的太平军营寨。午刻，南风大起，湘军战船乘风疾驶，仿佛离弦之箭朝着太平军营

---

* 这是靖港当地的团练勇丁，相当于乡村自卫的民兵组织。——作者注（本书之后出现的注释，未注明出处的皆为作者注）

寨就冲了过去。

再看太平军这边，兵丁人数似乎并没有探子报的那么少，准备也并没有不充分。他们早早架好炮位，对准了由远而近驶来的湘军战船。

此时的湘军战船正好成了太平军炮位的靶子，轰轰几声，炮弹正中船头。湘军一下子慌了，不能再往前冲，这无异于往敌人的炮口上撞了。可是"风太顺，水太溜，进战则疾驶如飞，退回则寸步难挽"[1]，湘军根本控制不了船速。本来占尽的天时和地利，却在此时完全成了劣势。水勇们慌忙落下风帆，收拾战船停泊在靖港对面的铜官渚。

这时，轮到太平军发起攻势了。他们划着二百多条小船，密密麻麻前来。由于湘军停泊在靖港北面，此时就变成了太平军顺风。二百多条小船乘风而来，速度飞快，湘军水勇急忙开炮轰击，可是炮高船低，根本射不中大江之中的小船。

太平军士气正高，蜂拥而至，而湘军已经士气全无，乱了阵脚，纷纷弃船而逃。这些辛苦打造的战船，有些被湘军水勇自己烧毁，有些直接被太平军掳掠而去。[2]

再看陆战，曾国藩本想以八百陆军联合由本地乡民组建的乡团过桥击敌，可谁知乡团一看到太平军出战，竟被吓得溃不成队，反而带坏湘军士兵。他们向后溃逃，争前恐后地抢挤浮桥。人多桥坏，士兵或被踩踏，或被淹死，死伤二百多人。其他人也都成泄了气的皮球，只会往后退，不敢向前冲。

曾国藩见状着急，竖起大旗，亲自拿着剑站在旗旁，大喊："过旗者斩！"可是，士兵水勇哪里还受他的约束，纷纷绕过大旗，向后逃去。[3]

兵败如山倒，大势去矣。

曾国藩手拿着长剑，迎着猎猎南风，望着远处辛苦打造的战船被火烧尽、被敌掳去，看着近处日夜训练的士兵溃不成军，心里不是滋味。初战不利，损失惨重，自己还有何面目见皇上，见湖南上下官员，见家乡父老呢？

曾国藩双腿一蹬，跳进了河水中。

《湘军志·曾军篇》载，"国藩愤，自投水中"。

然而，曾国藩没有死成，身边的随从及时救起了他。曾国藩无奈，收拾残兵，如落汤鸡一般回到长沙城南的军营中。但是，他的"死"心依旧，顾不得换洗衣服，清理头上的污渍，便立刻开始整理军务，给皇帝写遗折，然后再自尽。《年谱》里记载，"公愤欲自裁者屡矣"。

《湘军志》和《年谱》记述曾国藩自杀前都用了"愤"字，如果说第一次出现的"愤"字是指他兵败后气涌心头的冲动，那么接下来还能让他屡次自杀的"愤"就应该涵盖着复杂的心绪了。他在愤什么呢，又在"愤"谁呢？

当年曾国藩四十四岁，已过不惑，以往的二十年间，他都在京城做官，官至侍郎，平时读书写文，修身养性，是一个地地道道严于律己的文官。然而，一场风起云涌的太平天国运动结束了曾国藩宁静的文官生涯，从此他开始了半生戎马的岁月。

不过，在仗剑从军前，曾国藩经历了一段时间不短的犹豫和纠结。

02　墨绖从戎

曾国藩在纠结犹豫什么呢？太平天国运动在他心中就是一场罪大恶极的犯上作乱，对待此等"乱民""反贼"，以理学家自居的曾国藩不应该立即报效朝廷，投入战斗吗？

像海瑞这样"至刚至纯"，做事动机略显直接的官员是少数，更多的人在抉择时都会基于现实情形和自身处境，顾虑各种因素。曾国藩也不例外，他有顾虑，甚至是私心。

首先，他面临"忠孝难以两全"的道德困境。

曾国藩一直在京城做高官，到咸丰二年（1852年），他已官居二品，担任礼部右侍郎，兼署工部左侍郎、兵部左侍郎、刑部左侍郎等。每天辗转在六部之间，工作、生活既忙碌又无聊。当年六月，曾国藩被皇帝外派去江西做主考官，在出差途中，收到了母亲病逝的消息。

自从离乡到北京做官后，曾国藩再也没有回乡见过母亲，时隔十几年,此次江西出差,他正打算顺道回乡省亲,却不料母亲突然去世。这犹如晴天霹雳,让曾国藩悲痛欲绝。他立即辞官,踏上归乡之途。

曾国藩沿着长江西行,过武昌,走岳州,一路上并不太平,正好遇到了太平天国的战事。几经周折,才终于回到老家湘乡县荷叶塘。

现在,他的当务之急就是办理母亲丧事,丁忧守孝三年。

这对于当时以理学闻名的曾国藩至关重要。曾国藩崇信程朱理学,以义理之学为一切学问的根本,而他在实践中则以"礼"代"理",理是内在道德修养,礼是外在秩序规范。曾国藩是公认的"礼学经世"的代表人物。这个"礼"是指一切法则制度,包括了古代的政治、法律、军事、宗教、教育、家族等各种典章制度和行为方式。[4] 曾国藩自己明确提出:"先王之道,所谓修己治人、经纬万汇者,何归乎?亦曰礼而已矣。"[5] 因此,孝行中的丁忧自然是"礼"中的重要一环。

所谓"丁忧"*,即在父母任意一方去世后都必须辞官归乡,结庐守孝。这在汉代就已开始,经历代发展逐渐形成固定制度,名义上以三年为期,实则二十七个月[6]。在这期间,不得婚娶,不得寻欢作乐,也不能外出做官莅事。有些人怕耽误做官前程,便隐瞒父母去世,逃避丁忧,不过一经发现,后果不堪设想,不但仕途全无,名声也就此败坏。况且,古代的丁忧不仅是制度的规定,更是道德的要求,自幼深受儒家忠孝礼教思想熏陶的读书人,都很自觉地遵守丁忧守制,认为这是天然应为父母尽到的义务和孝心,也是自己品德的体现,视其为人生的"大节"。此节若亏,则终身不为完人。[7]

曾国藩自然重视丁忧大节。一方面是弥补自己多年未在母亲身旁尽孝而留下的亏欠,另一方面也是践行必要的道德理念,守礼以成"完人"。于是,他一回到家就安排丧事,把母亲下葬到了宅子的后山上。

不过,看似必需的"丁忧"也会有例外出现,那就是"夺情",即夺取孝亲之情。当国家发生重大事件、急需用人时,尤其是在战乱时期,皇帝可以破例不让官员回乡守孝,令其继续担任官职或者带兵打仗。

---

* "丁"是遭逢、遇到之意,"忧"为忧伤之意,丁忧就是指人生中遭遇到大忧大伤之事。

此时清廷正处多难之秋，太平天国运动风起云涌，南方各地纷纷告急。去年（1851年），太平军在广西金田起事，一路北上，从广西入湖南，克道州、下郴州、攻长沙，几乎遇无敌手。此时，太平军已经进入湖北，攻陷汉阳，围攻华中重镇武昌，举国大震。同时，各地土匪、会匪等势力也趁机起事，在地方攻城略地。整个大清被折腾得千疮百孔，军队也被调来调去，左支右绌，国家出现了兵力严重不足的问题。

为了弥补兵力不足，咸丰皇帝想到了团练之法，即发动各地乡民组建地方武装，防御贼匪。曾国藩正好在湘乡老家丁忧守制，像他这样的大臣既知晓朝廷法度，又熟悉地方情形，自然是办理团练的最佳人选之一，因而咸丰皇帝将他列入了征召名单。

咸丰二年十二月十三日下午申刻*，皇帝的谕旨通过湖南巡抚张亮基寄送到了曾国藩手中："前任丁忧侍郎曾国藩，籍隶湘乡，闻其在籍，其于湖南地方人情自必熟悉，着该抚传旨，令其帮同办理本省团练乡民、搜查土匪诸事务。伊必尽力，不负委任。"[8]咸丰皇帝这是在夺情，命曾国藩停止丁忧，立即出山，帮同办理湖南省的团练乡民、搜查土匪等事务。不过，夺情并不是完全强制的，主动权还是掌握在曾国藩自己手中。他开始纠结了。

在曾国藩看来，太平天国起义完全是暴民反叛，祸乱国家。在返乡归家的途中，他正好遇到了太平军的急行部队，看到了因战火而流离失所的百姓，感受到了文化礼教正在被破坏，曾国藩内心痛恨太平军的种种行径。"除暴杀贼"本是自己的职责，也是为国尽"忠"的要求。但为母守孝、丁忧终制，更是大节，也是自己的道德坚守。当忠孝相冲突的时候，曾国藩第一时间把"孝"放在了首位。

不久前，当好友江忠源也面临这种抉择时，曾国藩坚决反对他戴孝从军，给出的建议是"托疾以辞"[9]，并称"苫块之余，不宜轻往，斯关大节，计之宜豫"[10]。曾国藩强调居丧期间，丁忧守孝关乎大节，面对他人招募从军的要求，不可轻易答应，一定得考虑周全。而当听说江忠源最终还

---

* 下午3点至5点之间。

是戴孝参军,曾国藩甚至还写信责怪,"谓其大节已亏"[11]。如今发生在自己身上,他岂能不把安葬母亲、结庐守孝当作紧要之事呢?当然,从对母亲的情感上来说,曾国藩更应做好守孝。道光十九年(1839年),曾国藩二十九岁离乡至京后,再也没有回家探亲,没有见过母亲。母亲对他的思念一直充溢于家书之中。曾国藩称自己对母亲生前"未伸一日之养",一点也不夸张。因此,在母亲死后尽心守孝才能稍安他的亏欠之心。从回家到现在才过去四个月,母亲灵骸在后山草草一葬,家中丧事的诸多事宜还没有料理完毕,曾国藩还想为母亲重新选地改葬。若此时出山办理官事,真是"不孝之罪滋大"[12]。

除顾全丁忧大节之外,曾国藩还有一个顾虑,就是"畏难"。团练乡民、搜查土匪等事务,千头万绪,综其要者为练兵和筹饷两项,而他认为这都非自己所长。他在给好友刘蓉的信中也解释过自己迟迟不赴团练局的理由。对于练兵,自己"于用兵行军之道,本不素讲,而平时训练,所谓拳经棍法不尚花法者,尤懵然如菽麦之不辨"。对于筹饷,自己"少年故交多非殷实之家,其稍有资力者,大抵闻名而不识面,一旦往而劝捐,人将有敬而远之之意,盖亦无当于事理"。况且,此时湖南巡抚周围聚集了一批讲求实际的人,曾国藩不认为自己比他们更有优势。[13]

从后来的发展看,曾国藩此时对出山办理团练不积极,更可能是因为他对皇帝以"团练"来御贼的方法不认可。太平军声势浩大,根本不是装备简陋、分散于各地的乡团民兵所能应付的。如果曾国藩被动答应,也只能空坐衙署中,无济于事,反而让朝廷多出一项开支,让各官多一份应酬;如果认真督办,另立新军,那就需要全身投入,必须遍走各县,号召绅耆,劝其捐资集事。但是以自己一个人之力,赤地立新,打破常规,他也没有必成的把握,恐怕也只能起到十分之二的效用。[14] 与其如此,不如先料理好家中事宜。

因此,曾国藩经过两天仔细权衡后,决定还是在家中守孝,料理后事。腊月十五日,他写成《恳请在家终制折》,想请湖南巡抚张亮基替自己代呈皇上。结果没想到,当天晚上先收到了张亮基的两封来信,信上说"武汉失守,人心惶恐,恳公一出"[15]。

曾国藩心中一惊，武汉三镇失守，两湖危急，国家危难之时，自己岂能安心守孝，因小孝而耽误大忠？他心中又犹豫了起来。

正巧，晚上好友郭嵩焘来访。曾国藩一把拉住他的手，就往书房拖，给他看刚写好的折子，请他帮忙润色。郭嵩焘看完以后，笑了笑，两个人促膝长谈起来。

他们具体聊了什么，史料里没有太多的记载，不过可以肯定，话题不外是天下时局、各自的抱负和对方的心境，最后，郭嵩焘说出了一句戳中曾国藩的话："公素具澄清之抱，今不乘时自效，如君父何？且墨绖从戎，古制也。"[16] 就是这样一句话，正好挠在了曾国藩的心痒之处，像一支箭，正中曾国藩的心思。

郭嵩焘是在提醒曾国藩不要忘记，改变天下、治理天下一直都是他的抱负；此时正是他发挥才能、实现抱负的好时机，而且这也是对皇帝、对国家的责任。更何况"墨绖从戎，古制也"，自古以来有的是穿着黑色孝服从军的案例，这句话打消了曾国藩的顾虑。

郭嵩焘说出了曾国藩想说而不敢说、不好意思说的话。句句在理。国家如此混乱，曾国藩自己怎么能坐得住呢？战乱之时，正是他大展抱负之刻。儒家教导的治国之术、平天下之法，此时不用更待何时？

于是，曾国藩撕掉了折子，决定出山应命，墨绖从军。

曾国藩这一次的夺情出山，是有所牺牲的，他牺牲了为母丁忧守制的孝心，也牺牲了严格律己的孝之大节。因此，他倍加珍惜这一机会，想不遗余力地把事情做好。他默默下定决心，凡事苟利于国，苟利于民，即使遇到再大阻力和困难，他都将竭力推进。对于犯上作乱的"贼匪"，曾国藩要大张挞伐；而对于挡在途中的障碍，他也要大张挞伐。

这是一项艰巨的任务，确实千头万绪。曾国藩迈出的第一步，就是训练一支能打能拼的军队。自此，文官出身的他踏上了军旅之途。

曾国藩要练一支怎样的队伍呢？

03　八旗、绿营和团练

咸丰二年腊月十七（1853年1月25日），曾国藩抱着对亡母的歉意，踏上了北上之路，二十一日来到长沙，立即与巡抚张亮基、江忠源和左宗棠等人筹商防务。当时太平军占据武昌，其行军动向不明朗，随时可能南下回攻长沙，因此他们的防守任务还是很紧迫的。不过，太平军很快舍武昌而沿江东下，向长江中下游挺进。这样一来湖南解严，但是其他地方的军事压力却一波强过一波。

咸丰皇帝对此焦头烂额。

这位苦命天子二十岁继位时本是锐意图新，甚至想重振康雍乾雄风，却没想到各地民众接连起义，起于广西的太平天国运动让他尤为焦头烂额。起初，他认为骤然而起的"长毛贼"应该只是乌合之众，只要拨重金、调大军，瞬间便可扫荡。然而实际情况并没有朝着他预设的方向发展。

他平定太平天国起义的方法比较简单，仍沿用清朝惯用的调兵遣将之法。这里有必要介绍一下清朝的调兵制度。

清朝正规军分为两种，一为八旗军，一为绿营军。

八旗军是满洲的基本军事组织，入关前就已建立，以八色旗帜相互区分。八旗军在军事史上赫赫有名，战斗力极强，不仅是满洲统一东北的重要力量，也是入关后统一全国的主力。清朝统一后，八旗军一分为二，一半的八旗军驻扎在京师各区，拱卫京畿，称为"京营"，而另一半分驻在全国各战略要地和重要城市，称为"驻防"。八旗军加起来共约二十三万。

尽管八旗铁骑善战，但是要维持偌大国家的统治，这点兵力远远不够，因此清朝参照明代的军制收编汉人军队，组成绿营军。绿营以绿旗为帜，以营为基本单位，各支部队按照划定的防守区驻防各地。绿营兵也是清朝的重要武装力量，在统一全国、维护统治及镇压各地叛乱中起着重要作用。绿营总兵力维持在五六十万[17]，远高于八旗军。

八旗和绿营有个共同点，都为"经制兵"，即具有编制的正规军，部队的兵额是固定的，兵员是世袭的。不过，这却使得两种国家正规军随着时间的推移而积弊越多。父死子承,军队中老少强弱参差相容;军饷微薄,士兵不得不在服役的同时另谋生计,根本没有心思专心训练,自然也没有战斗力。早在咸丰元年,曾国藩就对绿营"兵伍不精"的状况进行了深刻批判:"漳、泉悍卒,以千百械斗为常;黔、蜀冗兵,以勾结盗贼为业;其他吸食鸦片,聚开赌场,各省皆然。大抵无事则游手恣睢,有事则雇无赖之人代充,见贼则望风奔溃,贼去则杀民以邀功。"[18]

同时,为了防止割据势力出现,绿营中的各级将领,如提督、总兵、副将、参将、游击、都司等,都在各驻防区间作升迁调补的转移,基本不会常驻一地;但是基层兵员却在一地世代相袭,不会随着将帅的调补而流转。也就是说,清朝绿营兵和将领不能长久结合,兵为土著,将常流转,造成了历史上常出现的"将不知兵,兵不识将"的现象。

此外,绿营制度还有一个致命缺陷。由于绿营军队全都按照划定的防区驻扎各地,分防太多,兵力过于分散,无法集中。遇有战事,只能临时从全国各地抽调兵员,这里调几百,那里抽几十,临时组成一支大军。曾国藩对这一现象做过言简意赅且形象的描述:"所调之兵,天涯一百,海角五十"[19],"调兵之初,此营一百,彼营五十。征兵一千而已,抽选数营或十数营之多"[20]。从各地凑来的士兵虽然在空间上绑在了一起,但是他们的心却没有连在一处,"卒与卒不习,将与将不和",各营之间没有同仇敌忾,只有各看各的笑话。[21]

这是清朝一直以来调兵遣将的方法,也许在名将辈出的清代前期,这样的军队还能够平三藩,但到了清朝中后期,这种办法越来越难以奏效了。咸丰皇帝没有更新制度的能力,他所能做的就是凑军队和选名将。

先来看"凑军队"。当得知太平军在广西造反,咸丰皇帝陆续从邻近省份抽调兵员。先后从湖南调兵三千、贵州调兵五千、云南调兵三千、四川调兵一千,甚至还从安徽调兵一千……[22] 皇帝并不用操心从各地而来的兵员如何统筹,这是统兵大臣的任务。所以,选谁为前线的统兵大臣最为重要。

再看"选名将"。咸丰皇帝先令名臣林则徐为钦差大臣并署广西巡抚,催促其速赴广西,扫荡群丑。结果没想到,林则徐还没有到广西,就病死在途中。接着，皇帝命前两江总督李星沅为钦差大臣，命前漕运总督周天爵署理广西巡抚，希望二人刚柔相济，同心协力，荡平祸乱。然而，两人连敌情都搞不清楚，相互推诿，自然防堵不住势如破竹的太平军。咸丰皇帝无奈地再次换人，命文华殿大学士、军机大臣赛尚阿为钦差，并赐"遏必隆神锋必胜刀"，俗称尚方宝剑，令其在阵前便宜从事；同时以都统巴清德、副都统达洪阿为副，再加上不久前被调去的广东副都统乌兰泰，还有之前任命的广西提督向荣，赛尚阿手下可谓强将如云。

然而这些被皇帝派往广西的军将不但没有扑灭太平军的火，反而成了助燃的油，太平军的势头越烧越旺。咸丰元年八月太平军很快占领了永安，称王建制。咸丰二年正月太平军由永安突围成功，一路北上，攻桂林，陷全州，打出了广西。他们抢夺民船，沿着湘江顺流北进，占道州，陷桂阳、郴州，犯长沙。

赛尚阿被革职拿问，咸丰皇帝又以当世能臣徐广缙为钦差，署理湖广总督。但是徐广缙没有组织起大规模军事行动，丝毫不能拖慢太平军的进军速度。太平军由湘江入长江，咸丰二年末攻下华中重镇武昌，举国震荡。咸丰皇帝将徐广缙革职拿问，代之以具有前线作战经验的向荣为钦差大臣，督率部队在长江南岸追击太平军；同时咸丰又任命了另外两位统兵大臣，以琦善为钦差大臣在长江北岸防堵太平军渡江北上；以两江总督陆建瀛为钦差，率部队由江苏从东向西迎击太平军。

后有追兵，前有围堵，但太平军的前进步伐并没有受到阻碍。咸丰三年正月初，他们从武昌出发时，人数已达五十多万，旌旗蔽日，征帆满江。太平军沿长江东下，轻取九江、安庆、铜陵、芜湖；咸丰三年二月初十，攻下了江南名城金陵，在那里建立"小朝廷"，开始和北京清政府分庭抗礼。

据说，咸丰皇帝在听到太平军攻破金陵的那一天，当着众臣的面哭了。他心中很苦闷，自己宵衣旰食，调集大军，投入巨额军费，为什么没有达到预期的成效呢？他看不到这其实是体制出了问题，传统凑军选将的军事制度无法适应现实了。不过他的臣子曾国藩对此早有思考。

道光二十九年（1849年）八月，曾国藩兼任兵部右侍郎，开始负责全国军事工作，他对八旗、绿营等兵种以及全国的防务做过调查研究，深知军队种种弊病，并且试图建议改革。太平天国运动兴起后，全国局势紧张，曾国藩写了一份军事报告《议汰兵疏》，披露军队问题，建议裁汰绿营冗军五万，用节省的军费仿照戚继光练三千金华兵之法，训练一支真正敢拼能打的精兵。[23]

尽管曾国藩对当时的军事问题分析得鞭辟入里，但是咸丰皇帝反应淡然，他批复："俟广西事定，再行办理，疏留中。"[24]

这凸显出咸丰皇帝和曾国藩对如何剿灭太平军存在分歧。曾国藩认为以当时腐朽的军队根本无法打败发展迅速的太平军队，只有先进行军事改革，编练一支新军，才能取得胜利。而咸丰皇帝则认为这种方法太慢了，改革军制，编练新军，最快也得三五年，如何等得起？况且他起初也没有把太平军放在眼中，认为只要拨重金、调大军，便可迅速扫荡，届时再针对军制上的弊病进行改革。然而欲速则不达。两年时间里清廷深陷战争泥潭，军饷耗费殆尽，兵力也捉襟见肘，而太平军非但没有被剿灭，反而愈滚愈大。兵力不足的问题亟待解决，但咸丰皇帝仍然没有采用曾国藩之前的建议，而是想到了"团练之法"。

"团练"并不是咸丰皇帝的创举，而是基于传统地方基层组织的自然产物。中国传统基层地方性的行政组织称为"保甲制度"。乡村之中以户为基本单位，十户为牌，十牌为甲，十甲为保，分别设有牌长、甲长、保长。民众编组保甲，必须向州县政府登记造册。保甲的领导者都是地方土著，与州县流官不同，他们十分熟悉地方事务，责任持久，权力自由。保甲制度在地方治理中起到了重要作用，催缴赋税、征发徭役、赈灾济贫、兴办义学、睦族恤邻等等都归保甲的领导者负责，其中缉捕盗贼、防御抢掠更是重要事务，尤其在战乱年间。于是，依据保甲的编组自然发展成了地方基层武装，"团练"就产生了。精研晚清军制的王尔敏先生指出，"团练与保甲不但并非两歧两物，而实是一体之两种转化，可谓平时之保甲，即为战时之团练"[25]。

因此，团练就是地方基层武装组织，其成员被称为乡勇。其实"团练乡勇"每个字都有特定含义，可以清楚说明这一武装组织的性质和内涵。

"团"是指"声势气谊皆宜团结","练"是指"进退击刺皆宜讲求","乡"是指"取土著之人而客籍流氓不得与","勇"是指"取壮健之士而老弱疲病不得充"。四个字都得兼顾,不能偏废,否则,如果"练而不团",队伍就没有凝聚力;如果"团而不练",战斗就没有章法;如果"乡而不勇",队伍胆小而无战斗力;如果"勇而不乡",队伍则又成了容纳游勇客匪的地方。[26]

由此来看,团练就是由强健的土著乡民组成的,受过简单军事训练的地方基层武装力量,目的就是保障乡村安全。他们在地方士绅的领导下,以村寨为基点,筑墙设防,坚壁清野,在官军应付不来的战乱时代,为保卫地方安全起到了重要作用。

尽管是基层自治,但是官府并非放任不管,团练大多数都受地方官府监督指挥,由当地士绅充当的领导者,是需要由官方颁布任命札文来认可的。

朝廷在使用团练时十分矛盾,既想用团练补充兵力,保障地方治安,又担心团练坐大,难以控制。因此,只有在万不得已时,才会鼓励团练,甚至大规模征调团练乡勇,随官军作战。比如,嘉庆年间爆发了白莲教起义,波及川陕甘鄂豫五省,八旗军、绿营军已经腐化难用,团练就起到了作用,一方面各乡村坚壁清野,另一方面团练乡勇被官府征调,随绿营作战,这就是著名的"川勇"。《清史稿》记载:"川楚教匪之役,官兵征讨,而乡兵之功为多。"这里的"乡兵"就是指团练乡勇,而"官兵"指绿营兵,团练乡勇跟着绿营打仗,成为绿营附庸。不过,团练乡勇被征调离乡作战后,性质发生变化,不能再称团练,而应称"勇营",这就是湘军的前身,我们在下文会详细论述。

既然团练在平定白莲教等战事中起到了作用,咸丰皇帝便以史为鉴,沿袭兴办地方团练辅助八旗、绿营等经制兵的成例,命令各省熟悉地方情形和人望所系的"公正绅耆"办理团练,防卫各地乡村的同时,甚至可以征调部分乡勇团丁随军作战,以补兵力不足。不过,值得注意的是,咸丰皇帝并没有把平定太平军的希望完全寄托在团练上,他还是把重点放在八旗、绿营这些国家经制兵上。

从咸丰二年五月到咸丰四年五月间，咸丰皇帝先后发布三十九道上谕，在十四个省份委任了近三百位"团练大臣"。[27]当时曾国藩在籍丁忧，"既于地方情形熟悉，而人望所系"，便也在委任之列。

这便使曾国藩有了创立湘军的契机。

04　以团练始，不以团练终

曾国藩办理的湘军是团练吗？是，又不是。

湘军和团练有着密切联系，至少曾国藩练兵初期是"以团练始"[28]。其实在曾国藩出山之前，湖南各地已经出现了团练。

最早的办理者可以说是曾国藩的好友江忠源了，他是湖南新宁县人。江忠源很早觉察到家乡的不稳定因素，便自发办理团练。道光二十七年（1847年）新宁瑶民雷再浩起义，江忠源率团练乡勇随同经制绿营兵一起平定叛乱。太平军兴起后，江忠源扩招团练乡勇五百人，号称"楚勇"，跟随清军作战。江忠源的楚勇作战勇猛，迥异于绿营兵，在广西全州城北的蓑衣渡打了漂亮的伏击战，太平天国南王冯云山就在这场战斗中牺牲。不过江忠源的楚勇出省作战，离开了本土乡村，本质上已经不属于"团练"了。

在湖南各地之中，团练声势最大的要数湘乡县。湘乡是曾国藩的家乡，但是早期的团练和曾国藩并没有太大关系，那时曾国藩还在京城做官。太平军兴起时，湘乡各处自发办团练求自保，连曾国藩的父亲曾麟书也参与其中，为保境安民做力所能及之事。咸丰二年（1852年）四月，太平军进入湖南，占领道州，湘乡人更有了危机感。知县朱孙诒刊发《湘乡团练单》，倡导各都各坊，各乡各邑，认真办理团练，保性命而卫身家。于是湘乡各处士绅都行动了起来，大规模的练族、练团就开展起来。县里有担当的读书人如罗泽南、王鑫、刘蓉、李续宾等都拉练起了队伍，参与到团练事务中。随着战事压力加大，朱孙诒集合队伍到县城中进行组编，分为左中右三营，每营360人。这就是"湘勇"。咸丰二年十一月，为了防守长沙，湖南巡抚张亮基征调罗泽南、王錱等率三营湘勇千人来省城防守。

此外，其他各县还有宝勇（宝庆）、浏勇（浏阳）、辰勇（辰溪）等。这些团练乡勇可以肩负起戡定大乱的重任吗？曾国藩并不以为然：

> 伏查团练本是良法，然奉行不善，县官徒借以敛费，局绅亦从而分肥。贼至则先行溃逃，贼退则重加苛派，转为地方之弊政。[29]

尽管这段关于团练弊端的精辟概括是曾国藩在咸丰十年所述，但是他对团练的这种认识在他初至长沙前后就产生了。他认为，团练乡勇坚壁清野防小盗则可，但御强寇则不能。非但不能，甚至可能成为危害地方百姓的"弊政"。当时乡里编户，民穷财尽，再有咸丰二年旱灾，十室九饥，如果又在乡民中敛钱办团练，反而加重了乡民负担。而且，难保募捐办理者都能像江忠源、罗泽南、王錱等人那样品德高尚，他们很可能从中贪污自肥。这样一来，反而增加了地方的不稳定因素。[30]

而且，曾国藩对这些未经过严格训练的团丁乡勇的战斗力也严重存疑，他曾评价：团练终成虚语，毫无实用，一旦贼匪攻来，乡里小民就像"鱼听鸣榔""鸟惊虚弦"，一哄而散，难以约束。[31]

这样来看，曾国藩不认同办理团练的做法。但是咸丰皇帝给他的命令就是"帮同办理本省团练乡民，搜查土匪诸事务"。如果不办团练，如何向皇帝和朝廷交代呢？

曾国藩决定区别地来办理团练，把"团"和"练"分开来办。

对于"团"，他做了解释，"团"是"保甲之法也，清查户口，不许容留匪人"。这种"团"御强寇不行，但是防小盗则可，耗费不多，正好适用于穷困的乡村地带。因此，曾国藩要在乡村行"保甲之法"，"团而不练"。他此举的目的是防范盗匪，在不扰民的情况下，低成本防盗，清查户口，保甲连坐，不给盗匪藏匿于乡村的任何空隙，也不给乡民留有资盗助匪的可能。[32]

对于"练"，曾国藩也做了解释，"练"是要"制器械，造旗帜，请教师，拣丁壮"，要定时会操，而且还得"厚筑碉堡，聚立山寨"。这些事务极耗银钱，如果在乡村无差别推行，反而会扰民、害民。因此，曾国藩主张"练"只在城厢进行，操练一支一二百人的队伍，视需要派往各地剿办盗匪。[33]

曾国藩初到长沙时，城内正好有之前被调来协防长沙的三营湘勇和由江忠源带领的楚勇等几支队伍。曾国藩便和张亮基、江忠源、左宗棠等人商议，以此为基础，组建"练"。不过，此时浏阳会匪起事，聚众万人，江忠源率楚勇镇压，随后跟随官军向长江下游作战。曾国藩就以剩下的三营湘勇1080人为基底编练并扩充队伍，也就有了后来的"湘军"*。

不过，他并不是简单将这几支队伍拼凑在一起，而是用了一种新方法操练，就是他在去年的《议汰兵疏》中提到的"戚继光之法"。

咸丰二年腊月二十二日，也就是曾国藩决定夺情出山后的一周，他向皇帝陈明了计划：

> 因于省城立一大团，认真操练，就各县曾经训练之乡民，择其壮健而朴实者招募来省，练一人收一人之益，练一月有一月之效……今欲改弦更张，总宜以练兵为务。臣拟现在训练章程，**宜参访前明戚继光、近人傅鼐成法**，但求其精，不求其多；但求有济，不求速效。诚能实力操练，于土匪足资剿捕，即于省城防守亦不无裨益。[34]

这里曾国藩阐明了自己办"团练"的目的和方法，目的是完成皇帝交给他的"搜查土匪"的任务，而方法则是在省城立一大团，认真操练，再具体的方法是参考明代的戚继光之法。这是曾国藩向咸丰皇帝第二次提到"戚继光之法"。

戚继光之法到底有何特殊之处，让曾国藩如此青睐呢？

这和八旗、绿营的世袭军制有关。清朝的绿营基本上沿袭明朝军制，都是世兵制，即父子相承，世代为业，到王朝后期暴露出很多弊端。戚继

---

* 为了叙述方便，笔者将接下来曾国藩编练并随后统率出征的队伍称为"湘军"。

光也面临着同样问题，于是他独辟蹊径，重新招募士兵抵御倭寇。他的军队是募兵制，就是自己花钱去招募士兵，聘以重酬，严于训练，整支军队为大帅个人所有，指挥自如。因此，戚家军虽然只有几千人，战斗力却是极强，成为历史上享有盛誉的常胜军。

曾国藩想练的军队就是一支"戚家军"。他亲自挑选营官，由营官招募哨官，再由哨官招募士兵；层层向下，上级招募下级，下级对上级负责，整支军队最终统属于大帅一人。这样的军队私属性极强，指挥起来也灵活自如，大帅指挥营官，营官指挥哨官，哨官指挥士兵，就仿佛整条胳膊的运动，肩带肘，肘带腕，腕带指尖，用曾国藩的话来说就是"指臂相联"。

这就是所谓"戚继光之法"，也是曾国藩他们创立新军的组织方法。这并非曾国藩的独创，当时江忠源、罗泽南、王鑫等人都有此共识，他们招募团丁时也用此法。曾国藩是在和众人充分交流后，采取了适合当时情形的方法。

这支新式的军队该如何描述呢？直观来看可以说是"儒生领农民，各自成营"[35]。这句话概括出湘军的基本成分和组织方式。它是以营为集体单位，以勇为个体单位，每营360名勇丁。勇为农民，营官为儒生。

儒生为将是湘军一大特点，纵观各营营官大多都是熟读诗书，以仁义礼智信自居的书生。曾国藩说："鄙意欲练乡勇万人，概求吾党质直而晓军事之君子，将之以忠义之气为主，而辅之以训练之勤。"[36] "忠义之气"的"君子"是曾国藩最看重的，当然他也提出了四个具体标准：一要才堪治民，二要不怕死，三要不汲汲名利，四要耐受辛苦。四者缺一，都不能带勇成将。[37]另外，湘军将领读书在军事史上成为一道独特风景，以后无论走到哪里，湘军军营中总有一阵阵读书声，打仗作战的同时无时无刻不在研讨学问，上马杀敌，下马读书，是这一时期湘军将领的独特风格。

对于要招募的士兵，曾国藩说："就各县曾经训练之乡民，择其壮健而朴实者招募来省。"[38]一方面他直接吸纳现有团练中的团丁，另一方面也重新在乡村中招募农夫。"壮健"和"朴实"就是他招募乡勇的两大特点，这基本沿用了团练对团丁乡勇的要求。

为了避免绿营兵将不识的问题,曾国藩规定,将领能以"招募"的方式去选"勇"。全军成严密的线性组织结构,统领招募营官,营官招募哨官,哨官招募什长,什长招募勇丁。所谓"招募",是指有偿付给当任勇丁农民的兵饷报酬不仅远高于农民收入,也比绿营兵丁高很多。什长、哨官、营官的饷酬依次增加。加入湘军不仅可以实现杀"贼"报君的政治理想,还可以获得不菲的收入,因此,勇丁都会感激上级的招募挑选之恩,打仗时自然能够患难相顾。[39]

值得注意的是,湘军由于以团练为基础,而带有很强的乡土色彩,营官招募勇丁时多从其家乡招募,一营的战士或多或少沾亲带故或是邻里关系。这是曾国藩所乐意看到的,因为这样可使队伍成员之间的联系更加紧密,彼此互相熟悉,打起仗来互相照顾,尽可能避免绿营那种"败不相救"的局面。

这样一来,由于招募形式、组织架构以及乡土色彩,湘军又具有极强的私军属性。下级只对上级负责,一营队伍只能由营官指挥,与国家那种临阵凑军选将极为不同。湘军将帅不依附于国家规定的标、协、营、汛的系统,其联系和协作全建立在将领的私人关系之上。

如果把湘军比作一棵大树,勇丁、营官、统带等各阶层人员通过招募形式和组织架构连为一体,统领为根,营官为干,哨弁、勇丁即为枝、叶,而乡土、师生等私人关系和儒家思想则为水分、养料、阳光,让湘军这棵大树上下贯通,生机勃勃。

由此来看,湘军既非团练,也非绿营,但是吸纳了两者因素,融合一体,进而脱胎换骨,成为新式军队。因此,才有人说曾国藩"以团练始,不以团练终"[40]。时人和后世史家称这种模式的军队为"勇营"。

当然,曾国藩不会在当时明言自己练的是一支新式军队,因为未得皇帝谕旨,这种行为怕是逾制。不过,正处于非常时期,皇帝没有精力细细分辨,曾国藩正好利用间隙,打着办团练的幌子来另起炉灶,编练新军。

曾国藩先把在长沙的三营湘勇进行优化,裁汰一营,只留下罗泽南、王鑫两营；接着，他又重新招募，扩编队伍，以邹寿璋、季弟曾国葆*分别为营官，招募两营勇丁。同时，曾国藩也吸纳优秀的绿营队伍。绿营将领塔齐布率部分绿营兵投入湘军，不过，塔齐布须按照营官招募勇丁的形式重新挑选他的士兵，曾国藩还让塔齐布统带辰勇、宝勇，共组成两营队伍。

到咸丰三年六月时，除在外省作战的江忠源楚勇外，曾国藩编练湘军为三千人，其中王鑫、罗泽南、邹寿璋、曾国葆、塔齐布等为骨干。当然，此时湘军的组建还处于起步阶段，营制、章程、训练、阵法等，都将在以后随着战事需要不断调整和完善。

除编练新军之外，曾国藩还有一项重要工作。

05 审案局

与办理团练同步，咸丰皇帝还交给曾国藩一份重要的工作，那就是剿办土匪：

> 所有浏阳、攸县各处匪徒，即着该署督抚等认真查办，并着会同在籍侍郎曾国藩，体察地方情形，应如何设法团练以资保卫之处，悉心妥筹办理。[41]

曾国藩对此一点都不含糊，积极办理剿匪工作。他采用了非常手段，为自己赢得了一个不光彩的称号。

曾国藩抵达长沙，了解各处匪徒情况后，即在咸丰三年（1853年）二月十二日上《严办土匪以靖地方折》，阐释了剿办土匪的工作总纲、态度和路径。总纲是"纯用重典以锄强暴"，即以暴制暴，用重刑重罚来惩办强盗、土匪等不安定分子。态度是"身得残忍严酷之名亦不敢辞""剿办

---

* 曾国葆：曾国藩最小的弟弟。咸丰三年（1853年），开始跟随曾国藩做事。咸丰八年，改名"贞干"。他的故事详见本书第四章"季弟殒命"一节。——编注

有棘手万难之处亦不敢辞",即不惜一切代价,既要克服实际困难,还要排除内心慕虚名的障碍。路径是清办"积数十年应办不办之案",惩杀"积数十年应杀不杀之人"。曾国藩认为由于地方官员的不作为,导致几十年来本应该办理而没有办理的案件积压不审,同时也导致了几十年来本应该惩杀却没有惩杀的罪犯横行法外,最终导致了叛乱的巨寇。因此,他要从严审判,重惩罪犯。[42]

曾国藩之所以主张纯用重典,是因为他认为太平军和各地匪贼相通相连,甚至相伴而生。各地匪徒有不同的类型,首先是会匪。湖南的会匪非常多,如添弟会(天地会)、串子会、红黑会、半边钱会、一股香会等等,他们往往成群结党,啸聚山林,尤其在湖南东南、西南的山区中,打家劫舍,异常活跃。曾国藩认为会匪和太平军有天然联系,会匪匪徒随时可以成群结队人伙太平军,是他们取之不尽的有生力量;而太平军的兴起也助长了各地会匪的活动,造成地方不稳定,不利于地方抵抗太平军的进攻。

其次是游匪,游匪有三种来源:第一种是逃兵逃勇,当这些人无钱回家,无营可投的时候,就会沿途逗留,随处抢掠;第二种是当战乱发生后,有些人家破财尽,弱者就近乞讨,强者则逃奔他处,聚众抢劫;第三种则是有人跟随军营,假冒长夫或者兵勇,沿途流落,伺机找事。

最后一类匪徒是痞匪,也就是地方街面不安分守己的人,比如奸胥、蠹役、讼师、光棍之类。

无论哪种匪徒都是地方上的不稳定因素,都能随时在太平军卷土重来时成为巨大的安全隐患,尤其是会匪、游匪。因此,曾国藩针对这两类匪徒,分别采取镇剿和捉拿审判的方式办理。

对于啸聚山林的会匪、教匪、盗匪,曾国藩派出军队,联合当地的乡团前去镇剿;甚至他自己率领部队,移驻各地,就近查办。对于游匪,曾国藩在各处街道设立治安队(街团),但凡遇到形迹可疑之人就捉拿审判。

为了提高司法审判效率,曾国藩在湖南省原有的司法系统之外,设立了审案局,专门审判捉来的匪徒。这些匪徒要受到的惩罚则是曾国藩定下来的重典"三板斧"——"重则立决,轻则毙之杖下,又轻则鞭之千百。"[43]

尽管分三级来对付匪徒，但是这三级的手段却都足以致人死命。重则立决不用说了，即是斩立决或绞立决，当下要了犯人的性命；轻则杖之，但也要杖毙的，一个"毙"字还是要死人；而鞭之千百也是很重的刑罚，一鞭下去皮开肉绽，鞭之千百的后果极有可能就是死亡。

其实在清朝的司法规定中，地方官员没有处死罪犯的权力，每年各地的死刑犯都要经过州县—府—省提刑按察司层层审定，再由巡抚总督对死刑犯进行复审后，以结案报告的方式向皇帝汇报，并同步给刑部。由刑部取供、经会审拟定判决，最后交皇帝做出终审裁决。可见在清朝司法系统中，判死刑需要层层审定，并由中央决定。这体现皇帝乾纲独断的同时，也标榜了"慎刑恤罚"之意。但是，在太平天国运动期间，清朝实行了特殊手段，允许地方督抚大员、带兵将军可以根据实际情况将谋反之人就地处决，甚至可以先斩后奏。曾国藩也向朝廷申请该项特权，"一经到案讯明，立予正法"[44]，避免因向上报告而耽误时间，提高司法办事效率。

曾国藩的司法办事效率确实提高了，他杀的人数也在迅猛提高。六月十二日他在奏折中报告，设立审案局五个月以来，"计斩决之犯壹百肆名，立毙杖下者贰名，监毙狱中者叁拾壹名"[45]，总计一百三十七人。这还不算他催促各地地方政府或乡团擒拿匪党而处死的人数。

在他给好友的一封信中也能反映出这一阶段他惩杀的人数，他说："实则三月以来，仅戮五十人……"[46]

这封信写于咸丰三年四月十六日，从三月以来，大约四十六天的时间，他杀了五十人，平均每天杀死超过一人。可见杀人之多，杀人之频繁。不过曾国藩还在"五十人"前用了一个限定词"仅"，言下之意在说杀人并不多，惩罚力度并不够。

曾国藩雷厉风行地清剿土匪的做法立竿见影，地方治安取得了明显的成效。他向皇帝汇报说："虽用刑稍过于严峻，而地方颇借以安静。臣受命来省，将及半年，办理各案，粗有头绪。"[47]

不过这种做法却遭到了朋友们的非议，很多人不理解，认为他杀人太多，"劝其缓刑"。曾国藩以理学家自居，他的朋友大多也是标榜仁义的儒士，以仁义治天下是他们的政治理想。而曾国藩这一阶段的做法更接近于法家所倡导的以严刑峻法来治国惩民，他的朋友欧阳兆熊也提到此时的曾国藩"变而为申韩"[48]。因此，士大夫自然对曾国藩多有批评。

这在曾国藩的意料之内，他并不为所动，坚持在非常时期的恐怖政策。他甚至觉得与古代酷吏的猛烈程度相比，这些重典刑罚不值一提，只不过长时间相承因循，自己的做法才显得武健严酷。他早就做好思想准备来应对："但愿良民有安生之日，即臣身得残忍严酷之名亦不敢辞。"只要能够平定叛乱，稳定治安，造福良民，自己仁义的名声又能有多重要呢？他早就做好了落得一个"残忍严酷"骂名的准备，他说"书生好杀，时势使然耳"[49]，他早就看清了一切。

此时，四十三岁的曾国藩早已在京城宦海浮沉十几年，不但没有被官场染得混浊，反而十分厌倦那种"宽厚论说""模棱气象"，痛恨官场约定如此的"不白不黑，不痛不痒之世界"。[50] 他的眼中黑白分明，他的心中只有朝廷和天下苍生，凡事"苟利于国，苟利于民"，他便不避任何嫌疑，"贸然为之"。[51]

为此，虽有"棘手万难之处"，曾国藩也在所不辞。他不在乎自己的名声是仁义好德还是残忍严酷，也不在乎是否会触犯同僚的事权。因此，仅仅作为一个"帮办团练大臣"，曾国藩却在长沙做起了主事的角色，无论是不是职权范围的事情，他都要去做，都要去管，他"殚竭愚忱，昼夜不懈"；只要是需要他的地方，不管是"坚守省城"，还是"出堵要隘"，他"俱无所辞避"。[52]

曾国藩初到长沙时，有湖南巡抚张亮基的支持，做事还较为顺利。不过很快张亮基调任署理湖广总督，离开了湖南，"会垣（长沙）局势为之小变"[53]。曾国藩"舍我其谁""敢于担当"的做派遭到了湖南官场的普遍反感，尤其是审案局的设立让湖南司法官员尤为不满。继任而来的署理湖南巡抚骆秉章也讨厌曾国藩趾高气扬、舍我其谁的态度和万事包揽的做法。

对此，曾国藩全然不顾，他不仅办理司法事务，还要插手绿营军务，却不知道自己面临的环境已然十分险恶，差点丢了性命。

第一章　靖港跳河　031

06　永顺营事件

咸丰三年（1853年）八月初六夜，湖南巡抚署衙旁，团练大臣公馆内。

曾国藩正在屋内一圈一圈地踱步，"绕室彷徨"是他在夜深人静苦思问题时的一个习惯。

最近一些日子，招募的团练勇和驻长沙的绿营兵产生了矛盾，互相械斗。兵、勇各属不同系统，兵瞧不起体制外的勇，勇看不上养尊处优的兵，兵勇互斗是常有之事。曾国藩对此深恶痛绝，不过他认为"兵勇互斗"的主要责任在绿营的"兵"，而不是自己负责团练的"勇"。

前些天，绿营的永顺兵和团练的辰勇因赌博发生冲突。永顺营是湖南提督鲍起豹的提标兵，即提督亲率的直属部队；辰勇是从辰溪县招募而来的勇丁，由曾国藩的亲信塔齐布统带。

双方冲突得很激烈，永顺兵居然要吹角列队征讨辰勇。曾国藩认为永顺兵的行为极为恶劣。如今湖南提督鲍起豹已经把闹事者绑着送过来了。该如何处置这些闹事兵丁呢？如果斩首，会不会引起大的兵变呢？

曾国藩正想着，忽然听到公馆院外喧闹纷纷。

门人匆匆来报，说永顺兵来砸公馆大门，声言要解救被绑士兵，活捉团练大臣，劝曾国藩赶紧躲躲。

曾国藩眉头一皱，气上心头，没想到永顺兵竟然直接闹到大门口。自己是朝廷委任的团练大臣，看他们敢怎么样！

曾国藩走出屋来，看到大群士兵手持火把、枪械等，已经闯入院内。他大声说："团练大臣在此，谁敢乱来！"

闹事士兵循声一望，抬手一枪，正中了曾国藩身旁的随从，险些伤及曾国藩。曾国藩当即吓出一身冷汗，哆哆嗦嗦被人搡着从后门逃走。他们急忙向隔壁的巡抚衙署求救。湖南巡抚骆秉章就在一墙之隔办公、睡觉。

曾国藩"咚咚"地砸着门，骆秉章迟迟才开门，看到曾国藩的窘况，佯装吃惊，询问何事。

此时，闹事士兵也追到巡抚大门口，看到骆巡抚已然出来，便收起武器。骆秉章把曾国藩晾在一旁，径直走到闹事士兵群中，安抚他们早点回营休息。

曾国藩哆哆嗦嗦地站在一旁，又是惊吓，又是愤恨。

这就是著名的永顺营事件。[54] 不过，它并不是简单的士兵闹事，透过背后盘根错节的军政关系，可以看到湖南官场与曾国藩之间激烈的明争暗斗。

曾国藩以钦命"团练大臣"的身份来到长沙后，便发现这里是个乌烟瘴气之地，文臣取巧，武臣退缩。他愤恨官场弊病，决心要激浊扬清。

不过，曾国藩手中的权力却极为有限。他虽然是皇帝亲自下旨任命的，但头衔只是个"团练大臣"，且有限定词"帮同办理"。这明确且严格规定了曾国藩的职权——帮着湖南巡抚办理团练。他不是地方大员，也不是钦差大臣，用他自己的话来讲是"不官不绅，处于承乘并疑之位"[55]。这样一来做事多有掣肘，他对湖南省内的政、财、吏、刑等各类事务没有直接插手的权力，甚至对团练也不是牵头负责，而是帮同办理。可是，曾国藩偏偏要以"澄清天下"为己任。他早看不惯湖南官场昏庸、拖沓的作风，索性自己雷厉风行地办事，把职责内外的工作都一并揽了过来。

在严办土匪的过程中，曾国藩私设审案局，绕过湖南省内的司法系统，私自处决罪犯，大有"宁可错杀一千，也不放过一人"的架势，自己明言要办"数十年应办不办之案"，要杀"数十年应杀不杀之人"，但是，却没有意识到他已经把手伸到了别人的势力范围内。他有时会把已经解送到长沙府县衙门的犯人强行提走，自行处置，甚至直接拘杀官衙的吏役。这种跋扈做法，让湖南巡抚和相关官员十分不满，感到难堪。

不仅如此，曾国藩还插手了湖南绿营的军务，为永顺兵闹事埋下了伏笔。

曾国藩认为官兵在战场上短兵相接不敌太平军的重要原因是官兵缺乏训练，于是他对团练的日常训练十分重视，还要求绿营兵一起来会操。不过，按照清朝规定，一省内的绿营事务除了总督和提督之外，任何人都不得插手，连巡抚也没有资格干预。曾国藩强制绿营兵会操的做法引起提督鲍起豹等绿营军官的强烈反感。

鲍起豹的手下长沙协副将清德首先发难，他拒不履行曾国藩要求会操的命令，而且向曾国藩的爱将塔齐布公然发难。清德的行为没有让曾国藩意识到自己越权过界，反而坚定了他之前对绿营将领的看法——玩忽职守，昏庸懈怠。

于是他决定整肃军风。

经调查，曾国藩发现清德不仅拒绝会操，而且毫无武将之风，性喜安逸，在衙署之中养起了花草。俗话说"兵熊熊一个，将熊熊一窝"，副将清德如此，他手下长沙协队伍的军纪军风可见一斑。去年当太平军猛攻长沙，挖地道轰陷南城时，清德脱去军服，摘掉花翎，藏匿在民房之中；他统带的士兵也一路溃逃，把号衣、军装丢得满街都是，至今沦为笑柄；等太平军撤离后，清德回省城，居然沿途搜刮，大买花草盆栽。

对于这样一个劣迹斑斑的将领，曾国藩痛恨万分，写密折弹劾他，称清德"性耽安逸，不遵训饬，操演之期，该将从不一至，在署偷闲，养习花木"，请求皇帝治重罪，惩一儆百，整顿军威，鼓励士气。[56]

曾国藩打压清德的同时，也扶植了自己的势力。就在同一天，他向皇帝写密折保举了塔齐布。

塔齐布本是满洲镶黄旗人，属绿营兵，守长沙城有功，升任游击。在平时训练中，他表现突出，积极响应曾国藩的操练号召。曾国藩偶尔和他说上几句话，发现塔齐布了不起[57]，再看塔齐布带的兵，队伍齐整，军纪严明。因此，曾国藩评价塔齐布"忠勇奋发，习苦耐劳，深得兵心"，将他收为心腹，委以重任，把他及其所带的部分绿营兵编练到湘军中，并让他统带辰勇、宝勇，练成两营。

当然，除了赏识塔齐布的才能之外，曾国藩重用他还另有一番政治深意。满汉之防是清朝的一项政治主题，朝廷对汉族大员有天然的不信任，曾国藩将塔齐布收为麾下也看重了他的满族身份，希望借此增加朝廷对湘军的好感。同时，曾国藩可能也希望借助塔齐布来控制部分绿营兵，至少能激励他们训练。

曾国藩和塔齐布的关系，长沙官场上下都看得出来。曾国藩打压清德，其背后的上司提督鲍起豹就来找塔齐布的麻烦。鲍起豹以暑热天气会操有损士兵身体为由，严禁塔齐布操练士兵，否则以军棍处之。

将领间的斗争，直接影响到手下士兵们的态度。绿营士兵和湘军勇丁的矛盾也非常激烈，甚至经常打架斗殴。兵勇斗狠事件不断出现在曾国藩与人来往的书信中：

> 桂东之役，三厅兵寻杀湘勇于市……江西之行，镇筸兵杀湘勇于三江口，伤重者十余人。七月十三、八月初六省城两次兵噪，执旗吹号，出队开仗，皆以兵勇不和之故。[58]
> …………

八月初四，鲍起豹管辖的永顺兵与塔齐布统带的辰勇之间因赌博发生了斗殴。永顺兵聚集起来，要列队向辰勇进攻。

在曾国藩看来，永顺兵的行径及其性质十分恶劣。大敌当前，不能同仇敌忾，反而窝里斗狠，打贼匪没有什么本事，打自己人却硬气得很。气恼之际，曾国藩决定整治军纪，直接移文鲍起豹，要他交出肇事者，定罪处置。

鲍起豹直接把肇事者捆绑起来，押送到曾国藩公馆处。不过，这不是和曾国藩协作处理问题，而是向曾国藩示威。同时，鲍起豹煽动永顺兵，告诉他们曾国藩要严惩他们的弟兄，激起底层士兵的愤怒情绪。

永顺营当即闹将起来，先围住了塔齐布的住所，一顿打砸抢烧。幸好塔齐布藏在草丛中没有被发现，否则将会有生命危险。接着，这帮士兵继续沿街闹事，来到曾国藩公馆。

当时长沙上下官员和将领都得知兵痞闹事，也知道背后是鲍起豹和曾国藩的矛盾，却都放任不管。

湖南巡抚骆秉章也反感曾国藩的强势作为，不站在他那一边。当闹事兵勇围住曾国藩公馆时，身在一墙之隔的骆秉章全然不顾，甚至曾国藩敲门求救时，骆秉章对曾国藩一句安慰的话也没有，对闹事者也不追究责任。

曾国藩看到此情此景，心中不是滋味，愤慨不已。而湖南的文武官员听说此事都非常高兴，准备看他的笑话。

曾国藩异常愤恨和委屈，自己一心为国，专心做事，却被这污浊的官场排挤和刁难。他自认为这是人生一大耻辱，像是被人扇了一记耳光，甚至打落牙齿一般。有人建议曾国藩应立即给皇帝上折子，参劾这污浊的长沙官场。如果曾国藩这样做的话，那么他也会和其他人一样陷入毫无意义的人际关系的内耗中，更不可能做出任何成就。对于这个建议，曾国藩稍后写信对友人说："我们这些做臣子的，不能为国家弥乱，反而用这些琐事来烦扰皇帝，我于心未安啊。"[59]

既然长沙利害关系错综复杂，那么不如离开长沙，到南边的衡州去练兵。于是，曾国藩当即给皇帝上了《移驻衡州折》，只字未提兵变之事，也不写委屈，只写湖南南部衡阳、永州、郴州、桂州一带匪情严重，自己移驻衡阳，就近调遣，也是顺理成章。

不过，这世间哪里不会遇到问题呢？尽管在长沙受排挤，可是长沙的资源也很丰富，省城交通便利，消息灵通，而且军饷器械等军需资源大多由长沙分配和发出。曾国藩离开了长沙，虽然远离了官场纷争，但也远离了这些资源，不是得不偿失吗？他的友朋部下会支持他吗？曾国藩是怎么考虑决定离开长沙的呢？

事后，曾国藩分别致信骆秉章、张亮基、吴文镕等大员以及王鑫等好友，解释了离开长沙的原因。他在给不同人的信中所提的内容不尽相同，相互比较，我们可以窥探曾国藩的内心想法。

湖南巡抚骆秉章虽然没有公开唱反调，但是在曾国藩与长沙官场斗争时站在了长沙官场一边。曾国藩对骆秉章不满，但是在这封信中他却进行示好，对自己的行为有所检讨："侍今年在省所办之事，强半皆侵官越俎之事。以为苟利于国，苟利于民，何嫌疑之可避，是以贸然为之。"这种无所避忌的贸然行为让他成为众矢之的，很多官员反对他干预兵事，经永顺营事件后尤甚。这样一来曾国藩无法参与军事，甚至对办理团练也有影响，也因此他觉得留在长沙"实无寸益，徒滋姗笑"。[60]

不过，尽管曾国藩对自己的行为进行了反思，但对于长沙官场的不作为和极强的地盘意识，曾国藩的"恨"意远远大于"歉"意。离开错综复杂的官场是他的当务之急。这一点在他给前湖南巡抚张亮基和座师吴文镕的信中体现了出来。

张亮基曾在署理湖南巡抚时，力邀曾国藩出山办理团练，是曾国藩的极力支持者。张亮基调任离开湖南后，曾国藩便感到长沙官场为之一变。吴文镕与曾国藩关系亲密，是他的恩师，咸丰三年八月被任命为湖广总督。曾国藩与他们的关系密切，志同道合，经常往来书信，探讨军情。在给二人的信中，曾国藩提到了一些在给骆秉章的信中不方便提的内容。

他用大量篇幅批评湖南"文武不和，兵勇不睦之象"，抱怨自己厕身不官不绅的尴尬处境，深陷于错综复杂的官场斗争中。身为前任侍郎、现任团练大臣，他是有资格上奏皇帝，弹劾政敌的。但是他觉得如此处理只会让自己深陷政治斗争之中，白白浪费时间和精力，他说："君子直道而行，岂肯以机械嶔巇与人相竞御哉？"曾国藩不愿意钩心斗角，于是赶紧抽身，前往衡州清静之处。

此外，他在给吴、张两位大员和好友王鑫等关系较亲密的人的信中花了大量篇幅描述绿营兵的积弊现象，进一步说明绿营兵全不能用，要想戡平大乱非"别树一帜，改弦更张"不可！因此，曾国藩想用全新之法编练队伍，不在体制内行事。如果还在长沙，必受体制影响，因此他想前往衡阳这块"赤地"以"立新"。这应该是他离开长沙的最终目的。

永顺营兵变是湖南文武官员相争和兵勇相斗两种矛盾的极点，它对曾国藩的影响很大，让他看到湖南官场不可依，绿营兵丁不能用，必须赤地立新、另建新军。多年以后曾国藩回忆此事也说，"初得旨为团练大臣，借居抚署，欲诛梗令数卒，全军鼓噪，入署几为所戕，因是发愤募勇万人，浸以成军，其时亦好胜而已。不意遂至今日，可为一笑"[61]。

衡州这块地方尽管有很多局限，但是它"清静可爱，足以藏拙"的优点就足够吸引曾国藩用以编练新军了。[62]况且，由于衡州地理交通重要，之前周边盗匪群起，曾国藩原也有计划移军到此就近弹压。因此，曾国藩来到衡州，也不会显得过于突兀，不会在朝廷那里把矛盾公开化。

于是，曾国藩先命弟弟曾国葆率所部移驻衡州，自己于八月十四日出长沙，绕道湘乡探亲，之后抵达衡州。他开始大展拳脚，计划招募万人。

不过，曾国藩移军到衡州的想法不是人人都能理解，甚至他的很多好友如罗泽南、刘蓉等人也未必认可。在曾国藩初到衡州时，这些人并没有及时跟随赶到，当然也有可能是他们在各处剿办土匪，无法立即抽身。*不过有些人确实写信给曾国藩，暗暗表示对他突然离开长沙有些许意见。比如王鑫说："先生率湘勇尽来衡州，省垣守兵单薄，实私心所为惴惴者也。"[63]他虽未明言曾国藩之错，但强调自己内心因曾国藩率军前往衡州会导致长沙防守空虚而惴惴不安，这话里话外是在暗讽曾国藩不顾大局，不能忍辱负重，私心太重。

曾国藩也担心他人不理解，因此到处给朋友写信解释，希望朋友支持自己，前往衡州来帮忙，而他最寄予厚望的朋友就是王鑫，却不料日后和他产生巨大分歧和矛盾的也是王鑫。

07 与王鑫的分途

咸丰三年（1853年）八月二十九日，湖南衡州府，曾国藩来到的第三天。

这里果然不能和省城比，军局应用器械，一无所有；掣肘的官员固然少了，但能帮忙的绅士也少了。衡州局面隘小，一时间他并不能像期待的那样"舞袖回旋"。曾国藩绕室彷徨，思索着如何尽快展开局面。

此时，仆役送来一封急件。曾国藩一看是王鑫二十四日发来的，连忙拆阅。看完后，他忍不住拍案叫好！

王鑫在信上说自己的四位至交率湘勇支援南昌战事，结果身殒于彼，这令他痛恨交加。他想邀合各营湘勇同志，再添募两千人，扫清江右之匪，借以解书生迂直无用之嘲，以慰亡友亡勇在天之灵。他恳请曾国藩成全他雪耻复仇的心愿，并发誓"一息尚存，誓不与贼俱立"[64]！

这封信使曾国藩"郁抑之气为之一伸，眉为之一轩，魂魄为之一张"。

---

* 塔齐布率辰勇、宝勇八百人驻醴陵；邹寿璋率湘勇驻浏阳，防江西之贼；储玫躬率一营湘勇往郴州，以防土匪；王鑫率军驻营郴州；罗泽南在吉安剿匪。

王鑫之志正好与他的不谋而合，如果王鑫来衡州一同练军，那么这里的隘小局面将为之一开。于是曾国藩回信称"此举天地鬼神实鉴之矣"，邀请王鑫即日来衡，共商一切。[65]

王鑫，字璞山，湘乡人，是湘军创立早期的重要人物，甚至被认为是创练湘勇的首发之人。咸丰二年，太平军进入湖南，王鑫组织乡间团练，同时上书知县朱孙诒，恳请练兵讨贼。不久王鑫便成了骨干，与他的老师罗泽南等人练勇千人，编为三营，防守县城。年末，王鑫等人被调入长沙，防守省城。其间曾国藩奉命帮办团练，在罗泽南、王鑫等人的三营湘勇的基础上扩建湘军。王鑫的练兵、带兵之法给曾国藩很大启发。不久，太平军沿江东下，长沙解严，而湖南各处的土匪会党起事却此起彼伏，王鑫被骆秉章、曾国藩调往各处剿办，先去衡山，后及安仁，再击桂东，又至龙泉。咸丰三年秋，兴宁告急，王鑫仅率百人，疾行三昼夜，薄城鏖战，克复城池。

正当王鑫鏖战于湘南时，太平军大举围攻南昌，江忠源与江西防兵困守孤城，向湖南求援。骆秉章、曾国藩命罗泽南、李续宾等人率湘勇助战解围。战斗一开始很顺利，湘勇英勇战于城下，但太平军从尾后偷袭，绿营等兵坐视不救，致使湘勇的谢邦翰、罗镇南、易良干、罗信东等人战死。虽然最后打赢了，但湘军损失也不小，战死八十多人。其中那四人都是王鑫的至交亲友。王鑫听说后，很受打击，对见死不救、腐化难用的绿营官兵更为痛恨，发誓要为亲友报仇雪恨，立志募勇练一支精兵。上文提到的信件便主要记叙此事。

王鑫这个想法与曾国藩一拍即合，"王璞山之志事，侍亦有志焉！"[66]

九月初五晚上二更天，王鑫仅率几十人从桂东来到了衡州，面见曾国藩，商量募多少勇，筹多少饷。可是安仁一带突然窜入土匪，王鑫不得不立即率队前去弹压。

尽管曾国藩和王鑫两人就募勇筹饷等问题还没有商量出结果，但是曾国藩能见到王鑫归来，甚是开心，逢人便称赞他。

他对江忠源称赞王鑫是"忠勇男子，盖刘崐、祖逖之徒"[67]，对骆秉章肯定王鑫"大兴义愤，以报友仇而纾国难"[68]，对吴文镕夸奖王鑫"忠勇冠群,驭众严明"[69]。

王鑫办完安仁之事后,立即返回衡州,和曾国藩商讨一切,也招徕友朋一同到衡州练军。不久王鑫回湘乡募勇。可是,等曾国藩再和王鑫见面时,他发现两人关系变了,而且慢慢走向决裂。

这期间到底发生了什么呢?《中兴将帅别传》中的《王壮武公别传》记载道:"公(王鑫)负奇气,语天下事甚易,文正(曾国藩)患之,乃稍裁汰公所募勇,于是公与文正议论不合。"[70]

按照这段记载,貌似是两人性格不合导致某种分歧,曾国藩裁汰王鑫的勇丁,进而二人关系破裂。这在曾国藩的书信中也能找到佐证,"王璞山自兴宁归来,晤侍于衡,见其意气满溢,精神上浮,言事太易,心窃虑其难与谋大事"[71]。

不过这倒有些奇怪了,一个人的性格怎么可能短时间内发生巨变呢?况且据说曾国藩有"见面知人"之能,见人一面便能知其性格,料其成就。他与王鑫共事近一年,岂能不知王鑫性格。因此,真实情况恐怕不是性格不合在先,而应该是曾、王两人就某些事情意见分歧,行事龃龉,而导致因先前关系亲密而隐藏起的性格不合凸显出来。由于曾国藩和王鑫都是湘军创立的重要人物,很多史料以"为尊者讳"为原则,对两人关系记述不多,后世论者也都没有说清楚,我们根据曾、王之间的来往书信等资料做一些大胆推测,还原细节,由此来看湘军创立早期曾国藩与各方人物错综复杂的关系。

当王鑫九月上中旬初到衡州时,两人志趣相投,曾国藩决定练勇万人,交由江忠源统率,为国纾难,而王鑫想统带两千,赶赴下游,为亲友报仇雪恨。目前已有四千人,还需招募六千人,曾国藩分给王鑫两千人的名额,共为六营。而且,二人达成共识,这支部队的军饷不取省库,而由他们劝捐自筹。这一点很重要,曾国藩认为如此这支部队便为义旅,而非官勇,这就可以做到行事独立,不受省城大员的掣肘牵制。[72]这也是曾国藩前往衡州赤地立新的用意。两人初步达成一致后,九月二十二日王鑫回湘乡募勇,同时劝捐筹饷。

然而他们很快就面临经费问题。曾国藩和王鑫的劝捐筹款均不顺利。

募勇练军，耗饷颇多，除了给勇丁的饷酬和口粮外，帐房、炉锅、军装、器械等都需筹办。因此，由于军费不足，曾国藩只能允许王錱招募两到三营，按照每营三百六十人算，只有一千人。[73] 这和王錱最初两千人的设想相距甚远。

王錱意难平。既然因缺饷而不能募勇，那就集中力量解决军饷。既然在乡间劝捐不顺，那就去省城解决。于是，九月二十四日，王錱来到长沙，向巡抚骆秉章求助。这时，曾、王两人的关系中就插入了第三者。

如前文所述，骆秉章和曾国藩的关系并不好，至少在曾与湖南官场的冲突中，骆并没有站在曾这一边。不过，如果从湖南巡抚的职位来看，骆秉章的行为是可以理解的。这是骆秉章第二次任湖南巡抚，三年前他也当过一次，那时面临太平军的攻击，他一时手足无措，防守不利，受到朝廷处罚，调离湖南。后因战事需要，骆秉章于咸丰三年再次巡抚湖南。鉴于上次教训，这一次骆秉章知道自己必须尽力团结湖南一切力量做好防务，以免前车之鉴。

骆秉章首先要争取湖南各大员的支持，依靠湖南绿营，做好防务。当曾国藩与湖南文武官员发生冲突时，骆秉章为了争取大多数的支持，自然站在湖南官场这一边，反对曾国藩，更何况他本人也颇反感曾国藩的行事风格。

然而，曾国藩也并非骆秉章的实意打压对象，反而也是他的笼络对象，毕竟曾国藩协助巡抚办理团练，他的湘军是防守湖南的重要力量；当曾国藩率军离开长沙时，骆秉章并不满意，甚至还写信邀曾国藩返回。只不过曾国藩自己执意要留在衡州。此外，曾国藩的部下或者他团结的人，也是骆秉章拉拢的对象。曾国藩提携塔齐布，骆秉章也保举塔齐布。

骆秉章需要团结一切可以团结的力量。因此，骆与曾以及整个湖南各阶层人士的复杂关系，就使得王錱与曾国藩的关系也愈加复杂。

当王錱来到省城，向骆秉章求助时，骆毫不犹豫地满足了王錱的要求，允许从省局拨款给他万金，足以让他募勇六营。[74] 曾国藩得知后，惊讶之余又有些气愤，王錱此举已经和他们之前达成的共识相悖了。用省库的钱募勇成军，已经不是义旅，而是官勇了，以后就必须按照省里的通盘考虑。曾国藩对此十分不解。[75]

而此时骆秉章如此痛快答应王鑫还有一个重要原因，就是军情变化。太平军发动了一波西征，沿着长江攻向湖北，拿下重镇田家镇，危及湖南，长沙再次戒严。骆巡抚自然把守土之责当作首要任务，他想厚集兵力，加强防守，甚至计划在北边的岳州布防，直接把太平军挡在湖南的大门之外。这就给王鑫扩军募勇提供了绝佳机会，他很快募到了三千人，并打算率新募之勇上战场御敌，甚至他还有计划将队伍扩充到一万人。

这在曾国藩看来是彻底行不通的。他写信提醒骆秉章，"惟新集之勇，器械不齐，技艺未娴，恐见贼难免奔溃……璞山虽有忠奋之气，欲驱此数千市人而赴敌，则实为难信"[76]。

由于资料缺失，我们难以复原所有细节，也许曾国藩和王鑫之间就募勇、筹饷、操练、战略等问题进行了如下探讨：

曾国藩提醒王鑫，说："你要带勇三千，军饷如何筹集，一日无粮，军队就要乱了。"

王鑫自信地说："饷银不是问题，这不是已经从省里要来万金，日后到乡绅处再劝捐一点即可！"

曾国藩提醒："勇丁不好好训练，上阵便溃。"

王鑫自信说："这怎么会？所有勇丁都是我择优而选，而且已经训练多日，没问题！"

曾国藩提醒："贼匪水军厉害，用长江之便，往来飘忽，只用陆师，难以取胜。"

王鑫自信说："不可能。届时我练军一万，率军东进，一举可灭群丑。"

是否真的发生过类似对话，我们难以肯定，不过曾国藩在书信中的确反复说王鑫"言事太易"，对他的过于自信既感到担心，又感到气愤。曾国藩甚至直接写信给王鑫批评他："足下志气满溢，语气夸大，恐持之不固，发之不慎……"[77]

二人分歧越来越大，曾国藩对王鑫的态度发生了逆转，由"褒"变成了"贬"。他写信给吴文镕说王鑫"血性过人，而才器难以驭众"[78]；他给刘蓉的信里说"璞山语言意气，又多不检"[79]；他又写信告诉骆秉章，说各处都讲"璞山气溢言夸，难期妥善，新集之勇，难期得力"[80]。

当湖南上下都在厚集兵力，全力布防时，太平军却没有乘胜西来，湖南戒严随之取消。曾国藩坚决力主裁汰仓促招募的勇丁，尤其是王鑫募的三千人。两人的矛盾愈积愈多。

其实募勇人数的分歧是表面的，因为饷银不够，双方可以协力解决。他们之间真正的无法调和的分歧是在战略思想、营队组建以及用饷等方面。根据书信资料整理，二人矛盾应有如下几方面：

首先在战略思想上，王鑫专攻陆战，且认为应趁着援鄂之行，乘势东下，一气呵成；曾国藩认为要平定大局非水陆并举不可，且须充分准备后，明春出发，不应和援鄂混为一谈。其次，在营队组建上，王鑫主张不分设营官，自己直接统带三千人即可；曾国藩坚持要分开数营，各立营官。再次，在勇丁训练上，王鑫没有达到曾国藩的要求。[81]

对于两人的分歧，曾国藩绝不退让，但仍不想彻底与王鑫决裂，毕竟王鑫本是他器重依赖之人。曾国藩给王鑫写了一封信，声言若两人继续合作，王鑫在这些分歧上必须依从自己。[82]

然而王鑫再也没有给曾国藩回信。骆秉章倒是给曾国藩来了一封信，声称要将王鑫所部留为防省之用，所需军费由省局来筹。[83] 曾国藩觉得这倒是个好办法，自己在衡州绝没有多余的饷银来供养王鑫的部队，必须裁汰新募之勇，而且自己在各方面已经与王鑫意见相左，难以达成初期的默契，王鑫也必不愿受自己的节制，若执意吸纳王鑫所部，反而难办。如今巡抚骆秉章也需要自己能控制的队伍，留王鑫在省，供给军饷，这一结果对三方都是比较好的结果。不过经此一事，曾国藩颇为心烦。此后，王鑫便从曾国藩的湘军序列中独立出来，自成一部。

这里要强调的是，从曾国藩湘军序列中独立出的王鑫一部，人称"老湘营"，仍是对抗太平军的一支重要力量。王鑫在创立湘军早期所做的贡献、在战斗中表现出的胆识和智慧，很受人肯定和尊重，是时人心目中与

第一章　靖港跳河　043

曾国藩一样的"尊者"。

由此可以看出湘军建立初期内部关系颇为复杂,湘军将领之间没有严密组织,完全靠曾国藩个人威望和魅力来维系,一旦有人有其他想法,随时都可以离开这个集团。今后曾国藩还会不断面临这种问题。

回到当下,曾国藩在处理王鑫事件时,还在攻克另一项难关,那就是筹建水师。

08 "屡试屡变"办水师

咸丰三年(1853年)十月初七,衡州水次。

这天,由曾国藩亲自设计、经多日赶造的木排终于下水试行了。曾国藩亲自坐上木排,感受它的行进速度、转运灵活度。他希望用这样的木排来抵御太平军水师的攻势,夺取大江的制水权。一番操作下来,曾国藩觉得木排勉强可用,载重二十二人,顺流逆行都可。不过,他也发现木排尚有些不妥之处,应不难改进;只是担心工匠人力不足,造排材料难得,若按计划赶造一百架木排,至少需要两个月的时间。无论如何必须做到坚实精致,不然草草制成也难以御敌。[84]

忙完了一天,到夜里三更,曾国藩赶紧写信将此事告诉湖南巡抚骆秉章:"排已造成一架,今日试坐,似尚可用。其中制有未妥者,亦尚易改。"[85]

创办水师是曾国藩认为必做的当务之急,他在给朋友的信件中和给皇帝的奏折里都反复强调"统筹全局,总须以办船为先务"。

为什么在陆军之外,还要耗费财力和人力去建立一支水师呢?

首先从清军与太平军的作战经验中,曾国藩看到太平军水师强大,完全掌控长江的制水权。他在奏折中分析,"该匪以舟楫为巢穴,以掳掠为生涯,千舸百艘,游弋往来,长江千里任其横行"[86],太平军凭借掳掠的民船在长江之中快速机动,运粮济师,既解决了军队的补给问题,也增加了军队的机动性。河道水域简直成了太平军的专属战斗交通线,凡是靠近水域的地方,"城池莫不残毁,口岸莫不蹂躏,大小船只莫不掳掠"。而清军这边"无一舟可为战舰,无一卒习于水师",单凭陆军兵勇只能守一城一池,没有办法兼顾水域,对太平军的船队无计可施,任由他们来去驰骋,袭击州县,抢掠物资。因此,必须建水师抵御太平军的水上力量,同时水军与陆军相互依托,做到水陆相依,协同作战。

其次,从战略来看,清军也必须拥有一支优秀的水师。太平天国占据金陵等长江中下游地区,曾国藩认为"自古平江南之贼,必踞上游之势,建瓴而下,乃能成功"。他的战略步骤就是以上制下,先剪枝叶,再拔根本。曾国藩要首先控制长江上游,以两湖为根本,然后顺势而下,占据沿江的重镇要地,最后再攻下金陵。因此,双方大部分的作战地点就是长江流域,这里河道纵横交错,湖泊星罗棋布,水战自然成了主要的战斗形式。因此,只有打造出一支优秀的水师,才能掌握战略主动,实施以上制下、建瓴而下的战略方案。

其实造战船、办水师也是当时不少人的共识。曾国藩的好友郭嵩焘看到太平军在江面上毫无阻拦,就称"非急治水师,不足以应敌"[87]。江忠源给曾国藩的信中也写道:"今日办贼之法,必合江楚各省之力,造战船数百艘,调闽、广水师数千人,先肃清江面,而后三城(金陵、镇江、扬州)可复。"[88]

随后,郭嵩焘为江忠源代写了《请置战舰练水师疏》,呈送给咸丰皇帝称:"贼得水陆救护,以牵制兵力。故欲克复三城,必筹肃清江面之法;欲肃清江面,必破贼船;欲破贼船,必先制造战船以备攻击。"[89]咸丰极为认可,明发谕旨,令湖北、湖南、四川等地的督抚尽快建造舰船。不过真正能把造船和办水师推进下去的还是曾国藩。

可是曾国藩对此并无任何经验,甚至一开始对于采用何种式样的战船,都是一筹莫展。他进行了长期探索。

当时清朝经制兵绿营是有水师建制的。绿营水师战舰大多是艨艟巨舰,上面涂有各种云龙图样。平时,巨舰停靠岸边,无人操作和保养;等到演习时,士兵先把战舰上的图样粉刷一新,然后在水面上浮游表演攒刺等动作,仿佛是大型水上体操表演。巨舰和水兵前后相映,乍看上去很壮观,但总归中看不中用,巨舰形同摆设。鸦片战争时,湖北又造两艘铜甲舰，上有炮孔，但是形拙势重，运掉不灵，江风一起，摇摇晃晃，反而撞坏了旁边的战船，不堪一用，浪费了不少钱。[90]

曾国藩本身就看不上绿营，这种徒有其表、笨重且昂贵的艨艟巨舰和铜甲舰自然入不了他的眼。

既然绿营提供不了经验，那么敌方太平军的战船、水师是否有可借鉴之处呢？在曾国藩看来，太平军的战船都是掳掠来的商船、民船，数量确实庞大，遮天蔽江地行军，但是整体来看无阵法可言，战船之间既没有分工，也没有配合，战斗力不高，也无可借鉴。

曾国藩只能自己探索。

经过考察湖北、江西的木排作战，曾国藩认为木排应该是制约太平军战船的利器。于是，起初曾国藩把水师战船的式样定为木排，并着手设计和建造。

木排，即"编木为排"，原材料是杉木。每根排木的两头都被削尖，曾国藩认为这样方便"劈水疾行"。木排整体长一丈五尺，宽七尺，左右各安置两个像翻水车一样的大轮，旁边设有两把木桨，头尾都装有舵，既能前行，又可后退。木排前端装有大铁钉，便于冲撞敌船。木排上方建有帐房，顶部和四周都围上夹布，每日三次浇水，便于防御枪炮。[91]

曾国藩十分看好木排，觉得排与船相比，轻便异常，免于笨又免于晃。尤其是对于自己设计的木排，他概括了几大优点：

首先，利于作战。木排低矮，贴近水面，排身帐房易被浸湿，可防敌方火弹火球的燃烧，也利于己方向高处的敌船施放枪炮。

其次，节约成本。木排造价低，造时短，"造排百架，工不满一月，费不过二千"。而且节约水勇的训练成本，排身稳实，不易摇荡，对驾驶技术要求不高，每排仅需一名舵手，两名桨手，"不必习惯之舟师，而可驱之于水战"，大可加速水师成军。[92]

曾国藩完全陷入对木排的痴迷之中，甚至连木排明显的劣势，如排轻不足以压浪、排上水勇易落水等，竟也都被他看作优点。他把木排当作了秘密武器，还尽量找些水战案例印证自己的想法。比如江西守军曾放下木排应敌，太平军见后直接驾船撤退，曾国藩高兴地说："盖排利冲撞，船则易破；炮利仰放，船则太高，彼知害多而利少，故急遁去。人畏鬼，鬼亦畏人，情理然也。"[93] 在他看来，这是"先进武器"所散发的威慑力，太平军自知船不敌排，心生怯意，不应仗就直接撤退了。尽管曾国藩没有看到木排的实战效果，但是那种"不战而屈人之兵"的威慑力让他更坚信了自己的选择。他大概率没有考虑到可能是因为太平军临时改变计划而撤退了呢。

于是，曾国藩昼夜赶办，终于在十月初七做出一架样排，下水试验。样排与他的最初设计稍有出入，最明显的是底层。样排底部有两层，一层竹子，一层木头，上面还铺有木板，木板与排之间中空一尺，可以防水上溢。[94] 这倒和他最初设想的排身和帐房被水浸湿而防炮火有所出入了。

试水一番后，曾国藩认为木排"似尚可用"[95]，不过又总觉得放在大江之中，"则太隘小也"[96]。

可是，经过了几轮试验下来，曾国藩发现木排的缺点越来越明显了。最大的缺点也就是他曾经认为的优点，木排轻便，难压江中洪涛。如果把木排扩大，又变得行动笨拙，没有办法逆流行驶。他逐渐意识到这种木排用来堵御防守尚可，但是若用来转战厮杀则不行。自己寄予厚望的利器在试验之后居然是这样的效果，曾国藩不免着急上火，后来自己干脆承认木排"短小笨滞，只成儿戏"[97]。

木排不行，曾国藩又想仿照端午竞渡龙舟的式样，改造民船，增加船桨数量。这种船机动性强，却无法安置大炮，也是不成。

办水师的第一步，确定战船式样居然都如此艰难，再加上天气恶劣，延误工期，曾国藩异常焦虑烦恼，常写信给骆秉章抱怨："匠工又笨，天雨又多，真闷人也"[98]，"天雨不息，无处兴工，无地操勇，此其烦恼者一也"[99]。

看来只靠自己的苦思冥想怕是不行了，于是他多方寻找造船和水师人才，想博采众议，尽快确定切实可行的船只式样。

很快，岳州水师守备成名标来到衡州，向曾国藩提供了快蟹、舢板等船只式样；广西候补同知褚汝航也来到衡州，提供了长龙的船只式样；还有知县夏銮等水战人才也来到了衡州。曾国藩把他们都吸纳到幕府中，并在衡州、湘潭设置船厂，衡州船厂由成名标负责，湘潭船厂由褚汝航负

第一章 靖港跳河 047

责。他们召集工匠制造快蟹、长龙、舢板等各式船只。

所谓"快蟹"船，顾名思义便是飞快的螃蟹，这种船两侧有成排桨橹，看上去就像是一只蜈蚣或者螃蟹。每艘快蟹船配桨手二十八人，橹工八人，无风举桨，起风扬帆，必要时桨帆并用，在水上行走如飞，机动灵活。快蟹船一开始是作为海盗的抢掠船和走私船，由于船体不小，可装配千斤甚至两三千斤的大炮。因此，对于这样的机动灵活且火力可嘉的炮船，曾国藩也就纳入进来，并把它作为水师营官的座船。

长龙船也是重型船舰，比快蟹船略小，每船配有桨手十六人，橹工四人。长龙船底长四丈一尺，底中宽五尺四寸。船头配有两门八百到一千斤的洋炮，船尾配一门七百斤的尾炮，两边共有四门七百斤的舷侧炮。此外，船上还装备洋枪、鸟枪、刀矛等兵器。长龙船是装备船炮较大和数量较多的一种旧式水师战船，十分适用。

舢板船是小型船只，在江河湖泊中比较常见，据说由三块板组成，因此又称"三板"。湘军的舢板船底长二丈九尺，底中宽三尺二寸，船头装有一门七百到八百斤的头炮，船尾装有一门六百到七百斤的洋炮，另外两侧还有两门四五十斤重的转珠腰炮。与前两种船只相比，舢板船小巧灵活，有风张帆，无风划桨，机动性很强，可以在大船之间自如穿梭，便于近船作战，实施火攻，同时也适应江河作战的自然条件，可以穿梭港汊。舢板船在日后的水战中立功颇多，后人评价说湘军水师能够"肃清东南，称雄天下，以舢板为最得力"[100]。

快蟹、长龙、舢板等不同船只，大小有别，相互配合，协同作战。王定安在《湘军记》卷二十的"水陆营制篇"中对湘军大小船只的配合有精彩的概括："小船依洲，大舟横流，相距欲疏，以避暴风撞损。风起则三板保于大舟，接战则三板争先。快蟹、长龙以备指挥，败则弃之，以三板归。百舟虽败，一舟可全；全船伤死，一人可战。"[101]

因此，快蟹、长龙和舢板构成了湘军水师的基础，以后在实际作战中，各式战船的配比和式样也在进行不断调整。

解决船只式样的同时，曾国藩也在思索如何选将募兵，组织水师。

他还是基本保持书生为将、农夫为兵的原则，参照陆军营制来组建水师。湘军水师以营为单位，起初每营由一艘快蟹船、十艘长龙船和十艘舢板船组成，总计二十一艘船，共四百二十五人。每营营官以快蟹船为座船，居上指挥调度。在营官的选择上，曾国藩或者吸纳有经验的绿营水师将领，或者直接挑选有胆有识的读书人来充当。岳州水师守备成名标在湘军水师创办初期出力很多，不但为曾国藩提供了靠谱、适用的船式，还监督造船，募练兵勇。杨载福、彭玉麟也是非常优秀的水师营官，在后续的水战中表现突出。

曾国藩建立的水师并不是作为陆军的补充，而是一支独立的武装力量，无论在编制上还是在战略安排上，水师都不受制于陆军。水师与陆军同等重要，他想真正打造出水陆协同作战的综合武装力量，以水师在江中游，以陆军在岸边行，水陆并进，沿江东下，直捣金陵。

曾国藩规划打造二百艘战船，募集四千水勇。同时，为了保证补给后勤，二百艘战船需要配置七八百艘民船，以装载煤、米、油、盐、银钱等百物之需和医卜、杂流、匠工等诸色之人。征战时，两岸陆路之勇夹江而行，战船民船水中行进。每日水陆兵勇拿着所发军饷去买民船上的米粮等百货，这叫"兵勇所得之银，即换舟中之钱；所用之钱，即买舟中之货"。这样，兵勇所到之处，就不会缺粮少盐，当地也不会哄抬物价。曾国藩计划在这些民船中装上大米三万石、煤三万石、盐四万斤、油二万斤，可以足够一万人一年所用。

曾国藩把整个湘军的水陆军队当作了一个大社会，船在江中又是一个大仓库。这样，银钱在水陆两军流转即可，解决了军粮物资的问题。虽不免有些理想主义，但是他确实把很多事情想在前面，计划周到。

湘军水师的创立一直是一个发展的过程，初创之后还有很多需要改进之处，之后随着战事发展，船式、营制等也不断变化。曾国藩后来的回忆很好地概括了他的探索过程：

> 咸丰三年衡州试办水师之始，初非有旧例之可循，亦非能一办而即妥，大抵屡试屡变，渐推渐广。前月所立之法，后月觉其不备而又

增之；今岁所行之事，明岁觉其不便而又改之。即如因船中无主而始设哨官，因栖止不便而始加雨篷，因巨艇不甚灵活而全用舢板，因弁勇不可陆居而另给座船。若此之类，皆履之而后知，试之而后改。逮规模之粗定，遂习惯而成常。[102]

正如曾国藩所言，他创办水师"屡试屡变"，上月所制定的规章制度，到下月一看觉得不完备又赶忙增加，适合今年的战法事宜到明年却发现不合适，又急忙修改变革。就这样，湘军水师慢慢成为曾国藩他们打败太平军的利器。不过那是十年之后的事情。曾国藩的当务之急是争取时间在衡州造好船，配好炮，练好兵。

创办水师的同时，曾国藩对陆军也稍做调整。他将一营人数由360人扩充到500人，分为左右前后四哨，每哨八队，此外还有营官直辖的亲兵哨。曾国藩很重视冷热兵器的配合使用，每哨八队中分有抬枪队、小枪队和刀矛队。贴身肉搏拼刀矛，近处放小枪，中程用抬枪；为了加强远程火力，在亲兵中又设立劈山炮二队，这样一哨作战可以形成近中远不同距离的火力网。湘军还有个创举就是使用长夫，每营配180名长夫，行军时担负运输，扎营时挖壕筑墙，相当于辎重兵和工兵。

正当曾国藩紧锣密鼓地办水师、练陆军之时，他却和皇帝产生了激烈的争执。

09 与咸丰皇帝的战略分歧

咸丰三年（1853年）腊月十六日，湖南衡州府。

将近年根儿，曾国藩的工作没有丝毫要清闲下来的意思。从八月底移军至衡州以来，练军、剿匪、筹饷、造船等诸多事情让他忙得不可开交。最近，太平军沿着长江一带发起了新攻势，各地战报消息纷至沓来，案前的文件堆积如山。

腊月十六这天一早，曾国藩收到了咸丰皇帝从北京发来的六百里加急。[103]他先粗粗浏览一遍,瞬间感觉坠入冰窟,室外腊月的寒风更令他感到寒冷。

尽管不情愿,曾国藩还是一字一句地又读了一遍:

> 今观汝奏,直以数省军务一身克当,试问汝之才力能乎?否乎?平时漫自矜诩,以为无出己之右者,及至临事,果能尽符其言甚好,若稍涉张皇,岂不贻笑于天下?[104]

原来咸丰皇帝命令曾国藩率队伍前往湖北、安徽等战争前线支援,曾国藩却有自己的计划,拒不遵行,建议四省联防,共同防贼。皇帝雷霆震怒,发出一连串质问,斥责曾国藩。

冰冷的文字,无情的质问,仿佛化作一只大手,通过六百里加急,扇着曾国藩的耳光。他瞬间感觉心跳加速,血脉偾张,脸上热辣辣的。

曾国藩忍不住叹了一口气,皇上为什么不能理解呢?自己并不是不想出兵救援,何况下游还有好友江忠源和尊师吴文镕,岂能见死不救呢?只不过现在勇没练成,船没造好,强行出征无异于以卵击石。对于皇帝毫无规划随意抽调兵丁的打法,曾国藩实在无法认可。当务之急必须练好队伍,做好战略,才能出征,否则花尽心思做的准备全都付诸东流。

咸丰皇帝之所以严催曾国藩出兵,是因为全国战事发生了很大变化。面对太平军向北、向西的两线攻势,咸丰皇帝慌了。

这年夏季,太平军派出北伐军林凤祥部,一路高歌猛进,所向披靡。他们克滁州,过淮河,据临淮,陷凤阳,北入河南,攻陷归德,从开封渡过了黄河。

咸丰皇帝一看这架势,彻底乱了阵脚,最担心的事情发生了,如果太平军直接进攻北京怎么办?他岂不是要成亡国之君了吗?于是他慌忙东调一支军,西抽一股兵,对太平军的北伐队伍围追堵截。可谁知,林凤祥他们继续乘势北上,八月进入山西,陷平阳府,继而向东进入直隶,九月进攻天津,占据离北京不远的静海、独流两城。幸好此时来了僧格林沁和胜保,抵住了攻势。

不过，还没等咸丰皇帝从北伐军的惊吓中缓过神来，太平军又开始发动西征。西征军沿着长江，向西猛攻，进入湖北，已经攻下黄州、汉阳等地，华中重镇武昌再次震荡。

惊慌不定的咸丰皇帝已经没有可南调的军队了，即使有，他也不会派出，因为北方还没有解除危险。

无奈之下，咸丰皇帝拿起放大镜在全国各地寻找可用之兵；当放大镜挪到湖南衡阳时，突然出现了密密麻麻的黑点。对啊，曾国藩在衡阳练兵，这里有一干人马，那就先把这支部队投入湖北战场，挡一挡"长毛贼"的进军势头吧。

于是，九日之内，皇帝连发三道六百里加急，让曾国藩从衡阳出发，支援湖北。一道道命令，靠着一匹匹快马的接力，日夜兼程地送到了曾国藩的面前。

九月二十七日，曾国藩奉上谕："长江上游，武昌最为扼要，若稍有疏虞，则全楚震动。着骆秉章、曾国藩选派兵勇，并酌拨炮船，派委得力镇将驰赴下游，与吴文镕等会合剿办，力遏贼冲，毋稍延误。"[105]

十月初二日，奉上谕："曾国藩团练乡勇，甚为得力，剿平土匪，业经著有成效，着即酌带练勇，驰赴湖北……所需军饷等项，着骆秉章筹拨供支……"[106]

十月初五日，奉上谕："着曾国藩遵照前旨，赶紧督带兵勇船炮，驶赴下游会剿，以为武昌策应。所需军饷等项，着骆秉章即设法供支，以资接济，毋稍延误。将此由六百里加紧谕令知之。"[107]

曾国藩的反应却是不紧不慢，他拒绝了皇帝的命令，并给出了两点重要理由：

第一，敌人水师强大，千舸百艘，在千里长江之中任意横行，而"现在两湖地方，无一舟可为战舰，无一卒习于水师"。如果此时带勇救援，只走陆路，敌人则走水路，两不相遇，没有办法痛加攻剿。与其如此，不如抓紧时间以办船为第一先务。

第二，目前太平军已经从湖北撤军，武昌解严，赴鄂之行自可暂缓。否则行军费饷，军费难以供支，应该通盘筹划。

总的来说，现在不能带兵出战，必须在衡州赶办战船，训练军队，等水师稍有头绪，便统带驰赴下游。

这是皇帝第一次要求曾国藩出征，也是曾国藩第一次拒命不遵。不过由于太平军很快撤回，武昌解严，皇帝并未深究，甚至对曾国藩提出编练水军的建议持肯定态度，朱批道："所虑俱是。汝能斟酌缓急，甚属可嘉。"

曾国藩也趁机获得皇帝对办理水师的默许，他抓紧时间，选择船式，赶办船只，募练水勇。转眼一个月过去了，水师尚未练好，战事又有了新变化。

咸丰三年十一月，太平军再次活跃起来。这次他们的进攻对象是安徽、江西，连陷桐城、舒城，逼近庐州（今合肥）。当地将领死的死，病的病，情况危急！

皇帝也随之急了起来，他又想到衡州的曾国藩，六百里加急谕令他率军"自洞庭湖驶入大江，顺流东下，直赴安徽江面，与江忠源会合，水陆夹击，以期收复安庆及桐、舒等城，并可牵制贼匪北窜之路"[108]。

看到这道谕旨，曾国藩苦笑起来，连船都没有，谈何"水陆夹击"？现在还不是出兵的时机。他立即回奏皇帝，陈明了"三不可"。

船不可。此时他还在寻找和试验不同的战船式样，之前制造的样船规模太小，"不足以压长江之浪，不足以胜巨炮之震"。现在刚确定快蟹、长龙、舢板等船式，日夜加急赶造，但是要造二三百号，至少要一个多月。

炮不可。目前衡州只有一百五十门大炮可用，更多洋炮、广炮需要从广东采买，再通过南岭运送过来，至少也得一个多月。

勇不可。陆勇虽然已经整备，但是水勇还没有训练好，水陆配合协同作战也需要一段时日。

总之，"统计船、炮、水勇三者，皆非一月所能办就。……事势所在，关系甚重，有不能草草一出者，必须明春乃可成行"[109]。

当然，为了不让皇帝认为自己畏敌不出，故意拖延，他还在奏折中提出了"四省合防之道"，以显示自己着眼大局，有安排、有步骤地在推进战略。

第一章　靖港跳河

"四省合防之道"是曾国藩终极的"剿贼"战略,这是他分析全国地形和战局以及与前线战友如江忠源、吴文镕、胡林翼等讨论而得出来的。

他认为太平军的北伐之师已经成了强弩之末,南兵不习北地,再加上僧格林沁、胜保等将领已经组织起了有效防御。而南方才是他们与太平军角逐的真正战场,尤其是长江流域的江苏、安徽、江西、湖北等地。

因此,曾国藩始终认为要建立起自己的水师,夺回长江制水权。为了更好地实施该战略,他和前线战友商议后,建议让湖南、湖北、江西、安徽的四省防守连为一体,避免各省分防而造成兵力和军饷的分散。这就是所谓的"四省合防之道,兼筹以剿为堵之策"。

为了让皇帝更好地支持自己,也为了说明自己此时不出战是为了更宏大的战略,曾国藩把"四省合防"以及延迟至明春出兵的计划都一并在奏折中向咸丰皇帝陈明。

然而,皇帝阅毕此折,大发雷霆。他看不懂什么四省合防,也意识不到长江的战略意义。当时在他眼中,北方防务高于一切,因为他所在的北京是社稷的根本。咸丰皇帝一切的安排都是在防止太平军北渡长江和黄河,尤其当太平军的北伐之师进入北方以后,他更是慌乱地东征一点军,西调一点军,围追堵截,"头痛医头,脚痛医脚",完全没有通盘考虑。所以在咸丰眼中,曾国藩提的"四省合防"就是要权要钱,它拨动了皇帝的敏感神经。震怒之下,他在朱批中对曾国藩进行讽刺谩骂和恫吓严催:

> 现在安省待援甚急,若必偏执己见,则太觉迟缓。朕知汝尚能激发天良,故特命汝赴援,以济燃眉。今观汝奏,直以数省军务一身克当,试问汝之才力能乎?否乎?平时漫自矜诩,以为无出己之右者,及至临事,果能尽符其言甚好,若稍涉张皇,岂不贻笑于天下?着设法赶紧赴援,能早一步即得一步之益。汝能自担重任,迥非畏葸者比。言既出诸汝口,必须尽如所言,办与朕看。[110]

这一次皇帝确实雷霆震怒,曾国藩也确实心惊胆寒,但是他仍然稳坐衡州,丝毫不乱阵脚,并立即写折回复。此时的他拿出了敢与皇帝一争高下的劲头，对朱批所列进行了一一辩驳，并明确了自己的战略计划。

首先，皇帝批评他偏执己见，行动太过迟缓，命他迅速驰援安徽，以解燃眉。

曾国藩辩驳说，八十日内新建、改造一百九十余艘战船，行动并不算迟缓。如果皇帝执意让自己驰援安徽，也只能等船、炮都就位后，预计来年正月底可起行。但是至于什么时候能到安徽却没有把握。因为湖北黄州以东的地方都被太平军占据，要率水师战船东下，必克黄州。如果黄州的太平军也像金陵的太平军那样坚守，自己恐怕要被阻隔在黄州一带，又如何能做到"遽行扫清，直抵安徽"呢？他倔强地说："目前之守候船、炮，其迟缓之期有限，将来之阻隔江面，其迟缓之期尤多。"曾国藩这是明确告诉皇上，我尽力而做，但是根据客观战局，迟缓与否不完全由自己决定。

其次，皇上讽刺他自不量力，要一身兼任几省军务，推行四省合防，质问他才力能乎，否乎？

曾国藩直言道，"自度才力，实属不能"，然后他进一步解释：做不做四省合防并不是由自己才力决定的，而是由战争形势所决定的。论今日之警，庐州只是燃眉之急；论天下大局，武昌才是必争之地。保住武昌，就能扼守金陵的上游，巩固荆襄的门户，保护两广、四川的饷道。如果武昌丢失，则危及荆州，"大江四千里遂为此贼专而有之"，后果就是大清将会顺着长江被腰斩，北军不能渡江而南，两湖、两广、三江、闽浙之兵也难以渡江而北，奏章不能上达，朝命不能下传，造成真正的分裂之势。后果不堪设想。因此，从战略上来讲，必须合湖南、湖北之兵，水陆并进，以剿为堵，确保武昌的安全，然后顺流东下，步步进逼，攻下湖口后，与江西、安徽两省联合，构成四省合防之势。

分析完战略后，曾国藩固执地说，自己的才力确实无法胜任，见解也不及此，四省合防是湖广总督吴文镕、湖南巡抚骆秉章、安徽巡抚江忠源等三位重臣一起策划想出来的。言下之意，四省合防是众人之谋，是战略常识。

咸丰皇帝还在朱批里讽刺甚至恫吓曾国藩："平时总是自诩甚高，以为无人能超越你，现在国难当头，若真是像你平时所吹嘘的，能办成事，还则罢了；若办不成事，又如何向天下人交代！"

皇帝这句话有两层意思，表面是嘲讽，深层却是激将法，想让曾国藩立下军令状，赶紧行动，办与他看。

可是曾国藩平淡地说："惟有愚诚不敢避死而已，至于成败利钝，却不敢保证。自己仅是一个帮办团练之人，无法自由调遣各处兵勇，也无法抽支外省粮饷，尽管皇帝谕令湖南巡抚供应军饷，但是湖南银库仅有五千两，起程后一个月的粮饷都难以保证。目前太平军的势头如此猖獗，自己又敢有什么保证呢？只有拼死努力而已。"

咸丰皇帝的这段朱批句句带刺，但曾国藩据实直陈，直抒胸臆，不因皇帝的讽刺而气急败坏，也不因皇帝的恫吓而自乱阵脚，仍然按自己的计划行事，来年正月后出兵。

咸丰皇帝也无可奈何，只说："知道了。成败利钝固不可逆睹，然汝之心可质天日，非独朕知。若甘受畏葸之罪，殊属非是。"[111]

曾国藩继续按照计划，加紧造船、练兵。不过，战事的发展实在令人匪夷所思，出乎他的意料。

就在他收到皇帝严厉苛责的第二天，腊月十七日，安徽庐州失陷，一代湘军名将、曾国藩的好友江忠源兵败自杀。转年一月份，曾国藩的座师、湖广总督吴文镕也兵败而死。

太平军势如破竹，几天后第三次攻克汉口、汉阳，进围武昌，前锋已经抵达湖南省的最前线岳州。

留给曾国藩的时间真的不多了。如果再不出兵干涉，杨秀清制定的南入湖南、西入四川、再定两广的战略就要达成了。

他不得不出兵了。

10　湘军出征

咸丰四年（1854年）二月初二，龙抬头，湖南湘江水次。

曾国藩的座船顺流行驶，沿着湘江向北。他专门在二月初二，给皇帝拜发了一封奏折，报东征启程日期：

"正月二十六日衡州船厂毕工，臣于二十八日自衡起程。"[112]

挑选龙抬头这天，或许曾国藩在暗喻自己的军队就像一条蛰伏的龙，要抬头起飞，东征杀敌。

曾国藩站在船头，迎着乍暖还寒的江风，看着前后逦迤行驶的战船，虽谈不上意气风发，但也是思绪万千，经过一年多的努力，终于"万事俱备"，凑出来了一支军队。

所谓万事俱备，无非船齐、炮全、兵多、粮足。这支军队的水师有一艘拖罟船*，十艘快蟹船，五十艘长龙船，一百五十只舢板船，一百二十号钓钩船，还有一百多艘辎重船。[113]曾国藩以拖罟大船为自己的座船，在江中办公，指挥战斗。

水师共有十营，五千水勇，陆营也有十营，五千多兵勇；再加上负责肩扛手抬的长夫和随丁，水师中帮助划船的水手和雇来的船家，还有负责粮食转运的丁役，总共一万七千人。虽然称不上是什么特大军队，但也是旗帜严整，排列行军浩浩荡荡，水陆齐发。

且说，龙要起飞，需借风势。曾国藩明白，在出征时需要借一股强风，以奋人心、振士气。早在这一年的正月，他便做好了准备，他借的这风不需要像诸葛亮借东风那样，筑坛焚香，披发舞剑，他只写了一篇文章，就是著名的《讨粤匪檄》。

檄文就是两军打仗时，声讨敌方的文书。好的檄文能做到"兵未至，声先到"，可以起到振军威、壮人心的作用，还可以宣扬出兵的正当性，争取天下舆论支持。自古以来，不乏那些字字如刀的檄文，比如三国时期陈琳写的《讨曹操檄》，让曹操听后气得头风病都好了；唐朝骆宾王写的《讨武曌檄》，让武则天听后大叹其才气。

太平军起事时也对清政府进行声讨谩骂，先后发布三篇檄文[114]，其中最著名的是《奉天讨胡檄布四方谕》。檄文首句便称："予惟天下者，上帝

---

* 这是广东水师船只的一种式样，船型很大，曾国藩命人造成一艘，作为自己的座船。

第一章　靖港跳河　　057

之天下,非胡虏之天下也;衣食者,上帝之衣食,非胡虏之衣食也;子女民人者,上帝之子女民人,非胡虏之子女民人也。"

其中"上帝"和"胡虏"两词显示了太平天国对外宣传的整体基调——带有华夷之辨和宗教的色彩。太平军以拜上帝教发端起事,并以此为全军上下的精神武器,因此自然要在檄文中大力宣扬教义,把"皇上帝"的世界描绘得完美无瑕,把清政府骂为"阎罗妖",称其统治为"十八重地狱",呼吁民众"拜真神,丢邪神,复人类,脱妖类"。然而,太平军最强有力的宣传则是"华夷之辨",他们骂清朝统治者是胡虏蛮夷,趁着明亡之际,"混乱中国,盗中国之天下,夺中国之衣食,淫虐中国之子女民人",称清朝统治者为"妖人","反盗神州,驱我中国悉变妖魔,罄南山之竹简,写不尽满地淫污,决东海之波涛,洗不净弥天罪孽"。

这三篇檄文将清朝统治者骂得狗血淋头,如顺口溜一般浅显易懂的语言确实吸引了大量民众入教参军。但仔细研读,太平军的檄文只是粗通文墨,呐喊有余而力道不足。骂来骂去,它终究只是围绕着"胡虏奴役中原"的角度,逻辑论述也稍显生硬,语言前后还略有重复,而且一味推崇拜上帝教的宣传引起了很多读书人的反感。

相比之下,曾国藩的这篇《讨粤匪檄》[115]要高明许多,层次鲜明,逐渐递进,做到了势如虹,字如刀。

檄文开篇便道:

> 逆贼洪秀全、杨秀清称乱以来,于今五年矣。荼毒生灵数百余万,蹂躏州县五千余里。所过之境,船只无论大小,人民无论贫富,一概抢掠罄尽,寸草不留。

这是檄文的第一层意思,即声讨太平军残害生命,抢掠财物。在曾国藩的笔下,洪秀全、杨秀清领导的太平军是无恶不作的匪徒,简直像过境的蝗虫群一样,所到之处,无一所剩。

> 其掳入贼中者,剥取衣服,搜括银钱;银满五两而不献贼者,即

行斩首。男子日给米一合，驱之临阵向前，驱之筑城浚壕。妇人日给米一合，驱之登陴守夜，驱之运米挑煤。妇女而不肯解脚者，则立斩其足以示众妇；船户而阴谋逃归者，则倒抬其尸以示众船。粤匪自处于安富尊荣，而视我两湖、三江被胁之人，曾犬豕牛马之不若。

曾国藩用直白的语言塑造出太平军"残忍"的形象，以百姓最关心的生命和财物的安全来激起百姓对太平军的痛恨，争取他们的支持。

紧接着，檄文转入第二层，声讨太平军灭人伦，毁纲常：

> 粤匪窃外夷之绪，崇天主之教，自其伪君伪相，下逮兵卒贱役，皆以兄弟称之。谓惟天可称父，此外凡民之父，皆兄弟也；凡民之母，皆姊妹也。

传统民众尤重长幼尊卑的人伦次序，曾国藩明确点出这一层，是在告诫民众太平军对人伦纲常破坏极大。他声言"君臣父子，上下尊卑，秩然如冠履之不可倒置"，这在迎合民众纲常观的同时，也把湘军"护纲常"的形象塑造出来。

然后，檄文进入第三层，也是曾国藩最想表达出来的，卫名教。护纲常是曾国藩作为一个理学家的必做之事，而他更要做的是卫名教，即维护数千年发展而成的传统文化。他在檄文中称太平天国"别有所谓耶苏之说、《新约》之书。举中国数千年礼义人伦、诗书典则，一旦扫地荡尽。此岂独我大清之变，乃开辟以来名教之奇变，我孔子、孟子之所痛哭于九原！凡读书识字者，又乌可袖手安坐，不思一为之所也"。在这一层中，曾国藩想最大限度地争取读书人的支持。

不仅如此，曾国藩又进一层，为"神道/神祇"代言。他称"自古生有功德，没则为神。王道治明，神道治幽。虽乱臣贼子、穷凶极丑，亦往往敬畏神祇"，然而这一次的太平军却连神明都不敬畏，崇信天主教（拜上帝教），拆毁孔庙，烧毁学宫，"所过郡县，先毁庙宇。即忠臣义士，如关帝、岳王之凛凛，亦皆污其宫室，残其身首。以至佛寺、道院、城隍、社坛，无庙不焚，无像不灭"。曾国藩在檄文中声言这种行为是"鬼神所共愤怒"，他要为"冥冥之中者"雪憾。换句话说，曾国藩是在争取"幽界"中的"鬼神"支持。

对比太平军的檄文和曾国藩的《讨粤匪檄》，太平军"满汉之别""华夷之辨"的论调确实具有杀伤力和号召力，曾国藩对此避而不谈，转而强调"护纲常""卫名教"。他不再把"华夷之辨"局限在民族角度，而是升格到文化层面，能够尊崇礼教，接续中华道统者就是"华"，而破坏孔孟之道和纲常人伦者便是"夷"。曾国藩没有明言"华夷"，却把它隐藏在了"卫道护统"的话语中，是在暗讽破坏礼义人伦诗书典则的太平军才是"夷"。他在辩论中巧妙且无形地以子之矛攻子之盾。

当然，《讨粤匪檄》不仅是对太平军檄文的回应，也是自我宣传，曾国藩最大限度地争取普通民众、士绅、读书人等多阶层的支持，甚至拉拢了"冥冥之中者"。曾国藩在最后明确提出："本部堂德薄能鲜，独仗'忠信'二字为行军之本。上有日月，下有鬼神；明有浩浩长江之水，幽有前此殉难各忠臣烈士之魂，实鉴吾心，咸听吾言。檄到如律令，无忽！"

这封檄文是跨越古今时限，超越人鬼界限的全方位宣传。

曾国藩是想从人、神、鬼各个方位借来力量汇成东风，助湘军这条龙腾飞。

不过曾国藩知道，虽然借到了东风，但是他这一万七千人的队伍还远称不上"万事俱备"，仍有不少差强人意之处，兵勇虽经训练，但实战状况又会如何呢？目前太平军已经打到了湖南北大门，皇帝也是谕旨严催，湖南百官也等着看自己的练兵成果。成败不容得深思，粮饷是否充足也没有时间仔细计算，现在唯一能做的就是"振人心而作士气"，让湘军这条龙腾飞而起，按照预先的战略计划，抵御住太平军西进南下的攻势。

然而，时事弄人，期望有多大，打击就有多大。

曾国藩率湘军赶到长沙以北，一遇太平军，没有旗开得胜，而是一连串的失败。一败于宁乡，再败于岳州，三败于靖港。尤其是在他亲自指挥的靖港水战中，曾国藩惨败，愤而跳河自杀。

那么问题来了,曾国藩当时到底面临怎样的情景,有哪些心理感受,致使他义无反顾地自杀呢?是在作秀,还是真有必死之心呢?

11 初次自杀之谜

法国社会学家迪尔凯姆在《自杀论》中说:"每一个社会在它历史上的每一个时刻都有某种明确的自杀倾向。"[116]

曾国藩生活的时代确实存在着一种明确的自杀倾向,文臣武将在败阵之际选择自杀,几乎成为流行之举。

道光、咸丰时期的历次战争中,都有不少大臣义无反顾地自杀殉国。据学者统计,道光二十年(1840年)爆发的鸦片战争中,仅官至一品、二品的高级将领就有十七人舍身殉难,如六旬老将、广东水师提督关天培在守卫虎门时,选择自杀式战斗,从卯时战至未时,身受数创,最终中炮殉难;钦差大臣、两江总督裕谦在定海城破后,跳水自杀殉节。而太平天国运动兴起后,更有不少守将和官员随着城池陷落而选择自杀殉城。跳河、投井、自刎、上吊等是他们的常见自杀方式,也有官员明知不敌,却甘愿力战而亡。

当武昌第一次陷落时,湖北巡抚常大淳和家人一起自缢而死;按察使瑞元回家先杀幼子,又命家人自尽,最后自刎而亡;学政冯培元投井死;武昌知府明善自缢未绝,被杀全家;汉黄德道王寿同与儿子和其他仆役巷战阵亡;守城参将杨光普死得尤为惨烈,他看到城破兵散后,仍然匹马独战,当力竭后,自断脖颈,据说其头落地有声……史料显示,当时"文武官员自巡抚、学政、司、道、提、镇,以至府县下级同时殉难者达百员"[117]。

金陵城破时,相似的集体自杀再度发生。江宁将军祥厚战死;粮道陈克让父子和幕友在家中上吊自尽;江宁县令张行澍跳河而死;上元县令刘同缨先杀二妾,再投水自尽……自杀的人群中不仅有武将、官吏、士绅,甚至还有不少平民百姓。史料记载金陵城破时,"其他士民自尽者,或全家或数口，不下十数万人，悉能不苟屈云"。[118]

当时为什么会形成如此明确的自杀倾向呢？原因很复杂，概而言之主要有两点。

第一，这与中国传统文化中的生死观密切相关。从先秦而来塑造中国人性格的儒、墨、道等各家学派阐释的生死学说，对后世自杀产生了不小影响。儒家中孔子倡导"杀身成仁"，孟子强调"舍生取义"，他们认为死亡虽是生理生命的终点，却是道德生命的起点，在关键时刻主动结束生理生命以"成仁取义"，才能"死得其所"，才能彰显道德精神的不朽，这正是儒者追求的"立德"，乃是第一等功。墨家重"侠"，更强调"慷慨赴死"，鼓励忠勇的自杀行为；墨者即将"受辱"时，可以毫不犹豫地自杀，《淮南子·泰族训》有载，墨者"赴火蹈刃，死不旋踵"。道家对生死的态度较为超然，老子讲"死而不亡"[119]，庄子说"死生存亡之一体"[120]，强调生死统一，生即死，死亦生，让人们不以生喜，不以死悲，生死有命。三家学说的生死观相互融合，在漫长的历史中让很多人面对死亡时可以从容应对，尤其是儒家思想。因此，当面临"不义"时，上至王公贵胄，下至贩夫走卒，都有人可以做到舍生取义，杀身成仁。

第二，这与清代的法律制度也有不小关系。《大清律例·兵律》"主将不固守"一条规定：

> 凡守边将帅，被贼攻围城寨，不行固守而辄弃去，及［平时］守备不设，为贼所掩袭，因［此弃守无备］而失陷城寨者，斩［监候］；若［官兵］与贼临境，其望高巡哨之人失于飞报，以致陷城损军者，亦斩［监候］；若［主将懈于守备，及哨望失于飞报，不曾陷城失军，止］被贼侵入境内，掳掠人民者，杖一百，发边远充军。其官军临阵先退及围困敌城而逃者，斩［监候］。

可见清朝律法对主将守城作战的要求极高，如果城陷阵败，很可能按军法处置斩首或斩监候。若如此，不如临阵力战或自杀殉节，还会被朝廷优抚，自己可能被赐以"忠""节"等谥号，家眷子孙也会领到丰厚的抚恤银。

因此，守城之臣，统兵之将，大多都不会轻易临阵而走，不少选择力战而亡。

这种自杀现象对曾国藩来说并不遥远，也发生在他的亲朋好友之中。咸丰三年（1853年）底，安徽巡抚江忠源在庐州城破后，投水自杀，年仅四十二岁；咸丰四年初，湖广总督吴文镕在黄州遭受太平军劫营而兵败，跳塘自杀，年六十三岁。

江是曾国藩的同辈好友，吴是曾国藩的前辈恩师，对于两人的自杀殉节，曾国藩虽然痛心，但对他们的行为却极其认可和赞赏。曾国藩并不会认为他们是迫于军法压力而采取了无奈之举，他是按照儒家忠义生死观去理解的，把这种自杀视为"忠"和"义"。他在江忠源的神道碑中写道："公必蹈危地，甘死如饴，但求无疚于神明。岂所谓皎然不欺者耶？呜呼，忠已！"[121]

在曾国藩心目中，兵败自杀不仅是殉君，更是殉道。太平天国的所作所为在他眼中是灭绝人伦，与他坚守的"道"背道而驰。一旦他的"道"受到威胁，他会随时用生命去捍卫；如果无法捍卫，那么他随时准备做到孟子所说的"以身殉道"。

尽管如此，以上只是曾国藩自杀的思想文化基础，并不是他选择死亡的必要条件。当然这个必要条件也不是《大清律例》的规定，曾国藩非总督，亦非巡抚，只是皇帝任命的"帮办团练大臣"，本无守土之责，靖港一战虽然战阵溃散，但远没有达到军法上规定的"失城陷寨"的程度。何况"胜败乃兵家常事"，曾国藩不会不懂这个道理。他是真有必死之心吗？

日裔加拿大学者布施丰正在《自杀与文化》中说："自杀行为是以本人的意志加速自身死亡的行为，是对固有寿命的一种反抗，它证明了其人的绝望与苦恼。"

要探究曾国藩自杀的原因，得看他当时达到何种程度的绝望与苦恼。

《年谱》记载，"公愤欲自裁者屡矣"，《湘军志》载，"国藩愤，自投水中"。这个"愤"字应该是对他当时心绪的高度概括，那么"愤"到底包含了哪些心绪呢？

曾国藩在丁忧期间夺情出山，置孝之大节于不顾，墨绖从军，很有一种背水一战的感觉。他花一年多的时间训练湘军，想以此剿灭太平军，挽回心中大"道"，同时"立功"扬名显姓。可不承想，一败于宁乡，二败于岳州，三败于靖港，两个月内一连串的失败给他带来了巨大压力。尤其在亲自指挥的靖港之战中，曾国藩手持长剑而不能约束溃逃的士兵，他在愤兵勇贪生怕死、不听将令的同时，更加恨自己无临阵指挥之才，怀疑自己的军事才能。

一连串的失败消磨了自信心，他亲手训练招募、自以为能够对抗太平军的陆军、水师，居然不堪一击。如此，还能拿什么来御敌呢？恐怕大局自此决裂，捍卫的"道"也自此湮没。他深感无力回天，心中绝望。

压力、怀疑、绝望等多种情绪，在他目睹士兵溃散、战船被毁的情形时一涌而出，相互激荡交融，让他只求一死而泄愤。从这个层面来讲，此时曾国藩的自杀属于所谓的"利己型自杀"，他忍受不了内心中一时聚集起来的各种负面情绪，愤而自裁。

曾国藩跳下水后，江水很快淹没了他的头顶。周边的兵勇看到后，急忙施救，拽住他的胳膊。曾国藩却一挣而脱，并怒目相持，须发皆张，呵斥兵勇不要救他。

他的气势吓退了众人，无人再敢上前。正在此时，幕僚章寿麟突然从船尾跳出，扯住了曾国藩。

章寿麟，字价人，湖南善化人，与李元度、陈士杰等人都是曾国藩的幕僚，同乘一船，草拟文书，参谋军事。当曾国藩临时改变计划要进攻靖港时，章寿麟等三人并不赞同，认为水陆精锐都派往了湘潭，主帅宜坚守，不宜轻动。但曾国藩执意要去，三人又请求同行，曾国藩又不允许，怕发生意外，白白让这些书生送死。不过，章寿麟却偷偷地藏在船尾舱后，私自跟着曾国藩，防止意外发生。

果然，他看到曾国藩跳水轻生，急忙前去搭救。曾国藩见到章寿麟，怒目叫道："你怎么在这里？！"章寿麟说："湘潭大捷，我来报告好消息的。"一听湘潭那边打了胜仗，曾国藩倒是犹豫了。趁着这个空当，章寿麟急忙跳下水，把曾国藩拽上了船，一起撤回长沙。胜利的消息暂时冲淡了曾国藩内心的负面情绪，让他的自杀冲动有所缓和。

其实，当时并没有什么湘潭大捷的消息，只是章寿麟为救曾国藩，情急中想到的权宜之计。等曾国藩知道真相后，他更加沮丧，短暂冲淡的负面情绪又重新聚集了起来。

更让曾国藩气愤的是自己兵败后在长沙的遭遇。当他率败军返回长沙时，长沙守军拒绝打开城门让他入城。《年谱》中有这样一句话："湘勇屡溃，恒为市井小人所诟侮，官绅之间，亦有讥弹者……"[122] 屡次打败仗的湘军已经成了长沙街头巷尾的笑话，市井百姓看不起他们，官员士绅也对他们冷嘲热讽。湖南提督鲍起豹甚至污蔑曾国藩是引狼入室，愤恨交加，坚决不给他开城门。已经成了落汤鸡的曾国藩，再遭这样的待遇，由愤生恨，他恨官场的冷酷，愤百姓的无知。后来曾国藩回忆时曾说："甲寅年岳州、靖港败后……为通省官绅所鄙夷。"[123] 这种心境仿佛是茫茫大海中的一座孤岛，没有人理解自己，更没有人支持自己。《自杀论》称："自杀人数的多少与政治社会一体化的程度成反比。"[124] 也就是说，当一个人对群体的归属感降低，无法从群体中获得支持和保护时，便容易陷入沮丧、绝望而难以自拔，进而自杀以解脱。曾国藩遭到湖南官场的排挤，无疑让他愤恨和孤独，这是促使其采取自裁手段的一个重要因素。

曾国藩进不了长沙城，就暂居到城南外的高峰寺军营中。用丧家之犬来形容这时的他再贴切不过了。他顾不得换洗衣服，清理头发的泥渍，伏案奋笔疾书，涂涂改改，他尽量在混乱的脑海中搜寻一些词句：

> ……不料陆路之勇与贼战半时之久即行崩溃；而水师之勇见陆路既溃，亦纷纷上岸奔窜。……臣愧愤之至，不特不能肃清下游江面，而且在本省屡次丧师失律，获罪甚重，无以对我君父。谨北向九叩首，恭折阙廷，即于△△日殉难。[125]

这是他给皇帝写的遗折，一封绝命书。他仍然气愤不过，决定料理完军中之事，交代过后事，再伺机自杀，所以殉难的日期先空着，等自后，由幕僚填好呈寄给皇帝。

"人之将死，其言也善"，从曾国藩的遗片遗折中，倒可以窥探曾国藩自杀的一些原因，了解他"愤"什么。

一是，对母"不孝"。没有完成为母丁忧一直是他的心结。尽管被夺情，被皇帝任命外出办理团练，带兵打仗，但是他仍认为自己在"孝"字上没有做到尽善尽美，大节已然亏损。因此，他在遗折中提到"臣以墨绖出外莅事，是臣之不孝也"。

二是，对己"不明"。曾国藩本可以上书辞谢，在家完成丁忧，但他最终还是选择出外莅事，因为他觉得在这危难之际，可以凭借自己的才能澄清天下，力挽狂澜，扫荡群寇。可气的是，出师以来，一连三败，贻笑天下。看来自己过于自信，没有认清楚自己的实力，没有自知之明。他在遗折上写道："不自度其才之不堪，不能恭疏辞谢，辄以讨贼自任，以至一出偾事，是臣之不明也。"

三是，对上"不忠"，愧对皇帝。自己在衡阳练兵多日，耗银无数，不久前皇帝让自己出兵驰援湖北、安徽，而他却以准备不足为由，拒不出兵，坚持自己的行程表，眼睁睁看着安徽、湖北等地重镇丢失。能让他如此勇敢地拒绝皇帝，残忍地拒援好友、座师的原因，就是指望出兵后旗开得胜，干别人干不了的事情。然而，旗开并没有得胜，只有惨败，自己又该如何面对皇帝，面对死去的师友呢？皇帝不久前朱批里的话仍历历在目："及至临事，果能尽符其言甚好，若稍涉张皇，岂不贻笑于天下？"不幸被皇帝言中了。及至临事，曾国藩没有做到尽符前言，反而慌张狼狈，如落汤之鸡，似丧家之犬，被整个湖南官场耻笑。自尊心如此之强的他如何能忍受呢？那个"愤"字之下，还有深深的羞愧。他在遗折上写："臣受先皇帝知遇之恩，通籍十年，洊跻卿贰。圣主即位，臣因事陈言，常蒙褒纳；间有戆激之语，亦荷优容；寸心感激，思竭涓埃以报万一。何图志有余而力不足，忠愤填胸，而丝毫不能展布。"[126]

对母不孝而生悔，对己不明而生惭，对君不忠而生愧，再加之对官场的愤恨，曾国藩此时的心境极为复杂，各种心绪相互冲撞。这一切都在曾国藩对传统礼教文化的极端认同和极力维护上爆发。《自杀论》指出："另一种自杀则是由于社会过分使个人从属于社会","自我不属于自己",这种自杀称之为"利他主义的自杀",表现出作为一种义务来完成的特点。[127]曾国藩就是如此,他对礼教文化高度认同,自己就是其中一部分,自己努力的一切就是为了维护这个制度。当这种制度和文化面临危险,却又自感绝望时,曾国藩自然要"舍身取义"。

不少论者提及曾国藩此次靖港自杀,多批评他懦弱胆小,这种论断过于简单。正如上文所述,曾国藩自杀的心绪极为复杂,如果以著名社会学家迪尔凯姆的《自杀论》中的观点来分析,曾国藩的自杀又有些矛盾,既属于"利己型自杀",又属于"利他型自杀"。说他"利己",是因为曾国藩无法忍受因战败而产生的负面情绪,以及不与他以为的"污浊"官场合流的孤独感;称其"利他",是因为曾国藩自觉融入了传统礼教文化中,受传统生死观影响,义务地甘愿献身。因此,他的自杀才表现出一而再,再而三的特点。

此时,左宗棠连夜从长沙缒城而下,来到了曾国藩的大营里,看到他满身泥渍,颇感滑稽可笑。据王闿运记述,左宗棠先对曾国藩一番冷嘲热讽,骂他像一头落水的蠢猪[128],然后又劝慰道:"事尚可为,速死非义。"[129]不过,据左宗棠记载,当时曾国藩并不为所动,瞪着眼睛什么话也不讲,只是索要纸张,清算炮械、火药、丸弹等,让左宗棠代为点检。

"事尚可为,速死非义",不知道曾国藩听到这句话,是否会犹豫感慨。在左宗棠眼中,他现在的自杀却成了"非义"。司马迁曾经写道,"人固有一死,或重于泰山,或轻于鸿毛",判断的依据就是能否做到"死得其所"。曾国藩在愤恨的同时,也在掂量死在靖港之战是否算得上"死得其所"。据左宗棠记述,正巧此时曾国藩的父亲寄来了一封信:"你这次带兵出战,是在为国杀敌,并不是单纯保卫家乡湖南。兵事有顺有逆,你能打得出湖南,便不虚此行,一切都值得,到时候任你战死还是自杀,都死得其所;如果死在湖南境内,我连哭都不会哭你。"[130]曾国藩的父亲是一个不得志的老秀才,自幼熟读诗书,饱受儒家忠君思想的熏陶,他鼓励儿子奋力杀敌,一定得杀出湖南。

父亲的这封信息必会令曾国藩重新审视生死。其实他内心中也充满了遗憾和不舍，从他给皇帝的遗折中也可以看出，他说："论臣贻误之事，则一死不足蔽辜；究臣未伸之志，则万古不肯瞑目。"出师未捷身先死，留下未完成的志向，他一万年也不会瞑目。

曾国藩又犹豫了。正当犹豫之间，一个消息彻底打消了他自杀的想法。

湘潭的捷报到了。

12　湘潭大捷

据幕僚李元度回忆，曾国藩看到战报后，笑着叹曰："死生盖有命哉！"[131]

上一刻还像一只落汤鸡，寻死觅活，这一刻又突然破涕而笑，满血复活，仿佛成了出水蛟龙。

胜败，是兵家常事；生死，却在一念之间。

如果湘潭方面没有取胜，或者战报来得晚一些，曾国藩也许自杀成功，也就没有后续的故事了，或许是各种冥冥之中的机缘巧合在催促着他往前走。不管怎么样，他是不用去死了，那些遗折、遗片自然也不用发出了。

曾国藩走到桌前，铺纸研墨，重写一篇奏折，报告这次前所未有的湘潭大捷。

用"前所未有"来形容这场胜利，对于当时的清朝来说，一点也不夸张。有历史研究者评论，"这是太平军军兴以来，清军取得的唯一大胜"[132]；就连曾国藩自己在奏折里都忍不住说，"未有痛快如此者"[133]。

亲临指挥湘潭之战的是塔齐布。

太平军在湘潭城北建立木城，以守为攻，阻击湘军。塔齐布趁着敌营未稳，立即发动攻击。太平军凭城发炮，枪炮如雨，硬冲不是办法，塔齐布于是命令士兵听见炮声就趴下，炮声停止就立即前进，这样数伏数起，渐渐逼近敌营。等到了敌营前，塔齐布大声一呼，兵勇奋不顾身闯入营中，施放火箭、火弹，曾国藩报告的战功是"杀贼五百余名，烧毙无算"。太平军和湘军的战斗还处于冷兵器向热兵器转化的时代，双方虽皆有火炮，但近距离作战仍是肉搏，成败多看哪方的指挥官意志坚决，哪方的士兵不惧死。

塔齐布就是位指挥坚决且不畏死的将领，他手持大旗，催促士兵向前，在这场战役中立下大功。曾国藩在奏折里称赞他"忠义奋发，勇敢当先，士卒乐为之用。……此次复著奇功，实属武员中杰出之材"。

陆军如此，水军的表现也很出色。在奏折里，曾国藩如此描述水军战绩："各勇挽舵，速据上风，施放火具……火器飞入贼船，遇船即着，顷刻燃烧。"

水战极为惨烈，湘军实行火攻，风助火势，太平军损失惨重，其中一次战斗，被烧毁船只六七百，"长发、短发逐浪漂流，红巾、黄巾随波上下"，"岸赭水温"，因为死人之多，河岸都被染成了红色，由于火攻，河水都被烧温了。就连曾国藩也不得不承认水战之"惨"，然而，在奏折里他毫不掩饰心中的喜悦和畅快，认为"事虽惨而功则奇"，"水战火攻，未有痛快如此者"[134]。

湘潭大捷来得正是时候，不仅挽回了曾国藩的生命，也消除了湘军的尴尬处境，堵住了湖南官员谩骂的嘴，也改变了皇帝对曾国藩的看法。咸丰皇帝大加奖赏，迅速发出一系列上谕，嘉奖曾国藩"办理甚合机宜"，特命他单衔奏事。湖南省文武百官，除巡抚一人之外，曾国藩皆有权调遣。这道上谕从根本上改变了曾国藩在湖南的政治地位。

不过曾国藩高兴之余也进行了反思，虽有湘潭大捷，但也有靖港之败，湘军上下还埋藏着诸多问题。他从头到尾细细反思，检查问题，对军队又进行了大刀阔斧的改革。

曾国藩首先从裁军入手。湘潭之战中几乎是塔齐布和杨载福两营士兵力挽狂澜，带动整个战局，这让曾国藩认识到兵贵精而不贵多。如果战斗力不行，士气不坚，兵再多，也只有溃逃的份，还会带坏整个局势。于是，曾国藩先裁汰掉那些临阵脱逃的军营，连他的弟弟曾国葆的部队也在裁汰之列。同时，让更有能力的营官去招募更好的兵勇，调罗泽南、李续宜等部随军出征。

靖港一战，战船损失较多，曾国藩抓紧在衡州、湘潭两个造船厂赶造新船六十艘，补修百数十号；同时，在水师营制上，为了便于指挥，曾国藩在营官之下又增设了哨官，每船即为一哨。

另外，曾国藩还深刻反思自己在前线战斗的指挥能力。同样的天时地利条件，别人能乘风杀敌，而自己却控制不住船速；别人能旗开得胜，自己却一败涂地。他认识到自己不善将兵，不如尊重手下营官，将指挥权交给他们，不再越俎代庖。自己专心做统帅，规划全局，保证后勤供给。

经过这番调整，湘军又是"规模重整，军容复壮矣"[135]。

湘潭之战是一个重要的转折点。对于太平军西征部队来说，由攻变守，而对湘军来说，由守转攻。此消彼长，攻守态势的转变，似乎就在呼吸之间。

休整完毕的湘军好似一条腾飞巨龙，沿湘江北上，进展非常顺利。收复岳州，杀太平军宿将曾天养于阵前，之后沿长江东下，兵围武昌，激战四天，轻松拿下这座华中重镇，同日克复汉阳。曾国藩用八百里加急，把捷报送到了咸丰皇帝面前：

奏为官军水陆大捷，踏平贼营十九座，烧船千余号，武昌、汉阳两城同日克复，恭折驰奏仰慰圣怀事。[136]

这是前所未有的胜仗，咸丰皇帝看完以后，惊喜难抑，这几年来应该没有什么消息能让他如此开心的了。当日，他便下发谕旨授曾国藩二品顶戴，署理湖北巡抚，并赏戴花翎。

旨意下发以后，咸丰皇帝斜靠龙椅，面带微笑，眼睛呆望着前方出神。这些日子以来他也十分疲惫，全是烦人的战败消息，此时忙里偷闲想让自己尽可能长时间地享受这个好消息；他也佩服自己赏罚分明果断，先让曾国藩做代理巡抚，一来，他再有战功，便可赏他实授；二来，怕他因为母亲丁忧而拒绝，他总是以孝道自我标榜，如果实授巡抚，他肯定又要推辞，而授他署理湖北巡抚，两全其美，妙哉妙哉。想到这里，咸丰更忍不住嘴角上翘了。

不过曾国藩看到这样的赏赐，却有另一番滋味。

13　君臣之防

咸丰四年（1854年）九月十三日，汉口江面。

曾国藩攻下武昌，并没有把大帐设在城中，而是依旧停靠在汉口江面上的拖罟座船上办公。

农历九月中旬，天气转凉，北风一吹，混着江面的水汽，着实让人感觉冷意十足。困扰曾国藩多年的皮癣又犯了，他挠了挠腿上的癣斑，不禁打了个寒战，心想春季出兵，现在已然入秋，时光荏苒啊。自己没带厚衣服，得让家里人把猞猁马褂和皮边冬帽托人带来。[137]

接着，胳膊上又是一阵奇痒，曾国藩挽开袖口去挠，瞬间感觉缓解不少，但一阵钻心之痛随即而来，本已结痂的挠痕又被抓破了。痛感暂时掩盖痒感，瞬间又是痛痒齐至，倍觉难受。

曾国藩叹了口气，想自己刚过四十，身体却如此糟糕。他忍着不挠，一转头看到了案上皇帝的谕旨，赏二品顶戴并署湖北巡抚。赏赐着实不小，但曾国藩并没有很高兴，而是心下一沉，这个赏赐接不接呢？自己当年在朝中任礼部侍郎，便是二品，相当于"衔"复原"品"，当然更重要的还是"署理湖北巡抚"。咸丰皇帝让自己做代理巡抚，这可是地方实权。

目前曾国藩的身份是"前礼部侍郎""在籍团练大臣"，既非钦差，也不是地方实职，自然无法调动地方资源，这就是之前他和湖南官场矛盾重重的原因之一。如果做了署理湖北巡抚，虽说是署理，但也能暂时揽住湖北的军政大权，做起事情来方便许多。

不过，曾国藩还有许多顾虑之处。此前几天他在给弟弟们的一封家书里，吐露了自己的顾虑。[138]

首先，丁忧期间不宜当官。按制，曾国藩应该在三年内不做事、不当官，专心为母守孝。但非常时期，忠在孝先，他受命做团练大臣，戴孝从军。做事尚有可原，做官则实属不该，否则如何对得起九泉之下的母亲，如何对得起宗族乡党，又如何对得起自己的初心？

其次，曾国藩又对"功名"二字进行了反复思索：自己以在籍之官，招募队伍，建造水军，攻岳州，下武汉，打出了前所未有的胜仗，也算功成一番，名震一时。不过，"功名之地，自古难居"，"人之好名，谁不如我？"自己立功扬名，谁又不想呢？自己有美名，势必有人受不美之名，或者有人行善而声名却远不及自己。这种盛名如何担当得起啊！曾国藩警醒自己"惟谨慎谦虚，时时省惕而已"。

另外，曾国藩也觉得湘军势头正猛，不久便可顺流而下，离开湖北，进军江西、安徽、江苏等地，胜利已然不远。他希望尽快取得胜利，然后奏请回籍，继续守孝，侍奉父亲，改葬母亲，弥补自己的孝心……

曾国藩由谕旨想到功名，由功名想到初心。初心不能改啊，他还是"决计具折辞谢"。这些功名与初心的思考让他暂时忘记了身上的痛痒，他为之一振，拿出纸笔写了封家书，与家中兄弟分享，以求共勉。

现下他在外有了功名和权势，倒是有点不放心家中的兄弟子侄，他在家书中还叮嘱家中的子弟，切勿因自己在外有权势，而流于骄傲、放浪，这两点都是败家之道，希望他们时刻留心，不要让后辈沾染这两个坏毛病。[139]

落款之后，曾国藩突然又想起天冷自己需要寒衣，便又嘱咐家人托人给他带来。

写完了家书，接下来的任务就是具折回复。曾国藩感谢皇帝的美意，婉拒了署理湖北巡抚，称自己即刻出境，专力东征，请皇帝另选贤人。[140]

折叠密封，拜折发出了。

正当咸丰皇帝欣赏着自己的为君之道——赏赐曾国藩二品顶戴并署理湖北巡抚——时，一班军机大臣走入阁内来商议政事。咸丰皇帝忍不住说："想不到曾国藩这一介书生，居然能够立此奇功啊！"[141]欣慰和佩服之情溢于言表。

就在此时，大臣中闪出一人，沉吟道："曾国藩以侍郎在籍，犹匹夫耳。匹夫居闾里，一呼，蹶起从之者万余人，恐非国家之福也。"

这声音不大但沉，似千斤重锤一般，撞向了咸丰皇帝的心脏。

皇帝愣住了，笑容也僵住了——是啊，曾国藩，一介书生，在籍丁忧的前侍郎，无权无势，犹如匹夫，却能振臂一呼，号召万人和他出生入死。当年汉末黄巾起义，群雄争霸，曹操平定战乱，稳定了汉室，最终也成汉室的掘墓人。前车之鉴，不可不防啊。曾国藩能平定太平军，固然是好，可他若有异心，这不是赶走了狼，招来了虎吗？

一句话点醒咸丰帝，他"默然变色者久之"。[142]

上述故事细节记载于曾国藩的幕僚薛福成的笔记文集中。晚清时不少文人笔记都记载有宫闱官场的逸闻故事，尽管他们或是事件的亲历者，或是亲历者的亲朋故交，但是这些笔记中的故事口耳相传，不免掺杂着演绎成分，真实程度难辨。不过，由此反映出咸丰皇帝对曾国藩的防范和猜忌却是真实的。这也是由中国传统政治的特点决定的，所谓功高震主。传统政治的老戏目"君臣之防"上演了。

在咸丰皇帝看来，曾国藩这样的人不得不防，他在国家经制之外拉练起一支武装力量，战斗力竟然超越国家军队；更何况曾国藩还是汉人。"君臣之防"再加"满汉之防"，咸丰皇帝自然不敢再给他地方实权。

不过，那道封赏谕旨已经由"兵部火票""马上飞递"传送到了曾国藩手中。既然无法收回，咸丰皇帝干脆再降下一道谕旨，收回成命，重新赏赐："曾国藩着赏给兵部侍郎衔，办理军务，毋庸署理湖北巡抚。"[143]

兵部侍郎衔也是二品衔，不过由"署理湖北巡抚"变成"兵部侍郎"，从实权变成了虚衔，这种赏赐没有任何意义。

曾国藩接到谕旨，想必哭笑不得，皇帝赏赉大臣，岂是儿戏，朝令夕改，未免太过草率；看来自己写的那封辞谢二品顶戴和署抚的折子也是多余了。如果稍晚发出，等到这封谕旨到来时，也就不用写了，现在倒是那封情理并茂的折子显得自己矫情。

再看北京的咸丰皇帝，他收到曾国藩那封情理并茂的辞折后，大发雷霆。也许他在为自己朝令夕改而懊恼，若等到曾国藩的辞折，再重新赏赐，岂不是更好。不过，这次咸丰皇帝震怒的聚焦点却是曾国藩辞折的落款署名，他御笔朱批：

> 览。朕料汝必辞，又念及整师东下，署抚空有其名，故已降旨令汝毋庸署湖北巡抚，赏给兵部侍郎衔。汝此奏虽不尽属固执，然官衔

竟不书署抚，好名之过尚小，违旨之罪甚大，着严行申饬。钦此。[144]

曾国藩收到这封谕旨，"惶悚难名"。他连忙解释，由于为母丁忧尚未完成，不敢附现任官职，因此没有署名新官衔，竟然不知自己已经犯了违旨大罪。[145] 在惶悚的同时，曾国藩应该也会哭笑不得，不料皇帝竟会在细枝末节处做文章；他应该更为皇帝的朝令夕改、出尔反尔而唏嘘。

曾国藩不敢再做更多解释，不愿陷入君臣之防的游戏中，他有更紧要的事情。武汉不是终点，最终的目标是下游的南京——当时清军称为金陵，而太平军称为天京的地方。

稍做整顿后，曾国藩便率军三路向长江下游进发，以魁玉、杨昌泗率绿营兵为北路，于长江北岸行进；以塔齐布、罗泽南率湘军主力为南路，于长江南岸行进；曾国藩自率湘军水师为中路，沿长江行进。

他们下一个目标是太平军重兵把守的长江要塞田家镇。

不过在此之前，曾国藩要路过黄州，祭奠一位故人，弹劾这混浊的官场。

14　祭奠恩师，挥师田家镇

曾国藩行船于长江之中，咸丰四年（1854年）九月二十一日来到了黄州。

黄州在今天的湖北省黄冈市，处于武汉下游不远处，自古以来就是兵家必争之地，英雄才俊会聚之处。这里江阔风畅，风吹浪起，卷起了千堆雪，真是"江山如画，一时多少豪杰"啊！这样的情景让人心中激荡，怀古追思。曾国藩凭栏远望，不过他心中想的不是写下《赤壁怀古》的苏轼，也不是赤壁大战的曹操、周瑜，而是他的座师吴文镕。

吴文镕之死

"座师"是当时科考举子对主考官的尊称，吴文镕是曾国藩二十八岁那年参加会试的主考官之一，对他有知遇之恩。两人保持了良好的师生关系，吴文镕以前辈自居，对曾国藩这样的后生才俊多是激励和提携。就在去年，吴文镕任湖广总督，主持湖北军政大局，几个月前，在黄州与太平军对战。

在总督湖广期间，吴文镕经常和曾国藩往来通信，讨论战局。当时（咸丰三年），太平军西征势头正猛，"万帆飘忽，千炮雷轰"，连陷城池。吴文镕给曾国藩写信说，湖北只有些小船，没有像样的战舰，更缺少训练有素的水师，无法和太平军在长江一决高下，只能株守武昌城，盼着曾国藩的湘军水师早日练成，驰援湖北，然后会师东下。

曾国藩很是认同老师的观点，也称"鄂省目前但当坚守会垣，不必轻言进剿"，等到明春二月，自己带领湖南水陆两军沿江并下，和老师吴文镕湖北的军队会合。

不过，皇帝严责进军的命令很快下来了，同僚湖北巡抚崇纶又乘机参劾吴文镕畏敌不前，只顾株守省会。曾国藩听说后，担心老师性格刚直而就此仓促出兵，他连忙写信劝阻，说现在"以极小之船，易炸之炮，不练之勇，轻于进剿"，不但"剿"字毫无把握，恐怕就连坚守武昌都难以做到了。即使有严旨切责，老师应该剀切痛陈，逐层奏明，等待一切都准备充分后，联络各部，并为一气，协力进攻。万不可七零八落，彼此无成啊！[146]

不过，曾国藩的劝谏并未奏效，吴文镕抵不住崇纶的冷嘲热讽，愤而出战，率兵四千，督师黄州，企图收复被太平军占据的黄州城。这下曾国藩更是担心。

出征之前，曾国藩很久没有收到老师的信，前线战事多变，他心中挂念，于是给老师写信，说他"每念吾师孤军在外，恨不得奋飞至前也"[147]。又说湖南人从来没有练过水师，对此全无把握，感觉像一帮未经训练的乌合之众，不知是否可行。[148] 其实这是曾国藩对出征无把握，想从老师那里得到一些鼓励和安慰。

他告诉老师，湘军会在长沙耽搁几天，应该在二月末抵达黄州。他担心老师安危，不知黄州战况，急切询问："不知环城四围，何面好立木城?""鄂省现尚有木排可购用否?""该逆在城外此处扎营否?""此次城外共有贼营几座?""河下尚有贼船若干?"他还为老师想出三条攻城之计,尽所能帮助老师解除所危。[149]

写信的时间是咸丰四年正月二十四日。

曾国藩希望老师尽快回信,告知详情,也为自己指点迷津。可谁承想,此信一发,犹如石沉大海,再无回音。

不久,武昌传来消息,吴文镕兵败营破,下落不明。有人说他阵亡身死,有人却说他畏战而逃。

曾国藩始终不知道老师的具体情况,这次来到黄州便想查探真相。

他逐个询问官吏、兵将,走访乡绅村民,终于把吴文镕死战湖北的情况一点点拼凑起来。

原来吴文镕接任湖广总督当天,九江上游重镇田家镇便被攻破,武昌城中人心惶惶,全城百姓逃亡一空,官员、将士束手无策。吴文镕当即召集僚属,稳定军心,誓死守城。他搬到了武昌城的保安门城楼上,随身仅一仆一马,无书吏幕宾,无亲兵夫役,两个月来衣不解带,不分昼夜地处理各种事务。慢慢地,人心稍定,溃散的兵勇也都聚集了起来,此时太平军一看武昌无法轻易攻下,便暂退下游。如果这样坚守不懈,等待援军水师,再寻找时机,就可以转危为安。

然而,按照清朝"满汉之防"的做法,任命汉人总督时,必有一个满族巡抚予以牵制。当时湖北巡抚为崇纶,他是满洲正黄旗人,与吴文镕不和,两人的战略思想也不相同。不久,崇纶上折弹劾吴文镕,称吴每天安坐衙斋,闭城株守,不积极进取。皇帝听闻后,催促吴文镕进驻黄州,让崇纶驻守武昌城。

吴文镕认为若是没有水师协同,对付驰游在长江中的太平军船队就束手无策,他想等着曾国藩和胡林翼的军队到来以后,水陆夹击。可是,崇纶嘲笑他畏葸不前,毫无迎敌之策。吴文镕性情刚烈,本就痛恨畏战之人,现在被人说自己不敢杀敌,他便怒火中烧,毅然率军出城征战了。

然而,吴文镕依靠的却是"屡溃杂收之兵勇,新募未习之小划,半月不给之饷项"[150]。后方的崇纶又处处掣肘，本该给的粮饷不及时送到，本该配合的军事行动却不认真对待，导致吴文镕甚是狼狈。

终于，在正月十五元宵节这天，太平军趁着风雪猛攻吴文镕大营，连破四座营。危急之时，后营又莫名起火。吴文镕看着前方奔杀来的敌人，望着后面的熊熊大火，他知道大势已去，无力回天。六十多岁的吴文镕整理了衣冠，跪在雪地里，朝着北方行九叩首大礼，痛哭流涕，不断喊着"无以仰对圣朝啊！"。随后，他走到营门外，跳入了水塘之中，自尽而亡。[151]

参劾崇纶

《大清律例》规定，督抚有守土之责，城亡身死，或者战死，或者自杀，都是尽了守土之责。可是，崇纶在写奏报时，却说吴文镕不知下落，字里行间给人临阵脱逃的猜想。甚至几天后，崇纶伪造吴文镕的咨文，称黄州贼势猖獗，催促曾国藩前来救援，给人的感觉是吴文镕并未殉难。更令人气愤的是崇纶在战斗中的表现，他总想脱身走避。当武昌陷落时，崇纶竟然在前一天舍城而逃至荆州，然后又逃到了陕西。

曾国藩得知真相后，义愤填膺。

对于吴文镕的遭遇，曾国藩感同身受。当年他在长沙受人排挤，同僚之间互相掣肘，幸亏自己及早离开长沙，到衡阳练成了水陆两军；可就在今年春季靖港之败时，长沙同僚仍然排挤他，拒绝他入城，如果不是有湘潭之胜牵制住太平军，恐怕那个时候他也和老师一样，早已兵败身亡了。将帅不和，同僚倾轧，把有限的精力投入内部政治斗争之中，真是损国害己啊。吴师更是惨烈，生前遭人排挤，死后又被人中伤，他生前的勤苦备战被人说成"安坐府衙"，而他死后的守土死节也被人说成"下落不明"。读书人毕生追求的就是大忠大节，皆是以生命为代价，在所不辞。崇纶诬人大节，从始至终地妒害他人，真不知道是何居心？！

对于崇纶的做法，曾国藩恨之入骨，痛之入髓。他认为崇纶无知无能，却还要颠倒黑白，混浊世间，他是当今混浊官场的典型代表。正是这样的人存在，世风才变得不白不黑、不痛不痒，才为太平军的兴起创造条件，大局一步步败坏如此。因此，既是为座师报仇，也是尽自己的责任和义务，曾国藩上了一封言辞犀利的奏折，弹劾崇纶。

概括起来，曾国藩在奏折中历数了崇纶的几大罪状。第一，崇纶心怀私怨，与其他将帅百端龃龉，同僚"求弁兵以护卫而不与，请银两以制械而不与，或军务不使闻知，或累旬不相往还"，崇纶先后阻挠和忌害张亮基、吴文镕、青麐等人。第二，崇纶的行为导致湖北军事崩溃，"平心而论，鄂省前后溃败、决裂之由，不能不太息痛恨于崇纶也"。第三，崇纶颠倒黑白，搬弄是非，"劾人则虽死而犹诬之，处己则苟活而故讳之"，十分无耻。[152]

对于曾国藩的这封奏折，咸丰皇帝很重视。尽管崇纶出身正黄旗，但对他也不姑息，咸丰命人严查真相，将在陕西的崇纶押解来京，交刑部讯办。[153]不过，崇纶惧怕天威，直接服毒自尽。

为老师昭雪以后，曾国藩仍然心中难平，忘不掉自己的恩师。他想起之前经常给老师写信探讨时局，寻求指导，如今老师已经身在九泉之下了，他心中不禁唏嘘。

于是曾国藩命人准备一只羊和一头猪，在这大江之上祭奠老师的亡魂，并且写下了一篇祭文，据说"词甚哀厉"，不过这篇祭文已经散佚，我们不得而见了。

曾国藩必须化悲愤为力量，老师没有走的路要由他来走了。

破"横江铁锁"

接下来，曾国藩和署理湖广总督杨霈商议，兵分三路。北路，由杨霈派固原提督桂明等率湖北各营兵勇于长江北岸进攻蕲州、广济等处；南路，由塔齐布、罗泽南率领湘军陆师在长江南岸，进攻大冶、兴国等地；中路，由曾国藩亲率湘军水师战舰，沿江东下，由杨载福、彭玉麟率先锋打头阵。

三路分头，以中路水师为轴，南路为重，中路和南路在田家镇一带会师，一起进攻长江天险，然后合力进剿九江，再图安庆。这是曾国藩理想中的战略部署。

行进于长江之中的湘军水师由曾国藩等人精心创建，营制统一，船炮先进，快蟹、长龙、舢板等大小战船互相配合，相互依托。这支水师是用来专门压制、打击太平军水师的，被曾国藩看作制胜的重器。湘军水师依托长江地利，在战斗中发挥重要作用，不仅配合陆师攻城陷阵，而且确保了整个军队的粮草弹药补给。在湘潭之战、岳州之战以及武昌之战中，正是湘军水师烧毁击沉太平军的大量船只，夺得了制水权，才保证战事的顺利进行，支援了陆师战斗。而在接下来攻破长江重镇田家镇之战时，水师更是发挥了至关重要的作用，因为江面、水中成了主要战场。

田家镇是武汉与九江之间长江中的重要隘口。这与长江地势密切相关。田家镇一带诸山耸峙，长江直切而过，江面陡然变窄，横宽只有650米，而水深则达50米，水流湍急，由北向南直冲南岸山崖后，转而向东。因此，北岸的田家镇就成了避湍之地，船舶停靠，渐成市镇，有一条六七里长的古街。南岸山崖为半壁山，孤峰拔起，只后路有台阶可登，前瞰长江，下临绝地。因此，田家镇、半壁山北南呼应，共扼江面，构成名副其实的长江咽喉，是由下向上攻荆入楚的门户，也是由上而下入赣达皖的必经之道。

太平军在田家镇两岸布置重兵，建造严密工事，其中最引人注目的就是"横江铁索"。太平军从田家镇街尾的吴王庙处拉起了四道巨大铁索，横穿江面，一直牵到南岸的半壁山上。"凿石穿铁，横索大江"是三国时吴人的拦江之法，太平军借鉴而来并加以改造。吴人的铁索在大江上没有船只承接，而太平军则在江面上用小船节节承载铁链，还在江中心设有三座大木排来承载。船只和木排上设有铁码牵拽铁索，同时船、排又系巨锚沉江以固定。这样一来，每根大铁索就被分成了几十节，避免一处熔断，全索皆沉。另外，排上安炮，船中置枪，防止敌人水军进逼；排上铺沙，船中贮水，防止火弹燃烧。铁索之前，太平军设有战船三四十艘，协助船排保护铁索；而铁索之后，则在江面上遍布民船，约有五千只，绵延六十里，以壮声势，转运接济。[154]

在江北岸的田家镇，太平军筑有一座土城和四座营垒，在六七里的江岸边，密排炮眼，对准江心。在江南岸的半壁山和富池口两处重地，太平军也依山水之势设营建垒，布重兵防守。[155]

总之，太平军建立了以横江铁索为中心，以两岸营垒为翼助的水陆协同防御体系。

曾国藩定下了先攻南岸，次攻江面，再攻江北的方针。南路湘军陆师士气高涨，在罗泽南、塔齐布的指挥下，迅速攻克了半壁山、富池口等要塞。而要攻破江面上的铁索船排，则要靠水师战船了。此战的关键就是水战，而核心则是攻破江中横亘的四条大铁索。水师将领彭玉麟、杨载福与曾国藩商议，定下了四队进攻的战术。

他们召集军中的铁匠，组成第一队，准备炭炉、铁剪、大椎、大斧等工具，目标不是杀敌攻船，而是熔断江中铁索，为其他战船冲往下游扫除障碍。第二队专攻敌人炮船，掩护第一队熔断铁索。第三队等到铁索断开之后，立即追至下游，烧毁敌方战船。第四队坚守老营，以防敌人偷袭后路。

一切计划妥当，十月十三日战船出队。彭玉麟命第一队"毋发炮，毋仰视"，只管闷头划船，沿着南岸疾驶至铁索前。彭玉麟则亲率第二队战船，开炮猛击太平军在铁索前的战船，吸引火力，与之胶着，为第一队赢得时间。湘军第一队又分两步行动，他们先将连接铁索的船上的铁码椎断，抽出承载铁链的船只；然后再用烘炉熔烧铁索，边熔边椎，直到把铁链熔断。这两步几乎一气呵成，史籍载"椎琐下钳，钳落筏空"，"鼓鞴冶琐，琐断缆开"。[156]

等铁索一开，杨载福率领的第三队立即开往下游，冲入后方太平军的船队中。事发突然，太平军后方船队未及反应，不知为何忽然来了一支船队，竟然有人登上船篷张望。杨载福命令士兵先不要开炮放火，一直开到下游三十里外的武穴时才放火烧太平军船只。当时天助湘军，刮起东南风，风助火威，烧向上游的太平军船群。而此时，彭玉麟击沉太平军战船后，也开赴下游。"载福乘风，玉麟乘水"，前后夹击，百里内外，火光冲天，太平军损失惨重，烧死、溺死者众多，四千多号船只被烧毁。不可一世的田家镇水面防线就此被湘军水师攻破。

前几日，塔齐布、罗泽南率领陆师经过两天鏖战，先已攻下了南岸的半壁山、富池口等要塞，如今江面防事又破，北岸的太平军已无继续防守必要，便向东撤去。

田家镇一破，湘军水师名扬天下，不仅使通往下游之路更为畅通，也带动了整个湘军部队的士气。通往江西的大门打开了，快马轻舟，湘军迫不及待地朝下一个长江重镇——九江——奔去。然而，接下来的战事开始朝着曾国藩意想不到的方向发展，让他再渡生死难关。

第二章 九江策马

咸丰四年（1854年）腊月二十五日夜，九江舟次。

曾国藩将座船停靠在九江城外的江面上，入夜三更，他还没有睡下。

二十四日，曾国藩收到了来自皇帝的赏赐——狐腿黄马褂一件、白玉四喜扳指一个、白玉巴图鲁翎管一枝、玉靶小刀一柄、火镰一把。这些赏赐是一个月前从北京发出的，经过各路驿站传递，送到了营中。赏穿黄马褂是莫大的恩赐，这是皇帝对曾国藩率军攻破田家镇及以后取得一系列胜利的奖赏。[1]

本来，将至新春佳节，又添恩赏，曾国藩应该高兴才对。但是，他看着制作精巧的御赐美物，却怎么也高兴不起来。自从抵达九江后，军事进展似乎遇到了瓶颈，既没有攻下九江，也没有打通湖口，反而损兵折将。这些恩赏倒像是皇帝的讽刺。

正思索间，曾国藩突然听到舱外喧闹不止，火光突现。他心中一惊，太平军又来扰营。最近太平军的战术发生变化，常在夜间派出小船，放火放炮，敲锣打鼓，湘军水勇被惊扰得无法安眠，疲惫不堪。

现在夜至三更，太平军的小船又来了。不过这一次，船来得更多、更快。

月黑迷漫，太平军几十只小船悄悄划了过来，摸近湘军的长龙、快蟹等大船旁，发起突然袭击，放火烧船。"火蛋、喷筒，百支齐放"[2]，霎时江中、岸边火光冲天。

面对这种夜黑火攻劫营的情况，曾国藩有经验，而且曾成功化险为夷。方法就是以静制动。他传令下去，禁止所有船只开动，不开船的人升官晋爵，但凡有人开船逃跑就立即革职。因为天黑不见物，船只开动容易冲撞造成混乱，火势难以控制；而不开船，水手能够沉着应对，一旦火球流入船上，立即扑灭，可以化险为夷。

可这次并不那么顺利，右营的一艘战船被烧着了，其他各船看到之后慌张起来，纷纷挂起风帆，划动开来。

曾国藩一看，心说不妙。他从座船下来，亲自乘小舢板船去督阵，严禁大船开动。不过，江阔船多，约束不住，局面混乱不堪。混乱中，太平军的几十条小船把曾国藩的座船围住了，船上的将士力拼而亡，整艘船被太平军抢夺走了。曾国藩刚刚收到的御赐黄马褂、扳指、翎管、玉靶、火镰等物也都随船丢失了，更糟糕的是船上的地图、文书、书信、日记等重要军事文件都被抢走了。

混乱之中兵来将往，曾国藩担心自己也会被太平军俘虏，干脆一咬牙又跳入了水中，想自杀以避被俘之辱，幸好被旁边的士兵救上了岸。

上了岸的曾国藩望着江中火光冲天，大小船只或被烧毁沉没，或四散而逃，一时间，他欲哭无泪，脑子一热，恍惚间想到了古代名将先轸的典故。

先轸是春秋时期晋国大将，因自责冒犯君主，在对敌作战胜利后，脱去盔甲，乘马冲入敌阵中，任由敌人砍杀而死。

六神无主的曾国藩想效法古人，他爬上马鞍，一扯缰绳，促马向前，要冲入正在厮杀的战阵之中……

这是曾国藩继靖港战败后的第二次自杀。

01　九江大战：遭遇石达开

湘潭之战后，湘军一路势如破竹，气势正盛，曾国藩又如何在九江落得兵败要自杀呢？

这得从太平军新任的前敌总指挥石达开说起。

石达开是太平天国的第一等人才，用"青年才俊"这个词来形容一点也不夸张。石达开，1831年生人，十七岁时随洪秀全加入拜上帝教，随后南征北战，屡克强敌，屡立奇功，二十一岁时被封为翼王，取"羽翼天朝"之意。

曾国藩率湘军下武昌，克长江重镇半壁山、田家镇，顺流而下，攻九江，其势锐不可当。太平天国的上层意识到这支湘军不同于以往的清军，虽人数不多，但精干能打。他们急忙调整方略，惩治败军之将，任命石达开为前敌总指挥。当年，石达开刚满二十五岁。面对强敌，石达开的好强之心被激起，他迅速赶到了九江、湖口一带，想要会一会这位四十多岁的湘军统帅。

石达开的防势

九江一城连三省，是湖北、江西和安徽的水陆交通枢纽，是由湖北进入江西的北大门；并且其东边五十里左右有湖口县城，是扼守鄱阳湖的门户，两城相互依托，互为掎角之势。当时有人说"南方之势，全在长江，长江之要，全在九江"[3]，所以对于湘军，想要控制长江，进攻金陵，必须拿下九江。同时，对于太平军而言，保住九江也至关重要，下可保全安庆，屏障天京，上可西取武汉，南入江西，北进安徽。因此，九江此城，双方势在必争。能够在此拖住湘军，就是石达开第一阶段的胜利。战争从来不是一城一池的争夺，尤其对于石达开、曾国藩这些战略家，在九江之战正式打响前，他们便开始较量。

田家镇之战以后，曾国藩命令塔齐布、罗泽南兵渡长江，从江北进军，扫荡沿途的广济、黄梅、灈港等地的太平军据点，以免除后顾之忧，确保粮路畅通。

石达开看出曾国藩的意图，也知江北无险可守，他在前期战略准备时，下了两步棋——"一拖"和"一攻"。

一拖，就是集聚由湖北溃败的军队，在江北岸依城设防，尽可能拖住湘军陆师在北岸的进军速度，使其和水军会师的时间推迟了近一月，为自己争取了充分的布防时间。

一攻，就是调集军队，击退江西本省清军对湖口的围攻，扫荡鄱阳湖以东的石门、饶州、乐平、浮梁等地，搜集粮食，转运至九江城内，为接下来的守城战囤备粮草；同时，这也将切断湘军与江西腹地的联系，让曾国藩日后近在江西咫尺，却无法与之相通。

等曾国藩抵达九江后，他也不得不佩服石达开："自大破田镇之后，私拟九江一郡，指日可破。不料陆军北渡，扫荡广济、黄梅、濯港、孔垅一带，转战六百余里，奔驰二十余日。而九江、湖口两处之贼，守备日固，人数亦日增。"[4]

可见，石达开在前期的战略准备上，已得一步先棋。

此外，针对湘军水师的优势，石达开对太平军水师也进行了调整。这里需要先介绍一下太平军水师先前的作战情况。

战争初期，太平军的水师处于绝对优势，在千里长江之中往来驰骋。曾国藩曾说："该匪以舟楫为巢穴，以掳掠为生涯，千舸百艘，游弈往来，长江千里任其横行，我兵无敢过而问者。"[5] 他已经观察到，太平军水师的运载能力和机动能力非常强，完全控制了长江的制水权。

太平军征调渔夫船工的各种小船，把船集中起来，密密麻麻排列在大江之中。船之多，令人震惊。曾有人描述太平军的船队是"帆幔蔽江，衔尾数十里……行则帆如叠雪，住则樯若丛芦"[6]，意思是说从空中俯瞰，几十里水路中全是首尾相接的船只，行进时船帆在阳光的照耀下像层层白雪，停靠时密密麻麻的桅杆好似错落丛生的芦苇。尽管有文学的夸张描写，但也足见太平军水师的声势之盛和船只之多。

然而他们的优势也只是局限在船只的数量上，与其说太平军水师是一支军队，倒不如说是简单拼凑起来的船群。随着湘军水师的兴起，太平军水师的种种问题暴露出来。首先，太平军水师中所用的战船全是规格不同、大小不一的民船，"每放一炮，全身震破"；其次，船只没有任何分工，不分炮船、战船、座船、辎重船，所有的船只都毫无分别地载着士兵、粮草、炮火器械；一遇战事，所有的船都变成战船，但士兵未经训练，水上作战毫无阵仗可言。因此，这样的水师在清军缺乏水军时，可以凭规模所向披靡，可一旦遇到装备精良、训练有素的湘军水师，就变得不堪一击。田家镇一战，太平军水师的劣势便暴露无遗。

针对这种情况，石达开着手改革。他在安徽、江西等地设置船厂，仿照湘军战船打造大船几十艘，投入战场上，让水师战船有大小配合和不同类型的分工。同时，他对水师战术也进行了一些调整。

等再次和太平军交手时，曾国藩就意识到了太平军水师的变化，他发现仅过了两个月，对方水师中的民船比重明显减少，战船分了大小，江岸和沙洲中的木排、炮台与战船密切配合，相互保卫，"局势为之一变"[7]。

石达开想要以此尽可能缩小与湘军水师之间的差距。

在前期战略准备的同时，石达开也紧锣密鼓地开展九江城的布防和各地守军的安排。

九江，古称浔阳，外靠长江，内有鄱阳，中间水道纵横，洲岛散布，都可以依地形修建工事。石达开命骁将林启容驻守九江城。林启容用糯米稀饭掺在泥沙中，加固城墙，添置炮台，架设重炮；在长江对岸的小池口，设立三座大营和三座炮台。同时，林启容又在江心的沙洲头高建望楼，密排炮位；在沙洲尾建了一座巨大的木排，纵横几十丈，上立木城，安放大炮。木排周围还有几艘大船和几百艘小船护卫。这是九江城的单独防卫。

九江可不是一座孤城。沿江向东走约五十里，陆地逐渐变窄，形成半岛，将长江和鄱阳湖南北隔开。半岛东侧顶端与对岸的大陆构成一个狭长水道，即为鄱阳湖口，向北而外为滚滚长江，向南而内为滔滔鄱阳。半岛顶端地区被称为梅家洲，与之相对的湖口东岸便是湖口县城。两地东西呼应，扼守水道咽喉。

石达开命人凿沉船只，缩窄水道的有效通航，同时建立木排，设立栅卡，防止湘军水师自由来往于长江和鄱阳湖之间，在水道上完全切断湘军与江西内省的联系。

石达开派名将罗大纲守西岸梅家洲。罗大纲在洲头建立两座木城，与湖口县城城楼齐高，上面密排三层炮眼，对准江面的敌船。东岸的湖口县城，由石达开亲自驻守。他在县城外筑有土城，多安炮位。营外广布木桩、竹签十余丈，挖壕数重，内安地雷，上用大木横斜搭架，再铺上铁钉蒺藜。防御工事可谓是层层叠叠，固若金汤。

第二章　九江策马　089

同时，为了防止湘军水师冲入鄱阳湖内，袭击内湖船只，与江西本省取得联系，石达开还在湖口口内建立大小木排各一座。太平军的"木排"可是水上防御"神器"，又名"龟船"，以巨大木筏为底，上面架上木城，中间搭有板屋，顶上设置瞭望塔。木城上开着炮眼，架着枪炮，底层装有粮食，四面围着牛皮，防弹防火。另外，木排还装有巨桨，可动可静，俨然像当时的江中航母。[8]

石达开建立的九江防御体系可谓是三地协作、水陆互助的立体防御体系，以九江城、湖口县和梅家洲三处互为犄角之势，每处依托复杂地形设立起城、垒、排、船等多重防御工事，占尽地利；同时，隆冬季节北风大作，江面巨浪翻滚，不利于湘军水师客军作战，太平军又占了天时。

面对这样的布局，曾国藩想要攻克九江，似乎困难重重。

曾国藩的攻势

田家镇后的顺利进军，给了曾国藩信心，令他感到"九江一郡，指日可破"。塔齐布、罗泽南率领陆师渡江北进，五战皆胜，顺利在九江城外集结；彭玉麟、李孟群等率领的水师也是势如破竹，很快扫清了九江江面的太平军船只，挺进至湖口外、梅家洲旁。连连获胜，自傲轻敌的情绪难免滋生，湘军上下更是普遍认为攻九江已是"破竹势成，无难立堕"[9]。

然而曾国藩对急速进攻、猛攻九江，还是心存疑虑。从湖南出征以来，湘军过湖北，入江西，战线拉出几千里，虽然一路获胜，但是问题也出现不少。曾国藩有三大疑虑。第一大疑虑就是由胜利造成的，水陆兵勇每次战胜后，掠夺战利品，私藏财物，贪功求赏。贪婪骄纵的情况愈演愈烈，暗伏"挫败之机"。第二是对敌军的疑虑，湘军虽一路获胜，但并不是完全"歼灭"，而是"击溃"敌军，太平军的有生力量或撤退，或隐匿，仍然威胁着湘军的整个战线。第三是对后路粮饷供给的忧虑，湘军军费主要靠自筹，目前粮草、弹药、饷银都仰仗湖南支应，随着战线的拉长，供给越来越困难。

对于这些问题，曾国藩理应放缓速度，进行休整，调整军队士气，巩固已有战果，侦察前方敌情，制定稳步推进的策略。可是没有人允许曾国藩从容休整、稳步推进。

皇帝不会允许。他恨不能一日平定太平军，"直抵金陵，扫清江面"的谕旨通过一道道六百里加急递送到曾国藩手中。

湘军水陆兵将不会允许。他们士气正盛，急于建功，恨不能一日攻下金陵，立不世之功。

甚至连曾国藩自己也不会允许。他虽有顾虑，但已经被连续胜利而造成的轻敌冒进的情绪感染了。当时左宗棠曾写信给一友人，这样评价曾国藩的心态："涤公自田镇以后，颇露骄愎之气，弟数与书而不一答。"[10]或许是因为戎马倥偬，曾国藩来不及回信，不过他确实自信满满，事后曾在家书中直言"自破田镇后，满拟九江不日可下"[11]。曾国藩当时恐怕想的是尽快攻下九江，直捣金陵，完成"剿匪"大事，立下不世之功，然后回家为母丁忧守孝。这样忠孝两不误，做个完人。

然而，湘军的侦察工作没做到位，他们尚不知石达开早已在九江布下铁桶一般的军阵。

自信满满的曾国藩对进攻九江采取的战术简单而直接——集中兵力，重点猛攻。除所部水陆两万兵力外，曾国藩又抽调了防守上游的胡林翼部前来会攻。在后路尚不稳固的情况下，竟然抽调后续防守兵力，很容易被太平军切断援军后路，陷入前后夹击的被动境地。这一步为以后的困境埋下了种子。看来此时曾国藩的确盲目自信到乱了章法。

塔齐布、罗泽南、胡林翼等率陆师于九江城外集结完毕后，在攻具未备的情况下，立刻展开攻势。太平军守将林启容依城死守，抵御顽强。几天轮攻下来，湘军未撼动一寸城墙，反而损兵折将，连罗泽南也负伤两处。

进攻受挫后，曾国藩担心士气受损，于是调整了部署。九江城坚难攻，"不若舍坚而攻瑕"，于是曾国藩只留塔齐布一军继续攻九江城，抽调罗泽南、胡林翼等人率部向东进攻湖口对岸的梅家洲，实现东西两线同时进攻。

与陆师相比，湘军水师仍然占有优势。曾国藩命水师策应九江、湖口两地，配合陆师攻下梅家洲，并伺机冲破湖口关卡，追击湖内太平军的船只。

曾国藩这一计是想切断九江守兵和后方的联系，破掉太平军的掎角之势。但他未认清敌我实力，把自己为数不多的兵力一分为二，再犯冒进之错，为接下来的战局又添一层风险。

石达开的反攻

石达开对湘军的攻势应对沉着。一方面，他命令各部守军倚城、倚垒拒敌，不得丢失阵地。另一方面，他派出水军，不断骚扰湘军水师。每到夜晚，石达开派出小船，潜入湘军水营，伺机放火烧毁快蟹、长龙等船。幸亏湘军水师大小船只密切配合，湘军利用舢板小船灵活穿梭，牵制太平军的火船，总能挫败他们的劫营活动。

石达开和众将意识到，不先摆脱湘军舢板小船，就难以取得火攻胜利，于是他们积极筹划如何分割湘军的大小船只。

咸丰四年（1854年）腊月十二日，湘军水陆又发起一波攻势。在罗泽南、胡林翼猛攻梅家洲的同时，湘军水师进行策应，猛攻湖口内的木排，竟然一举烧毁木排和关卡内的船只，通往内湖的水道打通了。

湘军水师营官萧捷三等人急忙抓住机会，率一百二十多艘长龙、舢板船，载着两千多名水勇，冲入鄱阳内湖，追击太平军船只，如入无人之境，大获全胜。可是当返回时，他们却发现来时的路已经没有了，湖口被太平军重新堵塞，一百二十多艘船冲不出去，被封锁在了内湖之中。

最尴尬的困境出现了，里面的船冲不出来，外面更大的船也攻不进去，湘军水师被一分为二。曾国藩设计的水师需要大小船只各有分工，互相配合才能有效制敌。如今百余艘轻捷的船陷入鄱阳内湖，外江笨重的大船"如鸟去翼，如虫去足"，也就失去了作用。[12]

不知这是石达开故意设下的计策，还是他根据战局随机应变，将计就计。无论如何，他们都成功地分割了湘军水师的大小船只，达到了目的。当天晚上，石达开命人再度劫营，派出小船围攻外江的快蟹等大船。失去了小船护卫的湘军大船调运不灵，被烧毁数十艘，剩下的船只急忙退回九江以西。[13]

终于，石达开的反攻时刻到来了。他在梅家洲对罗泽南、胡林翼连续夜袭，迫使其撤回九江城外，同时开始对曾国藩的九江大营展开袭扰。

腊月二十五日，夜黑风高，石达开对曾国藩的九江大营进行偷袭，趁风放火，"火蛋、喷筒，百支齐放"。湘军水营混乱不堪，曾国藩乘坐小船临阵指挥，也无济于事。战船被烧十几艘，连他的座船也被抢劫过去，文案册牍全部丢失。

于是，本章开篇的场景出现了。因战败，曾国藩再度自杀，而且尝试了两次。

曾国藩二度自杀

曾国藩第一次自杀采用的方式是跳河。眼见座船被夺，又担心太平军士兵冲过来把自己活捉，于是情急之下选择跳河自杀，以免被俘受辱。在心理学上，这应该算是一种逃避性的利己型自杀。

幸运的是，太平军士兵没有前来活捉曾国藩，他也没有被淹死，而是被旁边的勇丁救起，送到了岸边罗泽南的军营中。

好似一只落汤鸡的曾国藩被冻得瑟瑟发抖，他抬头看看罗泽南和好友刘蓉等人，又望望江中被烧得七零八落的战船，心中乱成一团，再度自杀。这一次他采用的方式是骑马冲入敌阵中，想任由敌人砍杀。

连日来的战败给曾国藩带来了巨大的心理压力。先是几次进攻九江受挫，然后攻打湖口失利，接着十二日水师被一分为二，当晚遭到敌军偷袭，船只毁坏不少。一连串的失败让曾国藩焦头烂额，尤其是水师的战败，让他曾经颇为自豪的利器变得一无用处，他正为找不到对策而忧心焦虑。如今二十五日水师再次被袭，座船被抢，成了压倒他心理防线的最后一根稻草。从这个层面上来讲，这属于绝望型自杀。

不过，在"绝望"的同时，曾国藩这一次自杀更像是一种"假性自杀"，他想在众人面前表演出自己的羞愤和"忠勇"。

羞愤是肯定的。大战而败，是主帅料敌不明，指挥不当造成的，曾国藩难辞其咎。更何况老营被攻，座船被抢，他如落汤鸡一般出现在众人面前，如何不羞愧呢？再者，曾国藩刚收到皇帝赏来的黄马褂和内阁寄发的新年赏赐，正当忠勇报君之际，却打了这么大的败仗。既然无法冲锋陷阵以显"忠勇"，那只能以死来报君了。

然而，在众人眼皮子底下岂能自杀成功呢？罗泽南、刘蓉等赶紧拉拽住缰绳，互相拉扯一番，把曾国藩劝下马来。曾国藩明知这样自杀不成却还要做，应该是想在众人面前做个姿态，给自己一个台阶下，也借以感化众将士。

九江战败虽窘迫，但曾国藩确实没有必要像靖港之败后一而再，再而三地自杀。首先，虽然湘军水师的损失惨重，但是陆师基本完好，士气尚在，仍堪大用。其次，九江之前取得的一系列胜利为曾国藩增加了不少信心，他不再像靖港之败时那么绝望了，大半年的实战经历让他已经拥有足够的经验和信心，知道如何对付太平军。最后，作为主帅的责任也不允许他一死了之，丢下眼前的烂摊子，不然只能让人误以为他畏难逃避。更何况石达开接下来的动作让曾国藩应接不暇，哪还有工夫自杀呢？

石达开开始大反攻，他指挥之前由武昌败退下来的军队，再次集结，向湖北进军。长江上游处处响警，武昌再次危急。

太平军抄了湘军的后路。

02　兵阻九江

目今局势，臣等一军进止机宜有万难者，不得不为我皇上陈之。
该逆大队上犯武汉，鄂省兵勇难资抵御，意图抄我后路，断我饷道。
——《陆军渡江剿小池口贼并陈近日贼势军情折》
咸丰五年正月初五日[14]

咸丰五年（1855年）正月，罗泽南陆师营中。

帐外，北风怒号；帐内，曾国藩愁肠欲断。[15]这个年关不好过。他用八个字形容自己的处境——"顿兵江境，老师糜饷"，九江城久攻不下，士气逐渐低沉，而粮饷也渐被耗尽。他焦灼难安。

此时天公又不作美，湘军再失天时。正月初四晚上，突然来了一阵东北风，曾国藩听着营外狂风乱吹，巨浪胡拍，船船相撞。第二天一查，二十二艘船只沉没，二十一艘被撞坏。这场大风带来的损失不亚于一场大败，他只得让剩下的七十多艘船开赴上游，进行修整。[16]

前些天座船被俘，曾国藩也只能暂住罗泽南的陆师营中，本想再挑选一只大船改成座船，以便督饬水师。不料这几天风波突起，湘军大船被毁，太平军的船只又沿江西上，湘军水师已经没有能力控制从九江到武汉的江面了。

曾国藩愤懑不已，不得不继续住在陆师营帐中。[17]

晚上，营帐内，枯灯下，曾国藩整理思绪，准备给咸丰皇帝写封奏折，报告近日军情，他一边构思奏稿，一边反思到底是哪里出了问题，导致"顿兵江境，老师糜饷"。

总体来说，曾国藩轻敌冒进的部署和急于求成的心态造成了困顿九江的局面。

从眼前分析，他不应该在进攻九江受挫后，又分兵去攻打湖口、梅家洲，让本来数量不足的陆师兵力更加分散。同时，曾国藩又急于打开江西内湖通道，导致水师一分为二，大小船只分离，"外江无小舟，内湖无大船"，设计好的队形阵法遭到破坏，水师"顿形薄弱"，使得太平军偷袭成功。再加上恶劣天气，外江的大船坏的坏，沉的沉，几乎不能成军。刚到手的长江制水权又拱手让与了太平军。

从更早一些的部署来看，曾国藩急于驶离武汉，向下游进攻，这一步可以说是失误。靖港之败后，湘军水师船只损失本就不小，幸亏湘潭之胜把士气提了起来，然后湘军攻岳州，战城陵矶，轻而易举拿下了武昌、汉口。这的确是曾国藩等将领指挥得当、全军上下拼命搏杀的结果，但也有不少原因是利用了太平军的失误。到了武汉，进入湖北腹地，战线拉得很长，如何保障粮路畅通和兵力补充已经是一个难题了。那时曾国藩应该休整军队，调整士气，巩固已有战果，扫除太平军残余势力，把两湖地区真正建设成湘军的大后方，然后取建瓴之势，顺流东下。但实际上，曾国藩却没有沉住气，在皇帝的紧催下和将士们立功心切的高涨氛围中，他轻敌冒进，一直冲到了江西，却被堵在九江城下，把自己的软肋暴露了出来。

颇具战略思维的石达开一眼就看出了湘军的软肋，当然不会放过这个机会。他趁着湖北防务空虚，派军西上，进攻湖北的武穴、蕲州，并且放出口风要"直犯武汉"。石达开这一招的杀伤力极大。如果太平军水陆大军齐进，攻下武汉，那么他们就可以西窥荆襄，南伺湘省。湘军将被裹挟在中段，进退不能，粮路被断，军心也会受到严重动摇。

这段时间对于曾国藩而言颇为煎熬，他一听到帐外怒吼的北风，就担心船只被撞，心如刀绞一般；他一收到太平军西进的消息，便如坐针毡，急得绕室徘徊。[18]

曾国藩确实陷入进退不得的两难境地。攻不下九江，打不开通往下游之路，也不敢就此撤军，全力回救武汉。他有很多顾虑。首先，不舍得放弃已经取得的战果；其次，担心中途退却影响士气，仍希望重振精神，一鼓作气直捣金陵；再次，他认为此时撤军，会让九江、湖口的敌人内犯江西，彻底切断湘军与江西内省的联系，无法取用江西粮饷；最后，也是最重要的，他不忍心放下自己亲手训练的陷入内湖的两千精锐水勇，若此时撤军，他们将完全孤立，恐怕再也冲不出来了。[19]

此时，石达开又展开了下一步战略。他回攻湖北的同时，也展开了"内扰江西"的行动。石达开命兵出四方，不直接进攻江西首府南昌，也不进攻曾国藩的大营，而是掠扰四周兵力薄弱的州县。石达开命令部队进攻饶州、乐平，分扰景德镇、祁门、徽州等地，搜集粮草，扩充兵力。这一地区被曾国藩视为战略东路，交通位置至关重要，是江、浙的转饷之路，也是奏报的入京之路，关系大局。[20]石达开的战略意图很明显，要切断曾国藩的交通线，断其粮饷和通信之路；他称此策略为"先剪枝叶，后伤其主干"，企图慢慢耗死湘军。

总体而言，目前曾国藩面临着四方面困境：

第一，石达开挥兵西上湖北，曾国藩的后路将被包抄，粮食弹药等军需补给随时可能断绝。

第二，石达开内扰江西，分兵进攻鄱阳湖以东，曾国藩的东路也遭到严重威胁，与外界的通信随时会被切断。

第三，湘军水师一分为二，舢板等船队被阻隔于内湖，无快蟹类的大船依傍，也无统帅统领，漂泊无定；快蟹等大船滞留于外江，无小船辅助，又被大风摧残，损失惨重。

第四，湘军陆师顿兵于九江城下，进不能，退不甘，举棋难定。

反复筹思后*，曾国藩认为就目前的形势而言，断不能全军从九江撤回，否则，不但后路被断，前路也再无打通的可能性，白白让士兵奔波，消耗士气，后果不堪设想。这个时候只能硬着头皮勇往直前。曾国藩命令塔齐布率所部人马继续围攻九江城，希望能在正月底攻下。

对于武汉之危，他也不能不管不顾。湘军陆师营中的胡林翼之前被授予湖北按察使，对湖北有守土职责，曾国藩令胡林翼率两千人回援武昌，继而又命王国才率三千人、石清吉率一千人回援。湘军水师在九江损失惨重，已经不堪大用，曾国藩命李孟群、彭玉麟等率领残余船只，回驻湖北金口进行整修，一方面添置新船，一方面协防武昌。

对于陷入内湖的舢板、长龙等便捷的船队，目前没有得力的将领统帅，曾国藩怕他们"如鸟失巢，人无固志"，非常不放心。他决定亲自到内湖去，收拢这支被打散的水师，重新整顿；并且计划和江西巡抚商议，建造大船，添募水勇，结合这些小船，再组建一支新的内湖水师。

对于内扰江西进攻鄱阳湖东岸的太平军，二月，曾国藩一方面另派罗泽南率领三千人绕过鄱阳湖，进攻饶州、广信等地，确定东路的安全；另一方面又命他的幕僚李元度招募平江勇，增加兵力。

可见曾国藩的这几步安排把前述四方面的困境都照顾到了。随着战线拉长，他要堵的缺口也越来越多，任何一处缺口如果放任不管，都可能带来灭顶之灾。

此时曾国藩判断石达开西进湖北，也未必真能攻下武昌，应该是战略上的假动作，他是在"攻我之所必救"，以解九江之围。因此，他在奏折中表示，万不能被敌人牵着鼻子走，陷入更被动的境地。曾国藩把重点还是放在中段，趁着目前陆师各营锐气尚盛，继续猛攻九江，攻其所必救。他想

---

* 曾国藩反复筹思后，将筹办之法具折呈报咸丰皇帝。这封奏折作于咸丰五年（1855年）正月初八日，题为《大风击坏战船并近日剿办情形折》。

要一个月内拿下九江城,届时会合内湖水师,"鼓行东下,直捣金陵",武昌之危不解自除。[21]

双方都使出了"围魏救赵"和"攻其所必救"的策略。

然而,战事并没有朝着曾国藩预想的方向发展。

攻入湖北的太平军进展十分顺利,北路太平军迅速攻破湖广总督在广济的大营,进而长驱西进,正月初五攻克黄州,初七攻克汉阳;南路太平军也过富池口,进克兴国、通山、崇阳、咸宁等地。到二月十七,太平军南北夹击,攻下武昌,这是太平军第三次攻占武昌,华中全局再次震荡。[22]

曾国藩预想的最坏结果出现了,湘军还没有攻下九江,而太平军已经占据武昌,可以肆无忌惮地绕袭他的后路了。而且,此时自金口以下江面又全部被太平军占据,曾国藩被裹挟到中段,腹背受敌。

更糟糕的是,随着曾国藩在江西战场越陷越深,他不得不肩负起防守江西的任务,不得不寻求与江西地方官员的合作。比如组建内湖水师,调派罗泽南、李元度等部防守鄱阳湖东路,这都需要与江西巡抚陈启迈协商。然而,他们的合作并不愉快,甚至充满了艰难。

03 另立内湖水师,弹劾江西巡抚

> 即于十二日自九江起行,十六日至江西省城,官绅相待甚好。在内之百余船尚皆完好,再加大船数十号,另成一军,即足自立。……江西物力尚厚,供我水陆两军口粮,大约足支八个月。
>
> ——《致澄弟温弟沅弟季弟》
> 咸丰五年正月十八日

咸丰五年(1855年)正月十八日,江西省城南昌。

最近天气不妙,常刮大风,夹着雨雪,阴冷逼人。这天,曾国藩感觉左腰受寒作痛,身上的皮癣仍然没有痊愈。他又挠了挠癣斑,忍不住打了一个寒战,心想这两天来到南昌,忙于军务,已经多日不给家中写信,想必父亲和弟弟们都在牵挂连遭兵败的自己。于是，曾国藩抓住空闲，给四位弟弟写了一封家书，叙述这几日的事情。

曾国藩于正月十二日从九江起行，十六日来到南昌，安抚孤悬鄱阳湖内的舢板船队。这一百二十多艘船、两千多名水兵本是湘军水师的精锐所在，曾国藩称他们"本向来所借以冲锋陷阵者也"[23]。他们冲入内湖后，打了几场胜仗，顺着省河（赣江）来到南昌，由江西巡抚陈启迈给予口粮，但是他们听说外江大船战败返回湖北后，军心有些动摇，极有溃散的可能。因此，曾国藩亲自来到南昌，安抚他们。

曾国藩看到这一百多艘船都还完好，萧捷三等将领也较为得力，能够在困境中激励士兵，让他们聚而不散，实属不易。

按照曾国藩之前的筹思，既然原来的水师已经被分割成两部分，外江大船队返回武汉，无法解燃眉之急，那么就干脆全力整顿内湖小船队，添置大船，扩招水勇，将其打造成一支独立的水师武装力量，作为一枚楔入长江中段的钉子，让太平军在武汉和金陵之间不能自由往来。[24]湘军的内湖水师就此开始筹备，这是曾国藩为将来扭转战局做下的准备。

不过想在江西境内筹建一支内湖水师，必须要依托江西本省资源，必须要与江西官场配合。

江西巡抚陈启迈，字子皋，号竹伯，湖南武陵人，与曾国藩的渊源颇深。陈启迈于嘉庆元年（1796年）出生，比曾国藩大十五岁，但他却在道光十八年（1838年）与曾国藩同年中进士，又和曾国藩一样选翰林院庶吉士。两人同乡、同年、同官翰林，关系应该不差。在曾国藩早期的日记和家书中还多次提到陈启迈，比如道光二十一年二月初一的日记中写道："早起。步行至杜兰溪处，陈竹伯、芸渠、陈岱云处。"[25]陈竹伯即为陈启迈，两位老乡初到京城，住得也不远，应该是常常走动，处在同一个社交圈中。咸丰二年，曾国藩和陈启迈随皇帝拜谒清西陵，两人相伴而行，常在歇息之处久谈。[26]而且，陈启迈回湖南老家时，曾国藩也会托他给家人捎带东西。[27]

当曾国藩带湘军初到江西，陈启迈已任江西巡抚达一年之久，他对曾国藩比较欢迎，给予不少资助，尤其是对孤悬鄱阳湖内的水师。[28]咸丰五年二月间，曾国藩告诉陈启迈扩建内湖水师成独立军的想法，陈启迈很是支持。因为这不仅是曾国藩解救被隔离的小船队的需要，更是江西防务的需要。有了水师，陈启迈可用以固守鄱阳门户，可以与太平军争夺江西省内的制水权。于是，陈、曾相互协作，陈启迈想利用湘军水师的经验，曾国藩想利用江西本地资源，二人会商一同推进水师筹办。

陈启迈先将江西省现有的三十艘长龙拨给湘军使用。不过，曾国藩觉得春夏将至，雨多水盛，长龙船虽比舢板大，但不足以压浪立营，难以成军。于是两人商议，计划在南昌设立船厂，建造十几艘快蟹类型的大号船只，同时招募水勇千余人，严加训练，扩充水师兵力。[29]

为了快速推进水师筹建，曾国藩就近于江西当地物色了一名编练水师的人才刘于浔。刘于浔，江西南昌县人，与曾国藩同年中举，是当地著名的绅士。他在为母丁忧时，正赶上太平军兴起，便在家乡办起团练，保境安民，在先前的南昌保卫战中做出过贡献。曾国藩对刘于浔很欣赏，称他"战则身先，功则归人。军心民心，乐为效命"。曾国藩在江西创建水师时很倚重刘于浔，把设厂造船的任务交给了他，还让他按照湘军营制组织了一支部队，后来发展成了"江军"，是在江西省内与太平军作战的重要武装力量。这是后话。

此时，曾国藩与陈启迈商议后，让刘于浔在省城南昌设立船厂，负责造船事务。刘于浔全力以赴，尽快设立船厂，并同步推进募勇练军事宜。

然而在这个过程中，陈启迈的态度突然发生变化，意见逐渐与曾国藩不合，矛盾逐渐显露，其某些行为让曾国藩忍无可忍。

根据曾国藩留下来的资料显示，正当刘于浔紧锣密鼓地兴工造船时，陈启迈突然称本省不需要设立水师了，要求船厂立即停工。[30]曾国藩无奈，苦于巡抚压力，只能停止在南昌造船。不久，曾国藩又命刘于浔在赣江旁的市汊另设一所船厂，专门为湘军打造战船。结果，陈启迈仍是横加插手，要求把市汊船厂内的新造船只交给他的部下使用，同时又命船厂继续建造十五艘船以供他使用。曾国藩命刘于浔一一办理。不料等船只造好后，陈启迈又说不再需要新船。这让曾国藩十分气恼，"倏要船倏不要船，倏立水军倏不立水军，无三日不改之号令"[31]，他觉得与陈启迈很难共事。

尽管如此，内湖水师还是组建起来了，而且颇具规模，战船达两百多艘。等船只建造完毕后，曾国藩便由南昌前往南康府，命水师前队驻扎在青山镇。南康位于南昌的北边，九江的南边，它与九江中间只隔着一座庐山。曾国藩把大营设在这里，既方便联络位于九江城外的塔齐布，又便于内湖水师进攻湖口，伺机冲出关卡，还可以防止鄱阳湖东岸都昌等地太平军的偷袭。

内湖水师确实在这个时刻发挥了重大作用，转战于鄱阳湖各处，联络湖东、湖西两岸部队。在五月三十日与太平军船队的一次作战中，这支水师夺回了去年底九江战败时被抢走的座船，军心为之一振，曾国藩也感觉出了一口气。

内湖水师的逐渐壮大让曾国藩找回希望，看来真的可以凭此军扼守中段，把太平军横行的两千多里江面拦腰一截，可以策应武汉附近的外江水师一起攻击太平军的水师。不过，此时的内湖水师没有陆师依托，容易被敌军偷袭。塔齐布所部在九江城下与林启容的太平军相持，罗泽南因太平军袭扰鄱阳湖东岸而正在饶州、广信等处作战，曾国藩身边已经没有其他部队来协同内湖水师作战了。这让曾国藩感觉十分不安。此时，他身边的幕僚李元度主动请缨，要招募一支部队，护卫曾国藩左右，协同内湖水师。

李元度是曾国藩营帐中极为重要的助手，不仅为他草拟奏折，还参与军机，出谋划策，是位极有才华的人。但是曾国藩认为带兵打仗、冲锋陷阵并非其所长[32]，刚开始反对，无奈李元度十分积极，而且曾国藩确实需要一支陆师配合水军，护卫大营。于是，他就让李元度回老家湖南平江县招募勇丁，这就是平江勇。

李元度率领平江勇驻扎在南康，用以护卫曾国藩近身，也与驻扎在南康的内湖水师相依护。这支部队日后转战鄱阳湖东路各处，成了曾国藩可以依靠的主力部队之一。

这样一来，曾国藩在江西的陆师有三支部队，塔齐布率五千人，罗泽南率三千人，李元度率四千人；再加上内湖水师和建造战船，处处都需军饷。目前，与湖南的饷道不畅，曾国藩只能想办法在江西就地取饷取粮。于是，他与江西巡抚陈启迈在筹饷用饷的问题上又产生了分歧和矛盾。

尽管咸丰皇帝颁布上谕令陈启迈对湘军粮饷进行协助支持，但是实际上陈启迈不但没有支持，反而多方掣肘。

曾国藩只能依靠江西士绅，进行劝捐筹饷。士绅黄赞汤是前刑部侍郎，与曾国藩曾是同僚，他主持江西全省捐输了四十多万两；另外曾国藩又奏准了漕折银数万两。不过，对这两项饷银，陈启迈又插一脚，三次咨文，多次信函，阻碍曾国藩使用。曾国藩十分生气，认为捐输银饷一直供湘军支出，是他本分应得之资，陈启迈不该趁机挟制。不过曾国藩"既恐无饷而兵溃，又恐不和而误事，不得不委曲顺从"。但是他对陈启迈的怒火却越积越多。

不仅如此，陈启迈还插手了湘军的部署，集中体现在对罗泽南部的调遣上。此时罗泽南正在饶州、广信一带对付袭扰鄱阳湖东岸的太平军。曾国藩希望罗泽南尽快攻克广信，然后从饶州、都昌进军，与内湖水师会攻湖口。陈启迈对罗泽南的部署提出了不同意见，他认为太平军在鄱阳湖东路猖獗，应该把罗泽南调往景德镇防守；随后，他又感觉南昌府城不安全，要求把罗泽南调到南昌，保护省城。不久，西路太平军进攻江西西部的义宁，陈启迈又要求调罗泽南前往义宁。曾国藩刚同意，却又收到陈启迈要调罗泽南去湖口的信。就这样，在罗泽南一军的调度上，忽东忽西，曾国藩称陈启迈"朝令夕更，反复无常"，但曾国藩也都迁就屈从，最终等罗泽南占领广信后，遵照陈启迈的调度，命他前往义宁剿贼，防止太平军由此窜入湖南等地，确保湘军后路安全。

此外，二人还在用人等方面产生矛盾。江西万载县举人彭寿颐团练办得很不错，曾国藩认为才堪可用，希望吸纳至湘军队伍中，但彭寿颐却因得罪万载知县，受诉讼牵累。曾国藩咨商陈启迈，希望他能为彭寿颐申冤，并鼓励其办理团练。不承想，陈启迈居然命江西按察使恽光宸将彭寿颐抓获并严刑审讯，致使彭寿颐惨死。曾国藩认为陈启迈这是颠倒黑白，令人发指。

由此可见，曾国藩在江西的日子并不好过，处处受到"劣迹斑斑"的陈启迈掣肘，本已糟糕的处境雪上加霜。

不过值得注意的是，以上所述只是曾国藩的一面之词，只是他身处江西与当地官场打交道的自我感受。这些内容都是来自咸丰五年六月曾国藩的那封《奏参江西巡抚陈启迈折》，其实奏折中还细数了更多陈启迈"颠倒错谬""欺饰瞒骗"的诸多劣迹。尽管曾国藩以"诚"立身，且说自己的奏折全是据实所写，但仅凭曾国藩的描述，我们还是难以判断奏折关于陈启迈的描述是否全部属实。由于目前的资料有限，我们看不到更多陈启迈自己对这些事的解释。结合其他史料，陈启迈绝非一无是处的官员。外放做地方官后，他做到了五年四迁，升迁速度不慢，可见朝廷对其的认可。《湖南通志》称陈启迈任江西巡抚时，"军务倥偬，公牍随到随判，决不延至翼日"[33]。而且早年在京城时，陈启迈与曾国藩走动频繁，可见那时的两人一度志同道合。

我们虽然无法穷究二人在互动中如何产生矛盾，无法判断曾国藩所述是否客观，但能断定曾国藩在江西处处饱受掣肘的感受是真实的，他与巡抚陈启迈乃至江西官场的矛盾是真实的。正是这么多的矛盾让他产生了不满、无奈和气愤。他在家书中也直言了自己的感受，他对弟弟抱怨说"兄在外年余，惟有忍气二字日日长进"[34]，"吾近来在外，于忍气二字加倍用功"[35]。他也点明与陈启迈尴尬的关系："陈竹伯中丞办理军务，不惬人心，与余诸事亦多龃龉。凡共事和衷，最不易易也。"[36]

曾国藩与陈启迈的斗争可以说是之前他与湖南官场紧张关系的重演。二人产生巨大的矛盾应该是各自所处位置不同和肩负责任不同导致的。陈启迈是江西巡抚，有地方实权，也有守土职责，他的直接目标是保卫江西本省不受太平军侵扰。曾国藩是纯军事统帅，率领湘军过境，并没有地方实职实权，他的主要目标是"直捣金陵"，彻底打败太平天国，因此，他考虑更多的是自己与湘军的战略安全和整个战局的发展。目标不同，二人的分歧也就产生了。陈启迈对湘军部队的调度，让曾国藩感觉是在破坏战略计划；曾国藩在江西"就地筹饷"，让陈启迈感觉是在侵占本就紧张的战争资源。而且，陈启迈肯定在与曾国藩的交往中发现很难自如调动湘军，全力支持筹建的水师终究是为他人作嫁衣，因此就逐渐打消了与曾国藩一同筹建的想法。其实曾、陈矛盾就是湘军与地方官员矛盾的集中体现，就像当年在湖南一样，曾国藩与江西官场的关系也紧张起来了。

这一次曾国藩没有再像在湖南处理永顺营事件那样回避到衡州。他直接上奏弹劾，细数陈启迈种种过错，把他描述成为一个"朝令夕改""颠倒错谬""欺饰瞒骗"的"劣迹诸多"的官员。这次皇帝很支持曾国藩，立即将陈启迈革职，调任满洲人文俊为江西巡抚。

但是，曾国藩和江西官场的关系并没有因为撤换巡抚而得到根本改善。有学者指出，曾国藩与江西官场矛盾尖锐，一方面是由于主客分歧，另一方面也是因为曾国藩性格强势，自视甚高，待人接物不客气，让人反感，就连与其具有"同乡同年同官翰林"天然优势关系的陈启迈都无法与他处理好关系。虽然弹劾走了陈启迈，但是其他江西官员对他的成见反倒因此加深，曾国藩做起事情来仍然处处为难。后来他回忆这段时光说："江西数载，人人以为诟病"[37]，"几于通国不能相容"。

与太平军的战事并不会随着清廷内部派系斗争的加剧而有所缓解，西线武昌的局势仍然紧张，胡林翼规复武昌的行动并不顺利。皇帝几次下令曾国藩率军回救武昌。不过，曾国藩却认为此时全军撤退并非上策，他仍然想坚守中段，从湖口寻找突破口。他本来想调罗泽南由饶州、都昌一带进军，和塔齐布等会攻九江、湖口。可是此时罗泽南正在西边义宁作战，难以抽身，进攻九江、湖口的重任还是落在了塔齐布的肩上。

04　塔齐布病逝，萧捷三阵亡

> 臣国藩、塔齐布自正月一别，不相见者半年。六月二十七日约会于青山，言及顿兵江境，老师糜饷，上负主恩，下失民望，两人愧愤交集，哽咽难言。
>
> ——《拟七月内与塔齐布会剿湖口片》
> 咸丰五年七月初六日

咸丰五年（1855年）六月二十七日，青山大营中。

相别半年之久的两位战友——曾国藩和塔齐布终于相会。塔齐布暂离九江军营，来到曾国藩的青山大营，商讨战事。二人相望，一个是灰头土脸，一个是风尘仆仆，感慨良多。曾国藩一把拉住塔齐布的手，快步走入营帐中，畅谈兵事。一个人觉得"上负主恩"，一个人觉得"下失民望"，两人又羞愧又气愤，哽咽难言。[38]

塔齐布和曾国藩是一对好搭档。曾对塔有知遇之恩，塔对曾有襄助之力。去年出兵以来，一个在船中运筹帷幄，一个在马上冲锋陷阵，虽不能说是所向披靡，但进军异常顺利，让太平军遇到了劲敌。可是，咸丰五年正月以来，他们却兵阻九江，停滞不前。为了战事，二人分头行动，曾国藩前往内湖整顿水师，塔齐布继续扎营九江，伺机攻城。彼此一别，半年不得相见。

这次他们相约青山，为的是讨论如何破解陷入僵局的战事。曾国藩认为，九江城坚墙固，久攻不下，士气必定受到影响，不如干脆舍而不攻，移师东渡，进攻湖口，扫荡东流、建德一带，长驱直下，与下游芜湖的官军会师。塔齐布认为，六月以来他就开始蓄力准备，增置攻城器械，定于七月大举攻城，这次准备充分，应该力能破城，以雪积愤；如果到七月底仍无法破城，再移师东渡。

曾国藩一想也行，就再给半个月的时间，争取攻下九江城，扭转战局。于是他们各自回营，分头行动。

这次"青山约会"被曾国藩写入奏折中，短短五十多个字有声有色地描绘出两个中年男人为军事、为国事发愁而哽咽的画面，让人了解军情战况之余，也感受到了脉脉的战友之情和君臣之义。[39]

塔齐布回到九江军营，积极备战，准备云梯、布袋等攻城之具，"扎草人以缘城，结竹筏以渡水"。他还让营中将士准备好挡箭牌、竹盔之类的防护器具。一切就绪后，就等着在一个月黑阴雨的夜晚，发动突然袭击了。

曾国藩在南康也准备派出李元度，让其率三千平江勇渡过鄱阳湖东边，在塔齐布猛攻九江的时候，进攻湖口。他们约定两城同攻，水陆并进。[40]

可是曾国藩左等右等，始终没有等来塔齐布发起进攻的信号，却在七月十八日的晚上得到了他病逝的消息。如晴天霹雳一般，曾国藩"不胜悲愕"。

到底发生了什么呢？

本来这天塔齐布决定早上出队攻城，结果还没有出营，他突然患上了"气脱之症"。[41]这是中医所述的一种病症，症状是大汗淋漓，气息微弱，或是昏迷，更严重的表现为大小便失禁，四肢发冷，目合口张，瞳仁散大，面色苍白，气短不续，舌淡胖，脉细微。换句话说，就是病危的症状。

塔齐布"昏迷不醒"，到了中午时分便去世了。《清史稿》亦载："气脱卒于军，年三十有九。"[42]

一代湘军名将，就此陨落。

其实，塔齐布在湘军中是个特殊存在。与多数汉族士绅将领不同，塔齐布是满洲旗人，曾在长沙担任绿营都司。由于他的旗人身份，咸丰皇帝天然亲近他，给他加官晋爵的速度超过其他人。湘潭大胜后，塔齐布加总兵衔，赐号"喀屯巴图鲁"，还破格提拔为湖南提督。这一方面是对塔齐布的奖励，另一方面也是"以满制汉"的手段。他企图提拔满人塔齐布来监视湘军中的汉族将领，打破曾国藩在湘军中一人独尊的局面。因为按制，提督是一省的绿营最高长官，官居二品。与只有"已革前礼部侍郎"头衔的曾国藩相比，塔齐布的官阶着实大了不少。如果联名上奏，"湖南提督塔齐布"应排在"已革职前礼部侍郎曾国藩"之前，他可以不再受曾国藩节制了。咸丰皇帝发布上谕时，也有意将塔齐布陆军和曾国藩水军分开提，突出塔齐布的位置。但凡有一丝权力欲望的人，在受到皇帝如此鼓励时，定会和曾国藩争权夺势。然而，塔齐布却无心于政治斗争，更无心于分曾国藩之权，还是老老实实听从曾国藩的调遣安排。《湘军志》载："塔齐布谨事国藩，自比于列将。"[43]

就像曾国藩所说，塔齐布是一个"肫诚报国""忠勇绝伦"之人。他在任都司时，就有杀贼立功之志；湘军出征时，塔齐布在左臂上刺下了"忠心报国"四字以激励自己，颇有岳飞之风。每有战斗，塔齐布必匹马当先，冲锋在前；若遇友军被围，他也不避危险，跃马驰援。相度地形、侦察敌情，他常常单人匹马前往，几次遭到敌人围困，总能从容应对，化险为夷。湘潭之战，塔齐布被敌军围攻，纵身越墙得脱；崇阳、黄梅两次受伤，均被部下换马扶去得脱；小池口之战，更为危险，敌人尾追，都抓住了坐骑马尾，他砍断马尾，最后纵横来往冲出战阵，转败为胜，太平军中都惊以为战神。更为难得的是，塔齐布不仅勇猛，更不自夸其功，不居功自傲。他宅心仁厚，经常用所得薪水银两，犒赏士卒；还经常在深夜里和兵勇絮语家事，亲如父子。洪山之战，曾把一众太平军逼到河里，其中不少幼儿孩童，塔齐布看着心疼，竟然哭喊起来，传令不杀幼孩，最终救出几百幼孩，资送回籍。[44]

这是曾国藩在奏折中对塔齐布的追忆，不知他是否有溢美之词，但这段描述基本与后来的《清史稿》《湘军志》等记载相符，塔齐布给人的印象确实忠勇绝伦，爱兵如子，堪比古时名将。

第二天一早，曾国藩赶去九江陆师大营，看到塔齐布的尸体，伏地痛哭。突然痛失爱将，自己的好战友、好帮手，对他来说简直是晴天霹雳，悲痛、遗憾、无助等情绪激荡在曾国藩的内心中。

平复情绪后，曾国藩立即料理后事，派兵护送塔齐布灵柩出营，前往江西南昌。同时，他安排士兵举行会操，防范敌人劫营，并给皇帝写奏折报告此事。

若按照湘军兵为将有、将死兵去的一贯做法，塔齐布营中的兵勇应该就此裁汰。可是正值九江攻坚的非常时期，也由于这支队伍能征惯战，曾国藩当然不舍得裁汰，于是命令军中的副将周凤山接管。[45]

塔齐布死了，时年三十九岁，这对于他自己来说也许是件好事，他再也不用匹马陷阵，再也没有军旅劳顿了；他在军功巅峰之时骤然病死营中，也被盖棺定论为忠臣名将，曾国藩用"肫诚报国，忠勇绝伦"八个字来评价，朝廷给他的谥号是"忠勇"，在长沙建立专祠，以慰忠魂。

对于曾国藩来说，塔齐布的去世仿佛砍掉了他的左膀；对于湘军来说，这更是一件天大坏事，军队士气受到严重影响，继统者周凤山也非将才，从此这支队伍一蹶不振，乃至最后全军覆灭。最重要的是，湘军短时间内攻下九江的可能性也随着塔齐布的去世一并彻底消失，曾国藩之前制订的计划难以实施。

曾国藩的处境雪上加霜。战事仍在继续，他该如何突破困境呢？

第二章　九江策马

还没有等曾国藩从悲痛中恢复过来，七月二十四日，他在九江又得一重大噩耗——内湖水师统领萧捷三于昨日阵亡于湖口。[46]

萧捷三是曾国藩慧眼识才提拔上来的水师营官，担任都司。他虽不是水师最高统领，但是作战不惜命，总是驾着小船，担任前敌先锋，在敌阵中来往驰冲，异常勇猛。不久前，他率领一百多艘舢板小船冲破湖口关卡，至内湖追击敌船，自此陷入了内湖之中，与外江水师大船隔绝。这倒给了萧捷三发挥统帅才能的机会，他以忠义激励将士，稳固军心，让一百多艘精锐船只离而不散，凝聚在一起。等曾国藩来内湖整顿时，萧捷三又起到了很大的作用，他率领小船与太平军鏖战，屡次获胜。五月，太平军水师进犯青山大营，萧捷三迎击，大获全胜，夺回了之前被抢走的座船和其他艨艟巨舰。七月二十三日，曾国藩命萧捷三率水师、李元度率陆师会攻湖口。尽管塔齐布病逝，但湖口的进攻却较为顺利，陆师一举攻破数座敌营，焚烧了太平军的弹药粮草；水师也一鼓作气，冲出了大江之外。不过，一颗炮弹击中萧捷三的船，他当场阵亡。

曾国藩痛心不已，才去一员忠勇绝伦的陆师大将，现又失一名优秀的水师统领！他当即赶回青山大营，安抚水师。为避免群龙无首，曾国藩不得不调彭玉麟从湖北来到自己身边，统率这支内湖水师。

困局没有打破，反倒接二连三地发生意外。该如何打破僵局，寻求新的战略方向呢？曾国藩想到了远在义宁的罗泽南，这是一位可与塔齐布比肩的能征善战的将领。曾国藩飞书传信，令罗泽南来南康大营面商大局。

05　罗泽南别走

> 臣反复思维，权衡缓急，姑舍湖口而不攻，令罗泽南回剿武汉，取道较便，而所全较广。罗泽南所统湘勇、训勇仅三千六百人，臣又在九江陆营拨参将彭三元、都司普承尧宝勇一千五百名，足成五千之数。
> ——《调派罗泽南一军取道崇通回剿武汉折》
> 咸丰五年八月二十一日

咸丰五年（1855年）七月二十九，江西西部的山间小道上，一人一骑，扬鞭奔驰。他正从江西西北的义宁州（今江西修水）飞奔到鄱阳湖边的南康府，与曾国藩面商军机要事。此人便是湘军的另一号重要人物——罗泽南。

罗泽南，字仲岳，号罗山，是湘军队伍中典型的儒将，"朝出鏖兵，暮归讲道"[47]。罗泽南前半生是个"穷"书生，这个"穷"字既有现代汉语"贫穷"的意思，也有古汉语"不得志"之意。

罗泽南祖上世代为农，出身贫寒，小时候为凑钱读书，爷爷不得不典卖衣服。尽管罗泽南天资聪颖，读书刻苦，但是他在科举考试的道路上走得异常艰辛。十九岁时，罗泽南参加童子试，不中。为补贴家用，他做起了私塾先生，一边教书，一边备战科考。不料家中连遭不幸，十年之中，母亲、爷爷、次子、长子以及兄嫂姊妹等十一位亲属先后去世。

二十九岁时，罗泽南到长沙赶考，正赶上闹旱灾和瘟疫。考完后，他没钱买马雇车，步行回家。大半夜到家后，见妻子低头哭泣。仔细一问，得知三子病死。罗泽南眼泪簌簌而下，和妻子抱头痛哭。哭罢，罗泽南才感到饥饿难耐，打开储米罐，却看不到一粒米。他还发现妻子走路双手扶墙，摸索前进，原来两天的伤心痛哭，妻子已经哭瞎了双眼。到了第二天，寄养在他家的侄子也病死了。

将近而立之年，却家破人亡，正常生存都难以维持。这样的人生无疑是失败的，本该踌躇满志的读书人看着慢慢逝去的亲人，无可奈何；本该意气风发的青壮年看着一米难求的家境，无能为力。这也许并不是他的错，世代贫农出身遇到天灾人祸又能如何？空有万卷诗书又有什么用？罗泽南说自己当时"恍恍惚惚，迷迷离离，是血是泪，终莫能辨"。罗泽南白天想办法买米活命，晚上发愤读书。没有油灯，便借着月光火光，没有名师，便靠着自己苦读。[48]

就这样，罗泽南坚持了几年，终于在三十三岁时，通过了童子试。他不合时规的文章这一次终于遇到了伯乐，被点了第一名。不过，童子试只是漫长科考的第一步，而这一步罗泽南就用了十四年，考了七次，才获取"秀才"功名。他只是由穷书生变成了穷秀才。相比之下，曾国藩的科举之路却极为通达,当罗泽南考取秀才之时,曾国藩二十九岁,已经于前一年考中进士,准备进京参加殿试,做"天子门生"。

尽管罗泽南的功名之路走得坎坷,但他这些年教学相长,学术研究颇有成就,著作等身;也培育了不少人才,比如王鑫、李续宾、李续宜、蒋益澧、刘腾鸿等,这些人在以后的湘军队伍中多成名将。罗泽南在湖南文人中备受推崇,曾国藩也与他保持通信,探讨学术,砥砺道德,还让自己的弟弟曾国荃、曾国华跟着罗泽南学习。咸丰元年,四十四岁的罗泽南被县令举为"孝廉方正",相当于保送到了举人,终于有了候补官员的资格。

紧接着,太平军兴起,兵入湖南。这倒为罗泽南提供了实现抱负的机会,似乎以前的磨炼都在为这一刻做准备。罗泽南的人生进入后半段,"穷秀才"转化为了"儒将"。他抓住时机,倡办团练,带着学生组织乡民抵抗太平军和周边土匪,开创了"书生为将,农夫为兵"的优良模式。罗泽南甚至带兵出省,战于南昌城下,让曾国藩坚信"湘军果可用"。[49]罗泽南在湘军创建初期起到了很大作用,连曾国藩都承认"湘军之兴,威震海内,创之者罗忠节公泽南"。[50]

等到跟随曾国藩率军北进东征时,罗泽南与塔齐布齐头并进,攻岳州、战武昌,每战必先,忠勇冠时,立下不少功劳。他不仅有塔齐布之勇,又有战略之谋,在关键时刻总能为曾国藩出谋划策。当曾国藩坐困江西时,罗泽南率军转战各地,时而远征,时而保驾,对曾国藩的帮助着实不小。当塔齐布突然病逝时,曾国藩自然第一时间想到了他的股肱大将,于是飞书传信,让他前来南康大营,商议对策。

当时罗泽南刚攻下义宁,他收到了塔齐布病逝的消息,心中一惊,来不及调集军队,便一人骑着良驹,快马加鞭地赶往南康。《年谱》记载,"罗公由义宁策单骑谒公于南康舟次"。[51]足见其胆魄,也足见当时军情之紧急。

此时,东西两线的军情急剧变化。

西线方面未得好转,反而恶化。武昌城在咸丰五年二月十七日被太平军攻占后,湖北巡抚陶恩培等战死,湖北官军溃不成军,已经无可再用。

平定湖北、收复武昌的希望全部压在了湘军另一位将领胡林翼的身上。为了调动他的积极性，咸丰皇帝倒不吝啬赏官封爵，二月擢升他为湖北布政使，三月命他为署理湖北巡抚。这与其说是给他的奖赏，不如说是责任，因为只有打下武昌、平定了湖北，他的巡抚才能名副其实。胡林翼也成为湘军统领中第一位真正身任巡抚的官员，已经在权位上超过了曾国藩。对湘军将领众建而分权，也是咸丰皇帝的一种手段，皇帝既想用曾国藩的湘军，又怕他一人坐大而不好约束，所以想尽各种办法来分化湘军。

尽管身任巡抚，但是在遍地都是太平军的情况下，胡林翼的巡抚号令不出左右三十里，兵力又极为有限，处境非常不乐观。他和湘军水师李孟群、彭玉麟等几番围攻武昌，却无太大进展，反而损兵折将。同时，太平军还不断向西线增援部队，石达开率军两万进援武昌，巩固战果的同时，派兵向南，进扰湖南西北的平江等地。不仅如此，两广的新兴会匪势力也进行起义，窜入湖南的郴州、东岸等地，广西的土匪也进入湖南西部，湖南的北、南、西三个方向都响起了警报，湖南巡抚骆秉章告急。

东线方向似乎较为乐观。尽管塔齐布去世后，九江又陷入僵持状态，湖口大战，萧捷三身亡，但是在李元度的率军猛攻之下，湖口的太平军似乎坚持不住了，他称湖口"旦夕可图克复"[52]。

虽然西线战事也让曾国藩忧心，但是距离太远无力关注，他更在乎眼下的湖口，若能攻下湖口，可以让内湖水师顺利冲出外江，还能够摧毁九江的掎角之势，战局很可能扭转。因此，罗泽南一到，曾国藩二话不说，先让他指挥李元度猛攻湖口，希望能够拿下湖口县外的要塞。

罗泽南在湖口反复侦察地形，分析战况，在几轮攻势后，他发现敌人凭借要塞，打得十分顽强，湖口并不是旦夕可图。他觉得曾国藩的战略重点放错了，突破困局的点不在东线，而是在西边的武昌。于是，罗泽南回到南康，反复和曾国藩讨论起了战略。

罗泽南认为目前敌人在湖口的石钟山堡垒既高且固，外江水面也被敌人控制，湖口无法轻易攻下；要解决湖口、九江，着眼点不在湖口、九江，而在上游，先平崇阳、通城，再复武汉，成建瓴之势，顺流而下，东南大事可成。[53]

其实这个策略是罗泽南近半年间反复与人提及的，也是早先和曾国藩商定好的长江战略。我们结合罗泽南给曾国藩的书信，来综合叙述这一战略的思路。

就中国东南山河形胜来看，长江沿岸有四个城市至关重要，从西向东依次是荆州、岳州、武昌、九江。荆州，西连巴蜀，南并常澧（湖南北部），自古以来就是战略要地；岳州扼守洞庭湖，是湖南的门户；武昌是长江和汉江汇合之处，四冲争战之地，东南数省之关键；九江扼守鄱阳湖，则是江西的门户。这四处都可称为长江锁钥，乃兵家必争之地。

本来太平军只占九江，只要湘军打通九江，便可顺流而下，结果太平军绕袭武昌成功，此时想要攻下九江，必须从武汉而下，如果想解武昌之围，必须从南部的崇阳、通山进军。拿下崇、通一带，不但缓解江西、湖南的边患，还可以乘胜攻下咸宁，联合金口的外江水师，合攻汉口、下武昌。武昌既下，外江水陆两军可沿江而下，与内湖水陆之师会合，九江城不攻自破，直逼金陵。

因此，当下应该命内湖水陆两军合攻湖口、九江两城，牵制敌人，横截江面，勿使敌人战船再向上进援湖北；更重要的是派出一支劲旅，扫通城、崇阳、通山之敌，进援武昌。

该派哪支劲旅呢？

自然是罗泽南的部队，因为此时他的队伍正在义宁，离湖北南部的通城、崇阳只有一步之遥，进军湖北极为便利。

听完罗泽南的这番高论，曾国藩默然了。其实在曾国藩看来，这番高论也并不是十足地"高"，和自己先前所提的以上制下沿江进攻的观点基本一致，都是由武昌取建瓴之势，攻九江，然后安庆，最后金陵。只不过自己现在兵阻九江，为突破困境，不得不猛攻九江、湖口而已。看来罗泽南已经不认同自己现阶段急攻九江、湖口的战略了。

那么是否同意罗泽南西上，协助胡林翼先规复武昌城呢？

曾国藩应该是有犹豫的。本来塔齐布、萧捷三等将领先后去世，身边能战之将就少，若罗泽南再走，他真的就没有依靠的大将了。不过，曾国藩还是立即答应了罗泽南的请求，主动上奏朝廷让罗泽南驰援武昌。不仅如此，曾国藩还从九江大营中划拨一千五百人马归罗泽南调遣，让他凑足五千余人。同时，曾国藩还向朝廷为罗泽南奏请来了自行奏报军情的权力。之前罗泽南由于品级低而没有奏事权，一切政务军事都由曾国藩代奏，曾国藩这一请求相当于让罗泽南有了和朝廷直接沟通的机会，对于一个官员来说至关重要。

为什么曾国藩不顾自己在江西将少兵寡的处境，同意罗泽南西上，而且还为他尽可能地创造良好条件呢？

有些学者从"权谋"角度给出了解释，认为曾国藩此时面临三方压力而让他不得不如此做。第一，罗泽南本人给他的压力。除基于战略考虑外，罗泽南强烈想离开江西投奔湖北胡林翼，首先他不满陈启迈对自己"朝令夕改"的调度，其次他认为与其跟着无实职实权的曾国藩，倒不如跟着已署理湖北巡抚的胡林翼更有前途，更有作为。第二，胡林翼给了曾国藩压力。此时他在湖北的情况毫不乐观，能用之将不多，多次写信给曾国藩，请派罗泽南来支援。可曾国藩自己也是焦头烂额，自然不会轻易放人。胡林翼不得已上奏朝廷，请求支援。第三，朝廷的压力。朝廷下达命令，让曾国藩根据军情考虑是否派罗泽南回援两湖。皮球又踢给了曾国藩，若处理不好则会激化几方矛盾。曾国藩权衡关系，尽管自己兵阻九江，但是如果不派罗泽南驰援武昌，不但会得罪罗泽南，还会造成与胡林翼的矛盾，让朝廷坐收分权制衡的效果，对湘军整体来说也是不妙。因此，他不如成人之美，支持罗泽南驰援武昌，协助胡林翼。

这种分析有其合理之处。但是曾国藩、罗泽南、胡林翼这些为将的书生带兵打仗并非只图晋升，况且在局势岌岌可危，性命随时不保的情况下，他们恐怕难以会考虑到复杂的人事关系，尤其对于曾国藩来说，否则他也不会与江西官场的关系处理得那么差。他们的当务之急是想如何破局，如何转危为安。根据东南山川形势和自古以来的战略思路，要破九江，最快的方法就是像罗泽南所说的那样，攻下武昌，然后水陆并进，与内湖水师合攻九江。因此，曾国藩才会立即同意罗泽南的请求，并且尽最大可能满足他，助他和胡林翼尽快攻下武昌，然后让他回援江西，解决自己的困境，再一同向下游进取。

因此，当幕僚刘蓉问曾国藩"公所赖以转战者，塔、罗两军。今塔将军亡，诸将可恃独罗公，又令远行，脱有急，谁堪使者？"时，曾国藩无可奈何，自我宽解道："吾极知其然，计东南大局宜如是。今俱困于此无益，此军幸克武昌，天下大势可为，吾虽困犹荣也。"[54]

天下大局只能是这样的安排，这是必走之棋。为了罗泽南、胡林翼能够尽快克复武昌，他在江西受些困境又有何妨呢？

不过，曾国藩却没有想到自己在江西的困境居然是愈演愈烈，已经到了岌岌可危的地步。罗泽南也没有想到，自己这一次武昌之行正在迈向深渊。

06　蜡丸隐语，棋危劫急

温六老板左右：

三月二十八日，有小伙计自鄂来江，乃初九日起程者。接润之老板信三条，知雄九老板噩耗。吾邑伟人，吾店首功，何堪闻此！迪安老板新开上湘宝行，不知各伙计肯听话否？若其东来，一则恐无盘缠，二则恐润老板太单薄。小店生意萧条。次青伙计在抚州卖买较旺，梧冈伙计亦在彼帮助，邓老八、林秀三亦在彼合伙也。雪琴河里生意尚好，浙闽均有些伙计要来，尚未入境。黄虎臣老板昨往瑞州去做生意，欲与印渠老行通气，不知可得手否。

余身体平安，癣疾全愈。在省城与秋山宝店相得，特本钱太少，伙计又不得力，恐将来火食为难耳。余不一一。澄四老板三月十九发一信来，已收到矣。

开益号手具

润公老板、迪安老板、义渠宝号、吴竹宝店均此。

来伙计二人，照给白货。初七日到小店，初九日行。

——《致温弟》
咸丰六年四月初八日

这是曾国藩的一封家书，也是一封密码信。密码信的信息量极大，通篇都是商人言语，里面的老板、商铺等词都是隐语暗号。曾国藩自称"开益号"，"温六老板"是指六弟曾国华，"润之老板"是指胡林翼，"雄九老板"是指罗泽南，"迪安老板"是指罗泽南的弟子兼部将"李续宾"，"小店生意"是指自己的处境，"秋山宝店"是指江西巡抚文俊。

信中，曾国藩提到了自己的处境，"小店生意萧条"。其实，他在江西的处境何止"萧条"，几乎到了至暗时刻。他被层层包围，处处都是太平军岗哨，信几乎送不进来，也递不出去。自古以来，信息在战争中都极为重要。为保持与外界联系，曾国藩不得不写成密码信，封在蜡丸里，派人乔装打扮带出去，这就是所谓的"蜡丸隐语"。

尽管如此，文报书信还是很难送出，连专门为他送家书的安五、胡二、佑七等也经常遇贼被抢。曾国藩描述当时说，"道途久梗，呼救无从，中宵念此，魂梦屡惊"[55]，可见他的心理压力巨大，连一个安稳觉都无法睡好。

是什么导致曾国藩在江西的处境一步一步恶化，最终陷入太平军的层层包围？原因有二。

罗泽南回援武昌，曾国藩身边没有堪担重任的大将，军队作战不乐观。咸丰六年（1856年）二月起，曾国藩就慨叹"江西军事，日败坏而不可收拾"[56]。

石达开又实行了新战略——看到罗泽南增援胡林翼围攻武昌城，他决定避实就虚，先向湖南方向虚晃一枪，随后亲率部队重新回到了江西，联合从广东前来的天地会、三合会的义军，扫荡江西各州府。这又是一招"攻其所必救"，攻罗泽南所必救的曾国藩。

石达开在江西的进军极为顺利，势如破竹。咸丰五年十月起，他从西边的义宁州攻入，随即向南，先后攻占临江、瑞州、袁州、吉安、抚州、建昌等地；咸丰六年二月十八日在樟树镇大败从九江撤下来的周凤山部队。由曾国藩亲手招募训练、曾由塔齐布统率的铁军，居然被石达开一冲而散，溃不成军。到了四月时，太平军已经攻占了江西八府五十多个县，曾国藩被困在南昌和南康两府狭小地区冲不出来。

如果把战局比作棋局的话，"今江西之势，亦可谓棋危劫急矣"。不过曾国藩认为，善于下棋的人遇到"棋危劫急"时，总能想办法"一面自救，一面破敌"，而不只是消极防守，这样往往能"转败为功"。[57]

他把注押在了罗泽南的身上。只要罗泽南迅速攻下武昌，然后率军从长江北岸行军，联合水师夹江而下，直逼九江，那么，困守江西的军队将如鱼得水，曾国藩在江西的危局会迅速扭转。[58] 这是上策。

不过，罗泽南和胡林翼规复武昌的行动并没有预期得那么顺利。大半年过去，没有什么太大进展。眼看他们一时难以攻下武昌，自己已然快坚持不住，曾国藩不得不调回罗泽南。一封封求援信或被写成暗语，或被封在蜡丸中，或用其他保密措施历尽艰难从江西发往湖北。

罗泽南还是坚持以前的战略思想，认为武昌战略位置十分关键，必须拿下才能扭转全局。但是，面对曾国藩一封封的求援信，罗泽南也过意不去。他陷入了两难，一方面担心曾国藩在江西的困境，想回救；另一方面觉得自己千里迢迢来到武昌城下，没有成功就走，难免不甘。

于是罗泽南暗暗加了一把劲，想抓紧攻下武昌，回救江西。可是，一着急就出了事。咸丰六年的三月，罗泽南亲自督战。武昌城上枪弹火箭乱飞，一支就打中了罗泽南的额头。罗泽南顿时血流满面，却继续坚持指挥战斗。战斗结束后，罗泽南血染战袍，回营不久便去世了。弥留之际，他还喃喃道，一定要攻下武昌、汉口。

呜呼哀哉！忠勇冠时的一代名将就此去世。

曾国藩一直在焦急等待着罗泽南的支援，却不料得到了他的噩耗，痛心之余，更为失去一位志同道合的战友而感到可惜和悲伤。尽管密码信需要简短，但曾国藩还是不惜笔墨写下了自己的感受："吾邑伟人，吾店首功，何堪闻此！"罗泽南和曾国藩都是湘乡人，所以称"吾邑"；"吾店"是指湘军，用"伟人""首功"来形容罗泽南，足见曾国藩对他的认可和尊重。

之后，罗泽南这支部队便由他的学生兼部将李续宾统领，所谓"迪安老板新开上湘宝行"就是暗指这件事。李续宾能否安抚好军队，部将是否听命，都是曾国藩所担心的。他当然希望李续宾前来支援，却又担心粮草不够、胡林翼的力量太单薄，于是打消了调李续宾回援的念头。

曾国藩的处境又添了一层霜。

据说，太平军还编了一句歌谣来讽刺曾国藩：

> 破了锣，倒了塔，杀了马，飞了凤，徒留一个人也没用。[59]

罗泽南战死了，塔齐布病死了，马济美被杀于南昌城下，周凤山败于樟树镇，只剩一个刘于浔统帅内湖水师。歌谣描述并非全部事实，却能形象反映出曾国藩的艰难处境——身边无得力大将，文报不通，接济断绝，惶惶不可终日。

不过天无绝人之路。危急之时，石达开离开了江西。就在太平军频繁内扰江西、顺利进军之时，清军的江北大营向南移动，欲配合江南大营合围天京。形势紧急，石达开奉命回援天京，解除天京之围。在大败周凤山于樟树镇后第二天，石达开率大军向东离开了江西。这是天时。此外，湖南的援军也到了。

打仗亲兄弟

牵挂曾国藩战局的，不仅有他的战友，还有家中的老父和兄弟叔侄。长时间收不到曾国藩的书信，又偶尔从江西、湖北回来的勇丁口中得知那里的军情凶险至极，家人心急如焚。不久，曾父听说罗泽南战死武昌，更是坐不住了，罗泽南的援军是等不来了。兴许胡林翼还可以指望，但他是否知道曾国藩在江西的危险？

曾父当机立断，必须派人去湖北，告诉胡林翼曾国藩身处险境，请求他发兵救援。但这么危险而艰巨的任务交给谁呢？安五、胡二还是佑七呢？这些长夫有点靠不住啊。

曾麟书一共有五个儿子，长子曾国藩，其他四子分别是潢、华、荃、葆。曾国华算是第三子，但从小就过继给了没有儿子的叔叔。因此，他和曾国藩在血缘上虽是亲兄弟，在宗法上却算堂兄弟。不过，这并不影响他们之间的兄弟情义。

曾国华从小敢作敢为，豪气过人，是兄弟中脾气最大的，也非常有主见。听说大哥有危,立刻主动请缨,只身前往武汉,乞师救兄。

曾国华赶到湖北,向胡林翼诉说了情况,胡林翼十分重视。没有曾国藩的支持和帮带,也就没有胡林翼的今天。如今曾国藩困在江西,岂能坐视不管?胡林翼赶紧抽出五千兵勇,交给曾国华率领,驰援江西。

曾家兄弟真是有作战天赋。曾国华之前毫无作战经验,凭着一股子豪气和救兄的心气,竟然一出兵就所向披靡。尽管军中也有其他优秀将领帮忙,比如刘腾鸿、吴坤修、普承尧,但还是曾国华总领其军。他们从湖北西南部出发,进入江西西部,一路上连克数城,来到了瑞州城下。

瑞州,就是今天江西省的高安市,距离南昌只有四十多公里,算是省城西大门,战略位置十分重要。曾国藩说,"该匪欲困江西,必不使我与两湖相通,瑞州乃其必争之地"[60],可见,瑞州是连接曾国藩与湖南、湖北大后方的重要通道。之所以"文报不通",就是因为太平军占据了这座瑞州城。

所以,要打通道路,取得和曾国藩的联系,必须先拔掉瑞州这颗钉子。听说湖北有援军来到瑞州,曾国藩也派出四千人前来合攻瑞州。

瑞州城是依河而建的一座军事堡垒:一条锦江贯穿东西,城分南北,北边为官城,南边为民城。曾国华、刘腾鸿登高远望,察看地形,发现北边官城背山面河,堡垒重重,是太平军的防守重点,而南边民城兵少,疏于防守。[61]于是他们抓紧时机,决定抢占南城,并在北城西边安营扎寨。太平军则集中兵力龟缩北城,展开重点防守,叱咤风云的北王韦昌辉也急率援军奔向瑞州。

双方都深知瑞州城的重要性。如果曾国华拿下来,那么曾国藩与两湖的联系将被打通,局势便会好转;如果太平军守得住,则曾国藩的处境继续恶化。

七月,正式的攻守之战即将开始。

韦昌辉亲率部队三千人从南边来攻。南城的湘军出城迎战,双方列阵以对。北王韦昌辉亲自督阵,一向浩大的太平军军阵这次更加隆盛,曾国藩在奏折中描述:"贼势甚盛,仪从赫奕,奢僭非常。"

只见韦昌辉稳坐阵中,举手一挥,头队排刀手便高举大刀,呼喊着向前猛扑。刘腾鸿命湘军压住阵脚，只管枪炮轰击，静以待之。他在有意仿效春秋时期的曹刿，等敌军"一鼓作气，再而衰，三而竭"。等到太平军三次猛扑、锐气稍衰之后，他突然大喊一声，湘军兵勇突起拼杀，太平军一下子被冲了下去。正在此时，原来留在北城的湘军也渡河而来，抄袭韦昌辉的后队。太平军死伤五百，黄轿、绣伞、金碗、金盆等，还有银钱，散落一地，都被湘军抢了去。腹背受敌的韦昌辉逃窜乡间，入夜后偷偷进入北城。

第二天，曾国华、刘腾鸿等商议，应趁昨日小胜立即攻城，一鼓作气拿下瑞州城。

湘军开始大举攻城。没有像样的攻城器械，士兵们"缘梯踏肩，肉薄而登"，勇气可嘉，但也说明准备不足。反观太平军却早有准备，枪炮、木石并发，湘军多有损伤，无法得手。曾国华、刘腾鸿他们只能退到大营，一边命工匠赶制攻城器械，一边想办法。

过了几日，突然乌云密布，下起雨来。俗话说，"云雨天，偷袭天"。太平军趁着阴雨天，出城偷袭湘军营盘。营中将领吴坤修丝毫不慌，下令士兵不要喧哗，静悄待敌，自己却大声道："这下雨天，火药都被打湿了，何以御敌啊？"太平军听到湘军倚赖的炮火不灵了，高兴坏了，更加肆无忌惮地猛冲。等太平军扑到壕边，吴坤修下令放劈山大炮，饱食群子，轰倒数人。各营趁机杀出，太平军纷纷四窜，掠营失败。[62]

双方进入了相持阶段。曾国华、刘腾鸿的部队短时攻不下瑞州府城，而太平军也没有办法一时解围。其间，太平军去附近州县纠集军队，准备来一场大动作。

转眼一个月过去，到了八月，瑞州城外突然出现了黄、红、白、蓝、青五色旗和五色方阵，是太平军纠集的军队，一共两万人，号称四万人，来猛攻湘军大营。"旗分五色，排列山冈"，每一个颜色代表着一部分军队，每种颜色方阵有自己的进攻目标。

战斗打响后，太平军五色方阵奋力齐攻，喊声震天，气势雄浑。人海战术，人肉盾牌。太平军向前猛冲决不后退。普通的清朝官兵看到这样的阵势后，早就吓得丢盔弃甲，但湘军是一支有信念、有坚持的军队，他们凭借壕沟和劈山炮，极力抵御。等到冲锋的太平军一进入射程，他们就开炮轰击。大炮轰倒几人，太平军就慌乱后退，炮声平息后，太平军就再向前冲。

双方就这样循环拉锯。曾国藩在奏折里称："贼势浩大，前者已殪，后者不退，黄旗已却，红旗又至，青旗一股，更为凶悍。"不过，人肉还是抵不过炮弹，太平军的人海战术最终没有成功，"贼阵大乱，弃甲狂奔"[63]。

尽管湘军取得了这场战斗的胜利，但并不代表他们攻下了瑞州城。太平军驻守的瑞州城就像一颗钉子一样死死钉在了南昌的西边，湘军拔不出来，也砸不下去。太平军也是如此，拿城外的湘军毫无办法，杀不死也赶不走。双方僵持在那里，从七月一直打到十一月。

既然在短期内攻下瑞州府城并不现实，湘军就在旁边又新建了南北二城，作为在江西西路的据点，留五千人守城，以便沟通江西与两湖地区。

在曾国藩身处危急之时，曾国华敢于自任，驰赴湖北请兵，一路拼杀，带兵来到江西，攻打瑞州，以解曾国藩之围。又在瑞州攻坚战中表现极为出色，江西巡抚文俊上折称曾国华"辛苦备尝，战功卓著。请以同知归部尽先选用"[64]。曾国华、刘腾鸿的到来确实扭转了局势，像一股清流注入江西的死水中，盘活了全局。曾国藩后来也感叹，自己当时的命就是曾国华救下来的，可他怎么也不会想到，曾国华日后的厄运也就此开启。此是后话。

曾国藩的诸弟中出来作战的，不仅仅有曾国华，还有一位弟弟也早就摩拳擦掌，准备出兵了。这就是曾国荃。

曾国荃组建"吉军"

曾国荃，诨号"曾铁桶"，日后也是一位叱咤风云的人物。

他是曾国藩的三弟，生于道光四年（1824年），比曾国藩小十三岁，族内排行第九，因此人称"九帅"。吃得苦、耐得烦、霸得蛮，是湖南人自己总结出来的三大个性，曾国荃至少占一个霸得蛮。他从小比较倔强，自尊心强，跟着哥哥曾国藩在北京学习，发愤于科考。有一次和哥哥嫂嫂闹矛盾，他就私自回了湖南老家，连告别都没有说一声。

曾国荃的科举才华一般，直到咸丰二年，也就是曾国藩开始办湘军团练的1852年，才考上贡生。这些年来他主要在家闷头读书，想继续通过科举考取功名，像哥哥那样做大官。

咸丰六年春，曾国荃离家来到省城长沙，计划北上进京赶考。可是太平天国的西征军一波又一波，道路被阻，北上不便。此时曾国荃的心似乎不全在科考上了，从许多没有科举功名而凭借在战场的作为闯出一片天地的同乡豪杰身上，他看到了另一条出路。四月间，他给曾国华写信说，自己"定计不北行，拟在此间随俗俯仰，舒畅数月，仍归家事亲，希图至乐"。曾国荃并不是不想要功名，而是想走军功的道路。他对曾国华说，罗泽南、塔齐布去世后，军中已经没有总领之将了，"中原群盗气焰方张，欲求一十分肯任事而能任事之人，殊不可得。老兄此次阅历更多，物色不少，未知可屈指数几人否也"[65]。言下之意，自己就是那类人。

如今曾国藩被围江西，他一方面担心大哥安危，另一方面也恨世间无优秀将领，摩拳擦掌，颇想大干一场。尤其看到三哥曾国华带兵去江西救援后，他的心切之情更加明显。

接下来的几封给曾国华的信，更是透露出他军功心切，却也展现了他的军事才能。尚未打过仗的曾国荃，竟然已经在信中教哥哥如何行军打仗。

他嘱咐曾国华作为统领一定要关注全军粮饷，这是作战的物质基础。同时，还须处理好将帅之间的关系。刘腾鸿、吴坤修等部桀骜不驯，本事大，脾气也大，因此要对他们谦卑，向上禀报时，一定要加四将头衔并列。之后，他又对各将的品行，如何分配军粮，如何待勇士以诚，用兵以诈，如何防止胜仗之后的轻敌、懈怠，等等，一一做了嘱咐。[66]

古代的将领带兵作战既要全方位处理各种事情，又要有很强的分析、综合能力，考虑问题不仅要全还得细。此时的曾国荃就已经能够不厌其烦地思考如何运粮、如何挖沟建壕、如何激励士气等问题，这在某种程度上说明他已经具备了带兵打仗的天赋。

跃跃欲试的曾国荃正在苦等一个机会。很快，这个机会来了。

江西吉安的新任知府叫黄冕，他是曾家的朋友，不过他这个知府当得有点尴尬，因为吉安已经被太平军占领了，要想当上知府，就必须攻下吉安府。可是，黄冕一无兵，二无将，此时他想到了曾国荃。

黄冕平日里经常和曾国荃交谈，认为他对行军打仗确实有一套想法，另一方面曾国荃是曾国藩的弟弟，在湖南应该有一定号召力。于是他邀请曾国荃招募兵勇，组织军队，一起收复吉安府。

对此，曾国荃慨然许之。一方面是因为曾国藩被围在江西，多一支军队，就多分哥哥一份忧；另一方面吉安府的战略位置非常重要，也只能从湖南进军。所以"公义私情"，曾国荃都不能推辞。

八月初，曾国荃在湖南召集了大约两千人，"择其朴实、勇敢、明白、勤慎者，为帮带、为哨长、为队长，严行约束，朝夕训练"。中秋节前就训练成了一支能上场打仗的军队。十月，曾国藩和湖南巡抚骆秉章调集军队布局攻打吉安。曾国荃就是其中一部，他由萍乡进发，和周凤山一道，顺利攻下安福后，围攻吉安。

吉安地处赣江上游，是江西南部府郡中的要地，而且吉安产米丰富，乃膏腴之地，太平军据此为粮仓，吉安因此成为他们在江西军事行动的重要据点。拿下吉安，对扭转湘军在江西的战局至关重要，当然难度也很大。曾国荃在围攻吉安的过程中，表现出了超凡的胆识和韧性。因此，他的部队被称为"吉字营"。

上阵父子兵，打仗亲兄弟，曾国华、曾国荃的到来，无论是在军事上还是情感上，都给予曾国藩很大支持，这样一来，曾国藩的危局得到了很大缓解。

尽管如此，曾国藩还是一刻不能休息，不能掉以轻心。留在江西的太平军攻势仍然很猛，当年夏秋之间，已经攻占了九个州府，足迹遍及江西全省；再加上曾国藩没有担任江西本省官职，调度资源需要和江西官场明争暗斗，双方产生了不少矛盾。因此，曾国藩仍然需要小心翼翼处理各种关系，维持好略有转机的战局。

委军回籍

咸丰七年二月十一日，瑞州城外。

曾国华、刘腾鸿等包围瑞州城已有半年多，却迟迟没有攻下。一出正月，曾国藩便从南昌亲自来到了瑞州城下，一方面想见弟弟，另一方面察看攻守战况，想办法尽快拿下这座城，争取战略主动。

湘军在瑞州城外挖了一圈三十多里长的壕沟，想凭此沟阻绝城内敌军与城外的联系，也借以抵御援军的进攻。既然强攻不下，那就耗死城中的有生力量。这就是挖壕沟战术，是湘军在作战过程中摸索出的一个攻城方法。

这天，曾国藩正在各营寨视察军事工事，突然接到一封来信。信中说，他的父亲曾麟书在正月二十六日中痰，全身动弹不得，躺卧在床，于二月初四日病故。看完后，曾国藩"大恸，仆地欲绝"。[67]

这是继母亲去世后，曾国藩在情感上所受的又一次打击。他陷入深深自责中：二十多年来，每天不是在朝中忙，就是在军中忙，却没有一天好好赡养过父母。前些年，母亲去世，连最基本的丁忧守制都没有完成；如今父亲去世，又不能亲眼见老人家最后一面，不能亲手为他理遗容穿寿衣。[68]"在国为一毫无补之人，在家有百身莫赎之罪"[69]，忠孝两方面都没有做好。

为了不再有遗憾，曾国藩决然离营回乡。他简单安排了军中之事，五天以后，就向咸丰皇帝请旨告假，"奔丧回籍"。

> 瑞州去臣家不过十日程途，即日遵制丁忧，奔丧回籍。一面由驿驰奏，恭候谕旨。[70]

虽说父母去世，要"遵制丁忧"，但正值战争非常之时，皇帝可以夺情。曾国藩没有等到咸丰皇帝答复，就"即日"奔丧回籍了。如此着急，确实是人之常情，孝心所至，回乡心切，"恨不得星飞抵里，抚棺一痛"。但这样处理也有不妥。他不应该擅自委军回籍，而应等候皇帝的回复，也算是对江西军务负责。其中恐怕也有厌倦了江西军务的缘故，终于有机会脱离困境，暂时一歇了。

不过，这一歇却出乎意料地痛苦。

07　非位任巡抚，决不能以治军

咸丰七年（1857年）二月二十九日，湖南湘乡县荷叶塘。

曾国藩回到了家，立即去信给友人左宗棠，告诉他自己正在为父丁忧，解释不得以回家的苦衷。几天后，弟弟曾国荃也从吉安奔丧回家。曾国藩为父亲挑选了一块墓地，安排了下葬，开始了结庐守孝的生活。

三月的一天，他收到了一封信，一看是左宗棠的回信。

左宗棠，字季高，湖南湘阴人，算是曾国藩的老乡兼朋友。左宗棠在湘军的创立过程中也卓有贡献。他虽然前期没有亲临前线指挥作战，但坐镇湖南，为湘军转运粮草、稳定后方，做出了不少努力。与曾国藩敦厚的性格不同，左宗棠的性格强势，锋芒毕露，比如他自号"今亮"，也就是当今诸葛亮的意思。他自负才华卓越，功劳甚高，并不把曾国藩放在眼中，时不时还在背后嘲讽曾国藩。不过曾国藩并不十分在意，以大局为重，对左宗棠倒很倚重，大事小情都和他通信商量。

曾国藩很期待左宗棠对自己丁忧的看法和对时局的高见，迫不及待地开信一看，却火冒三丈。原来左宗棠非常不认可私自回乡的做法，对他提出的理由逐一辩驳，并毫不留情地批评曾国藩：

> 孝子之于亲也，不以病不起而废药石；忠臣之于君也，不以事不可为而奉身以退。其任事也，不以己之不能而他诿之，作一事了一事，活一日作一日。[71]

左宗棠还在信中指出了曾国藩对时局分析的错误，批评他审局不明。最后左宗棠挑明批评曾国藩不等朝命就匆匆回家奔丧是"非礼非义"。

这样直白的批评和指责挫伤了曾国藩的自尊心，令他着实生气：左宗棠体会不到自己刚刚丧父的悲痛，更不会同情自己曾经在江西的艰难处境。罢了，既然如此恶语相逼，以后不与其通信便是。自此，曾国藩不再与左宗棠通信长达一年多之久。

不少学者提出，曾国藩不等皇帝谕令，私自离营回乡奔丧，除孝心的驱使以外，还由于曾国藩在江西处境艰难，正好趁机脱离苦海。当然，这种困局不仅仅是自己损兵折将的同时面临着太平军的围追堵截，更是与江西官场不和，做事处处遭遇掣肘，军事难以开展，这让曾国藩的心中憋了一口气。用他自己的话来说，这种困境是"客寄虚悬"造成的。咸丰皇帝对曾国藩有意防范，不授予他"总督""巡抚"等地方官职，仅赏了一个"兵部侍郎"头衔。曾国藩在地方没有实权，自然无法调动地方官员和资源为自己服务。他这支湘军无论到哪里，都像一支没有根基的"客军"。

由于湘军不是朝廷经制的部队，因此没有哪个省份有义务承担它的粮草军饷，朝廷更很少专门为其拨饷，这样一来，他们只好在作战地区就地筹饷。于是，曾国藩与江西地方士绅合作，通过办捐输、运饷银、兴厘金等办法筹饷，其间却不与地方官员合作，也没有经过他们的同意，这让江西上下官员十分反感，认为就地筹饷是对自己权力的侵夺，也是对江西本就紧张的军事资源的侵占。

曾国藩就是这样与江西官场产生了尖锐的矛盾，矛盾的集中体现是他弹劾江西巡抚陈启迈，导致其被罢免。尽管如此，新任巡抚文俊和他的关系还过得去，然而由于江西官场早已对曾国藩充满成见，他与江西官场的尴尬关系并没有得到很好缓解，做事被处处掣肘，令他感觉"几乎通国不能相容"。

曾国藩明白，他必须争取到地方的实职实权，才能有所作为。此次奔丧回家，一是趁机摆脱江西的尴尬困境，二是借机想向皇帝要实职实权。臣向君要权，这是极有难度且危险的一步棋。曾国藩决定以退为进。

当三个月假期快结束时，曾国藩以丧事未完、孝心未尽为由，向咸丰皇帝上折，说："在京十四年，在军五年，堂上四人，先后见背。生前未伸一日之养，殁后又不克守三年之制。寸心愧负，实为难安。"[72]如今父亲去世，他不想再被夺情，"两次夺情，则从古所无"，以理学家自居的曾国藩，自然也不想开此先例。同时，在奏折中，曾国藩也说明如今战局渐有起色，各将士都能各守其职，添他一人，未必有益，少他一人，不见其损。

不过，曾国藩也告诉了咸丰皇帝自己有双重困难，让他陷入了"出"与"不出"的纠结之中：

> 欲终制，则无以报吾君高厚生成之德；欲夺情，则无以报吾亲恩勤鞠育之怀。欲再出从军，则无以谢后世之清议；欲不出，则无以谢患难相从之军士。进退狼狈，不知所裁。

其实，他是在暗示皇帝自己仍有强烈的报国忠君之心，并不是不能出山带兵，至于是夺情还是终制，要交给皇帝根据时局决断。

咸丰皇帝理解曾国藩的难处。他首先褒奖了曾国藩带兵以来所做的贡献，同时也嘉奖曾氏一家满门忠义；又对曾国藩提出的守孝理由进行一一辩解，打消他的顾虑；然后授予曾国藩"署理兵部侍郎"头衔，称江西军务未竣，他所带领的湘军素听指挥，命他假满后迅速回营，戴孝从军；最后还宽慰他说："俟九江克复，江面肃清，朕必赏假，令其回籍营葬。俾得忠孝两全，毫无余憾。"[73]

然而，咸丰皇帝的"温语宠答"[74]并不是曾国藩所期待的。"署理兵部侍郎"的虚衔不是他想要的，他要的是地方的实职，是能够真正调动一方战争资源的权力。

通过这一番奏对，曾国藩认为咸丰皇帝对他之前办理军务相对满意，并且十分希望他继续领兵，处理江西紧张的军情。于是，曾国藩又趁势在同一天连上两封奏折。由此，曾国藩开始了向咸丰争取地方实权的斗争。

第一封奏折[75]仍然是以退为进，继续要求居家守孝。在这封奏折里，曾国藩针对咸丰皇帝的"温语宠答"一一辩驳：

咸丰皇帝说他所带湘军素听指挥；曾国藩却说往年湘军有见贼逃遁、怀乡思归的现象，近年来经过训练和实践，风气有所不同，将士们"以投营为名利两全之场，以战阵为日用常行之务"，只要稍给口粮，他们就可静听指挥。

咸丰皇帝让他假满后回营效力，稳定军心；曾国藩却说自己的去留并不影响士气，只要皇帝赏罚得当，不是湖南人也能统率湘军。咸丰皇帝说他肩负着督兵重任，非寻常人士可比；曾国藩却说自己"两遭亲丧"，是"不祥之身"，"决非宏济时艰、挽回大局之象"。咸丰皇帝授他署理兵部侍郎，曾国藩却说"丁忧人员，未开实缺，寸心终抱不安"，要求"开除兵部侍郎缺"。

曾国藩在表达夺情让他勉为其难、内心不安。其实，鉴于谕旨已经明确表达了夺情，他的回复大有抗命不遵之意。这并不是曾国藩的真实意图。在第二封奏折里[76]，他终于道出了再三要求终制守孝的真实意图。

曾国藩陈述了带兵办理军务以来遇到的三大艰难：

第一，无地方实职实权。湘军是曾国藩招募的体制外军队。曾国藩知道，要想让部下拼死作战，必须以名利双全来满足，于是他常常根据战功保举部下。遗憾的是，几年下来，部下虽被保举至二、三品，却没有得到实质好处，哨长还是哨长，队长还是队长，既没有实权，也没有增加额饷；而且一旦告假，随即开除，永远享受不到绿营兵的编制待遇。[77]如果想为部下补录千总、把总等低官阶的职位，曾国藩也得和巡抚、总兵等地方官员商议，百般受牵制。曾国藩自嘲说："虽居兵部堂官之位，而事权反不如提镇……"

第二，无法过问地方事务，调动地方官员。清朝实行督抚制，各省文武官员只对督抚负责。曾国藩只是以六部堂官的身份在地方带兵五年，始终没有官居总督或巡抚。行军筹饷，处处需要地方州县的支持，可是地方官员都以本管上司为主，以曾国藩为客，没有人听他的指挥，反而处处与他为难。如果放任地方官，则担心有损战局大事；如果严厉惩戒，又担心与地方大吏加深矛盾，军务更难以开展。归根结底，"身非地方大吏，州县未必奉行，百姓亦终难见信"。

第三，关防印信不符体制，无以取信于人。所谓的关防就是印章，来往公文都要加盖印章，地方官吏通过关防能立即知道曾国藩的职位、官衔以及与自己的关系，来决定是否支持他，以及如何支持他办事。曾国藩刚办团练时的关防是"钦命帮办团防查匪事务前任礼部右侍郎之关防"，兵出湖南后，换了一枚关防，九江失败后，又换了一枚关防。换来换去，"往往疑为伪造，酿成事端"。其实，关防不断变换的背后是权力授予的问题，皇帝不授予曾国藩地方实权，时常变换头衔，甚至有时不明降谕旨，周告天下。比如，曾国藩所奉援鄂、援皖、筹备炮船、肃清江面等一系列的谕旨，都是接的内阁廷寄，而不是皇帝的明降谕旨。因此有些人不明内情，议论就起来了，有人说曾国藩是自请出征，不应该支领官饷；有说他未奉明诏，不应称钦差字样；还有说曾国藩已经革职，不应专折奏事。在调度军队时，不被取信是兵家之大忌，因此曾国藩说，"军中之事，贵取信如金石，迅速如风霆"，这个问题不解决，后患无穷。

三大艰难归根结底在于没有实权，作为一名"客官"，处处掣肘。始作俑者其实就是咸丰皇帝，他基于"君臣之防""满汉之防"，有意无意地分化湘军，并且让地方牵制曾国藩。曾国藩也看得很明白，他在奏折开头说自己遇到一位圣明之君，这才能够施展才能，"较之古来疆场之臣掣肘万端者，何止霄壤之别"，可是全文又都在写受到掣肘的情况。最后，曾国藩一语道出真实目的：

> 以臣细察今日局势，非位任巡抚，有察吏之权者，决不能以治军。纵能治军，决不能兼及筹饷。臣处客寄虚悬之位，又无圆通济变之才，恐终不免于贻误大局。

这番言辞顺心而发，激切、倔强。此时的曾国藩为人处世尚不懂迂回，和皇帝讲起条件来，也硬拿直取，不懂变通。他自认居心正大，人浊我清，总是高己卑人，锋芒毕露。

不过，曾国藩高估了自己的作用。尽管他创建了湘军，且在湘军中居于领袖地位，但是几年下来，朝廷的分化和各支湘军的自我发展，使得就算曾国藩不在，各路湘军也都可以很好地自我运转，尤其是胡林翼在湖北担任了巡抚，可以充分调动资源来支持、调度各支队伍，筹划大局。

在这样的情况下，曾国藩又用生硬的方式要求"位任巡抚"，皇帝自然不高兴。咸丰皇帝轻飘飘回复了曾国藩，让他轻松在家丁忧守孝，照其所请，开除兵部侍郎之职，但对他办事艰难、要实权的折子，却只字未提。曾国藩着实没有料到这样的结果，似乎还生起了皇帝的气，过了三个月，干脆又上一折，称："此后不轻具折奏事。"

此外，对于清廷，战争形势有了好转。不久后天京内乱（咸丰六年七月），东王、北王和天王之间互相攻伐，天京城内血流成河，外围的太平军纷纷回撤到天京，势力大为减弱。围困天京的江南大营抓住时机，扭转局面。咸丰六年九月，咸丰命江南提督和春为钦差大臣，重新建立江南大营。和春推荐何桂清为两江总督，两人配合密切，和春管军事，何桂清管粮饷，江南大营迅速发展，并且积极抓住时机向太平军进攻，不仅成功收复了镇江，而且开始包围南京，把南京困得如铁桶一般。同时，胡林翼在湖北也收复了武昌、汉口等城，清剿了湖北南部的太平军。江西的湘军也开始对太平军发起反攻，军务渐有起色。

然而，曾国藩的丁忧生活并不轻松。

08　丁忧反思，中年改弦易辙

> 父大人初四日周年忌辰，只请本房，余俱不便惊动。祭祀全依朱子家礼，早起至坟山泣奠，日中在家恭祭也。
>
> ——《致沅弟》
> 咸丰八年二月初二日

咸丰八年（1858年）二月初二，湖南湘乡荷叶塘。

这天是龙抬头，曾国藩写信给弟弟交代父亲祭日的相关事宜。到了初四，曾国藩起了个大早，只带了本房家人，前往父亲坟前烧纸哭祭。回到家后，又设立香案供桌，恭祭老父亡灵。他最近状态不佳，对于祭事不想大操大办，就没有惊动其他亲朋。

转眼之间，三年的丁忧守制（实际只是两年零三个月）已经过去了一年，曾国藩终于"如愿以偿"。可是，这段守孝的日子并不轻松，他反而感觉日夜煎熬。

曾国藩不时追忆五年的戎马生活，可是，一想到那段峥嵘岁月，心情就难以平复，愧、悔、恨、憧交织在一起，痛苦难当，夜不成寐。他向弟弟曾国荃诉说了这种心情：

"惟中怀郁郁，恒不甚舒畅，夜间多不成寐。"[78]

"回思往事，处处感怀，而于湖口一关未得攻破，心以为恨。"[79]

"心中纠缠，时忆往事，愧悔憧扰，不能摆脱。"[80]

"近日天气炎热，余心绪尤劣，愧恨交集。每中夜起立，有怀吾弟，不得相见一为倾吐。"[81]

对于这一时间段内曾国藩的心路历程，有学者认为，他正经受着权力失落的煎熬，煎熬程度比他在"靖港、湖口之败因一时冲动而寻死觅活的痛苦"有过之而无不及。[82]张宏杰在《曾国藩传》里也认为，"更让曾国藩痛苦的是，建立不世功勋的千载难逢之良机眼睁睁地从自己眼前溜走了……曾国藩虽被视为理学名臣，但功名心一向极炽，失去这个永载史册的千载良机，他怎么能不懊悔莫及！"[83]

"立功"本是理学家曾国藩所追求的"三不朽"之一。自己辛苦五年，眼看就要立下不世之功，却因小聪明而错失良机，尽管是为父守孝坚持了名节，但也不免可惜。从他给弟弟曾国荃写的信中可以看出这一点。

曾国荃被"夺情"，奔丧后又回到江西战场，猛攻吉安，表现出色，赞誉声一片。曾国藩写信劝勉：

> 人生适意之时不可多得，弟现在上下交誉，军民咸服，颇称适意，不可错过时会，当尽心竭力，做成一个局面。[84]

刚过了半个月，曾国藩又去信说：

> 目下在家意绪极不佳，回思往事，无一不惭愧，无一不褊浅。幸弟去秋一出，而江西、湖南物望颇隆。家声将替，自弟振之，兹可欣慰。[85]

曾国藩像是在暗讽，三年前的自己率水陆两军顺流而下，所向披靡，颇为适意。然而，适意之时不可多得，转瞬间自己被夺兵权，赋闲在家，错失机会。兄弟二人的境遇形成鲜明对比，一个在家惭愧褊浅，一个在外众望颇隆；在曾国藩扬起的家声即将衰落之际，弟弟又振兴了起来。欣慰之余，曾国藩又不免失落，还略带有一丝嫉妒。

不过，若仅把曾国藩痛苦的原因归结为权力的失落，就将曾国藩的格局窄化了。作为一名理学名臣，他更多地在反思自己为何没有能够抓住机会，有始有终地完成一件事。所以他在悔之余，又深深地恨。

他在信中对曾国荃说：

> 人而无恒，终身一无所成。我生平坐犯无恒的弊病，实在受害不小。[86]

曾国藩直言不讳地检讨自己做事没有恒心：当翰林时，本应该留心诗字，结果喜欢涉猎他书，扰乱了心志；读性理书时，杂以其他的诗歌文集，导致用心不专；六部做堂官时，不甚实力讲求公事；在外带兵时，又不能竭力专治军事，经常在军营里读书写字乱了意志。现在"垂老而百无一成"。他告诫弟弟，"不可见异思迁，做这样想那样，坐这山望那山！"[87] 道理一针见血，劝勉兄弟，其实是警诫自己。

曾国藩也羞愧自己修养太差。咸丰八年正月，他向弟弟曾国荃吐露说：

> 吾自信亦笃实人，只为阅历世途，饱更事变，略参些机权作用，把自家学坏了。实则作用万不如人，徒惹人笑，教人怀恨，何益之有？[88]

二月，他又自责没有处理好与地方官员的关系，经常发生矛盾：

> 又性素拙直，不善联络地方官，所在龃龉。坐是中怀抑塞，亦常有自艾之意。[89]

三月，他又深刻反省自己性格孤傲，爱多言别人短处，爱弹劾他人，正是古人所说的凶德致败的两点：

> 古来言凶德致败者约有二端：曰长傲，曰多言。……余生平颇病执拗，德之傲也；不甚多言，而笔下亦略近乎嚚（yín）讼。静中

默省愆尤，我之处处获戾，其源不外此二者。[90]

五月，他进一步深省，因为性格倔强而刚愎自用，导致自己远离了"敬""恕"：

> 余生平于敬字无工夫，是以五十而无所成。至于恕字，在京时亦曾讲求及之。近岁在外，恶人以白眼藐视京官，又因本性倔强，渐近于愎，不知不觉做出许多不恕之事，说出许多不恕之话，至今愧耻无已。[91]

这些都是曾国藩对自己前半生为人处世的反思。曾国藩之前总是自视甚高，把自己放在正确的位置和道德的制高点上，又在功名之心的驱使下，做事雷厉风行，刚介激切，不留情面，官场关系处理得极差。在湖南弹劾副将清德，在湖北弹劾巡抚崇纶，在江西又弹劾巡抚陈启迈。在他眼中，这是秉公处事，为君为国；而在别人眼中，这却是越权和霸蛮。因此，他与湖南、江西官场的关系极差，几乎不被相容，自己也落得极为狼狈。

多种情绪相互交织，令曾国藩夜不能寐，昼不能安，身体状态极差，还动不动和家人撒气。他认识到了问题的严重性："大抵胸多抑郁，怨天尤人，不特不可以涉世，亦非所以养德；不特无以养德，亦非所以保身。"朋友们开导他"岐黄可以医身病，黄老可以医心病"[92]。经过对几年来练兵、领兵的深刻反思，曾国藩也的确体悟到，做事处世不能只坚守孔孟儒家所倡导的"虽千万人吾往矣"的"舍我其谁"，更不能只有申韩法家所要求的"杀十年来未杀之人"的"大张挞伐"，还必须要有老庄道家所提倡的"以柔克刚"。

反思过往，重读经书，曾国藩"大悔大悟"[93]，对功名、是非，乃至生死的理解都发生了转变。他开始要求自己做事圆润一些，改变以往锋芒毕露、寸土必争的风格，开始"改弦易辙"[94]，最主要的改变体现在他的处世之道上。放弃以往"自负本领甚大"和"见不得人家不是"的态度，做事不用机权，与人不钩心斗角，让自己一味向平实处用心，还原自家笃实的本质。如果别人以巧诈来，仍以浑含应之，以诚愚应之，久而久之，别人的敌意也就消了。

咸丰八年三月，曾国藩重新开始写日记来鞭策自己，零零碎碎记着生活杂事和所思所想，其中有不少联语警句，可以看出曾国藩在尝试改变。

三月时他写道："端庄厚重是贵相，谦卑含容是贵相；事有归着是富相，心存济物是富相。"

四月二十六日，他写了一副对联。上联是："矫激近名，扬人之恶；有始无终，怠慢简脱。"好名逐义，急功近利，经常讨论别人的短处，做事情有始无终，不认真，还怠慢，这些都是他需要改掉的毛病。下联是："平易近人，乐道人善；慎终如始，修饰庄敬。"这是曾国藩对自己做人、做事的期待和要求。

据曾国藩的好友欧阳兆熊记载，曾国藩在这期间还写了一副对联："敬胜怠，义胜欲；知其雄，守其雌。"[95]"知雄守雌"的态度很好概括了曾国藩改变后的处世之道。《道德经》有云："知其雄，守其雌，为天下谿。"意思是深知什么是雄强，却安守雌柔的地位，甘愿做天下的溪涧。曾国藩是想让自己保持隐忍、卑弱、谦抑和柔退的状态，但又不忘什么是刚尊，在内心中保持自己的坚守。多年以后，曾国藩给弟弟的家书中有一句话正好是这副对联的注脚："以能立能达为体，以不怨不尤为用。立者，发奋自强，站得住也；达者，办事圆融，行得通也。"[96]

一年多后，曾国藩想起了绝交的左宗棠。"委军回籍"丁忧时，左宗棠重言批评了他，曾国藩十分恼火，拒绝和他通信。既然现在处世态度发生了变化，便不能再记恨左宗棠了。于是曾国藩给他回了一封信，左宗棠也及时回应，两人又恢复了友谊。同时，曾国藩还请左宗棠用篆书为自己书写"知其雄，守其雌"这副对联，悬挂在书房中，这说明他不仅原谅了左宗棠，还认可了改变后的自己。

书斋里的生活并没有持续下去。很快，战场突变，曾国藩被重新起用了。

咸丰八年六月初三，他接到皇帝谕旨："现当浙省军务吃紧之时"，"令曾国藩驰驿前往浙江，办理军务……"[97]

第二章　九江策马　　133

第三章 祁门被围

咸丰十年（1860年）十月十一日，安徽黟县，雨雪相交。

这天是曾国藩的生日，他五十岁了。不过，他根本没有心情庆生，"处多难之秋，负疚不遑，奚暇言庆？"[1]国家正处战乱之时，太平天国尚未剿灭，英法联军又占京师，主忧臣辱，自己哪里有心情过生日呢？曾国藩也的确没有时间过生日，此时他正在巡查祁门周边的地形，鞍马劳顿，未尝少息。

然而，孔子说"五十知天命"，这毕竟是人生的一个重要节点。这一天，曾国藩还是感慨地在日记中写道：

"是日为余五十生日，马齿虚度，颓然遂成老人，从此德业恐不能有所长进，但求不日见其退，斯幸耳。"[2]

没有对自己鞍马劳倦的抱怨，只是感叹时间飞度，不意间竟成为老人，体衰多病。他也不对仕途和事功有更多的期待，而更加看重道德的修养，即所谓的"德业"，不图猛进，但求不退，便是幸事。

曾国藩没有过多的时间感叹，一大早处理完文件后，便赶紧出门考察山岭地形，侦察敌情。

他向北走了二十里，来到黟县北边的羊栈岭。

几天以来，连降大雨。羊栈岭海拔较高，山岭白雪皑皑，云雾缭绕，风景倒是不错。但是云雾封山，不能远望，他看不清山形地势，也见不到敌人的行踪。

爬了这么多山路，却什么也看不到，曾国藩不免有点惆怅，不过让他欣慰的也是云雾封山，敌人定不会冒险来攻。

曾国藩察看的羊栈岭是皖南地区通往安庆、池州、芜湖等水陆码头的主要通道，有"七省通衢"之称。它也是宁池古道上的重要隘口，北控宣池，南通歙休，是兵家必争之地。羊栈岭之南便是黟县，再往西南是祁门县，那里是曾国藩的行辕所在。咸丰十年六月，曾国藩率领部分军队渡到长江以南，设大营在祁门县。

曾国藩担心敌军来攻，便亲自到周边村县视察各路地形和布防情况。十月初九出发，五天以后才回到祁门大营。这一路上全是雾雪封山，曾国藩心中宽慰，尽管其他地方战事不容乐观，但至少眼前暂无敌情之忧。

又过去了五天，到了十月十九日傍晚，突然来报，敌人从羊栈岭窜入，已克黟县。

曾国藩大惊，羊栈岭距离祁门大营只有八十里路，敌军朝发夕至，随时都有可能攻入大营；目前大营中只有三千人，身边又无猛将，如何守营御敌？

曾国藩又一次遇到了生死关头。据说，他索性把利剑悬挂在营帐中，若太平军一来，他便引剑自裁，杀身成仁。

这一次，曾国藩从容了，他觉得临死前要给家人留下点嘱咐，于是给弟弟们写了封信：

"回首生年五十，除学问未成，尚有遗憾外，余差可免于大戾。贤弟教训后辈子弟，总以勤苦为体，谦逊为用，以药佚骄之积习，余无他嘱。"[3]

这次的困境可以说是曾国藩自处险地造成的，因为兵进祁门这一军事行动颇具争议，很多人劝他祁门乃四战之地，不是理想的扎营处，但曾国藩执意扎营在此。为什么他非要移营到祁门呢？

这得从曾国藩再度出山后的战事变化和他心态的转变说起。

01　再度出山莅事

咸丰八年（1858年）六月初三，湖南湘乡县荷叶塘，暑热。

中夜过半，曾国藩燥热而醒，他摸了摸被汗水浸透的胸口衣襟。他心中忧虑，明显感觉自己的肺气日益衰弱，整个人的精气神越来越差。[4]他摸到床边的扇子，悠悠地扇了起来，燥热之感随着扇子的一摇一动慢慢淡去，但思绪也漫无边际地荡开，再也睡不着了。

曾国藩想起白天好友郭嵩焘带来的消息：左宗棠推测朝廷会重新起用他，令他前往浙江带兵。这一年多的无所事事和自我反思让曾国藩备受煎熬，若能在此时重出疆场，他自然求之不得。

接着，他又思绪飘忽，回思过往，想到自己不知不觉做出的许多不恕之事，说出的许多不恕之话，感觉后悔和羞耻。胸口不由得又渗出许多汗珠，他赶紧猛摇几下扇子。[5]

终于，挨到天亮。曾国藩起床，吃早饭，剃头，然后开始漫无目的地翻书。忽然，廷寄来到家里，咸丰皇帝发来了谕旨：

> 令曾国藩驰驿前往浙江，办理军务……该侍郎前此墨绖从戎，不辞劳瘁，朕所深悉。现当浙省军务吃紧之时，谅能仰体朕意，毋负委任。[6]

曾国藩无法抑制再次出山莅事的激动心情，赶紧给弟弟曾国荃写信，分享这个好消息。他在信中写了几年前父亲讲给他的小故事：父亲年轻时曾前往南岳衡山烧香，抽得一签，上面写着"双珠齐入手，光彩耀杭州"。这是一枚吉签，父亲告诉曾国藩说："吾诸子当有二人官浙。"曾国藩兴奋地告诉弟弟："今吾与弟赴浙剿贼，或已兆于五十年以前乎？"[7]同一天，曾国藩还给左宗棠写信分享好消息，称赞他预测准确："妙算与天合德。"

其实曾国藩说这些是在暗示自己被重新起用貌似是天意。当然，是否真是天意命定，曾国藩只能通过各种蛛丝马迹去猜测，而让他如此兴奋和满足的是，终于有机会弥补自己挂印而走导致有始无终的悔恨了。

当年，母亲去世之时，他为挽救时局而墨绖从戎，但在湖南、江西等地遭到官场排挤和掣肘，饱受骂名，又因没有实权愤而挂印回家。经过一年多的反思，他认为自己这是"以拙进而以巧退"，丢失了初心，功业半途而废；而且自己这样做是置君友于不顾，自陷于不忠不义之中。自己总是以忠义劝人，而轮到自身时又岂能畏难退却呢？自己连生死都可以不顾，又为何在意他人的毁誉呢？

于是当再次做事的机会来临时，曾国藩毅然决然地复出，"誓不反顾"[8]。

皇帝之所以在此时重新起用曾国藩，是因为军情告急，形势恶化。

本来在太平天国发生天京内乱时，清军全线反攻，形势曾一度大好。天京内乱是太平天国上层之间的内斗，从咸丰六年八月到咸丰七年五月，前后持续了近一年。每一次斗争和厮杀，都伴随着大量太平军战士的牺牲，太平天国就此元气大伤。清军抓住机会在东西两线反攻，战果显著。在东线，清朝官军连占镇江、溧水、江浦、浦口等地，在长江两岸重建江南大营和江北大营，企图对金陵进行合围；在西线，咸丰六年十一月，湘军猛攻武昌等地，武昌守将韦俊听说哥哥北王韦昌辉被处死，无心坚守，湘军趁机攻下武昌城，并乘胜追击，基本上驱逐了湖北境内的太平军。

可是，一旦太平天国从内斗中缓过神来，清军在战场上的进展就又停滞下来。同时，石达开的离京出走也给清军带来了更大的麻烦。

石达开从天京抵达安徽，召集旧部，聚集精兵二十万。他的目标是去四川建立独立割据势力。但是为了避免与湖北等处的太平军相遇，咸丰七年十一月，石达开率军开赴江西。此时，曾国藩正在湖南丁忧，石达开认为正好可趁机攻入江西。

可是在江西各处的湘军严防死守，并没有因曾国藩的离开而变成一盘散沙。石达开的进军并不理想，他随即改变方向，攻入浙江。石达开在浙江兵分两路，东征西战，到处攻城略地。浙江省内处处报警，他一路克开化，攻常山，逼衢州，有直取杭州之势。

咸丰皇帝一下又慌了神，急忙调兵遣将保护浙江。可是，大量兵将耗在金陵周围，可用之兵不多，可遣之将难寻。咸丰皇帝想派周天受督师援浙，但又觉得他资望太低而不能胜任；想派和春率军救浙，但他又因病而不能前往。此时，皇帝想到了老将曾国藩，现在只能调他率湘军去浙江了。

于是咸丰皇帝在五月二十一日明降谕旨，命曾国藩驰驿前往浙江，办理军务，并令他迅速回奏何日起程，但是谕旨中对他以何种职位和多大职权办理军务，却只字未提。

不过曾国藩并不介意，他不敢再说皇帝夺情而陷他于不孝了，反而感谢"圣恩高厚"，让他既能守年余之孝，又能复出而免避事之责。他也不敢再讨价还价。没有督抚之位，没有地方实权，他就默默地给自己刻了一枚木戳——"钦命办理浙江军务前任兵部侍郎关防"。这枚木戳既是前任，又是虚衔，和以往一样，他重出的身份还是那么模糊，地位依旧那么尴尬。

尽管如此，曾国藩仍然向皇帝表决心，一定会"殚竭愚忱，慎勉襄事"，为皇帝分忧解难。[9]同时，他也立志一定要"约旨卑思，脚踏实地，但求精而不求阔"，以一颗谦卑之心做人做事。[10]

曾国藩接旨后动作迅速，初三接旨，初四遍告兄弟好友，初七便离家启行，踏上了重返战场之路。他走湘江，入长江，顺流而下，过湖北、江西，到浙江。这一路正是五年前他和众将士的出征之路，很多城池要塞的攻守都倾注了曾国藩的心血，攻下又丢，丢了又攻，几经易手。当年陆军有塔齐布、罗泽南，水军有彭玉麟、杨载福，所谓塔罗彭杨，威震远近。如今塔、罗二人都已不在，但湘军后继有人，涌现了不少优秀将领；在曾国藩离开的时间里，战场形势也发生了很多变化。如今重走此路，曾国藩正好可以了解前线战事，重会战友，商议战略决策。

六月二十四日二更末，曾国藩来到武昌。胡林翼率湖北司道各官出迎，曾国藩直接在胡林翼的衙署里住宿，两人畅谈到凌晨五更。

胡林翼是曾国藩的好战友、好搭档，在曾国藩离开时填补了他的空缺，成为当时湘军的统筹者和协调者。他当上湖北巡抚后，主动改善与满洲人湖广总督官文的关系，积极调动湖北的军、政、财等资源全力支持在各处作战的湘军。在他的悉心筹备下，湘军终于克复了华中重镇武昌城，基本上扫清了湖北境内的太平军。他在湖北的胜利不仅为湘军向长江中下游进军做好准备，也为以后曾国藩的军事行动提供了重要保障。克复武昌城以后，胡林翼调兵遣将，挥师东下，坚定实施曾经与曾国藩商定

第三章　祁门被围

的"以上制下"的战略。因此，来到武昌后，曾国藩自然要与胡林翼畅谈军机。

七月十一日，曾国藩来到九江，第二天晚上抵达湖口。九江和湖口是他曾经想攻而攻不下的地方，是将他辛苦打造的水师一分为二的地方，是让他顿师不前、痛失爱将塔齐布的地方。今年四月，李续宾终于攻下九江，彭玉麟冲破湖口关卡，困于内湖三年之久的水师终于重回长江，与外江水师会合，达成了曾国藩一直努力而未能达成的目标。

如今，湘军占领九江、湖口，水师畅游湖口以上，重新掌控了该段长江的制水权，拿下了以上制下全局战略的第二个重要节点。

在这里，曾国藩做好道场，祭奠水师阵亡的将士，行二跪六叩礼。他还写了一副对联祭奠："巨石咽江声，长鸣今古英雄恨；崇祠彰战绩，永奠湖湘子弟魂。"[11]

七月二十日，曾国藩和彭玉麟一起乘船来到南康，这里也曾经是他的扎营之处。南康有座望湖亭，这天中午他和大家在此赴宴。彭玉麟重新整修了这座望湖亭，在原来基础上加盖了两层，楼高可俯瞰全湖。他们登高望景，一边吃，一边聊天。

当年（咸丰五年）曾国藩初来江西，驻扎此处，曾让将士们在这片湖内夜习水战，他在亭子上观阅。如今，曾国藩重回故地，凭栏远眺，心中颇有感慨。彭玉麟看出了他的心思，于是请曾国藩撰写一副对联。曾国藩沉吟一时后，提笔写下：

五夜楼船，曾上孤亭听鼓角；一尊浊酒，重来此地看湖山。

这副对联写得极有意境，上联用"楼船""孤亭""鼓角"三个意象，穿越到过去，忆想当年将士们披星戴月训练的场景；下联用"一尊浊酒"拉回当下，故地重游，湖山不变，心境却不一样了。整副对联透着一股苍凉，也许曾国藩想问接下来会发生什么，经历什么。

晚上，曾国藩又来到这里祭江，行二跪六叩礼，祭奠逝去的将士。

这一年半的时间里发生的事情不少，湘军在湖北和江西的军事进展为曾国藩再次出山提供了不少便利条件。他此刻的目标是尽快抵达江西东部的铅山县河口镇，召集部队，进入浙江，抵御石达开的进攻。可是还没有进入浙江，曾国藩就收到了谕旨，命他改道去福建。

咸丰八年八月，石达开开始流动作战，进入福建。曾国藩计划移师江西建昌，从杉关入闽。不料，曾国藩刚到建昌，十月皇帝又发谕旨，说福建的太平军窜至江西景德镇一带，命他回救景德镇。

尽管军事部署需要根据战情及时调整，但是皇帝在短短时间内让曾国藩倏而赴浙，倏而入闽，倏而回救江西，令人眼花缭乱，毫无全盘统筹。其实皇帝也是不得已而为，因为当时军情瞬息万变。

安徽三河镇大战，一支湘军精锐全军覆没，东西战场的局势为之一变。曾国藩面临了一场至亲的生离死别。

02　三河镇大败：湘军最严重的一次惨败

咸丰八年（1858年）十月二十五日，江西建昌城外大营*，湿冷。

这天午饭后，曾国藩收到了水师将领杨载福、彭玉麟的来信：本月初十，湘军在安徽的三河镇吃了大败仗。曾国藩心中一颤：指挥三河之战的是自己的爱将李续宾和弟弟曾国华，不知二人现在安危如何。[12]

不一会儿，信差又送来了李续宾和曾国华的书信。曾国藩心中一慰，有来信，就说明人还活着。可是一看落款日期，信是十月初七夜里写的，正是大败前的三天，信中说"三河攻剿不甚得手"，陈玉成率援军已至，情况不妙，但是曾国华和李续宾都打定主意，坚守御敌。至此，别无多余的消息，曾国藩的心又悬了起来。

三河镇具体的战斗情形，李续宾和曾国华的生死，这一切他都无从知晓。当晚，曾国藩还是给李续宾和曾国华写了一封信，派人送到桐城，期

---

* 因皇帝改命曾国藩援闽，九月初九，曾国藩移师建昌府，驻军城外。建昌府位于江西东部，紧挨福建西北部，其府治位于今天的江西南城。

望能有回音。[13]

曾国藩心中忐忑,牵挂着二人,尤其是弟弟曾国华的安危。他突然想到今年四月间和朋友请乩,卜问吉凶。乩判得了一个"败"字。曾国藩不解。乩判进一步显示说:"为九江言之也,不可喜也。"曾国藩更加不解,当时李续宾刚刚攻下九江,军队气势正盛,怎么会有败呢?朋友又请一乩,乩说"为天下,即为曾宅言之"。

曾国藩当时一头雾水,不知所云。现在来看,眼下的三河之败和六弟之变不正是印证了判词中的"不可喜也"四字吗?三河之败是"为天下言",而六弟之变是"为曾宅言"。这一切"岂非数皆前定耶?"[14]

想到这里,曾国藩脸上的愁容更加凝重。他焦灼地在屋内来回踱步,睡也睡不着。这种情况持续了几天,到二十八日,二更天时,他望着天边黑云滚滚,如有压城之感,心中更是茫然。[15]他觉得仿佛"天"就站在那黑云之后,冷漠地眼睁睁看着自己,而自己却看不见黑云之后的"天",不知道天意如何。

这场三河镇大战是双方精锐的激烈对抗,直接影响了战局的走势。一切还得从天京事变说起。

天京事变后,太平天国内部出现了"国中无臣,军中无将"的尴尬局面。清军抓住机会在东西两线同时猛攻。

在西线战场,如前文所述,湘军克复武昌,攻陷九江,向安徽挺进。东线战场,清军攻占了镇江、溧水、句容,在长江南岸重建江南大营,对金陵城南进行包围,其前锋已经进驻金陵边上的秣陵关和大胜关,开始挖壕攻城;在长江北岸,清军占领了江浦、浦口、瓜洲等地,重建了江北大营,对金陵北面进行封锁。

这样一来,太平天国的首都天京在南、北、西三个方向上都面临着清军的围攻。

然而,太平天国此时气数未尽,危急关头涌现出了两位新锐将帅——李秀成和陈玉成。他们都是贫苦出身,早年间参加太平天国起义,在实际的战斗中表现出卓越的才华,凭借军功从底层一路升上来。

李秀成提出积极防御战,主动出击,把战场引出天京,同时打通天京与外围的联系,确保粮食和兵力的补充。

于是,李秀成率部队向长江北岸出击,和陈玉成相互配合,先进攻清军薄弱的江北大营。二人的运动战配合得天衣无缝,他们在快速的行军中寻找战机,居然一举攻破江北大营,打通了天京与长江北岸的联系。

清廷一下子又慌了神,急忙调湘军"悍将"李续宾前往安徽,稳定局势。

李续宾是湘军中继罗泽南和塔齐布之后的优秀将领。他是罗泽南的学生,曾跟着罗泽南在私塾里读经书,学义理。后来,他们一起办团练,带兵打仗。罗泽南让李续宾带领右营,"泽南每战,续宾皆从"。

李续宾虽是书生,但是膂力过人,善骑射,担当得起"悍将"的"悍"字,冲锋敢为先,作战不怕死。比如岳州大桥之战时,李续宾率领几个人骑着马前往山岗侦察敌情,不料太平军突然而至,他却立马不动,一边观察敌军,一边等待着后续部队。等到部队都会集完毕,他策马而驰,率先冲入敌阵,斩杀敌人头目,夺得敌军大旗。[16]李续宾打仗的时候喜欢悬挂白旗,在岳州一战出名,太平军见到白旗,心胆俱寒,《清史稿》里记载他"所将白旗,号为无敌"[17]。

李续宾的代表之战是九江攻坚战。

九江城可谓湘军早期的滑铁卢,让曾国藩顿师不前、塔齐布病死战场。太平军守将林启容一直在九江缮守具,囤米粮,浚深沟,设炮台,守得不露任何破绽。

咸丰六年腊月,李续宾受胡林翼之命率军万人从湖北上游而来,直逼九江城下,与长江中的水师杨载福水陆联合,猛攻九江城几个昼夜,但都没有攻下来。

李续宾改变战术,不再强攻,先花了三个月在九江城外挖出三十多里的长壕,一共六道,每道深两丈,宽三丈五尺。三面合围九江,不让城内的守军出,也不让外地的援军进。随后,李续宾逐步扫除九江城外的太平军据点,并向东攻下了湖口、梅家洲等处,这也为湘军内湖水师冲出湖口关卡与外江水师会合创造了条件。李续宾实施"先清外围,再困主城"的战术，三面陆路挖壕围困，一面水路调船封锁，将九江四面合围。这一围就是一年。

九江城内没有了粮食，太平军就自己种小麦。到了咸丰八年四月，湘军挖地道轰开了东门和南门的城墙，士兵蜂拥而上，但是太平军扔下大桶火药，炸死不少湘军，缺口又被堵上。到了四月初七，终于，湘军又用地道轰塌了九江东南城墙百余丈，湘军"前者伤，后者继后，冲上城头"，这座被湘军围困了四年的九江城终于被拿下。

因此，李续宾担得一个"悍"，强悍勇敢，对待太平军也是冷血无情。在湘军眼中，这些离经叛道的"长毛贼"必须赶尽杀绝；而在太平军眼中，这些为阎罗妖卖命的湘军则是走狗，天国之兵哪有向畜生投降之理呢？于是双方相遇一定是你死我活，史书经常用"血流漂杵"的词语来形容。

太平军守将林启容宁死不屈，率部下巷战，一万七千多人全部战死，十分惨烈。连湘军水师将领彭玉麟都写下了这样的诗句："九派涛红翻战血"，"尸拥长江水不流"。[18]

李续宾拿下九江，稍做整顿之后，便奉命开赴安徽。

九月份，李续宾率军出发，一路势如破竹，攻下太湖、潜山、桐城、舒城，连下四城。进军迅猛得出乎意料，部队伤亡减员也着实不小。而且每占一座城，就要分兵把守，在最后能用的只有五千人了。

李续宾的目标是庐州府，也就是今天的合肥。进攻庐州之前，必须拿下城南八十里的三河镇。

三河镇虽然只是一个小镇子，也没有城垣，但是地理位置非常重要。它北临界河，东临巢湖，南靠黄山。太平军占领这里之后，修筑九座堡垒，凭河设险，囤有大量粮草，使三河镇成为接济庐州和天京的重要粮仓。

三河的守将是陈玉成的部下吴定规。当得知李续宾要进攻三河镇时，陈玉成立即来援，同时也飞檄李秀成前来策应。

李续宾知道对手的厉害，知道三河镇难攻，也知道自己兵力不足，但是他仍然决定主动出击，想趁着太平军的援军到来之前强攻下三河镇，不然援军一到，难度更大。

李续宾兵分三路硬攻，太平军凭垒硬抗，又是一场硬仗。不过李续宾更硬，硬是损失了一千人拿下了镇子外的九座堡垒。

这个时候，陈玉成的援军赶到了西南方的金牛镇，李秀成也率军到了东南边的白石山。两方面军队加起来有十几万，连营十几里。十几万对几千人，李续宾陷入重围之中。有人建议退守桐城，暂避锋芒，李续宾没有同意。

第二天一早，湘军主动出击，进攻陈玉成的部队，一开始湘军占了上风。不料突降大雾，太平军趁着雾气分兵包抄，湘军招架不住，很多将领都战死。李续宾冲荡苦战，太平军却是越战越多，营垒都被占去。

有人劝李续宾抓紧突围而出，他却慨然说："军兴十年，皆以退走损国威。吾前后数百战，出队即不望生还。今日必死，不愿从者自为计。"[19] 众将听了之后，异口同声道："愿从公死！"

他们从早上杀到天黑，始终杀不出重围。太平军又挖开河堤，大水漫灌，湘军彻底被断了去路。

这个时候，李续宾整理了一下衣冠，朝着京师方向叩首，拿出朝廷的谕旨和奏折烧掉，以免落入敌手。然后，"跃马驰入贼阵，死之"。[20] 数千湘军几乎全军覆灭，数百文武官员也都一同战死，其中包括曾国藩的弟弟曾国华。

三河镇之战是湘军一次史无前例的大败，对湘军影响甚大。罗泽南留下来的、由李续宾接任并发展的精锐部队几乎全部阵亡。胡林翼说："三河败溃之后，元气尽伤，四年纠合之精锐，覆于一旦。而且敢战之才，明达足智之士，亦凋丧殆尽。"[21]

咸丰皇帝得知战败后难过得流下眼泪。他提笔为李续宾写下了这样两句话："惜我良将，不克令终。尚冀忠灵不昧，他年生申、甫以佐予也！"[22] 可见皇帝对李续宾的欣赏和怀念。

李续宾和其所率精锐的陨落，对清廷和湘军来说都是巨大的损失，而对于曾国藩更为难过的是，他的弟弟曾国华也战死了。曾国藩陷入了漫长的内疚和痛苦之中，对生死也有了新的领悟。

03　先轸归元何日是？

从接到三河之败消息的那天起，到确信李续宾和曾国华阵亡的这段时间，曾国藩度过了煎熬的半个多月。

对于他来说，三河之败不仅是国事，也是家故。他日夜打探着六弟曾国华的下落。得不到消息，他便不见客，也不吃荤，忧郁填膺，不能做一事。他在日记中写道："公愤私戚，万感交集。"[23]

终于，十一月初五，彭玉麟来了一封信，说"迪安、温甫、筱石、槐轩殉难"。

读完此信后，曾国藩的心情反倒平静，"不待此信，早知之矣"。近半个月的时间没有弟弟的下落，再加上战败前六弟信中所讲的"坚持不退"，曾国藩早就料到结果，心里也做好了准备。

从这天的日记来看，曾国藩过得平淡，仍然办公、读书，请同僚吃饭，只是因为弟弟，仍然吃素饭，不长久陪客。但是到了晚上，曾国藩听着屋外怒号的寒风，他再也坚持不住，口中念着"温弟、温弟"而整夜无法入眠。在接下来的日子里，曾国藩睡不好，食不安，无法安心做好一事；他在日记和家书中都表达了对弟弟阵亡的痛心和深深的愧疚。

胜败本是兵家之常，大将也难免阵前而亡，对曾国华本人而言，他在战场上宁死不退和力战死节的表现本是一种荣耀。"自古皆有死，死节尤为忠义之门，奕世有光，本无所憾"[24]，曾国藩甚至为六弟临阵死节而不苟活感到自豪；如果换作曾国藩，他应该也会力战死节或者自杀阵前。但是，作为哥哥，面对六弟的死亡，他却抹不掉心中的愧疚和遗憾，"我实负弟，茹恨终古"[25]。

曾国华是曾国藩的同母同父胞弟中的老三，在族中排行第六，因此曾国藩常称他"六弟"。他过继给叔叔后，尽管二人在宗法上是堂兄弟，但亲兄弟的感情依然深厚。无论曾国华在战场上如何死节获荣，作为哥哥的曾国藩都不想让弟弟付出生命的代价。

这段时间夜深难眠之时，曾国藩总是追忆起与温弟一起做过的事情和共度的时光。

之所以唤曾国华为"温弟",是因为他年轻时性情高傲,待人处事不温和,曾国藩作为大哥,劝勉国华,给他起了字为"温甫"。高傲的人做事难免不守常规,曾国华做事奇特,曾国藩曾经作诗以"午君奇"来描述他。"午君"就是指曾国华,他出生在壬午年,比曾国藩小十一岁。不过,这个"奇"字并不是哥哥对弟弟的赞扬,只是客观描述他做事不守常规。

往往不守常规的人才能闹出一番动静。曾国藩想起了咸丰五年（1855年）那段时光,他坐困江西,音信不通,身边将领走的走,败的败,情况危急万分。温弟曾国华在家中愤而起行,他从湖南一路辗转到武昌乞师来救哥哥。温弟没有带兵经验,全靠义气和勇气,竟能提兵五千,深入险地,盛暑鏖战,连克六县,包围了瑞州府城,这才缓解战势危局,沟通了江西与湖南的联系。温弟真是"一朝奋发,仗剑东行；提师五千,往从阿兄。何坚不破？何劲不摧？"[26]。

曾国藩和温弟在瑞州相见时,发现经过历练的弟弟性格大变,由高傲变得温和,兄弟相处亲友和睦,欢欣和畅。而且,温弟也好学求知,多读史书,每当看到古人面临艰危之境时,他总是反复推敲,研究得失,以古鉴今。曾国藩和弟弟谈论军事时,也发现他没有了之前的空谈,逐渐趋于精细稳实,论点总能洞达时势,综括机要。他为弟弟的进步感到欣慰。

温弟结束丁忧复出后,加入李续宾的军营中。李续宾是名将和悍将,为人处世皆以忠勇当先,曾国华与他是儿女亲家,意见多合,相处亲睦,互相钦佩,共谋军机,这在曾国藩看来是再好不过的事情,只要他努力上进,保持作风,一定能够有所成就,做到"名位俱进"[27]。

正当弟弟事业上升,一切都顺风顺水时,不料遭此不幸,不但兵败身亡,甚至连遗骨都不得收葬。"呜呼恸哉！"作为哥哥的曾国藩如何能不感到惋惜而痛心呢？

当他坐困江西时,是六弟"仗剑东行",把他从危险中解救出来。而当弟弟有战阵之危时,曾国藩却不在身边加以保护,甚至都不能事后发兵为弟报仇,收殓骨骸。作为哥哥的他内心怎么能不愧疚呢？

曾国藩更惭愧的是,他去年丁忧在家,常常心情不好,因一些鸡毛

第三章　祁门被围　149

蒜皮的小事，动不动就和温弟争吵斗气。如今"温弟永不得相见矣"，他连一个道歉改正的机会都没有了。如今他反思说自己"实有愧于为长兄之道。千愧万悔，夫复何言"[28]。然而，让曾国藩最遗憾和最愧疚的是温弟尸首难寻。他在给弟弟的哀词中有一句："积骸成岳，孰辨弟骨？骨不可收，魂不可招。"[29]

三河之战，湘军损失近六千人，再加上太平军阵亡的将士，真是积尸如山。战场上，炮击刀砍，尸体早已被折腾得七零八落，要在战场上辨认身份着实不易。李续宾是幸运的，他的尸身很快被辨认找到，腊月便被装殓和运送回来。但是曾国华的尸身却怎么也找不到，曾国藩为此夜不能寐，食不能安。

早在十一月时，他为弟弟写了一副挽联，运用了丰富的想象，营造出了极为凄凉的人魂喊话。上联是"归去来兮，夜月楼台花萼影"。下联是"行不得也，楚天风云鹧鸪声"。找不到弟弟的尸首，曾国藩只能隔空叫魂，喊道："快回来吧，咱们兄弟几人曾在故乡赏月的楼台花景都还在。"然而，弟弟深陷于战场风云之中，抽身不得，他只好借鹧鸪鸟叫传音，声声泣泣地道："去不了啊，去不了啊（行不得也）。"这副对联营造的氛围凄惨婉转，令人心哀。这与他为李续宾撰写的挽联风格截然不同。[30]

腊月中旬一直在下着雨，连军事操练都不能正常进行。阴霾的天气让曾国藩的心情雪上加霜。十八日傍晚，他收到一封信，得知李续宾的尸体已经运到了霍山；同时，他也拿到一份清单，打开一看，六弟的名字曾国华赫然写在清单的第一列第一名。[31]

"伤哉！"

派出寻找六弟尸首的勇丁陆续回来，全都一无所获。曾国藩又是一阵揪心之痛，他立刻派人再去三河寻觅六弟的忠骸。幸好，原来与国华关系不错的杨名声、杨镇南、张吟三人自告奋勇前去寻找。

第二天饭后，三人同行上路。彼时，大雨忽止，天气少晴。曾国藩望着三人远去的背影，又抬头看看阳光，略有沉思："难道天意是告诉我，温弟的尸骨这次可以找回来吗？"[32]

然而转眼间二十多天过去了，却没有任何消息传来，曾国藩十分苦楚，他在日记里写道："念温弟不得归骨，其赋命太苦，余于手足之间，抱愧多矣。"[33]

又过了半个多月，终于来了好消息，曾国华的遗体找到了，不过只是找到了一具"无头之尸"。曾国藩在日记中写道："弟遗蜕得还，为不幸中之一幸；而先轸丧元，又为幸中之一大不幸。"[34] 所谓"丧元"就是指头颅被砍掉了。死不得全尸，古人大忌，曾国藩当天又忧虑得"彻晓不眠"。

曾国华的头颅最终还是没有找到，曾国藩命人"刻木肖形，亦颇相似"，终于还是让温弟有了一个"全尸"。灵柩被安排运往湖南老家安葬。

温弟国华的阵亡对曾国藩的影响着实不小，他忐忑难安，就此顺着去年的"改弦易辙"继续对人生进行反思。

首先，他对"天"有了更多的敬畏。温弟之死让他隐约觉得这是天数使然，是"冥冥中有主之者，皆已安排早定"[35]。他在哀词中也感慨："命耶数耶？何辜于天！"在得知弟弟阵亡的消息后，曾国藩就想起自己曾在家中请的乩，乩判曰："为九江言之也，不可喜也"，"为天下，即为曾宅言之"。曾国藩认为这"不可喜也"四字正是预示三河之挫和六弟之变，一切"岂非数皆前定耶"[36]？只是自己是凡夫俗子，不得而知天命。

天命为何如此无情，竟让正当年华的弟弟命丧黄泉呢？曾国藩对天命进行了各种猜测，从中可以反映出他朴素的因果观。他猜测可能是父母的坟茔风水不好，导致了"温弟之变"；[37] 也可能是叔父悬挂了不好的匾额，犯了忌讳；还可能是去年自己在家里难为温弟，兄弟不和之象导致了悲剧发生；他甚至还说"每遇得意之时，即有失意之事相随而至"[38]，怀疑九弟曾国荃克复吉安后的得意之象酿成了温弟的失意之果。

曾国藩想来想去，把相关的和不相关的因果都凑在了一起，却也终究窥探不到所谓的"天"和"数"的一斑。越是窥探不到，他就越是不安，越想知道天数究竟有什么指示。卜卦于是成了他这段时间常用的占卜手段。收不到家书，担心九弟安危，他请人"占牙牌数"而问吉凶[39]；早上起来，心情郁闷，六神无主，"占二卦"[40]；晚上梦到"左手指刀削见血，占之"[41]；听闻敌人来攻，抄袭后路，心绪焦虑，占二卦……[42]

第三章　祁门被围　　151

尽管这段时间曾国藩东猜西揣般地探索天命，感受到了天命的不可知，但是他的天命观仍然是积极的，概括起来就是传统的"尽人事，听天命"。虽然一切皆为天数注定，但是人事却不可不尽。他在给弟弟的家书中写道："祸福由天主之，善恶由人主之。由天主者，无可如何，只得听之；由人主者，尽得一分算一分，撑得一日算一日。"[43]

此件事情后，曾国藩在"听天命"的同时，更加注重"尽人事"。他对弟弟们提出了很多要求，要求兄弟和睦，孝敬叔父，也要求全家人都做到"勤"和"俭"二字。

当然，曾国藩对自己的要求更多。温弟之变让他心绪极乱，不能做事，由此，他也反思了自己的心性定力。

在某天的日记里，曾国藩写道："下半日心绪作恶，因无耐性，故刻刻不自安适。"[44]那天曾国藩送走寻找六弟尸骸的人，本来满怀期待，但是下午心情突然变差，惴惴难安，内心无法安适，他十分痛苦。这些日子时常如此，精神状况很差，耽误许多事情。曾国藩反思后找到了原因，"心中实无所得，不能轻视外物，成败毁誉不能无所动于心，甚愧浅陋也"[45]。内心空虚，外界事物时常萦绕心中，成败毁誉全都牵动着心弦，他觉得这样不好，十分浅陋。其实这是人之常情，但是立志做圣人的曾国藩不能接受这样的心态，他甚至由此怀疑了自己的能力，在日记中说："自咎局量太小，不足任天下之大事。"[46]

他劝自己"要须放大胸怀，游心物外，乃能绝去一切缴绕郁悒、烦闷不宁之习"[47]。不过，切实发生在自己身上的悲剧惨事，怎么能够说"游心物外"就能"游"的呢？曾国藩今天劝，明天照样心绪恶劣；后天再劝，晚上却又焦灼难以入眠。

就这样断断续续，来来回回，持续了几个月，终于到了咸丰九年的下半年，曾国藩才逐渐释然，态度积极了起来。有人向他抱怨时势艰难，他鼓励说当竖起骨头，竭力撑持。夜晚不眠，曾国藩想起日间所谈，略有感慨，除了坚撑时局之外，还要注重内心修养，于是他写了一副对联：

养活一团春意思，撑起两根穷骨头。[48]

他的心境如此起伏变化，除了温弟之死的影响外，与这一时间段内他在官场上的尴尬遭遇也分不开。

04　好战友胡林翼

在曾国藩离开战场一年半的时间里，清军各处战事进展得有条不紊。胡林翼把湖北经营得妥当稳定，江西各处将领也各司其职，各守其位，东边和春指挥的江南和江北大营也展开对金陵的进攻态势。因此，曾国藩这次再度出山时，处境就略显尴尬，无实职、无实权，还是"客寄虚悬"。

本来，朝廷起用曾国藩就是为了应对石达开对浙江的攻势，因此，石达开转战各处，曾国藩也随而被调往各处。石达开攻浙江，他就奉旨前往浙江；石达开赴福建，他就被调往福建。就这样，"倏而入川，倏而援闽，毫不能自主"，曾国藩仿佛成了一个被牵线的木偶，甚是尴尬和狼狈。

单凭曾国藩的一己之力恐怕无力改变这一境遇。他初回战场，各方情况还在适应中，再加上咸丰皇帝对他先前要官要权的"不臣"行为余怒未消，曾国藩没有任何资格向皇帝提条件，只能老老实实地听从调遣。这时候，曾国藩志同道合的战友们给了他支持和帮助，尤其是胡林翼发挥的作用格外重要。

胡林翼和曾国藩算是一对和而不同的好战友。他们在相同的政治理想和道德追求之下相和，却在各自的家庭环境和个人境遇上有很大的不同。

胡林翼出身官宦之家，父亲胡达源是科举探花，岳父陶澍是当朝大员、学界领袖；而曾国藩的家中世代为农，父亲是落第书生，岳父是村野教书先生。胡林翼从小游玩于京城宦海，求学于名儒学者，享受着一流的教育资源；而曾国藩却在乡间半耕半读，辗转于各地乡野私塾之中，难觅名师指点。二人出身迥异，性格也不同，一个是富公子，才华横溢，恢阔宏远，果断坚强；一个是穷书生，勤奋踏实，自律严谨，稳扎稳打。胡林翼虽小曾国藩一岁，却早他两年考中进士，点上翰林。

然而，家境、出身的好坏并不完全决定官场仕途的顺逆。在二人同做京官时期，曾国藩在勤奋自律之中稳步求进，由翰林而检讨，而侍读，而内阁学士，十年七迁，竟然迅速当上了侍郎，官居二品。胡林翼却在才华横溢之余放浪形骸，再加上时运不济，丁父之忧以后竟然赋闲在家，无官可做，最后筹钱捐了一个知府，外放到了贵州。

从此，二人的境遇更加不同。

咸丰元年（1851年），在京城做侍郎的曾国藩向皇帝连上三疏，针砭时弊；而远在贵州做知府的胡林翼实行保甲，组织团练，开始镇压西南边疆的起义军，积累一线军事经验。咸丰三年，曾国藩开始在湖南编练湘军，向胡林翼写信求教保甲团练之法；此时的胡林翼受气于贵州官场上的倾轧，正思率军至湖北追随湖广总督吴文镕。咸丰四年，胡林翼率六百黔勇由贵州奔赴湖北，不料行至半路时听闻吴文镕兵败自杀，顿时陷入尴尬处境；此时，曾国藩练成湘军，正建旗东征，缺少人手，他主动向胡林翼伸出橄榄枝，邀请胡林翼加入湘军。

曾、胡二人就在这样的机缘下走到了一起。

胡林翼随着湘军北伐、东征，与塔齐布、罗泽南、杨载福、彭玉麟等将领相互配合支援，破岳州，攻武昌，立下不少战功。此时二人情投意合，相互钦佩。曾国藩夸胡林翼"胆识绝人""才大心细"，有救世之才。胡林翼既对曾国藩的收留和保举有感恩之情，也对他能在乱世之中撑起危局的胆魄和能力佩服得五体投地。

咸丰四年冬，湘军攻陷武昌，正当论功行赏之时，曾国藩却被咸丰皇帝猜忌，刚被授予的署理湖北巡抚又立即被取消；而咸丰皇帝却对只是湘军边缘部将的胡林翼感到放心，授予胡林翼湖北按察使，令他成了一名省级地方大员。

咸丰五年，曾国藩东征受挫于九江、湖口，停滞不前；胡林翼因太平军西攻武昌而有守土之责，向曾国藩请命回援。曾国藩尽管处境十分不利，却也爽然答应，并增派其他部队支援胡林翼。

咸丰六年，二人都度过了艰难的一年，曾国藩客寄虚悬于江西，受困不前，蜡丸隐语，命不保夕；胡林翼却已被任命署理湖北巡抚，正在秣马厉兵，历经万难，围攻武昌、汉口。

咸丰七年，曾国藩委军回籍，向皇帝要官要权失败后，开始了痛苦的丁忧生活。而胡林翼终于克复武昌，入驻省城，实授湖北巡抚，成为湘军集团中第一个升任地方大员的人。

从此，二人的官场境遇又朝着不同的方向去发展。

胡林翼和湖广总督官文同驻武昌省城。官文是满洲正白旗人，他之所以能任湖广总督，比胡林翼高半级，并不是因为能力和才华，而是由于出身和背景。清廷重视满汉之防，湖北居天下要冲，巡抚由汉人胡林翼担任，那么总督之位必须由满人出任。咸丰皇帝看中官文的满人出身，认定他是亲信，让他担任湖广总督来监视胡林翼、曾国藩等汉人。

胡林翼知道官文才能不济且品性不佳，经常用"贪鄙庸劣"来形容他，对他极为怠慢，甚至想弹劾他。幕僚阎敬铭*却提醒胡林翼说："本朝不轻易让汉大臣专掌兵权……湖北居天下要冲，朝廷怎能不安排亲信大臣管辖呢？如今你以巡抚弹劾总督，未必能赢，就算能赢，又怎么能够保证后来之人比官文好呢？……官文心无成见，又是旗人，遇到大事时，正好可借他之口向朝廷表达自己意见。官文只不过贪污奢华，如果和他搞好关系，能让事情的发展朝着有利于我们的方向推进，即使每年给他十万金，又有什么损失呢？"[49]

胡林翼听后恍然大悟，积极改善与官文的关系，投其所好，应其所需；官文也很有自知之明，知道自己才能不及胡林翼，索性把大事小情都交给他主持，自己一面享受与胡林翼的和谐同僚关系，一面享受奢靡腐化的生活。湖北官场上居然出现了少有的督抚和睦，胡官之交倒成了一段佳话。史籍记载："林翼益推诚相结纳，于是吏治、财政、军事悉听林翼主持，官文画诺而已。"[50]

不出几年，湖北在胡林翼的经营下足食足兵，东南战事有了支持的基础。胡林翼调配全省资源，开辟财源，扩充军队，全力支持在各处作战的

---

* 阎敬铭，字丹初，时为胡林翼的幕僚。阎敬铭曾任户部主事，颇善理财，且品行刚正不阿。胡林翼看重其才华和品行，将其奏调至湖北入其幕府。

湘军。在曾国藩回家的这一年多时间里，许多湘军将领直接改隶于胡林翼的麾下，胡林翼也在调和各方关系、维持大局方面做出了很大贡献。在此时及以后的时间里，胡林翼在湘军集团内成了与曾国藩并重的统帅，有学者称之为"双帅格局"[51]。

相比此时在家赋闲的曾国藩，胡林翼在实力和地位上都超越了曾国藩，但是他并不想取曾国藩而代之，反而还积极帮曾国藩谋划。在曾国藩的再起中，胡林翼发挥了至关重要的作用。

咸丰八年四月，石达开由江西进攻浙江衢州，江南大震。清廷命胡林翼抽调军队支援浙江，胡林翼却说自己忙于用兵安徽，无兵可调。这是在为曾国藩起复打下基础。同时，胡林翼安排左宗棠推动骆秉章上奏，称石达开狡悍异常，得起用曾国藩统率湘军支援浙江。

此时正赶上将领紧缺，经胡林翼和骆秉章的连环运作，清廷这才重新起用曾国藩。不过，曾国藩的处境还是很尴尬，他无权无职，仅拿着一枚空头的木戳，被朝廷调来调去。胡林翼十分同情曾国藩的处境，说他"频年作客，仰食于人，金石孤忠，可敬可念"[52]，他也一直坚信曾国藩有"武侯之勋名，而尚未得位"[53]，如果"朝廷能以江南事付曾公，天下不足平也"[54]。

因此，必须先帮曾国藩解决"客寄虚悬"的问题。很快，机会来了。

石达开由浙江而福建，又转而挥师西进，直指四川。四川是全国的大后方，正巧此时四川总督离任，川中无将。胡林翼心里明白，这是个大好机会，如果能为曾国藩谋取四川总督之位，让他坐镇四川大后方，自己坐镇湖北，前后配合，就可以充分调配资源，尽快实施"以上制下"的战略。

不过，胡林翼自己并没有上奏朝廷，而是要借官文之口，劝他来奏请曾国藩援川。胡林翼对官文千叮万嘱，一定要在奏折中点出"必有地方之责，则饷糈不匮，州县听令，乃于军务有益"这样的字眼。奏折的宗旨就是帮曾国藩得到川督之位。[55]

咸丰皇帝认为官文提出让曾国藩援蜀的建议甚是不错，称他此奏"实为通筹大局起见"。可谁知意见只听一半，咸丰皇帝命令曾国藩火速前往四川"督办军务"，却只字不提"总督"二字。看来，发动皇帝的亲信帮着说话也并不好使。

曾国藩的处境更加尴尬，不但没有总督可做，还要远道入蜀，和素不相识的地方官员周旋，仍然是"客寄虚悬"，处境恐怕比当下还要困难。因此，他踌躇不前，无奈地说："惟国藩倦游已久，深惮作客之难；作客于无贼之区、周旋于素不相知之主人则尤难，以是徘徊中立，未敢望剑南而西笑也。"[56]曾国藩倦了也怕了，川中此时并没有太平军作乱，他与川中文武官员也素不相知，若是周旋其中，必定受尽排挤。可是，皇帝的诏命却一道又一道地传来。无奈，曾国藩慢慢腾腾地踏上了西援四川之路。

曾国藩取道湖北，来到黄州，见到了在此督军的胡林翼。胡林翼对曾国藩说，如果没有四川总督官衔，断不可前往四川；不如留在湖北、安徽，制定进攻安徽的方略，实现"以上制下"的大战略。

胡林翼又着手来运作。他再一次用到了官文，让官文连上两折，称军情变化，石达开由湖南折入江西，暂时无入川之虞，曾国藩没有出援四川的必要。并且，官文在奏折中提出新的战略计划，称"征皖"急于"防川"，建议让曾国藩暂缓入川，和其他军队合力分路进攻安徽，以动摇太平军在安徽的根基。官文还强调这是他和胡林翼、曾国藩会商以后共同订出的计划。

这一次，官文"征皖急于防川"的论断说到了咸丰皇帝的心坎里。军情变幻靡常，此时东西各地的战局已经与之前大不相同。皇帝摊开地图，分析着各路战况，当他把焦点移到安徽省时，眉头一紧：皖省糜烂已极，尤其是皖北地区，发捻合流，蔓延各处，向南可以援助金陵、芜湖等地太平军，向北则可以直接进攻山东、河南，北入中原。想到北入中原，咸丰皇帝更是全身一颤，亲信大将胜保刚在安徽护城打了败仗，翁同书也退守到了寿州，安徽重镇庐州（今合肥）居然没有一支部队可以牵制太平军。看来，"非由楚省派援，不能牵制贼势"[57]。接着，咸丰皇帝又看向西边的湖南、四川，目前太平军由湖南南部向南撤退，虽然难保石达开一定不会去四川，但是此刻四川也有备无患，军情没有那么紧急。两边相较，安徽更加要紧，还是让曾国藩由湖北援安徽吧。[58]

咸丰皇帝立即肯定了官文的建议，同意曾国藩不去四川，而是图皖，让他和胡林翼、官文等一起筹划进攻安徽的战略，抓紧拿出一个可靠的方案，必须做到"计出万全""谋定后动"。[59]

于是，曾国藩终于有了一个推行自己战略的落脚点——图皖。

05 "图皖"的方案

咸丰九年（1859年）十月十七日，湖北巴河。[60]

夜晚事少，曾国藩读了《荀子》三篇，到二更天，便解衣睡下，不过，到四更天就醒了。天还远没有亮，四下漆黑寂静，只有偶尔传来守夜勇丁的唱更声。已入深秋，阴冷飕飕，但此时曾国藩心境光明甜适，颇有感慨，写下了一副对联："天下无易境，天下无难境；终身有乐处，终身有忧处。"

对联颇有辩证法的意味，曾国藩结合过往阅历和当下心境有感而发。他行军打仗多年，本不懂军事，但是几年下来成绩却也显著，稳步发展，难事也没有那么难了，总归要抱有乐观的心态。

五更天时，他又写下两联，一副是"取人为善，与人为善；乐以终身，忧以终身"；另一副是"天下断无易处之境遇，人生那有空闲的光阴。"[61]

曾国藩为偶得佳句而欣喜，心情难得平淡释然，认为是自己近日常反思而使精神有所进境。[62]不过这种状态没能持续多久，第二天凌晨四更末醒来后，他却又感觉"心境不甚甜适，于爱、憎、恩、怨未能悉化，不如昨夜之清白坦荡远甚"[63]。

一天之内心境如此剧变，也是人之常情。若非成仙至圣，一般人的日常心态总是起起伏伏，今日突然豁达，明日再陷纠结。曾国藩亦是如此，昨夜刚刚理好的爱、憎、恩、怨又绞作一团。可能是凌晨湿冷寂静的天气影响到了心情，但更可能是压力所致。尽管曾国藩找到了战略落脚点"图皖"，但如何实施却异常难办。他和胡林翼、官文等人反复筹商规划。就在十月十七日这天，三人会衔上了一封奏折，名为《遵旨会筹规剿皖逆折》。他们详细分析了"图皖"背后的深层逻辑，汇报了进军安徽的各路安排。

其实,"图皖"的深层逻辑并不复杂。

曾国藩首先以古推今,将"贼匪"做了不同界定:"自古办窃号之贼,与办流贼不同。剿办流贼,法当预防以待其至,坚守以挫其锐。剿办窃号之贼,法当剪除枝叶,并捣老巢。"他把贼匪分为两种,"流贼"和"窃号之贼",二者的区别在于是否有固定的根据地。"流贼"转战各处,没有固所,比如流窜到西南的石达开和皖北的几股捻军,对付他们要坚守各处以挫其锐。"窃号之贼"长期占据并经营根据地,比如洪秀全据金陵,陈玉成据安庆,对付他们需要先把他们的外围据点一一清除,然后步步为营,最终捣毁太平军的老巢金陵。

这正是咸丰皇帝与曾国藩的分歧所在。咸丰坚持"捣老巢"应在先。如果把太平天国比作一棵树,金陵是全军根本,其他皆为枝叶,砍树先刨根,把根或者主干毁掉,枝叶随之解决。因此一直以来,咸丰皇帝直接在金陵的南北设置江南大营和江北大营,对太平军的老巢进行夹击围攻。可是,十年快过去了,金陵却未被撼动丝毫。咸丰皇帝归咎于战略执行者,曾国藩则认为这个战略一开始就错了。太平天国这棵树太大了,直接挖根太难;须先剪掉枝叶,停止向根部输送营养,等仅剩下主干或者根部时,再来挖根,才能成功。

因此,曾国藩一直强调"先剪枝叶,再除根本"的先后顺序,坚持沿着长江由西向东,取建瓴之势,以上制下,逐步消灭外围据点后,压向其老巢。不过,鉴于此时敏感的君臣关系,曾国藩只是在二人分歧之处轻描淡写地带过,而对于观点一致之处着重强调。

因此,接下来曾国藩说"欲廓清诸路,必先攻破金陵"。破金陵是咸丰早就想达成的目标,他喜欢听这样的话。曾国藩于是顺势提出,以目前情况来看,攻破金陵需分两大步。

第一步,"欲攻破金陵,必先驻重兵于滁、和,而后可去江宁之外屏,断芜湖之粮路"。滁州(今安徽省滁州市),在金陵的西北方;和州(今安徽省马鞍山市和县),在金陵的西南方。这两个地方是金陵西边的屏障,也是太平天国的粮道。要攻金陵,必先拿下滁州、和州,去其屏障,断其粮道。

第二步,"欲驻兵滁、和,必先围安庆,以破陈逆之老巢,兼捣庐州,以攻陈逆之所必救"。曾国藩点明拿下滁州、和州的前提是攻下安庆，同时围攻庐州。目前，以安庆为核心的安徽省是向金陵输送养分的重要枝干，拿下安庆是全局的关键。

曾国藩就这样不知不觉地又说回了自己的战略方案。接下来，曾国藩开始论述兵进安徽，攻下安庆的重要性。

兵进安徽，攻下安庆，既重要又难办。早在九月十二日的《遵旨会商大略折》里，曾国藩就已陈明了安徽对于全局的重要性："中原腹地，莫要于皖。生民苦厄，莫甚于皖。"然而，安徽省的战事非常棘手，因为那里是陈玉成的经营之地。

陈玉成是和李秀成一样的军事天才，擅长打运动战，能在快速移动中抓住时机，集中兵力，歼灭敌人的有生力量。当年悍将李续宾孤军深入，就是这样被陈玉成消灭的。

陈玉成以安徽为根据地，无论向南还是向北都将对清军造成巨大威胁。向北，陈玉成可以和捻军联合，向山东、河南发展，搜刮当地的粮食，源源不断地送到金陵，确保城中的粮草供给。曾国藩说："陈玉成往来江北，勾结捻匪，庐州、浦口、三河等处，迭挫我师，遂令皖北之糜烂日广，江南之贼粮不绝。"[64] 向南，陈玉成可以进军皖南，进一步向浙江东部发展，那里可是经济发达、物产丰富的地区。

因此，安徽战场对于全局至关重要。无奈，目前清军在安徽的战况却是糜烂至极，安徽几乎在陈玉成的掌控范围内。当务之急便是兵进安徽，消灭陈玉成兵团。可是，图安徽，消灭陈玉成，并不是一件容易的事。陈玉成既是运筹帷幄的高手，又是冲锋陷阵的能手，将运动战的优势发挥得淋漓尽致。他指挥的部队机动能力极强，就像一只飞得又快又高的风筝，追不到、抓不着，而他却总能在运动中消灭敌人。不过，只要是风筝就总有一根线拴着。找到那根线并剪掉它，风筝也就随之而落了。

曾国藩和胡林翼明白，拴着陈玉成的那根线就在安庆。安庆是陈玉成的家眷所在地，是他部队的休整地和粮草供应地，是他的老巢。所以，曾国藩和胡林翼才提出"必先围安庆，以破陈逆之老巢，兼捣庐州，以攻陈逆之所必救"。

战术上单兵直进，锐意深入，急于求成而使部队无休整、无后援，是万不可取的，与陈玉成交手的悍将李续宾就犯了这一大忌。曾国藩总结说："上年李续宾锐意深入，连克四城。因兵数太少，有战兵无守兵，有正兵无援兵，是以中道挫衄。"[65] 与太平军相比，湘军的兵力数量总是处于劣势，一旦兵败就可能全军覆灭，或者需要花上几年的时间来恢复。因此，他们宁可慢一点，也必须稳一点。这是曾国藩和胡林翼在不断征战中用血总结出的教训。

进攻安庆，不能仅着眼于安庆一座城，而是要把安徽全局都看在眼里，必须做到水陆协同，南北呼应，东西配合。曾国藩和胡林翼等商议，决定分四路大军；他们依据湖北到安徽的山川形势画出了四条线，让四路大军顺着四条线从西向东进军安庆。

第一条线是从宿松经石牌，直指安庆。这条线在最南边，从西向东几乎与长江平行，地势也最为平坦。他们计划沿着这条线安排"图皖"的第一路人马，由曾国藩亲自率领，以宿松为大营，自西向东，担任最直接的攻城任务。

第二条线在稍北一点，从太湖到潜山，再经青草塥、挂车河等地到桐城。这条线几乎与第一条线平行，但是位于群山之中，隘口众多，是安庆北部的交通要道。曾国藩和胡林翼认为该线是太平军所必争、将来苦战不休之处，因此，这条线不但地位重要，而且任务艰巨。他们决定让多隆阿、鲍超主持第二条线，多隆阿统率的是东北来的骑兵，机动能力强，战斗力很高；鲍超是湘军猛将，他率领的霆字营已经是闻名远近的铁军。这路人马的综合作战能力很强，负责从北边策应曾国藩围攻安庆，堵截企图救援安庆的太平军，担负起"打援"的重要任务，战略意义极为重要。

再往北一点是第三条线，从英山到霍山，再到舒城。该路也位于群山之中，地形险要，由胡林翼亲自统领。他主要负责阻击从此路迂回的突击部队，同时在湖北与安徽的交界处调度各军，转运粮草，保障后路安全。

第四条线位于最北边，从河南的商城、固始到安徽的六安，再到庐州。这一路计划由李续宜率领，李续宜是悍将李续宾的弟弟，也是从多次的苦战中熬出来的，实力不逊。他率军从商、固，进规庐州，牵制陈玉成兵力的同时，也防止他从北部绕袭。

四条线即为"图皖"的四路大军，南北排列，就像插入陈玉成在安徽势力范围内的四把尖刀。四路互为联系，各有分工，密切配合，稳步推进，以避免当年李续宾孤军深入而全军覆没的恶果。

奏折写好后，曾国藩、胡林翼和官文三人会衔，由驿五百里送往京城。咸丰皇帝看完奏折后的反应并不积极，虽认为"所筹尚为周妥"，也提出"但恐言之易，而行之难"。[66] 当时皇帝的关注点并不在湘军主打的西战场，而是江南大营主攻的金陵方向。

不过，这四路进军计划看似严密，却也有不少缺陷。最大的缺陷就是湘军兵力不足，每路军不过万人，总共加起来也只有五万左右。他们在千里崎岖的大别山区南北排列，东西纵横，真要做到呼应自如也并非易事，何况他们要面对的是由陈玉成指挥的十几万能征惯战的部队。

另一个缺陷是各路将帅一时难以凑齐。除了第二路多隆阿、鲍超等已经到位，其他三路都没有像样的将领。第一路虽然有曾国藩坐镇后方，但是他无法冲锋陷阵，他的大将萧启江、张运兰还远在广西、湖南等地，他本想让弟弟曾国荃担任统领，可是曾国荃却以修理祖坟为由告假回乡了。因此，曾国藩手下缺少统领之将。第四路的将领李续宜正在湖南老家照顾生病的母亲，一时半会也来不了。而第三路的胡林翼需要居中调度，又牵扯着湖北省的吏事、粮事，也难以出境。就连将帅齐全的第二路也有诸多问题，大战之前多隆阿、鲍超产生了矛盾，一个称旧伤复发要请假，一个说母亲生病要回家。曾国藩很担心这四路之说终将成为空言。[67]

至此，兵进安徽、攻克安庆的战略任务，对于曾国藩和胡林翼来说十分艰巨。

06 太湖之战：安庆大战前的预演

咸丰九年（1859年）十一月十五日，宿松大营。

农历每月十五日称为望日，算是当时的小节日。一大早，营中员弁都跑来向曾国藩贺望，上下应酬一番，直到巳刻*才完事。曾国藩赶紧吃过早饭，处理文件。下午两点，鲍超突然来到大营，称家母生病，要回家探望。[68]

曾国藩心下纳闷。自己任"图皖"第一路，前天率军来到宿松，扎营安寨，筹划进军。"鲍超"是"图皖"第二路的大将，与多隆阿等人正在围攻太湖。陈玉成随时会率援军来解围，大战在即，身为大将怎能轻言告假回家呢？曾国藩随即又想到，鲍超的亲生父母很久之前就都去世了，怎么又有母亲生病呢？鲍超解释说，是从小养自己的乳母生病了。曾国藩了解部将鲍超，他是一员猛将，绝不可能有临阵脱逃之意。此次临大敌而请退，恐怕另有隐情。曾国藩让鲍超先在宿松营中住上几日，等了解情况后劝他一番。

很快，曾国藩在第二天夜里接到了胡林翼的信，得知胡要令多隆阿为第二路的前敌总帅，命鲍超归多隆阿统领调度。曾国藩这下明白了隐情。

胡林翼的这一决策他并不认可。

此时，胡林翼实授湖北巡抚，官职比曾国藩的前侍郎虚衔要高且实。他对鄂皖之交的前敌战场负有指挥权，"图皖"四路的统帅也归其调配。其实，四路大军中的三路统帅都很明确，一路为曾国藩，三路为胡林翼，四路为李续宜。曾国藩率第一路已抵达指定位置宿松，但是他有兵无将，目前以宿松为大本营，还没有开始军事行动；第四路的李续宜此时正在家中照顾生病的母亲，到明年春才会返回战场；第三路的胡林翼正在后方忙着调兵遣将，也尚未就位。唯有第二路的多隆阿、鲍超、唐训方、蒋凝学四将已经开始围攻太湖，推进战事了。不过四将中挑选谁任前敌总帅呢？唐、蒋才能平庸，实力一般，而多隆阿、鲍超能征惯战，实力很强，可这二人中又该选谁呢？这是一个很难下的决定。

多龙鲍虎，选谁为将？

多隆阿和鲍超都是当时湘军中威震敌方的猛将，而且二人经常协同作战，军中呼为"多龙鲍虎"[69]，时人常以"多鲍"并称[70]，甚至《清史稿》的

---

* 上午9点15分左右。

列传也把二人一前一后地放在一起[71]。但是，二人的出身、性情和境遇却有很大的不同。

多隆阿，字礼堂，满洲正白旗人。他起初与湘军并无任何瓜葛，是一名在黑龙江驻防的骑兵。当太平军偏师北伐时，多隆阿随胜保、僧格林沁等部队开始与太平军作战。据史料记载，多隆阿作战英勇，"裹创扶伤，勇气百倍"，很受僧格林沁赏识。他靠着战功屡次擢升。咸丰五年，多隆阿被调往湖北，开始和胡林翼等部的湘军协同作战，这期间他便与鲍超相遇，常打配合。

鲍超，字春霆，四川奉节人。他很早就加入了湘军。当曾国藩训练水师时，鲍超当上了哨长。据说，他"勇锐过人，每以单舸冲贼队，当者辟易"[72]。鲍超随曾国藩东征，克岳州，下武汉，破田家镇，也靠着不错的战功擢升，被赏赐花翎。咸丰五年，武昌又被太平军攻克，鲍超随水师上援湖北，开始受胡林翼指挥。胡林翼慧眼识才，与鲍超交好，将他拔升为营官，还把他字号"春亭"的"亭"字改成了"雷霆"的"霆"[73]，以嘉奖他作战勇猛，似有雷霆之力。咸丰六年，胡林翼令鲍超回长沙招募三千兵勇，改统陆师，成立了以后威名远扬的"霆军"。

咸丰七年六月，鲍超与多隆阿合攻小池口，鲍超率霆军步兵为主攻，多隆阿统马队骑兵为助攻，战一日夜，冲散敌军，取得大胜。鲍超擢升副将，加总兵衔；多隆阿，以副都统记名。

咸丰八年时，二人合攻太湖县城，鲍超攻北门，多隆阿攻南门，实施火攻，烧毁城中火药库，太平军弃城而逃。不料李续宾兵败三河，刚被湘军攻占的舒城、桐城、潜山、太湖四城全部失陷，太平军乘胜猛击，一时间天崩地陷，人心惶惶。亏得鲍超和多隆阿相互配合，在宿松城东北处，阵斩太平军成天侯韦广新，歼敌八千，才抵御住太平军的攻势，否则后果不堪设想。

多隆阿和鲍超，一个马队将军，一个步兵统领，各有所长，在配合中屡破强敌，挽救危局。如今到了咸丰九年末，他们又将相互配合，规复太湖、潜山等地，统领第二路军马进攻安徽了。但是他们作战配合得虽好，可性格不相合也是事实，彼此互看不上，常常明争暗斗。

挑选谁当统帅成了难题，一旦处置不妥，将有损战局。

胡林翼连日苦想，难下决定。从战功来看，二人相差不大，都在常年征战中屡获功绩。目前，多隆阿官至副都统，这是满洲八旗军中的官制序列，为正二品；鲍超加总兵衔，这是绿营的排序，也是正二品。在官级上，二人不相上下。从性格特点和军事能力来看，他们都可以"勇"字来概括。胡林翼在评价二人时，于"勇"之外还多加了几个字。他给鲍超加了一个"愎"字，认为他"勇而愎"[74]，即任性和自以为是。他给多隆阿加了两个字，一个是"忮"字，形容他"勇而忮"[75]，嫉妒心强又爱逞强；另一个字是"智"，即临阵料敌，"机智过人"[76]，"明决如神"[77]。从统帅之才来看，多隆阿略胜一筹。从亲疏远近的关系来看，鲍超与胡林翼私交甚好，是先后由曾国藩和胡林翼提拔的湘军嫡系将领。而多隆阿旗人出身，只是与湘军打过配合战；不过在"重满轻汉"的政治氛围下，多隆阿的旗人身份却具有天然政治优势，算是"天子之使"[78]。鲍超是自己的心腹，任用他可以让湘系将领易于接受；多隆阿是旗人，算皇帝的"心腹"，任用他可以拉近与皇帝的距离，让皇帝放心。

反复筹思以后，胡林翼更倾向让多隆阿担任第二路统帅，他在临阵料敌和统帅才能方面更具有优势。决定以后，胡林翼赶忙给曾国藩写信，希望获得他的支持和认可。

可是，曾国藩却对胡林翼的决定不以为然。

曾国藩与多隆阿的直接接触和合作并不多，对他的印象多来自传闻。根据平日的舆论评议，他并不看好多隆阿的统帅才能，认为他"宜将少，不宜过多"，不具备统率大量将领的才能。而且，多隆阿嫉妒好斗的性格也让曾国藩很有顾虑，担心他处理不好与其他将领的关系。

不过，曾国藩也不主张立鲍超为帅。他认为没有必要非在多、鲍二人之间分出上下，不必非要选出统帅。让他们各自力战，彼此争胜就好。如果让鲍超归多隆阿统率，那么"多之意满而鲍之兴沮"，"彼此皆无争胜之心"，反而不好。另外，曾国藩还提醒胡林翼，近日鲍超思归心切，被自己留在营中劝慰，如果此时让他归多隆阿统领，恐怕自己也拦不住他。[79]

曾国藩的反对和建议不无道理，这又让胡林翼犯了难。他举棋不定，据《胡林翼年谱》记载，接到曾国藩书信的十七日那晚，他"绕帐旁皇，呻吟昼夜"。到了夜半三更时，胡林翼突然一拍桌案，奋然兴起，觉得不能再犹豫下去了，"兵事喜一而恶二三"，军事以一事权为第一要义，事权不分，兵家所忌。[80] 因前敌事权不明而导致大败的例子，历史上发生了太多。因此，像曾国藩建议的不明确前敌总帅，让二人赛力斗胜，万不可取。

多隆阿机智过人，又是天子之使，让他以副都统总统前敌，也是名正言顺。自己和鲍超的关系近，可以晓之以理动之以情地劝说他接受。如果鲍超执意回乡，那就只好把他的军队全部交给多隆阿统领。相反，如果不让多隆阿任前敌总指挥，他一气之下撤军离开，那就少了一支马队劲旅啊。[81]

胡林翼的性格果断坚决，一旦决定，就当机立断。整个晚上他彻夜未眠，"坐以待旦"立即上奏，让多隆阿总领前敌，又分别写信给多隆阿、鲍超、唐训方、蒋凝学四将，告知决定。

十七日夜，曾国藩接到了胡林翼的决定，并从信中得知陈玉成大举来犯。毕竟对情况了解不是特别深入，所以他也没有坚持先前的论断，而是选择支持胡林翼。鲍超听说后也没有愤然离开，或许他来曾国藩营中请假只是一种策略，或许是曾国藩这几日的劝慰起到了作用，又或是鲍超得知陈玉成援军即刻要到，责任心不允许他那么做。当夜，鲍超赶回了太湖军营，开始准备战事。

从日后的战事发展来看，胡林翼的决定是英明的，多隆阿在接下来的战斗中确实料敌机智，颇有想法和决断。

大战前战略的分歧

曾国藩刚送走鲍超，第二天白天又连收胡林翼三封书信，得知胡林翼和多隆阿对御敌计划进行了调整，而当夜他又迎来了唐训方。

唐训方也是第二路将领中的一位，目前正在和多隆阿、鲍超、蒋凝学等围攻太湖城。十一月十八日夜，他突然来到曾国藩的宿松大营，向他抱怨太湖前线的部署调度，称多隆阿要把自己所统的七营兵力一分为二，命自己仅率三营前往石牌驻扎，而多隆阿统率另外四营，会合他的骑兵，前往潜山御敌。

一听此事，曾国藩也有一肚子问题要问。两人一直交流到二更四点。唐训方担心太湖营中有事，次日一早又赶了回去。[82]

原来，多隆阿担任前敌总帅后，重新对敌我情形进行了分析。目前，多、鲍、唐、蒋等四支部队共一万五千人正在围攻太湖县城，城中的太平军守军凭借城坚粮多已经坚守十个月。不过，城已合围，只要坚持，城中粮尽，坚城也就可以被攻克。此时，围城并不足虑，所应虑者当是会随时而来的陈玉成援军。因此，围城的主要任务并不是攻城，而是打援，能打退陈玉成援军就是胜利。

多隆阿反对在太湖城下击援，而主张积极主动，预判陈玉成的来军方向，于途中凭险御敌。他认为陈玉成兵力众多，不会迂回绕袭，而是从潜山方向，直接走潜太大道，救援太湖。于是，他提议在陈玉成来到之前先取潜山，备击援贼，那么太湖城也就不攻自破。

胡林翼认可多隆阿的分析和判断，也认为攻下太湖城不是关键，关键是击破援贼，在战术上也要积极进取，不能只顾"小围"，更要图"大围"。所谓的"小围"，就是只围太湖城，破援贼也在太湖城下。所谓"大围"，是来一个大的包围圈，把战线引出去，像多隆阿所说的在潜山县抵御陈玉成的援军。不过，胡林翼无法像多隆阿那样坚信陈玉成必从潜山而来，他还担心陈玉成向西北绕袭，进攻天堂山、英山等处，抄湘军的后路，因此胡林翼的"大围"更加严密，还在天堂山和英山等处设有兵马。胡林翼坚信，图大围，则大功必成。[83]

于是，胡林翼和多隆阿对各军部署进行了以下调整：由多隆阿率本部人马、鲍超的霆军以及唐训方的四营为主力前往潜山，迎击来援的太平军；由唐训方自带剩余三营兵力前往要道石牌，驻守通往安庆和宿松的道路；由蒋凝学率所部八营前往太湖东北方向的天堂山一带，与当地守军联合，防止陈玉成从该方向突入。

这就是所谓的"大围"，御敌于潜山。

当然，"大围"要图，"小围"也不能舍。原来围困太湖的一万五千人几乎全被调到外线,城中的太平军可能趁机出城袭扰清军后路。于是胡林翼写信请曾国藩从宿松派出七千人代围太湖城。

这叫作"一面打狗,一面围城,兼营并举"。

不过,曾国藩并不认可新计划,"大围"固然好,可是有那么多兵力吗?他认为"狗不易擒,但求击退,城不易破,但求全军"。曾国藩分析,首先以现有的兵力去实现胡林翼所说的"大围",太过激进和冒险。潜山距离太湖有八十多里,率军深入潜山,战线拉得过长,难以兼顾后路,又无后继之兵。这无异于去年李续宾单兵冒进,深入三河而酿成巨祸。因此,曾国藩坚持认为多、胡二人的"一面合围,一面击援"的部署终是险招,绝不附和。[84]

曾国藩的主张是不撤围太湖,加紧围攻,如果陈玉成率援军到来,则以太湖为主战场,在东边的石牌、新仓等地御敌;以自己在宿松的部队为后继之师,随时机动增援。曾国藩认为敌军浩大,当务之急是抵挡援军,保存实力,等到明年,李续宜、萧启江等人到齐,四路大军都准备就绪,再图大举。

胡林翼和曾国藩的分歧很明显,一个在求锐,想"击贼于潜山,而以太湖为后继之师";一个在求稳,要"击贼于太湖,而以宿松为后继之师"。

其实除战术分歧之外,曾国藩不认可计划还有一个重要原因,就是他对多隆阿的为人仍然存在偏见。在给弟弟的家书中,他说"多公忮薄,非能统众将之人"[85],曾国藩觉得多隆阿为人品性不佳,担心他在前敌与众将不和,无法自如调动将领。

这种迹象在前期已经显露出来了。先前,多隆阿在不知会鲍超和唐训方的情况下,独自攻克石牌镇,独抢战功,让鲍、唐二人十分反感;[86]如今,多隆阿任总帅,把唐训方的七营兵力一分为二,四营划归自己统带,而让唐训方仅带三营驻守石牌镇。唐训方嫌兵力单薄,很不情愿,这才跑到曾国藩的大营中去抱怨。另外,鲍超驻扎太湖东门,多隆阿在不告知鲍超的情况下,将东门旁的几营兵力撤去,造成鲍超的粮路时断时续,为此鲍超又十分生气。[87]临阵对敌最紧要的便是将帅相和。今大敌尚未到来,多隆阿指挥的各将就产生了种种不快,若真到了战场上,情况可想而知。

曾国藩对多隆阿的统帅之才产生了深深的怀疑。

多隆阿与众将的紧张关系是否会影响到战局，曾国藩尚未确定。不过，他与胡林翼的分歧的确阻碍了部署的推进。曾国藩拒绝派兵前去太湖，胡林翼的"大围"部署难以实现，多隆阿"御敌于潜山"的计划也不能实施。他们各方往来写信，纷纷讨论，过了二十多天都难以形成定局，军心因此变得散乱。[88] 所幸陈玉成的援军一直都未到，军情倒也不紧急。

最终，双方取了折中之道，如果敌人援军不来，则各营均不解太湖之围，以困死守城太平军为主；如果敌人援军来到，则令鲍超、唐训方两部围攻太湖城，令多隆阿、蒋凝学两部迎击援军。方案略显草率，但是他们已经没有时间再来讨论和修改了。

陈玉成来了。他联合捻军宫瞎子等部，带着号称十数万的军队，遮天蔽日地从东向西而来。

此时，在前线仅有一万多人的多隆阿急了，他又临敌变阵，这让曾国藩和胡林翼都吃了一惊。

太湖潜山之战的经过

咸丰九年腊月十五日，宿松。

又是一个望日。曾国藩接受各员贺望后，开始了一天并不怎么繁忙的工作。处理公文，回信，商谈军务，还睡了午觉，下午看完了《左传·襄公》这一章。

到了傍晚，氛围突然紧张起来。探子来报，陈玉成率大股援军抵达潜山。该来的，终究还是来了。

晚上，鲍超来信，阵前部署突做调整：鲍超被多隆阿调往了小池驿，多隆阿自率亲兵移驻新仓，而蒋凝学被安置在了小池驿和新仓之间，太湖城下独留唐训方部围守。[89]

曾国藩大吃一惊，为什么定好的部署又要临敌变更？他担心唐训方无法独自守住太湖城，抵御不了城中守军的突围；也担心鲍超驻营于泥泞烂地，无法固营坚守，独挡前敌。他既焦急又气愤，急忙向胡林翼写信协商战况。

这一夜，他又竟夕不寐。

其实胡林翼对此也并不知情。这完全是多隆阿在临战危急之时，迅速分析敌情后做出的新部署。

面对陈玉成的大军，多隆阿确实"急"了。[90]兵力上，陈玉成的军队多达十几万，而原计划"击援"的多隆阿和蒋凝学两部加起来也才六七千人。地形上，太湖位于盆地之中，地势低洼，北边负山，西南瞰河，四周群山起伏。陈玉成的大军可凭山而下，与太湖城中的太平军来个里外夹击，清军无法抵抗。因此，于太湖附近御敌，无异置军于死地。多隆阿"急"中生智，他知道自己要完成的任务是"以少胜多"。不过自古以来，以少胜多的战役都要有所凭借，赤壁之战借天时、淝水之战凭人和，而他只能凭地形，凭自己可以先于陈玉成抢占有利的地形。所以，多隆阿才坚决反对龟缩于太湖城下，而是积极抢占关键隘口，凭借地形尽量让有限的兵力发挥出四两拨千斤的效果。

陈玉成从潜山而来太湖，必走小池驿。小池驿是潜太要道上的重要隘口，周围群岭起伏，仅一线可过，自古以来便是兵家必争之所。如果陈玉成占领此地，就可以轻易奔向太湖，又可由此去新仓、攻石牌，进而威胁到在宿松的曾国藩大营。因此，多隆阿认为必须先占据小池驿，凭地形扼守敌军的去路。

小池驿是首冲之地，必须派战斗力最强的部队才行。多、鲍、唐、蒋四部，只有鲍超率领的霆军堪当此任。所以才有了多隆阿十五日强行命令鲍超移营小池驿的部署。鲍超不如多隆阿对战局看得深入，他只是迫于总帅的军令，不得不行。当他来到小池驿看到泥泞不堪的阵地后，十分生气地给曾国藩写信抱怨多隆阿的指挥多变，自己不得不在烂泥中挖壕筑营。

小池驿的霆军是多隆阿放在战场上的第一枚棋子。曾国藩常说"军无后继，古来大忌"，身经百战的多隆阿自然懂得这个道理。因此，继霆军之后，他把蒋凝学的部队安排在了小池驿西南面的龙家凉亭，这里位于小池驿和新仓之间，是连接小池驿和太湖的重要通道。蒋凝学部既可以作为鲍超的后继之师，还承担起小池驿失守后阻击太平军的第二道防线。

第三枚棋子放在了新仓。新仓也是战略要地，北通小池驿，西达太湖，南抵宿松，是三地的中心位置，一旦有险，位于新仓的部队就可以应援。因此，在新仓需要驻扎一支机动能力强的部队。这就非多隆阿的马队莫属。于是，多隆阿亲率马队驻扎新仓，作为游击之师随时策应各处，同时兼顾后路粮道，保证各军的后勤供给。

这样一来，围困太湖城的部队只剩下唐训方一部，略显单薄。但在无更多后援的情况下，也别无他法。

还没有等陈玉成率援军到来，太湖城中的守军已经注意到清军的调度，他们发现围城兵力减少，决定先下手为强，开城突击。一番厮杀后，还是被清军赶回了城内。尽管曾国藩不赞成多隆阿的调度安排，但是大敌当前，他不再坚持己见，而是以大局为重，尽可能地避免败局。他派出五千五百人去助围太湖。在给胡林翼的信中他说："此次又是我输了。"[91]这是曾国藩在开玩笑自嘲。大局胜败才是重要的，个人战术计划的高下又何必计较呢。

胡林翼得知曾国藩分兵援太湖，高兴异常，"连日得分兵喜报，巨跃三百，幕中之客无不钦感，如龙马上山，舞蹈欢喜"[92]。文字不免夸张，但可看出胡林翼毫不掩饰地表达了对曾国藩的感激。

其实胡林翼也不赞成多隆阿的做法，不过既然木已成舟，他也只能顺水推舟。尽管太湖围军腹背受敌，胡林翼还是写信勉励多隆阿，说"仁兄筹全大局，弛围迎剿……想见硕画主持，机宜独断"；尽管鲍、蒋等人都在抱怨多隆阿，胡林翼仍说"各军颇无违言"，"仁兄必能顾全大局，四路策应，当不使各营稍有疏失也"。[93]

胡林翼作为整个战局的统筹者，悉心调和各方矛盾，希望大家能够勠力同心，共御强敌。用心可谓苦矣。曾、胡以及四路大将虽然各有不同意见，但都尽力避免败局。因为他们面对的是强大的陈玉成所部。史籍用了"枕山据岭"[94]四个字来形容陈玉成的部队，又称他们"漫天遍野，循潜山城西，太湖城东，傍山为营，均逼小池驿，袤斜三十余里，作垒百余座"。[95]陈玉成的兵锋直指小池驿,他命士兵在东西夹道的两岸中,专拣泥泞地来筑垒安营,以防多隆阿的马队突击。

多隆阿和鲍超商议,决定以攻为守,趁敌人立营未稳,集中兵力向太平军的阵地发起进攻。湘军人数虽不多,但是势头猛,尤其是战斗刚开始时,据说攻破太平军十三座营垒,歼灭六七千人。由于兵力不足,没有后备队,很快他们又陷入太平军的包围圈,损失严重。多隆阿的马队伤亡六百余人,两名马队统领阵亡,鲍超营中伤亡五百余人,蒋凝学部伤亡三百余人。仅有一万两千人的清军面对陈玉成亲率的五六万太平军,多隆阿决定不能再冒险出击,命各部死守阵地。

这次轮到陈玉成发起攻击了。他还是瞄准了小池驿,从腊月二十四日开始,猛攻鲍超的霆军,"联营百余里,步步逼近",从外而内朝着霆军的营地修筑层层堡垒,像一块块黑云从四面八方压住鲍超。他们在高山上修筑炮台,对着鲍超的阵地"围轰环击","子声雷震"。霆军锅帐均破,士卒伤痍。鲍超的兵力只有三千,而与其对阵的陈玉成所部却有五六万人之多。面对绝对的兵力优势和火力优势,鲍超毫无办法,只有死守营墙壕沟,霆军士卒只能沿着墙根爬行。大营的粮路很快也被切断。全军上下死伤惨重。[96]

冒死驻守阵地,鲍超并无怨言,让他心绪难平的是近在二十里之外的多隆阿,并没有派一兵一卒前来支援,也不让仅在七里之外的蒋凝学部来救援。鲍超对多隆阿的意见很大,写信向曾国藩抱怨。为了避免双方关系恶化,曾国藩只能安慰他说:"危急之际,阁下仍平心和气,不必咎人也。"[97]劝他再坚壁稳守几日,情况必定好转。虽然带着情绪,鲍超还是尽力以忠义鼓舞士气。霆军上下"自誓不退一步,不弃一垒",不眠不食三日两夜,已经达到了生理极限。[98]

驻守新仓的多隆阿也是几夜没有合眼了。他知道鲍超的阵地守得艰难,不是不想救,是不能救。作为前敌总帅,多隆阿需要兼顾各处。他知道陈玉成是分路进击,但无法精准预知陈玉成具体的进攻目标。太平军在人数上占绝对优势,即便他们分兵进击,在各个战场上相比清军而言也是占优势的。因此,在自己的马队已经受到重创的情况下,如果要再次出击,多隆阿必须非常慎重,他一定要确认敌人的清晰意图后才能行动;否则,过早救援鲍超,很可能陷入敌人包围圈而全军覆灭。

从腊月二十四至二十九日,陈玉成的环攻已达六天之久,鲍超所部柴米已断,他写信给多隆阿,请求换出左营。此时再也不能不救了。多隆阿先派出一营精选兵替换出鲍超的左营,让饱受战火轰击的士兵移至中营进行休息。随后又组织百名敢死队,绕到山后,奇袭山上的太平军炮手,摧毁炮台。终于,处于重炮环击下的霆军可以喘一口气了。[99]接着多隆阿又派出营官王可陞率一营兵力驻守霆军左营之旁,进行支援。太平军一时之间也难以得逞,两军遂相持。

除夕当天,鼓鼙沸野,多隆阿统率的全营将士"目不交睫,束甲佩戈",而多隆阿自己则"坐胡床传契箭,雪风裂肌骨,危立达旦不少休"[100]。

与此同时,身在后路的曾国藩也没有闲着,日夜担心鲍超的前敌阵地。他在咸丰十年正月初一派出两千六百人前往太湖驰援小池驿,替换出唐训方的部队。正月初六,唐训方计划驻守鲍超与蒋凝学之间,以资联络和疏通饷道。可惜,还没有等安好营寨,唐训方所部便遭受到太平军的围攻,瞬间战败,军械全失,溃退到了新仓。太平军随后乘胜围攻小池驿,鲍超军中的粮道再次被切断。多、蒋、唐等部也都不同程度地被太平军牵制,士气不振,"形隔势阻",无法救援鲍超。[101]情况再度陷入危急,"盖自行军来,未有如此之艰瘁者也"。

陈玉成胜利在望,他只要再加一把力,恐怕鲍超就难以坚持了。然而就在此时,陈玉成的后路突然出现了众多清军,在高山之上架好炮位,对准了他。

原来,胡林翼早先安排的奇兵到了。大战之前,胡林翼曾经在天堂等地部署了一支预备队。天堂是位于潜山北部山区中的一块战略要地,即今天的安徽省岳西县城。这里是万山丛中的一块小盆地,其间有稻田平原溪涧错杂,广袤百里,邈若天际,故名"天堂"。天堂四周山岭陡峭,都有隘口可守,颇有一夫当关、万夫莫开的气势。同时,天堂向南可通潜山、太湖,向北可达桐城、舒城,是名副其实的"四塞之地"[102]。

因此,胡林翼提早派人经营天堂。潜山知县叶兆兰在这里练了五营团练。[103]大战将即，胡林翼先后派出余际昌和丁华先率九营兵力前往天堂，和叶兆兰共守此处，防止太平军的袭击。同时，胡林翼还让金国琛统率原定第四路的军马共十四营，驻守在英山和霍山的交界处，为预备队。[104]如果陈玉成想要从霍山、天堂一带迂回到清军后路，那么这支预备队正好可以在此抵御；如果陈玉成仅集中兵力攻小池驿，那么就以这支部队为奇兵，从天堂迂回包抄。因此，这支部队如何用，胡林翼得视陈玉成的招数而定。

眼下，陈玉成的意图很明确，全力猛攻小池驿，英山一带暂时无虞。于是，胡林翼就命金国琛部深入天堂，和余际昌等部会合，约为九千人，迂回到太平军的后路，以求出奇制胜。[105]胡林翼把自己这一手称之为"地中鸣鼓角，天上出将军"[106]，出其不意地向陈玉成的背后捅一刀。

这一刀对于陈玉成的威胁着实不小。

正月初十，金国琛、余际昌等部来到太平军后路的高横岭、仰天庵等处，在万山深处俯瞰太平军各营，占尽了地利。陈玉成不得不从小池驿前线抽调精锐几千人，联合潜山等处太平军，凑够两万人马，急忙进攻高山之上的湘军。金国琛他们在山上以逸待劳，凭高御敌。太平军爬到半山腰时，突然天降大雾。占尽了地利的湘军，再借天时，趁着大雾向太平军猛攻。太平军猝不及防，死伤三千人。

山下，鲍超看到前线太平军人数大减，也趁机越壕出战，夺回了之前唐训方丢掉的营垒；同时，多隆阿也派来援军移驻小池驿，太平军无力阻止。鲍超的粮道恢复了，阵地转危为安。此时，曾国藩又派出朱品隆率领七营兵力来到新仓助战。这样一来，小池驿周围各部清军的兵力合计已经接近两万，比之前大为雄厚了。[107]

清军反击的时机终于来到了。多隆阿决定集中兵力反击。正月二十五日，他先设下埋伏圈，命鲍、蒋、唐、朱四部和马队埋伏于后，自己率步兵进攻太平军营垒。接战后，多隆阿佯装败退，引诱太平军至包围圈，各路清军齐出，多隆阿又率军杀回。太平军大败，又死伤三千余人。第二天清晨，多隆阿乘胜追击，分三路向太平军的营垒发起总攻。鲍超、唐训方进攻东路，朱品隆、蒋凝学进攻西路，而多隆阿由中路杀出。同时，山内的金国琛、余际昌等部也兵分四路，从山上猛攻太平军的后路。此时，太平军兵力优势已经不如之前的明显，在前后夹击之下开始溃败。一百几十座的营垒被捣毁，死伤万人。陈玉成见败退以后难以短时间恢复，再加上天京方面诏令回援东线，于是率军撤走，而太湖城内的太平军见大势已去，正月二十六日当晚便弃城而走。很快，正月二十八日，潜山县城也被湘军攻克。[108]

面对数倍的敌军，湘军这场胜仗打得十分艰难。他们貌似胜在了"地利"，实则胜在了"人和"。这个"人和"并不是指他们团结一致，意见统一。相反，临战前曾、胡两大主帅在战术上存在严重分歧，多、鲍、蒋、唐等人相互之间也是矛盾重重，互不相服。然而，一旦战斗打响，每一个人却又勇于担当，竭尽所能地避免败局。多隆阿没有消极地遵照曾、胡的战术部署，能在临阵对敌时积极主动地调整战术；尽管鲍超不满多隆阿的为人和调遣，但仍然死守阵地，不退一步；曾国藩也不再坚持己见，先后三次向太湖派遣援军；胡林翼也没有因多隆阿临时改变战术而撒手不管，而是极力弥合各将矛盾，居中部署。所有人都在千钧一发之际竭尽一己之力，最终实现了以少胜多。

其实，太湖潜山之战算是安庆之战的预演，采用了湘军常用的"围城打援"战术。日后进攻安庆，曾、胡二人也使用了这个战术。咸丰十年春，李续宜、曾国荃等将领陆续就位，多隆阿、鲍超等部也都休整完毕。进攻安庆的部署开始了。

曾国藩坐镇宿松大营，居前部署；胡林翼督师太湖，居后调度，联络湖北、安徽等处。曾、胡二人命曾国荃率兵万人，进军安庆，担任攻城和围城的艰巨任务；命多隆阿率马队进攻桐城，阻击救援安庆的太平军；命李续宜进驻青草塥，为游击接应部队，兼顾霍山、六安等地，防守北路。这样，湘军就在太湖、宿松、安庆、桐城之间布下了一片纵深广阔的袋形阵地，趁着陈玉成东援金陵之际，步步进逼，压向安庆。

不过，正当曾国藩在宿松紧锣密鼓地部署之时，金陵、杭州等东线的战事突变，打乱了他的节奏。对曾国藩来说，又是几多欢喜，几多愁。

第三章 祁门被围 175

07　李秀成二破江南大营

咸丰十年（1860年）四月十三日，安徽宿松大营。

这天曾国藩按照惯例，早起，出城，巡视营墙，吃完早饭后清理文件。到了辰刻，他约上胡林翼、左宗棠、李元度等人再次出城，来到四十多里外的罗遵殿家，参加他的葬礼。曾国藩目睹罗遵殿家里极为狭陋，家无一钱，旧屋数椽，赞他为"当世第一清官"，敬佩罗遵殿的为人为官；但想到他惨死于杭州，却又恨又痛。[109]

罗遵殿，字澹村，安徽宿松人。咸丰九年，他擢升浙江巡抚，驻守杭州城内。咸丰十年正月，太平军在东线展开了一系列军事行动，江苏、浙江等地战事突变。二月，太平军在李秀成的率领下突袭杭州。内少精兵，外无援军，杭州城破，罗遵殿殉节城中。一个多月后，清廷着重经营的江南大营也全线崩溃。曾国藩对这一突变感叹道："大局决裂，深为可虞！"[110]

东线战场如此突变，推手是李秀成，他发动了一场漂亮的"围魏救赵"式的运动战，这在中国近代军事史乃至整个中国军事史上都是浓墨重彩的一笔。

天京事变后，尽管李秀成和陈玉成互相配合，打了几场胜仗，攻破江北大营，但是天京的威胁仍然没有解除。在清军江南大营的压力下，天京危如累卵。咸丰十年春，清军攻克城北的九洑洲，对天京已成合围之势，局势更加恶化。当务之急，必须解除天京之围；而要解围，必须先拔掉江南大营这颗钉子！

可是在钦差大臣、江宁将军和春与江宁提督张国樑等人的多年经营之下，江南大营拥兵七万之多，层层叠叠地挖壕沟、建营墙，把天京围困得如铁桶一般。天京与城外的粮道和通信也细若游丝，时断时续；城中兵马不多，要想攻破江南大营，谈何容易呢？

李秀成很清楚，单依靠天京城内的军事力量是不行的，必须向城外想办法，还得像以前那样，调回在外线作战的各路太平军，集中优势兵力，方可与江南大营一战。他积极奔走，来到芜湖调集各路人马。一汇集情报，他就发现这个方法暂时行不通，因为各路兵马都胶着在各自的战场上无法抽身，英王陈玉成正在小池驿和湘军厮杀，侍王李世贤在芜湖与清军打得难解难分，而杨辅清等人被牵制在池州。

正在一筹莫展之际，李秀成跳出了以往的经验模式，有了新思路：既然难以集聚己方的军队，那为什么不能引开敌方的兵力呢？目前天京周围有两大战场，东边是江南大营围攻天京，西边是湘军主攻安庆。在这两大战场之间的皖南、浙北等地出现了一条权责不清、防御薄弱的裂缝。这条裂缝正好可通向富饶的湖州、杭州等地，那里是江南大营的大后方和粮草供应地。为什么不能顺着这条裂缝，率主力部队大开大合地纵深机动呢？

李秀成决定分两步行军。第一步沿着那条裂缝，进攻湖、杭一带，把战火引入清军的内线，攻其必救，江南大营必派兵分援；第二步迅速率军北回，集合各部太平军，以多对少，进攻江南大营。[111]

于是，李秀成率军从芜湖向南机动，进攻宁国（今安徽省宣城市）。清军看不懂李秀成的意图了，捉摸不透他突然向南行军的目的，以为他要占领皖南，急忙展开皖南的布防。不料，李秀成突而向东，袭占广德。接下来的两天，李秀成大军连下梅溪、泗安、虹星桥等地。清军此时总算明白，李秀成的目标是浙江湖州，继而借道北上，兵入苏南。苏南可是江南大营的后方，军饷粮草供应之地。清军断定李秀成是想扪背绕击，截取江南大营的饷源。于是，清军急忙调兵遣将，加强湖州防守，要把李秀成堵死在路上。

李秀成确实命令弟弟李世贤进攻湖州。不过那只是虚招，真正的实招是他率领主力继续向南，悄无声息地来到了杭州。直到距离杭州城北三十里时，清军才发现李秀成。此时杭州城中的兵力不到三千，浙江巡抚罗遵殿慌忙飞檄四方求救。尽管江南大营陆陆续续派出援军，但是已然来不及救援了。李秀成仅用一周就攻下了杭州城。虽然攻下了杭州，但李秀成并不贪恋这富饶之都。当他在城墙上远远望到江南大营援军的旗帜时，知道调虎离山之计已成。

接下来，李秀成要解决的问题是如何摆脱江南大营援军的尾追和浙江清军的堵截,快速北上至江南大营,集中兵力发起进攻。李秀成先上演了一出空城计。他命士兵在城上遍插旗帜,虚张声势,而自己早已率军离开了杭州。等清军发觉后,已经是一天一夜以后,李秀成为自己争取了充足的时间。随后,他向西南虚晃一枪,迅速向西北运动。为了扰乱清军的判断,李世贤再次猛攻湖州,吸引清军火力;同时,杨辅清等部也从池州向宁国机动,防止宁国的清军对李秀成围堵。

李秀成在其他各路太平军的配合下,迅速北上,回到广德、建平一带,和其他部队会师,飞檄各路,开始向清军的江南大营进攻。此时,在外作战的各部太平军积极向金陵周围靠拢。陈玉成从皖北回师,来到江南大营西路,杨辅清、刘官芳等部直逼江南大营外围中路,李秀成、李世贤等部从东边包抄江南大营后路。五路大军齐聚集,共十几万人马。江南大营的清军先是被抽调走了两万三千人,后来又撤回一万五千人,总兵力在四万左右。他们早被李秀成变幻多样的运动战折腾得晕头转向,疲于奔命了。最后,太平军五路大军分进合击,内外夹攻,只用五天就一举攻破了江南大营。清军将领逃的逃,伤的伤,死的死,损失惨重。钦差大臣和春受伤,逃亡浒墅关,上吊自杀;提督张国樑逃亡丹阳,落水而亡;两江总督何桂清退守常熟,被革职查办。

对于太平军来说,这场"千里奔袭杭州,二破江南大营"的运动战打得十分漂亮,可以用"艺术"二字来形容。有历史学者评论道,这"是太平天国后期战争史上一次最成功的战略决策,也是后期太平天国领导集团仅有的一次高于清方的全局性决策"[112]。它的成功得益于李秀成天才般的军事才能,更得益于各部太平军的密切配合和协同一致。

反观清军在这场战役里招招被制,步步落后。江南大营、浙江清军,甚至湘军集团,仿佛都被李秀成施了魔咒定住一般,任由他在各集团的空隙内纵横往来。一个重要原因,就是清军各集团间的推诿和掣肘。

亲湘军的浙江巡抚罗遵殿当了替罪羊,成了众矢之的。江南大营统帅和春批评他平时一概不关心筹饷募勇,一到战时危急却向金陵大营请援;两江总督何桂清指责他调度不灵,"主守不主战,且守近不守远",只顾消极抵抗,贻误战机。面对李秀成的凌厉攻势,罗遵殿确实调度不灵,对杭州失守负有责任，不过，有些学者认为，江南大营的来援不及时也是造成失守的重要原因。[113] 罗遵殿并不是贪生怕死之人，城破后喝药自杀，他的妻子和长女也一同上吊自尽，而何桂清等人却诬陷罗遵殿在守城时"一筹莫展，贻误生民"，使朝廷撤销了对他的恤典。曾国藩对此十分不平，愤恨何桂清的做法。他为罗遵殿书写了一副挽联：

孤军少外援，差同许远城中事；万马迎忠骨，新自岳王坟畔来。

曾国藩并没有直接书写赞美罗遵殿的行为，而是用两位古人的典故来借喻。上联说罗遵殿像唐代名臣许远那样，率几千兵卒死守城池，抵御安史叛军，最终因外援不至而城破被擒。曾国藩意在强调罗遵殿"孤军少外援"，把杭州城破的责任归了行动迟缓的援军身上。下联又把罗遵殿比作岳飞，强调"忠骨"二字，肯定罗遵殿的大义。曾国藩写信对胡林翼说，等战事稍稳就和他联名上奏，重新为罗遵殿讨回公道，以慰其灵。[114]

对于清军来说，太平军二破江南大营无疑是一场灾难。咸丰皇帝对江南大营寄予厚望，本想以其为主力，以湘军为偏师，东西呼应，攻下金陵城。不料如今大营被破，大将殉亡，咸丰皇帝的奢望也破灭了。

但是对于湘军来说，这却是一个扩展势力的机会。之前，湘军仅仅被作为偏师，此时朝廷不得不全力倚仗这支始终看不上的部队了。曾国藩也因此终于改变了"客寄虚悬"的处境。

08　两江总督，何担重任？

咸丰十年（1860年）四月二十八日，宿松大营，天气极热。

这天曾国藩在军营中过着平静且有些枯燥的生活：早起，出城巡视营墙；饭后清理文件。日常公事处理完后，曾国藩铺展七开白册纸，练起字来。练字是曾国藩的日课，他抽出时间就会练字，精进书法。练字不仅练精神，也练体力。曾国藩端坐桌前，悬着手腕，一笔一画地写，不一会儿就倦累了，眼睛沉得睁不开，头脑昏昏沉沉，他干脆躺下，小睡片刻……这一天本可就此度过，然而中午的一封信让这一天有了不平凡的意义。

他接到了湖广总督官文的咨文，里面有皇帝的一则上谕：

> 曾国藩着先行赏加兵部尚书衔，迅速驰往江苏，署理两江总督。……钦此。[115]

终于，咸丰皇帝将曾国藩擢升到了一品，给了他多年来梦寐以求的督抚之位和地方实权。两江总督辖安徽、江苏和江西三省，是清朝极为重要的地方大员。曾国藩虽署理两江总督，但在理论上可以调动三省的军事、政治和财政资源，不再是"客寄虚悬"了。不过，从这天的日记来看，曾国藩内心倒很平静。他在日记中写道，午刻收到官文的咨文，知道自己以兵部尚书衔署两江总督，本营员弁纷纷道喜。午饭后，和李元度等商讨时事如何下手，聊了一时许。然后给官文、胡林翼、沅弟写信。"天气极热，实难办事……"[116]

单看日记中的叙述，似乎看不出曾国藩的心情，他对升官加权反应冷淡，内心平静。不过，查阅这几天他给朋友和家人写的书信，就能体会到曾国藩心态的微妙变化。

他在给官文和胡林翼的信中表达的意思一样，认为自己才能不济，再加上精力疲乏，难当大任。[117]也许这是在同僚和朋友面前的自谦，不是内心的真实想法。不过，第二天他在给弟弟曾国潢的家书中说："余以二十八日奉署理两江总督之命。以精力极疲之际，肩艰大难胜之任，深恐竭蹶，贻笑大方，然时事如此，惟有勉力做去，成败祸福不敢计也。兹将廷谕抄寄。其应如何办法，候初四日专人送家信再行详报。"[118]这封信可以较完整地显示曾国藩的心境。署理两江总督之命他不会不接，他知道这一职位会给自己带来更多的权力，便于在时事艰难之际做更多事情，这也是他梦寐以求的。但是，曾国藩在两江总督这副沉甸甸的担子前感到了焦虑。要享有两江总督的"权"，自然要承担两江总督的"责"，而两江战局自江南大营全线崩溃后一片糜烂，加之江苏等地一直都是政敌何桂清的势力范围，此时要担起两江总督的重担是何其艰巨啊！

"精力疲乏"也确实是曾国藩一个很大的顾虑。最近几月，他的身体很差，皮癣反复发作，又犯了目盲症，拿着放大镜看文件都很吃力，而时常的失眠也让他头昏脑涨。他对自己的身体状况极为担忧，为之焦灼且极为敏感。前些日子闲聊时，左宗棠提到姚莹晚年颓唐，总是办些糊涂事，说"人老精力日衰，以不出而任事为妙"。左宗棠说者无心，而曾国藩听者有意，他吓出了一身冷汗，觉得左宗棠在暗讽自己年老体衰，不禁叹道："盖余今精力已衰也。"[119] 身体状态的不佳又催生了他的自我怀疑，就在接到谕旨的前一天，曾国藩在日记里感叹："本日倦甚，不耐烦，又未作一事……精力衰减若此，何以任天下之事？"[120]

细读四月二十八日这天的日记，从字里行间还是可以看出他对未知的不安和焦虑。当天他还让幕僚占了三卦，一卦占浙江能否保全，二卦占军队南渡能否顺利，三卦问李元度该不该去浙江。这都是上任两江总督亟待解决的问题。当晚又是个难眠之夜，曾国藩整宿都在盘算"时事应如何下手"。

胡林翼真心为曾国藩而高兴，认为这是曾国藩的转折点，大可不必焦虑，责任虽然艰巨，但因此而获得的权力也十分诱人。他相信曾国藩从此会"否极而泰""剥极而复"，大展抱负。他积极向曾国藩建议：既然有两江总督之权，就把安徽、江西、江苏三省的兵事、饷事和吏事一并总揽起来，充分调动资源，将战略布局放大放远，对太平天国"大作包裹之势"。在安庆之外，可以开辟苏北、江浙两个战场，分别从扬州、杭州向金陵进攻，再加上安庆的西路军，金陵将面临三个方向的压力，胜利指日可待。[121]

胡林翼这个战略确实恢宏远阔，延续了他一贯"布远势"的做法。曾国藩颇为钦佩，但是并不采纳。他说："夫言之甚易，行之甚难。今进无所往，胜无所益，何为而轻举乎？"[122] 他强调说，目前兵力不足，多处开辟战场会造成兵力越分越散、处处挨打的局面，之前吃的教训已经很多了，不能轻举妄动啊。曾国藩坚持行兵得持重，在无后顾之忧的情况下方能后动，讲究"稳"字。既定的"以上制下"战略不能变，当下的目标就是拿下安庆，排除一切干扰。其实，干扰的形式是多样的，可能是敌人对围攻的破袭，也可能是因权力扩大和友人鼓励而产生的急于立功、轻敌冒进的情绪，还有可能是来自上层权力的压迫。

同署理两江总督任命状一道而来的，还有咸丰皇帝的三条严令：

"即令曾国藩统领所部各军……赴援苏、常。"

"江南大局，几同瓦解。曾国藩接奉此旨，即统率所部兵勇，取道宁国、广、建一带，径赴苏州，相机兜剿，以保全东南大局，毋稍迟误。"

"曾国藩已有旨署理两江总督，自应统带各军兼程前进。"

保卫苏、常是咸丰皇帝眼中的第一要务[*]，他要求曾国藩带上所部兵勇，全力赴援苏、常，不得迟延！

欲戴其冠，必承其重，皇帝给了他权力，自然是想让他听从自己的指挥，履行好责任。但是，曾国藩却颇有主张。他立即回奏，通篇只讲两个字——"形势"，再次阐述他始终坚持的"以上制下"的战略。[123] 所谓形势，就是各战场之间受山川河流、粮草补给等因素而产生的各种联系。城池之间呼吸相通，攻一城须看后着，争一地得想全局。总之，不能只顾一城一池的得失。放眼全局形势，自古以来平定江南之贼，必踞上游之势，建瓴而下，才能成功。

以前咸丰皇帝听不懂也看不上曾国藩的战略，如今江南大营崩溃，曾国藩正好借助这次的惨痛教训向咸丰皇帝指出原因。向荣、和春等先后经营的江南大营，兵力不可不谓多，时间不可不谓久，却屡进屡挫，非但没有攻克金陵，反而还丢失苏州、常州等地，最终落得全线败退，就是因为他们总是从东面进攻，以下攻上，逆形势而为。

保卫苏常地区也是同样的逻辑。目前苏州、常州已经丢失，要想规复，必须从南北两路进军，南军从浙江而入，北军从金陵而入。现在金陵还没有攻下来，就先进攻苏、常，又犯了"以下攻上，逆形势而为"的错误，必然重蹈覆辙，成功终无可期。

---

[*] 皇帝除了让曾国藩东援以外，还有北援，因为那时候英法联军进攻北京，曾、胡虽也积极筹划，却是以不撤围安庆为前提的。这里出现了"势"与"理"之争。

因此，依然要沿着长江从西向东推进，先攻安庆，再克金陵，这样才得以上制下之势。目前，安庆就是必争之地，是全局的关键，是立足的根本。从战略形势来看，安庆之围不可撤。

接着，曾国藩从现有的军情形势来分析撤围安庆的后果。当下曾国荃已经率万人兵临安庆，开始挖浚长壕，着手围城；周边负责策应和打援的各路人马也已到位。如果此时撤围安庆，则牵一发而动全身，迫于形势，其他各路也得后撤：驻扎在桐城的多隆阿部，青草塥的李续宜部，英、霍的胡林翼部，就连皖北的袁甲三、翁同书等部都会被牵动。各路皆退，则会造成士气低落，敌人趁乱而入，威胁湖北边界，后果严重。另外，曾国藩再次提醒咸丰皇帝[124]，湘军近日从安庆截获陈玉成的军情密件，获悉了太平军秋季的作战计划：分两路大举，一路"直取苏、常，再攻徽、浙，以窜江西"，另一路经六安、霍州等地，"以窜湖北"。目前苏州、常州已失陷，说明军情不假，因此，应先合湖北、安徽、江西三省之力，击退太平军。曾国藩认为，无论太平军攻势有多强，"但求立脚之坚定"。[125]

总之，曾国藩向咸丰传达的信息就是一条："安庆一军，目前关系淮南之全局，将来即为克复金陵之张本"，"安庆城围不可遽撤"。

曾国藩虽然将"以上制下"的形势阐释得酣畅淋漓，但是他也明白仅凭一份纸上谈兵的战略分析是无法应付皇上的。身为署理两江总督，防守江南是他的职责，南渡长江的行动他绕不过去。

因此，曾国藩最终调整了部署。一方面，他把重兵仍放在长江北岸，命曾国荃、多隆阿、李续宜等部全力围攻安庆，做好阻击歼灭太平军援军的准备。另一方面，他带着鲍超等部约一万人南渡长江，但是他并没有赶赴苏、常，而是兵入皖南的祁门一带。这是在给皇帝做出姿态，也是牵制长江南岸的太平军，策应主力在北岸攻打安庆。

一切安排都围绕着安庆。

曾国藩专注安庆，拒绝开辟新战场的策略，到底是呆板，还是谨慎？是错失了战机，还是稳中求胜？后世史家对此评价各有不同。有人认为曾国藩行军过于呆板，丧失了战机，延缓了胜利的到来。不过也有人钦佩他的坚持，称曾国藩能"坚持原定先攻安庆随图下游之计划，集中力量,一而不二,坚决稳健,固定不变,虽清廷之威令不能移,友好之劝谏不能改,苏浙形势之严重不能易,是其过人之处,抑亦终成大功之原由也"[126]。历史很难假设,因为影响历史走向的因素太多,改变一个条件,却无法限定其他变量,因而也就难以得知在多种因素综合影响下的历史将走向何方。

不过,接下来太平军在陈玉成、李秀成等人指挥下发动的新攻势,让曾国藩庆幸自己没有开辟东线战场。尽管如此,湘军仍显得有些狼狈,而曾国藩自己再一次陷入了生死危局当中。

09 兵入祁门,兵困皖南

咸丰十年(1860年)七月初七,徽州祁门县。

七夕节这天,曾国藩没有因这个传统节日而有丝毫欣喜之情,反而觉得"不甚爽快"。午饭后,心烦意乱无法做事,他干脆和幕僚下起了围棋。一局未终,突然来了谕旨:"两江总督着曾国藩补授,并授为钦差大臣,督办江南军务。"[127]按照程序,曾国藩要当即恭设香案,朝着北方叩头谢恩。

两个月以前,皇帝仅是让他代理两江总督,如今随着苏常等江南地区军事糜烂,皇帝干脆正式让他坐上了两江总督之位,并授钦差大臣,督办江南军务。这样事权归一,曾国藩可以统一调配各军,集中力量对抗太平军了。

在幕僚面前,曾国藩不露喜不显忧,接旨后继续云淡风轻地下棋。棋下完后,贺喜之人纷纷到来。送来迎往,倒让曾国藩忙了大半天,晚上才停歇下来。其实此时的曾国藩还是没有欣喜之情,倒是两江总督之位让他备感压力。他在这天的日记中写道:"权位太尊,名望太隆,实深悚惧。"[128]接着,他在谢恩折中也称:"处大江南北水火日深之地,值各路军民云霓望切之时,臣自顾何人,谬兼斯任。宠荣非分,惶悚莫名。惟是戡乱无才,分忧有志。"除却自谦之词,曾国藩其实想告诉皇上目前军情紧急,任务艰巨，希望降低对自己的期望。不过，他最后还是表态说："凡微臣思力所能及，职分所应为，益当殚竭血诚，勉图补救。"[129]

一个月后，曾国藩收到了皇帝的回复："知道了。卿数载军营，历练已深。惟不可师心自用，务期虚己用人，和衷共济，但不可无定见耳。"[130]

看到这几行朱批，曾国藩颇为感动，尤其是"卿"字让他很欣慰。之前皇帝称呼他多用"汝"字，这次改称"卿"，也算是对他戎马数载的艰辛和苦劳的认可。同时，曾国藩对"师心"二字也尤为看重，所谓"师心"，即以心为师，表示自大、固执之意。这是皇帝对自己的提醒，要求自己虚心用人，听取他人意见，同时也要求自己不可没有主张定见。"师心"二字让他想起了二十多年前离乡赴京时，祖父以一个"傲"字劝诫。如今皇帝以师心相诫，让他有了"此君如父"的感受。曾国藩想把"傲""师心"刻于一枚图章上，时时自警。[131]

其实，咸丰皇帝给曾国藩的这封朱批并不是程式化地回应他的谢恩，而是句句有指。在皇帝眼中，曾国藩坚持战略方针而不轻易改变和不听调遣的做法就是在"师心自用"而不听君令。"虚己用人，和衷共济"是在要求曾国藩兼顾各路军情，统筹各派意见，相互团结，共御大敌。同时，"不可无定见"要求曾国藩有成熟的战略方针，真正担起江南军务的大任。

曾国藩当然不会无定见，根据此前获取的太平军情报，他判断夏去秋来之时必定会迎来太平军较大的一波攻势。

太平军的战略攻势

太平军营中不乏战略高手，他们在攻破江南大营后，深入讨论了下一步作战计划。是往东，还是往西呢？东有苏、杭、沪等富饶之地，攻之可得百万之资；西有安庆受湘军层层围攻，失之则丢京外屏障。

洪仁玕针对当时的战略形势打了一个很形象的比方：长江好似一条长蛇，湖北是蛇头，安徽是蛇腹，江南是蛇尾。如果安徽有失，那么蛇将从中折断，蛇尾即使能活下来，也无法持久。他和曾国藩的观点是一致的，长江防务东西连为一体，上游的武汉和中游的安庆，对下游的天京至关重要。要保天京,则必须力争上游,夺安徽,争湖北。

但是,此时不能直接向西以下攻上,因为刚占领的东南地区还不稳固,上海、湖州等地尚在清军手中。于是他们决定第一步先全力东征,攻占上海、湖州等地。这里距离天京近,又位于战略下游,乘上取下,极易成功。苏杭沪等地经济富庶,在这里可获取充足的战争物资,还可以与外国取得联络,向洋人购买火轮二十艘,组建一支水师舰队。第二步再回师西征。陈玉成率军走长江之北,李秀成率军走长江之南,火轮舰队走长江之中,水陆协同,并力西向,合取湖北。若能成功,则长江两岸俱为太平天国所有,大势可定,安庆之围也不解自开。

这个宏大的战略就是太平天国运动后期的"合取武汉"的"第二次西征"计划。计划取势高远,构思奇巧,需要各方参与者密切配合,协同一致。但是陈玉成、李秀成在实际执行中,有各自的心思和目的,让所谓的"第二次西征"有名无实,很难推进下去。[132]

尽管如此,当东征结束后,陈玉成、李秀成等部回师西向发动的攻势已经让湘军应接不暇,让北岸的胡林翼喋血不止,让南岸的曾国藩几于自杀。

曾国藩的皖南防守策略

曾国藩预判当年秋季太平军定会大举西犯。因此,面对东路各地的纷纷告急和皇帝的严催速进,他顶住压力,拒绝分兵救援,而是先取守势,稳住后方。前文提到,曾国藩南渡长江前调整了部署,北岸仍旧重兵围攻安庆,他则南渡长江,前往皖南布置防守,抵御南路太平军的秋季攻势。

皖南,即安徽在长江以南的部分,这里的地理位置也很重要,北隔长江与安庆等地相望,东通苏、常,南挨浙西,西靠江西东部的景德镇等地。

皖南既是一个独立的战场,也是安庆大战中的一个重要组成部分。

对于太平军,皖南是必争之地。这里是长江南岸屏障天京的前沿阵地,也是打入江西、湖北和湖南等湘军大后方的必经之路。经皖南,南岸的太平军可以从刚建立的苏福省向西,或北渡长江支援安庆,或攻入江西威胁湘军后路。因此,曾国藩亲自率军在皖南布防,一来策应北岸的安庆会战,二来护卫江西后路,三来作为两江总督,摆出姿态,上足以慰朝廷,下足以对苏、常士绅。

随着曾国藩的到来以及太平军东征后的西顾,双方围绕皖南展开了日益激烈的争夺。

曾国藩把大营设在了徽州府西部的祁门县。祁门位于万山丛中,周围重峦叠嶂,山势陡峭。县城在山间的盆地中,仅有一条官马道与外界相连,东边可到徽州,西边可抵达景德镇。县境内人烟稀少,物资贫乏。单从战术来看,有人认为这是四战之地,也是兵家绝地,不宜扎营;但是从战略来看祁门很重要,是控扼皖南东西大道的要点,又离长江不远,祁门驻军可以通过长江中的湘军水师与北岸湘军联系,互相支援。曾国藩扎营于此,目的就是东联徽州之声援,西保江西之门户。

由此来看,东边前线徽州等地的战事对曾国藩至关重要。离他较远的苏州、常州可以不去救,稍远点的宁国也可以不去救,但是徽州却不能不救。徽州府在皖南的东西大道上首当其冲,太平军攻下宁国后,下个目标必是徽州。再者,徽州是曾国藩的前沿阵地,徽州若失,祁门大营将直接暴露于敌人的炮火之下。因此,曾国藩兵入皖南的第一步,就是保徽州府城。

曾国藩本想等各军到齐,东路的徽州府城由李元度驻守,东北方向的旌德县由张运兰驻守,太平县由鲍超驻守,而曾国藩自守中路的祁门县,西路的景德镇由左宗棠防守,五路相为掎角之势。[133]然而,眼下悍将鲍超经历太湖恶战后回乡休假尚未回归;其他能战大将张运兰、左宗棠等正在赶来途中,于是曾国藩决定先派爱将李元度率三千人驻守徽州。

此时,太平军各部围绕解安庆之围展开各自行动。陈玉成在长江北岸向西行军,李秀成兵入江西,而杨辅清、李世贤等部则在皖南、浙江等地猛攻,牵制湘军和其他清军的兵力。咸丰十年八月,杨辅清、李世贤、赖文鸿、古隆贤等合力攻下皖南重镇宁国府城,随后,李世贤率兵四万继续南下,剑锋直指徽州。李世贤是李秀成的堂弟,英勇善战,被封为"侍王",是太平天国后期的名将。

第三章 祁门被围 187

因此，李元度的任务极为艰巨，以三千对阵四万，必须在各军到位前抵御住李世贤的攻势，守住徽州。不然曾国藩的部署规划将全部被打乱。

李元度，字次青，比曾国藩小十岁。他才华横溢，文采斐然，是曾国藩的机要幕僚，常伴其左右，在撰写奏稿、参赞军机上是一把好手，总能在关键时刻提出重要意见。后来，李元度独立带兵，转战各地。二人的关系超越一般幕僚与军政主官的关系，颇有感情。曾国藩在丁父之忧时给李元度写信，表达对他的"三不忘"之情：不忘在靖港之败后，李元度对自己的安慰和扶持，让自己渡过生死难关；不忘九江大败后，李元度创立平江勇，护卫自己，保全湘军根本；不忘樟树镇之战后，李元度率军独当一面，守卫江西东路，勉力支持大局，赢得时间等待援军。[134] 尽管曾国藩对李元度的感情深厚，对他颇有溢美之词，但曾国藩也清楚李元度纸上谈兵的功夫有余，实际带兵打仗的能力却不足。不过，鉴于李元度自立门户和建功立业心切，作为师长的曾国藩对他仍尽力支持和悉心调教。

这一次，曾国藩交给李元度守卫徽州府城的任务异常重要且艰巨。徽州濒临战争前线，饱受战火摧残，周长十三里的城墙残破不堪，墙上长满了荒草，女墙多有坍塌，防御工事急需修整。此外，原徽州防兵因未及时发饷而正在闹事，甚至有人暗通太平军充当他们的向导。李元度率领的平江勇仅有六营三千兵力，他要面对的是由太平军骁将李世贤率领的多达四万人的大军。工事不坚，兵力悬殊，守城任务确实艰巨。不过李元度有信心，"自许能守之"[135]。

八月十四日，中秋节前一天，李元度整军向徽州进发。曾国藩还是放心不下，对他约法五章：戒浮、戒过谦、戒滥、戒反复、戒私。随后，曾国藩又嘱他守城御敌之策：一是求稳为上，静守为主，抵达徽州后，立即修葺城墙，安营扎寨；二是兵力宜合不宜分，李元度所统之兵大多为新兵，战斗经验不足，在敌众我寡的情况下，不可再分。

徽州府城东北外六七十里有绩溪县城，绩溪县城外三四十里有丛山关，地形险要，是防守徽州的藩篱屏障。李元度颇为自信，深信"将在外，军令有所不受"。他一到徽州城，先派两营前往城外的丛山关驻防。八月十九日夜二更末，曾国藩收到李元度来信，得知他分兵防守丛山关，想凭险御敌。曾国藩担忧李元度的安排"恐不可靠"[136]，还是劝他若无十分把握，不如专保徽州城，兵力不宜分。这一夜，曾国藩"竟夕不成寐"[137]。

接下来的几天，曾国藩时刻牵挂前线战事，与李元度每日一书，千叮万嘱，不要分兵，不要轻易出队作战，只做好安营扎寨，修好城墙工事，坚守几天，援军必至。在前线的李元度却很有主张，所做之事处处出乎曾国藩的意料。曾国藩与前线之间有一天的信息差，就为这一天，他熬了很多不眠之夜。

二十六日夜二更，曾国藩得知徽州已然城破，李元度下落不明。李元度应该是殉节了，尽管他在这一次战斗中多不遵指挥，私做主张，但毕竟是与自己曾经共患难渡时艰的朋友、门生和爱徒，想到这里，曾国藩悲从中来，"殊为凄咽"。或许因为连夜不眠早已透支精力，或许得知战事已成定局，曾国藩在自责后，当晚倒是"睡颇成寐"[138]。次日，曾国藩又想起了李元度之败，陷入了深深自责：明明知道李元度无带勇打仗之才，偏偏还要纵容他去做，还要派他去危险的徽州前线，为什么不让他去做本来适合和擅长的工作呢？曾国藩叹道："哀哉此人！吾用之违其才也。"[139]

徽州城破后的第十天，曾国藩向皇帝汇报徽州之败。出于对李元度的同情，曾国藩并不提李元度不受节制，而是称他守城时"身卧城头，竭力堵御"，由于敌众我寡，营垒来不及修筑，才造成城池失守。[140]曾国藩弱化了李元度的失城之责，甚至有褒奖他的味道。

然而意外的是，就在发折后的当天晚上，曾国藩却收到了李元度的信。原来李元度并没有殉节，城破那晚他全身而退。在信上，李元度解释了城池失守的原因：他抵达徽州，城墙还来不及修葺完善，李世贤就已兵临城下；攻守之中，原徽州的防兵忽然崩溃，从祁门大营来的援军也崩溃，带坏了全局，他所带的平江勇独力难支；李世贤的兵力多达七八万，凶悍异常，敌我悬殊，最终失败。[141]

读罢，曾国藩气不打一处来。从信中看出三层意思：一是李元度不听节制，让他尽快修城扎寨，完成防御工事，他却做不好；让他合兵静守，他偏要分兵出战；二是李元度带兵能力差，约束不住军队，难以临阵应变；三是李元度不能勇于承担全责，反而抱怨他军，不认真检讨，反而怙过饰非。当然，如果李元度城破殉节，鉴于其大义，一切错误便可既往不咎；然而，他却在城破时全身而退。这不仅不符合大节大义，也违反了当时的《大清律例》，按律，"凡守边将帅……被贼攻围城寨，不行固守而辄弃去，及守备不设，为贼所掩袭，因而失陷城寨者，斩"。

突如其来的反转让曾国藩又是竟夕不能成寐。根据以往李元度的表现，曾国藩怀疑他有没有认真备战，攻守时有没有拼死御敌，又疑问为什么城破后李元度跑到浙江衢州、江西广信等处，至今没有回祁门大营。他认为李元度"大节已亏，此后难于自立矣"。尽管曾国藩内心抱有歉意，尽管众人求情和反对，他还是决定弹劾李元度，让他自省；同时杀一儆百，整肃军纪，以伸公议。

爱徒的不争气让他异常恼怒，而徽州的失守更是打乱了曾国藩的部署和计划，不但让他失去了向东进攻的前沿阵地，而且也让皖南湘军的处境变得极为棘手，几乎无立足之地。[142]

三度濒死

从咸丰十年八月起到第二年春，各路太平军长驱直入，轮番来攻，"环祁门无安土"[143]。身处祁门大营的曾国藩危险万状，危而复安，安而复危，几经生死。

首先来的是侍王李世贤。他打败李元度后，于八月二十五日占领徽州，往西一点便可攻入祁门。曾国藩飞檄鲍超、张运兰等部来援，遏制侍王西进。八月二十八日，侍王占领休宁县，由此乘势而西进便有可能攻破曾国藩的祁门大营。但不知道什么原因，李世贤突然折而向东，兵回浙江了。

真正让曾国藩感到生命威胁的是忠王李秀成。十月十九日，就在曾国藩五十岁生日后的第八天，李秀成率军从太平、石埭等地南下，突入羊栈岭、新岭、桐林岭等祁门周边山隘，距曾国藩的大营仅有八十里，"朝发夕至，毫无遮阻"，随时都有可能攻破曾国藩的军营。前些天曾国藩专门前往羊栈岭、桐林岭各处查看敌情，大雾封山，丝毫没有发现敌人来攻的迹象。这或许就是天命。[144]他也没有太过惊慌，也许历经战事的浮浮沉沉，看尽了亲友的生生死死，"知天命"的他早坦然了。

曾国藩首先担心的是位于休宁的张运兰部,太平军从羊栈岭攻入,张运兰背腹受敌,情况最危急。曾国藩连忙给他写信示警;同时飞信给鲍超、左宗棠等告急求援。当天晚上,曾国藩"竟夕不能成寐"[145]。

第二天,曾国藩起来以后,督促各营大兴工事,准备守营;然后从容处理公文,又和幕僚下了一局围棋。傍晚,他听说李秀成已经攻下黟县,湘军粮道被断,鲍超、张运兰等部正与之大战。

曾国藩担心这次凶多吉少,得给亲人留下点话,也算是遗言:

> 回首生年五十,除学问未成,尚有遗憾外,余差可免于大戾。贤弟教训后辈子弟,总以勤苦为体,谦逊为用,以药佚骄之积习,余无他嘱。[146]

无论对于战事,还是生死,曾国藩态度淡然很多,没有第一次的慌张,也没有第二次的作秀。他知道目前除了坚守营垒以待救援外,没有任何办法,既然如此,也就没有必要做任何浪费体力和心神的事情了。不过,他也做好了战死的准备,仅在信中淡淡告诉弟弟,说:"倘有疏虞,则志有素定,断不临难苟免。"[147]

幸亏鲍超、张运兰挫败李秀成的攻势,收复黟县县城,李秀成向东奔去。

忠王李秀成刚走,堵王黄文金又来。黄文金进攻长江南岸边上的建德、东流等地,切断了曾国藩与北岸安庆的联系;接着,他转而向南,攻克江西景德镇北边的浮梁等地,直指景德镇,要切断曾国藩的后方粮路。这让曾国藩"心绪恶劣,不能办一事","不胜焦灼"。[148]直接威胁曾国藩生命的是太平军悍将赖文鸿、古隆贤等部的攻势,十一月十七日他们攻破羊栈岭,距祁门大营仅几十里。曾国藩"寸心忧灼,夜不成寐"[149]。

等到了咸丰十一年正月,险状再现。太平军右军主将刘官芳联合赖文鸿、古隆贤等部,正月初六从东北方向分两路进攻大洪岭、大赤岭,初八进犯石门桥,距祁门仅有十八里。[150]曾国藩焦急得又失了眠,他在日记中写道:"苦雨达旦,风声亦恶,起看天色二次,黑暗愁惨,向所罕见。"[151]

第三章 祁门被围　191

从去年十一月到今年正月的七十多天时间里，祁门周围风波迭起。每一次太平军攻入岭内，都意味着曾国藩往鬼门关走了一遭，而每一遭都让他不仅承受了巨大的精神压力，还有生理上的痛苦。每一次听闻太平军窜入岭内，曾国藩必定失眠，竟夕不成寐，而第二天必定会因睡眠不足导致精神不振和身体疲倦，无奈他还得忍受着压力和痛苦，处理公事，苦思迎敌的对策。好不容易夜晚成寐，却又会陷入多梦的困境。咸丰十年十一月二十三日，在经历了第二次羊栈岭被敌人突破后，曾国藩终于睡上一觉，不料做了一个噩梦，梦到九弟曾国荃去世。曾国藩睡梦中放声大哭，惊起了屋外的侍从。侍从赶紧敲门唤醒曾国藩，居然敲了很久，他才从噩梦中醒来，一直心悸不定。

曾国藩在日记里说，这是自己近日来体气亏弱造成的。[152] 其实这是心理压力过大造成的。自己面临层层包围，还担心着身在安庆的弟弟曾国荃。安庆是全局命眼，九弟是手足骨肉，曾国藩身在皖南心在江北，无时无刻不在牵挂安庆战事。鉴于身体虚弱，他连续几天都在吃燕窝，稍后精神好转，可勉强支持。[153] 燕窝似乎还能稍稍改善睡眠，他晚上已经可以从二更三点睡到五更了。[154] 不过一入睡即梦魇，精神还是很疲惫。[155]

正月十五元宵节，应酬完员弁贺节后，曾国藩突然感觉恶心难受，大作呕吐，把外厅、内房吐得到处都是。[156] 这应该是心理压力过大造成的肠胃紊乱。以后几天，曾国藩一直都吃素，也不敢喝太多的茶水，担心水停在胃膈之间，再引发呕吐。[157]

这段时间的天气仿佛也在故意烘托当时的军情战况和曾国藩的心情，总是乌云密布，雨雪交加，异常寒冷。雨雪何时才能停呢？当然，曾国藩更想问的是，"大乱何日可平啊！"没有答案也没有办法，唯有坚持。他听着带哨的恶风，望着黑厚的云层，想使劲看看乌云之后有没有站着"天"，可是他看来看去也终不见"天"，更不知道"天意"何如。

处理完公文后，曾国藩拿出陆游的七言绝句翻阅，想通过陆游的豪放词句来激荡一下胸怀。晚上，睡不能成寐。

长时间以来，心理和生理上的双重压力和痛苦，让曾国藩不知生的乐趣和死的滋味。其实对于生死，曾国藩这一次早已淡然。从他在靖港和九江的自杀便可以看出，需要牺牲的时候，曾国藩义无反顾。他绝不会弃军逃命或者临阵乞降，在去年十月下旬第一次面临险状时他就说"倘有疏虞，则志有素定，断不临难苟免"。在今年二月给弟弟的家书中也表达"愿死疆场，不愿死牖下，本其素志"。每当危急时刻，他都抱有必死之心，据说他这些日子里在帐中悬有一把利剑，一旦敌人冲入，随时准备自杀。但是这一次曾国藩并没有自杀，甚至连自杀的尝试都没有做出，那把传说中的利剑，他也没有用过。此时的曾国藩对死极为平静，不畏死，也不求速死。五十岁的他已到了孔子所说的"五十而知天命"的境界。

"天""命"是曾国藩认为冥冥中主宰一切的力量，自己在这一阶段的遭遇便是天命的安排。曾国藩去年十月十一日巡查祁门各岭各卡的敌情，亲登羊栈岭、桐林岭，当时大雾迷漫，目无所睹，不料敌人几天后就从这两地突入，"岂果有天意哉？"[158] 曾国藩忍不住发问。

他更愿意相信这就是天命的安排：

> 以余阅历多年，见事之成功与否，人之得名与否，盖有命焉，不尽关人事也。[159]
> 生死之早迟，冥冥者早已安排妥贴，断非人谋计较所能及。[160]

以曾国藩的阅历和对人事的思考，他认为一切皆有命，生死也是如此。既然自己的智谋、计较等努力在冥冥者面前毫无作用可言，那么在"生死之际"，索性"坦然怡然"。[161] 他还说：

> 余近年在外，问心无愧，死生祸福，不甚介意。[162]
> 近年在军办事，尽心竭力，毫无愧怍，死即瞑目，毫无悔憾。[163]

曾国藩宦海半生，戎马多年，做事尽心竭力，拉起了一支能拼敢打的队伍，早就问心无愧。如果时光倒流，重来一遍，他相信自己还会照原样做一遍。尽管当下仍然没有平定大局，但论事自己做到了尽心和竭力，也就没有什么悔恨、遗憾，当死亡要来临时，闭眼即可。

不过，当死亡没有真正到来时，他也不会强求，不求自杀速死。这是他与前两次面临死亡时的很大不同之处，尽管此时的生死煎熬时间更长，次数更多，但他始终没有轻言死事，反而对生有了更积极的态度。

他对胡林翼说："圣人言：'不逆诈，不亿不信。'吾辈且当不逆死，不亿不起，以为养生之法；不逆败，不亿不振，以为行军之法。"[164]"逆"是预测的意思，"亿"通"臆"，意为臆测。这句出于《论语·宪问篇》，意思是在人际交往中不要预先怀疑别人的欺诈，也不要凭空臆测别人的不诚信。

当时，胡林翼面临着和曾国藩一样的处境，承受着巨大的军事压力，忍受着疾病缠身的痛苦，咳血不止，比曾国藩更能感受到死亡的迫近。胡林翼写信告诉曾国藩说，自己太倦累了，很想睡一觉，就此睡去永不醒来。[165]

曾国藩用《论语》里的话劝慰胡林翼不要预想死亡，也不要臆测会卧病不起。这是对好友也是对自己的劝慰和鼓励。危难时局，没有朋友间的鼓励和支持，任何一方恐怕都很难支撑下去。因此，曾国藩还给胡林翼写信说："论世局之艰危，则下走高位虚名，实不如速死之为愈；论意气之相孚，则此数人者，实有不可死、不可独死者。"[166]他想告诉好友：若论活着好，还是死了好，在世局艰危和高位虚名的煎熬下，死了可能会更好受一些；可是你死了，让我们这些意气相投的朋友怎么办？为了我们，你不可死，不可独死啊！胡林翼理解好友的劝慰，以孔子和颜回的典故回复说："子在，回何敢死？"[167]这是朋友之间善意的要求。曾国藩要求胡林翼不可独死，自己当然也不会轻易自杀而独死了。

此外，曾国藩还用《庄子》里的"生命观"鼓励胡林翼积极地坚持下去，他说："庄子有言：'达命之情者，不务知之，所无可奈何。'……愿公于人力所能为者，则略加思虑；于天命之无可奈何者，则冥然不顾。"[168]

此句出自《庄子·外篇·达生》，"达生之情者，不务生之所无以为；达命之情者，不务知之所无奈何"，意思是真正通达生命真相的人，不去追求生命中不必要的东西；通达命运真相的人，不去追求命运中无可奈何的事物。这其实反映了曾国藩"尽人事，听天命"的天命观：不过于担心无可奈何的天命，只尽力而为所能为的人事。

因此，"五十而知天命"的曾国藩看似消极，实则积极，他对生死看得更透，看得更为淡然。尽管在巨大压力面前，他仍不由自主地焦虑，但心态总体乐观，甚至还表现出曾氏特有的幽默。鉴于最近险象迭生，曾国藩想到了刚到祁门时有人说这里有岁星降临，必是灾异蜂起。他当时不信，现在却自嘲起来，作了一首打油诗："天上岁星也起霉，掉头一去不归来。忽闻打破上溪口，又向祁门走一回。"他还赶忙抄给胡林翼分享，以博一笑。[169]

还有一件趣事，咸丰十年腊月二十二日，建德的把总李元送来一份公文，用的是"移"封。清朝对公文的行文格式有严格规定，万不能错乱，比如下往上得用"禀"封，而"移"封用于平级之间。把总是七品，曾国藩是一品大员，李元居然把给曾国藩的公文用"移"封，犯了官场大忌，破坏了规矩。兴许是他无意中弄错了，但曾国藩不在意，趁机幽默了一把，在封面上写了十七个字："团练把总李，行个平等礼。云何用移封敌体？"[170]曾国藩的这一举动也很反常，按理他可以不接这份公文，退回去让其重写，或者直接治罪。众人对他的幽默做法很是意外，"见者无不绝倒"。也许是新春将近，曾国藩想让众人同乐；也许是感到各自的生命都危在旦夕，不必在虚礼上较真。

正月十五元宵节，营中各哨官都玩起了龙灯，曾国藩也并不禁止，他知道从去年入冬以来危险万状，所有的人都高度紧张，不如趁此放松一下，宣泄心中的郁闷和紧张。他自己也在这一夜难得有了一个好觉。

不过，轻松的日子远没有来临。到了二月，随着西路景德镇失守，最艰难的日子到了。

曾国藩把粮台设置在江西南昌，皖南前线各军的后勤粮草都经过景德镇转运而来。如今景德镇失守，湘军西边的粮路随之被切断。"景镇既失，祁、黟、休三县之米粮全无，接济已断……军心必涣，殊恐难支。"情况异常凶险。曾国藩明白，要想破解困境，"舍进攻徽州，别无生路！"必须攻下徽州，打开通向浙江的粮路。看来由自己任用非人而导致徽州失守的后果，还得自己来承担和解决。

于是，由曾国藩亲自指挥的反攻徽州的战役打响了。

三月初，曾国藩在休宁先聚集了九千余名士兵，兵力不算薄弱，以求必胜。他兵分两路，以唐义训为西路，以张运兰为北路，两路分进合击，进攻徽州。自己在休宁县静待佳音。

不过，静待佳音的曾国藩等来的却是唐义训等部因突降的雨水而致败，伤亡二百余人，退回休宁。曾国藩异常焦虑，不克徽州，米粮不通，祁门的大营必不能保。当天，曾国藩又熬了一个不眠之夜，他在日记里写道："口枯舌燥，心如火炙，殆不知生之可乐、死之可悲矣。"[171]

不克徽州，别无生路。一次不成功，就再来一次。曾国藩重新调集人马，再攻徽州。这一次他把兵力全部放在北路。但是三月十二日夜里四更，刚睡下不久的曾国藩被侍从叫起，说进攻徽州的官军被太平军偷营放火，兵勇溃逃。

再也没有什么比战败兵溃的消息更能让人在夜里清醒的了。曾国藩披着衣服坐起来，一直默默坐到天明，然后四处问信打探消息。他长叹一声："不知天意如何。"心中不是滋味，产生了几年前湖口水师大败后的情绪。[172]

后有追兵，前有来敌，看来死期确实到了，必须给儿子们留下一封遗嘱了。遗嘱先写了近日军情有岌岌可危之势，后简单总结了一生，表明自己对于做事做官了无遗憾，但在做学问上还有些憾事：

> 余自从军以来，即怀见危授命之志。丁、戊年在家抱病，常恐溘逝牖下，渝我初志，失信于世。起复再出，意尤坚定。此次若遂不测，毫无牵恋。自念贫窭无知，官至一品，寿逾五十，薄有浮名，兼秉兵权，忝窃万分，夫复何憾！
>
> 惟古文与诗，二者用力颇深，探索颇苦，而未能介然用之，独辟康庄。古文尤确有依据，若遽先朝露，则寸心所得，遂成广陵之散。作字用功最浅，而近年亦略有入处。三者一无所成，不无耿耿。

曾国藩明确要求儿子们不可从军，也不一定非要做官，只求做事不负心，不负所学：

> 至行军本非余所长，兵贵奇而余太平，兵贵诈而余太直，岂能

办此滔天之贼？即前此屡有克捷，已为侥幸，出于非望矣。尔等长大之后，切不可涉历兵间，此事难于见功，易于造孽，尤易于诒万世口实。余久处行间，日日如坐针毡，所差不负吾心，不负所学者，未尝须臾忘爱民之意耳。近来阅历愈多，深谙督师之苦。尔曹惟当一意读书，不可从军，亦不必作官。

曾国藩劝勉儿子们要做好平日里他所说的"八本""三致祥"和祖父所说的"八字""三不信"，这是处世安身之道：

> 吾教子弟不离八本、三致祥。八者曰：读古书以训诂为本，作诗文以声调为本，养亲以得欢心为本，养生以少恼怒为本，立身以不妄语为本，治家以不晏起为本，居官以不要钱为本，行军以不扰民为本。三者曰：孝致祥，勤致祥，恕致祥。
>
> 吾父竹亭公之教人，则专重孝字。其少壮敬亲，暮年爱亲，出于至诚，故吾篆墓志，仅叙一事。吾祖星冈公之教人，则有八字，三不信。八者曰：考、宝、早、扫、书、蔬、鱼、猪。三者，曰僧巫，曰地仙，曰医药，皆不信也。
>
> 处兹乱世，银钱愈少，则愈可免祸；用度愈省，则愈可养福。尔兄弟奉母，除劳字俭字之外，别无安身之法。吾当军事极危，辄将此二字叮嘱一遍，此外亦别无遗训之语，尔可禀告诸叔及尔母无忘。[173]

这封遗嘱写了很长时间，曾国藩从下午一直写到了晚上，写完后他倒是睡了一个安稳觉。

由于攻徽州城不利，曾国藩无奈又从休宁回到了祁门大营。据说此时有幕僚提出，祁门是兵家死地，也"非应殉节处"，建议迅速移营别处，曾国藩对此笑笑说："何根云去常州时，大约左右亦如此说耳。"何根云就是前两江总督何桂清，他兵败之后退往常州，也仍然没有扭转战局，反而继续兵败。幕僚们见曾国藩坚持，也不好继续劝说，有人准备私下逃离祁门。曾国藩说："贼势如此，有欲暂归者，支给三月薪水，事平仍来营，吾不介意。"

从战略战术来看，祁门确实具有两面性，它虽是战略枢纽，但也是四战之地。曾国藩驻营于此，饱受战火，随时有丧命的危险。而且，几遭险状后他仍然不移营，自置险地，在有些人看来也算一种变相自杀。

为什么曾国藩不听劝说，非要驻守在此地呢？学界并没有定论。或许他从经验来看，战场处处为险地，移营到其他地方也不一定安全，还可能会产生何桂清的遭遇；或许他从自身的身体和精神状况来看，死亡未尝不是一种解脱，临阵殉节也是一种荣耀。史学家简又文做出了这样的解释："大抵曾氏战斗十年，屡经危难，情感已成冻结，理智亦失作用，只有本着倔强固执之天性，坚毅不屈之意志，如赌博者孤注一掷，拼命以求成功，复有一种听天由命的宿命论支配其心理，置生死于度外"[174]。

或许曾国藩是在用自己的生命为代价探索"天意"。在他看来，"生死之早迟，冥冥者早已安排妥贴，断非人谋计较所能及"。一直以来，他都不确定茫茫黑云背后的天意到底站在哪边。既然生死早迟是冥冥天意，那么不如以身验命，如果自己不死，那么天意或许站在自己这边，大局还有可为；如果自己战死，那么天意可能不在自己这边，努力的一切也就没有意义了。

不过这时，兄弟亲情让他改变了主意。

三月二十日夜里，九弟曾国荃来了一封信。这封信已经遗失，具体内容不得而知，但根据曾国藩的回信可以推测曾国荃应该是晓之以理动之以情地劝曾国藩不要再株守偏僻险处，应该移营到东流、建德等长江边上，出大江规全局。曾国藩看到这封信后既感动又愧疚。此时曾国荃正在安庆城下焦头烂额地围城，处境也是朝不保夕，还要为哥哥的安危而分心。他回信说："昔人云：'读《出师表》而不动心者，其人必不忠；读《陈情表》而不动心者，其人必不孝。'吾谓读弟此信而不动心者，其人必不友。余定于二十四日拔营起程，二十九日准至东流，即在舟次居住，以答两弟之意。弟从此安心做事，不可挂念南岸也。"[175] 于是曾国藩决定移营到东流县。此时，左宗棠在景德镇打了一个大胜仗，曾国藩的后方粮路也恢复了畅通，他的险状得到了缓解。

局势转危为安后,曾国藩立即派兵渡江,支援安庆城外的曾国荃部。在那里,他的九弟正在没日没夜地围攻安庆,陈玉成也在率军猛烈攻打着曾国荃的壕垒,弟弟的处境一点也不比他的轻松。曾国藩知道,安庆是全局的命眼,也关系着曾家的气运,更关系着大清朝的安危。[176]

曾国藩所做的一切都是为了安庆,那里才是全局战争的暴风眼。就看九弟能不能守住。

10　安庆大决战

咸丰十一年(1861年)三月二十九日,安徽池州利步口*。这是曾国藩从祁门县移营到东流县之间的一个停驻点。

尽管近日风雨不止,但没有耽误移营行军;然而雨密泥深,行人颇以为苦,走了六十里后,便在利步口村安营扎寨。虽然只歇一晚,但安营扎寨容不得半点马虎。曾国藩命人找了一块背山面水的地方,这是理想的扎营处,如果敌人来攻,只要集中防守左右两面即可。

营墙要筑八尺高,一丈厚。湘军营墙的修筑颇为讲究,里外两边都要用草坯、土块垒砌,中间用夯土,每筑一尺,就要横铺小树枝,以防被雨水冲塌。近日阴雨不断,他们砌墙尤为注意。墙之外还需挖壕,壕沟至少要深一丈五尺,上宽下窄。挖出来的土,必须散布到距壕两丈开外,防止被雨水冲到沟内。壕之外还设置两三层或五六层的花篱笆,即用尖树枝插入地上,为敌人冲营设置障碍。营墙、壕沟、花篱,三者缺一不可,丝毫不容偷工减料,而且曾国藩规定三者必须在一个时辰内完工。营墙之内还建有子墙,以便勇丁"站墙子"所用。所谓站墙,即为放哨,曾国藩明确规定,无论白昼黑夜,必须有人站墙放哨,防止敌人偷袭。曾国藩十分重视扎营,特地制成营规,严令每营遵守,即使只宿一晚,也必须"为坚不可拔之计"。[177]每天他还会巡视营墙,一旦发现哪里不合规制,立即命人修

---

* 今安徽省池州市东至县栗埠村。

筑，甚至还会责罚营官。这就是湘军扬名远近的"结硬寨"。

连日风雨给部队扎营增加了几分难度。不过，曾国藩却对降雨感到欣慰，因为安庆城外菱湖水涨，有利于湘军水师。他此时的心全在安庆。这天他还迎来一位重要客人——鲍超。曾国藩本计划让鲍超北渡长江增援安庆，不过昨天听到九江又有军情，他有些犹豫是否先让鲍超西援九江。正巧鲍超就在附近的下隅阪扎营，曾国藩便函邀他来面商。鲍超与曾国藩共食共宿，二人商量大半天，最后决定"安庆急，则援安；九江急，则援九"。[178]

第二天一早，曾国藩拔营前往东流，鲍超则前往下隅阪营地。到了四月初一，曾国藩决定还是让鲍超火速增援安庆，那里才是战争全局的暴风眼，重中之重。[179]

不过，正如暴风雨前往往天朗气清一样，此时的安庆并没有战火，反而异常平静。

城内是两万太平天国守军，他们正在严守各处城墙，并想方设法地搞些粮食进来。此外，还有四五千妇女和八千到一万的孩童，陈玉成的亲眷也在城内。

城外是曾国荃、曾贞干兄弟率领的一万多湘军，他们挖出壕沟，建起营墙，从西、北、东三个方向把安庆城围得密不透风，严防守军突围，运送粮草。城南是长江水域，上面游弋着正在巡逻的湘军水师。

双方并没有进行激烈的交锋。守军知道他们无法冲出曾家兄弟扼守的壕沟，曾国荃也知道湘军一时难以攻下高大坚固的城墙。甚至，据当时游历长江的外国人记载，交战双方的士兵居然暗地里交换物品，互通有无。[180] 城内缺少粮食，城外的湘军领不到军饷，很有可能在漫长的对峙过程中，城内的人用金银首饰来换湘军的米面盐油。[181]

双方都在等待，等待陈玉成援军的到来。

曾、胡的围城打援之计

安庆位于长江北岸边，整个城池建在高地之上，呈不规则的方形，共有五个城门。南城墙大体与江岸平行，长江自西向东流过，然后转而向北，奔向金陵。

安庆的地缘优势非常明显。首先，是扼守从武汉前往金陵水道的要冲。它以高台之位，俯瞰四周，扼守长江。如果在南城墙上架几门大炮，就可以掌控附近长江的制水权，东来西去的船只都要受到威胁。其次，易守难攻。从水陆地形看，安庆南有长江，东有菱湖，西有盐河，整个城池三面皆水，只有北面的陆路可走。而北门集贤门外是连绵起伏、高耸入云的山岭，山上有一关口，名曰集贤关。这个关隘虽然没有"一夫当关，万夫莫开"之险，但扼守山内要道，自南御北，易守难攻。关内一条大道，自南伸北直通桐城，是从陆路进入安庆的唯一通道。

咸丰十年夏，曾国荃、曾贞干兄弟率兵一万多人趁陈玉成东征之时，正是通过这条关内大道一举突破集贤关，来到安庆城下，开始围城。两万左右的太平守军大多是新募士兵，缺乏训练，但是陈玉成并不担心守城问题，因为安庆城池坚固，易守难攻，城中粮草丰富，守城大将叶芸来、张朝爵等作战经验丰富。只要他们严守城墙便无大碍，等陈玉成结束东边战事后，回来把湘军赶走就可以了。

曾国荃也不急于攻城，因为他知道以战士的血肉之躯由下而上强攻城池，无异于以卵击石。他采取的策略是"长围久困"，通过壕沟切断守军与外界的联系，等守军弹尽粮绝，城池便不攻而下。要推行这一策略，务必做好两点：第一是断粮，保证城中粮路完全断绝；第二打援，消灭或者打退救援部队。

不过，这两点都很不容易做到。

针对第一点，曾国荃围着安庆城的东、北、西三面挖了一条深深的壕沟，沟宽两丈，深约三四丈，挖出的泥土堆在壕边建成垒墙。曾国荃凭此壕防止城中守军突围，并保证他们无法与城外联系，运入粮草；南边的水路封锁任务由杨载福率领的水师完成，严防太平军用水路运粮。

针对第二点，曾国荃在内壕之外，又挖了第二道壕沟，这条外壕比内壕还要深广，挖出的泥土也堆在壕边建起垒墙，用来抵御援军的进攻。同时，曾国荃的营垒建在了安庆城的北面，正当集贤关的来路，抵御援军的攻击。

不过，真正担当"打援"任务的并不是曾国荃的外壕，而是曾国藩、胡林翼在安庆外围布置的口袋阵。

曾、胡二人知道，安庆是陈玉成的大本营，他必会率援来救，并且预判陈玉成会以桐城为基地，由北向南救援安庆。于是，他们命猛将多隆阿率马步兵一万驻守在桐城之南、安庆之北的挂车河一带，阻挡陈玉成南下之路；同时，命李续宜率领一万人驻扎青草塥，作为总预备队，随时支援各处；胡林翼督师太湖，居后调度各方，保证前线的粮草供应。这样他们在太湖、安庆和桐城之间布置了一个纵深宽广的三角形口袋阵，等着陈玉成的援军到来。

这种战术就是湘军在长期作战中总结出来的"围城打援"法。以围城为基点，事先布置阵地，牵动敌人兵力往来奔驰，跳入预设阵地，以逸待劳打退或消灭援军，再从容攻城。这次的安庆之战，便由曾国荃担任围城任务，由多隆阿、李续宜等人担任打援任务，其实此时曾国藩在皖南的活动也算起到了打援的作用，牵制南岸的太平军。

从兵力部署来看，围城有一万兵力，而打援的兵力则超过两万，打援才是安庆之战的关键。曾国藩、胡林翼知道，陈玉成的援军不容小觑。

陈玉成的招数

转眼，咸丰十年的秋天到来了。陈玉成逐渐从东线战事脱身，筹划西返，准备救援安庆。果然，如胡林翼所料，十月初，陈玉成占据桐城，以此为屯兵存粮基地，想南下过集贤关，攻曾国荃围军的背后。

从桐城到集贤关，最便捷的是走西路，而必经之地就是位于挂车河的多隆阿阵地。十月中旬，陈玉成联合捻军龚得树部，连营四十余座，猛攻多隆阿。多隆阿以步兵、骑兵相互配合，全力抵御。同时，李续宜也前往应援，从新安渡分兵八路，与多隆阿上下夹攻。激战半月，陈玉成始终没有得手，反而损兵折将。[182]

陈玉成无奈退回桐城，另生一计。既然西路不通，便走东路，直接向南绕袭长江边上的枞阳城。枞阳位于安庆东北方向的长江下游，攻下枞阳，便可由水路取得与安庆的联系，从东路解围安庆。于是，十一月下旬，陈玉成率军万人进攻枞阳，企图打开安庆的东路通道。

曾国藩对此也早有预备，已命水师提前攻下了枞阳城，扼住了安庆东路的咽喉。如今他令水师和降将韦俊配合守城。陈玉成百计环攻，连战四十多天，终不得手。由东路解围的计划也失败了。

陈玉成的处境变得很尴尬，走西路不行，走东路也不通，连安庆城边都到不了，如何解安庆之围呢？

湘军的外围防守圈密不透风，陈玉成寻思，可能唯有太平军的撒手锏——"围魏救赵"之法才能奏效。

陈玉成决定展开运动战，向湘军的后路纵深挺进，进攻湖北，攻其所必救，这样必能牵动安庆的围军，然后再伺机直奔安庆城下。

于是，陈玉成开始向西运动，所谓的太平军"第二次西征"开始了。

咸丰十一年正月二十二日，陈玉成率大军数万人，突然从桐城向西北移动，进攻霍山。很明显，他想由此进入湖北。其实胡林翼也早有准备，派余际昌部镇守霍山，但是余际昌未能抵御住陈玉成的攻势，很快霍山失守。通向湖北的道路被陈玉成打开了。接下来，陈玉成分兵两路，北路由捻军龚得树率领进攻湖北北部的罗田等地，自己亲率大军走南路，占英山，克蕲水，一路势如破竹。二月初八，陈玉成攻下了湖北重镇黄州，距离武汉只有一百六十里了，两日即可到达，而武昌城中的清军只有两千多人，战不能战，守不能守。[183]

湘军慌了。

胡林翼急得连连咳血，他骂自己是"笨人下棋，死不顾家"，把全部兵力都放在前线，如果武汉被攻下来，后果不堪设想。他急忙命李续宜带兵万人救援武昌，并派彭玉麟率水师五千回溯协防。

曾国藩倒是比较沉着。他想到了去年李秀成千里奔袭杭州而后回击江南大营的战例，认为陈玉成当下的行动就是去年的重现。武汉不是陈玉成的目标。他的真实意图无非是想通过运动战牵动安庆周围的湘军，再迅速回师，打湘军一个措手不及，从而解围安庆。

于是，曾国藩连忙给九弟曾国荃写信，劝他稳住，不要在意武昌的战

第三章　祁门被围　　203

事，把全部精力聚焦在安庆的壕垒上，扭转战局的关键就看当陈玉成回扑安庆时，湘军能否守住城外壕墙。如果安庆壕墙守得住，即使武昌丢失也不用担心，一定会被收复；如果守不住，那么即使武昌不丢，陈玉成军气焰也会复振，大局可能会有变化。[184]

安庆外围的防守圈确实被陈玉成撕出了一个口子。作为总预备队的李续宜部被调走西援武汉，现在安庆外围只剩下多隆阿一部，多隆阿只能在挂车河等地自固，无力顾及在安庆的曾国荃围军。正如曾国藩所料，陈玉成并没有急行军进攻武昌，而是转而向西北，攻黄安、黄陂、德安。此时胡林翼也恍然大悟，知道陈玉成开展运动战不过是想引开湘军的劲兵，然后直下安庆。胡林翼又调兵遣将试图弥补李续宜调走后造成的空隙。然而，为时已晚，陈玉成率大军三万经广济、黄梅，过宿松、石牌等地，于三月十八日来到了安庆城外的集贤关。

考验曾国荃的时候到了。

圈圈相套的攻与守

曾国荃外号"曾铁桶"，以围城围得如铁桶一般而著称。现在，他在安庆城外所能凭借的就是"两线三点"。"两线"就是他经大半年来建造修筑的两道壕沟和垒墙，内壕以围城，外壕以御援；"三点"是他在城北集贤关、城西盐河和城东北菱湖处建造的三座营垒。曾国荃要凭借着它们来抵御陈玉成一波又一波的攻势了。

目前来到城外的陈玉成要做两件事，第一要尽力攻破曾国荃的壕沟，第二要尽快取得与城中太平军的联系，运送粮草补给，以缓解城中的饥荒。因此，三月十八日，陈玉成先在集贤关外的赤岗岭建造四座营垒，命悍将刘玱琳驻守，并迅速开展对曾国荃营垒和外壕的攻势。曾国荃凭壕抵御，他"曾铁桶"的称号不是浪得虚名，陈玉成百计环攻，一时也攻不破他的壕垒。

为取得和城中的联系，三月二十日，陈玉成又在东北边的菱湖北岸连夜筑造十三座营垒，城中守将叶芸来得知消息后，也在南岸筑造五座营垒。双方在菱湖南北放下小船，往来沟通，运送粮草。曾国荃一看不妙，立即命水师运来二十多只炮船,从东岸抬船入湖作战。[185]

从当下的战事看来,安庆处于包围和反包围之中。虽然陈玉成一时难以攻破曾国荃的壕垒,但只要陈玉成一直围攻下去,切断曾国荃与外界的联系,湘军的后方粮路很快也将被切断,他们也将面临和城中太平守军相似的问题。

然而,陈玉成没有条件像曾国荃一样沉住气,专心在那里围困他。他的外面还有一个包围圈——多隆阿的部队。三月二十一日,多隆阿率领一万人进驻安庆高路铺援助湘军,威胁着陈玉成的后路。[186]陈玉成其实也处于反包围之中。这样一来,安庆城外一圈又一圈地在包围和反包围,就看谁撑得久。

至此,这些包围圈远没有结束。

三月二十二日,太平军新的援师到来了。干王洪仁玕联合章王林绍璋纠集了两万兵马,会合于桐城。二十六日,长江南岸的黄文金也率七千人从芜湖渡江,支援安庆,来到桐城。三支队伍近三万人,规模不可不谓浩荡,他们企图由桐城南下,支援陈玉成,但仍然要面临陈玉成去年遇到的难题,必须通过多隆阿防守的阵地。

多隆阿不愧是八旗骁将,尽管只有一万的人马,但他以一敌三,毫不怯阵,不让援军南下一步。洪仁玕等与陈玉成相隔仅有几十里,却无法取得联络。

到这时,安庆城外又多了一圈,各方军马层层叠叠。曾国荃、曾贞干包围着城中太平军,陈玉成在外面攻打着曾家兄弟的壕垒,而多隆阿则又威胁着陈玉成的后路,在多隆阿的北路还有洪仁玕、林绍璋、黄文金等人的冲杀。有人想出去,有人想进来,他们一圈又一圈地在包围和反包围中相互纠缠,互相攻打。

双方的援军仍然在源源不断地赶来。曾国藩在祁门转危为安后,立即派猛将鲍超支援安庆。四月初,鲍超由下隅阪渡江,向安庆急行军。同时,胡林翼也派出成大吉率领另一支援军从湖北边界赶来。陈玉成对鲍超很是忌惮,认为不能再和曾国荃在关内胶着,得尽快与桐城方向的洪仁玕等人取得联系,设法带来更多的援军。四月初十,陈玉成将集贤关外的赤

第三章 祁门被围 205

冈岭四垒和关内的十三垒都交给了悍将刘玱琳，命他率四千精兵守卫，然后自己率领马步兵五六千人向北突围，奔向桐城。

这是陈玉成在当时不得不行的破局之法，但他想不到这样做的结果却是让自己的精锐在无主将统领的情况下，独自面临曾国荃、曾贞干和即将赶到的鲍超、成大吉等人的内外夹攻。

赤岗岭营垒中的四千精兵被湘军称为"老贼""真贼"，被太平军称为"老兄弟"，他们是早年从广西一路打出来的太平军将士，久历战场，信仰坚定，战斗力极强，是曾、胡面临的劲敌。[187]

这一次，陈玉成留他们独守赤岗岭的安排让胡林翼异常高兴，他评价陈玉成此举大违兵法[188]，根本不需强攻，只要把赤岗岭团团围住，断其粮草，不出十日这四垒的太平军将无水、无米、无薪，必自行崩溃。

鲍超却自恃勇猛，急于求成，四月十一日抵达赤岗岭后便全面进攻四垒。四千精兵自有一套防守攻坚的办法，鲍超想尽各种办法，软硬兼施，都不能攻下任何一垒，反而损兵折将，自伤七八百人。胡林翼命令鲍超、成大吉挖沟筑垒，不要强攻，否则这些经验丰富的"老贼"必不好对付。[189]鲍超急忙调整战术，由攻改守，在太平军的营垒壕沟外修筑几十座炮台，日夜环击，切断太平军与外界的联系，不让一粒米流入。[190]同时，曾国荃攻打菱湖北岸十三垒的太平军也不顺利，转入静待围困阶段。

双方又进入拼消耗的阶段，谁的粮先吃完，谁就输。湘军此时占尽优势，他们有水师接济，粮草不断，而太平军被曾国荃的长壕围困，又遭鲍超的炮台堵截，粮道已经断了。

这正是曾国藩和胡林翼期待出现的局面。只要断其粮，湘军就能挨到胜利。

不知天意何如

咸丰十一年四月二十一日，东流江边。

近些天，曾国藩的皮癣发作，全身奇痒，蒸着夏日盛暑的热气，整个身体就像在炙烤一样。他忍不住用手扒搔，挠得各处血痕斑斑。晚上睡不好，白天昏昏沉沉。公事处理完毕，他便一人到船顶亭子上独坐。

尽管远离安庆前线，但是通过一日数封的信件往来，曾国藩掌控着战场动态。让他欣慰的是，鲍超和曾国荃密切配合，行长围久困之计，断敌人粮路。只要他们坚持得久，敌人粮草耗尽，便可攻下安庆，扭转战局。不过，今日曾国荃的一封来信让他心里咯噔一下，忧愁起来。安庆敌军的粮道并没有完全切断。尽管看起来安庆从陆路与外绝缘，但是在江面上还有一条小缝隙可以让粮食源源不断地漏进去——外国商船从长江上向安庆城内运送粮草。

四月十六日，一艘悬挂着红旗的外国轮船载着二千多石粮食在安庆城下停泊，卸装一夜后，第二天早上驶回下游。这段时间外国轮船经常重载而来，轻载而去，不间断地给安庆城内的太平军运送粮食。其实这些外国商人的目的也较为单纯，只是想做生意，用油盐米粮换取城中太平军的金银、首饰和衣服罢了。但曾国藩担心会有奸细专门借用洋船与城中太平军交易，借机发战争财。[191]

这给湘军攻克安庆带来了极大的麻烦，曾国藩焦灼不已。他在四月二十一日的日记中写道：

> 洋船送米盐接济安庆城贼。费尽移山气力，围困安庆城贼，始令粮尽援绝，今忽有洋船代为接济，九仞功亏，前劳尽弃，可叹可恨！天意茫茫，殊不可知，扼腕久之。[192]

"不知天意之如何？"曾国藩猜测不透。细查曾国藩的日记和诗文，会发现他经常在问天意如何。那么，天究竟为何物，曾国藩为什么会如此在乎呢？他自己的解释是，所谓天者，"高高者，与人世迥绝，其好恶固当大异于人，不可究诘耶？"[193] 短短的一句话展示出曾国藩心中复杂而又矛盾的天人关系。他承认天的善恶是非与人的相通，但更强调天对于善恶是非的界定与人大不相同，而且天高高在上，让人难以琢磨穷究。换句话说，天的善恶是非与人的善恶是非，并不相同。

这是让曾国藩感到恐怖的地方，他不确定自己的善恶是非是否与天的相同，不确定天意是否站在自己这一边，不确定在大清国与太平天国之间，天意到底庇护谁，因此也就不确定自己是否在逆天逆命。

想到这里，曾国藩全身一抖，在盛暑季节出了一身冷汗。将近五月的江南天气变幻不定，前一刻还是日头炙烤，后一刻便狂风大作，暴雨如注。

浪随风起，船随浪摇，曾国藩在船上震撼不宁，望着江水滔滔，看着天地暗淡，叹着天意茫茫。他在日记中写道："东南大局殆无可挽回之理，此心茫茫，不克自持。大任在身，丝毫无所补益，愧叹而已！"[194] 天地暗淡，气象阴森，让他怀疑冥冥中的天意并不站在自己这边，他看不到大局有挽回的希望，只感到身上这副担子压得人直喘不过气来。

尽管要"听天命"，但是"人事"也不得不尽。如何阻止外国商船接济太平军呢？能否直接采取武力，命湘军水师炮击洋船？曾国藩觉得不妥，若先发攻击，恐怕会先发而不胜，会带来外事纠纷，见责于朝廷。

既然涉及外事，就争取用外交手段解决。曾国藩和湖广总督官文联名上折，要求总理衙门照会英法等国使臣，严查奸人附载洋船，凡洋船由安庆等地经过，不得停泊城下，禁止汉奸与太平军勾通接济。[195]

由于英法等国当时与清政府签订了通商合约，总理衙门的照会起到了作用，各领事馆严禁商船停靠安庆，与太平军交易。同时，曾国藩也命令湘军水师看到洋船停泊安庆时，立即进行护航，婉商令其驶离，甚至可以给洋船一些钱。[196]

在外交和水师两方面的干涉下，停泊在安庆的外国商船逐渐减少，五月后，粮草从洋船上流入城中的缝隙被湘军堵上了。太平军在安庆的局势岌岌可危，他们唯一的希望只剩下陈玉成了。

攻垒杀贼

陈玉成突围离开安庆后，一刻也没有停歇。他一到桐城就立即和洪仁玕、林绍璋等商议南下救援安庆。不过，让他们犯难的还是老问题，多隆阿挡在他们南进的道路上。

这次，陈玉成、洪仁玕等纠集三万多兵马，从挂车河、峣峞尖到棋盘岭，列队二十余里，兵分三路进援安庆。陈玉成率四五千人，出挂车河之左，洪仁玕率七千人，出挂车河之中，林绍璋率一万多人，出挂车河之右。

多隆阿安排五队兵马，除在左、中、右迎击的三路以外，他还设下一队步兵和一队马队为策应预备队。四月十五日黎明，双方三路军马分途接仗，往来冲突，大战不懈。最终，陈玉成等未能预防多隆阿预备的马步队向其侧后绕击而最终败退，损兵不少。这支太平军不得不退回桐城。[197]陈玉成在外围的救援行动受阻。

湘军在城下的围攻也有了新进展。

经过半个月的对垒炮轰，太平军的赤岗岭营垒开始倒塌，而最让太平军棘手的还是弹尽粮绝。垒墙倒了可以再修，但是弹尽粮绝而没有补给，人会绝望。到了五月初一，鲍超判断时机到了，派各营列队围定太平军营垒，同时采用攻坚先攻心的战术，让人传呼号召太平军弃械投降。绝望之余，除刘玱琳守卫的营垒以外，其余三垒太平军都请求投降。不过，鲍超命各营接管太平军的营垒壕沟时立即生擒太平军，并将二千八百余名长发太平军士兵全部杀死，只留下三百余名短发士兵。

悍将刘玱琳亲自守卫的第一垒也势孤难存了。刘玱琳是陈玉成手下的第一悍将，每战身先士卒，尤为勇猛，连曾国藩对他都敬佩十分，在和弟弟的往来书信中称刘为"先生""翁"。[198]刘玱琳仗着经验丰富和作战勇猛，独自受命守卫孤垒。发展到如今的地步，他也无力回天。

五月初二晚上三更后，刘玱琳突围出垒，鲍超紧追不舍，六百余名太平军被全部生擒，而刘玱琳被湘军水师擒获。鲍超将刘玱琳押解到安庆城下，当着守军把刘玱琳肢解，"以寒逆胆"。[199]

这场战斗的胜利让湘军上下额手相庆。胡林翼高兴地说："此次所杀皆渠魁死党，与塔忠武之杀曾天养、李忠武之歼林启荣［容］同功矣，狗必因而稍弱。"[200]曾国藩也说："此次杀三垒真正悍贼千余人，使狗党为之大衰，平日或克一大城、获一大捷尚不能杀许多真贼……"[201]

曾国荃看到赤岗岭的太平军营垒已被攻破，在六月初一时，率领弟弟曾贞干等向菱湖南北两岸的太平军发起攻击，攻破营垒十几座。据史料记载，当时八千多太平军因斗争无望，自愿投降。不过曾国荃面对数量如此之多的太平军，一时手足无措，不知道如何处置。他的手下朱洪章说："惟有杀最妙。"不过，曾国荃问："这么多人怎么杀？杀也得有个办法啊。"朱洪章说："略开营门，每次带入十个人，逐个杀掉，只需半日便可全部杀完。"曾国荃说："我心不忍，交给你去办吧。"于是朱洪章从辰时至酉时，将投降的太平军全部杀死。[202]

尸体如山，尸臭熏天，曾国荃怕了。这些太平军将士明明主动投降，自己却仍不放过，放任手下杀害。他坐卧不安，内心煎熬，便给哥哥写了一封信，详告安庆城外的战况和自己的所作所为、所思所虑。

曾国藩劝弟弟无须后悔，也不要忧心，说："既已带兵，自以杀贼为志，何必以多杀人为悔？此贼之多掳多杀，流毒南纪；天父天兄之教，天燕天豫之官，虽使周孔生今，断无不力谋诛灭之理。既谋诛灭，断无以多杀为悔之理。……特世变日新，吾辈之出，几若不克自主，冥冥中似有维持之者。"[203] 曾国藩的逻辑很简单，就是"慈不掌兵"。既然带兵打仗，以杀人为业，自然不用以杀人为苦；况且，所杀是不义之人，他们滥杀无辜，流毒南方，灭绝人伦，即使周公、孔子再世，也会像我们这样去杀他们。他又搬出了冥冥中的天意：带兵杀人并不是我们兄弟主动选择的，而是冥冥中有推动者。

曾国藩也是在劝自己，强调自己的所作所为是天意推动，自己是在顺天顺命。不过值得注意的是，他还是加了"几若""似"两个推测词，也说明他还是不确信天意是否真的站在自己这一方。曾国藩这番话看着自信，实则透着心虚。

随着菱湖南北岸太平军营垒的攻破，安庆城外已经没有太平军的据点了。曾国荃把长壕缩入，将包围圈缩得越来越紧。城中的人，无论是守军还是百姓，都过上了地狱般的日子。粮食已经吃完了，草根树皮也啃完了，观音土恐怕也没有了，接下来只能人相食了。

恐怖的一幕来了。市场上就有卖人肉的，"人肉价至五十文一两，割新死者肉亦四十文一两"。这是曾国藩幕僚赵烈文日记中记载的，他还说当城破之时，锅中煮的都是人手足，而有的碗里盛的是咬剩下的手指，"其惨至此"。[204]

城中军民都已经成了这个样子，哪里还有守城的力气。不过，曾国藩觉得此时还没有到收割的时候，因为外围的陈玉成还在活动，他又搬来了一拨援军。陈玉成跑到芜湖和南岸的辅王杨辅清相约，共商救援安庆大计。七月初，杨辅清率军北渡，和陈玉成会合，共四五万人，号称十万大军。但是，两人并没有直接进援安庆，而是向西绕了一个圈子，从六安、霍山、英山、宿松等地进攻太湖，又从西向东进援安庆。同时，林绍璋和黄文金等部也相机策应，从北、东两路进援安庆。

七月中旬，陈玉成、杨辅清等各部陆续进入集贤关内，散布山岗，筑垒四十余座，"昼则旌旗林立，夜则火光触天"，声势颇为浩大。城中守军也从西门出阵，准备内外夹击，再攻曾国荃的壕垒。双方陷入了艰苦的阵地攻防战，陈玉成、杨辅清亲自督阵，发动人海战术，猛扑湘军壕垒，曾一度冲入湘军第二层壕内。而曾国荃则指挥各部，凭壕垒据守。从二十二日到二十九日，太平军每日列队壕外，夜深则轮扑后壕，曾国荃与曾贞干、彭毓橘及各营官严为戒备，贼伏则静以待之，贼扑则枪炮轰击。

曾国藩指导曾国荃仍要以坚守为主，盛夏酷暑，不管太平军多么强悍，烈日之下，也撑不了几天。

克复

咸丰十一年七月三十日傍晚，东流县。

天气亢热，曾国藩剃头完毕后，便在衙署后园乘凉。久不下雨，园子里的菜叶被虫子咬得满是窟窿，没有雨水滋润，叶子全部耷拉下来，落上尘土，看上去又黄又脏。

曾国藩摇了摇扇子驱赶蚊虫，心说，下点雨吧，不然庄稼旱死，将令这战乱之年雪上加霜。不过，他转念一想，现在还不是下雨的时候，九弟还在安庆城外的壕沟中鏖战，下雨恐怕会影响火器使用，无法御敌啊！他又摇了摇扇子，手不自觉地扒搔腰间的皮癣。

这天，他读了钦天监奏折，得知八月初一日天象异常，日月及水、火、土、木四星都在张宿五、六、八、九度之内，而金星也在三十度之内，可以称得上是"日月合璧、五星联珠"。这是"祥瑞"啊！

果然，第二天一早，曾国藩收到消息——安庆被攻克！原来曾国荃在指挥各部坚守壕垒时，同时也命人在安庆城下开挖地道，以填塞火药，炸开城墙。

直到最后一刻，双方都在争分夺秒地竭尽全力。陈玉成指挥部队轮番攻打曾国荃的外壕，太平军"前者僵仆，后者乘之"。源源不断的人海攻势让湘军应接不暇，曾国荃不得不亲自捉刀入壕砍敌，激励士气。据记载，湘军苦战一日一夜抵御住了太平军的最后一波攻势，那一战湘军消耗"火药十七万斤，铅子五十万斤"，牺牲一百多人，而击毙太平军一万数千人。[205] 终于，七月三十日夜晚，北门下的地道挖成，湘军轰倒了北城的西墙。曾国荃指挥部队分东西两路杀入城内。这座围困了将近两年的安庆城，终于拿下了。

陈玉成站在集贤关的山上远望烟起城塌，知道安庆已经被攻克，他心灰意冷，自知再做攻打已是徒劳，便率各军退出集贤关，向庐州撤退。

此时城内守军早就饿得连站起来的力气都没有了，只能跪地求饶。可是湘军并没有饶恕他们。早已经如地狱一般的安庆城，又被湘军烧了一把魔火。据当时英国人吟唎记载，清军排队入城，乱杀不会作战的平民，不分男女老幼，其被残毁的尸体顺大江湍急之水东流入海，整百整百，乱挤成团，连外舰都因被尸体围绕而行进不便。[206]

据赵烈文在八月十三日当天的日记记载，城破那天，安庆城中都是昏昧的，走在路上需要点着蜡烛，即便过了半个月，阴惨之气好像还凝结不散。赵烈文目睹安庆之战的惨状，心中难受，死人太多了，他说："军兴以来，荡涤未有如是之酷者矣。……无边浩劫，谁实酿成，闻之非痛非悲，但觉胸中嘈杂难忍而已！"

曾国藩不在城破现场，没有亲眼看到那人间惨状，对于他来说，安庆城破是胜利，是喜悦。当听到这个消息时，久违的笑容在他的脸上出现了，甚至撑开了他的三角眼，整个人容光焕发，连皮癣带来的瘙痒也暂时感受不到。一整个下午东流县的衙署都陷入狂欢之中，"贺客纷纷"，曾国藩一直应酬到晚上掌灯的时候。这一次他丝毫没有倦意。

把客人送走后，他在灯下赶紧给九弟国荃写信祝贺："知本日卯刻克复安庆。是时恰值日月合璧、五星联珠。钦天监于五月具奏，以为非常祥瑞。今皖城按时应验，国家中兴，庶有冀乎！"[207] 很明显，曾国藩高兴的不止于安庆之战的胜利，更兴奋的是由此而显示出的天意。他把安庆克复和祥瑞天象联系在一起，认为这就是天命释放的信号，让他知道天意仍然眷恋着自己，眷恋着湘军，眷恋着大清朝。自己做的一切仍然是顺天顺命的。"天意何为"，他在这时得到了答案。他还在信中告诉弟弟，第二天就坐长龙船去安庆，凑足万金犒赏将士，顺祝大喜。

写完家书后，曾国藩又想到务必要第一时间上奏朝廷，告诉咸丰这个好消息：

> 臣伏查安庆省城，咸丰三年被贼陷据。九载以来，根深蒂固。自去冬合围至今，逆酋四眼狗迭次拼死援救，我军苦守猛战，卒得克此坚城，围杀净尽。军兴十载，惟五年之冯官屯，八年之九江，及此次安庆之贼，实无一名漏网，足以伸天讨而快人心。至楚军围攻安庆，已逾两年，其谋始于胡林翼一人画图决策，商之官文与臣，并遍告各统领。前后布置规模，谋剿援贼，皆胡林翼所定。[208]

这封奏报不长，短短一段话把安庆之战的战前、战中以及战果言简意赅地表述清楚。值得一提的是，曾国藩没有居功自大，把攻克安庆的首功推让给了胡林翼。

捷报"八百里加急"发出，由各地一匹又一匹的驿马传递，越过北京，奔向承德避暑山庄。可是，咸丰皇帝却永远没有机会看到这封奏报了，他在七月十六日已龙驭上宾。

八月初十，曾国藩得知这一消息后既震惊又痛心。咸丰皇帝年仅三十一岁，正值意气风发之时，他御位近十二年，无一日不在忧危之中，无一日不想着攻下金陵，平定叛乱。终于安庆克复，战局有了转机，胜利有望，可惜皇帝却来不及看到这封捷报。作为臣子，曾国藩为自己的君王感到痛惜。

半个月后，更让曾国藩痛惜的事情发生了。他的好友胡林翼于八月二十六日在武昌咳血去世了。曾国藩听闻消息后哀痛不已，前天还给胡林翼写信，告诉他自己派了精通医术的赵烈文前去为他诊病。想不到赵烈文还没有到武昌，胡林翼却已经病死。曾国藩想着胡林翼，在日记中写道："赤心以忧国家，小心以事友生，苦心以护诸将，天下宁复有似斯人者哉！"[209]

曾国藩对胡林翼评价以"赤心""小心""苦心"，尤为贴切。同曾国藩一样，胡林翼是湘军集团中的核心人物，对湘军势力崛起的作用极大。与曾国藩性格、作风不同，胡林翼气量恢宏且善权术，在弥合将帅间的矛盾，维系湘军内部及其与外部官场势力的关系上起着不可替代的作用。在他的调和下，陆军大将多隆阿、鲍超能够强强联合，水军将领杨载福、彭玉麟能够抛弃前嫌；他还能够交好官文等满洲官员将领，为湘军创造更好的官际关系。甚至对于曾国藩无法驾驭的将领，如王鑫等人，胡林翼也能网罗在一起。对于曾国藩自己，胡林翼更是不遗余力地帮助支持，在曾国藩被重新起用以及获取两江总督之职的过程中发挥重要作用。

对于这样亲密战友的离世，曾国藩自然痛心和遗憾。不过，他也懂得"死生有命"的道理，他除了哀痛也别无办法。他想，就给胡林翼写一副挽联吧：

逋寇在吴中，是先帝与荩臣临终憾事；
荐贤满天下，愿后人补我公未竟勋名。[210]

挽联的意思是，流寇还盘踞在金陵，尚未剿灭干净，这是先帝和忠臣临终的遗憾；胡林翼举荐的贤才已经遍布天下，祝愿后人能够完成好友的未竟功勋。

这是曾国藩的美好心愿。不过他知道要补此憾事，完此未竟功勋，接下来只有依靠自己了。

安庆虽然已经攻下，但胜利尚未来临。下一站便是金陵，太平天国的根本。对于曾国藩来说，那将是更加难熬的危局。

第四章 金陵困局

同治元年（1862年）七月二十四日，安庆公馆。

这一天，曾国藩过得极为平淡，清理文件，写信，读书，与幕友聊天，别无波澜。他只是感觉奇热，一整日汗如雨下。下午申时，乌云密布，下起暴雨，暑气略消。

曾国藩感觉周身略爽，放下正在阅读的《通典·兵类》，想去内室看看陈妾。陈妾是曾国藩在攻破安庆之后纳的小妾。曾国藩本想让她照顾自己的起居，却不料陈妾体弱多病，过门半年后就病了。她应该得了肺痨，日夜咳嗽不止，呻吟不断，别说照顾起居了，反而影响了他的生活。

曾国藩迈步走向内室，刚到门口，就听到屋内传来一声声夹杂着咳嗽的呻吟。他叹了口气，微皱眉头，走了进去，陈妾正斜倚在床上，面色惨白。陈父颇懂医理，一个月前被请到府中，诊视陈妾病情并照顾她。曾国藩昨日曾向他询问陈妾情况如何。陈父叹道，病已沉笃，非药力所能痊。[1]想到这里，曾国藩内心感到无奈，在内室小坐陪伴陈妾片刻后，便离开了。

随后，曾国藩来到上房，接到从上海来的信件和几份新闻纸。上海倒还平安，曾国藩又拿起新闻纸浏览一番。[2]

他匆匆览过，忽然看到"前两江总督何桂清"的字样，心头一紧，不由得逐字认真读了起来。报纸上写着：何桂清已于六月初七日被正法。曾国藩深受触动：曾经名重东南的重臣何桂清竟落得如此结局。不知消息属实否？

他心中五味杂陈，在日记中写下："阅新闻纸，知何根云于六月初七

第四章　金陵困局　217

日正法，不知确否？为惆怅悚惧久之。"³

已无法考证出这份"新闻纸"是曾国藩通过何种渠道获得的哪家报社的报纸。19世纪中期，英国商人便在上海开始创办报刊，面向外国传教士、商人和外交官。随后英商又扩大业务，创办中文报纸。其他商业报社也陆续建立。由于信息渠道不同，虽然难辨消息真假，但是曾国藩会时常阅报，扩展消息渠道。其实，这次报纸刊登的关于何桂清被正法的消息是个假消息，实际上何桂清于同治元年冬被斩首于北京菜市口。不过，当曾国藩听闻何桂清的"死讯"时，还是异常感慨，"惆怅悚惧久之"。

何桂清，号根云，云南昆明人。他于咸丰七年（1857年）至十年春任两江总督，算是曾国藩的前任。何桂清是个能臣，颇善筹饷理财，《清史稿》评价他"出任疆事，才识明敏"。当时，他与和春主导下的江南大营被皇帝寄予厚望，是最有可能攻克金陵的部队。何桂清深受器重，咸丰十年，加赏"太子太保"衔，成为当时的政治明星。然而，就在这一年，李秀成等人二破江南大营，各军兵败山倒。何桂清驻守的常州直接受到太平军的冲击，他竟然不战而走，弃城而逃，先逃苏州，又以借外兵为由逃往上海。咸丰皇帝震怒，骂他"有负书生二字"，将其革职，逮京治罪；但正值第二次鸦片战争，朝廷无暇置问。辛酉政变后，两宫太后和恭亲王奕䜣决定要惩治临阵脱逃的何桂清。

正是由于何桂清的去职，曾国藩才于咸丰十年四月间署理两江总督，不久实授。咸丰十一年十二月，曾国藩按照朝廷的要求，派人前往上海，捉拿何桂清，将其押解至北京。⁴刑部会合六部九卿翰詹科道进行审理。同治元年三月，何桂清还给曾国藩写了一封信，送去了一份供词，称自己受属员迷误，酿成大错。⁵

对何桂清一案，曾国藩内心复杂，认为其所为可恨，其所遇可悯，其结局可怖。作为重要的疆臣，何桂清在兵败时不但不能死守城池，安抚军心，反而带头逃跑，影响极为恶劣。以理学自修的曾国藩无法理解何桂清为什么要这么做，也许就像他在供状中所说"一朝迷误"，被僚属的劝退建议误导而酿成大错。如果没有这件事情，也许何桂清将成为一位"完臣"。与曾国藩相比，"才识明敏"的何桂清在仕途上可谓一帆风顺。道光十五年（1835年），何桂清中进士，选庶吉士，比曾国藩早三年。随后他一路高升，五迁至内阁学士，然后出任浙江巡抚，授两江总督。尽管何桂清任人唯亲，拉帮结派，但他的能力是有目共睹的，他不仅在抗击太平军的战场上起到重要作用，甚至在与英法等国的外交谈判桌上也卓有成绩。但是，就是这样一颗熠熠闪光的政治明星却在关键问题上犯了错误，蒙上厚尘，坏了大节。

尽管如此，曾国藩并不期待何桂清会被处以极刑，因为之前临危逃离的将帅也不少，大多的处理都是革职于军中效力。前两江总督陆建瀛便是如此，他率军战于九江时临阵而逃，成为军兴以来逃跑的第一位重臣，朝廷将其革职，交刑部治罪，但仍允许他戴罪作战，最后殉节金陵，又获优恤。何桂清才识明敏，熟悉两江事务，他也有戴罪效力的可能。然而，没想到报纸居然刊登出何桂清已被正法。

曾国藩和何桂清并无太大龃龉，早年做京官时他们还时常往来，尽管后来与太平军作战时，何桂清对湘军也并没有太多照顾，但曾国藩对这样一位"能臣"不禁怀有"可悯"之情，甚至提笔为何桂清写了一副挽联：

雷霆雨露总天恩，早知报国孤忠，惟拼一死；
成败功名皆幻境，即此盖棺论定，亦足千秋。[6]

上联语义明确，批评何桂清未能在关键时刻以死报国；但下联的表述却极为暧昧，"亦足千秋"似乎是对何桂清才能功绩的赞赏，而"成败功名皆幻境"则是曾国藩对何桂清遭遇的感叹，暗含他对自我前途的忧虑。

何桂清的"死讯"让曾国藩不由得想到自己，两江总督的位子不好坐，他感到了沉甸甸的责任和前途未卜的恐惧。自太平天国运动兴起以来，两江总督就成了高危职业，历任者苦不堪言：陆建瀛一战兵溃，遭革职，最后金陵城破身死；其继任者祥厚，在金陵城破时力战而亡；接下来的杨文定兵败革职，遣戍军台；其后的怡良，以病解职；何桂清弃城而走，遭革职；接任者徐有壬在苏州城破后身死，全家殉难。自己作为军兴而来的第七个两江总督，会有怎么样的结局呢？会像前任们那样面临生死关吗？

第四章　金陵困局　219

曾国藩不知道答案，但他确切知道的是，相比于前几任，自己这个两江总督拥有更大的权力。这倒让曾国藩忧心不已。

01　节制四省军务

咸丰十一年（1861年）十一月二十一日，冬至，安庆衙署。

这日，曾国藩起了个大早。五更三点，天还未亮，他就爬起来，与学政官一同礼拜孔子牌位。

冬至是中国古人的重要节日，有些王朝曾把它作为一年之始。在冬至日，古人会举行不少仪式，其中包括拜圣寿、拜业师的习俗，"圣"就是指孔圣。在这一天，全国各地都会祭孔拜师。因此每逢冬至，曾国藩都会和主管教育的学政一起祭拜孔子牌位。

礼毕时已是黎明。天色逐渐放亮，密布多日的乌云也倏然散去，日头爬了上来，暖洋洋地照着大地。见到此景，曾国藩心头高兴，冬至时节天明气清，必是个好兆头，"或主明年贼氛少减"[7]。

安庆攻克以后，曾国藩迅速从东流县搬到了安庆城中，把原来城中的英王府作为两江总督的公馆，在那里居住、办公。

近日以来，曾国藩有二喜二忧。喜的是安庆克复，湘军乘胜追击，又迅速攻克安庆东北边的无为州[*]、运漕镇[**]等战略要地，巩固了长江以西战线的战果。如今各部休整，沅弟曾国荃也回乡休假，招募士兵，准备来年发动新攻势。因此最近西线无战事，曾国藩的生活难得安逸。正巧他的私生活也添一喜。他纳了一房小妾。

最近半年曾国藩的皮癣又犯了，全身奇痒，让他叫苦不迭，倍受折

---

[*]　无为州是天京与庐州之间联系的主要据点，无为州的丢失将造成太平军往来文报不通，军情传递泄漏。此时陈玉成已从安庆撤退至庐州。——编注

[**]　运漕镇是太平天国军粮的集中地。——编注

磨，从日记中便可以看出来：

十月初六，"睡不能成寐，遍身奇痒异常，实为苦境"[8]；

十月初七，"疮痒异常，久不成寐"[9]；

十月初九，"二更四点睡，颇能成寐，但疮痒异常，殊以为苦"[10]。

十月十四日，他在给弟弟的信中说，"疮久不愈，癣疾如常，夜间彻晓不寐，手不停爬"[11]。

有人建议他，不如买一个小女子为他挠痒痒。这一句话戳中了曾国藩。自己多年带兵在外，风餐露宿，身边一直没有女眷侍候，如今身体欠佳，确实需要人照顾。

于是曾国藩产生了纳妾的念头。季弟曾贞干给他买了一名女婢。可是他一见，该女子"体貌颇重厚，特近痴肥"[12]，曾国藩没有相中，拒绝了。过了十天，幕僚韩正国带回来一名女子，姓陈，湖北人。曾国藩一看，用了四个字形容——"貌尚庄重"。看来陈氏女子外貌算不得俊俏，只是端庄大方，照顾曾国藩起居，帮他挠痒痒，足够了。十月二十四日，曾国藩把陈氏女子接到了公馆，午饭后，"陈妾入室行礼"[13]。纳妾就这样完成了。

他的皮癣并没有因为纳妾而有所好转，全身依旧奇痒无比。这件烦心事，着实让他难受。

不过，真正让他感到忧心和压力的，是来自北京的消息。

从十一月十四日起，曾国藩陆续收到多封廷寄，其中写有"载垣等明正典刑，人心欣悦云云"[14]。曾国藩十分惊骇。

载垣等人是咸丰皇帝去世时任命的八位顾命大臣，起初曾国藩得知这个消息时很是高兴，因为八大臣为首的肃顺办事能力强，也很倚重曾国藩等汉族大臣。本月初，他还给弟弟写信说，八君子辅政，中兴有日，[15]不料月中竟收到他们被诛杀的消息。

咸丰皇帝去世时，留下了一个烂摊子。他唯一的继承人载淳只有六岁，尚不能理事。载淳的生母慈禧太后、嫡母慈安太后却都是二十多岁，正值壮年，精力旺盛。传统政治中的尴尬局面产生了，主少母壮，国之大忌。

因此，咸丰皇帝在弥留之际，提早做了安排。他仿照古代帝王托孤之

第四章　金陵困局　221

举，任命亲信肃顺、载垣、端华等八人为赞襄政务王大臣，辅佐幼主，总理朝政，史称"八大顾命大臣"。肃顺为八大臣之首，他是满洲镶蓝旗人，颇有主张和能力，很受咸丰皇帝倚重。不过，历史上托孤大臣功高震主的事件也屡见不鲜。为了避免八大臣专权，咸丰皇帝分别留给慈安、慈禧各一枚印章，规定八大臣拟定的诏书必须盖上这两枚印，方能生效。

咸丰皇帝的初衷是让八大臣和两宫太后互相牵制，以达到权力平衡的目的，共同辅佐幼主。然而悲剧的是，双方非但没有平衡权力，反而逐渐激化矛盾，最终酿成这场宫廷政变。慈禧、慈安两宫太后联合恭亲王奕䜣，经过巧妙设计后，以迅雷不及掩耳之势向八位顾命大臣发动攻势，处死了肃顺、载垣和端华三人，迅速稳定时局，成立新政治班子，开启了两宫太后垂帘听政、议政王辅政的局面。这就是中国近代史上著名的"辛酉政变"。

短短一个月，兔起鹘落，清廷的主政者换了，政策可能也会随之而变。政治斗争的残酷，让曾国藩感到"悚仄忧皇"。[16]

肃顺主张重用汉族大臣，向皇帝极力推荐曾国藩、胡林翼等人，曾国藩能够当上两江总督，改变"客寄虚悬"的处境，与肃顺的支持和运作分不开。咸丰皇帝去世后，以肃顺为首的八大臣基本延续咸丰皇帝后期的政策，因此，在朝中以肃顺为首的顾命八大臣集团和在地方以曾国藩为首的湘军集团关系较为融洽。当听到"八君子辅政"时，曾国藩称赞他们"枪法尚不甚错"，"卜中兴之有日"。[17]此时得知政变，曾国藩不免担心两宫太后和议政王是否会有新政策，对湘军不利。

清廷的确有新政策，不过新政策对曾国藩和湘军反而更加有利。新主政者延续了重用汉人的这条政策，甚至奕䜣和慈安、慈禧更加大胆地把军政大权交给汉族官员。与政变消息同来的还有一封任命书，命曾国藩节制四省军务："钦差大臣两江总督曾国藩，着统辖江苏、安徽、江西三省，并浙江全省军务，所有四省巡抚、提镇以下各官，悉归节制。"[18]

有清一代，督抚权力达到四省范围，极为少有。作为臣子，曾国藩已经享有天大荣耀了。看来新的主政者比咸丰皇帝更有魄力。他们知道平定太平军非曾国藩莫属，非湘军莫属。为了获取湘军对新政权的支持，清廷主动安抚、拉拢曾国藩和湘军集团，给他充分的军政大权，让他放手一搏。

不过，这封"节制四省"的任命书极有分量，压得曾国藩喘不过气。面对突如其来的权力，他显然没有做好准备。年已半百，戎马近十载的曾国藩，早就不热衷权力；而且他认为大乱之年获得的权、位、望皆为虚浮，他心里十分惶恐和焦虑。权重位高之下，是更加沉重巨大的压力和责任。早在前一日，接到廷寄的他便惶恐不已，当天在日记里写道："权太重，位太高，虚望太隆，悚惶之至。"[19]

当夜，又是一个不眠夜。

曾国藩忐忐忑忑，终于在三更天时迷迷糊糊睡着了，可刚过一个时辰，他又醒来，脑海中持续响着四个字"浪得虚名"，始终无法安眠。

他不明白自己为何就获此美誉。大乱之时得虚名，往往不得善终。[20]而且，他认为湘军"尚足自立者，全在不争权势，不妒功名"，如果自己"权势太盛"，"则将来暗启人之争心、妒心"。[21]曾国藩想到此处，大惧，他下定决心要具奏折，辞谢大权。

可无论曾国藩上奏辞谢几次，朝廷都是不允，坚持让他在两江总督权责外，再节制浙江军务。权势越大，责任自然越大，曾国藩的战略布局不得不再放宽一些，他不能像以前一样只着眼于长江西路"以上制下"的战略了，必须"布远势"了，就像当年他刚任两江总督时胡林翼建议他开辟新战场那样。此时，他不得不兼顾浙江、吴中等金陵的南面、东面地区了。

值得说明的是，曾国藩其实并不情愿向那些地方派兵，尤其认为派兵至上海，在兵法上算"偏师出奇"，不算"正兵"。[22]他不喜用奇，只想稳步推进。不过浙江、上海等地险状迭出，纷纷告急，让曾国藩不得不用奇，这改变了他最初的战略布局。

02　杭州陷落及曾国藩的南路战略

咸丰十一年（1861年）腊月初七，安庆衙署。

早饭后，曾国藩处理完文件，准备见客。突然来了一个杭州人，名叫范鸿谟。他急切地说：杭州城已被围四十余日，六十万人困守城中，米粮极少，饿死者甚多，请速发兵救援。

原来杭州于十月初五被合围，水泄不通，米粮、弹药毫无接济。十一月初七，困在城中的浙江巡抚王有龄想方设法命范鸿谟前往上海送信，急称"杭城六十万人无米可食，已饿毙三万人"，但他的守城之心坚决，并请江苏巡抚代为陈奏："一日有米，一日坚守，米尽则亡……"此时，送信者范鸿谟又辗转来到安庆，请求曾国藩尽快发兵救援。[23]

曾国藩听闻杭州的惨状，实不忍心，立即给左宗棠写信，催他快马加鞭，救援浙江："是杭州危急之状，生灵之劫，莫斯为极！大纛万不可不速往一援……请即星速启行，或可救出杭城六十万人。"[24]

信发出后，曾国藩心中并不抱有太大希望。左宗棠的部队位于江西、浙江边界，既要援浙江，又需顾江西，然而拯救将危之城，恐怕有些缓不济急。[25]想念及此，曾国藩既忧伤又愧疚，去年杭州城破时便有十三万人死于战乱，今年城中有六十万人，不知道又会有多少人死去。他叹道："生灵何辜，降此大戾？天欲杀之，则如勿生。"[26]无奈之下，他又感觉身上皮癣瘙痒不堪，忍不住胡乱抓挠一番，白色皮屑簌簌而落，抓挠之处竟然渗出几道血痕，瘙痒之中又加疼痛。小小的皮癣自己都无能为力，更何况千里之外的浙中浩劫呢？

又过了三天，到腊月初十日，曾国藩收到了一封血书。白色丝绸上赫然写有四个殷红的大字："鹄俟大援"，上盖有一方浙江巡抚的关防印章。"鹄俟"意思就是像天鹅一样引颈翘首而待援军。[27]

这是浙江巡抚王有龄在十一月二十二日发出的。救援书只有这四个字，没有多余之言，因为他不知道这封救援书能抵达何处，能求到何人。可见，王有龄当时多么绝望。

其实不仅杭州，当时浙江各地纷纷响警。这与李秀成在东线发动的攻势直接相关。

李秀成，原名李寿成，广西藤县人，出生于道光三年（1823年）。从小家境贫穷，孤寒无食，但他读过私塾，粗通文墨。二十七岁时，李秀成全家加入拜上帝教。金田起义后，他成为一名太平军"圣兵"。据史料记载，李秀成为人秉直忠诚，在军中勤劳学练，勇往担当。不过在太平军定都金陵前，他都是中下级军官；定都后，开始靠战功擢升，由殿右二十指挥到二十二检点，再由地官副丞相至正丞相，进封合天侯。天京事变后，三十五岁的李秀成升至副掌率，进入核心领导层，与又正掌率陈玉成同主军政，成为天国后期重要将领。二人密切配合，协同作战，打了不少漂亮仗，一举攻破江北大营。他被天王洪秀全赐名为"秀成"，成为继东王杨秀清之后，唯一姓名中能和天王重字的人。接着，李秀成又同陈玉成联手，大战三河镇，全歼李续宾部。不久，李秀成被封"忠王"。随后，李秀成发起运动战，远袭杭州，与陈玉成等配合攻破江南大营。[28]

和陈玉成一样，李秀成凭借其军事能力和对天国的高度忠诚成为太平天国运动后期的支柱；但和陈玉成不同的是，李秀成的战略焦点在东而不在西。咸丰十年，李、陈等人协同攻破江南大营，之后陈玉成回军向西救援安庆，而李秀成继续向东，攻下苏州等地，建立了苏福省。该省行政区域大体包括常州以东的苏南地区，下辖常州、松江、太仓和苏州四郡。苏福省成为太平天国重要的粮草和财赋供应地，也是李秀成的重要势力范围。他想以此为基础继续向东南扩展，光大天国事业。因此，对向西解决安庆之围，并不积极。

在执行之前制定的"合取武汉"以上制下解围安庆的战略中，李秀成也不积极。但是，为了收编江西、湖北等起义的义军，李秀成挥师向西，进攻皖南、江西等地，让当时身在祁门的曾国藩压力倍增，险象环生；随后他兵分两路，进入湖北，抵达大冶、武昌县一带，威胁武昌省城。但那时陈玉成的主力已经东去安庆，李秀成不敢独自攻打武昌，遂率军东回。

李秀成不看好安庆的战略意义，认为那里百遭战火，早已千疮百孔，没有太多经济价值可利用；而湘军作战能力强，和他们硬碰硬，太平军得不到任何好处，与其在安庆投入过多兵力得不偿失，不如向东边的江浙地区发展。那里经济发达，是丰富的物资和兵力的供应地；而且东边靠近海港，既可以征收关税，还可以与外商交易，购置先进船炮枪械。因此，当陈玉成胶着于安庆城外时，李秀成并没有前去解围。当然，李秀成此时不就近救援安庆，还可能是与陈玉成交恶。总之，李秀成从湖北撤回后，便

第四章　金陵困局　225

率军东进，与堂弟李世贤一起经略浙江，企图将江苏、浙江两省连成一片，扩大苏福省的辖域，令其成为巩固天国东线的重要疆土。

咸丰十一年三月前后，李秀成的堂弟李世贤率军从江西景德镇向东南进入浙江，一路打到金华，建立以金华为核心的根据地。八月中下旬，李秀成指挥号称七十万的大军*，由江西分三路攻入浙江，以泰山压顶之势逼向杭州。浙江西、北、东三面军情告急。

新城、临安、余杭、萧山和绍兴等地先后被李秀成和李世贤所部攻克，很快杭州陷入了太平军的包围圈之中。

此时，湘军的势力还没有进入浙江，这里原来是江南大营的势力范围。咸丰六年，当太平军第一次攻破清军的江南大营后，和春被任命为钦差大臣，督办江南军务，他重整力量再建江南大营，继续对金陵围攻，同时屏障江苏、浙江两省中的苏、常、杭、湖等漕赋重地。江南大营取粮、取饷于江浙地区，也肩负起该地区的防务，自然也与该地官员关系密切。何桂清任两江总督后，与和春相处融洽，互相支持。何桂清颇善理财，广开钱路。他命死党王有龄前往上海整顿关税厘金，大大增加了税收，源源不断地将粮饷运送至江南大营。但同时，和春与何桂清又出于各自的私心明争暗斗，导致江南大营与江苏、浙江间隙重重。咸丰十年李秀成奇袭杭州，浙江巡抚罗遵殿城破自杀。何桂清趁机举荐王有龄为浙江巡抚，将自己的势力延伸至浙江。不料，当王有龄到任后，何桂清却随着江南大营的崩溃而自身难保，他临阵弃城，流亡上海。倒是王有龄和提督张玉良、杭州将军瑞昌等相互配合，暂时抵御住了江南大营崩溃时的冲击。

然而，到了咸丰十一年，面临李世贤、李秀成的全面攻势时，王有龄完全不是对手。他坐困杭州城中，焦灼异常，飞檄全省各处征调部队来援杭州。

十月初五，提督张玉良率领一万人从富阳驰援杭州。张玉良是清军悍将，他来到城中后，王有龄认为救星到了，哭着对张玉良说："杭州城粮

---

* 李秀成前往江西、湖北等处收编当地义军，招募士兵约三十万，又收编从石达开部返回的部分军队二十多万人，再加上自己的亲兵十几万，共号称七十万大军，是陈玉成兵团溃灭后太平天国最大的军事实力集团。

路不得通，食且尽，奈何？"张玉良无奈也解决不了这个问题，他慨然道："唯有死战！"张玉良一语成谶，半个月后，他右肋受弹，伤重而亡。[29]

张玉良不畏死，可是他的话却吓坏了王有龄。王有龄清楚，杭州防守不患兵不多，而患粮不够。如今杭州已被团团围住，补给断绝，如果太平军长围久困下去，城里的人定会被活活饿死。

果然，李秀成对杭州十门完成了合围。他采用的便是长围久困的方法，不急攻城，只断粮草。他对胜利十分有把握："已将该城围困，内外不通，成功在即矣。"[30]

前两个月发生在安庆城中的人相食，现在又发生在杭州，而且有过之而无不及。安庆被围两年，而杭州仅仅被围两个月就已经出现一片惨状，主要是杭州城中的军民数量远远超过安庆城内的人口数。城中的粮草很快被消耗殆尽。军民饥不择食，把看着能入口的东西都吃了个遍，一位亲历杭州围城的绅士华学烈记下了城中的惨象："饥民满街市，哀号之声不绝，死者相继于道。凡草根树皮以及水草浮萍、旧牛皮箱等物，无不取食。"当这些东西也都被哄抢食尽后，恐怖的事情发生了，"甚有将人尸分割煮食以充饥"[31]。

杭州城内早已人心涣散，李秀成趁机展开政治攻势，把劝降书射到城中。他的劝降书针对军、民、满、汉不同身份的人有不同的版本，大意是，只要肯投降，我就接受，并保证人身安全。[32]劝降书送得真是时候。十一月二十七日这天，不少守城清军因几天不曾吃东西，实在饿得受不了，晚上来到城门，准备第二天开城投降。[33]

李秀成趁机发动总攻。巡抚王有龄看着如狼似虎的太平军，再看看饥疲不堪的守军，自知胜利无望，准备打开城门，让百姓各自逃难。这时候，杭州将军瑞昌制止了他，说道："弃民是弃城也。"可是此时，杭州军民再也支撑不住，蜂拥夺门而出，一发不可收拾。太平军趁机进入杭州城中。

这一次，太平军没有大开杀戒。李秀成约束好军队，严禁扰害杭州百姓。

巡抚王有龄给李秀成写过一封信，请他在城破时不要杀害城中百姓。

第四章 金陵困局 　227

李秀成说到做到，他对这位坚守到底的王巡抚颇有好感，亲自来到巡抚衙门，想劝降王有龄。可惜，王有龄早已身死。他本想服毒自杀，可是吞了几次毒药都没有成功，便在书房上吊自尽。李秀成看了尸体，叹了口气，命人装殓厚葬。

然而此时，杭州攻坚战并没有完全结束。当时的杭州城有两部分，外城是杭州城，内里还有一个满城，这里驻扎着满洲八旗和杭州将军。外城虽然攻下，但是里面的满城还在抵抗。将军瑞昌坚决不投降。李秀成命令猛攻，瑞昌及手下全部死难。

十二月初一，杭州城及内里的满城全部被攻破。

曾国藩收到这一消息时已经是腊月十二日了，前两天，也就是腊月初十，王有龄的"鹄俟大援"血书才刚刚送到他的手里。这一天，曾国藩在日记里写道：

> 浙省自九月廿六日被围，王中丞即登陴固守。城中兵民六十万人，十一月初已饿死三万余人，乃效死弗去，内变不生，延至廿八日，乃以食尽而破。坚守之功，浩劫之惨，闻之伤心酸鼻。[34]

夜深难寐，曾国藩想到浙江和皖南等地的战事不顺，心中茫然，再次怀疑天意，他接着写道："念浙中贼多如故，徽州又危急如此，天意茫茫，莫知所届，忧皇无已！"[35]

不过，有史者认为这是曾国藩假惺惺的哀叹，正是其本人有意延迟救援才导致杭州粮尽城破，宛如当年何桂清、王有龄对待罗遵殿那样。* 但也有学者并不赞同此论，理由是曾国藩在收到杭州告急之信后，立即写信催促在江西、浙江边界的左宗棠迅速驰援，只因李秀成派军阻击，才导致左军无法及时赶到。

---

* 有史者分析，曾国藩早就对浙江垂涎三尺，而浙江巡抚王有龄并不是自己人，而是之前政敌何桂清的部下；当他收到王有龄的求救血书后没有派出援军，反而坐看杭州被李秀成吃掉，然后曾国藩再伺机派自己的部队收复杭州，以作为湘军的地盘。这是曾国藩要借刀杀人而扫除异己。见崔之清主编：《太平天国战争全史》，南京大学出版社2018年版，第2206页。

笔者无意在这里去评价曾国藩的用意，这不是本节的重点。有一点是可以肯定的，曾国藩的确认为王有龄不适合继续担任浙江巡抚。朝廷曾向曾国藩征询王有龄是否胜任浙江巡抚的意见，曾国藩回奏称王有龄虽有筹饷之才，但整体上"不谙军事"，作战不讲战略，但求速效，冒奏饰功；而且在官场上树立党羽，袒庇私党，也处理不好与士绅的关系。以王有龄之才，在贼氛正炽之时，难胜浙抚重任。[36]

浙江位于金陵南路，是重要财赋区。攻下安庆之前，由于皖南、江西等处敌情不断，曾国藩不敢贸然派军入浙江，担心粮路补给难以维系，造成孤军深入。安庆城克复后，皖赣一带后路渐固，曾国藩把金陵南路的重要任务交给了左宗棠。咸丰十一年的九月，曾国藩命左宗棠率本部人马集结于广信，开始向浙江进军。这既是与太平军争夺重要的米粮财赋区，也是牵制太平军，对围攻金陵进行的战略策应。十一月，曾国藩受命节制浙江军务，他便按照计划奏请命左宗棠督办浙江军务，提镇以下归其调遣，并准其自行奏事。李秀成攻克杭州，巡抚王有龄身死后，曾国藩借机奏请命左宗棠为浙江巡抚，让他军财两政一起抓。因此，曾国藩虽认为王有龄不适合浙抚重任，但并没有正式弹劾王有龄以去职，杭州城破，王有龄自杀，正好为曾国藩重新派人担任浙江巡抚、部署南路战略方案提供了机会。

左宗棠具有雄才大略，战功卓著，他自能在浙江独当一面。这是曾国藩安插在南路的重要一步棋。

03 上海告急，淮军入沪

咸丰十一年（1861年）十二月，杭州城被攻下后，李秀成立即兵分五路进攻上海。上海局势迅速紧张，官绅派出钱鼎铭来安庆请兵。

上海位于长江之尾，黄浦江边，是鸦片战争后开设的第一批通商口岸。凭借独特的地理区位和广阔的经济腹地，上海逐渐超越广州，成为晚清第一大港口，也是当时经济最发达的地区之一。由于上海有大量外国人居住，太平军不敢贸然进攻。咸丰十年，李秀成曾率军抵达上海，与守城清军和外国武装力量短暂交火后，即行离去。上海一直处于战火边缘，时刻被战云的恐怖氛围笼罩，尤其是李秀成在浙江大规模用兵，让上海的战事一触即发。不过，上海防守力量不足，战无将，守无兵。官、绅、商三界人士十分忧心，他们未雨绸缪，早在十月就派钱鼎铭前往安庆，向曾国藩求援。

钱鼎铭，号调甫，江苏太仓人，道光二十六年（1846年）举人。他曾跟随父亲*办理团练，是吴中豪俊，敢作敢当。上海小刀会起义时，钱鼎铭出力甚多，率领团练部队规复嘉定城。后来父亲去世，丁忧在乡，太平军二破江南大营后，钱鼎铭跟随江苏巡抚薛焕到上海做事。

咸丰十一年十月十六日，钱鼎铭第一次带着书函，冒险乘坐外国商船，溯江来到安庆。他见到曾国藩后立刻向他陈明吴中的危局："上海危在旦夕，战火一触即发，百姓命悬一线！上海中外互市以来，关税收入甚巨，万不可弃入贼人之手啊！"[37]钱鼎铭说到情真之处，居然痛哭流涕，一把鼻涕一把泪。《清史稿》记载，他"策画数千言，继以痛哭"。[38]

听着钱鼎铭的哭诉，曾国藩未发一言，但是内心却十分难受，眼前这位求援者让他联想到了《左传》里"包胥秦庭之请"的故事。他在当天的日记中写道："钱君在坐次哭泣，真不异包胥秦庭之请矣。"[39]

申包胥是伍子胥的好朋友，二人都是楚国人。伍子胥因父亲为楚王所害，发誓一定要灭掉楚国。申包胥说："你能灭掉楚国，我就能复兴楚国。"后来，伍子胥依靠吴国军队打败楚军，楚王在外逃难。申包胥跑到秦国求救，秦王并不想救，说："你先到驿馆休息一下。"申包胥说："我的国君还流落在草莽之间，作为臣子岂能安眠？"申包胥靠在墙边大哭，哭声不断，连续七夜，不吃不喝，直到把秦王感动了。[40]最终秦王答应派兵救援，有一种说法是，秦王为此做了一首诗，就是那首"岂曰无衣，与子同袍"的《无衣》。

---

* 钱宝琛，钱鼎铭之父，字楚玉，历任浙江粮道、云南按察使、浙江布政使、湖南巡抚、江西巡抚，道光二十一年调湖北巡抚，未赴移疾归。

钱鼎铭拿出了申包胥七日哭秦的决心，接下来的几天，他都跑到曾国藩帐中哭诉上海危急。五天以后，曾国藩在日记又写道："钱苕甫〔鼎铭〕来，久谈，语次，声泪俱下，叩头乞师，情词哀迫，余愧无以应之。"[41] 不是曾国藩不想发兵救援，而是他无兵可发。当时东线战场处处响警，处处需用兵。

如今，杭州已经丢失，面对钱鼎铭的第二次请兵，曾国藩再也不能不管上海。"上海一县，人民千万，财货万万，合东南数省，不足比其富庶，必须设法保全。"[42] 曾国藩也承认，上海不仅战略位置重要，而且经济发达，是重要的军饷来源地。曾国藩本想让九弟曾国荃前往上海，开辟东路根据地，取上海财富为军需。但是，曾国荃志不在此，不愿前往上海，只想全心全力攻下金陵城。

曾国藩想到了一位合适人选——得意门生李鸿章。

李鸿章，字少荃，安徽合肥人。他与曾国藩的渊源较深，是曾国藩的"年家子"*。李鸿章比曾国藩小十一岁，二十三岁时，李鸿章跟随曾国藩学治学之道，据说当年曾国藩正害病，李鸿章在床前端汤送药，照顾殷勤。李鸿章得到曾国藩的言传身教，曾国藩对李鸿章的才气颇为称赞。太平天国运动兴起时，李鸿章和曾国藩分别在安徽和湖南办理团练，二人时有书信往来探讨军情，但是互不相属。不幸的是，李鸿章在安徽的团练事业很不成功，东奔西走五年之久，毫无建树，反而败仗连连。咸丰八年，太平军再陷庐州（今安徽省合肥市），李鸿章携家出逃，颠沛飘零，他沮丧地写下"昨梦封侯今已非""归老湖边埋姓字"等诗句。咸丰九年底，李鸿章投奔曾国藩，成为他的一员幕僚。此时二人的关系更进一步，朝夕相处中李鸿章受曾国藩的影响很大，思想、行事甚至生活习惯都有很大改观，同时李鸿章才思敏捷，能谋善断，也是曾国藩的好帮手，很受曾的倚重。

然而，李鸿章依靠曾国藩，并不代表事事依从他，二人也常有分歧。

---

* 曾国藩和李鸿章的父亲李文安同一年考中进士，互称"同年"。因此，李鸿章就是曾国藩的"年家子"。

尤其是在咸丰十年曾国藩弹劾李元度这件事情上，李鸿章坚决反对弹劾，拒不拟写奏折，并一气之下离开祁门大营。一年之后，二人重归于好，曾国藩又邀请李鸿章回幕，对其倚重如前。

在上海告急之时，曾国藩与李鸿章商议对策，问其是否愿前往上海一带防守，并伺机从东路进军金陵，李鸿章欣然应之。于是，李鸿章自立门户，创建淮军之路就此开启。

应曾国藩要求，李鸿章先回皖北招募淮勇五营，于同治元年（1862年）正月初四带至安庆。曾国藩亲自为其制定营制和营规，其中器械之用、薪粮之数以及训练方法等都仿照湘军章程。同时，曾国藩还划拨八营湘勇归李鸿章统领，其中包括让自己的两营亲兵充任李鸿章的亲兵。[43]李鸿章统带的总兵力为十三营，共六千五百人，他们构成了淮军的最初班底。这支军队日后在近代史舞台上大显身手。

钱鼎铭等上海绅士筹集了十八万两船费，租用七艘洋轮船，分三批将李鸿章的军队由长江水路直接运送到上海地区。同治元年三月初八，李鸿章率领三千人为第一批从安庆登船，四天后抵达上海。接着，剩下两批于三月中下旬先后登船抵达上海。这样一来，在上海集结的淮军有六七千人。这期间李鸿章在曾国藩的保举之下署理江苏巡抚，独当一面，全权负责江苏军政事宜。

值得说明的是，在李鸿章率军抵达上海前，为了防御太平军的进攻，上海商人筹资招募中外人士组建了一支中外混合的部队，取名"洋枪队"，后改称"常胜军"，同时上海官绅与在沪外国人还成立了"中外会防公所"，甚至危急时刻英法军队也直接参战。第二次鸦片战争后，清政府与英法等国签订条约，英法等放弃在清政府和太平天国之间的中立，转而支持清政府，与之共同对付太平军。李鸿章率军来沪后势必要与外国人交涉，并会与常胜军协同作战。曾国藩告诫李鸿章，与洋人交往注意四点："曰言忠信，曰行笃敬，曰会防不会剿，曰先疏后亲。"曾国藩首先以《论语》中的"言忠信，行笃敬，虽蛮貊之邦行矣"来指导李鸿章待洋人亦要"忠信笃敬"；其中，"会防不会剿"是指与英法军队合作中只限于会同防守上海，不能与之共同进剿苏、常等地；而"先疏后亲"则是让李鸿章先独剿一二处，取得战绩，不被洋人嘲笑后，再与之合作。可见曾国藩对李鸿章在东路的行动倾力相教，密切关注。李鸿章与常胜军一边合作，一边防范，在东路的军事进展十分顺利，成为围攻金陵战略的重要一环。

由此可见，在浙江、上海等处纷纷告急时，曾国藩不得已主动进取，布远势，命左宗棠在南路、李鸿章在东路对金陵进行战略包抄。当然，围攻金陵最重要且直接的步骤，还是"以上制下"从西路进攻。那么，这一步该如何部署，挑选哪一个统帅来担任主攻任务呢？

04 曾国藩围攻金陵的部署

从安庆到金陵，不过三百公里，走水路颇顺，朝发夕至。但是这三百公里，曾国藩指挥各路大军却走得异常小心。因为他知道金陵城大垒坚，各路太平军仍然活跃且强悍，进攻金陵不是一件易事，必须从东、西、南、北全方位布局，各路大军协同配合才行。

同治元年（1862年）二月初二，龙抬头这天，曾国藩上奏《遵旨统筹全局折》，详细说明进攻金陵的部署方略。总方针依旧是一个"稳"字：

> 惟用兵之道，可进而不可退，算成必兼算败。与其急进金陵，师老无功而溃退，何如先清后路，脚跟已稳而后进？[44]

求稳是曾国藩一贯的做事原则。经过多年教训总结，每战之前，他必详尽计算，把成功因素和失败因素充分比较，确保必胜之后才行动。这也是传统兵法要求的，《孙子兵法》开篇就强调从多方面"计算"参战各方的实力，确保胜算后再行动。曾国藩用兵严遵此道，忌"急"，求"稳"，先清后路，站稳脚跟，后图进取。

其实，他也不是没有冒进过，但是孤军深入、后路空虚的后果总要用血的代价来偿还。咸丰五年（1855年）的湖口之败、咸丰八年的三河丧师，每一场失败都让之前的努力前功尽弃。曾国藩无法忘记这些教训，与其战败后从头再来，还不如放慢脚步，保证后路，站稳脚跟。

因此，曾国藩对金陵的进攻策略还是之前他向咸丰皇帝建议的八个字："欲拔本根，先剪枝叶"。调集各路部队，齐头并进，相互协调策应，这样才是不败之道。

曾国藩将大军分为四大路，具体部署如下：

南路，曾国藩举荐左宗棠为浙江巡抚，督办浙江军务，设法规复杭州，牵制太平军的李世贤部，并屏障江西。

东路，由李鸿章率领新练淮军和部分湘军，进至上海、太湖等地，和英法军队及常胜军共同防守上海，图攻苏州、常州等地，在东边牵制李秀成部的同时，确保上海的财源。

北路，由多隆阿率军进攻庐州，追击残余的陈玉成军，扫除江北的威胁；完成任务后，向南进攻金陵北边的九洑洲，策应其他部队对金陵的围攻。此外，还有李续宜率本部人马，在皖北进援颍州。

西路，由曾国藩坐镇安庆，指挥湘军水陆大军，沿长江以上制下，向金陵推进。西路是全军的重中之重，直接担负起直捣金陵的任务，为此，曾国藩又将西路分解五道，协同作战：

第一道，由沅弟曾国荃率领两万人，沿长江北岸向东推进，经巢县、含山、和州等处，直插金陵。第二道，由季弟曾贞干率军渡江以南，为南岸左翼，扫荡芜湖一带后，向金陵推进。芜湖是南岸重镇，拿下芜湖后，西路进攻金陵之师将更为易进，既无后顾之忧，转运接济也更为顺利，曾贞干和水师可以全力协助曾国荃进攻金陵。第三道，由鲍超率霆军为南岸右翼，自铜陵向宁国进攻，牵制太平军杨辅清等部，策应曾国荃、曾贞干进攻金陵。第四道，由彭玉麟、杨载福率领湘军水师沿江东下，协助陆军进攻两岸，同时转运粮草物资，保证接济。第五道，曾国藩令张运兰等部扼守婺源白沙关一带，北屏皖南，西固景德镇与湖口之防，防止浙江太平军攻入江西。

围绕金陵的东、西、南、北四个方向均被曾国藩布下重兵，统计各路共有十道军队（见表1）。这样一来，四面十道大军各有分工，相互配合，连为一气，有担负主攻任务的，有负责牵制敌方兵力的，有保证军需、转运粮草接济的，有确保后路安全的。曾国藩希望各路彼此策应，就像张开的几双大手扑向金陵城。除此之外，朝廷还命曾国藩节制大江南北的其他四道部队，有在皖北协攻庐州的袁甲三，在江北防守江浦的李世忠，驻守扬州的都兴阿，还有在江南镇守镇江的冯子材、魁玉。

表1 曾国藩围攻金陵的部署

	将帅	兵力人数	任务	路线
西路	曾国荃部	初时二万人，后增加到五万人	走长江北岸，直捣金陵，兵进雨花台	铜城闸（三月十八）—雍家镇（三月十九）—巢县（三月二十）—含山—和州（三月二十二）—裕溪口（三月二十三）—西梁山（三月二十四） 太平府（四月二十）—周村（四月二十八）—板桥—秣陵关（五月初一）—大胜关（五月初二）—三汊河—雨花台（五月初三）
	曾贞干部	四五千人	走长江南岸左翼，扫荡芜湖，协助曾国荃进攻金陵，加入曾国荃阵线	旧县—荻港—三山（三月十三）—繁昌（三月二十一）—鲁港—南陵—芜湖（四月二十二）—三汊河之江东桥
	鲍超霆军		走长江南岸右翼，攻青阳、宁国，牵制皖南的刘官芳、杨辅清、黄文金等部	青阳（三月十六）—石埭（三月二十一）—太平县（三月二十二）—泾县（三月二十八）—宁国
	杨载福、彭玉麟水师		走水路，助攻两岸及金陵，主持运转接济	金柱关（四月二十一）—东梁山—烈山—大胜关—头关—江心洲—天京护城河口
	张运兰、易开俊、唐义训、朱品隆		扼守皖南婺源白沙关，以防浙江太平军入赣（防守徽州后路，助攻宁国）	婺源—旌德
东路	李鸿章部（同治元年三月任江苏巡抚）	淮军、湘军共六千五百人，配合有苏军、常胜军	守卫上海，进攻吴中	由上海进攻吴中
	黄翼升	水师四营	配合李鸿章进攻吴中	

(续表)

	将帅	兵力人数	任务	路线
南路	左宗棠部（咸丰十一年十二月简任浙江巡抚）	初时约一万人，后扩军至两万	规复浙江，牵制侍王李世贤部	
北路	多隆阿		围攻庐州，牵制陈玉成兵力	四月十五日攻克庐州
	李续宜		留守皖北，进援颍州	
节制兵力	袁甲三		于皖北协助多隆阿攻庐州	
	李世忠（降捻）		于江北，防守江浦	
	都兴阿		于江北，驻守扬州	
	冯子材、魁玉		在江南，镇守镇江	

后世史家对曾国藩的"四面包围，十道出击"的部署赞誉极高，称其稳健缜密，长江下游地带各军遥相呼应，互为牵制，使整个战场连成了一体。这是曾国藩"稳慎"战略思想的最完整体现。[45]

曾国藩已经不再是昔日"客寄虚悬"、受人排挤的无衔将领了。他是两江总督，节制四省军务；不仅如此，他在金陵周边各个重要的职位都安排上了湘军派系的人物，比如左宗棠任浙江巡抚，李鸿章任江苏巡抚，李续宜为安徽巡抚，曾国荃也升任江苏布政使。因此，在这样的人事基础上，他能够做出宏大的部署安排。此外，上海、广东、四川、湖北、湖南、江西等省在后方为他提供大量的补给。此时曾国藩的权势之大、责任之重，看似达到了无以复加的地步，《曾国藩年谱》评论道："十道并出，皆受成于公。公建节于安庆，居中控驭，广轮数千里。……军书辐凑，英彦风驱，上而朝端倚畀之隆，下而薄海想望之切，洵千载一时矣！"[46]

如今用来描述他官衔的字数越来越多：江南钦差大臣、兵部尚书衔、两江总督、协办大学士……但是，曾国藩并没有为此沾沾自喜，反而有些担心、忧虑。他在日记中写道："古之得虚名，而值时艰者，往往不克保其终，思此不胜大惧。"[47]"责任艰大，才智不称，精力日疲，可忧之至。"[48]

当看到公牍中所刻自己官衔的文字过多时，他急忙让人删去十四个字另刻，还题了一首打油诗自嘲："官儿尽大有何荣？字数太多看不清。删去几条重刻过，留将他日写铭旌。"[49]

不过，真正让曾国藩忧心的，还是战略部署的推进情况。再周密的部署也会有疏漏，他的"四面十道"部署很快在实施中出现了意外，一度岌岌可危。

05　兵进雨花台

同治元年（1862年）二月二十四日，安庆公馆。

这天中午，曾国藩出城来到长江边上，为九弟曾国荃送行。[50]

曾国荃早已命令部队拔营整装，次第出发。目前他的部队由新旧两部组成，旧部是跟随他围攻安庆的吉字营老部，共一万多人；新部是他从湖南老家新招募来的，共八千人。旧兵新勇加起来共约两万人，早已经休整训练完毕，曾国荃将率领他们驰奔下游，直捣金陵。

刚从湖南老家休假归营，曾国荃精力充沛，意气风发。他自信满满，认为只要快马加鞭，金陵便可指日而下，届时自己和兄弟们也将功成身就。[51]

不过，这种志得意满的心态却让曾国藩极为担心。曾国藩认为何日城破，何时功成，都是天意，凡人只能做好应做之事，切不可代天主张，要避免"事求可、功求成"的心态。于是，早在江边送行之前，曾国藩再一次对着弟弟絮絮叨叨地讲老庄自然之趣，嘱咐他一定要"游心虚静之域"。[52]

不知道意气风发的曾国荃能听进去几分，但接下来的战事发展之顺利、行军之迅速，让他再也无法游心于虚静之域。

二月下旬，曾国荃所部从安庆向东北出发，三月中下旬就攻占了要塞铜城闸和雍家镇，二十日占领巢县县城，同时攻下东边的含山县；二十二日攻克和州；二十三日占要塞裕溪口，二十四日攻西梁山。出兵一月之间，曾国荃一军在水师配合下竟然攻下三城四隘，进军之速超出了曾国荃、曾国藩的意料，也打破了曾国荃的作战纪录。[53]

目前，与曾国荃隔江而望的就是金陵城了，只要渡过长江便可开启进攻金陵之战。

不过，曾国藩认为曾国荃此时应该放慢脚步，等待其他部队到达指定位置后再进攻金陵，以做到稳中求胜。他命鲍超、曾贞干等南岸部队加紧会攻鲁港、芜湖等地，在长江南岸策应声援曾国荃。同时，他建议曾国荃守住巢县、和州、西梁山等地后，不要急着南渡长江，而应派部队帮助多隆阿围攻西边的庐州，让多隆阿尽快扫清后路，兵进九洑洲，策应他进攻金陵。[54]

其实多隆阿的进军也比较顺利，还没有等曾国荃分兵策应，四月十五日他就攻下了庐州，北路已然扫清。曾国荃认为既然庐州已下，北路已清，多隆阿自会引兵攻打九洑洲，因此，他便在四月二十日引兵南渡长江，继续向金陵进发了。

南岸的曾贞干部也传来捷报，他由荻港、繁昌向芜湖进军，四月二十二日攻下芜湖。芜湖是长江南岸重镇，它被湘军攻占后，使得曾国荃更无后顾之忧，湘军水师可直接从安庆经芜湖抵达金陵周边，接济前线部队的粮草。

看着两个弟弟在大江南北两岸进军如此顺利，曾国藩又欣慰，又担忧。他总觉得后路根基不稳，部队中有不少新募之兵，其他部队跟进不及时，很容易出危险，因此劝他们一定要稳，一定要和水师坚守芜湖、太平、金柱关*等处，修养锐气，不要急于进兵。等鲍超扎围宁国，多隆阿兵至九洑洲，再来和各路协同而进。[55]

然而，曾国荃跃马扬鞭，只想快、快、快，根本不听曾国藩缓打稳健的劝告。五月初一，他攻占江宁的秣陵关，初二进占大胜关、三汊河；与此同时，彭玉麟也率水师进发，攻占江宁的头关、江心洲、蒲包洲，进入

---

* 金柱关在安徽省太平府当涂县西。——编注

金陵的护城河。在水师的助威下，曾国荃长驱直入，在五月初三进扎金陵城南的雨花台下，距金陵城墙只有不到四十里。

兵进雨花台，算是打响了围攻金陵的"第一枪"。然而当曾国藩听说时，他"既以为慰，又以为惧"[56]，为沅弟卓越军事能力感到欣慰的同时，也对他的军事处境充满担心。其实，他的"惧"远甚于"慰"，因为金陵地势宏敞，远非别处可比，曾国藩原计划安排至少三支部队同进同围金陵：一路从南路的太平、采石进攻，一路从东边的句容、淳化进军，一路从西边浦口、九洑洲进军。如今只有曾国荃一支部队孤军独进，从南路插入雨花台，没有东西两路的协同，他随时可能会被城内外敌军夹击而败。同时，曾国藩担心上游南陵等地兵力不足，敌人会抄后路，威胁江边的粮道。[57]

为了避免孤军深入的处境继续恶化，曾国藩再三警告国荃、贞干两兄弟，一令曾国荃不要再谋进取，暂时屯扎到周村一带，等待多隆阿的到来。二令曾贞干守卫金柱关、太平等后路，谨防敌军进攻江边，阻断粮道。[58]

曾国荃倒是认为哥哥多虑了，自己的部队只不过比其他部队早一点到达预定地点，不需要如此焦虑。多隆阿已然攻下庐州，莫非他还能不来围攻金陵，进扎九洑洲吗？

06　多隆阿临阵退出

确实，多隆阿还真的不想来金陵。

多隆阿虽不是湘系将领，但他率领的马队已经成为湘军作战的重要协同部分，经常担任"围城打援"中关键的"打援"任务。安庆大战中，正是他坚守城北的挂车河阵地，牵制住了陈玉成的大量兵力，为曾国荃攻下安庆创造了条件。

安庆城破后，曾国荃东进直捣金陵，多隆阿则北上追剿陈玉成残部。

陈玉成在安庆大战失败后，心灰意冷，跌到了人生冰点。他本是太平天国后期的中流砥柱，是与李秀成并列的两大名将，年纪轻轻却英姿勃发，颇有军事天赋。他所领数万雄兵全是太平军精锐中的精锐，三年来东西转战，所向披靡，显示出巨大军事威力。

陈玉成始终坚守上游的安庆门户，极力经营皖北地区，三河一战歼灭湘军悍将李续宾部，使天国政权几度转危为安。

然而，安庆大战让陈玉成尽失兵团精锐，也失去了安庆根据地。金陵上游门户洞开。天王洪秀全震怒，陈玉成也遭到严惩，被褫夺了英王爵位。

据李秀成说，当时的陈玉成"心烦意乱，愿老于庐城"[59]。这一年，陈玉成只有二十六岁，这个"老"字不做"终老"讲，而是指他固守庐州，不求进取。毕竟多年经营的根据地和军队毁于一旦，家人被杀，他需要一段低迷和彷徨的时间来调整心态，之后重整旗鼓，再争河山，也不是不可能。

然而，他的对手多隆阿并没有给陈玉成充足的时间让他重整旗鼓。多隆阿一败陈玉成于三桥头，攻陷桐城，二败陈玉成于蜡树窠，攻陷宿松。接着，多隆阿步步为营，渐次逼近庐州，把陈玉成团团围在城内。

陈玉成困守庐州，粮草渐渐耗尽，他连发三道紧急文书向各方救援，却怎么也等不到援军，因为这些文书全部被官军截获，未能送出。孤城，粮尽，援绝。昔日的英雄眼看着要成为阶下囚了。

就在此时，陈玉成收到了一封信，来自寿州的苗沛霖。苗沛霖是捻军将领，曾经在捻军、清军和太平军之间降降叛叛，反复多次。他正在安徽中部的寿州，就在庐州的西北边。

苗沛霖给陈玉成写信说："孤城独守，兵家所忌，以英王盖世英雄，何必为这股残妖所困。我在寿州有四旗人马，每旗三十万人。请英王速来寿州，你我联合攻打河南开封。若得开封，则黄河以南、长江以北尽我所有，何愁大事不成？"

陈玉成颇为心动，他曾经也有以攻下开封为战略目标，拿下河南，继续向北进取的心思。此时苗沛霖的邀请正中下怀。可是，手下们纷纷劝阻他，称："闻苗雨三已投胜妖（即胜保），此人反复无常，诚小人之尤者。依愚见，万不宜去。"谈来谈去，陈玉成的部下均不同意。这个时候，陈玉成的大将风度来了，当断则断，大声说："本总裁自用兵以来，战必胜，攻必取。虽虚心听受善言，此次你们所说，大拂我意。"

他执意北去寿州。四月十四日夜晚，陈玉成亲自率军攻破城门外清军的三座堡垒，突围撤退，前往寿州，去寻找等着他的苗沛霖。多隆阿一面指挥部队架云梯爬墙进行强攻，一面命马队追击陈玉成。

四月十五日，多隆阿正式攻占庐州城。

陈玉成经过三天的急行军，来到了寿州城下，把三四千名的精英卫队安置在城外，只带着二十多名随从进入城中。

可是城内等着他的，不是好酒好菜，而是苗沛霖安排下的刀斧手。原来，苗沛霖早已投降清军胜保部。胜保是清朝的一员猛将，在淮北一带对付捻军和太平军。苗沛霖和胜保定下了诱降计策，以巧计活捉陈玉成。

陈玉成确实大意了。二十多名随从力竭被擒，陈玉成被当场活捉，押送到胜保的军营中。那天胜保军营之中，旗帜枪炮排列森然，将、官、兵、士位立两旁。胜保高坐帐中，大声呵斥陈玉成下跪参见。陈玉成昂然说："你本是我的手下败将，在我面前装什么！"胜保说："那你为什么被我擒来？"[60] 陈玉成说："尔胜小孩，在妖朝第一误国庸臣。本总裁在天朝是开国元勋，本总裁三洗湖北，九下江南。尔见仗即跑。在白石山踏尔贰拾伍营，全军覆没，尔带十余匹马抱头而窜。我叫饶尔一条性命。我怎配跪你？好不自重的物件！"据史籍记载，此时胜保默然不语，命人好吃好喝招待陈玉成，并设法劝降他。陈玉成严词拒绝："本总裁只可杀，不可辱。势已至此，看你如何发落！"[61]

之后，胜保将陈玉成押送北京，行到河南延津时，朝廷担心夜长梦多，下令将陈玉成就地处决，并将他的首级转传各地。

一代青年名将就此陨落。多隆阿拿下庐州，大败陈玉成军团，对太平天国是一个重大打击。从安庆、到庐州、再到天京，广大三角腹地的失守使得太平天国丧失了尤其重要的财赋重地。从此，太平军再也无法在长江之北组织起大规模军团来牵制湘军，屏障天京了。正如陈玉成在被擒后所说："太平天国去我一人，江山也算去了一半。"[62]

多隆阿凭此战更加威名远震。根据作战计划，此时他应该按照曾国藩的部署兵进九洑洲，会攻金陵城。但从四月十五日攻占庐州至五月中旬这一个多月的时间里，多隆阿迟迟没有东进。他有了西入陕西的念头。陈玉成残部和部分捻军联合窜入陕西，多隆阿想趁机向西追击，放弃与湘军会攻金陵，拒绝东进至九洑洲。

曾国藩觉察到多隆阿的心思，想到曾国荃仍在孤军深入，于是在五月十八日这天，他怀着急切的心情写信给多隆阿，近乎讨好般地催促多隆阿东来会兵：

> 以时势而论，用兵十载，军威之盛，未有如本年三、四两月者。今北岸全为我有；南岸太平、芜湖既克，亦有建瓴之势。惜城大兵少，洪贼见惯不惊。若得雄师从北路进攻，则扼其吭而拊其背，可期得手。此时不图，以后再求机会如此凑合，恐不可得。[63]

曾国藩先给多隆阿画了张大饼，称今年乃十年来最有利的战局，是进攻金陵的最佳时机，且强调机会稍纵即逝；接着，曾国藩拍多隆阿的马屁，强调其能力强，作用重要，只有他从北路进军，"扼其吭而拊其背"，才有可能攻下金陵。

不过，多隆阿并未被言语打动，还是执意向西。那么问题来了，攻下金陵是很多人梦寐以求的不世之功，为什么多隆阿不配合曾国藩的部署，反而向陕西移军呢？有学者认为，这是因为多隆阿不甘成为曾国藩兄弟的利用工具，他们只让多隆阿出力，却不与他分功。[64]

那么，在与湘军合作的过程中，多隆阿是否的确出力多，而获赏少呢？

出力多毋庸置疑。多隆阿作战勇猛，且部队中骑兵多，机动能力强，每次他都承担起较为艰巨的任务。那么获赏是否少呢？他的功劳是否有被曾氏兄弟强占？我们对比安庆大战后朝廷给双方的封赏，便可知晓。

安庆城破后，咸丰十一年（1861年）八月二十五日，朝廷论功行赏。多隆阿"赏给云骑尉世职"[65]。"云骑尉"是清朝武散官名*，为五品爵

---

* 散官是中国古代用以表示武职官员身份等级而无实际职事的一种官称。分为数阶，亦称武官散阶或武阶官。

位,而非官位;"世职"意思是可世代传袭。因此,多隆阿获得了一个可世袭的五品爵位,不过这仅是一种荣誉,官职和权力并没有因此而提升。

曾国荃"赏加布政使衔,以按察使记名,遇缺提奏"[66]。"布政使"为从二品的省级大员,但是加一"衔"字,就变成了虚职;"按察使"为正三品的省级大员;"记名,遇缺提奏"意思是先在吏部或军机处报备登记,等有空缺时再提奏补上。总体来看,曾国荃所获赏赐也都是虚衔,但与他之前正四品的道员身份相比,确实有了不小提升。

因此,如果仅就这一次封赏来看,多隆阿的获赏比曾国荃的略有逊色。不过,朝廷对多隆阿的恩赏并没有结束,很快更多的封官加爵来了。

十一月初七,奉上谕"正红旗蒙古都统员缺著多隆阿补授"[67]。"都统"为八旗兵制中一旗的最高长官,为从一品。十一月十六,又奉上谕"荆州将军著多隆阿补授"[68]。

由此来看,多隆阿在安庆大战后经过一系列封赏,从副都统升到了都统,并担任荆州将军,再加上云骑尉世职,无论虚衔还是实职和权力,都比曾国荃强得多。史料里称多隆阿:"不一岁而已三迁,其勋业冠世,为圣主眷顾如此。"[69]

再看曾国藩的封赏,他仅被加封"太子少保衔"。而胡林翼和官文则被加封"太子太保衔",且胡林翼还获赏"骑都尉世职"。二人所获封赏都比曾国藩的要多。

因此来看,曾氏兄弟在安庆战后所得赏赐比起其他人,并没有很多。称曾国藩他们强占他人功劳,引起多隆阿不满,不符合史实。

多隆阿究竟为什么放着攻克金陵的大功不要,执意向西入陕呢?

《湘军志》中有这样一句话,可以提供蛛丝马迹:"国藩飞书约会兵,多隆阿素以文官不可亲,且己不识汉文,而亦恶儒吏,即报国藩,言军事权宜专一,以微示不与曾国荃同处。"[70]

这句话从多隆阿的性格喜好、与曾氏兄弟的关系和作战的风格等三方面给我们提供了线索。

在性格喜好上,多隆阿曾被胡林翼评价为"勇而忮",即性格刚猛,但极度自负,自尊心和嫉妒心强,不甘久居人下;而且武将出身的他,不

第四章 金陵困局

识汉字，不读诗书，看不惯做事斯文、满口之乎者也的文官儒吏。而"儒吏"就是指曾国藩、曾国荃等文官将领。

在多隆阿与曾氏兄弟的长期交往中，双方的矛盾愈积愈多。在太湖之战时，曾国藩不仅反对胡林翼将帅权总归于多隆阿，而且称"多公忮薄，非能统众将之人"[71]。这种对其品性的微词，想必会在日后或多或少地传入多隆阿耳中，让他耿耿于怀。而且，事后曾国藩并不积极改善与多隆阿的关系，甚至极少与之通信问候，只在需要他帮忙时才写信。*在战略决策的安排上，曾国藩不与之商量，总把最艰巨、最困难的任务布置给多隆阿。如今攻打金陵，曾国藩又在未沟通的情况下把艰巨的九洑洲一路交给他，让"勇而忮"的多隆阿感到不被尊重。

最后再看多隆阿的作战风格，他坚持"军事权宜专一"，不然各将之间相互掣肘，难以统一作战行动。多隆阿推测曾国藩肯定不会像胡林翼那样把事权统归于自己手中，自己不得不与曾国荃合作，甚至是妥协。这与多隆阿的作战风格极不相称。

此外，多、曾双方之间还缺少类似胡林翼这样的调和者。当年胡林翼努力协调各方矛盾，尽量满足多隆阿的增兵、事权归一等要求。多隆阿与胡林翼之间存在着友情，如今胡林翼去世，他与湘军合作的基础便也减弱了。

尽管攻下金陵为不世之功，但多年以来金陵已经被清军包围攻打多次，清军不但没有最终攻下，反而损兵折将。当下李秀成兵团的势力仍然很大，金陵城外也活跃着多支强大的太平军武装，在多隆阿看来，这一次曾国藩指挥湘军对金陵的围攻也未必能成功，如果失败，自己将引火上身，甚至兵败身亡。

因此，当收到朝廷命他前往陕西镇压叛乱的诏书时，多隆阿选择了义无反顾地西去。

---

* 纵观他与多隆阿的通信，曾国藩居然在咸丰十一年四月才给多隆阿写第一封信，感谢多隆阿在安庆之战中两次挫败陈玉成，保障了曾国荃的安全。又过了四五个月，曾国藩才给多隆阿写第二封信。从如此稀疏的书信交流中，也可以看出两人关系一般，曾国藩没有像胡林翼那样主动改善和维护与多隆阿的关系。

多隆阿的离开对曾国藩无疑是重大打击，他的部署失去了一支劲旅，曾国荃陷入了孤军深入的境地。在庞大的金陵城下，曾国荃、曾贞干兄弟只能靠他们自己来抵御强敌了。

弟弟在前线浴血奋战，哥哥在阵后焦头烂额，考验曾家兄弟们的时刻又到了。他们即将面临的是李秀成数十万大军的轮番攻击。不过，还没有等李秀成到来，更为强大的敌人却从天而降，使得整个湘军大幅度减员，士兵们无法正常行动。他们必须先处理一场天灾。

07　咸同大瘟疫

同治元年（1862年）七月二十八日，安庆衙署。

夜晚，曾国藩来到庭院，观看星象。一颗彗星出现在北极星座间，此非吉象，曾国藩心以为忧。其实这颗彗星在四天前就出现了，那时光芒尚小，尾芒也弱，但直逼北极星座。这里的北极星座不是现在的北极星，而是古代星象家极为关注的在北方夜空的五颗星。这五颗星各有代表，第一颗星代表太子，第二颗星为帝星，代表皇帝，第三颗星代表庶子，其后代表后宫。彗犯北极，为不祥之兆，尤指宫中之变。这一年里京城政治事变迭出，先有咸丰皇帝驾崩，后有辛酉政变，因此当曾国藩看到这颗有芒的彗星直逼北极时，"心窃骇之"。

近些日子以来，他每晚都邀来幕僚，同观天象。从二十四日开始，他就注意到了一颗彗星。二十六日，彗星光芒渐大，直射帝星。二十七日夜阴云，不见。二十八日这天，彗星已过北极星座中的第一颗星，距离帝星不远。不过有幕僚说，这颗彗星光芒还小，应该不会有什么灾祸。[72]

"天意茫茫"，曾国藩摸不透这颗彗星到底预示着什么，是人祸，还是天灾？然而，确实有一场灾祸悄然而至——大瘟疫正在席卷江南各处。

家人、幕僚、各路将帅相继倒下。陈妾日夜咳嗽，病已深笃。季弟曾贞干得了疟疾，上吐下泻，身体虚弱。曾国藩拿出去年花了一百九十两买的鹿茸，派人送到金陵军营中，让弟弟们配制服用，希望季弟的疟疾病情能有好转。七月初四，曾国藩从书信中得知，皖北的李续宜病得必须扶杖出入；[73]七月十七，他又得信知吴彤云已经疟病垂危。[74]不仅如此，鲍超、唐义训、朱品隆等各处将领都相继病倒。

这是一场波及范围很大、持续时间很长、破坏性很强的瘟疫，史称"咸同之际江南瘟疫"。它从咸丰十年（1860年）夏天开始，到同治元年达到高潮，之后又断断续续地持续到同治三年，主要发生在江苏、浙江和安徽之间。[75]

这场瘟疫的流行病不止一种，而是霍乱、疟疾、天花、百日咳等多种疾病混合并行[76]，因此它的传播性极强，致死率很高，造成的人口锐减用"十室九空"形容一点也不夸张。有学者统计，这是清代江南历次瘟疫中疫死率最高的一次，"疫病死亡人口所占比率大约在8%~15%之间，一般不会超过20%"。但也有极个别地区疫死率高达40%~50%。按这个死亡率（8%~15%）计算，江南十府一州约有数百万人死于疫病。[77]

疫病伴随着旱灾、水灾以及兵祸，对当地百姓的影响极大，关于疫情的记载遍布江南各地的地方志。同治元年四月间，嘉兴有吐泻等病，不及一昼夜即死。夏五月，多地大疫：娄县、上海、川沙、南汇、嘉定、江浦大疫，其中上海霍乱大流行，死者数千人；江浦暴发瘟疫，城乡多狼，食人无算。夏秋以来，常熟时疫流行。六月、七月，孝丰瘟疫，民遭兵戈者半，遭瘟疫者亦半。绍兴六月大水成灾，七月，疫大作，加以穷饿，民死者益多。

据学者考证，这场瘟疫持续五年之久，前后波及三十二县次，疫情主要集中在江宁府、苏州府、松江府、嘉兴府、湖州府和杭州府等地。而这些地区正好是湘军与太平军反复争夺的府县。战争无疑加剧了疫病的传播，病毒随着双方部队的行军和战争难民的流动而传至各地。交通较为闭塞、以往瘟疫较少波及的浙西一带也因数次被太平军攻入而成为重灾区，上海则因为难民大量涌入也不断暴发疫情。这场瘟疫基本随着战场的出现和转移而不断被引发和传播。[78]

战争也自然受到疫情的严重影响。军队中由于人员聚集和卫生条件差，士兵的感染率和死亡率极高，史料记载："秋八月，江南大疫，南京军中尤甚……"[79] 尤其湘军的情况更为严重，太平军因有军医防护而情况稍好。

曾国藩这样描述湘军中的疫情："兄病而弟染，朝笑而夕僵，十幕而五不常爨；一夫暴毙，数人送葬，比其反而半殪于途。"[80] 在军营里，哥哥一得病，马上就传染给弟弟；早上还有说有笑，晚上就撒手人寰。十个营帐中有五个都没有办法生火做饭。一个人突然病逝，其他人前往送葬，返回时有一半人也都倒在路上。

也许曾国藩的描述有些文学的夸张，但是霍乱、疟疾、天花、百日咳等混合起来的多种疫病让湘军兵勇不是上吐下泻，就是高烧不止，或者咳嗽泣血，却也是事实。大批大批的士兵倒下了。

曾国藩络绎不绝收到各处湘军将领发来的疫情报告。在宁国附近的鲍超军中疾疫大作，勇夫感染生病达一万多人，每日病死者多达几十人。在婺源一带防守徽州后路的张运兰、朱品隆、唐义训各军中的感染率为百分之六七十，连张运兰的弟弟张运桂都已经病死。在金陵雨花台曾国荃的部队中也有上万人感染生病。浙江的左宗棠部超过一半的人也在生病，每次出队不满五成。[81] 到了深秋之时，各军将领也或病或亡，李续宜病得身体虚弱，只能拄杖出入；鲍超染病甚重，被送往芜湖养病；张运兰护送弟弟灵柩到祁门，也一病不起；水师大将杨载福也抱重病；自己的季弟曾贞干在金陵城外染病，上吐下泻，卧床不起。更有甚者如猛将黄庆、伍华瀚等都已经病逝。[82]

曾国藩十分忧虑和焦急，他在给朝廷的奏折里写道："天降大戾，近世罕闻。噩耗频来，心胆俱碎！"

他最担心疫情打乱军事部署，让千辛万苦争来的战果毁于一旦。他本希望鲍超攻下宁国后迅速由南进军金陵，缓解曾国荃孤军深入的局面，然而鲍超此时一病不起。他本想让张运兰等部兵驻皖南，抵挡太平军侵入安徽，进攻江西后路，然而张运兰却病倒在祁门，不能回营。

曾国藩束手无策，焦灼万分，"竟日绕屋旁皇，不能作事"[83]。

湘军的医疗体系并不完善，也没有切实可行的防疫治病方法，面对疫情几乎无招架之力。他们能做的只有举行最原始的且带有迷信色彩的"傩礼"*。曾国藩不知道这是否有效,不过他觉得聊胜于无,对弟弟说:"大傩礼神,以驱厉气而鼓众心,或亦足以却病。"[84] 于是,曾国荃、曾贞干在军营中"前建清醮,后又陈龙灯狮子诸戏,仿古大傩之礼"[85]。如今艰危时刻,军队士气最为重要,身能倒,但军心一定不能倒。

当然,此时他最担心的还是九弟曾国荃,如果他也染病,攻克金陵就彻底没了指望。不过上天眷顾曾国荃,"营哨官无不病者,惟统帅曾国荃日夜拊循,独无恙"[86]。很快季弟曾贞干也幸运地从疟疾中康复过来。

转入深秋,他们真正的敌人要来了。

08　雨花台血战四十六天

李秀成来了。

他召集了十三王,率领着二十多万的部队,铺天盖地来了。

当五月初,曾国荃初到雨花台时,李秀成正在松江、上海一带作战,无暇顾及金陵。他认为对于曾国荃的进攻用不着过度惊慌,只要加强城池防御,保证城中供给,让湘军围上一年半载,等他们心生惰意,无战斗之心时,再与之决战,必能一举解围。

身在天京城中的天王洪秀全也不担心。自从太平军定都天京后,这座城池就面临各种围攻。曾经,向荣、和春等率军七万,屯守八年,轮番攻打,却连天京城一座城门都没有攻下来。这一次对于孤军而来的曾国荃部,太平军完全没有放在眼里。

曾国藩在给朝廷的奏折中也说:"曾国荃一军,由太平下逼金陵……屯扎南面一隅。洪逆见惯不惊,似无怔惧之情。"[87]

虽然太平军无怔惧之意,但是曾国藩却忧惧得不行。他被曾国荃轻敌冒进的做法吓坏了。曾国荃率十八营九千多人直插城南的雨花台;季弟曾

---

* "傩礼"是以驱除疫鬼为主要内容的礼仪,历史很悠久,可以追溯到周代。

贞干率十营五千人驻扎西边三汊河、江东桥一带,依水筑垒,保护后路粮道。此外,还有彭玉麟的九千水师沿江策应,进驻金柱关继续向东,拔头关,攻江心洲,夺蒲包洲,其先头部队顺江而至金陵护城河口,游弋于下关江面,保卫前线水路交通,维护粮草补给转运。[88] 深入前线的队伍仅此三支,其他策应部队都因各种原因未能抵达。在曾国藩看来,这两万多人处境极为危险,进无法攻城,退难以自保,俨然成了"呆兵"。

事已至此,曾国藩亟须解决的问题是盘活局面,避免曾国荃孤军深入的局面恶化。

首先,曾国藩以江面为粮路,以水师为纽带,源源不断地向金陵前线调拨军火粮饷,保证接济不断,确保军心不溃。

其次,曾国藩千叮万嘱曾国荃先求自固,不要再展开任何进攻,争分夺秒挖沟筑垒,修建防御工事。沟要挖两道,墙得建两层,前层拒城贼,后层防援贼。曾国藩希望沅弟通过坚固的壕沟营墙变换攻守双方的主客形势,在进攻之前先取守势,让自己立于不败之地。

最后,曾国藩想方设法抽调部队进援金陵,策应曾国荃。多隆阿志在陕西,暂时来不了,他目前最抱有希望的就是鲍超的霆军。霆军也是他本就安排好协同曾国荃进攻金陵的重要部队。曾国藩命令鲍超尽快攻下宁国,然后会师金陵,力解曾国荃的孤军之危。

曾国藩和曾国荃争分夺秒地挽救危局。经过两个月努力,曾国荃一方面抵御城内外太平军的攻击,一面挖壕坚垒,终于形成了"节节严营,壕深垒坚,木桥叠叠层层"的防守阵地。虽然孤军深入的局面没有改善,但是面临太平军的几次冲撞,曾国荃还是站稳了脚跟。

城中的洪秀全慌张起来,他意识到前来的湘军和前几次不太一样。天王飞诏四方,令各部火速回援天京,尤其是对李秀成的军队,"一日三道"催兵符。

在天王严催之下,李秀成不得已从松江撤兵,开始筹划救援天京的计划。他是个优秀战略家,一眼就看出了湘军的软肋是孤军深入、他路无援。针对这种情况,李秀成想出了"分路牵制,合力进攻"的应对策略。

李秀成召集各路人马,兵出三路。一路命辅王杨辅清、堵王黄文金、

第四章 金陵困局

孝王胡鼎文、匡王赖文鸿为联军进攻宁国府，牵制鲍超军队，延缓他与曾国荃会师于金陵；另一路命护王陈坤书率四万大军进攻金柱关，绕攻曾国荃后路，切断他的粮道补给。这两路都是牵制他处湘军，维持曾国荃孤军深入的局面；第三路是最主要的一路，由李秀成亲自率领十三王的兵马，共二十多万人，以优势兵力猛攻曾国荃阵地。李秀成提出"联万心而作一心"，"奋一战而胜万战"，想尽快拔掉雨花台前的这颗钉子。

太平军三路大军几乎同时展开行动。闰八月十三日，护王陈坤书引军进至太平府张公桥，威逼金柱关；闰八月十七日，辅王杨辅清、堵王黄文金、孝王胡鼎文、匡王赖文鸿等四王分路合进，直逼宁国府；闰八月二十日，李秀成率主力联合十三王兵马直接来到了雨花台前。

大战一触即发。

曾国藩得到战报已经在六七天之后。

闰八月二十六日，曾国藩接到鲍超来信，得知霆军已经在宁国府周围与太平军接仗，但初战即败。曾国藩知道鲍超还在芜湖养病，前线由其部下宋国永主持，他担心宋国永不能支撑，忧心如焚，竟夕不能成寐。[89]

第二天，曾国藩收到沅弟曾国荃的信，得知李秀成在二十日已经攻营，猛打季弟曾贞干的江边营垒。江边是粮道关键所在，季弟营中多是新募之兵，又遭疫病。曾国藩"深以为忧，寸心如焚"，真怕弟弟守不住阵地。他一整天都在为金陵和宁国两处军情而焦灼，无奈占了两卦。金陵的卦，"遇否之涣"，宁国的卦，"遇屯之益"。他倒没有在日记中对卦辞做过多解释。算卦也没有缓解他的焦虑，从早到晚他都"行坐不安"。[90]

各处部队都被敌人或者疫病牵制住了，曾国藩只能派一百多人帮助曾贞干去守江边。然而对于二十多万敌军，这百人的援军无异于杯水车薪。曾国藩不得不告诉弟弟："军事呼吸之际，父子兄弟不能相顾，全靠一己耳。"[91]

金陵前线的曾国荃、曾贞干确实只能靠自己。

李秀成的二十多万大军，东自方山，西到板桥镇，连营数百，旗帜如林，层层排列。太平军不仅拥有数量上的优势，而且武器装备精良。他们在苏、常与洋人作战时，缴获不少洋枪洋炮，拥有二万多杆洋枪，配备多尊开花大炮。此外，太平军重视医疗卫生，在军中设有较完备的医疗卫生组织，在内外科、急救、护理以及药物等方面都有专门岗位负责，因此疫情对他们的影响远比湘军要小。[92]

就此来看，仅有两万多人且饱受疫病折磨的曾国荃部面对装备精良的二十万大军，无疑是以卵抗石。湘军中有不少人都主张先行撤退，退保芜湖，甚至还拿出当年向荣、和春七万人都抵不住太平军进攻的例子来劝退。

可是，曾国荃却坚持不退，并向众将陈明退却的后果："贼以全力突围，是其故技，向公、和公正以退而致挫。今若蹈其覆辙，贼且长驱西上，大局倾覆，何芜湖之能保？"[93]言外之意，如果现在撤退以避敌锋，那么太平军将长驱直入，大局会再一次崩溃。

曾国荃又给众将打气，接着分析对手的弱势和湘军能够抓住的机会：李秀成的大军人数虽多，却是乌合之众，他们长期占据苏、常，骄奢淫逸，没有打过什么硬仗。之前正发愁他们遍布各地，难以一一消灭，如今正好聚而击之。等他们都溃逃后，还可以专力攻其老巢，必能获胜。[94]《湘军记》记载，"诸将诺服"。诸将或许是被曾国荃的坚定和对局势的分析真正折服，抑或是迫于军令不得不守垒，总之，他们在曾国荃的指挥下开始积极备战。

曾国荃把阵地分成东西两线。西线阵地在江边，靠近江心洲，是转运粮草弹药的重要通道，是全军生命线，他命弟弟曾贞干驻守。东线阵地在雨花台前，是进攻金陵的翘板，由他亲自驻守。

曾国荃知道敌强我弱，他既要抵御李秀成援敌的进攻，又要防止城中守军的偷袭，压力着实不小。

他的目标很明确，就是"自固"，守住阵地，保存有生力量；因此战术也简单，就是"深沟高垒"，利用层层叠叠的工事抵御敌人的优势火力。同时，他对兵力也做了安排，用两成部队坚守壕沟垒墙，与敌交锋，另外一成则由自己率领，作为机动队，支援各处。

曾国荃知道他即将面临极严峻的考验。

战斗一开始就很激烈。

第四章　金陵困局　251

第一回合，李秀成采用从"东西两翼全面进攻"的战术，充分发挥太平军人数多、火力配置强的两大优势。他命令全军东西两线同时开火，朝湘军的阵地猛打硬攻。虽然战术简单粗暴，但是李秀成相信轮番不歇的人海攻势和弹密如雨的炮火必然让曾国荃招架不住。

曾国荃坚持"稳慎坚守"[95]四个字，他命令各营凭借工事固守，等待敌人靠近壕边的花篱进入射程范围之内，再用排炮轰击。几轮下来，冲锋的太平军死伤不少，湘军的损失却不多。这就是湘军常用的"变客为主"策略。作为远道而来的攻城方，湘军原本是"客"，凭城池固守的守城方算是"主"。在冷兵器时代，以客攻主，难之又难。但是湘军却在城边建高墙、挖深壕，长围久困，让守军和援兵攻打自己的坚固工事，巧妙变攻为守，变客为主，占尽地利。西线阵地的防守也用相同办法，三十多岁的曾贞干表现不弱，连夜督军修建十几座堡垒，同时联合部分水师，护筑新营，守定堤埂，保住了粮草运道。

从二十日至二十六日的七昼夜里，湘军抵挡住了太平军人山火海般的攻势。李秀成看着曾国荃"节节严营，壕深垒坚，木桥叠叠层层"[96]，防守得密不透风，着实佩服了一番，看来"曾铁桶"的称号并不虚。

于是他改变战术，由全面进攻改为重点进攻。双方战斗进入了第二回合。

李秀成集中兵力重点进攻曾国荃的东线阵地，同时升级武器，加大火力，用上了从洋人处购买来的西洋武器——落地开花炮。一时间，雨花台前"洋枪、洋炮骤若飞蝗"，湘军壕外"开花蹦炮横飞入营，烽燧蔽天，流星匝地"[97]。火力瞬间压制住了湘军，打得他们不敢露头。

在落地开花炮的掩护下，太平军士兵发起冲锋，每人拿着束草，带着木板，蛇行前进，来到湘军壕边，他们想用草和木板填上壕沟。湘军用长矛击刺，但是太平军人数太多，"前者拽尸，后者更进"。

曾国荃见势不妙，率领部将前往策应。他身先士卒，一边指挥各部，一边用长矛击刺。战场上弹片纷飞，一枚子弹打中了他的脸颊，瞬间血流满面。曾国荃撕下布条包裹伤口后，继续在壕内督战，安抚军心。就这样，曾国荃在前线战火之中，冒着生命危险前后奔忙。

身在安庆后方的曾国藩也并不轻松，各方纷至沓来的警报军情如暴风雨一般向他袭来，让他感觉如在惊涛骇浪之中。[98]他虽不经战火之险，却备受心火煎熬。金陵前线的战报需要五六天的时间才能递到曾国藩手中。曾国藩每天第一件事，便是等弟弟来信，获取几天前的军情战况。一旦没有收到信件，他就焦灼不安，浮想联翩。

九月初五，曾国藩从早到晚都没有收到弟弟的来信，他寸心如焚，在日记里焦灼地写道："不知沅弟所以无信来者，本身受伤乎？抑全军决裂乎？……睡不能成寐，竟夜候沅弟廿九日信，竟无音耗，寸心如焚。"[99]

曾国藩忍不住胡思乱想，担心弟弟受伤，甚至害怕阵地被冲溃，全军决裂。

闻八月二十九日那天，正是曾国荃抵御太平军冲锋而受伤的日子，他忙于督战，加之受伤，也就来不及写信，直到第二天才补上。

九月初六，曾国藩终于收到来信，知道弟弟受小伤而无大碍，心中稍慰。他还在日记写到，怪不得昨天那么担心，果然弟弟受伤，流血颇多，看来亲兄弟间心有感应，息息相通。[100]

与曾国荃专注守阵地不同，曾国藩不仅要牵挂雨花台一处战事，还要兼顾其他战场的军情。太平军力攻的雨花台、金柱关和宁国三处，都是必须关注的地方，任何一处的失败都会牵扯大局。他的压力远比曾国荃大，这一时间他可谓是"心已用烂，胆已惊碎"[101]。

综观全局，让曾国藩担忧的共有四点。第一，雨花台久困无援，即使曾国荃暂时守住阵地，但没有大支外援，雨花台终难解围。第二，鲍超久病未愈，曾国藩担心宁国失守，太平军趁机上犯祁门、景德镇等地，威胁江西大后方。第三，太平军猛攻金柱关，曾国藩怕太平军从东坝抬船过江，威胁湘军水师在长江的制水权，阻断粮路。第四，河南地区的一股捻军又进至湖北，有东下入皖回救金陵的动向，皖北各城空虚，曾国藩又不得不和诸将商量调兵防守，让本已捉襟见肘的兵力更加紧张。

雪上加霜的是，还没有等曾国藩凑出援兵，太平军的援军却先到了。九月初一，太平天国侍王李世贤已从浙江率大股兵力到达金陵并加入战斗。曾国藩得知后，无奈叹道："沅弟现支忠逆一股，竭蹶之至，焉能再支侍逆

第四章 金陵困局　253

一股！忧灼莫名。"[102]

侍王李世贤为李秀成带来了三四万生力军，雨花台前的太平军士气顿增。他们继续加强对湘军东线的攻势，猛扑曾国荃的中军阵地。

这一次，针对曾国荃的"深壕坚垒"，李秀成重点使用了地道破袭法。

地道战本是太平军的撒手锏。由于不少太平军战士是矿工出身，所以他们很擅长挖地道，放炸药，在攻克清军的城池中屡试不爽。

如果当时从空中鸟瞰雨花台，便会看到太平军"若蝇若蚁，倏往倏来"，他们挖出一道道壕沟，用木箱、篮筐装满实土堆在壕边，防止湘军炮火轰击；同时他们在地下凿出一条条暗道，通向湘军的营墙，然后安放炸药，以期炸开坚固的营墙。

地道破裂法不好破解，当时湘军没有洞穿地道的重型武器，他们就算知道敌人在挖地道，也无计可施。

不过，曾国荃还是尽力阻挡太平军凿地道的步伐。他悬赏千金，挑选士兵组成敢死队，瞅准太平军的地道口，先用火箭攒射，然后命敢死队出壕作战，歼杀挖地道的太平军。

这种方法虽然破坏了几个挖掘点，但只能"少挫其锋"，并不会彻底摧毁地道。太平军的地道逐渐挖成，其中一条精准地延伸到湘军营墙之下。九月十二日，太平军填好炸药，一声霹雳，烟焰冲天，石块、土块崩散开来，湘军营墙崩塌出十几丈的缺口。几千太平军乘隙而上，冲入缺口。

可是等烟尘落下，太平军看到的却是又一条壕沟和又一堵垒墙。原来曾国荃早有准备，当发现太平军在挖凿地道时，他就命人在营墙内再建一层工事。对于这个缺口，曾国荃也早有预防。他在两旁安排下伏兵，等太平军冲进缺口时，正面凭内层垒墙阻击，两边杀出伏兵。太平军始料未及，被赶了出去，反而损失不少人马。

此时，西路的曾贞干知道东路战事焦灼，担心哥哥伤口未愈，于是带兵支援。同时，曾国藩从江北和上游挤抽出的部分援军也于九月十二日前后抵达雨花台，入壕助战，湘军兵力增加，军心稍振，局势略稳。

成功阻击太平军地道战的消息传到安庆，已经是五天以后的九月十七日了。曾国藩感叹"恶贼之多且悍"的同时也舒了一口气，弟弟的大营总算保全下来。[103] 这算是一个好消息，近日各种坏消息已经把他折磨得忧灼不堪了。十一日傍晚，宁国县城已经失守的消息传到了安庆，曾国藩最担心的事情终究还是发生了。他非常害怕太平军会乘虚进攻徽州、旌德等处，绕袭江西后路。

此时的江西巡抚、布政使等官员偏偏不配合调度，反而处处与他为难。江西巡抚沈葆桢本是曾国藩的门生，又受他的保荐坐上了巡抚之位。曾国藩本想让他坐镇江西，调度资源支援前线，却没想到当上巡抚的沈葆桢有自己的"小算盘"。调拨援军，不积极；拨银拨粮，又找借口搪塞。

想想在这危急时刻，金陵、宁国等处险象环生，江西官场不但不能解忧，反而诸事掣肘，曾国藩越想越生气，感觉"闷损不堪"。[104]

曾国藩此时的心情差到了前所未有的境地，心烦意乱的感觉又回到了咸丰八年（1858年）的时候，而焦灼之情更甚于咸丰十年的祁门被围。当年在祁门时，虽然也忧心，但毕竟只关系一身之安危，死则死耳。然而此时雨花台、宁国等处，关系数万人之性命，他做不到之前的坦然。

他心烦意乱，又怕影响士气，所以也不敢向前线的弟弟和诸将诉说，只能倾诉在家书里。他告诉儿子，巨大的压力让他喘不过气来，只要一着不慎，不仅自己身败名裂，更是大局崩溃。兵败身亡的向荣、和春，以及被押解送京的何桂清都是前车之鉴。不过此时能做的也不敢奢望太多，只求金陵的曾国荃和宁国的鲍超能挨过此劫，再慢慢补救他处。[105]

写完家信，他又反思了江西诸事掣肘、自己因此生闷气的原因，皆由平日在养气上欠功夫，一遇难事便不能不动心。为了舒缓心情，他拿出纸笔，写下了**"清、慎、勤"**三个大字。曾国藩在每字后面又做进一步解释：

> "清"字曰名利两淡，寡欲清心，一介不苟，鬼伏神钦；"慎"字曰战战兢兢，死而后已，行有不得，反求诸己；"勤"字曰手眼俱到，心力交瘁，困知勉行，夜以继日。[106]

曾国藩要把这三字、十二点作为终身的规范，用它来提醒自己，越是在大忧患、大拂逆的时候，越要坚守。

写完这几个字，他又看了片刻《梅曾亮诗文集》，到二更三点时睡下了。这一晚倒睡得不错。

此时，雨花台前线的曾国荃与李秀成的较量进入第三回合。

李秀成一方面在东路开挖地道，一方面又把焦点转向西路，决长江之水淹湘军西线阵地，以期断绝其粮草运道。

对于西线水攻，曾贞干肩负责任。他命令士兵在中间高路增修营垒，分哨防守；同时联络水师，调来十几只舢板船入守双闸长港内。曾贞干以水陆倚护，重点保卫粮道不断，以求军心稳定。

对于东线的地道战，李秀成颇为用力，命人多挖多试，以求轰开湘军的多处营墙。曾国荃与诸将商议，不能再继续缩地自保，被动防御了，否则越来越多的营墙被地道的炸药轰开，能堵住一处，也难以堵住多处。于是，他采取积极行动，以地道破地道。

曾国荃命人把大缸半埋在地上，人在其中听声辨位，试图确认太平军地道开挖的方向。这就是当时常用的辨别地道位置的"窖听法"。随后，湘军朝着预测的大致方位开挖地道，以求贯穿太平军的地道，或熏以毒烟，或灌以粪水。

这种地道破袭法十分有效。

九月二十四日，营官刘连捷率兵开挖的地道与太平军地道相通，双方角逐地下。二十五日，营官萧开印也挖穿一个地道，先放入毒烟，又灌入粪水，可怜这一道的太平军士兵无一生还。二十六日夜，刘连捷趁着风雨大作，冲出战壕，破袭太平军挖地道的三座堡垒，歼灭几百士兵。二十九日，刘连捷窖听到营中地下有挖凿声音，立即命人开挖地道，只挖了丈许，就挖透太平军的暗道，这一队太平军战士全被埋在了暗道中。十月初，曾国荃营中先后凿开两处地道，立即烧木柴堵住洞口，太平军无法向前……

从九月下旬到十月初，湘军展开的地道破袭战，让李秀成的攻势难以施展。

当曾国藩听说太平军的地道被逐一贯穿时，自然很欣慰。但欣慰之至却转增忧悸，他担心弟弟会心生骄气，轻易出壕作战。

曾国藩是个时刻焦虑的人，或许这是他保持不败的秘诀。收到坏消息，他自然焦虑，但打了胜仗，他仍然焦虑。为了防止弟弟轻敌冒进，他赶紧写信给曾国荃，叮嘱以"审力"为第一要务。所谓审力，就是"知己知彼之切实工夫"。当初曾国荃孤军进雨花台，便是不审力，导致后路全无；而面对李秀成大军猛攻时，曾国荃深沟坚垒，一意苦守，就是做到了审力，才能坚持不溃。他希望曾国荃能够把这两个字做到底。[107]

尽管他知道曾国荃的守局略稳，但是要想击退李秀成的大军，非大支援军内外夹击不可。这也是曾国荃一开始就要求的。早在九月初三，曾国荃就向哥哥求援说："倘再一个月无援兵来助我打，则此军竟有不堪设想者，务求老兄大人原亮弟从前之错，而拯救弟今日之亟……如一月之后，厚援不到，缩之无可缩，伤人更多，益恐守之无可守耳。"[108]

不过，信发出去后，曾国荃立即后悔了，担心这样的措辞只会徒增曾国藩的焦虑，于是第二天他又连忙去信说："昨信说再守一个月待大兵到，只要地道轰不出大乱子，则永远守去，以待新招之人到齐，必要出壕打仗，乃使贼不敢欺负我一族人也。"[109]

曾国藩当然知道援军对于前线的重要性，尽管弟弟用"松活话"宽慰自己，但是他自始至终仍然在努力地东拼西凑筹集援军。他给李鸿章写信，请派程学启部来援金陵，而且叮嘱一定乘轮船走水路，无论船费多贵，让李鸿章先垫付，日后自己再筹款偿还。[110]起初李鸿章倒是一口应允，但后来由于程学启在东线至关重要，难以抽调，这支援军并没有到来。曾国藩又给左宗棠写信，请派蒋益澧一部进援宁国，换出鲍超的霆军去支援雨花台。这一调兵操作无异于拆东墙补西墙。不过，又因浙江军事有变，蒋益澧未能来宁国，鲍超也没有腾换出来。曾国藩给吴坤修写信，请从芜湖调来王可陞一部；又给都兴阿写信，求从江北调来援军。

最终曾国藩飞书四方，东拼西凑，总算给曾国荃先后送去了李朝斌的三营水师、王可陞的五营二千七百人、杨心纯的一千八百人、喻荣升的四百人等几支援军，共六千多人。虽算不上大支，但总能解燃眉之急，不过，曾国藩还是希望弟弟能够保守行事，稳定战局。

第四章 金陵困局　　257

有了援军，身在前线的曾国荃更加自信，他善于抓住战机冒险推进战事。等更多的援军入壕，兵力增加后，他便伺机出战，居然越战越勇，开始了小规模反攻。

十月初四夜晚三更，曾贞干侦察得知西路太平军将收兵退走，他整队出战，袭击太平军。曾国荃在东路同时出击，冲破太平军前敌四垒。战至天明，湘军分路追击，又扫平几十座营垒。

太平军兵败如山倒。此时天气转冷，太平军未带冬衣，加之粮尽无续，李秀成见湘军"节节严营，壕深垒坚，木桥叠叠层层"，终是难破。[111]他不再坚持，悻悻而去，分路撤兵。一路向东，绕天京南门而走，另一路向西，朝秣陵关、六郎桥等地退去。

曾国荃不敢乘胜出击，他算了算，从大战开始那天直到现在，共度过了四十六天。兵勇浴血用命，自己目不交睫，"将士皮肉几尽"，全都累脱了人形，"军兴以来未有如此之苦也"。[112]幸好李秀成撤兵，否则难知后果。

李秀成坐拥二十余万之众，又兼火器之利，为何就砸不下曾国荃这颗硬钉子呢？学界对其中原因的研究较为充分，认为主要原因是李秀成在战略和战术上都犯了严重错误。

在战略上，李秀成身在金陵，心在苏、常。在太平天国运动后期，从咸丰十年起，李秀成已经把重心转移到江苏南部，建立了苏福省作为根据地。当天王严催他回援时，李秀成本不情愿，称自己"曲而就之"。他调兵遣将，准备了三个月才提师西上，给了曾国荃充足的时间在雨花台站稳脚跟。因此，在战斗开始前，李秀成已输一步。而在战斗进行中，李秀成一听说听王陈炳文部队在上海大败，他便立即撤兵回援苏州，导致雨花台破围战半途而废。

在战术上，李秀成也因急于求成而失误连连。面对势头正盛而又孤军深入的曾国荃部，李秀成应该采取迂回包抄的战术，绕其后路，断其补给，实施反包围，等曾国荃精疲力竭后，再以优势兵力进行阵地攻坚。但是，李秀成急于结束战事，一开始便用主力猛扑硬打湘军阵地，曾国荃则严阵以待，凭垒固守。任凭李秀成百计环攻，曾国荃总能将计就计，稳守大营。

再者，太平军军心不齐，二十多万大军犹如乌合之众。李秀成大量招降纳叛，军队人数上去了，但是战斗力却下降了。他率十三王部队行动，有十三王就有十三个心眼，总是号令不一，心智不齐。对于太平军士兵的战斗力，与其对阵的曾国荃最有感受，曾国荃说："所幸忠酋只狡有余而悍尚不足，故得支持至今尚无恙。""狡有余"是指太平军不断变换攻营方法，一会儿全面进攻，一会儿重点突破，一会儿搭高台放洋炮，一会儿挖地道安炸药，但都是"悍不足"，没有一个方法是认真坚持到底的。

李秀成虽百计环攻，但是对于湘军最担心的如粮道、归路等致命弱点，却没有顾及，因此这才让曾国荃坚守了下来，取得了他一生引以为豪的战绩。

十月初四，曾国荃取得胜利那天，曾国藩并不能及时知道前线战况，他还在时时忧心，牵挂着前线。他三更二点睡下，却因焦虑，四更二点就醒了过来，辗转不能成寐。夜深人静，曾国藩想念儿子曾纪泽，写了家信，说：

> 余忧惧太过，似有怔忡之象，每日无论有信与无信，寸心常若皇皇无主。……欲尔再来营中省视，父子团聚一次。一则或可少解怔忡病症，二则尔之学问亦可稍进。[113]

看来曾国藩意识到自己忧虑成病，希望儿子来陪陪自己，减少孤独和焦虑之感。

时值初冬，曾国藩五十二岁的生日又到了。不过，由于心情焦虑，他一点庆生的心思都没有。十月十一日生日那天他拒绝见客，连本署之人也一概谢绝。不过，当天雨花台解围的消息终于传来。得知沅弟获胜，李秀成撤退，他在日记中写道"为之一慰"。这确实算是不错的生日礼物。

但是曾国藩也仅仅是"一"慰，这一个好消息相比于其他坏消息，简直微不足道。鲍超战败，宁国不保，中段必将受到攻击，前线粮路难保。曾国荃虽打退敌军，但并不赞同曾国藩要他以退为进，撤出雨花台的建议，前线部队仍处于单兵孤悬的险地。还有江西巡抚掣肘，事事为难……

五十二岁的生日，过得煎熬！

三天以后，曾国藩又给曾纪泽写了一封信，说："余近日心绪极乱，心血极亏。其慌忙无措之象，有似咸丰八年春在家之时，而忧灼过之。甚思尔兄弟来此一见。……仰观天时，默察人事，此贼竟无能平之理。但求全局不遽决裂，余能速死，而不为万世所痛骂，则幸矣。"[114]

咸丰八年春正是曾国藩向皇帝索要地方实职实权而丁忧赋闲在家的时候，当时的他无所事事，回溯往事，心里产生了巨大痛苦，茫然若失。而这一次比当年有过之而无不及，更添"忧灼"。"忧"战事不能速平，全局遽尔决裂，"灼"自己为万世所痛骂！

巨大的心理压力让曾国藩连自己也讨厌起来——"近日心绪之恶，襟怀之隘，可耻可鄙甚矣！变化气质之难也！"[115] 过激的焦灼之情甚至让他说出了轻生的话——"余能速死，而不为万世所痛骂，则幸矣。"

死倒是容易，然而"关系天下大局"的他岂能说死就死？不过，出乎意料的是，就在雨花台之战胜利不久后，死亡却降临到了他的弟弟身上，这又让曾国藩再悟生死。

09　季弟殒命

同治元年（1862年）十月二十四日，安庆公馆。

"大雨如注"，阴冷之气侵入肉骨。每遇这种天气，曾国藩的心情也如天际之云一样，凝重如黳（yī，黑石）。况且，天雨泥泞让宁国前线的米粮运输变得难上加难。曾国藩本已寒苦的心情又因此灼炙了一道火，他"寸心如焚"。[116]

夜晚，曾国藩蜷在灯下修改奏折，向朝廷奏报曾国荃、曾贞干等人血战雨花台四十六天的战况。当核定奖单、恤单时，曾国藩抹掉了两位弟弟的名字。尽管他们浴血奋战，出力甚多，但自己身为两江总督主持战事，为了避嫌，他不能为弟弟们请赏。他只在奏折中写道："在事文武实著微劳，除曾国荃、曾贞干系臣胞弟，不敢仰邀议叙外，所有尤为出力之按察使衔江西即补道刘连捷等七十三员，谨先开单，吁乞恩施，以昭激劝。"[117]

这不能不让曾国藩感觉亏欠弟弟们，尤其是季弟曾贞干。雨花台大战一结束，曾贞干就病倒了。今天曾国藩又收到金陵来信，得知季弟"病势甚重"。骨肉相连，曾国藩"忧系之至"。[118]"人生事无巨细，何一不由运气哉！"曾国藩希望天意能够眷恋他，看在季弟这一年来劳苦功多却还没有获得世俗荣耀的份上，为他赐得康强健爽的身体。[119]

曾贞干在雨花台大战中驻守西路保护粮道，出了不少力。几天前，曾国藩还写信褒奖季弟："此次保全粮道，联络水师，援应东路，厥功甚伟。皇天不负苦心人，或终有树立勋名之日。"[120]

其实曾贞干是兄弟中最早跟随大哥曾国藩办理军务的人，可以追溯到咸丰三年（1853年），那时他才二十七岁。本该奋发科考、追求功名的年纪，曾贞干却弃文从军，可见他独特且果敢的性格。曾国藩就称他"少则落落，自将脱去町畦"，意思是曾贞干行事潇洒，与众不同，不受条条框框的限制，也不在乎"人世毁誉"和"书史褒讥"。[121]

曾贞干出生于道光八年（1828年）九月二十日，比曾国藩小十七岁，比曾国荃小四岁。他原名曾国葆，字季洪，是家中五兄弟中最小的一个，因此，他总被哥哥们称为"季弟"，即小弟。

曾国葆少年时也曾发奋努力于科场，但当考中秀才选为诸生后，他觉得八股考试和科场功名索然无味，"厌薄举业，不肯竟学"[122]。之后，他不再迎合科场去读书，转而博览经史，常看圣贤之书，作为持身处世之本。

咸丰三年，曾国藩办理团练，曾国葆随同视事，率六百人跟随大哥，前往常德、宁乡等地搜剿土匪。曾国葆结交广泛，而且能慧眼识才。他很快挖掘出杨载福、彭玉麟，多次向曾国藩推荐他们做水师统领，并拍着胸脯保证："两君英毅，非常器，某愿下之。"[123]日后杨、彭二人"以水师雄视东南"[124]的军事作战能力，也确实证明曾国葆慧眼识才，颇有伯乐之能。

不过，当他举荐的将领次第登用时，自己却遇到了岳州兵败。曾国葆勇于担当，称战败与诸将无关，是自己指挥失误造成的。按照湘军"营败遣散"的规定，他被大哥遣送回了老家。

第四章　金陵困局　261

"黯黜归去"的曾国葆"筑室紫田山中",从此"闭绝人事,身与世若两不相收"。他想"讨贼"立功,却不料出师未捷身先退。看着自己举荐的将领逐渐"掇取高官大名",曾国葆内心不免失落,但他又是个血气方刚的汉子,不愿回营。无聊期间,他便做些小生意,往来衡阳、湘乡、湘潭、长沙等地。

咸丰八年,三哥曾国华战死三河镇,曾国葆誓要报兄仇,雪前耻。他把名改成"贞干",取自《周易》"贞者,事之干也",是指负重任、成大事的贤才;把字改为"事恒",提示自己做事有恒,坚持始终。曾国葆想有一个新的开始,在外做出一番成就。

当时恰逢胡林翼广求将才,曾贞干前往投效,招募千人,东征作战。咸丰十年正月,他率军连克太湖、潜山;两个月后,他与曾国荃会师安庆,开始围城攻坚。

在安庆大战中,曾贞干也立功不小。据《湘军志》载,当时太平军中的程学启向曾贞干投降,约期为内应。可是,还没有等展开行动,程学启的叛降却被太平军发现。程学启率部反抗,带一千多人杀出大营,奔向曾贞干的营垒。他喊道:"今事发,与寇战,突围至此,追者即至矣。吾所将皆精兵,当入营助守,不能释兵。公相信者开门纳我,不信急发炮击我,无两败也。"[125]

在追兵将至的情况下,程学启率军入壕作战,不能不使湘军怀疑程学启的可靠性。如果他有诈,那么千人入壕和追兵里应外合,后果不堪设想。众将拿不定主意,赶紧告诉曾贞干。曾贞干连鞋子都来不及提,"屣履"见程学启。稍做交谈后,曾贞干下令开门纳降。不一会儿追兵到来,见程学启率军入壕,撤退而还。[126] 程学启的投降削弱了太平军实力,并在接下来的安庆围攻战中打起了先锋。

曾贞干纳降程学启的故事颇为传奇,记载在《湘军志》中,虽然无法考证其真伪,但多少能体会到故事的书写者欣赏曾贞干的识人之能和他独特的人格魅力。

攻克安庆后,曾贞干升为"同知",赏戴花翎。随后,他策应曾国荃,沿着长江南岸进军,在三山设计招降义民,编成四千队伍。接着,曾贞干破繁昌，克鲁港，下南陵、芜湖，与曾国荃会师于金陵，驻守雨花台阵地的西线，并多次援助曾国荃抵御太平军攻势。

季弟作战勇猛，办事周全，让曾国藩颇为欣慰；不过他的身体却让曾国藩担心。当时大疫流行，曾贞干感染疟疾。在雨花台大战前，他就病倒一次。曾国藩送去鹿茸、人参等补品，嘱咐弟弟食用调养。好在那一次病去得快，曾贞干才能"强起战守四十六日"。可等太平军一撤退，他再次病倒，可能是伤寒，也可能是劳累过度，这一次他病得更重了。

骨肉相连，季弟的病情牵着曾国藩的心，成了他近日来的三大虑之一。[127]

十一月初一，曾国藩给季弟送去九钱辽参，让他蒸着吃，强调一定要等外症退净后，才能服用。[128]可遗憾的是，曾贞干的病不见转轻，还在加重。

十一月十八日，曾国藩接到了来自北京的谕旨和赏赐。虽然他没有为弟弟请赏，但朝廷论功行赏，着赏曾国荃江绸黄马褂料一件，小卷江绸袍料一件，白玉喜字翎管一枝，白玉柄小刀一把，着赏曾贞干以知府用。[129]

一个赏物，一个赏官，季弟由"同知"升为"知府"，由正五品晋升到从四品。曾国藩为弟弟高兴，多年的努力终于得到了回报。他立即给金陵写信，送去好消息，希望季弟的病情能借此好转。

然而，就在这一天卯刻，曾贞干病逝了。

四天后消息传来，曾国藩大恸。当天的日记里有这样八个字："伤感之至，不能治事。"[130]

时隔四年，又一个弟弟英年而逝，季弟刚满三十五岁，当年温甫弟（曾国华）战死时也才三十六岁。"岂料三河洒泪，又陨台星。"[131]继曾国华去世后，曾贞干的去世再次重创曾国藩，让他再面生死，促使他对天人关系再做思考。

首先，曾国藩深深陷入"愧"和"憾"之中。他听到季弟去世的第一时间便说："余于兄弟骨肉之际，夙有惭德，愧憾甚多。"[132]曾国荃也有类似自责，"以季之没于金陵为悔为憾"[133]。曾国藩劝慰沅弟不要为此自责，"弟（国荃）于天伦骨肉之间，尽情尽礼，毫发无憾"，而真正应该感到歉疚和后悔的是自己。[134]

第四章　金陵困局　　263

季弟奋战于雨花台，卧病于金陵，身为大哥不仅没有给予弟弟充分的帮助和照料，反而为了避嫌有意慢待；当季弟立得大功时，自己又不报功请奖。谕旨里说，对季弟"朝廷早欲擢用，特以国藩恳辞，留以有待"，曾国藩看到这样的字样，如何能不揪心？他本想等金陵攻克，一并为季弟请赏，却不料弟弟骤然离世。

与"愧"同时而来的，还有"憾"。曾国藩为季弟的遭遇而遗憾和不平。早年曾贞干做事任性，未有大成，但这些年他专心军务，砥砺前行，屡建军功，在各方面都展现出独特魅力。然而，正当季弟在智力、品德、见识等方面积累日深，朝廷正欲对其大用时，天不假时。曾国藩遗憾地说："（季弟）智足以定危乱，而名誉不并于时贤；忠足以结主知，而褒宠不逮于生前；仁足以周部曲，而妻孥不获食其德；识足以祛群疑，而文采不能伸其说。……天乎人乎？"[135]曾国藩无奈高喊："呜呼予季，缺憾孔多！"

季弟的死也启发了曾国藩对生死的再度思考。弟弟年富力强却溘然长逝，而自己备受煎熬之际，不知生之乐趣、死之滋味，正想一死而卸大任，却终究求"速死"而不能。是天为之，还是人为之？到底应该归咎于谁呢？

虽然他在问天问人，但是他不想怨天尤人。这一切也许"相须于微莫之中"，都是冥冥者在操作。他所能做的只是保持初心，永远坚贞而不磨。因此，在季弟墓志铭的结尾，曾国藩写道："矢坚贞而无怨，倘弥久而不磨。"[136]

对于季弟的"送死大事"曾国藩十分上心，不敢草率而行。获知噩耗当天，他就决定照着当年温弟的丧礼，先开始斋戒吃素；同时他不顾前线危险，执意亲自去金陵，接季弟灵榇（chèn）回安庆。[137]

得知季弟灵榇已经从金陵发出，加之众人谏阻，曾国藩便在安庆专候。曾国藩要在安庆好好为曾贞干办一场葬礼，弥补自己对季弟的"惭""愧"之意。他为季弟挑选上好木料定做棺材，外用栗木，内匣用楠木；他又用顶好的徽州漆为棺材上漆，每隔三天加漆一次，共加五次。[138]

葬礼所用之物，都经曾国藩认真准备。葬礼要用的铭旌自然也要由他亲自书写，而且必须庄敬，以显示对死者的尊重。那天晚上，曾国藩洗手净面后，来到书房准备写铭旌。一进房门，他便闻到满室檀香。曾国藩心下欣慰，暗赞手下戈什哈*想得周到，焚香以致其诚敬，于是他在一片檀香中为季弟恭恭敬敬地写好铭旌。完毕，曾国藩对戈什哈说："檀香焚得不错，正是时候。"戈什哈一愣，说："我并没有焚香。"曾国藩一听，大奇，这香气是从何而来？[139]他生平不信鬼神怪异之说，可是亲闻异香满室，又觉神异之不尽虚妄。[140]他对难以琢磨的天意更添了几分敬畏。

腊月初九，曾国藩出城到宝塔下迎接季弟灵榇。船一停靠，他迫不及待登上船，抚棺痛哭。满城文武官绅也都到河边迎接。随后，曾贞干的灵榇由六十四人抬着从西门进城，停在湖南会馆中。接下来几日，曾国藩开始主持一系列礼仪，并为棺材加漆。

腊月二十日黎明，曾国藩行了遣奠礼，把弟弟的灵柩发引出西门，一行人乘船护送灵柩回湖南老家。

丧事终于结束，曾国藩也该把十分的精力专注在军事上了。就在此时，太平军展开了下一步战略，发动他们颇为擅长的运动战，企图像当年奔袭杭州那样，在运动中消灭湘军有生力量。

10　太平军进北攻南

李秀成围攻雨花台失败后，天王洪秀全雷霆震怒，立即命李秀成回到天京城中。洪秀全在大殿里当面责骂了李秀成，革了他的王爵，命他渡江北进，执行解围金陵的第二个方略——"进北攻南"。

所谓的"进北攻南"战略，其实又是"围魏救赵"，或者说通过运动由内线作战转入外线作战，打到敌人后路。太平军擅长此术，屡试不爽，咸丰三年（1853年）的西征，咸丰八年的一破江南大营，咸丰十年的奔袭杭州转而二破江南大营，都是这一战略的成功实施。

于是天王洪秀全再次运用这个战术，不与压在城根下的湘军纠缠，而是直接兵出外线，进攻安徽、湖北等湘军的大后方，牵动内线湘军回救，

---

*　戈什哈，为满语，是指清代高级官员的侍从护卫。

金陵之围不解自除，甚至还可以突然回枪，再来一次"二破江南大营"的军事表演。

这次的"进北攻南"战略分为两部分。"进北"部分由李秀成执行，拟从九洑洲北渡，进攻和州、含山等地，然后向西急进，重新占领皖北，锋指湖北。李秀成必须达成三个战略目标：第一，重占淮南产粮区，征兵征粮，缓解天京粮荒；第二，取得与北方捻军的联系，联合西进，合攻湖北；第三，迫使湘军回救后路以解天京之围。

"攻南"的任务由在皖南的李世贤、杨辅清、黄文金等部队执行，他们加大对皖南的宁国、徽州等地攻势，进而西入江西，牵制江南的湘军，策应李秀成的北进。

目标明确，部署清晰，天王严令各部迅速展开行动。但是，李秀成并没有急于行动，他先派林绍璋、王洪春等为急先锋渡江北上，而自己回苏、常平定后方事宜，着手准备。

同治元年（1862年）十月十日，太平军"进北"先锋队开始行动，从天京下关渡江北上。清军的江北守军李世忠没料到敌人行动如此之快，他准备不足，被打得措手不及，根本挡不住太平军北上西进的攻势。太平军在雨花台前被曾国荃压制的怒火于此时的运动战中爆发出来，他们迎着风雪，北上西进，连占含山、巢县、和州等地。这些湘军新占的战略要地，全部得而复失。同时，"攻南"的太平军积极响应，兵分三路加大对皖南的攻势，切断了南岸湘军的多处粮路。

"进北攻南"着实打得曾国藩措手不及，不过已经和太平军打了近十年交道的他，一眼就看出了太平军的用意。他对弟弟分析说，咸丰十年李秀成以偏师奔袭杭州，牵制官军兵力，然后以全力攻破江南大营。这一次太平军进攻和州、含山、巢县、庐江等地，无非是当年奔袭杭州的重演，他们下一步将全力猛攻金柱关和雨花台。[141]

尽管看明敌方意图，但是曾国藩仍然很焦灼，太平军这一策略着实不好对付。他几乎把湘军精锐都集中在前线，后方防守薄弱，"自和州以至武汉，除庐州、安庆有兵外，千里空虚"。而且太平军占领巢县后，向西北可直达庐州，向西南可到无为、庐江等地，直接威胁安庆，若太平军再进一步，则湘军后路被抄，全局俱震。[142] 更危险的是，曾国藩担心太平军趁乱再急速运动至雨花台，猛攻孤军虚悬的曾国荃部，那时沅弟还能再坚守四十六天吗？

曾国荃这颗嵌入雨花台的钉子，倒成了扎入曾国藩心中的尖刺。因此，他一面调兵遣将，加强后路防务，一面劝曾国荃放弃雨花台阵地，向后撤退，改变孤军深入的局面。

他建议曾国荃趁着太平军撤退之时，以追为退，从雨花台向南边的东坝移军，然后兵至溧阳、宜兴一带，以金柱关为粮运后路。这样可以拉近曾国荃部与鲍超霆军的距离，让两军处处联络，稳住后路，徐图进攻。他一再向弟弟强调，金陵城大垒坚，绝不会指日可下，株守于雨花台不动，是在"贪赫赫之名，而昧于死活之势"。[143]

但是，曾国荃不想撤兵，他不是看不到危险，而是坚信自己能够挺过难关，并能快速攻下坚城。四十六天坚守不败的战绩给了他充分的信心，若此时撤退，不但前功尽弃，还会失去进攻金陵最直接的支点。同时，由于刚经鏖战和病疫，全军疲敝，他担心此时撤军移营会遭到周围太平军的偷袭。[144] 因此，曾国荃绝志不肯退兵。

曾国藩见弟弟执意不撤兵，仍不放心，和他讲起了"呆兵""活兵"的理论。

"呆兵"，即"屯宿一处，师老人顽"；"活兵"，即"进退开合，变化不测"。攻吉安、拔安庆，曾国荃凭的就是一个"呆"字扎在壕里，长围久困，困死敌人，他赞弟弟这是善用"呆兵"。但是，他也提醒弟弟，此次金陵不同，城大垒坚，只屯兵一处，极为危险，当年向荣、和春便以呆兵株守金陵，不思变计，导致溃败。他批评弟弟不以前事为鉴，孤军于雨花台，丧失机动性，导致部队又"呆"又"重"。若不思变，必将重蹈向、和二人的覆辙。

其实曾国藩还是做出了妥协，他同意曾国荃不撤出雨花台，但是要求他必须在"呆兵"之外，再添"活"兵。几日后，曾国荃向他提出添十营新兵，曾国藩同意了这个募兵申请，但要求他必须以万人为呆兵，屯扎金陵；以万人为活兵，进攻东坝、句容、溧阳等地；以八九千人保后路芜湖、金柱关。务必做到半活半呆，各路随时策应。[145]

此时，太平军"北进"的先锋队正在皖北往来冲突，曾国藩无法专顾金陵前线，他必须兼顾后路，尽快调兵遣将，阻挡太平军的攻势，否则后路被袭，即使曾国荃扎稳雨花台也无济于事。

于是，曾国藩做了以下部署。

首先，加强了庐州的防守，增添兵力；同时，命驻防皖北一带的原属于李续宜的部队向舒城聚集，北顾庐州，南进无为州；此外，他又增调部队至无为州、庐江等地。这样曾国藩就构筑了一道从庐州到无为州之间的防线，遏制太平军的北进西攻。

曾国藩的调度很快起了作用。太平军先锋队攻陷巢县、含山、和州，进驻运漕镇、铜城闸等地后，进攻势头便被遏制。甚至在湘军的阻击和反攻下，刚到手的运漕镇、铜城闸等江北重险又很快易手。不过这也没关系，只要李秀成率主力部队及时赶到，便可接续新一波攻势。然而，李秀成却迟迟未到。

在天王洪秀全定下"进北攻南"战略后，李秀成除了派出先锋队外，主力部队并未立刻展开行动。他放心不下自己苦心经营以为根本的苏福省，那里正在承受李鸿章淮军的攻势。因此，李秀成先赶回了苏常地区。

李鸿章率军抵达淞沪一带后，立即展开行动，进展顺利，尤其趁李秀成鏖战雨花台之际，克复城镇不少。同治元年十一月，李鸿章进攻吴中，命程学启图太仓，命弟弟李鹤章进规常熟，直击苏福省核心地区。常熟的太平军守将钱桂仁、骆国忠等在李鸿章的诱降下，叛变献城。李秀成在苏州闻变，当即率军赶来，大战于常州一带。这一下耽误了三个月，不过他最终还是未能规复常熟，只能留下少量军队继续作战，自己不得不率军西行，执行天王交给他的"进北"任务。

同治二年正月初十，李秀成率主力从常熟出发。他调集江南诸王，筹集二三十万大军，号称五十万，从金陵下关、中关一带过江北上。

李秀成兵分两路，一路命护王、爱王等部猛攻江北的和州、江浦、浦口一带，牵制李世忠部，掩护主力西进；另一路由他率主力二十万大军，迅速西行，他的目标是湖北的黄州、武昌等处——曾国藩真正的后路老巢。

太平军人数众多，势头猛烈，但是李秀成的胜算并不多。曾国藩在皖北实行重点防守，调派"活兵"配合当地守军，坚壁清野，固守营垒，以逸待劳，挡在了李秀成北上西进的征途中。

虽然去年底"进北"的先锋队如破竹之势，但是今年李秀成的二十万主力大军运动起来却处处碰壁。攻无为州之石涧，不克；攻庐江，不胜；攻舒城，难破；攻六安，粮匮兵败。[146] 不过，李秀成也并不争城池得失，他"进北"目的是"西上"，同时吸收兵力，征集粮草。

以往太平军在运动战中总能征到兵、筹到粮，队伍也越滚越大，而此时历经战火的皖北之地早已经被折腾得千疮百孔，饱受战乱、瘟疫、水旱等人祸天灾之苦的老百姓连拿锄头的力气都没有，又怎能拿起刀枪呢？连草根树皮都没得吃的他们，又岂能缴出稻谷米粮呢？甚至李秀成还得拿出军粮赈济灾民。*

在清军坚壁清野的战术下，这次北进西征变得极为尴尬，太平军攻又不下，战又不成，征而无兵，搜而无粮。从正月到四月，李秀成转战皖北，从和州、含山、巢县经无为州、庐江、舒城到六安、寿州，一路的长途跋涉和大小战役已经让太平军士兵减员不少，损失惨重。

此次战略行动的目标——征集粮食、救济天京——是无法达成了。而另一目标——与皖北捻军会师，则因捻军张乐行部被清军击溃、陈得才部退回陕西，也无法实现。最尴尬的是，由于曾国荃坚守雨花台和曾国藩妥善部署，湘军并没有因后路被攻而撤军，"进北"最重要的目标——解围天京——也没有达成。

然而，这场运动战却给了金陵城下的曾国荃休整、补充兵力的时间，也让在淞沪、苏、常等东线战场的李鸿章抓住了时机充分发动攻势。就在李秀成于正月离开苏、常，率大军"进北"后，李鸿章命淮军和常胜军密切配合，先后解常熟之围，攻陷太仓、昆山等地。李鸿章借常胜军的重

---

* 李秀成在巢县时，命属员购买粮食、谷种，赈济难民。见罗尔纲：《增补本李秀成自述原稿注》，中国社会科学出版社1995年版，第321页。

型大炮之利，几乎战无不胜，到了五月中旬，开始筹划攻打李秀成的大本营，兵分三路进规苏州。

战事发展得如此顺利，曾国藩充满信心，他决定亲自去前线各战场考察一番，切实评估敌情，制定攻取金陵的战略。

11　曾国藩金陵考察

曾国藩总是纠结的，无论大事还是小情。

当失眠时，他担心身体不好、精力不济；而当几日都能酣睡时，他又担心嗜睡糊涂是年老体衰之象。当无职无权时，他埋怨客寄虚悬；而当身居权位时，他又担心高处不胜寒，功高震主。

同治元年（1862年）年根将至，他回思一年，觉得头衔太多，职位太高，权力太重，心有不安，竟想辞去一些职位，甚至为此不愿多立新营招募士兵。他给弟弟写信商议："余拟于新年疏辞钦篆、江督两席，以散秩专治军务，如昔年侍郎督军之象，权位稍分，指摘较少……"[147]他似乎忘记当年自己以侍郎督军时诸事掣肘、漂泊无定的尴尬处境。

曾国荃不认同哥哥的想法，更不同意他辞官，这一次轮到弟弟劝说哥哥了。同治二年大年初一，他在给曾国藩的信中，表达了一个核心意思：

> 兄处现在地位，值今日之时势，惟有素位而行之一法，听其自然，全不以荣辱毁誉之念蓄于中，斯无入而不自得矣。[148]

曾国荃这句话的核心思想来自《中庸》："君子素其位而行，不愿乎其外。素富贵，行乎富贵；素贫贱，行乎贫贱……君子无入而不自得焉。"意思是，君子只求就现在所处的位置做他应该做的事情，不希望去做本分以外的事情，处于富贵的位置，就做富贵人应该做的事情，处于贫贱的位置，就做贫贱时应该做的事……君子这样才能无论处于什么情况下都是安然自得的。

曾国荃想重点告诉哥哥，就当下时局，处在什么地位，就安心做好这个位置上应该做的事情，听其自然，不要心念荣辱毁誉，才能做到"无入而不自得"的境界。同时，曾国荃还用庄子的思想来劝哥哥：既然喜欢读《庄子》文章，喜欢其中"心中无我"的思想，心连身都可以超越，何况官位呢？那些自有而无、自无而有的事物更是在身之外，还担心什么荣辱呢！

曾国荃借儒、道两家思想尖锐指出曾国藩的焦虑本质上是心存私念，做事不纯，总是惦记个人荣辱毁誉，才担心高处不胜寒，顾忌能否善终。他建议不要上疏请辞，否则会显露自己对这两个位置心存成见，也会予人口舌。

曾国藩收到信后，见弟弟所讲处处在理，便说：

> 弟所说甚有道理。然处大位大权而兼享大名，自古曾有几人能善其末路者？总须设法将权位二字推让少许，减去几成，则晚节渐渐可以收场耳。[149]

曾国藩自然熟悉《中庸》的"素位而行"和《庄子》的"心中无我"，不过要想真正实践却并非易事。他似乎也没有听出弟弟话外的批评之意，仍然把荣辱毁誉挂在心上，考虑如何保住晚节。

当然，曾国荃的道德修养和实践并不比曾国藩的高，他之所以讲这些道理恰恰也是因为私心，他对哥哥有些不满。

曾国荃认为当下时局并没有到可以十拿九稳攻克金陵的地步，哥哥本应该充分利用两江总督之位调动资源，扩充军队，更新装备，支援自己在前线尽快推进战事，结果他却想着辞官以分权势。

而当曾国藩截留本该属于曾国荃的军饷，调拨本该拨给他的部队时，曾国荃受不了了，在大年初三一股脑地向哥哥发了一顿牢骚："顷读兄札，从粤东解来洋枪，又被截留一半。此等处究宜还我分际。弟亦写多少信，说多少好话，求晏、李、蔡办来者，通共只用去粤厘数千两，亦何施而不可，而必欲行札留半解半乎？弟……是以广求利器，乃望眼欲穿，将到

第四章　金陵困局　　271

之时，无端而截留一半，分与别军。兄何不多买数千杆，赏与别军，而截留此一半乎？"

曾国荃气恼哥哥把自己采买的洋枪截留一半分与别军，不停地质问，甚至最后赌气说："兄若于公事上不体亮我一层，心中觉我事事不妥当，不如人，则辛丑、壬寅在都门少年习气又出来矣。"[150]

但过两天，曾国荃又觉得言语过激，给哥哥道歉，称"想兄大度包容后生无知，不介慈怀"，不过他对本该得到的洋枪仍然坚持索要。[151]等得知哥哥又调拨本该归自己部队的军饷时，他闹脾气地说，哥哥执意这么做，"有何话说？"

尽管弟弟不满哥哥的某些做法，但是二人之间仍然频繁地通过书信交流。

初九那天，他给曾国藩写信说："左臂疼痛，不能伸缩，大约系风、寒、湿三者为患。此处本疼痛已久，因肝气不舒畅。腊底、新年懒于调治，又不无拂意之事接于耳目，是以因寒带发，痛不可当，至昨夜尤甚。"[152]

曾国藩得知此事后，非常担心弟弟的风湿痛，赶紧给他送去膏药三个，而更担心的则是弟弟所说的"不无拂意之事接于耳目"。曾国藩断定这是在暗责自己，而且近几日的书信都反映出弟弟对自己不满，如果兄弟不和，则战事难以顺利推进，他觉得应该坦诚地给弟弟解释一番了。

曾国藩赶紧写信说："如果是与阿兄之间有不和，不要自己生闷气。你对家和国都有大功，我岂能不感激、不爱护你呢？我对待李续宜、杨载福、彭玉麟、鲍超等诸将都是仁让兼至，岂能对弟弟反有刻薄之理？只不过有时咱们兄弟二人意趣不合罢了。"[153]

为什么曾国藩和曾国荃两兄弟会出现意趣不合呢？主要原因是二人年纪不同，因而对事业功名的期待也不同。曾国藩对此有所思考。曾国荃当年三十九岁，曾国藩却已经五十二岁。两人相差十三岁，所处的事业阶段不同，对功名的志向不同，因而行事也就不同。

他继续分析，称："弟弟的志事就像春夏发舒之气，而我的志事则像秋冬收啬之气。你重'发舒'，我重'收啬'，我们待人处事的气质差别就产生了。当年祖父星冈公待人总是一团和气，但对待子孙家人却十分严肃，那就是一种'收啬之气'，是为了防止家人流于放肆。我作为兄长和家长，也要秉承祖父之志，重'收啬之气'，对于弟弟营中的保举、银钱、军械等事，每每稍示节制。这也是应古人所讲的'花未全开月未圆'之义，这不仅是惜福之道，更是保泰之法。如果弟弟到了危急紧迫关头，我作为哥哥怎么能够不救火拯溺，怎么会有所吝啬呢？现在我把胸怀全部敞开，也希望弟弟能够释疑豁郁啊！此关一破，咱们兄弟也不要再有所隔阂了。"[154]

最后，曾国藩又提到，自己的"一品荫生"决定由曾国荃的长子曾纪瑞来承荫，去年八月已经报备给朝廷。他以此进一步平复弟弟的心情。

鉴于兄弟二人开年的误会，曾国藩打算趁着李秀成正在"进北"之时，去前线考察一圈，一来和弟弟当面交谈，二来考察前线，制定反攻战略。

正月二十八日，这天天朗气清，风不甚大。

曾国藩吃过早饭，处理文件，然后检点一切，从安庆城西门登舟出发，前往金陵。[155]他走池州、大通，过无为州，二月初三抵达芜湖，周历城墙工事，前往裕溪口彭玉麟大营。随后，他又过西梁山、金柱关，走乌江，初五抵达大胜关，诸将来迎，曾国荃也前来迎接兄长，曾国藩在此应酬不断。

初六早饭后，曾国藩和曾国荃两人由陆路从大胜关前往雨花台大营，共三十里路。哥哥坐亮轿，弟弟骑马，两兄弟可以在途中谈话。来到雨花台大营后，曾国藩接见各营官、哨官，忙于应酬。他感佩去年将士浴血奋战，辛苦异常，便为每位营官写下一副对联，算是大帅对将领的慰藉，一下午就写了十七副。

曾国藩来雨花台，一是慰问将士，视察壕垒营墙的修建与坚守情况，二是与弟弟曾国荃交流畅谈。两兄弟已经分别一年，期间发生不少事情，兄弟间既有互助支持，也有误会分歧，两人促膝长谈，家事、国事、军事，总有聊不完的话题。

不过，就在来到雨花台大营第二天，曾国藩收到老家来信，得知大姐在正月十四去世了。他心中悲凉，想到大姐坎坷一生，更加感慨。大姐生在嘉庆十三年（1808年）腊月十三，长他三岁。道光十年（1830年），大

第四章 金陵困局 273

姐成家，嫁给王国九。可是造化弄人，姐夫后来中风，三十多年不省人事。大姐备历艰苦，贫穷抑郁。这些年有弟弟们周济，家境渐好，不料却突然去世。十月底季弟刚刚得病去世，如今大姐又撒手人寰，两个月内连遭至亲之丧，想到这里，曾国藩不能不悲伤，生死之事他挨过一次又一次。如今，兄弟五人，姐妹四人，只剩下四个了。[156]

十五日，曾国藩坐舢板到大胜关中洲，站在洲尾望着对面的九洑洲。

九洑洲是江北重要关口，现在被太平军占据，必须尽快攻下九洑洲，切断太平军与江北的联系，才能更好地围攻金陵。不过当天风大霾起，九洑洲的情况全看不清，曾国藩只能影影绰绰地看到太平军的营垒。

返回时，曾国藩走在江边，看到成千上万的难民，他们无家可归，就地取用芦苇搭建芦棚过活。当天不知哪家失火，火势乘风，烧掉几千家，百姓哀号不断，而曾国藩也无能为力，只在日记中默默写下"睹之伤心"。[157]

二月十六日，曾国藩辞别曾国荃，返回安庆。途中又过乌江、金柱关、三汊河、东梁山、裕溪口，经雍家镇、巢县、无为州、荻港、大通，于二十八日回到了安庆。

考察巡视历时一个月。曾国藩所行广阔，所察细腻。哪里壕垒建造敷衍，哪里营盘杂草丛生，哪处将领认真负责，哪里敌情有隙可乘，他都做了认真记录，勒令各将整改。这一圈走下来，他更深入了解了敌我之情、战争之势。当然，他也看到了被战争蹂躏殆尽的疾苦民间。

词曰："兴，百姓苦，亡，百姓苦。"大乱之年的百姓，更是苦上加苦。咸同年间，居住在长江中下游的百姓已经没有生活可言，无论湘军胜，还是太平军胜，他们都会遭殃，壮丁被抓，粮食被抢。饱受战火摧残的百姓早就无家可归，昔日繁盛的江南之地也没有他们的立足之所。难民聚众流离，在长江两岸就地取材，用芦苇搭出三尺高的棚窝，蜗居苟活。

曾国藩出安庆，来到池州就看到江边连绵不断的难民芦棚，倦卧其中的尽是老弱妇孺，想必壮者要么被掳掠为兵，要么逃亡他处了。难民们无以就食，草根树皮吃完，他们就只能在风雨中呻吟哭号，无奈地看着倒下的亲人，思索是把尸体掩埋还是卖掉换粮。曾国藩在给朝廷的奏报里直接写道："壮者被掳，老幼相携，草根掘尽，则食其所亲之肉，风雨悲啼，死亡枕藉。"[158]当曾国藩过西梁山时，几万难民看到总督座船驶过，急忙下跪求粮食赈济，但是他没有办法，只能在日记中默默写下"自愧无以赈之"[159]。当他到大胜关时，目睹化为灰烬的芦棚和哀号的难民，他也只能默默写下"睹之伤心"[160]。

不仅如此，周边郡县也是一片惨状，昔日繁盛的徽州、池州、宁国等地，现在已经是"黄茅白骨，或竟日不逢一人"，而苏浙之田，也多未耕种。[161]

此情此景不能不让曾国藩想起曹操那句诗："白骨露于野，千里无鸡鸣。"东汉三国时期，天灾人祸造成人口锐减，东汉中后期公元156年，还有五千多万人口，而到了公元263年魏灭蜀时，魏蜀两国人口加起来只剩五百三十万，人口锐减达到史书记载的"十死八九"。晚清咸同时期战乱、天灾交织，人口也锐减不少，但是具体减了多少至今仍被学术界讨论，尚无定数。不过，曹操这句诗倒是对曾国藩记述的最好注脚。

百姓的惨状让曾国藩心中不忍，面对难民苦求赈济，环跪求食，他"无以应之"。曾国藩确实没有米粮赈济灾民，军饷尚且紧张，他不会把仅有的军粮分给难民，以小民之事影响平乱大局。

不过，当看到这千里焦土时，曾国藩还是心下一喜，因为这也说明太平天国失去了群众基础。

早前，百姓在太平军有条不紊的管理下能够正常生活，安居乐业，完粮纳税，而如今他们听说太平军来，痛憾椎心，纷纷逃亡，相率废业。曾国藩高兴地说，这样一来，"贼行无民之境，犹鱼行无水之地，贼居不耕之乡，犹鸟居无木之山，实处必穷之道，岂有能久之理"[162]。

不仅如此，在军事上曾国藩还看到太平天国致命的衰亡之象。他们的营垒战壕修建得越来越草率，与昔日的"筑垒如城""掘壕如川"形成了鲜明对比。另外，在政治方面，曾国藩也侦察到太平天国在政治上混乱不堪，天王大肆分封赏爵，封出九十多个王，各王却各争雄长，互不相服，败不相救。

相比之下，湘军情况却不断好转。军事上，他们占据了安庆、芜湖、庐州、东西梁山、金柱关、裕溪口等重要关隘，前线营盘壕垒大多也修建得坚固牢靠；政治上，湘军占据三江两湖，水陆各营都可以做到和衷共济，呼应灵通。再加上当地的百姓受尽战火蹂躏，早盼着官军能够荡平太平军，重新过上安稳生活。

这样一来，太平军不断走坏，而湘军不断向好，胜败似乎已成定局，因此曾国藩给朝廷呈奏了一份考察报告，以保守著称的他破天荒直言"贼势稍衰"，陈述"可喜之机"，声言"民心所在，天佑孔长"。说白了，就是胜利在望了。

这份奏折不仅是曾国藩给朝廷的安慰剂，更是真真切切的敌我分析报告，他的确以小见大、一针见血地分析出双方强弱势的变化，后世史家也评价他的言论"最真实，可称预言"。[163]

曾国藩判断反攻时机到来了。他也不再劝弟弟撤出雨花台，而是调集更多的军队，开始对金陵合围。

12　李秀成的不归路

此时——同治二年（1863年）二月至四月，李秀成还在皖北一带往来征战，战事完全不在意料之中。他原计划由舒城、六安，经霍山、英山，向湖北的麻城、宋埠进军，然后兵分两路，一路走黄州，一路攻汉口，和扶王陈德才等部会合，攻湘军必救之后路，以牵动下游湘军，解天京之围。不料，他在皖北处处碰壁，陷入困局。围攻六安而不能破，再加之当地青黄不接，太平军无法筹备西进军粮，又慑于湘军援师的到来，李秀成决定改变西入湖北计划，转而前往寿州，希望与当地捻军会合。

当曾国藩得知李秀成不再西进湖北时，长长舒了口气。不过，飘忽不定的十几万大军在皖北往来奔驰，始终是悬在头上的一柄利剑。李秀成随时都可能奔驰至某地，来个突然袭击。曾国藩有三方面的担心：一担心李秀成回救苏州，威胁东线苏浙战场的军事行动；二担心李秀成图犯扬州里下河一带，扩大战区；三担心他与皖北捻军会合，窜扰淮河沿线。

与其处处防范李秀成那令人难以琢磨的运动战，不如主动将他的主力吸引过来，聚而歼之。于是曾国藩走了两步棋。第一步，他命曾国荃进攻雨花台石城坚垒，这是李秀成的必救之处；第二步，曾国藩调集其他军队着手收复在太平军"进北"时攻占的巢县、和州、含山等地，这是李秀成的后路。

一面攻其必救之地使其回救，一面断其后路伏其必经之道，这是湘军惯用之计——围城打援：围金陵之城，打李秀成之援。

四月二十七日，曾国荃整合十八营兵力，突然对金陵南门外的雨花台石城石垒发起袭击。他兵分六路，每路以一营为先锋，两营为策应，于半夜三更进攻。太平军措手不及，雨花台九座石垒居然全部被曾国荃攻下。

雨花台石城石垒是太平军在天京城南的重要据点，据险雄峙，屏蔽城垣，当年和春、张国樑屡攻不下，如今却被曾国荃一举而下，太平天国上下颇为震动和惊慌。天王急诏李秀成回师救援。

五月初一，李秀成接诏撤军东返。他万万没想到，十几万大军踏上的却是一条覆灭之路。

在"进北"的长途跋涉中，十几万大军早已精疲力竭。他们所过之处全是荒地、灾区，军队得不到补给，还要受到湘军的围追堵截。李秀成回撤天京，对许多太平军士兵来说是一种解脱，然而他们不知道，就在回撤的路上，湘军早就布下了口袋阵等着他们。一路上，太平军或死于缺米少柴，或死于洪水来袭，或死于湘军之手，不计其数。

当时外国人呤唎也跟随在李秀成的军中，他在后来的作品《太平天国革命亲历记》中记述了这支"饥疲濒死之军""令人惊心动魄"的惨状：

> 此次退兵之可怕的损失比之平常打败仗十几次尤为厉害。在此回程中之后半程，十余万饥军要穿过荒芜赤地或沼泽低地。尤为不妙者，长江水涨，沿岸地域多过水灾。其间，又有竹林泥沼，全军必须走过的。凡此皆忠王军所经历之苦况也。每到一处比较干硬之地，即有清军驻守，则又须打败之，乃可通过。**清军衣食俱全，驾船来往，到处围绕此饥疲濒死之军以千计**。太平军愈近江边，其苦难愈甚。常

常行至水浸地方，必泅水方可过者，至是又遇清军无数战船袭击之险。其船队排列沿岸，处处防止太平军之退回。凡此忠勇爱国战士所历，皆令人惊心动魄者。**几乎在整个月间，他们全赖野草、竹笋与死人尸骸以苟存生命……**如此，**被敌杀死，或沿途倒毙，或饿死，或溺死者，各以万数计**。[164]

损伤惨重的太平军历经万难终于来到了长江北岸的浦口、江浦和九洑洲一带，准备渡江。然而，眼前这一切再度令人绝望。江面上逡巡着湘军的水师炮船，四面八方围来了湘军陆师。他们想趁着乱军过江之际，以水陆两师半渡而击之，拿下浦口、江浦，以及九洑洲重地。

当时太平军过江的情景，就像非洲角马大迁徙时途经满是鳄鱼的河流一样，大量太平军挤在狭长的江边，后队挤前队，前队被挤下江，任由似鳄鱼一样的湘军水师大快朵颐。随军的吟唎多年后回想起这段经历时说："凡此惨状，目不忍睹，心不忍思。"他在《太平天国革命亲历记》里描述了这段惨状："死伤枕藉，拥塞前路，后来队伍，继续蜂拥而前，推之下水。生存者须从壅塞的死者挣扎脱身以下船渡江。"

就在太平军渡江混乱之际，湘军水陆两军相互配合，攻克了长江北岸的江浦和浦口两个重镇，顺势进攻九洑洲。曾国藩定下的进攻金陵的机宜，正是先攻江浦、浦口两地，再攻九洑洲。如此，北岸湘军才能南渡，逐渐合围金陵城。

九洑洲位于长江北岸，与金陵西北边的仪凤门隔江而望。九洑洲由河流泥沙冲击而成，它位于江水惊流急湍之中。洲上建造石城，巨炮层列，对岸有拦江矶、中关等石垒为掎角之势，还有下游的下关、草鞋峡、七里洲、燕子矶等十几个石垒相互配合，再加上江中战船互为倚护。

九洑洲是太平军在江北岸的重要据点和堡垒，是天京连接江北的重要通道，也是天京与外界水陆连接的重要保障。太平军从这里源源不断运送粮食到天京城中，才使得天京城在清军几年的围攻下屹立不倒。

这里是太平军必守之地，也是湘军必攻之处。要对天京进行合围，必须攻下九洑洲。因此，九洑洲之战是湘军攻打金陵的前哨战。

本来九洑洲垒坚兵多，极不易攻克，但是由于李秀成大军南渡造成了混乱，湘军水陆两军联合猛攻，经过六昼夜的鏖战，以伤亡两千多人的代价居然攻下九洑洲。自此，长江北岸尽为湘军所有，长江上下一律肃清，湘军水师可以畅通无阻地东西通行；而太平军失去了江北这一重要的水陆交通据点，天京水上粮路自此被完全截断。

李秀成也险些在混乱中丧命，眼见自己的精锐部队在渡江时损失数万，他毫无办法。从"进北"到南渡，十几万大军仅存五六万人。好不容易过江以后，"兵又无粮，扎脚不住"，各部自散到苏杭一带，进入天京城内的士兵不足一万五千人。

经此一役，李秀成的军团几乎被折腾殆尽，他再也无法集中大规模兵力开展解围行动，只能凭借有限的防御工事进行消极的城防战。后来李秀成在《自述》中也说："此举前后失去战士十数万人，因我一人之失锐，而国之危也。"[165]

太平军在后期的战略上一错再错，给曾国藩及其湘军创造了充分条件，战略态势已多向清军倾斜。九洑洲已克，曾国藩再无江北后顾之忧。他判断金陵决战的时机已经成熟，认为可以调军南渡，和曾国荃一起筹划围金陵之城了。

13　天京攻坚战

城大垒坚的金陵城

金陵，这座雄霸江南的城池，"负山带江"，形势险固，自古以来被称为王气汇聚之地。据说，当年诸葛亮来到东吴，看到这里的山川形势后，忍不住赞叹道："钟山龙蟠，石头虎踞，此乃帝王之宅也。"[166]

钟山在金陵之东，绵延起伏，仿佛一条正待腾飞的青龙；石头即石头山，今又称清凉山，在金陵之西，蹲踞江边，恰似一只正要跃起的猛虎。因此，"龙盘虎踞"也就成了形容金陵地形、地势的常用之词。李白在《金陵三首》里借用了诸葛亮的形容："地即帝王宅，山为龙虎盘"，也是在说金陵形势险固。

山环水抱，是金陵地势上的特点。萦绕在金陵四周的山川，恰似它的天然城池。

论山，金陵四周多山。"龙蟠虎踞"的远不止东西两边的钟山、清凉山。它西有清凉山，东有钟山，北有幕府山，南有雨花台，西南有牛首山、祖堂山，东北还有栖霞山、燕子矶。难怪李白作诗云金陵"山似洛阳多"。这些绵延起伏的四周山峦，宛如金陵天然之城郭。

论水，长江从金陵城西边和北边流过，水深江阔*，一日两次潮汐，这既构成由南向北而来的天堑，又是接济城中的水运要道。秦淮河从东南而来，向西流入长江，构成金陵南城的天然护城河。此外，城北有后湖，城西有清溪。内外纵横的水道终年不枯，仿佛金陵的"天然之池"。

这种鬼斧神工的山川形胜，让金陵成为诸多王朝的建都之地，有着"六朝古都"和"十朝都会"之称。经过历代营造，金陵的城防工事在日积月累中逐渐加固，尤其在明朝。朱元璋花大力气建造城池，前后征调二十万户，耗资无数，历经二十多年，终于使金陵城成为中国古代，乃至世界古代最大的设防城市。[167]

金陵城池的修建"因天时，就地利"，充分利用龙盘虎踞的山川形胜，顺山筑墙，因水修壕，突破了中规中矩的方形城池的限制。明代金陵城有内城和外郭之分。内城周长有37千米，呈不规则的多边形，北窄南宽，其形状被当地人戏称为"朱元璋的脸"。

内城共有十三座城门。城南三门为正阳门、聚宝门、通济门（上水门，秦淮水由此入城），其中聚宝门是南面的正门，正邻南边的雨花台，由于这里是外敌入侵的首冲之地，因此它的瓮城规模最大，共有三层四进，纵深达128米。城东为朝阳门，东北为太平门，靠近地形险要的龙脖子，为兵家必争之地。太平门向北越过后湖，便是城北的神策门和金川门。城西北三门为钟阜门、仪凤门和定淮门，仪凤门扼守江边，与九洑洲隔江而望。城西二门为清凉门、旱西门；城西南为三山门（水西门），它

---

* 金陵段宽达1千米~3千米，深15米~30米。

的瓮城也是三道四进，这里是秦淮河出城处（"秦淮下流经此"），因此也称下水门，城下设有水关一座。

内城之外还有一圈外郭，长达60千米，西边以长江为天堑，北、东、南三面则"阻山控野"，利用丘陵山岗走势构筑土墙，把幕府山、紫金山、雨花台等制高点都纳入外郭墙内。

外郭之外，在西北方的江滨洲岛等处和东南方的土山、方山、青龙山等山脉丘陵之间也建垒设防，构筑金陵外围的弧形防线。

清朝的金陵虽已不是首都，但作为江苏省会和两江总督的驻地，仍沿袭明朝的布防，本应是固若金汤，万万没想到咸丰三年（1853年）太平军以迅雷不及掩耳之势攻来，打得守城清军猝不及防，再加上太平军声东击西的灵活战术和土营*的"穴地"攻城法，金陵很快被攻下。太平军将其改名为天京，定都于此。

在接下来十年与清军的攻守战中，太平军又摸索出一套有效的防守策略。

首先，太平军对内城进行重点建设和防守，加固城墙，拓宽护城河。城门是古城防御中的薄弱点，太平军把城门缩小，建成仅如寻常大门一样。城门圈内设有司门、司炮，城楼上派驻数千士兵，日夜巡防。

同时，在内城之外，太平军据险筑垒，建造营寨，构成"营城互防"体系，以营护城，复以城护营。各营垒中环架枪炮，深掘壕沟，沟中遍插蒺藜，沟外安拦马桩，防守极其严密。城外营垒中最大的是城南聚宝门外的雨花台营垒，太平军在台上建立土城一座，望楼一座，周边还有数座石垒拱卫。土城既坚且宽，长有数里；顶上的望楼建得极高，与大报恩寺塔**并立，是俯瞰城南的制高点，可监视敌军动向，指挥南线作战。

城西北方，太平军在七里洲、下关、中关一带多建堡垒，联合江北九洑洲堡垒，构筑水陆双重工事，既能抵御长江北岸来犯之敌，又能控扼长

---

* 土营为太平军工兵营，咸丰二年设立，主要从事挖地道、筑城墙工作，配合陆营作战。
** 大报恩寺塔是明清之际南京的重要人文景观，九层八面，高72.8米。

江，防止敌人水师军舰往来。城西南方，是秦淮河入江之处，太平军依大胜关、江东桥等垒设防，控扼由江面而来进攻雨花台的要道。

城东北方，是城内的富贵山与城外的钟山下凹之处，仿佛是连接龙头与龙身的脖子，因此这里被称为"龙脖子"。城东北太平门附近的城墙从此跨越而过，但是由于此处多山无水，虽然地形险要，但是城墙下没有护城河为阻，因此，龙脖子是金陵城防御体系中的薄弱环节。为了加强防守，太平军在城外钟山的第三峰设置天堡城，在龙脖子附近建造地堡城。两座营垒，一高一低，上下呼应，控扼东北方，成为太平军与驻扎在孝陵卫一带的清军江南大营对峙的重要据点，也为咸丰六年、十年两次攻破江南大营提供了重要条件。

此外，太平军在以内城为核心的营城互防体系之外，利用明城墙的外郭，步步为营，处处设防。他们以上方桥为轴，分别朝西北方的雨花台和东北方的孝陵卫、太平门等处延伸，构筑了围绕城东南方的外围弧形防线。这条防线甚至继续向南纵深，与金陵南部的土山、方山，乃至秣陵关等前哨防点，进行呼应。

由此可见，太平军对天京的防守层层叠叠，内外勾连。曾国藩称它"城大而坚，重山复港，引河穿城"[168]，不为虚言。

兄弟分歧

曾国藩知道攻下这座城池颇为不易，稍有不慎，就会重蹈向荣、和春的覆辙，必须统筹安排，严密部署。因此，当时曾国荃率军不足两万，渡江直插雨花台下，不但没有使太平军紧张慌乱，反而让曾国藩心惊胆战。兵单力微，根本无法撼动偌大的金陵城。曾国藩非但不催促曾国荃攻城，反而多次劝曾国荃撤军至外围，等其他部队就位后，再相互协同攻城。

曾国藩的策略还是延续湘军之前攻城的战术：一断接济，二拒援敌，等守军消耗得差不多时，再一举攻城。只不过在实际战事发展中，湘军调整了上述顺序。

由于曾国荃孤军深入，直接吸引了李秀成的援军，因此在金陵攻坚战中，湘军先拒援敌。在四十六天的大战中，曾国荃虽然没有消灭多少李秀成援军的有生力量，但是李秀成却在"进北攻南"的行动中失误，让自己的主力被折腾殆尽。李秀成再也无法组织大规模兵团援救金陵了。就此来看，在正式攻坚开始前，曾国藩和湘军先胜一着。

在消灭李秀成兵团的同时，湘军水陆两军又攻下了长江北岸的江浦、浦口和九洑洲等重镇，拔掉了太平军在江北的据点，切断了他们的水运要道。曾国藩一方面请总理衙门照会外国公使，严禁外国船只停靠金陵江面，向城中售卖米粮火药；一方面命水师战船沿江密查，严禁一切船只开往金陵。

太平军的水路接济被湘军切断了。曾国藩坚信"百余里之城，数十万之贼，断非肩挑陆运所能养活"，因此，断水路接济是合围之道的第一步。[169]

合围之道的第二步是对金陵展开陆上合围，但曾国藩"不求如安庆、九江之围攻严密"。他命鲍超在攻下九洑洲后渡江，驻扎在金陵城北，呼应城南的曾国荃部。但是，他不急于让两军碰头合围，而是让鲍超和曾国荃固守于城北、城南，站稳脚跟。毕竟金陵有百里之广，两部的兵力有限，再加上盛夏疫病又起，两军每一步都必须走得稳稳当当。甚至他反对立刻把金陵围个水泄不通，这样反而会逼急城中守军，困兽犹斗，如果他们冲杀出来，反而导致局势不稳。曾国藩反复对曾国荃说："余所求者，水路无接济、弟与霆军（指鲍超）不打败仗二事而已。此外都不要紧，不求如安庆、九江之围攻严密也。"[170]

曾国荃认同先断接济的打法，但不认可他慢如"老妇行"*的节奏。

经过募兵扩军后，曾国荃的部队已达四五万人之多，在金陵城南以雨花台为中心，西到江东桥，东至印子山，排布二三十里。

为了尽快取胜立功，曾国荃得加快围城节奏。

天京城中水运虽断，但还有陆路运输。太平军从东南方陆路运来米粮，经七桥瓮要塞，走秦淮河进入城中。因此，太平军严守七桥瓮，再以上方桥为掎角，固守营垒，保证东南方宝贵的陆上粮道。曾国荃便以断此路为目标，展开了对东南方印子山的攻势。

---

* 由于曾国藩步步求稳，围攻速度太慢，被人讽刺为像老太太走路一般。

第四章　金陵困局

湘军进展顺利,在一个月的时间里,先后拔掉了太平军在印子山的各处堡垒。随后,曾国荃以少围多,各个击破,前后攻破七桥瓮、上方桥等地,切断了太平军的东南运粮之道。接着,湘军乘胜追击,攻破城东南外围的上方门、高桥门、双桥门等要塞据点,直到南边的秣陵关。

同时,曾国荃又命军队在城西南方向展开行动,在八月十二日攻破江东桥。如此一来,湘军陆师可与长江中的水师联络,把守水西、旱西两门要冲,控扼江滨通道。不久,曾国荃又派军攻下西南方的高望镇,拔掉了太平军在西南方的据点要塞。

这样一来,太平军在城南大半圈的外围堡垒被逐一清除,他们只能设法从东方更远的丹阳、句容等地运粮到孝陵卫,再由小河运进城中。但这条粮道也时常被湘军伏击,天京城内的粮食供给岌岌可危。

曾国荃丝毫不给太平军以喘息之机,扫清南部据点后,他于九月末移军城东,攻占孝陵卫。

孝陵卫在钟山之中,位置险要,是城东的重要据点。太平军急调部队,由护王陈坤书、章王林绍璋和顺王李春发,从城东的朝阳门和东北的太平门出击,企图阻击湘军。遗憾的是,昔日不可一世的骁将们根本抵挡不住此时湘军的攻势,护王中枪受伤,向东退到淳化,而章王、顺王又败退到城中。

曾国荃一面命部队移营驻扎在孝陵卫,一面命军队追击护王,趁势又将城东南百余里内的淳化、解溪、隆都、湖熟、三岔镇等地肃清。

湘军拿下孝陵卫后,就开始挖长壕。这是曾国荃的拿手好戏。他以当年向荣、和春挖的前壕为后壕,另加宽加深各六尺,接连七桥瓮,一直挖到孝陵卫。长壕共长约三十里,曾国荃以四十八营分段驻守。[171]

同治二年(1863年)十月中旬,湘军拿下金陵西、南、东三面要塞,长壕挖成。四面围了三面,东北边仅留下了太平门和钟山处的天堡城、地堡城两处要塞,以及北边的神策门。

曾国荃的下一步就是兵进城北。

此时他收到了哥哥曾国藩的书信。信里建议他放慢脚步,不要急着围北门。曾国藩解释了这样做的原因:

> 其孝陵卫以北不妨空缺，不必合围。盖大致米粮难入，则城中强者可得，弱者难求，必有内变争夺之事。若合围太紧，水泄不通，无分强弱，一律颗粒难通，则反足以固其心而无争夺内变、投诚私逃之事矣。[172]

曾国藩所虑更深、更远，他知道打仗不仅仅是攻城略地，还要配合心理战。对天京合围而不完全封死，让少量米粮通过陆路流入城中，结果必然强者可得，弱者难求，使得城中强弱分化，矛盾加深，造成内斗，甚至私逃、投诚事件。相反，如果围得太紧，反而激发他们同仇敌忾之心。

曾国荃虽然也懂得这个道理，但是他身处前敌，难免被战事带着走。他挖完长壕，便迫不及待开始挖地道破城，结果正如曾国藩所料，不但城没有破，还砸了自己的脚。

同治二年十一月十二日，安庆。

是日冬至，按惯例曾国藩和文武官员去学宫行礼拜牌。[173] 天还未亮，曾国藩就起床准备，穿戴整齐。一出门，他感觉寒风乍起，寒气逼人，阴冷侵骨。曾国藩忍不住打了一个寒战，全身汗毛一紧，想起了金陵城外战壕里正在忍耐湿寒的将士们，他提醒自己，必须保证前线物资供应充足，厚衣、帐篷之类一定要多置办。

礼毕归寓，天已大亮，曾国藩收到了前线曾国荃的来信。他打开一看，信共有两封，分别写于初四和初六。

曾国荃向哥哥诉说了一肚子的郁闷。原来金陵渐围以后，他便迫不及待地挖地道，以图尽快炸毁城墙，冲入城内。初五晚上，地道挖到了城墙下，炸药也已安置，十余丈的缺口被轰开，湘军蜂拥而入，却被太平军奋力击退。这一夜，不但没有攻下城池，反而损失了三百多精锐。

"唉，"曾国藩叹了口气，"沅弟真是太焦急了！"早已经反复强调莫要心急，现在还不是硬攻的时候。眼下虽然渐有合围之势，但金陵城北的缺口尚未围住，城中守军粮不缺，体尚健，何况又都是百战之寇，阅历极多，自然能够依靠坚固城墙顽强抵抗，岂有不抢堵缺口之理呢？现在发起硬攻，只会白白损失兵力，半点好处都捞不到。不过，曾国藩也理解弟弟,其他战场进展顺利,李鸿章指挥淮军和常胜军在十月底就攻克了苏州,十一月初攻克无锡,取得了东线战场的重大胜利。这无疑给弟弟带来巨大压力,更让他焦灼心急。[174]

想到这里,曾国藩眉头一紧,有些生气,这点道理不知讲了多少遍,他就是听不进去。

早在今年夏秋之际,曾国荃和鲍超就分别在南、北两路挖地道,曾国藩劝他们赶紧停工,因为城中守军太多,士气尚强,就算城墙被轰塌,必然也会力堵,湘军只会大伤精锐,断无克城之理。[175]当务之急是以断粮路为要着,而不在日日苦战。[176]

曾国藩理解弟弟的做法,知道他性格倔强,爱偏激,难免意气用事,又受李鸿章、左宗棠在东线顺利进军的影响,他因而难免想尽快攻城,取得战功。不过,欲速不达,这种心态很危险。

作为哥哥,曾国藩多次语重心长地和弟弟讲道理:

> 凡成大事,人谋居半,天意居半。往年攻安庆时,余告弟不必代天作主张。墙壕之坚,军心之固,严断接济,痛剿援贼,此可以人谋主张者也。克城之迟速,杀贼之多寡,我军士卒之病否,良将之有无损折,或添他军来助围师,或减围师分援他处,或功隳于垂成,或无心而奏捷,此皆由天意主张者也。[177]

已经到了"五十而知天命"的曾国藩自然敬畏天意。他告诉弟弟攻城之事也是人谋和天意各占一半。在攻城中遇到的很多困难都是天意为之,无法单凭人力克服,比如疫病流行,将帅折损,朝廷命令,他军助攻而导致的分功,等等,这些都是无法预防之事,都是天意。既然无法预防和改变,索性不要在这些事情上徒劳,即"不必代天作主张"。他告诉弟弟要"存畏天之念,而慎静以缓图之"。

畏天命之外,曾国藩还劝弟弟"畏人言",不要违逆舆论;"畏训诫",以君父的训诫小惩为进德之基。[178]

曾国荃不以为是,反而觉得哥哥高高在上,空谈大话,时常写信与曾国藩辩驳。这让曾国藩很是恼火，他批评说：

> 弟于吾劝诫之信，每不肯虚心体验，动辄辨论，此最可……君子大过人处，只在虚心而已。不特吾之言当细心寻绎，凡外间有逆耳之言，皆当平心考究一番。逆耳之言随时随事皆有，如说弟必克金陵便是顺耳，说金陵恐非沅甫所能克便是逆耳。故古人以居上位而不骄为极难。[179]

然而，曾国荃依旧没有听进去多少，围攻金陵的步伐也没有放慢。到了冬天，他又开始挖地道、放炸药了。初五晚上的地道战正应了曾国藩的担心，不但没有成功，反而损失精锐，浪费了不少火药。

曾国藩不能放任不管。对于性格偏激且逆反心极强的沅弟，曾国藩继续申明之前对他反复言说的道理：

> 古来大战争、大事业，人谋仅占十分之三，天意恒居十分之七。往往积劳之人非即成名之人，成名之人非即享福之人。……吾兄弟但在积劳二字上着力，成名二字则不必问及，享福二字则更不必问矣。[180]

总结起来，就是要尽人事而听天命，自己只管努力，剩下的交给天意；不要在意金陵城什么时候攻破，不要在意攻破以后功劳属于谁，不要在意是否因此而成名；只管做好断敌人粮路这一件事，这才是力所能及的"人事"，万万不可"代天行事"。

曾国藩现在身任两江总督，节制四省军务，已经是"位极人臣"，却也常感如履薄冰，压力异常大。弟弟又如此好功好名，让他不寒而栗，他担心弟弟的张扬会引祸全家，因此把这些道理掰开揉碎反复讲。

曾国荃耳朵有没有磨出茧子，又听进几分，我们不得而知，不过，在接下来的两个月里他没有再展开激进的攻城行动，而是依照曾国藩的嘱咐，和湘军水师密切配合严控敌人的水路粮道，做到颗粒米粮不从水路流入城中。

第四章　金陵困局

这一步看似平常，但对太平军的危害极大！粮一断，天京城中的人心也就乱了。

双方的窘境

天京城防的具体工作主要是由李秀成负责，但是苏、常战场频频告急，他也牵挂着自己经营的根据地。为了让天王洪秀全更加放心，李秀成把母子都安置在天京城中为质，他往来于天京和苏、常之间，照顾两头战事。

十一月初十，李秀成从东线丹阳一带赶回天京，看着湘军在城外筑起的壕沟营墙，心中一凛，局势恶化快得超出了他的预料：

南边，雨花台已失，南门路绝，大门不能走；西边，江东桥已丢，西门不能出入；东南，七桥瓮又失，湘军在东门外扎营，壕深壁坚；西北，湘军重兵屯下关，勾连水师，粮道已绝；全城只剩下北边的神策门和东北的太平门一点空隙以及东边钟山的几座堡垒。城中人心不固，全是文官，老少妇孺为多，米粮不敷；若要死守孤城，必定阖城灭亡。现在趁北门还有一线空隙，必须另谋出路。[181]

于是，李秀成向天王洪秀全提出"让城别走"之计，突围出城，再图大举。洪秀全听后震怒，说起了风凉话：

朕奉上帝圣旨，天兄耶稣圣旨，下凡作天下万国独一真主。何惧之有？不用尔奏，政事不用尔理。尔欲外去，欲在京，任由于尔。朕铁桶江山，尔不扶，有人扶。尔说朕无兵，朕之天兵多过于水，何惧曾妖者乎？尔怕死，便是会死。政事不与尔相干……[182]

也许李秀成的"让城别走"策略未必正确。离开金陵坚固的城池，太平军从此以后可能会陷入"流寇"作战，像石达开远征一样，处处遭遇围追堵截，补给短缺，兵力最终越流越少。也许依托金陵坚固的城墙，整合人心，做好防守，等待救援，未尝不能再一次暂时转危为安。可是，天王洪秀全这一番近乎风凉话般的阔论伤了大将的心。

城外情况继续恶化，曾国荃步步紧逼。经过两个月的休整，曾国荃率军向城北攻去。同治三年正月二十一日，湘军攻下钟山的天堡城，并且围住了太平门和神策门，只留下了后湖一段。

这样一来，天京城被彻底合围，只剩下城外龙脖子的地堡城一个据点。城外的粮食进不来了。

为了缓解粮食危机，李秀成一方面放出城中老弱病残等平民，让他们自行外出就食；另一方面，在城里开垦土地，种起了粮食，以求自给自足。过了严冬，到了春季，金陵城中居然出现绿油油的稻田。

如果此时金陵城中上上下下能够同仇敌忾，解决好粮食，守城有方，那么胜利的天平会倾斜到哪一方谁也说不准。因为城外的湘军状况也不乐观，"各营欠饷过多，勇丁多食糜粥"[183]，兵勇们动不动也会闹饷，军纪松弛。曾国荃为此焦虑不堪，他知道"目下食米将罄，采办无地，更一月不破城，必成瓦解之势"[184]。

曾国藩在后方也深知前线严峻的情况，想方设法从各种渠道筹集粮饷。可这时，他的下属江西巡抚沈葆桢不但不为他解忧，反而截留原本该拨给湘军的厘金等饷项。这让曾国藩着实气恼和焦虑，他在同治三年三月初三的日记中写道："闻沈幼丹奏请将江西厘金全归本省，殊以为虑。"[185]

去年沈葆桢已经就军饷调拨截留等问题给曾国藩出了难题，导致由江西拨给的军费有所减少，如今正值围攻金陵的紧要时刻，若截军费，后果不堪设想。曾国藩决定要和沈葆桢争上一争。

14　曾沈厘金之争

沈葆桢，字幼丹，福建侯官（今福州）人，林则徐的女婿。

沈葆桢的刚正廉洁、敢于任事是得到公认的。咸丰皇帝曾赞他"德望冠时，才堪应变"[186]，慈禧太后也曾夸他"办事素来认真，人亦公正廉明"[187]，曾国藩评价他"明而能断"，"器识才略，实堪大用"[188]。

沈葆桢比曾国藩小九岁。咸丰五年（1855年），三十六岁的沈葆桢当上了九江知府，可是当时的九江却被太平军占据。彼时，四十五岁的曾国藩率湘军攻九江而不下，困守江西。沈葆桢知道，要拿下九江，顺利履职，就必须依靠曾国藩的湘军。他于是前往南康拜见曾国藩。两人颇感相见恨晚。曾国藩欣赏沈葆桢的才情和能力，沈葆桢敬佩曾国藩的担当和抱负。曾国藩把沈葆桢纳入幕府之中，让他出谋划策。

咸丰六年，沈葆桢转任广信知府。广信府位于江西东部，治所在今天的上饶市，东挨浙江省，是浙赣通道上的重要一环，也是曾国藩在江西事关生死的供给线。

八月，太平军联合江西本地"边钱会"秘密社围攻广信府，各处兵勇逃散一空，沈葆桢正在外地筹粮，闻信后匹马回城，立即布防。他的妻子林普晴也带着城中妇女登上城墙，送饭送水。夫妻二人同守危城，丈夫"徒步登陴，昼夜辛勤"，妻子"躬汲爨具壶浆以饷士卒"，坚守十天左右后，太平军围城不克，最终撤去。广信府保住了，曾国藩后方的粮路也保住了。[189]

沈葆桢独守危城，保全要郡，与其他守将闻敌即走的做法形成鲜明对比，凸显出魄力和能力。曾国藩褒奖他"申明大义，裨益全局"，极力向朝廷保举。随后，沈葆桢出任广饶九南道道台，保证湘军的军饷供应。

曾国藩当上两江总督后，对沈葆桢更加欣赏和依赖，破格向朝廷保举他为江西巡抚，希望他统管江西财政，支持湘军军饷。

筹办军饷是办理湘军首要之务，直接关系到湘军的作战和生存发展。湘军不是经制兵，再加上清政府财政濒临崩溃，他们只能自筹军饷。曾国藩自从创立湘军开始便绞尽脑汁、想方设法地筹措军费，协饷、捐输、厘金、盐务冲饷、牙税等都是他的筹饷途径。出任两江总督后，他统辖江苏、江西、安徽三省，保举亲信、门生担任重要省份巡抚，所能筹集的军饷比之前增加了不少。但是随着部队规模扩大和战事发展，曾国藩仍然面临严重的军饷入不敷用的问题。湖北、江西是军饷的重要来源地，但是江西支持的款项时有时无，不甚可靠。因此，曾国藩举荐沈葆桢担任江西巡抚，让他筹集军费，按时接济饷源。

不料，沈葆桢当上江西巡抚后，转脸不认人。他站在江西本省立场，不但没有对湘军鼎力支持，反而先后三次向曾国藩发起争饷之战，企图截留湘军军饷。这让早已为筹饷而困窘的曾国藩更加捉襟见肘。

同治元年（1862年）九月，沈葆桢上书朝廷请求截留江西漕折，不再将此项接济给湘军，而留用于本省防务。沈葆桢的理由很充分，之前湘军主要在江西、安徽一带作战，担负着江西防务，江西理应成为湘军的饷源地之一。可是随着战事发展，如今湘军主要在江苏作战，金陵成为战争焦点，湘军距离江西已然遥远，而江西成为防务中薄弱的一环，如果太平军突然窜至本省，远在江苏战场的湘军无法及时回救。因此，为了保证本省安全，江西必须募兵建立自己的部队。但是江西全省财政紧张，所以沈葆桢上奏请留漕折银，充当本省防务之用。

作为巡抚，沈葆桢有守土之责，需要以饷养兵，理由很充分，朝廷允许了他的奏请。江西的漕折银固定每月需交付湘军四五万两，是接济湘军可靠且重要的饷源。沈葆桢在没有知会曾国藩的情况下，私自奏请截留漕折，令曾国藩大出意外，颇为不悦，上火失眠，焦虑不已，这段时间的日记里多处出现他为此而烦心的字眼。

同治元年十月初四曾国藩在日记中写道："三更睡，二点成寐，四更二点即醒，盖本日闻江西抚、藩于此间大形龃龉，心为不怿。"两天后，又写下："日内因江西官场于余处啧有烦言，甚为忿恚，或竟日纠缠于心，未能稍释。甚矣，褊衷之难化也！"到了十月初九日，他写下："二更四点睡，竟夕不能成寐，盖因江西抚、藩有意掣肘，褊衷为之不平……"[190]

尽管沈葆桢的所作所为给曾国藩带来很大的麻烦和苦恼，但念及情面，他并没有责难沈葆桢。

然而，沈葆桢紧接着对"恩师"发起了第二次争饷之战。

为了增加江西财政收入，沈葆桢在口岸城市九江新设九江海关征税。这就与长江船货厘金相冲突。长江中船只载运的货物本由湘军水师彭玉麟设卡征收厘金，用作水师军费。沈葆桢咨请彭玉麟停收竹、木、盐、茶四项厘金，以此四项作为九江海关征收的洋税。

曾国藩一下子坐不住了。这虽然算不上是明目截留湘军军饷，但没有了这四项厘金，水师厘金饷项的收入将会锐减，水师面临着断食风险。于是曾国藩上奏朝廷请每月拨解三万两的九江洋税接济湘军军饷。此外，曾国藩直接派员担任九江关道,从同治三年起,九江关道道员先后解交到曾国藩安庆大营的洋税有六万两,其中有一万五千两是九江关道道员直接按照惯例解款的,没有经沈葆桢批示。

沈葆桢以此为借口,认为九江关道道员越权专擅。他一面咨询曾国藩,一面向朝廷请假开缺。请假开缺是当时官员运用的一种政治手腕,这是沈葆桢在以退为进向曾国藩施压,争取朝中舆论支持。朝廷没有准他的开缺,只同意他休假四个月。

果然,朝局中的舆论攻势很快来了,声讨曾国藩与沈葆桢督抚不和,更多的批评指向曾国藩。连曾国藩昔日里的好友大学士倭仁也专门写信来:

> 闻沈幼丹(沈葆桢字幼丹)中丞与阁下不协,欲行引疾,九重深以为忧。窃意国家多故,正诸贤同心共济之时,阁下爱才如命,即一能一艺无不雅意搜罗,岂贤如幼丹而不引为同志者?道途之口原不敢以疑大贤,即意见少有差池,责己返躬自能使猜嫌悉化……贤才难得,国事为重,惟阁下鉴察焉。[191]

倭仁首先说曾国藩不识时务,国家正值多故之秋,需要督抚和谐,同心共济,但是曾国藩却与沈葆桢不和,迫使他告病请假;其次,间接批评曾国藩没有做到平日自我宣扬的爱才如命,无法用贤才如沈葆桢者;最后,直接批评曾国藩在与他人意见不合时,无法做到责己反躬。

人言可畏,曾国藩感到了巨大压力,他知道这是由于自己身在高位,用事日久而招来的猜忌。连昔日好友倭仁都认为自己是在广揽权力,可想而知其他人对自己的猜忌更甚。这也正是之前曾国藩劝诫弟弟曾国荃要"畏人言"的原因。官场行事,不得不如履薄冰。

鉴于这样的舆论压力,曾国藩又见沈葆桢态度坚决,不好再与他力争,于是将原来的一万五千两解款退还给了九江关。

可是当沈葆桢休完假期,开始处理江西政务时,却又迫不及待地第三次开启了与曾国藩的争饷战。同治三年二月,沈葆桢上奏朝廷,请将原来供给湘军的茶厘牙税改留本省,彻底断绝湘军供给。

曾国藩再也忍无可忍。前年截漕折,去年拿关税,今年再留厘金。何况当下曾国藩的处境颇为不妙。湘军围攻金陵正到了关键时刻,曾国藩直辖的军队有八万之众,同时还要负责浙江、江苏等部分军队的粮饷。时下米价昂贵,军需消耗极大,有些部队已经开始靠喝粥度日了。曾国藩担心一旦断粮,士兵哗变,金陵大局功败垂成。沈葆桢昔为幕僚,今为下属,不但不替自己分忧解难,反而处处掣肘夺饷。于是,曾国藩决定向朝廷具奏力争,夺回本属于自己的厘金饷银。

曾国藩坚信,自己身膺两江总督,是统筹江南军务的钦差大臣,位高权重,自当深受朝廷重视。面对下属江西巡抚沈葆桢,不争则已,争当必赢。

可谁知,朝廷并没有当即下判,命沈葆桢归还厘金,而是让户部议奏此事。

户部倒是公平,对曾、沈二人不偏不倚,经过一番调查讨论,建议将此项厘金牙税一分为二,半留江西,半留湘军。户部议奏称:

> 查曾国藩军营现在月饷,每月湖北协济银五万两,湖南协济银二万五千两,四川协济银五万两,江西协济银三万两外,尚有广东厘金及江苏厘金等款,为数甚巨,均可源源接济。纵各省报解稍有未齐,通盘筹画,亦总可补苴支拄。其江西茶税、牙厘,拟照该抚所请,即归江西本省经收,分提一半作为该省防饷,其余一半仍归曾国藩军营,以期征、防两无贻误。[192]

曾国藩看完哭笑不得,户部所奏根本不合实情,所列数据停留在几年以前,各省协饷早就随着战事发生了很大变化。

四年以来,湖南、湖北和四川三省早已不对曾国藩协款,江西除了厘金外再没有其他协济款项,去年九江关倒是解到了一万五千两,但是因为沈葆桢发怒,又退还回去。至于广东厘金,一半要分给浙江,留下来的只有二万两。江苏厘金有四万两。户部提到的两湖、两江、四川、广东等六省一共协济不满十万,怎么能说"为数甚巨""源源接济"呢?曾国藩认为，户部用如此不符事实的数据来做判断荒唐至极，分明就是冠冕堂皇地推诿责任，打压自己。

曾国藩没有就此放弃，他一改中年变法以来退让谦和的态度，据理力争。一边给在户部任职的朋友倭仁和吴廷栋写信解释，一边上奏朝廷，具疏两千多言，把三年来与沈葆桢的矛盾条分缕析地陈述一遍，言辞激昂地力争饷银。

朝廷并没有站在曾国藩这一边，而是坚持了户部议奏，江西厘金双方各分一半。不过，为了避免金陵大局有失，朝廷也做出妥协，把购买洋船退还的五十万两由上海拨解给金陵大营，以解燃眉之急。

这场厘金之争以曾国藩的失败告一段落。从这件事可以看出，尽管曾国藩位高权重，但是做起事来仍然处处受限，甚至连他的下属和门生幕僚都难以指挥得动。之所以出现这种情况，根源在当时的政治体制。

督抚制度是清朝的地方管理制度，总督和巡抚都属于地方最高一级的官员，对于二者的职责权限，清廷规定总督掌管"厘治军民，综制文武，察举官吏，修饬封疆"，巡抚掌管"宣布德意，抚安齐民，修明政刑，兴革利弊，考核群吏，会总督以诏废置"。通过这些宽泛词语，便可以看出清廷对督抚职位的权责定义得含糊不明。总的来说，总督偏重军事，巡抚偏重民事，但是在实际工作中，二者的权责和分工多有交叉，双方在各自的立场上经常发生分歧和矛盾。"督抚不和"是清朝官场上常见之事。曾国藩身为两江总督，兼管安徽、江苏、江西三省军政之务，而且他也担任钦差大臣，负责包括浙江在内的四省军务，自然有干预江西一切事务的合理性和合法性。沈葆桢身为江西巡抚，肩负守土之责，管辖境内事务也是分内之事，因此二人在各自立场上产生了矛盾。

另一方面，朝廷"分而治之"的策略对于二人的矛盾非但没有调和，反而进行激化。对于日益膨胀的湘军集团，朝廷充满了"尾大不掉"的猜忌之心，尤其是对湘军领袖曾国藩。朝廷在重用他镇压太平军的同时，也对曾国藩充满了防范，分而治之、激化内部矛盾是朝廷打压湘军集团的重要策略。因此，当曾国藩与沈葆桢产生矛盾时，朝廷抓住时机对曾国藩进行裁抑。

对于朝廷的用意，曾国藩自然心知肚明。这场厘金之争给曾国藩带来的挫败感不亚于和太平军打了一场大败仗。一方面他担心军饷不够，导致金陵士兵哗变，重蹈向荣、和春之覆辙；另一方面他更忧心自己用事太久，朝廷内外怀疑自己擅权专利。

曾国藩在日记中写道："日内郁郁不自得，愁肠九回……"不过转念又自我安慰，尽管争厘不胜可能会导致饷缺兵溃；可如果争厘获胜，自己擅权专利的名头更大，恐怕会越发遭到怀疑，这更加可怕。[193]

想来想去，曾国藩感慨当官真苦，有权真难，真不如告病引退！他只想等到四海销兵的时候，"引退而长终山林，不复出而与闻政事，则公私之幸也"[194]。

这年的三月异常寒冷，本已接近立夏，却一直阴雨连绵，似乎随时都能下起雪来。曾国藩忧心前线的兵事，焦灼于厘金之争，"寸心抑郁不自得"。终于，曾国藩病了。他经常呕吐，还会眩晕，左手左脚异常疼痛，抽搐不止，起坐不便。曾国藩知道自己是"肝家血亏"，急火攻心而致，再加天寒阴冷，中了风寒。年不到六十，却已病症缠身，他担心若调理不宜会得偏瘫。[195]

身体的不适，也让曾国藩有了引退的理由。回想近来政事不畅，他担心自己"用事太久"，恐怕朝廷会猜疑自己"兵权太重、利权太大"，不如主动提出解去兵权，引退数年，以平息猜忌。想到这一层，曾国藩上折奏请一个月的病假。当然，曾国藩也明白，正当军务吃紧之时，他其实不可能离营度假，必须在军中办公。请假只是一种政治暗示，与当时沈葆桢以退为进奏请假开缺类似，只不过曾国藩并非要进，而是要退，他在向朝廷暗示自己不敢久握权力重柄。[196]

政事让他烦心，而家事和兵事又让他伤心、忧心。三月末，天气极寒，曾国藩重新穿上了已经收起来的冬衣灰鼠马褂。正在此时，二十八日这天，曾国藩收到了同胞妹妹去世的消息，他叹道："吾兄弟姊妹九人，今仅存三人矣，伤感特甚，不能治事"[197]，"盖骨肉死丧之感，闹饷内变之事，金陵未竟之功，江西流贼之多，百端交集，竟不知事变之胡底也"[198]。次日，曾国藩又想起咸丰十年（1860年），和春金陵大营兵败也是在一个

第四章　金陵困局　　295

寒冷如冬的三月，他触景生情，不禁担忧金陵兵事会不会另有他变。[199]

此外，还有一人也生病了，就是他日夜牵挂的沅弟曾国荃。

15　难兄难弟

曾国荃的肝病

　　曾国荃的病症很明显。在金陵大营中凡是见过他的人都看得出来。他的幕僚赵烈文在日记中就称九帅"日夜焦灼，寝食俱减。加自新春至今，冒风栉雨，无片刻宁处，致婴气痛腹利诸疾，形容清削，颇非昔比"[200]。

　　"气痛腹利"是中医所讲的病症，即气血滞碍导致胸腹痛疼。

　　曾国荃的病因明显是因久攻金陵而不破的压力导致的。从兵至雨花台算起，到目前围攻已达两年。尤其是今年上半年，曾国荃更为围攻金陵辛劳不堪。

　　自正月以来，他攻下了钟山之巅的天堡城要塞，顺势包围太平门、神策门，完成了对金陵合围。不料，李秀成仍然能够纠集重兵，布防城外地堡城，内靠城墙，外依护河，扼守最后一道防线。曾国荃在接下来的攻城中屡屡受挫。湘军扎木排以渡护城河，架云梯以翻城墙，百计环攻，却终无所获。

　　曾国荃又拿出了攻城的撒手锏——地道战。这本是太平军攻城拔寨的常用方法，即挖掘暗道到城墙或营墙之下，安置炸药，轰开墙体。尽管工程量大，耗时长，但在没有重型炸炮的情况下，地道战是最有效、最精准的城墙爆破法。

　　曾国荃在城东北的神策门、朝阳门及龙脖子一带，距城墙七十丈左右的地方，大修营垒。他要以营垒为掩护，向城墙挖地道。到了三月，湘军修筑的营垒超过了四十座，城东北外的地道战全面开展。

　　太平军本是地道战的好手，自然也深谙地道战的破袭之法。

　　他们一看到离城墙不远处修建的营垒，就知道湘军已经在挖地道了。为了阻截湘军地道，太平军缒城而下，在城墙根处修建月围，挖掘横壕。

这样湘军挖地道至横壕处便暴露于外，地道战也就无效。对此，湘军派出敢死队，杀城墙根下挖横壕的太平军。

接着，太平军又在城墙上"观草辨位"，判断湘军地道位置。湘军在挖掘地道时，需要在地道内点火照明，烟气上灼，地面上的草随之枯萎。太平军根据地面枯萎的草地便知道地道的位置。然后，太平军朝着地道位置进行迎挖，湘军的地道无不贯穿。

就这样，湘军在城外挖，太平军在城内挖，至六月初，太平军破坏的地道多达十七处。

在地道战的同时，曾国荃还采用诱降计，策反城中将领，联络为内应，但都事泄不成。李秀成在城中严防奸细，因此曾国荃谍战诱降之计也难以开展。[201]

曾国荃百计环攻，不但未能急速攻城，反而急火攻心，焦劳成疾，内病肝脾，外发湿毒。[202]

而更让曾国荃有压力的是"贼赍未尽，我食先匮"[203]。去年李秀成在城中空地遍种麦稻，如今满城绿绿油油，收获在即。反观湘军，由于军饷筹集和运输等问题，城外的湘军反而先面临饥荒。曾国荃军中饷项目亏，入不敷出，每月给丁勇发的军饷不足十天的用度，再扣除米价等项目，丁勇拿到手的钱几乎没有；而丁勇每日的伙食也只剩下了米粥。湘军全为募兵，不少人打仗就是为了钱，军饷发不出来，军心便不稳。再这样发展下去，便有兵变军溃的可能。其实萧庆衍营中的士兵已经发生了闹饷哗变的事情，曾国荃只能宽容处置，士兵军纪也就此不断恶化。[204]

对于这些情况，哥哥曾国藩早也知晓，他知道弟弟在前线的压力并不亚于自己，十分担心弟弟"求速效而焦灼生病"，担心"各营猛攻地道，多损精锐而无以御援贼"。

尽管兄弟二人每日都通信讨论军情，但是曾国荃却没有提过自己的病情，他知道多说无益，徒增兄长挂念。不过，到了四月中旬，曾国荃终于忍不住在信中透露病情："肝病已深，痼疾已成，逢人辄怒，遇事辄忧。"[205]

果然，曾国藩得知后不胜焦虑，他知道曾国荃在前线的压力，新年以来也总是询问，但曾国荃都含糊应付，今天看到他吐露真言，倒觉坦然。

第四章　金陵困局　297

曾国藩明白，兄弟二人皆因焦灼而生病，这是心病。他给弟弟开出了自己常用的一剂药方：

> 此病非药饵所能为力，必须将万事看空，毋恼毋怒，乃可渐渐减轻。[206]

知弟莫若兄。曾国藩知道当此万难之时，面对"心浮气躁"的沅弟，不可再行批评，而是要劝勉恭维。[207]他劝曾国荃"听其自然"，"将万事看空"，就是让他把克金陵之头功、全功看轻，只管"小心安命""埋头任事"而已。

此方看似简单易行，但对曾国荃来说可能效果不好甚至无效，主要原因在于两人经历与心态的不同。曾国藩从咸丰四年（1854年）春起兵出征，到同治三年（1864年）兵围金陵，十年军旅生活的起起伏伏早已经让他磨平了心性。他曾经因战胜而轻敌冒进，也因战败而轻生自杀。相比之下，曾国荃的军旅之途倒是平顺，拔瑞州，克安庆，他总能够凭借自己的定力和耐力取得最终胜利，没有遇到过大挫折。战争不仅是战场上的刀光剑影，还有心理上的较量，胜不骄，败不馁的心态也十分重要。因此，在面对"不如意之事机、不入耳之言语"[208]时，曾国藩虽也难做到心静如水，但是求稳持平的修养还是比曾国荃高出很多。

对立功迟速的不同期待，也是二人心态的差别。可能是由于年纪和阅历的差别，已是两江总督兼任钦差大臣的五十三岁的曾国藩，不求速效，唯求一个稳字。而刚刚升任浙江巡抚的四十岁的曾国荃，则想尽早破城，早定大局。

许他人来否？

与金陵战场的停滞相比，江苏、浙江的战事分别在李鸿章、左宗棠的主持之下进展顺利。四月初六，李鸿章攻克常州，初八攻克丹阳，离金陵的东边只有一步之遥。江苏除了金陵之外，全省克复。曾国藩收到东边捷报后，深感欣慰，佩服门生李鸿章任事之勇，进兵之速。不过，他转念一想，忧上心来，恐怕这捷报对于弟弟的病情并非好事，沅弟会受刺激，心更急切。不仅如此，曾国荃更担心攻克金陵的"全功"会被李鸿章分了。

当时朝中上下议论纷纷，既然曾国荃围攻金陵尚无把握，为何不派李鸿章的淮军前往支援，助他一臂之力呢？

五月初八，谕旨下发：

> 李鸿章所部兵勇攻城夺隘，所向有功，炮队尤为得力。现在金陵功在垂成，发、捻蓄意东趋，迟恐掣动全局，李鸿章岂能坐视？着即迅调劲旅数千及得力炮队前赴金陵，会合曾国荃围师相机进取，速奏肤公。[209]

面对朝廷的好意，曾国荃不但不感激，反而气恼。因为在他眼中，与其说李鸿章前来助攻，不如说他在抢功。

曾国藩知道弟弟内心想法，三年前他曾函商曾国荃攻取上海，国荃拒绝，就是为了夺下金陵首功。从同治元年曾国荃孤军深入雨花台，抵挡李秀成大军猛攻四十六天始，又经过九个月浴血奋战，逐一铲除城外敌人营垒，完成对金陵的合围。这期间付出了多少辛劳和代价，结果却在大功将成的最后一刻，被他军分割功劳。曾国荃自然不愿意，跟着他出生入死的部下也不愿意。

那么曾国藩是否愿意李鸿章的淮军前来助攻呢？曾国藩对这个问题比较纠结。

为曾国荃的身体考虑，他希望淮军来。曾国藩知道如果金陵持久不下，以曾国荃平日偏激的性情，他的肝病会越积越深，最终落下病根。骨肉相连，他自然不愿弟弟落得这样下场。再者，饷项也难以再支撑三四个月了。淮军装备的炸炮很多，应该可以加速克城进度。

但是，不想让淮军前来很大程度也是为了弟弟的健康。李鸿章前来助攻必然分功，自然会使曾国荃多年努力奋斗的功名弱化，曾国藩担心弟弟"以激而病深"[210]；李鸿章连胜之余，难免言语傲慢，很可能加重沅弟的肝病。再者，曾国藩还担心淮军兵勇所发军饷比湘军多，两军贫富相差，会影响军队士气。

因此，曾国藩就这一问题反复和曾国荃探讨。最后从大局稳妥的角度，他还是尽量说服曾国荃接受李鸿章的助攻。

四月十六日，曾国藩写信告诉弟弟说："如奉旨饬少荃（李鸿章）中丞前来会攻金陵，弟亦不必多心，但求了毕兹役。独克固佳，会克亦妙。功不必自己出，名不必自己成，总以保全身体，莫生肝病为要。"[211]

四月二十日，曾国藩劝弟弟看淡功名，说："金陵之克，亦本朝之大勋，千古之大名，全凭天意主张，岂尽关乎人力？天于大名，吝之惜之，千磨百折，艰难拂乱而后予之。老氏所谓'不敢为天下先'者，即不敢居第一等大名之意。……今少荃二年以来屡立奇功，肃清全苏，吾兄弟名望虽减，尚不致身败名裂，便是家门之福。老师虽久而朝廷无贬辞，大局无他变，即是吾兄弟之幸。只可畏天知命，不可怨天尤人。"[212]

五月十二日，曾国藩给曾国荃写信道："盖独享大名为折福之道，则与人分名即受福之道矣。如苏军虽到，而城贼仍坚持不下如故，则谤可稍分，而责亦稍轻。"[213]

从这几封信可以看出曾国藩和曾国荃的功名观的差异。曾国荃想把克复金陵的第一大名全部独占己有。但是，饱经阅历的曾国藩却不敢贪全功、占大名，他知道功名与权位一样，欲戴其冠必承其重。承重受累倒不可怕，可怕的是"居第一等大名"会"折福"。以史为鉴，曾国藩知道享第一等大名者能善终的很少，甚至会连累家门。因此，他追求的是"花未全开月未圆"，劝弟弟"功不必自己出，名不必自己成"。

起初曾国藩并不强制曾国荃允许李鸿章来助攻，只是随着战事发展，湘军银、米、火药等均难以支持，再加上朝廷谕旨严催，他最终也认为必须让李鸿章来金陵了。他在五月十六日最后劝弟弟：

> 少荃会剿金陵，好处甚多，其不好处不过分占美名而已。后之论者曰：润克鄂省，迪克九江，沅克安庆，少荃克苏州，季高克杭州，金陵一城沅与泉［少荃］各克其半而已。此亦非甚坏之名也。何必全克而后为美名哉？人又何必占天下之第一美名哉？[214]

曾国藩给弟弟模拟了史家评述：胡林翼攻克武昌，李续宾攻克九江，曾国荃攻克安庆，李鸿章攻克苏州，左宗棠攻克杭州，金陵一城由曾国荃和李鸿章各攻一半。弟弟一人攻下一个半重城也很不错了，何必要占天下第一美名呢？

情况发展到此时，迫于各方面压力，曾国荃也不得不请李鸿章前来助攻了。

然而，李鸿章并不十分愿意来。他知道曾国荃劳苦多年经营金陵，为的就是最后一刻。他感恩曾国藩对自己的知遇之恩，不想争抢曾家兄弟的功绩。因此，他攻克丹阳后，反而南下进攻浙江的湖州，还上奏朝廷称军队需要休整，需要等湖州攻克以后，才能派军助攻金陵。

湖州之攻，岂能与攻取金陵相比，李鸿章这是在有意避开金陵，成全曾家兄弟。

不过朝廷却等不了，他们担心曾国荃军中士气不稳，湖北一带的发捻等部东趋救援金陵。于是从五月中旬到六月初，朝廷连下四道谕旨，严催李鸿章或拨兵助剿，或亲往会攻，不可避嫌推诿。

无奈之下，李鸿章正式给曾国荃发咨文，称七月将会派军来金陵助攻。当曾国荃收到李鸿章的派兵咨文后，还是心有不甘。他召集众将商议，说："他人至矣，艰苦二年以与人耶？"众将说："愿尽死力！"[215]

于是他们决定在援军未到之前，发起最后猛攻。

此时，天京城内已然快油尽灯灭了。

16　最终的胜利

天堡城被湘军占领后，太平军在城外只剩下地堡城最后一道防线，城北太平门、神策门被围，太平军与外界的联系完全被切断，颗米难以进城。

干王洪仁玕同治二年（1863年）年底曾奉命外出求援寻粮，他历经丹阳、常州、湖州等地，但是各处守将早就自身难保，无粮可拨，无援可派。不久，苏、常、杭、嘉等江浙城池全部丧失，天京俨然成为一座孤岛。无粮可食，无援可待，满城饥民嗷嗷待哺，太平军到了山穷水尽的地步。

李秀成无奈地问天王该怎么办。天王洪秀全笑了，说："朕早有预料。两三年前，朕就命人备下甘露，如今阖城，俱食甘露，可以养生。"说完，洪秀全亲尝甘露，为全城军民做出榜样。

什么是甘露呢？当时《圣经》旧约的翻译文本中记载，以色列人穿越沙漠时靠着天赐甘露而活。洪秀全据此发明创造，把宫中空地里生长的百草团成一团，就叫它"甘露"。这种草团当然无法食用。

李秀成每次问天王政事，天王就言天说地。李秀成心灰意冷，看来指望不上天王了。他把自己府中的粮食发放给饥民，但不过是杯水车薪，根本无法缓解饥荒。李秀成密令把饥民放出城外，缓解城中军粮压力，结果饥民出城时，又遭守城军队搜剥，城中混乱不堪。

不久，洪秀全病重卧床，颁布了最后一道谕旨，说："大众安心！朕即上天堂，向天父天兄领到天兵，保固天京。"[216]同治三年四月二十七日，洪秀全走到了生命的尽头，奔向了他痴迷的"天国"，年仅五十岁。五天以后，幼主洪天贵福即位，城内军政事宜仍由李秀成统管。

经过几次放饥民到城外，李秀成评估目前城中共约三万人，能战者不过三四千人，剩下的不是大小文官，就是各处太平军留京的家属，或老幼孤寡，或伤病残废。李秀成想集中力量，带幼主突围出城。

五月十五日，李秀成打开太平门，率军突围猛攻。曾国荃险些没能拦住，不过最终还是把李秀成一队赶回城中。

这样一来，曾国荃一面部署各军，严防城中太平军突围，一面加紧攻城，猛挖地道。他还是寄希望于地道轰城。

目前他们在城墙火力的射程外，距城约七十丈左右的地方开始挖地道，先向下挖四五米，再向城墙挖去。地道的工程量巨大，耗时极长。地道内部要挖一米二宽，高二米一左右。为了防止地道坍塌，还要用木头、树枝等搭成架子固定。如果地道遇到了护城河，则会继续向深处挖，绕过护城河，最深处可达二三十米。然而，还没有等地道挖好，就已经被太平军的反地道战破坏。

要更好地发挥地道战的效果，最好是缩短挖地道的距离，尽快把地道挖到城墙下。如果能在离城墙近点的地方开挖地道，就能减少地道工程量。于是曾国荃瞄准了地堡城，太平军留在城外的最后一座营垒。

地堡城在钟山脚下，离城墙不过十几丈，营垒前还有一座坚屋，正好可以用来掩护挖地道。曾国荃指挥军队，百计环攻，终于在五月三十日攻下了地堡城。第二天，他们立即在地堡城前筑垒，距墙不过几丈，在此挖地道再方便不过。

太平军知道情况的严峻性，堵之甚力。双方连争三夜，最后湘军以损失精锐三四百人的代价守住了地堡城前的战垒。

曾国荃决定以此处挖地道作为破城的突破口，同时为了牵制太平军兵力，他命各军在各边城墙加紧攻城。六月初九，湘军在神策门处挖的一条地道穿过了月城，达到城下。而太平军也侦知了地道位置，由城内迎挖到了湘军的地道之下，用火药把月城轰塌，砸断了湘军地道的进路，八名湘军惨死道中。

曾国荃愤恨至极，趁机激发兵勇士气，连夜在地堡城前又修筑十几座炮台，不停歇地向城墙上的守军炮轰，使太平军无法在城墙垛上站立。湘军趁机在地下开挖地道。

同时，曾国荃又发动人海战术，命令士兵每人带着柴草在城墙下堆放，希望用柴草堆至城墙高，然后爬入城中。在炮火的掩护下，湘军各营挑柴堆积，太平军竟不能拒，只能在城内架梯，拿着枪棒等待刺杀登墙的湘军。这样，湘军在地堡城龙脖子一带，地下挖暗道，地上堆柴草，上下齐攻。

不过，堆草攻城之法还是略显莽撞，一旦炮火压不住城上守军，他们便会向下倾泼火药，柴草多有烧毁。曾国荃还是把重点放在地道上，令各处围军猛攻，牵制太平军火力。

六月十五日晚，在地堡城旁，经湘军日夜挖掘的地道终于告成，抵达了金陵厚实的城墙之下。这条地道是在距城约七十米处开挖的，在靠近城墙时，地道分出几支分别挖向城墙，最后每隔一段距离就在城墙底下挖出一个洞。每个洞内放置约四万斤的火药，共约二十多万斤火药。

李秀成也知道地下湘军的地道将要挖成，可是地堡城上发出震天动地的炮声让太平军难以判断地道的具体位置，他们也无法挖出对抗地道。李秀成亲督敢死队几百人缒城而下,猛攻湘军地道口,破坏地道。可惜最终还是被湘军设伏兵截击,保住了洞口。

六月十六日中午,地道各洞的炸药安置完毕,曾国荃传令即刻引火。"嘶——"的一声,火花乍现,顺着引线慢慢前进。

江南的六月天,极其闷热,湘军兵勇个个汗流浃背,曾国荃也奇热无比,加之内心焦灼,他干脆脱去鞋光着脚,只穿着短布衣,但汗仍然止不住地往下流。[217]他站在高岗上,往太平门方向望去,听着远处轰轰隆隆的炮声和将士们的喊杀声,仿佛一切都与他无关,他只焦急等待着地道中炸药的引爆,恨不能自己有双透视眼,看看引火燃到了何处。他担心火星燃得太慢,担心火星能否点燃各处分支。

时间一分一秒地推进……

不知道过了多久,曾国荃空白的大脑中突然出现一声巨响,随后轰轰隆隆,眼见太平门旁的城墙处烟雾升腾,遮住了大半个天空。最后烟尘下落,显出了二十余丈的缺口。

早已埋伏好的湘军,蜂拥而入。太平军还想拼死堵住缺口,两军鏖战三时之久,太平军兵溃,湘军分四路夺占全城。

曾国荃抑制不住激动,"汗泪交下"[218],想不到被太平军占据十一年零四个月之久的金陵城终于被自己攻破了。

等看到金陵四周城门全被湘军夺占,城内天王府也被占领,大局已定,曾国荃瞬间困乏无比,他跑到中军大营倒头便睡,任由进城的湘军烧杀抢掠。

曾国藩知道这个消息,已经是两天后的半夜时分,彼时彼刻他有怎样的感受呢?喜悦?激动?轻松?满足?膨胀?都不准确,连曾国藩自己都很难说,他在当天的日记里写下:

> 三更三点接沅弟咨文,知金陵于十六日午刻克复。思前想后,喜惧悲欢,万端交集,竟夕不复成寐。[219]

第二天一早,曾国藩急不可待地给沅弟写了一封信,问出了一连串的问题：

> 不知弟平安否？将士伤亡不甚多否？进城巷战不甚久否？洪、李二酋未逃出否？[220]

破城行动确实危险。湘军在预先炸坏的城墙下安排了四百名敢死队员，结果没想到炸药劲头过猛，砖块纷飞，不少队员都被飞落的石砖砸死。没有砸死的人和后续的人在冲进缺口的时候，遭到了太平军的猛烈抵抗，太平军把成盆的火药抛下来，不少人又被烧死、炸死。幸好湘军后续部队奋力赶上，冲入城内。

曾国荃当然没有奋力厮杀在第一线，城破后他进城转了一圈，之后立即回营，向哥哥和朝廷报告胜利的好消息。当然，他平安。

正如前述，湘军突破缺口时遭遇到守军的顽强抵抗，损失也不少。进入城中的湘军按计划兵分四路，向天王府和四周各个城门冲去，战斗激烈，从黎明一直持续到傍晚，最后全城各门全部陷落，湘军严控各门，防止太平军有人突围逃跑。

其实城破之时，金陵城中只有三万人，军队一万人左右，剩下的全是老弱病残以及居民，真正能战斗的不过三四千，而湘军有五万之众，因此，城被攻下后，太平军早已不是对手了。不过金陵城中的太平军并没有屈服，明知不会取胜，但他们仍然在屋顶、街巷与湘军展开了巷战，死得异常悲壮，甚至有太平军提出"城中弗留半片烂布与妖享用"，不少人都自焚而死。当然，不少史料也显示湘军趁机大开杀戒和抢掠财物，"破城之日，全军掠夺"[221]。

洪秀全和李秀成的下落如何，这是曾国藩最关心的。曾国藩还不知道洪秀全在城破前已病死，幼主洪天贵福被立为新天王。洪、李二人是太平天国的重要人物，堪称"元匪"，如果他们没有被擒杀，那么太平天国的残余势力很可能死灰复燃。因此，洪、李二人的下落是朝廷和曾氏兄弟都极为关切的。

尽管曾国荃严控各门，但李秀成还是带着幼主趁乱从城墙缺口处逃

第四章　金陵困局

出。然而，他却没有跑远。

当时幕僚赵烈文在日记中记下：

> 至四鼓时，城北来报，有马贼二百余、步贼千计假冒官军衣装，并携带妇女从缺口冲出，守汛者昆字及湘后左右营精锐大半在城内未返，余皆疲顿，不能阻之，仅杀数十人。[222]

这千余人中就藏着李秀成和幼主洪天贵福。城破当晚，李秀成率领一千多人化装成清军护送着洪天贵福，从太平门旁的城墙缺口处突围了出去。湘军忙于在城内烧杀抢掠，没有阻击成功。曾国荃闻讯后，立即传令各处部队追击围剿。

李秀成和幼主朝着东南方向的句容等地逃去，不过他们却在战乱中被冲散。

六月十九日，李秀成跑到方山附近，在一所庙中被当地村民发现并擒拿，然后解送给了湘军。曾国荃用大木笼把李秀成关押在金陵大营中。但是，幼主洪天贵福却下落不明，曾国荃他们反复搜查终究无果，不知道他是死于乱军中，还是逃到别处。

曾国藩当然不愿意相信洪天贵福逃往别处，但是死不见尸，生不见人，他并不能确认幼主的下落。该怎么向朝廷汇报呢？曾国藩纠结难定。如果据实奏报，则显得沉弟曾国荃指挥失当，导致"元匪"漏网；如果直接写身死，但是没有找到尸首，万一以后幼主现身，则会使他们兄弟更加尴尬。可是，破城擒贼的奏报不能长时间拖延。曾国藩思前想后，在六月二十三日上奏《奏报攻克金陵尽歼全股悍贼并生俘逆酋李秀成洪仁达折》，重点强调破城和擒拿李秀成，对于幼主洪天贵福的下落做了模糊处理：

> 又据城内各贼供称，首逆洪秀全实系本年五月间官军猛攻时服毒而死，瘗于伪官院内，立幼主洪福瑱重袭伪号。城破后，伪幼主积薪宫殿，举火自焚等语。应俟伪宫火熄，挖出洪秀全逆尸，查明自焚确据，续行具奏。[223]

"洪福瑱"便是指洪天贵福，这是湘军从缴获来的玉玺上对幼主名字的误读。由于当时城破时，城内到处起火，天王府中也烧起火来，曾国藩便借天平军俘虏之口供，称幼主在天王府内举火自焚殉国。但到底其下落如何，曾国藩并未写明，这倒给人以遐想空间，言外之意在说幼主很可能与天王府同化为灰烬。这样自然是生不见人，死不见尸，为以后再说其下落不明做铺垫，也为城破后沅弟的安排不周而开脱。

同时，曾国藩在奏折中不断强调"全股悍贼尽数歼灭"。比如，对于当晚从缺口处逃出的假扮清军的太平军，曾国藩先说经过城墙周围各营的截杀，仅剩下六七百骑兵；接着，又说曾国荃派出军队进行围追堵截，一直追杀到湖熟镇，"全数斩刈，未留一人"；最后追兵又向前追到溧阳，经过和当地百姓确认前方已无贼踪才收兵。曾国藩花了许多笔墨，就是在告诉朝廷，尽管有城贼跑出，但是经过追杀，已尽数剿灭。

接着，曾国藩又说十七、十八、十九日连续三天，各营在城内分段搜杀，"毙贼十余万人，秦淮长河尸首如麻。凡伪王、伪王将、天将及大小酋目约有三千余名，死于乱军之中者居其半，死于城河沟渠及自焚者居其半，三日夜火光不息"。

曾国藩毫不掩饰湘军在城中的烧杀，就是在向朝廷表明城中太平军大小官员全部被湘军剿杀干净。言下之意，幼主洪天贵福也死在了乱军之中。其实曾国藩还在夸张杀贼人数，据学者考证，破城时城中军民仅有三四万人，何来毙贼十几万呢？他这是在夸大湘军的功绩，突出破城擒贼之难。

曾国藩小心翼翼地撰写奏折，因为他知道入城部队的烧杀抢掠、幼主的下落不明等问题，沅弟确实处理不周，这足以在大功之下遭到圣上猜忌，遭到朝臣抨击。他必须谨慎处理，尽量把舆论导向有利于自己的方向。

然而，话术越是修饰，就越显漏洞。

17 功成后的猜忌

六月二十三日奏折拜发，曾国藩就马不停蹄地赶往金陵，察看城破情况，和沅弟处理善后事宜。为了赶时间，曾国藩决定乘坐洋轮船，轮船后再拖一艘民船，装运生活用品和办公材料。当天夜里他便住到船上，等第二天一早发船。

二十四日一早，天还未亮，一声汽笛划破寂静，滚滚黑烟从蒸汽机的烟囱里冒了出来，轮船开动。船速快且稳，曾国藩颇为欣慰，想必一日内就能到金陵。

在船中，他正好有时间阅读，便拿出《五代史》，读了《死事传》《一行传》等列传。到了中午，气温升高，加上蒸汽机中的炉火，人在船中像被蒸烤一般。曾国藩不耐燥热，从轮船换坐到民船上。船在途中停了三次，看来一天内是到不了金陵了，曾国藩有些怅然。次日一早，开船六十里后曾国藩登岸，又行二十里，终于到达雨花台大营。[224]

曾国藩见到了沅弟，看他虽然消瘦，但精神尚好，一颗心总算放下了。

随后几天，曾国藩周历各处，接见诸将，吃席陪客，了解破城的具体情况。

曾国藩来到了城东北边的龙脖子处，来看攻破金陵城墙的那条地道。地道口离城墙不远，一共有两个。曾国藩抬头一看，看到龙脖子山上层层叠叠架的都是大炮，炮位得有一百多个，随着山形上下排列，颇为壮观。他仿佛看到当日的破城情形，想必是山上百炮轰击，昼夜不息，使得城中守军立足不住；山下城墙边，将士们奋力挖掘地道，五天而成，速度之快，让敌人始料不及；再加上弟弟曾国荃精诚所格，五万人并力用命，这是天时、地利、人和全占尽，才让这座城终于被攻下。想到这里，曾国藩叹道："以是知人力可夺造化之权，凡事不得尽诿诸气数也。"[225] 这时曾国藩钦佩弟弟的勇猛敢为，甚至有些怀疑自己常说的天命决定论了。

旋即他从太平门进入城内的天王府，查看洪秀全是否确死无疑。湘军扑灭天王府的大火后，挖出了洪秀全的尸体。曾国藩和文武官员一同检视。他前前后后，仔仔细细地打量这位天王。人已死了两个月，尸体没有完全腐烂，左臂股和左肩膀还有肉，下巴处零零星星挂着几根微白的胡须，头已经完全秃了。尸身不用棺椁装殓，而是用绣龙黄缎包裹着，裤脚处也全用龙缎。为了确认这确实是洪秀全的尸身，他们找来了原天王府中的侍女进行指认。侍女姓黄，曾亲手埋葬洪秀全，她讲述了天王宾天时前后的细节。

曾国藩听着故事，看着这堆腐肉，竟不敢想这就是那位翻云覆雨的"天王"。他的天王府，虽已焚烧成废墟，但是仍掩盖不住昔日的辉煌磅礴；他的太平天国，虽已覆灭，但也曾覆盖半个华夏。想到这里，曾国藩的耳边忍不住响起了那段戏词："俺曾见，金陵玉树莺声晓，秦淮水榭花开早。谁知道容易冰消。眼看他起朱楼，眼看他宴宾客，眼看他楼塌了……"曾国藩又默念起那句常自警的话，"花忌全开月忌圆"。

其实曾国藩知道，自己和沅弟的处境便已是"花开月圆"了。他们破城立功后，猜忌打压也随之而来。

当朝廷收到曾国藩的报功折后就已经褒中带贬了，尤其是对曾国荃。

六月二十六日，上谕：

> 该逆死党尚有万余，曾国荃于攻克大城时，即应一鼓作气，将伪城尽力攻拔，生擒首逆。乃因大势粗定，遽回老营，恐将士等贪取财物，因而懈弛万一。该逆委弃辎重，饵我军士，而潜出别道，乘我不备，冀图一逞，或伺间奔窜，冲出重围，均不可不虑。……倘曾国荃骤胜而骄，令垂成之功或有中变，致稽时日，必惟曾国荃是问。[226]

这是朝廷抓住了曾国荃奏报破城折中的一句话："臣国荃至太平门倒口进，登龙山督阵，见攻克省城大势已定，遂赶回老营，将大略情形一面具报，一面饬官军环城内外扎定，兼扼各路要隘。"[227]

曾国荃当上浙江巡抚后才获得上折的权力，对于在奏折上如何措辞还有些稚嫩。他之所以写自己在大势初定后赶紧回营具报，可能是表达自己想尽快把胜利的消息报给朝廷，结果却被朝廷抓住了话柄。朝廷批评他回老营太早，没有约束士兵，会导致敌人乘乱冲出重围。同时，朝廷警告曾国荃不能骤胜而骄，并称如果大局因此突变而功败垂成，定要拿曾国荃是问。朝廷措辞之严厉，好像曾国荃破城不是立功，反是犯过。

曾国荃和曾国藩收到这样的上谕，心惊胆战的同时兴许也会心灰意冷。

第四章 金陵困局

不过，曾氏兄弟毕竟立功，还是要论功行赏。很快赏就来了。

同治三年（1864年）七月初八，金陵天气晴朗。午饭后曾国藩收到了江宁将军富明阿的咨文，得知自己蒙恩封一等侯，沅弟封一等伯。众人纷纷道喜，幕僚赵烈文笑着对曾国藩说："以后当称您为中堂，还是侯爷呢？"曾国藩一笑，答道："你别称我猴子就行。"[228]

道喜之客很多，曾国藩忙于应酬，颇感疲乏。他的心情也没有因封爵而愉悦，反而因察觉到朝廷的有意打压而心忧。曾国藩当天的日记写道："饭后，接富将军咨，知余蒙恩封一等侯，沅弟蒙恩封一等伯，系廿九日谕旨，不知余处何以尚未接到。"[229]

富明阿将军是明末大将袁崇焕的第五世孙，祖上在清初时编入了汉军正白旗。富明阿时任江宁将军，是统领江南驻防八旗军兵的最高统帅。与曾国藩相比，富将军算是朝廷的自己人。

朝廷封赏曾国藩的谕旨没有第一时间颁到曾国藩手中，却先给了富明阿，再由他转咨给曾国藩。而曾国藩自己则在两天后才收到正式谕旨。可见朝廷是在刻意分清远近亲疏。

具有政治敏感度的曾国藩自然能看出端倪，虽然他没有在日记中明言，但是已经感受到朝廷对自己的疏远和猜忌。

追溯到咸丰朝时，作为拥有军权的汉大臣曾国藩就很受皇帝猜忌和防范，只是到了无人可用之时，才授予他地方实职实权。同治朝的主政者虽然对曾国藩倚重的力度加强，但是对他的猜忌和咸丰皇帝是一脉相承的。尤其是金陵城破后，曾国藩对一些事情的处理更添了朝廷的猜忌之心。

首先是对李秀成的处理。

曾国藩来金陵大营的第一天就检视和审讯了李秀成。那天傍晚时分，曾国藩见到了蜷缩在木笼里的李秀成。那是曾国藩和李秀成第一次相见，不知道他是对昔日与己厮杀的敌人恨之入骨，还是对这蓬头垢面的阶下囚心有怜惜，也不知道他能从蜷缩在木笼里的李秀成身上看到什么。曾国藩在日记中什么也没有透露，只淡淡写道："至戌初，将所擒之伪忠王亲自鞫讯数语。"[230] 但是在曾国藩幕僚赵烈文的日记中有"中堂甚怜惜之"的字眼。[231]

李秀成对曾国藩很客气，称他为"老中堂"，对他的问题一一回答，并且决定写成供状。此后几天时间里，李秀成奋笔疾书，写成五六万言，对太平天国重大事宜进行了全面总结。曾国藩看后进行了细致的删改，缩成三万多字，这就是流传后世的《李秀成自述》。

对于李秀成的处置，曾国藩奏请朝廷发落，"应否槛送京师，抑或即在金陵正法，咨请定夺"[232]。

六月二十九日，朝廷谕令将李秀成等人"槛送京师，讯明后尽法处治"[233]。

然而，在七月初六日，当李秀成写完供状后，曾国藩却和曾国荃商定，私自将李秀成在金陵处死。曾国藩提出的理由倒也很充分，主要怕李秀成威望太高，万一送京师的过程中逃狱，便可召集旧部，后患无穷。对于要求"槛送京师"的谕旨，曾国藩的处理很简单，干脆称自己七月初十才收到，因此也就不算违旨不遵了。

可是上谕由兵部火票六百里加急递送，何日抵达何处都有严格规定。按规定，二十九日的上谕正好是在七月初六递到曾国藩手中。对此，曾国藩解释道，自己当时在金陵，谕旨先到了安庆，再转寄到了江宁（金陵），因此耽误了四天。

对于这些解释，朝廷并不以为然，不过既然曾国藩已经将李秀成正法，朝廷不能不予以肯定，但还是怀疑他违旨操作，于是又拿驿递日期做起了文章。朝廷称谕旨封面和兵部火票都注明了"递至江宁"字样，为什么驿递还是由安庆转至江宁，其中原因着兵部挨站严查。这明显是对曾国藩不信任。

朝廷甚至怀疑，之所以曾国藩快速就地处决李秀成，很可能是湘军所抓非人，冒名顶替。但这一点不能明说，朝廷派出江宁将军富阿明暗查。富明阿从扬州防地赶往金陵，一面视察湘军行动，一面调查李秀成是否是假冒顶替。七月十八日，他会见曾国藩后，又到各处拜访，逢人就问抓获李秀成是否确有其事。[234]

曾国藩就地处决李秀成，而没有槛送京师，怕李秀成中途逃跑而东山再起是原因之一。不过曾国藩确实还有私心，据有些学者推测大概有三点：第一，湘军历来奏报的军功多与事实不符，而李秀成所述的战事则较为客观；第二，金陵城破后，湘军兵勇所获财物甚多，而李秀成对此知之甚详；第三，李秀成盛誉曾国藩而诋毁清廷，这让曾国藩很有压力，怕招朝廷猜忌。[235]

其次，朝廷对曾氏兄弟的猜忌围绕幼主洪天贵福的下落展开。

六月二十三日的奏折中，曾国藩模糊处理了洪天贵福的下落。经过几天的搜查，无论是在天王府的废墟中，还是在金陵的街头巷尾，湘军都没有找到幼主洪天贵福的尸首。他到底在哪里呢？有没有逃出城中呢？如果他逃了出去，太平军可能会死灰复燃，势必会使此战役结果大打折扣。为了不影响弟弟的功绩，曾国藩还是淡化处理这一问题。七月初七他在给朝廷后续的奏报中称：

> 伪幼主洪福瑱，绕室积薪，为城破自焚之计，众供皆合。连日在伪宫灰烬之中，反复搜寻，茫无实据。观其金、玉二印，皆在巷战时所夺，又似业已逃出伪宫者。李秀成之供，则称："曾经挟之出城，始行分散。"然此次逃奔之贼，仅十六夜从地道缺口逸出数百人，当经骑兵追至湖熟，围杀净尽。自十七日后，曾国荃即将缺口封砌，关闭各城，搜杀三日。洪福瑱以十六岁童騃，纵未毙于烈火，亦必死于乱军，当无疑义。[236]

曾国藩用这段话写出了幼主下落的多种可能性。首先，据众人口供，幼主是自焚而亡。可是在天王府中却找不到他的尸骸，这种推测难有确凿证据。其次，根据在巷战中夺得可能被幼主携带的金、玉两印推测，幼主可能逃出天王府之外。又据李秀成口供，幼主被他护送出城。不过曾国藩立即又称从缺口处跑出的几百人都已经被湘军骑兵追杀干净。这是在告诉朝廷，如果李秀成所言确凿，幼主在这群人中，那定然已被杀死。如果李秀成说谎，幼主并没有跑出城去，那么曾国荃从十七日后堵住缺口，关闭城门，搜杀三日，幼主很可能被屠杀在城中。因此，曾国藩最后得出结论：十六岁的洪天贵福不是烧死在烈火中，就是死在乱军中，只是尸骨还没有找到。

不过，让曾国藩担心的事很快发生了。他没有找到的洪天贵福却出现在了江西，被江西巡抚沈葆桢的部队抓获了。

这让曾国藩很尴尬。而更尴尬的是，不少人也出于各种原因对曾氏兄弟"趁火打劫"，朝野上下舆论纷纷。有御史贾铎上奏弹劾他们约束兵勇不力，导致湘军破城时大肆烧杀抢掠；浙江粮道杨昌濬称幼主洪天贵福率二三千人逃跑广德，批评他们遗漏"贼"首；甚至关系不错的左宗棠也称，金陵城破时，大量"贼匪"外溢，危害周边州府；还有人批驳湘军把金陵城中的财物全都掳掠为私……

舆论汹汹，对于朝廷来说，这是牵制和打压曾国藩的巨大力量，而对于曾国藩来说，这是可以压垮自己和家族的无形大山。这就是之前他不愿贪天下第一名的原因，也是自己"求阙"，追求"花未全开月未圆"的原因。一旦城破名就，有"功高震主"之嫌疑，就即将花败月缺了。曾国藩虽然心烦，但也无可奈何，他知道这是传统政治的规律，自己必须要面对和承担。

沅弟曾国荃也同样承受着压力，指向他的舆论批评甚至更多。曾国荃并没有因为攻破金陵而高兴，他的肝病反而加重了。"湿毒热毒炽于外""怔忡宗气动于内""彻夜不眠""遍身发烧"，[237]皮肤也长了疮，比曾国藩常年得的皮癣疮还要大。[238]

曾国藩安慰弟弟："究之弟何必郁郁？从古有大勋劳者，不过本身得一爵耳！弟则本身既挣得一爵，又赠送阿兄一爵。……吾弟于国事家事，可谓有志必成，有谋必就，何郁郁之有？"[239]

曾国荃的郁郁还有一层。根据曾国藩写给他的信来推测，曾国荃在"立功"后还想"立德""立言"，他在取得金陵全功后竟不满足，为自己无"言"可传而心烦，甚至认为所立之功也毫无意义。[240]

这可能是曾国荃目标达成之后的空虚感所致，面对朝野的汹汹舆论，他一时不知所措，既无法排解压力，也找不出下一阶段的目标，一时竟然怀疑起人生价值。

曾国藩宽慰沅弟说："究竟弟所成就者，业已卓然不朽。古人称'立德、立功、立言'为三不朽。立德最难，而亦最空……吾辈所可勉者，但求尽吾心力之所能及，而不必遽希千古万难攀跻之人。弟每取立言中之

第四章　金陵困局　313

万难攀跻者，而将立功中之稍次者一概抹杀，是孟子钩金舆羽、食重礼轻之说也。乌乎可哉？不若就现有之功，而加之以读书养气，小心大度，以求德亦日进，言亦日醇。"[241]

他承认弟弟的成就已然不朽，劝他不要追求不切实际的立德、立言，更不能因为没有做到历史上如司马迁、班固、李白、杜甫、苏轼等那样的立言就妄自菲薄，否定自己的成就。与其徒增烦恼，不如尽心力之所能及，从现在开始认真读书养气，小心大度，以求进德醇言，为日后的立言、立德打好基础。

八月二十日是曾国荃四十一岁的生日，曾国藩为弟弟写了一组诗贺寿，其中最后一首是：

左列钟铭右谤书，人间随处有乘除。低头一拜屠羊说，万事浮云过太虚。[242]

曾国藩用了《庄子》中的"屠羊说"典故。屠羊说是市井中宰羊卖肉的屠夫，跟随楚昭王帮助他复国，但在论功行赏时，他却拒绝一切封赏，甘愿再做屠夫。曾国藩想用这首诗告诉沅弟，功名总随诽谤而来，人间凡事总有阴阳两面平衡，希望弟弟像屠羊说那样，把功名看淡，把万事看淡。这是他对弟弟的劝慰，也是自己内心的独白。

曾国荃心太烦，气太盛，周身又有疾病。于是，他向朝廷提出辞官归乡，一来养病，二来躲避汹涌澎湃的猜忌之言。

同治三年十月初一，曾国荃登船返乡，曾国藩同舟送行。船行秦淮河上，看着岸边的金陵风物，两兄弟即将分别，感慨颇多。曾国藩想到了宋代的苏轼和苏辙兄弟，他念诵起苏轼的那首《狱中寄子由二首·其一》：

圣主如天万物春，小臣愚暗自亡身。
百年未满先偿债，十口无归更累人。
是处青山可埋骨，他年夜雨独伤神。
与君世世为兄弟，又结来生未了因。

苏轼遭乌台诗案被捕狱中，当他得知自己将判死刑时，给弟弟苏辙写了一首绝命诗。两兄弟情深意切，愿世世代代为兄弟。

分别之时，曾国藩诵这首诗想表达对沅弟的情谊。曾国荃情义笃挚，竟然听着抽泣了起来。兄弟二人论及诗歌出处大端，看法竟然出奇地一致。

我们不必臆测二人如何评析苏轼这首诗，不过刚刚攻破金陵荣获功勋的曾家兄弟却在分别时念诵起苏轼身陷囹圄时作的诗，可知二人没有志得意满，却只有"凄然欲涕"。[243]

曾国荃走了，曾国藩还有很多善后事宜要处理：裁军，恢复科考，重建金陵……他希望等一切差不多结束后，自己也卸掉重担，回乡赋闲。

但是，朝廷岂能放心像他这样有威望的大臣闲居乡野呢？

曾国藩注定闲不下来。好在战事结束，他不用再经受刀光剑影的生死考验了。不过让曾国藩想不到的是，接下来官场的血雨腥风并不比战场上的小。

第五章 临淮遇险与天津名裂

同治五年（1866年）七月十五日，安徽临淮关附近。

近来曾国藩的心绪不畅快。攻破金陵后不久，他被调至华北，镇压捻军。针对捻军骑兵见长、飘忽不定的特点，他实施河防战术，即沿河筑造堤墙，防止捻军骑兵往来冲驰。六月十五日，曾国藩从山东济宁出发，打算沿运河南下，至宿迁，过洪泽湖，入淮河，到河南重镇周家口集。

然而，情况并不乐观。"盛暑而坐小船，是一极苦之事。"[1] 华北的夏季天气多变，时晴时阴。晴时，烈日当头，水面潦气蒸腾，狭小的船舱中闷热不堪，使人心神难宁；阴时，云聚雨落，河中浪大风急，船只摇摆不住，让人头晕目眩，甚至会有翻船风险。此外，自五月下旬后，淮南北诸郡，遭受了数十年未有之大水[2]，一路上茫茫巨浸。河岸边刚建起来的堤墙工事不是被雨水冲塌，就是被洪水浸泡。而更遭殃的则是生活此处的百姓，数十万众流离失所，沦为难民，成为潜在的危险因素：他们极易转为流寇，加入捻军。

曾国藩忍受酷热闷潮，在运河、淮河一带巡察河防工程已达一月之久，七月十五日这天将近临淮。早上开船时，天气颇好，顺风而行，中间降雨，停歇一次。傍晚时分，河面突然起了大风暴，掀开大浪，帆随风扬，船随浪走，所有的船只都无法控制，在河中打转相撞。随行的八只炮船登时倾覆，船上的人纷纷落水自救。而曾国藩的座船也万分危险，已经开始倾倒，幸好此时船上的两道桅篷被风吹断，绳索被随风卷去，船被风吹卷的程度才稍稍减轻，没有被吹翻。

这场大风暴持续了一个小时左右。曾国藩死死抓住船栏杆，幸免落水溺死。

风息浪静后,点阅各船,八艘舢板沉溺,四人死亡,其中包括从咸丰三年(1853年)就跟着曾国藩办理军务、管理军械的谭鳌。[3]

曾国藩虽未落水,但早被雨水、浪花打得浑身湿透,犹如落汤鸡一般站在岸边,看着河中狼藉一片的船只残板,想不到在无敌无战的情况下,竟然又一次与死神擦肩而过。

曾国藩称此为"江湖风波之险",自己"幸得保全"。[4]《曾国藩年谱》这样评价这一阶段曾国藩的心态:"视生死之际,已脱然矣。"[5]

他真的"脱然"了吗?

实际上,这场风波给五十六岁的曾国藩带来了不小的惊吓,他在当天日记中写道:"不谓老年又受此惊吓也……不能成寐。"[6]他给弟弟的信中称"值非常之酷热,受非常之大惊,殊觉行役劳苦,老境不能堪此"[7]。

这场与死亡突如其来的邂逅,很快给曾国藩带来了一场急病——暑湿症,症状有腹胀、发烧、盗汗、头晕等等。他越发感觉自己老态毕显,无法完成剿捻大任。当然,他所无法忍受的不仅是行役之苦,更是在攻破金陵后受朝廷内外猜忌的内心煎熬。

曾国藩何以在攻破金陵后又北上剿捻?他在此过程中所遇的困难有哪些?这次与死神再会的江湖风波对他又有哪些影响呢?

01　剿捻新任务

同治三年(1864年)十月,江苏金陵。

送走了沅弟曾国荃,曾国藩乘船回到金陵城内,着手处理善后事宜。十月十一日,他低调地度过了五十四岁的生日,谢绝诸客,仅和家中儿女简单庆祝。[8]十月十三日,一封谕旨递到金陵:

> 现在江宁已臻底平,军务业经蒇(chǎn)事,即着曾国藩酌带所部,前赴皖、鄂交界督兵剿贼,务期迅速前进,勿稍延缓……即着

李鸿章前赴江宁，暂署总督篆务……[9]

尽管太平军将被次第剿清，但是华北等处的捻军还在风起云涌地活动着，对于清廷来说，和平还远未到来。因此，朝廷迅速命曾国藩亲带部队前往安徽、湖北交界，策应官文、僧格林沁等剿平捻军。而两江总督一职由李鸿章暂署。

对于此次命其重返战场的安排，曾国藩并无怨气，反而有些欣喜，倒不是他想以剿捻为己任而建功立业，而是因为这可能会成为退隐藏拙的好时机。他打算把两江总督官印交接给李鸿章后，便以不擅临阵指挥为由，奏请驻扎安庆进行调度，然后再慢慢以精力衰老为由，交卸军务，解除兵权，争取用两年的时间体面下场，回乡归隐。[10]

自破金陵后，曾国藩一直担心"月圆而缺""花开而败"的时刻就要来了，他深感功名难居，高位不胜寒。所以当被调赴湖北剿贼时，曾国藩并没有调兵遣将，增加兵力，而是继续裁撤湘军。

裁撤湘军是曾国藩在金陵城破半个月后就决定的，他当时奏言"臣统军太多，即拟裁撤三四万人，以节糜费"[11]。他之所以如此着急且大量裁军，一方面是要避嫌避谤，为自己和弟弟身家性命考量，另一方面也是因为太平军已被大部分消灭，不需要太多军队，节约军饷。金陵全军五万人，仅留一万多人守卫城池及附近要隘；再留一万一千人由刘连捷、朱南桂、朱洪章率领，前往皖北为游击之师，清剿残余敌军；剩余约一半部队，等遣散金一到，便次第全部裁撤。[12]截至十月上旬，金陵各营勇丁，已经裁撤了二万五千余人。[13]

曾国藩认为利用派往皖北的一万多人协同湖北等地部队，足以防守皖鄂交界，因而不再扩军，而是等待时机交出军权。不过，曾国藩的计划很快落空，湖北军警解除，朝廷命他无须前往安庆，仍驻金陵任两江总督。于是曾国藩专心负责金陵缮守事宜，填补地道、疏浚河流、修葺城墙、安抚难民、恢复科举，以及继续裁撤军队。他打算来年将金陵守兵再裁七千，皖南的朱品隆、唐义训两军以及皖北的刘连捷、朱南桂、朱洪章三军也要裁汰，预计到明年湘军可裁勇达四五万人。[14]

转眼半年过去。

同治四年三月十七日，曾国藩接到了一封廷寄。他发现这封廷寄与以往的发生了细微变化，首行不再有"议政王"字样，而是直接写"军机大臣"[15]。辛酉政变以来，两宫皇太后垂帘听政，恭亲王奕䜣为议政王，领班军机，兼管总理衙门，大小政务均由其操持，从那时起廷寄首行都写着"议政王、军机大臣寄"。即使恭亲王有病请假，也不曾发生变化。然而这一天的廷寄却只有"军机大臣寄"。

小小的字样变动背后隐藏着巨大的政治风波。曾国藩料定，京城必有波澜，恭亲王不是有生死之祸，便是被斥逐。如果恭亲王就此被罢黜，朝政必将为之一变，由上及下，自然也会影响自己及湘系将领。自恭亲王主政以来，湘军大得重用，曾国藩不知道接下来会有什么变化，他只觉得"此事关系绝大，不胜悚惧！"[16]

过了十一天，曾国藩阅览京报，终于看到了关于罢黜恭亲王奕䜣的谕旨，其中用"目无君上，诸多挟制，暗使离间，不可细问"等字样评价他。曾国藩心中一揪，颇为寒心，没想到日夜为国事操劳的恭亲王，竟然落得如此下场。曾国藩不免兔死狐悲，深深为自己的处境而担忧，一整天都"忡忡"难安。[17]

然而，此时两宫皇太后并不打算以对待恭亲王的手段对付曾国藩，反而颁下恩赏，在他的"一等侯"前又加"毅勇"二字。殊荣备至，但曾国藩不以为荣，反以为忧。[18]鉴于三月来罢黜恭亲王的风波，他认为每一份恩典都可能成为自己将来坠落深渊的砝码。他"怛然寡欢"[19]。

对于清廷来说，曾国藩远未到该被"鸟尽弓藏"的地步。同治四年四月末，北方剿捻战事发生突变，大将僧格林沁兵败被杀。捻军士气大振，十几支部队往来奔冲，飘忽靡常，甚至有兵入京畿的可能。而清军损失惨重，军心震荡，又无统筹全局之将。放眼天下，还有哪位老成持重、公忠体国的重臣能担负起剿捻的大任呢？清廷自然想到了曾国藩。四月二十九日，上谕以六百里加急发出，谕令曾国藩：

现在事机愈迫，着即携带钦差大臣关防，统领所部各军，星夜出省，前赴山东，于北面择要驻扎督剿。[20]

上谕还命令李鸿章暂署两江总督，支持曾国藩在前线的调兵集饷事宜；因军情紧急，曾国藩可不等李鸿章抵达金陵，立即出发北上；同时命令曾国荃病愈后，来京陛见，候旨录用，或准备召集旧部，径赴军营，带兵剿贼。

接着，五月初二、初三连着两封廷寄都催促曾国藩迅速启程，星夜北上，之后数日，清廷反复催促，甚至建议他乘坐轮船，航海前往，以救危局。五月初四，谕令"所有直隶、山东、河南三省旗绿各营及地方文武员弁，均着归曾国藩节制调遣。如该地方文武不遵调度者，即由该大臣指名严参"[21]。

一封封谕旨通过六百里加急、兵部火票递送到金陵两江总督府，曾国藩感到了空前的压力，本想逐步交卸职权，未曾想又突降任重责大的"节制三省"之权。北上剿捻不得不行，但是他的启程步伐并没有在朝廷的严催之下迅速开启，主要原因是曾国藩身边并无充足兵将。

自去年裁军以来，金陵的湘军逐步裁撤，除派往游击于安徽的部分军队外，金陵未撤之兵只有十六营，其中大部分已在裁撤计划中。这十六营兵勇大多思乡求归，不愿北征。曾国藩也并不强求，继续裁撤，只留下一营，然后又在裁撤的兵勇中选出愿意北征的人，组成五营，合起来共六营三千人，作为自己的亲兵队；同时檄调驻扎皖南的刘松山部约三千人前来，又有易开俊部三千人自告奋勇。三部分湘军共有九千人。

以这点兵力对付剽悍的捻军，断然不够。其实此次北上，曾国藩想用的主力部队是李鸿章的淮军。湘勇暮气已深，而淮勇则锐气方涨，而且出自安徽，稍熟悉北方风土。他调用淮军的刘铭传、周盛波、张树声等部共二万二千人，还有已乘轮船前往天津的潘鼎新部五千人。[22]

这样一来湘淮步兵总计不到四万人，作为出师兵力已然足够。同时曾国藩还派人前往古北口购买马匹，准备在徐州添练马队。[23]

曾国藩调兵遣将，忙忙碌碌，直到五月二十五日才拔队启行。对于此行，曾国藩并无把握，捻军这个烂摊子断难收拾，他只求"做一日算一日而已"[24]。不过,他也必须根据捻军特点以及僧王战败的教训尽快做出有效的剿捻策略才可以。

02 剿捻战略

捻军起义几乎与太平天国运动同步发生,也是晚清史上一场轰轰烈烈的运动,前后持续十八年,绵延十个省区。

"捻",本是华北地区的民间社会组织。据说"捻"一开始就是乡民行傩逐疫,裹纸染膏为龙戏的组织;后来出于生存需要,有些"捻"或掠人勒赎,或打家劫舍,或劫富济贫,被官府定性为"寇盗"。官府称他们"居则为民,出则为捻","或数人为一捻,或数十百人为一捻,白昼行劫"。[25]

咸丰元年（1851年）,随着太平天国运动在南方的展开,河南、安徽等地的"捻"聚集起来,组成捻军,开始与清朝公开对抗。随后,太平军的北伐更刺激了华北各地捻军的发展。咸丰五年秋,各路捻军齐聚雉河集,建立"大汉国",推举盟主张乐行为"大汉永王"。然而与太平天国不同的是,各路捻军的独立性、分散性仍很强,他们分兵四处,攻河南、逼山东,与南方的太平军遥相呼应。

清朝廷先后派出周天爵、袁甲三、胜保等为剿捻统帅,对捻军进行围剿。尽管在此过程中捻军也受到重重打击,但总是打而不死,击而不尽,各路捻军此起彼伏。天京攻破后,太平天国西北军赖文光等部与捻军张宗禹、任化邦等部结合,捻军有了新的发展,他们改步为骑,组建了庞大的骑兵队伍,进行流动作战。他们作战时,先诈败引清军尾追,等清军猛追几日,精疲力竭时,再迅速集结大量兵力,杀个回马枪,同时以劲骑分两翼包抄。[26]这种"以走疲敌"的战术屡试不爽,清军一旦陷入包围皆不得出,捻军凭此力量空前增强。

为了尽快剿平捻匪,清廷派出了王牌军队——僧格林沁的蒙古骑兵。僧格林沁,博尔济吉特氏,蒙古科尔沁旗人,袭封科尔沁札萨克多罗郡王爵。他不仅出身贵族,也是名副其实的当世骁将。咸丰三年,太平天国的北伐军在林凤祥、李开芳的率领下,势如破竹,直指北京。僧格林沁临危受命,咸丰帝亲自在乾清宫把"纳库素光刀"交给僧格林沁,鼓励他进剿杀敌。僧格林沁仿佛就是北伐军的克星,一行交战,便抵挡住了北伐军的攻势,最终经过艰苦卓绝的战斗,先后生擒林凤祥、李开芳,将北伐军全部歼灭。尽管对太平军是残酷的,但是僧格林沁保卫了京畿安全,威名远震,被封为博多勒噶台亲王。[27]甚至在第二次鸦片战争中,僧格林沁还一度挫败英法联军在天津登陆。

僧格林沁的打仗风格与曾国藩的迥然不同,曾国藩讲究谋定后动,而僧格林沁讲究兵贵神速。他凭借多年训练有素的骑兵,驰骋往来,机动能力特别强。当遇到了以骑兵为主的捻军时,僧王的劲头就上来了,要看看到底是你捻匪的马队快,还是我蒙古的骑兵快。用四个字概括他的剿捻策略,就是"穷追猛赶"。而这正落入了捻军的"诱敌穷追""以走疲敌"的套子里。捻军独创一套疲敌的方法论,有时他们千里疾驰,日行百里,接连数日不停歇;有时他们则在百余里的区域内盘旋而走,如蚁旋盘,忽左忽右。他们称"多打几个圈圈,官兵之追者自疲矣"[28]。

就这样,捻军奉行一个"跑"字,他们"飘忽靡常",时而数日千里,时而旋磨打圈;而僧王奉行一个"追"字,"跟踪追蹑""尾随其后","凡捻踪所及,王必追踪而至"[29]。双方似乎在华北平原上展开了赛马比赛。

同治四年(1865年)四月,大股捻军转战山东,僧格林沁昼夜穷追,史料记载他"辄数十日不离鞍马,手疲不能举缰索,以布带系肩上驭马"。捻军侦知僧军疲惫,更加狂奔,且接仗就佯败。僧王取胜心切,不顾各方劝阻,轻骑追赶,导致后续兵力以及粮草辎重无法跟上。等他追到郓城西北一带时,捻军不再跑了,他们在这里埋伏十几万人。等僧王一到,捻军齐出,把僧王团团围住。僧格林沁力战而竭,"被八创,死之"[30]。

一代名将就此殒没。

僧王一死,捻军士气大振,蔓延于山东、直隶、河南等地,随时都有北渡黄河,进军北京的气势。因此,用以南方人为主的湘淮军北上剿捻,是极具挑战的任务，对曾国藩来说，一点也不轻松。

曾国藩深入分析战情，比较捻军和湘淮军的优缺点。

捻军的优势很明显，就是速度快，"行走剽疾，时而数日千里，时而旋磨打圈"，而且他们学习了太平军的经验，不主动向官军挑战，专等官军去找他们；一旦交战，捻军持长竿，冒死冲进，可瞬间冲垮官军阵地。捻军的劣势也很明显，首先装备极差，全无火器，不擅长攻坚；第二，夜不扎营，散住村庄；第三，辎重妇女骡驴极多，随军而行，是全军的弱点。

与之相比，湘淮军的特点也很明显，首先，他们装备优良，尤其是淮军，有洋枪大炮；其次，他们稳扎稳打，重安营扎寨，但行军速度极慢，日行四五十里。

按说，装备洋枪洋炮等先进武器的淮军对还处在完全冷兵器时代的捻军，应该具有压倒性优势，但这种优势在捻军的快速运动中被抵消。当时淮军已使用铜火帽击发的前装滑膛步枪，有效射程为二三百米，每分钟可发射两至三发子弹，但每射一弹需从枪口填装火药子弹，需要严密的阵法配合才能持续射击。[31]一旦出现装弹空隙，便给捻军骑兵留下出击的机会。等淮军射击时，捻军士兵伏于马上，等射击一停，他们立即纵马冲奔，手持二丈四五的竹长矛，瞬间可冲垮淮军军阵。[32]捻军打得赢就打，打不赢就跑，机动灵活，动如闪电。因此，无论是战略战术，还是实际战斗，捻军都讲究一个"快"字。若论速度，湘淮军必定赶不上捻军。

曾国藩认为，以速制速，绝非良策，况且僧格林沁已经提供了血的教训。僧王依靠优势马队与捻军赛速，穷追猛赶，不仅使自己疲于奔命，步兵跟不上骑兵，弱马撑不上强马，造成兵力分散，补给不畅；还使自己陷入与贼俱流的被动境地，丧失作战方向。如果硬要驱湘淮军穷追捻军，无疑是以己之短攻人之长。曾国藩觉得还是得充分发挥稳扎稳打的优势，深刻吸取僧王的教训，改变被敌牵着鼻子走的流动作战状况。

针对捻军速度快的优势，曾国藩提出了"重点设防"策略，改"尾随追击"为"拦头迎击"。

他划定了一个重点防守区域，包括四省十三府州，即安徽省中北部的庐州、凤阳、颍州、泗州，河南省东部的归德、陈州，江苏省北部的徐州、海州和淮安，山东省西南部的兖州、沂州、曹州以及济宁。这块区域为捻军经常出没之地，在此设有重兵，等其来到而拦头迎击，可做到以逸待劳。但是，这块区域之间纵横千里，湘淮军有限，无法做到处处驻军，因此曾国藩又从其中找出四个重镇，作为重中之重，分别为江苏的徐州、山东的济宁、河南的周家口集和安徽的临淮关。

为什么选这四座城市作为重点中的重点呢？

第一，曾国藩认为捻军尽管东窜西扰，动辄千里，有流寇之象，却非无根之木，捻军首领张宗禹、任化邦、陈大喜等部大多出自安徽的亳州、蒙城一带，总难以忘情故土，时常回乡，因此设重兵于临淮关和周家口集。[33] 第二，山东物产丰富，每至秋收，捻军便前来筹粮，因此设重兵于济宁。[34] 第三，徐州位于江苏、安徽、山东、河南的四省交界之处，地理位置极为重要，自古以来便是四战之地，因此必设重兵于徐州。

临淮关、周家口集、济宁和徐州，仿佛就是曾国藩剿捻棋局中的命眼，至关重要。他命淮军名将刘铭传驻守河南周家口集，命潘鼎新驻守山东济宁，命张树声和周盛波两军共守江苏徐州，命刘松山、易开俊两军合力驻扎在安徽临淮关。这四地都是捻军行军往来必经之处，曾国藩说："刘铭传驻周家口，贼若回窜扶沟、鄢陵，即自周口迎头击之。张树声等驻徐州，贼若回窜永城、萧、砀，即自徐州迎头击之。推之贼窜蒙、宿，则刘松山等自临淮迎头击之。贼窜曹、单，则潘鼎新自济宁迎头击之。"[35]

这样，"四路各驻大兵，多储粮草、子药"，四地互为掎角之势，"一省有急，三省往援，其援军之粮药，即取给于受援之地，庶几往来神速，呼吸相通"。[36]

当然，只有四地的有定之兵，还是不够的。除此之外，曾国藩还安排了一支以马队为主的游击之师，交由李昭庆率领指挥。李昭庆，字子明，号幼荃，安徽合肥人，是李鸿章的弟弟。在与太平军作战时，李昭庆因驻防无为、庐江等地有功，很受曾国藩器重。曾国藩称他"英毅稳练"，将来可独当一面。于是在剿捻中着意对他进行培养和锻炼，让他训练马队，为游击之师，多杀敌立功。

由此来看，曾国藩希望以四路大军驻四镇，配以游击之师，来抵消捻军机动性强的优势，扭转清军疲于奔命的被动境地，做到"变尾追之局为拦头之师，以有定之兵制无定之寇"。

另外，针对捻军不擅攻坚、夜不扎营、散住村落等劣势，曾国藩决定实施"清查圩寨"的策略。

圩寨，又作寨堡、堡寨等，是自古而来华北民间自然形成的一种村落防御设施。圩，即围，原指防水土堤；寨，即指栅栏。起初，华北乡村聚落而居，村外设栅栏筑土围，意在防盗防水。随着盗匪马贼增多，尤其是较大规模的白莲教、捻军等起义，村民加深壕沟，增厚土围，一个个圩寨便矗立在了华北平原上。有的圩寨依托自然村落而建，在住宅周围环以寨垣，挖以壕沟，建寨门，设吊桥与外相通；有的圩寨另选新地，联村修建，平时各居各村，响警时，村民携带粮财聚集寨内，留空屋于原村；更有的圩寨依山傍水，凭险设寨，依靠天然屏障保卫身家。捻军运动期间，圩寨遍布华北，规模大小不一，大者联数村乃至十数村而成，壕深墙高，俨然一座土城，有的甚至比一般县城还大。

村民建圩寨，办乡团，可以抵御捻军的掠夺，是官军的有效补充。但同时，圩寨独立于官府，自治自保，有时又成了滋养捻军的温床。有些圩寨村民勾结捻军，资助粮财，成了捻军的巢穴；甚至有些"雄心壮志"的寨主率领村民直接加入捻军，出则掠粮抢人，入则高墙自守。[37]诱捕陈玉成的苗沛霖就是典型的例子，他靠着圩寨抵御捻军掠夺，之后势力逐渐做大，在清军、太平军、捻军之间时叛时降，反复无常。

因此，为了切断捻军与圩寨的联系，曾国藩认为必须得清查圩寨，坚壁清野。所谓的"清查圩寨"，就是分别村落中的良莠之民，造居清册，实行保甲连坐。将倡首为乱、甘心从捻的人列入莠民册，缉拿正法；将从未从捻或胁从或偶从的人列入良民册，五家具保结于圩长，平时圩长监督各家，有事五家连坐。

所谓的"坚壁"则是将圩寨的墙建高，沟挖深，严密建设防御工事；而"清野"则是将人丁、牲畜、米粮、柴草等全都搬入圩寨内，让捻军来了，全无可掠。

针对捻军的优劣，曾国藩制定"重点设防"和"清查圩寨"的策略，两者相辅相成。于四处设立重兵以遏其流，此为战；于乡村查办民圩以清其源，此为守。战与守，遏流与清源，双管齐下。

03 屡辞"节制三省"

同治五年（1866年）七月十五日，安徽临淮关。

临淮关，历史名镇，位于淮河和濠河的交汇之处，水道四通八达，是安徽北部的重要枢纽。承平时，临淮关商贸发达，战乱时，就成了军事要地。这里是曾国藩重点设防的四镇之一。其实，曾国藩本以江苏的徐州为剿捻大本营，但是当下皖北雉河集一带的清军被围困，为就近指挥解围，曾国藩临时改驻临淮关。

五月二十五日，曾国藩拔营由金陵北上，用时一月之久，闰五月二十九日抵达临淮关。很快，雉河集的清军突围，曾国藩为之一慰，他计划移军徐州，推行重点设防，训练马队游击之师。但是连日降雨，淮水暴涨，营盘多被淹没，道路也一时难以打通。剿捻大事，千头万绪，但所遇皆不太顺，曾国藩忧虑不堪。

七月十五日上午，曾国藩清理文件，见客，下围棋两局以解闷排忧。午饭后，他收到廷寄，一阅，心情更差。[38]

> 至曾国藩身任统帅，责无旁贷。前经迭谕该大臣等拨一军兼顾晋省；并令刘铭传等军驰赴豫省北路，绕出贼前，**防贼窜越秦、晋之路**；又令派拨马队驰赴豫境助剿；复以贼去徐郡甚远，令该大臣酌量前进驻扎。**乃该大臣日久迄无奏报**，于近来皖、豫军情及各路如何布置情形，**均未陈奏，历次所奉谕旨亦未答复，实属疲玩因循**。若欲借此获咎，**冀卸节制三省仔肩**，何以仰副朝廷倚任之重？谅该大臣公忠体国之心，何忍出此！[39]

第五章　临淮遇险与天津名裂

看来朝廷对曾国藩近期的表现十分不满，"严旨诘责"。这看似是由他久不奏事引起的，实则是朝廷和曾国藩的剿捻战略分歧造成的，而这种分歧集中体现在"节制三省"的任命和辞卸上。

早在僧格林沁战死，曾国藩受命北上之际，朝廷于五月四日明发谕旨："所有直隶、山东、河南三省旗绿各营及地方文武员弁，均着归曾国藩节制调遣。如该地方文武不遵调度者，即由该大臣指名严参。"[40]

五月初九曾国藩接到任命，当天日记写下"精力日颓而责任弥重，深为悚惧！至幕府久谈"[41]。也许他和幕僚们就是在商议是否要接下"节制三省"之权。几天后，他在给刘长佑的信中透露"决计专疏恭辞宠命"[42]。

五月十三日，曾国藩奏报剿捻办法时请朝廷收回成命，不敢拜受"节制直[隶]、[山]东、河南三省"[43]。

总之，曾国藩先后于五月十三日、闰五月十一日，再一、再二请求朝廷收回成命，而朝廷分别于五月十八日[44]、闰五月十六日[45]先后拒绝曾国藩的辞请，并于六月十三日的上谕中再次声明："至曾国藩节制三省，各路军营均归调度，自当统筹全局。"[46]直到七月初九，朝廷严旨诘责他企图以久不奏报获咎而辞卸节制三省之责。尽管如此，曾国藩仍然不卑不亢地回奏请辞，专办剿捻东路。

如果早在十年前，曾国藩收到类似"节制三省"的任命，应该会欣喜不已，那时他客寄虚悬，求一督抚之位而不能。但现在，为什么曾国藩却要三番五次地辞掉大权呢？

首先，曾国藩既定的剿捻目标与朝廷授予"节制三省"的目标不同，双方的剿捻策略也存在差异。

根据当时捻军所涉区域及其地理走势，可以把剿捻战场分为三路：东路包括江苏、安徽以及河南东部的归、陈两府和山东西南部的兖、沂、曹、济等地；北路都在黄河以北，包括直隶、山西以及河南北部的彰、怀、卫辉和山东西北部的东、武、临清；西路则为湖北、陕西以及河南西南的南、汝、洛、陕等地。[47]

朝廷自然重视北路，担心捻军北渡黄河，危及京畿，因此想让曾国藩"节制三省"，和三省督抚联合筹划，防止捻军渡河，尤其注重直隶省的防务。甚至，当一部捻军绕奔河南西部，威胁山西时，朝廷又命令曾国藩兼顾山西防务，令刘铭传等部循河西上，防贼窜越秦、晋，再拨马队赴河南助剿。[48]这其实是沿袭僧格林沁的"穷追猛打"方法，显然与曾国藩的目标和策略不同。

曾国藩认为北路军情并不紧急，重点应在东路。北路有黄河天险，加之夏秋雨多，水势大涨，捻军难以飞渡；而东路，不仅是捻军经常出没之地，也是他们的老巢和粮财补给之处，而其中的周家口集、临淮关、济宁和徐州，四通各方，八面受敌，是重中之重。因此，他划定四省十三府州为防区，重点布防四镇，改尾随追击为拦头迎击，以有定之师制无定之寇。曾国藩奏称：直隶独处河北，应责成该省总督另筹防兵，不可调南岸之师，往来渡黄，疲于奔命；河南、山东两省除划定的区域外，也应令两省巡抚另筹防兵，不能使剿捻之师追逐千里，永无归宿。他明言"筹办此贼，似亦不必有节制三省之名"[49]。这分明是对朝廷"节制三省"部署的否定。

其次，曾国藩所率兵力有限，其战力也不足以让他兼顾更多战区。湘军暮气已深，裁撤较多，随征仅有数千；此次剿捻主力为淮军，起初人数不满两万，马队等游击之师尚未练成。尽管湘淮同出一源，但淮军毕竟不是由自己直接统领，曾国藩担心各将难以指挥。因此以有限兵力防守纵横千里的四省十三府州已然是力不从心了，实在无法兼顾西路，更别说北路了。

况且，湘淮军出自南方，多食米稻，他以江苏为后路，沿着淮河、运河等水路可将粮草、炮械等物资运送至济宁、周家口集等地，保证湘淮军能够吃上米稻，用上洋枪利炮，但是直隶、河南西北部乃至山西等处已然超出了水运范畴，自己无法力及。

最后，对权力的恐惧以及心力和体力的衰减，也是曾国藩力辞"节制三省"的重要原因。"臣博观史册，近阅世情，窃见无才而位高于众，则转瞬必致祸灾；无德而权重于人，则群情必生疑忌。臣之德薄才短，自知已久，不敢因曾立寸功而自忘其陋。"[50]这不是曾国藩奏折上冠冕堂皇的说辞，而确实是他内心的写照。攻破金陵后，曾国藩自感功名难居，而类似罢黜恭亲王的政治风波也颇让他惧怕，他说"才识本极薄劣，精力近更衰颓，惧成功之难居，忧盛名之莫副，日夕惴惴，若履春冰"[51]，早有卸任歇肩的打算。结果没想到总督两江之缺未开，更增节制三省之名，他感到压力巨大，自言"频年驰驱，精力日就衰颓，三省幅员辽阔，万难兼顾。有名无实，时虞陨越"[52]。节制三省有名无实，与其时时担心，不如干脆奏辞，并言"得请乃已"。

曾国藩只想把精力局限在四省十三府州，注重东路。他明奏：

> 筹东路十二府州之防，加以清查民圩，训练马队，一二年内或可渐就稳固。其北路防河之法，西路堵剿之方，均非臣力所能逮。应请旨饬令山西、河南速办舟师，守御黄河，免致贼窜晋境，仓皇贻误。[53]

与朝廷战略和策略上的分歧，给曾国藩带来了不少压力。八月十四日，朝廷再下谕旨，命曾国藩驻扎河南许州，节制调遣湖北各路将士。曾国藩颇感压力，反复思考，不知道应该怎么回奏，觉得"从违俱有不善，焦灼之至！"[54]

此次剿捻之行并不轻松，除以上问题外，其他问题也纷至沓来。湘淮军士兵不适应北方水土，不习面食；一旦军饷不及时发出，就有部队闹饷哗变；曾国藩统下部队派系纷杂，除湘军、淮军外，还有僧格林沁遗留下的蒙古军队，各部之间矛盾尖锐，甚至发生了刘铭传和陈国瑞两军的互攻械斗。另外，淮军本由李鸿章直接招募统领，在实际调度中确有人不甚服从曾国藩的将令。一切问题都必须一一解决，来保证"重点设防"和"清查圩寨"战略的实施。

那么，两个策略在实施中的效果如何呢？

04　河防之策

起初"重点设防"和"清查圩寨"两个策略确实起到了不错的效果。

清查圩寨，分辨良莠，坚壁清野，确实给捻军的粮草物资补给造成了很大困难，有地方志载"匪徒野无所掠，寇氛缘此渐息"[55]。设重兵拦头迎击，也取得了一定战绩，截至同治四年（1865年）十月三十日，湘淮军取得了徐州小捷和丰县、宁陵、扶沟的大胜，曾国藩称这些战役都是"拦头要截"，捻军"处处投触网罗，不能逞其流贼驰骋之故智"。[56]

尽管曾国藩的策略取得一些战绩，但是"处处投触网罗"的说法未免夸张，"重点设防"的战略远没有达到这样的效果，相反，驻兵四镇的设防还是给驰骋往来的捻军留下了很大活动空间。其实曾国藩很快也发现了问题，四镇之间的距离过大，临淮关到周家口集有几百里，周家口集到徐州有几百里，而徐州到济宁也是几百里，他的骑兵之速每日不到百里，步兵只有十里，中间留下大量空隙。一旦捻军摸清清军防区，自然不会自投罗网，他们抵隙乘虚，在设防的空隙之间，飘风骤雨般地驰骋纵横。

看来双管齐下的清查圩寨和重点设防，并没有达到遏其流、清其源的预期目标。

曾国藩不得不再想他计。

既然捻军在"重点设防"的"点"之间乘隙捣虚，那么如果把点连成线，是否能阻挡捻军马队的冲撞呢？而华北平原上纵横交错的几条大河，岂不就是现成的"线"？于是在刘铭传的倡议下，曾国藩以此为思路，与众将、幕僚商议，制定了"河防战略"。

所谓的"河防"，就是以河设防，疏浚河道，筑建堤岸，增置栅栏，以为工事，防止捻军快马冲撞，一旦有警，四方来援。这种方法很像在北方修筑长城抵御骑兵的冲击，据说李鸿章就评价"古有万里长城，今有万里长墙"，不知这是肯定，还是讽刺。[57]不过，曾国藩却认为河防之策倒是目前所能想到的最好的剿捻之策了，而且在山东运河一带已经得到验证，取得了较好成效。

曾国藩在东西南北各找出几条河，实施河防。东边防线为运河，南起微山湖，向北至长沟，至开河，至靳口，至安山戴庙，直到黄河处的沈家口，各段河流无论深浅，都增设高墙深壕，不能挖壕的地方设立栅栏。[58]西边防线由两条河组成，以周家口集为分界，从周家口集向东南至槐店、

第五章　临淮遇险与天津名裂　　333

再至正阳关为沙河；从周家口集向北到朱仙镇为贾鲁河，从朱仙镇向北至开封、再至黄河南岸，没有天然河道，派人挖壕守之。北边防线就利用黄河，从中游的开封到下游山东境内的沈家口；而南边则是利用淮河，从与沙河的交汇处正阳关到洪泽湖一带。[59]

东西南北四条线，正好组成一个不规则的多边形，曾国藩想将捻军赶到这个相对封闭的区域内，有河的地方就利用好水深面阔的河道，没有河道或者河道干涸的地方，他就派人挖沟增置栅栏。曾国藩说："无论河深河浅，均增高墙深壕以辅之，其沙地及民圩不能掘壕者，酌立木栅以补之。"[60]总之，就是沿河修建各种各样的工事，他与直隶、山东、河南及安徽等督抚联合派兵，分段驻防。等合围以后，再"层层布置，或者渐逼渐紧，逐捻于西南山多水多之处"，那里不利于马队作战，却对湘淮军极为有利。[61]

河防策略是重点设防的发展，由点到线，硬生生把机动的平原运动战转变成了攻守为主的阵地战，消解了捻军的优势，充分发挥湘淮军善攻坚的长处。其实，曾国藩转化优劣的方法既简单又笨拙，就是挖沟占河，用铁锹一铲子一铲子把这种优劣转化给逼出来。

然而，河防之策做起来却很难，需要大量人力和时间，无法速成。比如，西线的沙河和贾鲁河淤积很久，地段太长，上下千余里，防此两河，极为困难。再如，朱仙镇向北过开封至黄河南岸，七十里区域全为沙地，挖壕和筑墙的难度都不小。因此，此策一出，必然遭到众人非议，连部下甚至是首倡之人也可能会动摇。

为此，曾国藩给刘铭传写了一篇批牍，结合自己在以往战事中坚忍维持的案例，表达自己推行河防的决心和对刘铭传的鞭策、支持。文章很好地体现了曾国藩的精神，因而不厌其长全篇摘录：

> 防守沙河之策，从前无以此议相告者，贵军门创建之，本部堂主持之。**凡发一谋，举一事，必有风波磨折，必有浮议摇撼**。从前水师之设，创议于江忠烈公；安庆之围，创议于胡文忠公。其后本部堂办水师，一败于靖江，再败于湖口，将弁皆愿去水而就陆，坚忍维持

而后再振；安庆未合围之际，祁门危急，黄、德糜烂，群议撤安庆之围，援彼二处，坚忍力争而后有济。至金陵百里之城，孤军合围，群议皆恐蹈和、张之覆辙，即本部堂亦不以为然，厥后坚忍支撑，竟以地道成功。**可见天下事，果能坚忍不懈，总可有志竟成。**

办捻之法，马队既不得力，防河即属善策，但须以坚忍持之。假如初次不能办成，或办成之后，一处疏防，贼仍窜过沙河以北，开、归、陈、徐之民必怨其不能屏蔽，中外必讥其既不能战，又不能防。**无论何等风波，何等浮议，本部堂当一力承担，不与建议者相干；**即有各豫兵不应株守一隅者，亦当一力承担，不与豫抚部院相干。此本部堂之贵乎坚忍也。

游击虽劳而易见功效，易收名誉，防河虽劳而功不甚显，名亦稍减，统劲旅者不屑为之。**且汛地太长，其中必有极难之处。贵军门当为其无名者，为其极难者，又况僚属之中，未必人人谅此苦衷，识此远谋，**难保不有一二违言，贵军门当勤勤恳恳，譬如自家私事一般。求人相助，央人竭力，久之人人皆将鉴其诚而服其智。**迫至防务办成，则又让他军接防，而自带铭军游击，人必更钦其量矣。**此贵军门之贵乎坚忍也。若甫受磨折，或闻浮言，即意沮而思变计，则**掘井不及泉而止者，改掘数井亦不见泉矣，愿与贵军门共勉之。**此复。[62]

这封批牍确实能够展示出曾国藩的领导风范，做事有决心且坚忍，勇于承担而不推卸责任，对下属也是循循善诱，多成人之美。我们并不想刻意肯定曾国藩的为人处世之道，但是这篇批牍散发出来的曾氏哲理和精神确实令人敬佩。

河防本不是制捻的速法善策，但是在骑兵马队不行的情况下，这却是做一分有一分效果的办法，因此必须坚持。曾国藩也向朝廷保证："臣必始终坚持此议，不因艰难而自画，不因浮言而中更，以求有裨时局。"[63]

于是，曾国藩从四月起就开始沿河巡察，六月十五日由济宁乘船沿运河南下，阅看宿迁、桃源一带堤墙，过洪泽湖，然后进入淮河，溯流而

第五章　临淮遇险与天津名裂

上，来到了临淮。如本章开头所述，在这里曾国藩遇到了一场大风暴，船只损坏沉溺，四人淹死，自己受惊吓不已。

> 忽于酉正二刻大风暴……附近舢板翻沉二只，余船亦倾倒……下水拖船上岸。大风将头篷二篷绳……中而船乃定。戌初二刻风稍息，乃庆……死矣。舢板覆溺八只，死者四人，各船在下……幸得保全。[64]

05　思退隐

同治五年（1866年）七月二十二日，安徽临淮关。

曾国藩感觉周身不甚舒爽，从前些天河中遇险后便是如此，盗汗、精神委顿。中饭后，他坚持散步两千，希望这种温和运动能够有益身心。然而，病情却很快恶化，四肢乏力，头疼，怕冷，他冷得都把棉衣穿上，甚至盖起两床棉被。傍晚六点，曾国藩难受至极，躺下睡觉，不断发出呻吟，直到四更天醒来。当天日记写下"呻吟甚久，狼狈之至。衰病催迫，万难当此巨任矣"[65]。

这场不大不小的病症无疑来源于临淮的遇险之惊，以及连日的行役之苦和暑热之困。他得了暑湿之症，腹胀、头晕、筋骨酸疼、时热时冷，持续了半个月。病情对曾国藩的心态影响很大，让他沮丧和懊恼，自感衰老不已，也更坚定了他辞官退隐的决心。遇险后次日，他就给曾国荃写信说："值非常之酷热，受非常之大惊，殊觉行役劳苦，老境不能堪此。"[66]三天后又在日记写下"衰态弥增，实不能胜此巨任矣！"[67]

与之前的临阵自杀和遇敌被围相比，这次与死神的擦肩来得如此突然和出乎意料。曾国藩应该设想过自己死亡的场景，或是战败跳水自杀，或是杀敌力竭而亡，或是稳坐营中看着冲杀进来的贼匪而从容自裁。而当他如落汤鸡一般站在淮水岸边，看着随从的尸体被打捞上来时，他没料到这场暴风雨竟差点要了自己的命。然而，此时并无战阵之危，这种死法算什么呢？算为国尽节？还是算疏忽受难？

曾国藩对淹死的补用知县谭鳌很愧疚。谭鳌是专门来探望自己的，竟然因此遇难，曾国藩悲叹道："以善人而遭此惨变，悲悼殆无以为怀。"[68]他奏请将谭鳌按照"阵亡例从优议恤"[69]。

这次遇险后，曾国藩辞职退隐的想法空前加强，倒不是因为他怕死，最主要还是他心态的变化。

首先，遇险受惊后的染病，让曾国藩的躯体备受折磨，自感体力衰退，做官做事力不从心。他在给李鸿章写信时，短短五百字竟然在中间停歇四次。此时，他稍一用心就会全身虚汗，头脑发晕，耳鸣。这种由肉体上的痛感引发心理上的畏难而思退的因素是不容忽视的。

其次，曾国藩久践戎行，饱经世变，早就没有了以前以澄清天下为己任的舍我其谁的气魄。相反，他却觉得自己就像大海飓风中的一叶孤舟，随时都有翻覆的可能。[70]自己尚且不能自保，何论天下。因此，他一开始就对剿捻之事不乐观，绝不接受"节制三省"，反而一有机会就想辞职息肩。

最后，但也是最主要的，曾国藩惧怕权势压力，担心名望受损。他常想起祖父星冈公那两句话"晓得下塘，须要晓得上岸"，"怕临老打扫脚棍"。金陵克复后，他位高、功高、名望高，时刻警惕楼高易倒，树高易折；尤其衰年多病，深虑被人打"扫脚棍"。因此，自金陵克复后那一刻，他就常思退休藏拙，时刻准备从权力和名望的泥潭中主动上岸，以防重重跌倒而深陷其中。[71]这也恰恰说明此时的曾国藩还没有超脱于权力和名望的羁绊，很在乎名节。

同治五年七月二十四日早上醒来，曾国藩看了看胳膊、大腿、小腿，发现肌肉萎缩严重，瘦去一半，以此衰弱之躯还如何做官，如何肩负大任呢？他想到了在湖北的曾国荃，希望能当面和弟弟聊聊辞职退休的事，于是给他写了一封信：

> 自问精力大减，断不能久当大任，到周口后与弟谋一会晤，共筹引退之法，但不以卤莽出之耳。[72]

然而，不料曾国荃瞒着哥哥做了一件事，吓出了曾国藩一身汗。

曾国荃在攻克金陵后，听从哥哥建议而辞职还乡，一是养病，二是避谤。同治四年六月，他被朝廷重新起用，授山西巡抚。但曾国荃以病体未愈为由，辞而不就。随后，捻军波及湖北，同治五年正月朝廷调任曾国荃为湖北巡抚，令其迅速带兵剿捻。他以此为契机，重出莅事，三月初七从长沙出发，由水路前往湖北。

曾国藩听说后极为欣慰，既为沅弟久蛰后获得新任而开心，也为剿捻之事在湖北有一助手而高兴，他写信给沅弟："余办捻事，正苦鄂中血脉不能贯通，今得弟抚鄂，则三江两湖均可合为一家，联为一气。论公论私，均属大有裨益。"[73]

然而，湖北情况并不乐观，曾国荃的抚鄂之路也不顺心。最大的问题是他与湖广总督官文之间有矛盾和冲突。

咸丰五年（1855年），官文和胡林翼先后当上湖广总督和湖北巡抚，胡林翼主动结纳笼络官文，湖北出现了少有的督抚和谐局面，不数年，足食足兵。但胡林翼死后，湖北巡抚走马灯一样变换人选，而官文一直稳坐督位，把持军政长达十二年，党羽亲故遍及上下。曾国荃的到来撼动了以官文为核心的人事集团，双方的属下也基于各种目的在当中运作挑拨。据赵烈文日记记载，曾国荃来武汉前，人事斗争便已展开。先是湖北布政使唐际盛因自己与曾国荃至交好友黄冕交恶，担心曾国荃的到来不利于自己，于是劝官文上奏请曾国荃不来武昌接抚印，而直接出省打仗，并替官文写好奏折。但是官文没有答应，唐际盛心有不甘，偷偷将奏折寄到湖南，传之于众，谎称官文已经密奏，希望以此阻止曾国荃。曾国荃大怒于官文，抵达武昌后拒绝接印十几天。由此，两人矛盾产生。然而，唐际盛的运作还没停止，他又怂恿官文奏请曾国荃为"帮办军务"，使其离开武昌，这次官文没有多想，便即照办。[74]

这一步极大惹怒曾国荃，本以为与官文平起平坐的地方大员，竟然沦为了"帮办"。他给朋友写信抱怨："查国家定制，巡抚本应提督军务，从未有别加帮办之名，以示歧异者。而秀相（指官文）忽倡此议，非常旷典，鄙人何以克堪。阁下闻之,当必发一大噱,特未卜朝论以为何如耳。"[75]

曾国荃以为官文此举是对自己极大的侮辱,而且另一方面曾国荃周围的人也在挑拨。湖北粮道丁守存等人因不满官文对其打压,趁机在曾国荃面前搬弄是非,称官文对他"轻玩狎侮"。再加上,曾国荃早就看不惯官文的为人和做事能力,对其训练的军队极为轻视。多种因素作用下,曾国荃对官文颇为不满,打算上奏弹劾。

曾国荃就此事与哥哥曾国藩商议。曾国藩当然不同意弹劾官文,建议"暂置缓图"。为什么昔日屡劾他人的曾国藩此时却要劝阻弟弟呢?

首先,曾国藩以丰富的官场阅历预测弹劾的效果并不佳。官文盘踞湖北多年,深得朝廷信任,以抚劾督未保必胜;幸而获胜,官文去职,难保后继者就与曾国荃相处融洽。而更大的后果是官文的党派集团肯定会伺机找曾国荃泄愤。曾国藩以自己弹劾他人的经历反复告诫弟弟:弹劾官文"火候未到,代渠思报复者必群起矣"[76]。

其次,他认为沅弟此举是"招风之象",可能导致曾家名节受损。他给弟弟分析说:"吾兄弟位高功高,名望亦高,中外指目为第一家。楼高易倒,树高易折,吾与弟时时有可危之机……弟谋为此举,则人指为恃武功,恃圣眷,恃门第,而巍巍招风之象见矣,请缓图之。"[77]

最后,曾国藩担心沅弟此举会牵连自己,让人以为是兄弟合谋,影响自己的辞职归隐,可能导致"硬着陆"。他近乎哀求道:"弟若直陈顺斋排行(指劾官文之事),则人皆疑兄弟熟商而行。百喙无以自解,而兄愈不能轻轻引退矣。望弟平平和和作一二年,送阿兄上岸后,再行轰轰烈烈做去。至嘱至嘱。"[78]

但是以为"自强者每胜一筹"[79]的曾国荃并不听从哥哥的建议,写成了《劾督臣疏》,奏陈官文"贪庸骄蹇、欺罔徇私、宠任家丁、贻误军政"等劣迹。八月二十六日,奏折由驿五百里拜发。

半个月后,曾国藩得知消息,忧心忡忡,不知道朝廷将做何决定,朝臣群党将有何反应,不知道官文是否会被罢黜,沅弟是否会被贬抑,自己是否会被牵连。事已至此,曾国藩倒不想再批评弟弟的"鲁莽",不过当他看到沅弟信中"命运作主""自强者每胜一筹"的字眼时,不禁为弟弟

的自信和自强而担心,又规劝弟弟:

> 关乎天命,不尽由于人谋。至一身之强,则不外乎北宫黝、孟施舍、曾子三种。孟子之集义而慊,即曾子之自反而缩也。惟曾、孟与孔子告仲由之强,略为可久可常。此外斗智斗力之强,则有因强而大兴,亦有因强而大败……**故吾辈在自修处求强则可,在胜人处求强则不可**。福益外家若专在胜人处求强,其能强到底与否尚未可知,即使终身强横安稳,亦君子所不屑道也。[80]

他引用孟子、孔子的典故告诫曾国荃,自强不是斗智斗力之强,否则会因强而兴,也会因强而败。自强应该是像孟施舍那样集义而慊,像曾子那样自反而缩,像孔子劝告子路那样和而不流、中立而不倚,自强应该用在自修之处,而不是胜人之处。如果只是在胜人处斗智斗力,处处争强,就算永保不败,也不是君子所为。曾国藩劝沅弟把焦点放在自修上,做好分内之事,而不是与人在官场上斗智争力。

十月初一,曾国藩终于看到了曾国荃弹劾官文的原文,感觉内容妥帖详明,便放心下来,感觉短时间应不会招祸,也不会殃及自己。

近期来看,曾国荃在弹劾官文一案中是获胜了,官文不久去职,但是长远来看未必有福,曾国藩担心的"报复者群起"的局面也在将来发生。不过,此时曾国藩来不及想那么远,当下处境更为艰难,战事不顺,各方弹劾,谕旨严责,他已经应接不暇了。

06　河防失败,辞职引退

同治五年(1866年)八月十六日夜,开封北十余里处。

是夜月食,持续十六分二十六秒,漆黑一片。[81]捻军首领赖文光、张宗禹等聚集人马,猛攻开封以北的黑冈口,企图抢渡黄河。清军急忙调集部队,守卫渡口。可谁知,捻军攻北只是虚晃一枪,然后疾驰南下至开封以南的芦花冈。这里是河南军队抚标三营守卫的河防堤墙，但是浮沙壅塞，长墙工事尚未竣工。捻军侦知此处防守薄弱，奋力猛攻，最终冲破长墙，疾驰向东，经中牟、陈留、兰仪等地，长驱至山东。

两天后，曾国藩获得消息，在日记写下"防河月余，全功尽弃，大局益坏，忧灼之至"。此次捻军冲破沙河防线向东运动，既威胁山东，又标志着曾国藩河防战略前期的失败。他愁得一夜未眠，"内忧身世，外忧国事"[82]。

正如曾国藩所预想的那样，河防"必有风波磨折，必有浮议摇撼"，自一开始就有不少人提出反对意见，甚至河南巡抚对此战略也并不支持，落实也不积极，导致朱仙镇以北的河防工事建造极为潦草，成了捻军突破的薄弱环节。如果说之前的"浮议"只是在理论上对河防战略的怀疑，那么此时捻军突围而东，不正是在事实上证明河防的失败吗？而且，与"无日不追，无旬不战"的僧格林沁奔波劳苦相比，曾国藩稳坐后方、运筹帷幄的做法给人感觉像是不干正事，于是，各方弹劾纷至沓来，朝廷也对他日益不满。

御史卢士杰结合月食天象，上书严参，批评曾国藩实施的剿捻策略只能用在水道纷歧的南方，不适合平原旷野的北方："曾国藩……自去年积劳北来，首定四路屯兵之策，复令山东守运河，河南守沙河以遏贼，按是仍以南方制胜之法施之北路，臣未见其可也。"他认为应该以剿为扼，跟踪追击，不令喘息，杀一贼则少一贼，平一股则少一股，匪众日单。朝廷认为御史所奏不为无见，责令曾国藩"视贼所向，前截后追，不可仅以扼守沙河为划疆自守之计"。[83]

曾国藩八月二十六日接到廷寄，看到弹劾奏章和上谕命令。他心情难受，"视贼所向，前截后追"还是僧王"穷追猛赶"的翻版啊，看来朝廷一直没有认可自己的剿捻战略。

此时不辞职，更待何时呢？

其实前不久，曾国藩在八月十二日就以身体不佳为由请假一月，在周家口集的军营中调理。请假并非真要休息，而是一种观望的政治手段，释放某种信号，给各方留有时间考虑安排事宜。这应该算是曾国藩试探性迈出请辞的第一步了。

请辞的后续步伐则在捻军冲破河防后迅速加快。八月二十三日，病假中的曾国藩奏请派李鸿章携带两江总督关防，驻扎徐州，与山东巡抚商办东路军务。这为后续李鸿章接替他的钦差大臣之位做了铺垫。西路军务奏请由曾国荃会商河南巡抚负责，而中路军务则由曾国藩自己驻扎周家口集，与河南、安徽巡抚商办。[84]这相当于减轻了自己总揽全局的责任，也为接下来的请辞做好准备。

这里值得一提的是，尽管此次捻军在开封一带冲破河防与河南巡抚疏忽防范有很大关系，但曾国藩还是密保河南巡抚，减轻其罪责，将责任一己承担，做到了先前承诺的"当一力承担，不与豫抚部院相干"[85]。并且，他之前便一直主张坚持河防，"以符初义"，并不想因战局变动或接下来的辞职而使朝廷放弃河防之策。[86]

一月病假转瞬而过，曾国藩或许还没有完全下定决心辞职，或许还在等待更好的机会，他并没有立即上奏请辞，而是在九月十二日给曾国荃的信中说："余定于明日请续假一月，十月请开各缺。"不过他可能没有想好开缺后的去路，接着给弟弟说计划"仍留军营，刻一木戳，会办中路剿匪事宜而已"。[87]

十月十一日，曾国藩度过了五十六岁的生日，各客一概不见，只和之前的好下属兼好友彭玉麟吃了饭。这几天腰疼得厉害，让曾国藩的心情更加不好，他以为是风寒所致，先贴了镇江膏药，又贴了张家口狗皮膏药，但都不太管用。次日请来大夫一看，说不是风寒，而是"用心劳伤，心肾不交"[88]。这更让曾国藩感觉"衰态日增"，坚定辞职决心，请辞之路正式开启。

十月十三日，他上折奏言病难速痊，请开协办大学士、两江总督实缺，并另拣选钦差大臣接办军务。但是在奏折最后，曾国藩请"以散员留营，不主调度赏罚之权，但以维系将士之心"[89]。同时，他还请撤销之前被封的"一等侯爵，世袭罔替"[90]。

其实，就在曾国藩辞职奏折拜发的第二天，十月十四日，朝廷发下一道严责谕旨："至曾国藩总统师干，身膺阃寄，各路将士均归调度，从未筹及陕、洛防务。办理一载有余,贼势益形蔓延。现在关中又复被扰,**大局糜烂至此,不知该督何颜以对朝廷?**若再不速筹援师赴陕,将此股捻匪设法殄灭净尽,则**始终贻误,咎将谁归?**"[91]

严旨诘责,用词犀利,曾国藩看到后,"心绪抑郁,茫然若无所向",夜晚他静坐发呆,不做一事。[92] 不过,这却更加坚定了他的辞退之心。他给弟弟写信道:"昨奉十四日严旨诘责,愈无所庸其徘徊。大约一连数疏,辞婉而意坚,得请乃已,获祸亦所不顾。"[93]

很快朝廷有了回信,这次倒是温言温语:

> 该大臣勋望夙著,积劳致疾,自系实情。着再赏假一个月,在营安心调理,钦差大臣关防着李鸿章暂行署理。曾国藩俟调理就痊,即行来京陛见一次,以慰廑系。朝廷赏功之典,具有权衡,该大臣援古人自贬之义,请暂行注销封爵,着毋庸议。[94]

首先,朝廷再赏假一月,让曾国藩在营中调理,以示关怀;然后,对于钦差大臣之位,朝廷派李鸿章暂署,这相当于暂时拿掉了曾国藩的前线指挥权。但对其他职缺的处置,朝廷尚未明确,而是令他进京陛见,这是要留下时间充分考虑。最后,对于注销封爵的请求,朝廷直接以"毋庸议"拒绝。

总体来说,曾国藩的请辞要求基本实现,秦晋齐豫苏皖直隶军务责成一身的重担终于卸掉了。在这段"群疑众谤"的艰难时期,这道谕旨稍稍平复了曾国藩的心绪,他给曾国荃的信中说:"准开各缺而以散员留营,余之本愿也,或较此略好,较此略坏,均无不可。"[95] 他打算留营调理一两月后,于来年正月初进京觐见,到京后,再具疏请开各缺,然后仍以"散员留营"维系军心。[96]

不过,情况又瞬间发生了变化,十一月初一,朝廷改变了之前决策,授李鸿章为钦差大臣,令曾国藩暂缓进京,回两江总督本任,办理军饷,令在前线的李鸿章不致有掣肘之虑。[97]

这一变化曾国藩始料未及,也无法接受。既然自己以病体不能阅文,不能见客多说为由，辞掉钦差大臣一职，又怎么能够担任两江总督呢？因为钦差大臣在前线带兵打仗，远比后方的两江总督任务重，这样一来，曾国藩给人的感觉则是行事用巧，避重就轻了。于是曾国藩立即上奏，"内度病体，外度大义"，表示万不能回任两江总督，请求让李鸿章以钦差大臣暂行兼署两江总督；等两三月后，再另行选派钦差大臣，或者让李鸿章推荐在后路的筹饷大员；而对他自己则仍请"散员留营"，照料一切，维系军心。[98]

值得注意的是，曾国藩自奏请开缺的第一封奏折起，就提到以散员留营，维系军心。这一点颇耐人寻味。

有学者分析，曾国藩此举是给各方都出了一个大难题，以他的身份和名望留在军中不能不给各军施加影响，让接替的钦差大臣难以发挥作用，这是一种去职而不交权的伎俩，换言之，曾国藩并不甘心交出钦差大臣关防，让李鸿章顺利接手。之所以如此，是因为曾国藩仍然在乎剿捻立"功"，希望再上一个借"功"发迹的坚实台阶。他也不情愿作为失败者中途退场，尤其是面对以咄咄逼人之势取代自己的昔日学生。[99]

这种分析虽有一定见地，但总体来说与曾国藩长期以来惧"功"而思退的想法不相符，也与他之前和之后多次力辞钦差大臣之位的做法相违背。不过，"以散员留营"的请求确实体现出了曾国藩的纠结和矛盾。这是他长期筹思的结果，应该有以下几点原因。

第一，源于自己后期剿捻布局的设想。曾国藩尽管奏请李鸿章携两江总督关防驻扎徐州，但并不期望李鸿章接钦差大臣，而开两江总督。根据自己的作战经验，统兵大员非身任督抚有理财之权则不能成功，因此李鸿章不握钦差大臣关防，于事无损，但不握江督大权，则有碍大局。曾国藩希望朝廷另派大员为钦差大臣，东边战事与李鸿章商议，西路战事与曾国荃商议，而中路战事则由曾国藩以散员留周家口集与之商议。这是曾国藩从七月以来，就开始筹思的。[100]

第二，惧怕清议群谤。此时正是剿捻的艰难时期，曾国藩激流而退，不免有畏难惧艰而撂挑子之嫌。李鸿章对此有过提醒，称"恐获谤更甚"。尽管曾国藩说"不暇顾也"[101]，但是他还是怕别人说自己避难就轻。因此，

344　夹缝中的总督

他认为"留军而不握大符，或者责望稍轻，疑谤稍减，是好下场也"[102]。

第三，基于几种出路的最优选择。曾国藩从提请辞职开缺时，就筹划自己的出路。一是直接回乡，但他担心可能与湖南地方官吏会有隔阂，处理不好关系；二是留京养病，但他怕招怨生谤。再者就是散员留营，尽管这并不是什么上策，但比起前两条的下下策，也还算好。[103]

因此，曾国藩决计不再做官，也不作回籍安逸之想，但在营中照料杂事，维系军心。[104]

不料，朝廷给了他第四种选择，让他回任两江总督。这应该是李鸿章上奏建议的，他任钦差大臣于前线剿捻，后路需要可靠大员筹办军饷。[105]而这个任务就落在了曾国藩身上。

曾国藩实在难以接受，先后于十一月十七日、十二月初三两次辞绝回任两江总督，但均被朝廷否决。直到朝廷动怒，称："曾国藩为国家心膂之臣，诚信相孚已久，当此捻逆未平，后路粮饷军火无人筹办，岂能无误事机？曾国藩当仰体朝廷之意，为国家分忧，岂可稍涉疑虑，固执己见！着即懔遵前旨，克期回任。"[106]

朝廷由温言和语变成了严词责令，决不让步，不答应曾国藩的请辞，反而让他懔遵前旨，克期回任。曾国藩不能再固执了，看来折腾几个月的辞职请退得暂时告一段落了。收到这封谕旨的第二天，周家口集刮起了大风，"声震如吼，惊沙涨雾，一片迷漫"。曾国藩听着屋外的风声，看着满天的沙雾，仿佛感觉未来也似那沙雾一样迷茫。他忧国忧民，今年旱涝频发，必定荒歉，流寇又将日增，不知捻事何日可平。他也忧己，"以衰病辞位不获，从违两难"。[107]

他不能再"固执己见"了，否则谤疑更深，于是腊月二十一日上折称遵旨暂回任两江总督，但加了个条件，不回驻金陵，而是驻扎徐州，理由是"驻扎徐州防剿，惟以东路为主，一以为李鸿章后劲之助，一以为微臣补过之资"[108]。真实原因恐怕还是为接下来再辞两江总督做铺垫。但是朝廷还是没有允许，所有察吏、筹饷及地方应办事宜均关紧要，而且金陵不能没有大员坐镇，于是命曾国藩迅速回金陵省城。

同治五年腊月三十，除夕，曾国藩毫无兴致过年，本要辞职，却又回任两江，分明留下取巧之名，为人耻笑。他心情沉重，真是年关难过。

前些天收到了曾国荃的家信。沅弟的武昌住所五福堂在腊月二十二日失火，两栋房子被焚烧，幸亏人没受伤，上房无恙。曾国荃既惊又气，认为有人故意纵火。信上说："火从上而下，非会匪之毒谋，即仇家之奸细……弟德凉福薄，谬列高位，又不量力而参劾秀相（指官文），本系取祸之道。"[109]

曾国荃猜测更大的可能应该是自己弹劾官文所致，想替官文报仇的人趁机于年关放火，为难自己。

在弹劾官文那场官司中，曾国荃确实赢了，朝廷开去了官文的湖广总督之职。但是，朝廷并没有给予官文重惩，保留了他的大学士衔，并令其回京任职。不久，官文便以大学士掌管刑部，兼正白旗蒙古都统。而曾国荃弹劾官文的各条罪款竟被查案的钦差都驳回了，反而还有人指责曾国荃称官文为"肃党"一事，不合事实，应被治诬陷罪。曾国荃并没有得到什么好处，反而招惹了清流物议。他此时认为失火的霉运正是那些替官文报仇的人带来的。

曾国藩看到信中所述，赶忙劝弟弟千万不要大惊小怪，胡思乱猜，只说是打杂人役失火造成的，"不可疑会匪之毒谋"，更"不可怪仇家之奸细"，否则又会生出多少枝叶。

曾国藩为沅弟争强刚猛的性格而担心，趁机分享了自己多年的修身反思所得：

兄自问近年得力惟有**一悔字诀**。兄昔年自负本领甚大，可屈可伸，可行可藏，又每见得人家不是。自从**丁巳、戊午大悔大悟**之后，乃知自己全无本领，凡事都见得人家有几分是处。故自戊午至今九载，与四十岁以前迥不相同，大约**以能立能达为体，以不怨不尤为用**。立者，发奋自强，站得住也；达者，办事圆融，行得通也。吾九年以来，痛戒无恒之弊。看书写字，从未间断，选将练兵，亦常留心。**此皆自强能立工夫**。奏疏公牍，再三斟酌，无一过当之语自夸之词。**此皆圆融能达工夫。至于怨天本有所不敢，尤人则常不能免，亦皆随时强制而克去之。弟若欲自儆惕，似可学阿兄丁、戊二年之悔，然后痛下箴砭，必有大进。**[110]

曾国藩比曾国荃大十三岁，而他于九年前的咸丰八年（1858年）前后在家中反思悔悟后，大彻大悟，处世为人有了很大变化，由原来的自负、苛求，变得自知、包容和圆通。他希望沅弟也能够来一场大悔大悟，刻刻思自立自强，不怨不尤。

这段话也是曾国藩对自己"中年变法"前后的不同处世态度的概括，侧面反映出他屡辞职权的原因。

不过，他还难以坦然处世，腊月以来总是睡不着觉，那天晚上他做了一个梦，梦见"乘舟登山"。这绝不是个好征兆，不知道接下来还有什么样的艰难日子等着自己。[111]

转过年来，曾国藩从周家口集前往徐州，与李鸿章交接两江总督关防、两淮盐政印信并通商大臣关防。二月，李鸿章拔营前往河南督师，主持剿捻事宜；曾国藩南下，回驻金陵。

最终，捻军被李鸿章镇压下去。值得一说的是，李鸿章用的还是曾国藩的"河防"战略。长墙圈制的河防之策已经得剿捻要领，若假以时日，也许曾国藩也可凭此取得胜利。只不过他当时实在不想再掌帅印，而他勉强接受的两江总督之位一直坐到了同治七年的秋天。

07　鞭跛鳖而登太行

同治七年（1868年）七月二十日，金陵两江总督署。

多年以来，曾国藩还是保持了早饭后处理文件的习惯。这天公事不多，处理完后，曾国藩练字一页。上午，他接到了朝廷谕旨：

曾国藩着调补直隶总督，两江总督着马新贻调补……钦此。[112]

朝廷对曾国藩有了新的任命，不再让他担任两江总督，而是调任直隶总督。

直隶省紧挨京城，管辖地区以今天的河北省为主，还包括内蒙古、河南、山东等部分地区。由于直隶拱卫京畿，直隶总督一职至关重要，被称为"八督之首"。

从两江总督到直隶总督，可谓更进半步，但这一点也不会给曾国藩带来兴奋，反而满是压力和倦意。他曾说责任越重，指摘越多，人以极品为荣，而自己实以为苦恼之境。只不过时势所处，不能置身事外，只有做一日和尚撞一日钟。[113] 面对新的要职，曾国藩更是"不胜栗栗"[114]。

直隶久遭战乱，民生凋敝，百废待兴。想到自己将以百病缠身的疲老之躯赴任直督，他打了一个滑稽的比喻，称自己就像一只瘸了腿的老鳖被鞭子抽打着往太行山哆哆嗦嗦地攀爬。[115] 他完全不看好接下来的履职，预感自己必将陨越。

他也想辞职，无奈朝廷并不允许，北上任职是不得不去的。

从七月二十日接奉谕旨到十一月初起行北上，曾国藩准备和交接工作竟然用了近四个月，看来他对北上任职着实不积极，还真是走出了"跛鳖登太行"的速度。

十一月初四，曾国藩终于决定启程。

早起，吃饭，处理文件，又剃头一次，上午九点半曾国藩一行人络绎出门。一到署前大街，他被街上"观者如堵"的人群吓了一跳。原来，金陵城中的官吏绅民都来为曾国藩送行。不知道是官方设计还是百姓自发，家家户户点香烛、放爆竹，甚至有人沿街搭上戏台，摆上酒席，为他践行。

满城文武士友数十里相送，甚至不少人陪他乘船一直到下关江面。曾国藩应酬不暇，疲倦极矣。人们盛情相送自然让曾国藩很感动，不过他又觉得声势太过，自己难以承受。晚上躺下时，尽管疲倦，他却难以入眠，辗转反侧。他想到"送者之众，人情之厚，舟楫仪从之盛，如好花盛开，过于烂漫"。[116]

这不是他追求的境界，他想要的是"花未全开月未圆"，如今花开烂漫，那么凋谢之期也就要相随而至。这不是一个好的征兆。他不知道接下来的直隶任期会怎么样，难道这将是自己人生的凋谢之期吗？想到这里，曾国藩"不胜惴栗"[117]。

经过一个多月的跋涉，曾国藩于腊月十二日抵达北京，暂住在广安门外的天宁寺中。第二天，他乘轿进城，来到东城金鱼胡同的贤良寺居住。贤良寺是当时北京内城的一座著名寺庙，由于紧挨皇城，成为很多外省官员进京述职的寓所。

次日五更，曾国藩爬起来，简单吃过早饭，便进宫面圣。天还未亮，他沿着金鱼胡同过东安门进皇城，再由东华门进入紫禁大内。腊月的北京，朔风扑面，金水河面都结上了厚厚的冰。多年不入北京，曾国藩有些不适应北方的酷寒。早上五点半，天色大亮，曾国藩进景运门，来到内务府朝房，与各位军机大臣打招呼寒暄，还见到了恭亲王奕䜣。

上午十点整，两宫太后和皇上叫起*。

曾国藩由奕山领着走进养心殿的东暖阁。

曾国藩既紧张又好奇，倒不是因为面见皇帝，而是因为要和垂帘听政的太后奏对。清朝本没有太后垂帘听政的先例，他只在史书中读到过。到底如何垂帘，皇帝和太后如何摆座，如何问话，曾国藩很好奇。因此，事后他把整个奏对的经过详细地记录了下来，成了后世考证慈禧垂帘听政的重要史料。[118]

一入东暖阁，曾国藩进门便跪，奏称："臣曾某恭请圣安！"随即，他摘掉官帽叩头。又称："臣曾某叩谢天恩。"然后，他直起身子，站起来向前走了几步，在皇帝案前的垫子上跪下来。

曾国藩见小皇帝在桌案之后，面西而坐。皇帝座后扯有一张黄幔，原来所谓的"垂帘"垂的并不是帘，而是一块幔帐。黄幔之内坐着两位年轻妇女，皇帝的左边是慈安太后，右边是慈禧太后。当时以左为尊，慈安是嫡母，居住东宫，名义上比慈禧尊贵。

同治皇帝只有十二岁，奏对时不讲话，都是太后问话。太后的问题比较简单，如"江南事都办完了？""勇都撤完了？""你出京多少年？""你

---

* 清制，皇帝每日清晨召见军机大臣等，称作"叫起"。——编注

带兵多少年？"……这些更像是日常寒暄。

曾国藩在日记中只记载了"太后问"，没有指明是慈禧还是慈安在问话。不过根据时人笔记记载[119]，慈禧的问话应该居多。慈安虽是正宫太后，但性格内敛，不喜多言，与臣工奏对时多由慈禧发话。

曾国藩对太后问出的十几个问题一一简短作答，并不多言，随后便叩头退出。

这样的叫起奏对持续了三天，如此频繁受皇帝召见也算是给曾国藩的恩宠了。

曾国藩离京多年，打算过完年后，再到直隶省城保定赴任。正月十七，临行前，曾国藩再次入宫面圣奏对。[120]

太后问："尔到直隶办何事为急？"

曾国藩对道："臣遵旨，以练兵为先，其次整顿吏治。"

太后问："你打算练二万兵？"

曾国藩对道："臣拟练二万人。"

太后问："还是兵多些？勇多些？"

曾国藩对道："现尚未定。大约勇多于兵。"

练兵之事是布置给曾国藩的首要任务，因为直隶久被兵扰，防务空虚，京畿要地自然要练兵加强防守。练兵不仅要防捻军，也要防洋人。因此，太后接着说："洋人的事也是要防"，"这是一件大事，总搁下未办"。

曾国藩对道："这是第一件大事，不定那一天他就翻了。兵是必要练的，那怕一百年不开仗，也须练兵防备他。"

太后问："他多少国连成一气，是一个紧的。"

曾国藩对道："我若与他开衅，他便数十国联成一气。兵虽练得好，却断不可先开衅。讲和也要认真，练兵也要认真。讲和是要件件与他磨。二事不可偏废，都要细心的办。"

两位太后都吃过洋人的亏，英法联军曾经把她们和先皇咸丰帝逼出北京，因此她们说洋人的事是一件大事。就这一问题曾国藩少有地多说了几句话，称要练兵，但绝不能先开战，似乎是在声明自己处理外事的原则。

接着太后又称："直隶吏治也疲玩久了，你自然也都晓得。"

曾国藩对道："一路打听到京，又问人，也就晓得些。属员全无畏惮，臣到任后，不能不多参几人。"

太后又问："百姓也苦得很。"

曾国藩对曰："百姓也甚苦，年岁也不好。"

与太后的奏对看似稀松平常，却暗藏机要。太后的话不多，但是想让曾国藩在直隶重点办的练兵、吏治、洋务和民生事项都一一点明，曾国藩也在简要的回答中陈明了自己做事的原则。

从奏对中可以看出，朝廷知道直隶问题的严峻性。调曾国藩任直隶总督，就是希望以他的威望和能力整治一番。

四天后，曾国藩便前去赴任，开始了他的督直工作。这项工作并不容易做。直隶省简直是个烂摊子。

首先是吏治，曾国藩称直隶官场风气之坏，竟为各省所未闻。官员旧弊太多，因循巧滑，上下蒙蔽，积重难返。其次是民生，直隶多年遭捻军等战火蹂躏，又逢旱涝等天灾，民生已经到了崩溃的边缘，"贫户十室而九逃"[121]。再次，直隶位于京畿要地，练兵防务亟须办理；同时，辖区内的天津等地是重要的对外通商口岸，外交事务也同样重要。

一到任上，曾国藩就立即投入到繁重的工作中，每天都被淹没在各种公文信件之中，疲惫不堪。半个月转眼过去，他给儿子曾纪泽写信抱怨道：

> 吾自初二接印，至今半月。公事较之江督任内多至三倍，无要紧者，皆刑名案件，与六部例稿相似，竟日无片刻读书之暇。做官如此，真味同嚼蜡矣。[122]

曾国藩自接印开始，从练兵到吏治，从治理河道到整顿学风，忙得不可开交。公事比两江总督任内多了三倍，但都不是要事，不外刑名案件之类的，和六部里的公文例稿差不多，每天从早到晚都在批复公文，一点闲暇的读书时光都没有。虽然忙，但他没有任何成就感，反而感叹这官当得好似嚼蜡一般无趣。

不过很快，天津的一场突发事件使曾国藩的生活掀起了波澜。

08　天津教案始末

瘟疫、流言与死婴

同治九年（1870年）春夏之交，天津大旱。

几经战争蹂躏的天津民众在大旱之下，日子过得更加艰难。

某村申家大嫂经过几天忙碌，终于积攒出来了几把棒子面，今天一家人可以吃点硬乎面食了。起火，烧水，和面，蒸窝头，忙碌之中的申嫂本想让儿子申小打下手，却连喊几声都没有听到回应。

申嫂嘀咕骂道："这孩子，一说让干活，就不知道跑哪去了！一会儿再揍他。"

傍晚，窝头蒸好，汤也煮好，丈夫申大也从码头上收工回家，看到饭桌上摆好的窝头和热汤，他异常高兴，好几天都没有吃过饱饭了，这几天在码头上扛大包累得两眼发黑。

申大抓起一个窝头就往嘴里塞，边吃边说："小儿呢？快喊他来吃。"

申嫂说："一下午不见人，不知道疯到哪里了。咱们先吃。"

吃完饭后，还不见申小回来，两人有点着急，到街上喊寻，街坊邻居都说一天没有见过申小。申大和申嫂越喊越着急，慢慢扩大寻找范围，折腾了一夜，都没有找到半点踪影。五六岁大的孩子能去哪里呢？

申大又气又恼，埋怨申嫂："你在家里怎么照看的孩子？"

申嫂哭啼着说："几天都没有吃什么饱饭，我从二嫂那儿淘换来几斤棒子面，就在家里和面，平时他就在街边门口玩儿，谁知道今天怎么就不见了？"

申大也不去码头扛包了，夫妻俩一连找了两天都找不到。

到了第三天，街坊跑来说："呦，申嫂，快去看看吧。河东坟圈子那儿刨出来几个小孩的尸首，快去看看有没有申小吧。"

申大和申嫂撒腿就往河东坟圈子跑。到那儿一看，几只野狗正在啃咬着两三具小孩的尸体。众人把狗赶跑,三具小孩的尸体早已经血肉模糊,尤其是胸腹部和脸部,小的有一岁左右,大的正好有五六岁。

申嫂一看这种情景,登时双腿一软,哭倒在地。申大则较为冷静,称:"这尸体被啃咬得严重,面部早就看不清,尸体旁边也没有衣服,根本分辨不出来是谁,也确定不了这是不是自己的孩子啊。"

这时,坟地旁不远的教堂"当当"地敲了几下钟声,让早已凄惨的情景更添几分悲凉,不知道是不是给自己儿子的丧钟。申大抬起头,眼望着高耸在夕阳下的天主教洋楼。这时,一队人马正在靠近天主教堂,一辆马车走在前面,车上躺着几个人,看不清是大人还是小孩,车后面跟着几个洋修女,其中两三个人怀里都抱着小孩。她们走到教堂门口,"咚咚"敲了几下门,大门猛地打开,这队人马鱼贯而入,随后"砰"的一声,大门又迅速关上。

看到这一幕,申大皱起眉头,不禁纳闷,这些天主教徒都是从哪里弄来这么多孩子的?他想起了前些天码头上流传的反洋教揭帖,其中有几句:"牧师止顾奸淫乐,过气比脐把名托……小儿肾子也割取,并要心肝与脑髓"[123];他又低头看了看胸腹头脑皆烂的小孩尸体,慢慢握住了拳头。*

这座天主教堂就是天津著名的望海楼教堂,是法国人所建。第二次鸦片战争时,法国传教士随着英法联军进城,法军撤退时,他们取得了以望海楼为中心的方圆十五亩土地的"永租权"。

望海楼是津门繁华之地,位于城外南运河北岸,站在此处可以直接看到三岔河口的交汇处,风景壮阔。清朝康熙年间,这里建起了望海楼,成为津门一景;乾隆时,又进行扩建,厅堂廊阁,金碧辉煌,成为乾隆帝巡幸天津的行宫。

如今中式的亭台楼阁被灰砖高塔的西式建筑取而代之。望海楼行宫旧址被改建成了法国领事馆,望海楼旧址则被改成了一座西式天主教堂。教

---

* 同治九年春夏的天津发生旱灾,并伴有瘟疫,城村居民生活异常艰难,出现了不少儿童失踪情况,再加上天主教堂旁坟地暴露的小孩尸体,产生了大量流言。申家的小孩丢失案,是笔者根据当时的揭帖以及官府审案公文等撰写的,可以视作当时天津丢失儿童家庭的一个代表。

堂高十米，长三十米，宽十来米，建得巍峨，是典型的哥特式建筑，正面耸立三个钟楼，仿佛直插云霄的三支笔筒。与之一河相隔的还有教会建的仁慈堂，用于收养遗婴、弃婴和孤儿，诊治病人。

教堂于同治八年刚刚建好，被主持建造它的法国神父谢福音命名为"圣母得胜堂"。名字虽然简单，却暗藏深意，"得胜"二字是指法军在第二次鸦片战争中的获胜，谢福音说："要是没有圣母的仁慈，要是没有战争的胜利，也就无法建造这个为大法国效劳的教堂。所以，建造这座教堂是圣母仁慈和战争胜利的结果。"[124]一座宗教建筑被谢福音赋予了政治、军事等色彩。

神父谢福音本是军人出身，十八岁应征入伍，在法国各处殖民地服兵役，后从事传教事务；1860年他来到中国，1866年主持天津教务。谢福音性格跋扈，做事雷厉风行，天津教务在他的主持下得到飞速发展。据统计，从1868年到1869年内，成年领洗入教者有50名，妇女领洗入教者14名，垂危婴儿领洗者2000名，寄养婴儿109名，仁慈堂收容婴儿170名，此外还有诊所就诊病人48000人次，接受救济者56000人次。[125]谢福音想通过诊治、收养孤儿等慈善手段获得当地人的好感，然而效果并不佳，在当地人眼中，教堂、仁慈堂等地总是高墙相围，大门紧闭，就像一座碉堡，着实神秘，而里面的教士和教民更是鬼祟。天津民众更喜欢称教堂为"鬼子堂"或"河楼教堂"。

天主教在天津的传播已经十几年了，一开始没有几个人信。因为天主教讲究一神论，只信仰上帝，不能敬拜其他神灵。这与中国民间的信仰严重冲突。中国人讲究祖先崇拜，每家每户都有祖先牌位，逢年过节或者到了忌日，中国人都要拿出牌位祭拜，烧香磕头。同时，中国人还有各种各样的民间崇拜，灶王爷、龙王、狐仙、树神，几乎没有中国人不拜的东西。

现在天主教的上帝来了。其实对于具有泛神论传统且功利的中国百姓来说，只要上帝"管用"，也不是不可以拜。但问题是天主教异常强势，拜了上帝就不允许拜祖宗，也不让拜孔子像，这是中国人所不能接受的。因此一开始皈依天主教的人并不是太多。

为了吸引更多中国人入教，完成每年受洗的人数要求，天主教会针对当时底层中国民众的特点，想出了一个有效办法——利诱。谁要是皈依上帝，成了教民，教会就会给钱或者给粮食；如果要打官司，教会还会向教民提供司法援助，甚至连领事也会向着教民给官府施压。每逢社戏庙会，教民以信天主教为由拒绝缴纳份子钱，但是又能够享受庙会中的福利好处。有了这些好处，不少好利之人纷纷加入天主教。

最先加入的往往是那些不太安分守己、见风使舵的人。当时的人就说："传教士所到之处，不择莠良，广收徒众，以多为能。"[126]教会只重数量，不重质量，很多无识愚民、诉讼无理者，还有欠债不还者，都皈依天主教。这些人在教会的庇护下，更是为所欲为，"未入教，尚如鼠。既入教，便如虎"[127]，流传于当时的俗谚很贴切地讽刺了教民良莠不齐的现象。教会也因为这些人而名声极差。

在中国民众眼中，这些教徒数典忘祖、见利忘义。祖先死了，不烧纸，也不磕头，父母死了不哭不拜，无异于禽兽。可见由于文化差异和宗教信仰不同，长期以来，天津民众与教士、教民之间存有偏见。他们"言及天主教，则异口同声，恨之入骨"[128]。

同治九年，偏见尤其重。风传，天主教士给人贩子迷药，或教之以邪术，让人贩迷拐幼儿送到教堂里，剖心挖眼，用作药引。甚至连魏源写的《天主教考》中都记载，洋人取华人眼睛来煎煮铅，一百斤铅可煎得纹银八斤。[129]

而此时各地确实出现不少儿童失踪事件。

望海楼教堂旁坟圈子中一口棺材内装着两三具儿童尸体，胸腹部、面部血肉模糊，腐烂严重，无怪乎被当作了"剖心挖眼"的证据。

但是，教堂大门紧闭，高墙四围，还有领事撑腰，申大也不知道这些死尸中有没有自己的儿子，他只能去报官。

当时的天津知府张光藻，字翰泉，是安徽广德人，咸丰六年（1856年）的进士。张光藻是一个贤官，同治八年他正在担任正定知府，曾国藩考察直隶吏治时曾评价他"通达政体，为守俱优。清厘积狱，尤能推勘平允"[130]。今年三月，张光藻调任为天津知府。他上任不久天津便发生不少拐

第五章 临淮遇险与天津名裂　　355

骗幼儿案件，善于清讼断案的张光藻决心彻查到底，命治下各县严查严办，捉拿拐匪。

很快，案件的侦查便有了进展。

五月初八日那天，有三个人带着一名男童鬼鬼祟祟从静海县来到天津府城，在天津西关时被人看出猫腻。一经盘问，三人竟然是拐匪，其中两人张拴、郭拐被当场拿下，另外一人逃脱。十三日，张光藻回天津后，令人连夜熬审，张拴、郭拐在严刑拷打之下，对迷拐幼童之事供认不讳，并称拐卖幼童就是为了取心配药。但是他们并没有供出与教堂相关的事情，官府也未深究，第二天就将两人正法[131]，并且贴出告示：

张拴、郭拐用药迷拐幼童，询明……是实正法。风闻该犯多人，受人嘱托，散布四方，迷拐幼孩取脑挖眼剖心，以作配药之用。[132]

告示写得既清楚又含糊。清楚的是它明示了流传的迷拐幼孩以取脑挖眼剖心确有其事；而含糊的是关于拐匪"受人嘱托"的措辞。到底拐匪受谁嘱托呢？告示没有写明。但是鉴于风传消息，这一点在民众心中却不言自明，分明就在暗示拐匪是受"教会"嘱托。

民众钦佩张光藻的雷厉风行，认为他不惧洋人权威，勇于查找真相，百姓为他送上了万民伞以示感激。

从某种意义上来说，官府这一举动是肯定并宣扬了传闻，而且对舆论做了引导。[133]

几天后，又发生一案，让官府和民众眼中的"真相链条"更加清晰了。

同治九年五月二十日晚上，桃花口村的李大正在菜园子里浇水，忽然感觉背后有人轻拍一下，然后立刻变得目光呆滞。李大垂下头，不由自主地跟着拍他的人走。

正巧，前来送饭的弟弟李二发现异常，他连忙率众人追赶，用凉水泼醒哥哥，人贩子被当场逮住。李大醒来，大叫一声："我正浇菜，突然有人拍了一下我的肩膀，立刻迷糊起来，就看见身子两旁都是河水，只有中间一条小路，前面有人引着，我就不得不跟着他走。"

356　夹缝中的总督

众人一听不得了,这是传说中的"拍花"*,居然用妖术迷拐人。他们赶忙把拐匪捆绑住,次早押送到县衙。[134]

当时的天津知县是刘杰,他也是一名能吏,政绩显著,尤其在清理诉讼案件方面受到曾国藩的嘉奖。[135]刘杰十分重视这件拍花案,立即升堂审讯,将各种刑具摆列两旁,拐犯一见这架势,对自己的犯罪行为供认不讳,说自己名叫武兰珍,这几日在天津用迷药拐人。

知县刘杰问:"迷药哪里来的?"

武兰珍说:"自己做的。"

刘杰认为此话不实,大刑之后,武兰珍说迷药是教堂里的王三给的。他今年十九岁,本在天津以撑船谋生,结果却被教堂的王三下了迷药,拐到教堂里。王三强迫他用迷药拐人,拐一个人就给五元钱。据武兰珍供述,除他之外,还有七人从事拐骗,晚上他们睡在教堂院中隔栏席棚里,早上领一包药粉出去拐骗幼儿,王三是他们的头子,从内室中取药粉。[136]

长期以来苦苦追寻的证据终于出现了,证据链条也逐渐形成"闭环"。天主教会给拐匪迷药,让拐匪迷拐幼孩,送到教堂后剖心取睛,用作药引。消息传出,天津街头巷尾群情激愤。

火烧望海楼

三天以后,即五月二十三日,天津道周家勋、天津知府张光藻、天津知县刘杰三级官员一起押着武兰珍来到望海楼的法国天主教堂指认王三,和教士对质。

教堂神父谢福音倒是很配合,让官员们里里外外地搜。

衙役们仔细搜查教堂的外堂里屋,把地窖也搜了个遍,终于有人从厨房里找到了两瓶可疑之物。青绿色的液体中堆堆叠叠浸泡了不少乳白色的球状物。衙役大喊:"找到了!全是小孩的眼珠子!"

谢福音乍听之下吃了一惊,等看到那两个瓶子后哭笑不得,用蹩脚的中文对天津道、府、县三级官员说:"大人可以打开尝一下。"原来只是两

---

* 所谓"拍花",是指用迷药或者其他手段迷拐人。

瓶腌制的"西产之圆头葱"。[137]

官衙搜来搜去，都没有找到要做药引的心、肝、肺、睛，并且张光藻等人也发现教堂院内没有武兰珍提到的席棚栅栏。谢福音把教堂里所有的人都召集到院里，让武兰珍指认，也没有他说的王三；众人也都称不曾见过武兰珍。

一番下来，无从指证，更找不到什么证据，官员们只能押着武兰珍回署衙。

虽然没有找到直接、切实的证据，甚至有人说武兰珍是在官府的刑讯逼问下屈打成招，但是官府押着武兰珍在教堂里的一番对证让天津民众激动了起来。长期以来传闻的剖心挖眼、教堂旁边胸腹糜烂的尸体、人贩子的口供，这一切都让人们把拐卖儿童、剖心挖眼与天主教堂画上了等号。

这个时候天津的士绅也行动了起来。士绅是中国古代的一个重要阶层，他们有钱、有地位、有文化，成为民间的自治者和各种运动的策划者、发动者。他们是儒家思想传统的坚强拥护者，天主教徒在他们眼中就是数典忘祖，如今后者居然利用妖法迷拐人口，激动的士绅们在祠堂、孔庙里集会，控诉离经叛道的天主教徒，连书院也停了课，参与到集会之中。

同时，另一股力量水火会也活跃起来。这是天津民间的帮会，比起一般民众更具备组织性和暴力性。当天上午，他们在天津城内敲锣打鼓，下午便召集了几千名水火会成员，人人手拿武器，一时间"满街皆是刀枪剑戟"。

民众、士绅、水火会，昔日里略有矛盾的三股力量如今在天主教面前拧成了一股绳。对于他们，这不仅仅是简单的人口迷拐问题，俨然是保家卫国，保护泱泱中华礼教的问题了。他们在官府的默许下进行集会游行。

武兰珍被押回府衙后，教堂周围聚集的近万人并没有散去，反而群情激愤，甚至有人向教堂内抛投砖块。整个望海楼地区就像一个火药桶，等待着点燃它的引信。

"引信"很快就来了——法国驻天津领事丰大业。

丰大业，Henri Victor Fontanier，法国外交官。第二次鸦片战争期间，他担任广州英法联军委员会的翻译，同治八年调任驻天津领事。丰大业性格傲慢，总以白种上等人自居，从骨子里瞧不起当时的中国百姓。当他听说有人在教堂聚众闹事时，气愤不止，当即带人前往三口通商大臣崇厚的衙署，气势汹汹地找他理论。

崇厚，字地山，满洲镶黄旗人，时任三口通商大臣，管理天津、牛庄和登州三口通商、关防、税收等事务，负责处理外交事务，是天津级别最高的官员。因此，丰大业第一时间去找崇厚交涉。

据崇厚称，丰大业当时气焰凶悍，腰里别着两杆洋枪，后面还跟着一个手持利器的外国人。丰大业还没有进屋，便大喊大叫，口出不逊，崇厚对他说有话细谈。结果二人一言不合，丰大业掏出洋枪，放了一枪，倒没有打中任何人，但是崇厚吓得赶紧回避。丰大业进屋后，乱砸一番，咆哮不止。崇厚上前制止，并劝其此时不要到街上，现在民情汹涌，街市聚集水火会已有数千人，恐怕会出意外。丰大业喊道："我不畏中国百姓！"随后出门而去。

正巧，途中丰大业遇到了县令刘杰，两人发生口角。丰大业气急败坏，掏出腰中洋枪，对着刘杰就是一枪，刘杰一闪，身后的家丁却被打伤。

光天化日，洋人竟敢开枪伤人。这一举动成了点燃火药桶的引信。

天津民众瞬间炸开了锅。水火会手中有现成的武器，当即把丰大业和他的随从打死。

民众鸣锣奔走，围观的百姓都沸腾起来，积压的怒火喷烧起来。他们冲破望海楼教堂的大门，打死了神父谢福音，放火烧了教堂和旁边的法国领事馆。[138]

津门百姓还想到河对岸去，拆毁那里的仁慈堂，杀死里面的修女，解救出他们认为关押着的妇女幼孩。不过三口通商大臣崇厚早有预防，已经命人拽起河上的浮桥，防止民众到河对岸继续闹事。[139]

巧的是，记名提督浙江处州总兵陈国瑞骑马路过，他看到百姓想过河，就命人把浮桥搭上。[140] 于是民众一拥而过，把河对岸的仁慈堂放火烧了，打死堂中多名修女，也救出一百五十多名儿童。

到这个时候，天津民众更加激昂，他们把打击范围扩大了，不仅打法国人，拆法国的教堂、领事馆，还殃及了其他国家，如美国、英国、俄国。凡和洋人相关的建筑、人都难逃一劫。当时共烧毁法国的教堂一处，仁慈堂一处，洋行一处；毁坏英国讲书堂一处，美国讲书堂两处。打死外国人二十名，包括法国领事丰大业、翻译官席孟、达麦生夫妇、传教士谢福音、商人单美松夫妇；俄国商人巴索幅和波勒德波波幅、妇人麦里牙三人；仁慈堂修女五人（法国一名，英国一名，比国二名，美国一名），此外还有"女尸五具，未经找获"。其中法国损失最重，死人最多。教堂中还有一名中国传教士吴神符与谢福音一同被杀。[141] 此外，教堂和仁慈堂内雇用的三四十名中国人也被杀死。[142] 据说第二天民众还袭击了中国教徒，死伤人数继续扩大。[143]

这就是震惊中外的天津教案。

七国联合威逼

对于外国人来说，这场教案超出了他们的忍耐限度。自外国传教士入华以来，教案在各地时有发生，但是天津教案杀死了二十名外国人，其中还包括领事官，涉及多个国家，是"从来未有之事"。外国人认为这是一场集体排外事件，必须联合起来对付清政府及其治下的民众。

教案后第二天（五月二十四日），俄、日等七国驻华公使向清廷发出联合照会，要求清政府妥善处理事件，并进行赔偿和惩凶：

> 天津府城系京师门户，所有法国领事各官并传教教士、守真女子以及商民人等，均在天津寓住，忽被发狂民众纵凶杀害，并将衙署教堂焚烧拆毁，其余在彼居住各国官民是否能以保全？至今情形虽无全足确据，尚恐凶多吉少。本大臣等闻之，未免怜恨交加。想似此凶残，贵国必亦同情公愤，岂不知此事责有攸归，国家有应尽之分，若不妥筹善法，预保将来，倘再滋生事端，贵国将何以对各国耶？[144]

360　夹缝中的总督

联合照会对天津的"发狂民众"进行谴责，并对今后外国侨民在津居住的安全表示怀疑，督促清政府妥筹善法，预保将来。此时照会措辞较为缓和，把"发狂民众"与清政府区分开来，并没有把清政府当作敌人，但同时也将此事的责任推给清政府，督促清政府尽快处理，保证外国人的安全。

不过，根据长期以来的排外情绪和当时清廷的政治环境，外国人普遍推测，"发狂民众"背后有天津府道县三级官员的推波助澜或者说煽动，而天津府道县官员的身后则是清廷。故而他们推论，这是一场蓄谋已久，由清政府幕后主使并针对全体洋人的排外事件。《纽约时报》在1870年8月24日刊载了一篇文章，叫作《中国的杀戮》，提出了一个令人惊骇的假设：天津的法国人被杀是清朝刚登基不久的同治皇帝为确认自身皇权认同而采取的一种方式，他们认为，用流血事件来显示权力是清朝皇室的一种惯用手段，选择拿法国人开刀，能够震慑其他外国人，杀鸡儆猴。这篇报道直接把天津教案定性为"大屠杀"，全文出现了十九次的"大屠杀""暴行"等字眼。[145]

外国人把矛头直指中国的权力核心——皇帝，认为是皇帝在背后策划了一切。

如果按照这个逻辑，外国人恐怕不仅仅要逞凶、赔偿，还得惩戒清政府以扭转排外思想。因此，除了在外交上的严重抗议和交涉外，外国人还真的摆开了军事行动。

英、法等国数十艘军舰开始向天津海域驶发，进行示威。法国军舰直接向岸上的村庄发了二十七发炮弹，对清朝进行恐吓。不仅如此，法国在西贡的军队开始出发了，而英国的两艘军舰也在天津、烟台的海面上游弋；同时，意大利的护卫舰"克洛蒂尔公主"号也在烟台集结。[146]

局势极为紧张，战事一触即发，如果处理不好，恐怕七国联军就会在1870年登上天津大沽口，进军北京。

教案突发，外国联合威逼，清朝政府一时不知如何应对。两宫太后急命军机处和总理衙门商议处理。兹事体大，恭亲王等认为各方情况尚不明朗，三口通商大臣崇厚没有独自办理的能力，建议让直隶总督曾国藩前往天津主持调查，处理教案。

五月二十五日，朝廷以五百里加急向曾国藩发出密谕：

> 惟此案关系紧要，曾国藩精神如可支持，着前赴天津与崇厚悉心会商，妥筹办理。[147]

09　曾国藩的遗嘱

调养病体

当密谕传递至曾国藩手中时已经是案发后的第三天了。

当时曾国藩正在休病假。

可能是工作繁重，也可能是年老体衰，曾国藩在同治九年（1870年）四月十六日突然犯眩晕之症。那天凌晨四点起床时，他突然感觉天旋地转，"床若旋转，脚若向天，首若坠水，如是者四次，不能起坐。"[148]

曾国藩吓坏了，赶紧服用调补之药，但无济于事，他只能在床上静卧，连他重视的祈雨活动都没有参加。接下来的几天，每天起床时他都会眩晕。医生诊断说这是"心气亏损，血不养肝"，曾国藩也担心会中风，于是四月二十一日请假休养。[149]

曾国藩一面喝药调补，一面静心养气，由于无案牍劳形，他可以放松身心，好好享受闲暇时光。假期中，他翻阅起一本叫作《乘槎笔记》的书，这是斌椿写的一本游记。

斌椿，何许人也？曾国藩在日记中写道："斌号友松，内务府郎中，丙寅年（1866年）曾奉使至西洋各国也。"[150]斌椿被后人称为"东土西去第一人"，是晚清第一个官派到西方考察的非正式使者。同治五年，六十三岁的斌椿前往欧洲考察，先后去了法国、英国、荷兰、丹麦、瑞典、芬兰、俄罗斯、德国、比利时等十一个国家，历时四个多月。看到欧洲的繁华和先进，斌椿大为震惊，回国之后写出了《乘槎笔记》，大篇幅介绍欧洲的政治、经济、文化等情况。然而，他却被当时的保守派看作跳梁小丑和卖国贼，很多人对他口诛笔伐。

曾国藩读完《乘槎笔记》后，没有留下来对这本书的评价，但在五月二十四日给斌椿的回信中称："旧迹辎轩，穷庄叟溟南之胜；新篇机杼，富东坡海外之文。"[151] 曾国藩引用了庄子和苏轼两个典故类比，对斌椿出使西洋和出版新书进行了赞美。这种问候式的语言不乏溢美之词，虽然没有实质性内容，但至少能看出曾国藩对斌椿的所行所言还是持肯定态度的。

经过一个月调养，曾国藩的眩晕之症渐渐痊愈，可又因为喝了不少清润补阴的汤剂，致使脾胃受伤，吃不下饭，精神困倦，再加上右眼失明，他决定续假一月，继续息心静养。[152]

二十六日这天曾国藩因天降甘霖心情不错。从去年四月亢旱至今，直隶地面上有十三个月没下过大雨，他为此焦灼不堪，辛劳求雨。这天终于下了场透雨，曾国藩说"农家从此稍慰矣"，自己也"为之快慰"。[153]

可谁知好心情还没有持续半日，他就接到廷寄密谕，知道天津发生了教案。曾国藩详细阅读附录中崇厚的奏报，获悉教案详情。他的心情平静如水，既没有被汹涌澎湃的民意鼓舞，也没有被洋人咄咄逼人的气势而激怒。他暂时大脑一片空白，想到自己体弱多病的身体，踌躇不决，只感觉无力。

曾国藩知道问题的严重性和棘手性。虽然朝廷用语温和，"精神如可支持""着前赴天津"，但是这哪容自己选择呢？天津是自己的辖区，事件又如此严峻，自己不能因病推辞，于是他上奏称：

> 此等重要案件臣不敢因病推诿，略加调理，练习行步，数日内稍可支持，即当前赴天津与崇厚悉心商办。[154]

不过一时间曾国藩没有半点头绪，他竟然拿起纪晓岚的《阅微草堂笔记》等闲书乱翻，可是脑子乱得焦灼不堪，心里没有半点阅读小说的恬愉。焦灼的心情和糟糕的身体都让他感觉不安，让他怀疑自我，"此生一无所成，无可挽救"[155]，让他又一次感到如临死地。

这一次曾国藩将抱着必死之心前赴天津办案,他为儿子们留下了遗书。

多病缠身

此时天津并无战火,也无天灾,是什么原因让曾国藩再一次想到了死亡呢?

他在六月初三的日记中写道,"将赴天津,恐有不测,拟写数条以示二子","夜又写四五百字,有似于遗令者"。[156]

曾国藩担心此次前往天津处置教案会有"不测",这是他写遗嘱的直接原因。有些学者认为曾国藩在奏报中看到丰大业等人肆意开枪,怕外国人行刺。不过,当时曾国藩所虑的"不测"更多地应是指自己的健康状况。

如前文所述,此时六十岁的曾国藩多病缠身,体弱难支。

首先是眼病,今年以来他总感觉眼蒙无光。二月二十九日,眼蒙严重,他让儿子检查眼球是否有病,儿子说右眼黑眼珠的颜色浑浊了。曾国藩遮住左眼,发现右眼感受不到光,茫无所见。儿子安慰,瞳仁尚好,可望复明。右眼失明是个不小的打击,曾国藩惆怅、焦虑,甚至烦躁。到了三月初九,他发现左眼也变得模糊。眼科大夫诊视称"左目亦将坏"[157]。

曾国藩不敢再用眼,闭目久坐。如果左眼再盲,那么他将如何读书、写文章呢?如果不能用眼用心,那么活着的意义是什么呢?

眼不能看,便不能治一事,曾国藩并没有珍惜难得的闲暇,反倒为此而焦虑,他"且忧且愧,而心境不安",觉得"不能用心,亦与死人无异"。[158]曾国藩毫无安全感,进而怀疑人生,"念此生学问、文章,一无所成,愧悔无已"[159]。

其次是眩晕之症,这也是今年新添之病。四月十六日病情初发,曾国藩"昏晕欲绝,但觉房屋床帐翻复旋转,心神不能自主"[160],大半天他都不能起坐,只能静卧,这让他觉得好似"危症"之兆,他甚至想召回外地的儿子。接下来九天的日记全是以"卯正起,眩晕如故"类似的话开头。直到五月二十日,日记中还可以看到"心烦头晕"的字样。

眩晕症又给他带来了两个并发症:一是由于口服大量补阴的清润汤药导致肠、胃、脾失调,腹胀难受,动辄呕吐;二是由于眩晕体弱,曾国藩几乎无法起坐，走路必须要人搀扶，而且他还出现了"晚上睡不着，白天醒不了"的状态，整日昏昏沉沉，毫无精神。

多病并至让曾国藩陷入了极大困扰和恐慌中，他在五月初三的日记中写道："余病目则不能用眼，病晕则不能用心，心、眼并废，则与死人无异，以是终日忧灼，悔少壮之不努力也。"[161]

目盲和眩晕带来的生理痛苦肯定是曾国藩的困扰，而更困扰他的是心眼并废导致的不能治事，他感觉生命似乎也就到此停止了，没有了活着的意义。

从某种意义来说，这是曾国藩面临的一次死亡，与以往生死瞬间不同。靖港战败的跳河，九江战败的策马赴敌，以及祁门被围敌军将至，这些时刻的死亡来得突然，且不由自主，曾国藩或恨或愤，可以一死了之。但这一次的死亡好似钝刀割肉，给予他充分时间来思考，思考自己这一生是否值得，是否满意，当死亡降临时，他能否坦然面对。

显然，此时曾国藩还没有那样坦然。

在眩晕症发病前八天，曾国藩专门抄录了范仲淹年谱中的一段话，可以看出他的生死态度：

> 千古圣贤，不能免生死，不能管后事，一身从无中来，却归无中去。谁是亲疏？谁能主宰？既无奈何，即放心逍遥，任委来往。如此断了，既心气渐顺，五脏亦和，药方有效，食方有味也。只如安乐人忽有忧事，便吃食不下，何况久病，更忧生死，更忧身后，乃在大怖中，饮食安可得下？请宽心将息。[162]

仿佛范仲淹穿越千年，句句都是在劝曾国藩。他认同范仲淹对生死的理解，生命无非来自无中，归于无中，既然管不得身后事，那便不如"放心逍遥，任委来往"。然而，道理懂得，但曾国藩总忍不住焦虑地"忧"。范仲淹点明了他的忧虑——忧生死，更忧身后。

从这段时间的日记也可以看出他的焦虑。追思过往，他有悔，"悔少壮之不努力"；他有恨，恨"学问、文章一无所成"；他有愧，愧"身闲而心乱"，生平"无一所养"。大病之时，他悔、恨、愧等心绪交加，无非是自己放不下，尤其放不下身后的声名。曾国藩自己也很清楚，他在日记写下："日内因眼病日笃，老而无成，焦灼殊甚。究其所以郁郁不畅者，总由名心未死之故。"[163]

医生对他的诊断很清楚，右眼失明和眩晕之症根源相同，都是焦劳过度造成心气亏损，血不养肝。诊治方法也很简单，"滋补肝肾，一面息心静养，扫除一切焦虑"。

曾国藩配合治疗，假期期间积极做到息心静养。每天他都闭目静坐，学"内视之法"，即以目光内视丹田，有两句要诀"未死先学死，有生即杀生"。[164]每次服药后，他又行小周天法，仿照古人苏东坡的"养生颂"，练习数息静坐。总之，一切都要静而不动心。五月二十二日，曾国藩在休假一月的基础上又续假一月。可是，朝廷前半天准了他的假，后半天却让他带病赴津办案。

办此巨案，岂能不动心费神呢？

眩晕之症尚未痊愈，上下台阶还需要搀扶，以这样的疲弱多病之躯将赴矛盾冲突极为严重的天津，别说是"鞭跛鳖而登太行"了，简直是跛鳖攀珠峰。

从接到谕旨那一刻起，曾国藩就开始动心思考，筹划策略了。他知道案情复杂，牵扯多方势力，自己将会面对外国势力的威逼，津民众意的声讨，以及主战派清流议论的抨击。多重压力的交织下，曾国藩的病情很可能恶化，随时会中风病故。

以防意外真的发生，曾国藩给纪泽、纪鸿两个儿子写下了遗嘱，安排后事。

曾国藩的遗嘱

他先在遗嘱中表明心志：

> 余自咸丰三年募勇以来，即自誓效命疆场，今老年病躯，危难之际，断不肯吝于一死，以自负其初心。[165]

尽管他并没有完全做好面对死亡的准备，但是忠义当头的曾国藩在朝廷需要他献身的时候，仍然义无反顾。若因此而死，好于病死在卧榻之上。舍生取义，这是他自咸丰三年（1863年）以来的初心。

接着，曾国藩向儿子交代了身后事，各种各样琐碎的小事。

第一件是遗体。

落叶当归根，他嘱咐灵柩要由运河运往江南，再沿长江送回湖南老家，除中间从临清到张秋一段不得不走陆路外，其他都要走水路，比较安稳。沿途谢绝一切，概不收礼，但水陆略求兵勇保送而已。

曾国藩知道自己一生宦海，半生戎马，杀人无数，也得罪不少人，担心死后被人报复，所以事先安排运柩路线，沿运河走水路，经山东，入江苏，然后顺长江回湖南。这一路上都是湘淮军的势力，自己的门生故吏及其派系担任督抚，如当时山东巡抚为丁宝桢，江苏巡抚为丁日昌，江西巡抚为刘坤一，湖广总督为李鸿章，再加上兵勇保护，应该不会出问题。

第二件是遗物。

曾国藩絮絮叨叨地嘱咐，在直隶采买的书籍、家具、衣物等东西太繁重了，千万不要全部运回老家，要细心规理，能送人的都送人，能烧毁的就烧毁，必须留下来的再运回家。千万不要贪恋碎物而不舍得扔，不然徒花运费，得不偿失。在保定打造的木器也都全部送人。

第三件是遗稿。

曾国藩一生笔耕不辍，写有大量奏折、书信、诗文、日记等，这是他立言的"言"。曾国藩不间断地让人誊抄留存，他嘱咐儿子安排人把最后一部分也都誊抄整理出来。他并不是想要自己的"言"流传后世，只是想藏在家中，留给子孙查阅。他叮嘱儿子们万不可刻印发行。

遗体、遗物、遗稿，都交代妥善，接下来是对儿子们的教诲和对自己德行修养的评价。

首先他要求儿子们时刻警惕"忮""求"二字。忮者，嫉贤害能，妒功争宠；求者，贪利贪名，怀土怀惠。一生以来曾国藩都在这两个字上常加克治，但是至死未能完全扫除净尽。

其次，他要求儿子们做到"勤""俭"二字。曾国藩评价自己"以勤字自励，而实不能勤"，"以俭字教人，而自问实不能俭"。他不取军中钱财以自肥，没有给子孙留下太多钱财，但是也不愿子孙过于贫困，低颜求人，因此要求子孙力崇俭德，善持其后。

最后两个字是"孝""友"。曾国藩称两个弟弟曾国华、曾贞干都战死沙场，他作为哥哥于心有愧，另外两个弟弟曾国荃、曾国潢也都老了，此生恐怕也见不到他们了。他叮嘱儿子们要"事两叔如父，事叔母如母，视堂兄弟如手足"，对待家庭一定要讲求"孝"和"友"两字，弥补自己对兄弟们的缺憾。

这是曾国藩唯一一篇正式的遗嘱，写得琐碎、啰唆，但很真切。作为一品大员、地方权臣，遗嘱里没有指点江山的激扬文字，也没有对死后政局的安排。他临死前最关心的是自己和家人们的琐事。他似乎不在乎死后权势被人瓜分，不在乎儿子们能否当大官，也不在乎自己会不会受到很好的祭奠，他在乎的是遗体能否叶落归根，孩子们能否勤俭持家、有道德，家眷亲戚能否孝友和睦。

一切料理妥当，曾国藩要全心梳理办案思路了。

10　曾国藩的对外思想

该如何处理这场重大的涉外事宜呢？

清政府内分裂成两派。

首先是以恭亲王奕䜣为首的主和派。辛酉政变后，两宫太后垂帘听政，奕䜣为议政王，二者联合执政，但实际上大事小情都由奕䜣主持。尽管慈禧之后对奕䜣进行了打压，削去了他的"议政王"头衔，但是军机处和总理衙门仍然由他主持。奕䜣被戏称为"鬼子六"，就是因为他的对外态度是"亲洋"的。在中央和地方有一些官员与奕䜣的对外态度一致，他们大多身居要职，在实际事务中与西方列强接触、周旋，意识到了中外实力的悬殊，不敢轻易对外言战，力保和局，同时主张学习西方先进的科学技术，寻求自强之道。

与之相对的是保守的主战派。他们沉迷在天朝上国的幻想中，视外国人为蛮夷，力主"攘夷"。典型代表是醇郡王奕譞。奕譞是道光皇帝第七子，咸丰帝的弟弟，也是慈禧太后的妹夫，日后光绪皇帝的父亲。奕譞是辛酉政变中慈禧的重要支持者，在朝局中占有举足轻重的地位，甚至是慈禧用来牵制恭亲王奕䜣的重要力量。他被任命为御前大臣，兼领侍卫内大臣，管理神机营。奕譞对外国人极为反感，是强烈的排外者和主战派。一年前，他曾上了一道奏折，提出六条驱洋人之法，称"将以天下之兵之民，敌彼蕞尔数国，如越之灭吴，唐之服突厥，其庶几乎"[166]。朝中支持他的人不少，有倭仁、李鸿藻、翁同龢等，地方官员也有很多与奕譞想法一致的，对洋人十分反感。当发生民众反洋打教时，他们都持默许甚至鼓励的态度。前述陈国瑞便是一例，当时他由江南进京，路过天津，正赶上教案发生，便为民众搭桥，让他们过河拆毁仁慈堂。

两派势力不相上下，互相攻击。尽管主和派掌握实权，高居要职，但是他们人数少；主战派人数很多，占据正统文化高地，可以造势形成令人生畏的清流物议，给主和派以舆论压力。两宫太后垂拱居上，利用两派矛盾，随时用一方打压另一方，做到权力平衡。

对于天津教案，主战派、排外者认为民心可用，正好对洋人大张挞伐，把天主教驱逐出去，维持华夏正统；而主和派、亲洋者则在一定限度内尽量满足洋人要求，避免战争，维持来之不易的和平。

那么，曾国藩是主战派还是主和派，是亲洋者还是排外者呢？

这个问题比较复杂，曾国藩的对外态度很难用某一个立场来概括。他的对外态度有明显的变化过程。

起初，曾国藩的对外态度和奕譞的较为相似，具有浓厚的"华夷之辨"的传统观念。他坚信中华为天朝上国，大清国之外再无他"国"，只有藩属。《清朝续文献通考》中有句话很好概括了"天朝上国"这个观念："我为上国，率土皆臣，无所谓外交也，理藩而已。"[167]当英法等西方国家来到时，曾国藩和当时其他人一样视其为蛮夷。鸦片战争时，曾国藩大骂英国人"性同犬羊"[168]，是"食毛践土，丧尽天良"[169]的野蛮人，甚至夜郎自大地说，如果打起仗来，必"使彼片帆不返"[170]。

第五章　临淮遇险与天津名裂　　369

在这种思想的支配下，曾国藩和清朝的君臣一样，处理对外关系时常使用的词语是"羁縻"。"羁"本义为马笼头，这里指用军事和政治等高压手段加以打击；"縻"本义是牵牛绳，这里指以经济利益进行怀柔控制。清朝人没有完整而系统的外交政策，只有随时而变的羁縻之道。简单来讲，就是打得过就打，打不过就"怀柔"，等实力强大后再打，总归得让"夷"臣服。

这样一来，与西方签订的条约也被清朝人当作一种怀柔手段，是羁縻之道。比如，《南京条约》规定英国人可以在广州城内居住生活，但由于广州民众反对，英国人始终无法进城。英国领事交涉多次，历任两广总督如徐广缙、叶名琛等人总是打马虎眼。面对英国人的入城要求，他们时而闭门称疾，时而佯作政务繁忙，总是找借口不见；等非见不可时，他们又顾左右而言他。连道光皇帝都说："英夷进城之约，在当日本系一时羁縻……是以朕前经降旨，暂准入城一游。亦不过权宜之计，期于少生枝节。"[171]在清廷的认识里，签订的条约不需要遵守，那只是权宜之计，换句话说就是暂时糊弄英夷而已。

这种耍弄外国人的方法在当时备受好评，徐广缙、叶名琛等被当作"攘夷"的楷模。年轻的曾国藩对两位总督也是钦佩不已，并赞称"徐总督办理有方"[172]。

不过，第二次鸦片战争后，曾国藩被迫与洋人周旋交涉，加上他府中不少洋务人才的影响，以及自己的好学求知，他慢慢感受到了中华之外的另一个世界，他的对外态度发生了变化。曾国藩意识到，此时的洋人不同于古时乱华的"五胡"，英法等国都是著名大邦，外国人"素重信义"，"颇有君子之行"。他觉得在和外国人的交往中应该破除畛域之见，不能再"以鬼礼待之"，而是"当以人礼待之"[173]。昔日引以为傲、善用羁縻之道的徐帅和叶相，如今却变成了他引以为戒的前车之鉴。

徐广缙、叶名琛前后担任两广总督，兼通商大臣，负责对外交涉。他们接到外国照会文书时从不认真对待，要么略写几字应付，要么干脆不答复。他们的外交手段只限于此，既没有认真做到睦邻友好的通商交往，也没有做到了解外国国情，谋划应对之道。

尤其是叶名琛在第二次鸦片战争中的结局十分悲怆。他在对外战争中没有积极应对，几乎无所作为，英军进攻广州城时他不抵抗、不守城，也不求和；当城破时，叶名琛又不投降也不逃跑，还不自杀，眼睁睁看着自己被涌入总督府的英军抓获。因此，他被人讽刺为"六不总督"*，后来叶名琛被囚禁在印度加尔各答，绝食而死，又被称为"海上苏武"。虽然叶名琛不失气节，但在曾国藩看来终究是个悲剧，他警醒自己一定不能重蹈叶相末路。[174]

曾国藩晚年对叶名琛在外交上的应对之道有了更加深入的认识，他对叶名琛的批评其实反映出他自己的思想变化，"天朝上国"和"夷夏之辨"的观念开始松动，他不再拿传统的"驭夷"之道来应对近代中国新的外交局面。他认识到中外的差距，叹羡洋人制作机器之精巧，反对与外轻言战事，主张谋发展，讲自强。

不过，如果就这样直接说曾国藩由早年的主战排外，变成了晚年的主和亲洋，那么不免草率武断了。至少他不是纯粹的主和派，他在主和的同时也在主战。

比如，同治八年（1869年）初，醇郡王奕谖上奏称中外将来必会决裂，并提出六条驱除洋人之法。曾国藩当时就在紫禁城内与大学士倭仁、朱凤标、瑞常等讨论，他并没有提出强烈反对意见，除第二条外，其余基本支持奕谖建议，还主笔起草了《遵旨妥议驭外防守机宜折》。从某种意义讲，曾国藩也是主战派，他没有完全摒弃"非我族类其心必异"的观念，仍然警惕对外战争的可能性，他说"洋人目下虽相安无事，而一旦片语微忤，兵端立开，实属意中之事"[175]。

曾国藩的警惕和担心是正确的，当战争来临的时候他是主战的。但是与奕谖不同，他坚决反对"衅端自我而开"。

其实无论是"主战""主和"，还是"排外""亲洋"，都是现代为了区分当时人的立场而给出的笼统分类和评价，如果要更贴切地理解曾国藩的

---

* 当时广东流传这样一首民谣："不战不和不守，不死不降不走。相臣肚量，疆臣抱负，古之所无，今之罕有。"钱仲联主编：《清诗纪事》（道光朝卷），凤凰出版社2004年版，第2473页。

对外态度和政策，不妨进入他当时的语境，用他自己的常用词汇——"言势"和"言理"。

> 中外交涉以来二十余年，好言势者，专以消弭为事，于立国之根基，民生之疾苦，置之不问。虽不至遽形决裂，而上下偷安，久将疲苶（nié）而不可复振。好言理者，持攘夷之正论，蓄雪耻之忠谋，又多未能审量彼己，统筹全局，弋一己之虚名，而使国家受无穷之实累。[176]

曾国藩把当时对外态度分为"言理者"和"言势者"两类，将奕𬣞等人的态度归为"言理"，把奕䜣等人的主张归为"言势"。

所谓的"理"是指"夷夏之辨""纲常之理"，是"立国之根基"，因此，言理者坚持维护华夏正统，力主攘夷，时刻准备对外开战以雪丧权辱国之耻。对此，曾国藩是认可的，他穷其一生都在学习和实践这些"理"，尽管他以君子之道对待外国人，但并不代表由"纲常之理"发展起来的"华夷之辨"观念被他完全摒弃，甚至这仍然是他价值观中重要的东西，尤其是当他感受到天主教"欺师灭祖"般的冲击。他赞言理者为"忠谋"，不过，他也有不赞成言理者的地方，批评他们没有做到知己知彼，无法统筹全局，常以虚名贻误大局。

所谓的"势"，即为时局形势，是指中外政治、经济、军事等方面的状况或者情势。奕䜣等人无疑是审时度势的，他们认识到中外差距，力保和局，保证国家安全。对此，曾国藩是赞同的，但是他也批评这些人没有兼顾民生疾苦和民心向背，抛弃了"立国之根基"的"理"。

由此来看，把曾国藩简单归为"言理"或"言势"都有不妥，他对双方都有赞同和否定之处。不过纵观他的所言所行，善于审时度势的曾国藩是偏"言势"的。他对大清国的"势"做过大致分析。

首先，作为一个常年在一线作战的统帅，曾国藩对中外军事实力的差距认识很深刻。他知道"西洋各国，穷年累月，讲求战事"，既有坚船利炮，又有训练有素的海军，还积累了丰富的实战经验。相比之下，大清国沿海各口防务全不讲求,既无舰船,也没雄兵。尽管制造局新造轮船,但是江苏、福建两省加起来可用的轮船不过四五艘,完全没有外海作战能力,"捕海盗则有余,以御外侮则不足"[177]。不仅如此,大清国的陆军也难以抽调,绿营军队早就颓废不堪,湘军大部分也已裁撤,只有淮军勉强一战,却忙于平定各处的民乱。

其次,西洋各国虽各怀鬼胎,但是在针对中国上却狼狈一气,只要边衅一开,各国合纵,势必兵连祸结,"今年幸胜,明年彼必复来;一处能防,各口势难兼顾"。以当时中国国力断不能维持一场以一敌多的长久战争。

再者,曾国藩从中外和平的贸易关系中看到巨大经济利益,比如海关收入,一旦开战,此项财源立断。[178]

因此,迫于当下形势,曾国藩在对外交涉的实践中发展出了自己独特的外交思想和手段。

首先是和平外交。曾国藩提出,"低首下心曲全邻好者,盖以大局安危所系"。在与外交涉中,坚持以和为前提,尽量避免战事,尤其反对衅由我开。

其次是"诚信外交"。这个前提是曾国藩已经不把外国人当作蛮夷犬马来对待了。

诚信外交的第一个表现是以诚待人。曾国藩明确提出用"君子之道"待外人,他说:"夷务本难措置,然根本不外孔子忠、信、笃、敬四字。笃者,厚也。敬者,慎也。信,只不说假话耳,然却极难。吾辈当从此一字下手,今日说定之话,明日勿因小利害而变。"[179]"忠信笃敬"四字中尤其强调"信",即讲诚信,不说假话,说定之事务须办到,老老实实与外国人平情说理,他认为这样虽不能占到便宜,也或不至于太过吃亏。

诚信外交的第二个表现是遵守条约。曾国藩强调说,"事端纷纷,总以坚守条约,不失信于外人为是。只可力求自强,不可轻易动气。若无自强之实,而徒有争气之言,非徒无益,而又害之"[180]。

综上来看,曾国藩更偏重"势",他在外交实践上是属于与奕䜣等人类似的"言势者"。但是对于"理",曾国藩也有认可和维护之处。曾国藩讲究"理势并审",既要"言势",还得"言理"。因此,在某种程度上来说,他的对外态度是矛盾的。

他便在这种矛盾的对外思想下处理天津教案,因此他的内心也产生了强烈的矛盾和冲突,即他所谓的"内疚神明,外惭清议"[181]。

11　办案思路

同治九年(1870年)六月初十,天津城外。

在离城五里的教军场,三口通商大臣崇厚早就命人搭好凉棚,摆上茶案,煮好鲜水,恭候曾国藩的到来。经过多日准备,曾国藩六月初六从保定起行,不急不缓走了五天,终于到达了天津。曾国藩与崇厚见礼叙话,喝了几杯茶水,暂歇片刻以消暑。

天津教案案发不久,曾国藩就曾和崇厚通信,商讨对策。三口通商大臣是总理衙门的下辖机构,崇厚是恭亲王奕䜣极力推举的洋务人才,他从第二次鸦片战争以来就处理涉外事宜,积累了不少经验,属于"言势"派,也算是奕䜣的亲信。曾国藩知道自己来津办案,不得不依靠崇厚,他在给崇厚的信中就明言:

> 国藩于中外交涉事件素未谙究,一切仍请阁下筹夺。惟祸则同当,谤则同分,不敢有所诿耳。[182]

曾国藩休息差不多后,便和崇厚一起乘轿入城。城中的绅民百姓早就在街上等候,夹道欢迎。

天津士绅百姓早听说总督曾国藩要来津主持事务,十分期待和兴奋。他们还记得当年曾国藩征讨太平军的那道檄文。太平天国信奉"拜上帝教",其实就是天主教和基督教在中国的一个变种,曾国藩咸丰四年(1854年)正月出兵的时候写下了《讨粤匪檄》,当时曾国藩痛斥天主教,以扶持名教为己任。津民百姓认为,如今曾公来到天津,也自然会为自己做主，痛斥天主教。因此，他们对曾国藩的期望很高，甚至有人当场拦轿递送状书，曾国藩记叙道，"百姓拦舆递禀数百余人"[183]。真是民意高涨，有人痛斥天主教徒的恶行，有人赞扬绅民的爱国热情，有人建言献策如何与洋人开战……总之他们要求曾国藩为民做主，对洋人采取强硬态度。

与之相对，洋人的态度也很强硬。英法等国公使不断给曾国藩施压，要求他迅速查案，惩治凶手，给予说法，甚至搬出海军军舰相威胁。而当时在华的外侨商人等态度更加强硬，他们在各大报纸上叫嚣着要对清政府进行报复，甚至有报刊登出极端言论，"将所有中国官吏一律斩首，推翻清政府，乃至将全国置于外国保护之下"[184]。

看到双方态度，难怪曾国藩在第二天给儿子的家书中说：

> 天津士民与洋人两不相下，其势汹汹。……办理全无头绪。[185]

曾国藩并不是毫无头绪，他来天津之前就已经有了办案的大致思路，只不过他的思路可能会让天津的绅民们失望了。

作为一个偏"言势者"，曾国藩对目前的"势"有清晰认识，认为此时开战对中国只有害而无利。

清朝刚结束与太平军和捻军的战争，元气大伤，亟须恢复。自攻陷金陵后，湘军大批裁撤，仅仅留下左宗棠的楚军和刘松山的老湘军，而这两支力量早就被派往西北镇压回民的起义，刘松山又在年初刚被起义军击毙。还有一股军队是李鸿章的淮军，原奉旨去贵州镇压西南的少数民族起义，后来因西北局势紧张，又改调西北，现在已经到达了潼关。无论楚军还是淮军，都是远水无法救近火。

就近能够征调到天津进行防御的，只有驻扎在山东的刘铭传部和曾国藩自己在保定新练的两千人，但是用这些少量部队抵抗船坚炮利的七国列强，无异于以卵击石。以现有的兵力和财力，"能防御一口，未必能遍防各口；能保全一年，未必能力持多年；能抵敌一国，未必能应付各国"。因此，绝对不能因天津民心一时高涨，就要轻于一战。

也有人主张以夷制夷，利用西方各国的矛盾巧施连横合纵之术，比如联合英俄来制服法国。曾国藩对国际形势的认识和分析还是很透彻的，尽管英国、法国互有猜忌和矛盾，但是在对待中国的问题上，他们狼狈为奸，互为帮凶。例如，英国公使威妥玛就经常给法国公使罗淑亚出主意，甚至英国比法国对大清朝还狠毒，联合英国无异于引狼入室。曾国藩说，"英人助法，俄人助布（指普鲁士），其于中国则又彼此勾结，狼狈相依"[186]，"虽亦各有仇怨，而其待中国，则仍并心以谋我"[187]。所以，以夷制夷的方法行不通，而且中国一定不能激各国之众怒。

因此，避免战争、力保和局是曾国藩处理教案的基本原则，用他奏折中的一句话概括就是，"立意不欲与之开衅，准情酌理持平结案"[188]。

这一句话也透露了曾国藩办案的基本策略，即"准情酌理"。所谓的"准情"，是指"以诚待人"与外国人展开外交谈判，所谓的"酌理"，是指以对外条约和大清律为办事依据。这也是曾国藩一贯提倡的"诚信外交"的反映。

不过，该如何保和局呢？双方都气势汹汹，两不相下。

一方是天津民众，民心高涨，就像一头发怒的公牛，口鼻喷着怒气，一只蹄子不断在地上刨，扬起滚滚烟尘，随时准备把洋人驱赶出境；另一方是洋人，怒气万丈，就像一只从欧洲飞来的恶龙，正在天津海外盘旋，张牙舞爪，随时要口喷烈火，将天津化为焦土。曾国藩就像一个裁判，手拿着两根拴捆着两只猛兽的细绳，动作稍有不慎，就可能引起两只猛兽的撕咬，酿成巨祸。一边是民族大义，一边是国家利益。曾国藩以老病之躯，孱弱之力，该如何牵制住两只猛兽呢？民族大义和国家利益该如何调和呢？

曾国藩苦思几日后，觉得不能从民族大义和国家利益入手，如果从大方向上与双方理论调解，无异于火上浇油，他无论如何也拉不住两头力大无比的野兽。既然自己是来办案的，那就干脆从案件出发，先行调查审理，看看案件背后的真相是什么，找到是非曲直。这样就把两头猛兽的关注点拉回案件本身，先压压双方的火气。

教案的起因，是天津士民怀疑教堂有挖眼剖心并指使人贩迷拐人口的行径。那么查出教堂是否真有此事，也就能判断出天津百姓群情激愤而闹出教案是否合理。

目前天津府县已经捉拿到人贩武兰珍，他也曾供出自己受教堂王三指使。那么王三是否真是教堂中的人，他是否真有指使武兰珍，这将是证据链条中的关键两环。

如果真能找到证据证明教堂确有迷拐人口、挖眼剖心之事，那么外国人就理屈，这样就有了谈判的空间；如果找不到证据，那么谣传终究是谣传，天津士民"为首滋事者尤须严查究惩"，"至传教习教之人伤毙若干，中国外国之人无故被害者若干，皆须切实查明，严拿凶手以惩煽乱之徒，弹压士民以慰各国之意"。[189]

但是，曾国藩这个"裁判"并没有完全做到持"平"办案，虽然他在情感上偏向津民，但是在实际操作中却稍偏向了外国人。这是曾国藩"力保和局"的需要。他事先明确提出"即使曲在洋人而公牍亦须浑含出之"，因为毕竟死伤多名外国人，必须照顾他们的情绪，才能为日后争取和局留有余地。[190]

12　查案辩诬

曾国藩抵达天津后立即展开了对案件的重新审理。他亲自调查、审问疑犯，逐步细致研究教民是否参与迷拐人口；接着，他把从仁慈堂查出的一百五十多人逐一问讯录供，让他们辩明与教会的关系和在教堂内的日常生活。同时，曾国藩也不断接见外国使臣和天津士绅民众，从多方面了解教案全过程和细节。

"挖眼剖心"之说，极易被证为谣言。

一无证物，教堂之中完全没有找到任何疑似心、肝、脾、胃、眼等人体器官的物品。曾国藩遍问天津百姓，无论是谁也拿不出确凿证据。

二无证人，曾国藩逐一讯问仁慈堂中的一百五十多人，他们都称入教已久，不是拐卖而来，也没有被摘取过器官。因此，曾国藩断言"此次详查挖眼剖心一条竟无确据，外间纷纷言有眼盈坛亦无其事"[191]。

然而，对于教堂是否涉及"迷拐人口"一事的查证比较复杂。曾国藩发现证据链上的关键两环——"武兰珍是否果为王三所使，王三是否果为教堂所养"——始终难以确认。

之前，人贩武兰珍供认用的迷药是教堂王三所给，当时府道县三级官员押着武兰珍前往教堂指认，民意汹汹，最终酿成教案。案发当天，王三也被逮捕。在曾国藩尚未到达天津时，天津官府便对王三进行了严格审讯。经过几轮严刑拷打之后，王三提供了重要供词：迷药是教堂谢福音神父所授。

这样一来证据链条似乎形成闭环，可以证明教堂参与迷拐。

但是案件仍然迷雾重重，王三的供词并不十分可靠。曾国藩很担心，首先，他认为王三所供仅一面之词，所指的谢福音在教案中身亡，死无对证。其次，他担心王三是屈打成招，而且在二十三日案发之后，就算供状真实，洋人也未必肯认。因此，曾国藩认为"到津以后能否彻底查清，殊无把握"。[192]

曾国藩亲自审讯王三等人，他发现王三身上有棒伤、踢伤，看来官府用刑无疑。等曾国藩审问王三时，倒出现了蹊跷之处。王三一会儿承认是谢福音给的迷药，一会儿又否认，时而认供，时又翻供。这又让曾国藩犯难，虽然王三认了有迷药，但"旋供旋翻"，供状到底有几分可信之处，难以把握。这样的结果也很难让外国人认可。当时的外国人确实不太认可清朝的司法办案程序，美国领事曾评论说："我不怀疑，在中国曾从许多不幸的穷人中逼出了当时流行的迷信所要求的、归罪于洋人的招供。这其中也不一定都存在着蓄意害人的情况。当使用刑讯乃习以为常时，人们便会要求使用它，并拒不相信不受刑讯折磨时所做的供词。另一方面，被怀疑的人预期刑讯难熬，便急急忙忙地供认民众舆论所宣称他犯有的那些罪过。"[193]

看来只通过王三这一条线，是很难把迷拐人口同教堂联系起来的。

恰好当时还有一件教民安三迷拐人口的案件。安三倒是对自己迷拐人口之事供认不讳，他确实是被教堂洗礼的教民。然而，这并不能作为教堂主使出拐的证据，因为安三没有供出迷药为教堂神父所给，有可能是安三自己的行为。不过，安三一案倒可以作为"奸民入教、借为护符"的证据。[194]

这样一来案件的调查陷入了僵局，曾国藩尚没有找到直接且确凿的证据来证明迷拐人口是受教会指使或者与教会有直接关系，但是不排除教会中吸纳了人贩拐匪入教，他们成为教民后，继续拐卖人口。其中到底真相如何，曾国藩需要时间慢慢调查。

但是，局势的发展并没有给曾国藩充足的时间。

第一是外国人步步紧逼，不断催促清政府迅速给予交代。第二是崇厚的催促，当时曾国藩称"崇帅事事图悦洋酋之意以顾和局"[195]，虽然曾国藩有时不同意崇厚的看法，但在他的裹挟和催促下，曾国藩也不得不加快进度，做出一些有利于外国人的工作。第三则是曾国藩的健康问题，他仍然有目蒙、眩晕、呕吐等病症，难以全身心投入办案。据曾国藩给朋友的书信中称，在他犯病期间，崇厚迫于外国人的压力把王三、安三等人释放。曾国藩便没有继续在这条线上深究。

而且，从达成的目的来看，目前的查案成果基本能够满足要求，既能达成自己所提的"立意不欲与之开衅，准情酌理持平结案"的目标，又能满足英国公使威妥玛提出的破除谣言、以正视听的要求。于是曾国藩着手撰写《查明天津教案大概情形折》，他要为民间流传的不利于洋人的谣言进行辩诬，请朝廷明发谕旨破除谣言。他认为这样可以"雪洋人之冤""平各国之气""解士民之惑""释外省之疑"，是"釜底抽薪之计"。[196]

然而，还没有等曾国藩撰写好奏稿，交涉主角法国终于提出要求，这让曾国藩着实头疼。

13　法国的要求

同治九年（1870年）六月二十一日，天津。

这一天曾国藩小睡多次，因为他目蒙头晕，稍一用眼用心就感觉全身乏力，精神颓废，只能靠着日间小睡调解体力。曾国藩万没想到，六十岁的身体竟然如此疲劳不堪。入夜后，他本打算核批稿件，看了两份后，就感觉眼前模模糊糊。他使劲揉了两下左眼，但又立刻后悔，可别把仅剩下的左眼再揉搓瞎了。他赶紧闭上眼睛，左手轻轻盖在左眼皮上，既不敢揉，又不敢撤去，他想如果用手温化那团模糊就好了。捂了一会儿，他打算不再看书，干脆倒在床上小睡。迷迷糊糊睡到了二更天，突然又被手下叫醒，称崇厚大人来访。曾国藩心下一惊，不知发生了什么事情。

崇厚见面就说，法国人那边有了动作，恐怕要大兴波澜，可能会提过分要求。曾国藩奇怪，他前天刚见了法国公使罗淑亚，当时对方的语气尚属平和，怎么突然态度大变？他们到底想要什么呢？

曾国藩干脆把幕僚都叫醒，一起商讨抵御之法，谈到凌晨一点多结束。散会后，曾国藩焦虑得难以入眠。[197]

法国到底要提出什么过分要求呢？他们认为天津教案是有预谋的，而背后主使者就是地方政府。他们也搜集了不少证据来支持观点：

第一个证据是天津府道县各级在教案爆发前发布的告示。这些告示非但没有消除谣言、安定民心，反而极具煽动性，激化了民众与教会的矛盾。

第二个证据是天津民众送给知府张光藻的万民伞和匾额。这说明知府顺应了百姓反洋教的要求，没有积极制止反而鼓励了民众的过激行为。

第三个证据是教案中闹事严重的水火会等民间组织的头领都在衙门中登记。这说明这些团体是由政府间接控制，而他们发动教案也是政府间接组织的。

第四个证据是官员陈国瑞及其士兵在案发时放下吊桥，协助民众过河拆毁仁慈堂，且其士兵参与暴乱。这说明政府官员直接参与教案。

第五个证据是闹事民众对大量政府官员的赞颂。这说明他们受到了政府的支持或者庇护。

第六个证据是案发两周后，清政府居然没有逮捕和惩罚任何闹事者和杀人犯。[198]

总的来说，外国人认为案发前天津地方政府对民众进行了煽动和不良引导，拒不履行保护外国人安全的义务；案发中，不少与官府有关的人员甚至官吏参与到暴动中；而案发后，官府又不积极查案，放任凶手歹徒。

根据他们搜集的信息，法国人还原了一个不太一样的案发过程：天津民众受谣言所惑，群情激愤，天津府县等官员非但没有及时引导，反而利用民意掀起反洋反教的行动。五月二十三日天津官员带着拐犯前往教堂指认对证，问讯搜查无果后，官员本应将真相公布，平息民愤，结果他们却放任民众聚众闹事而不管，最终发展成暴动。期间，法国领事丰大业与官府交涉，当他看到有外国人被打死时，放枪自卫，但不幸的是他和其他外国人当场身亡。[199]

与清政府强调是由丰大业乱放枪导致暴动不同，法国人认为丰大业在放枪之前暴动已经展开，并且已经有外国人被打死。他们不认为丰大业是引起暴动的导火索，坚持称是天津府县在背后指使和策动。

因此，法国公使罗淑亚向曾国藩发出照会，明确提出：

> 天津二十三日之事，虽系愚顽凶暴，实由府、县帮同……地方官凶恶之大，实出意外，非令该府、县抵命，不足以昭公允，本大臣实不能心服。[200]

不仅如此，他还要求将陈国瑞正法抵命。同时，法国公使还以兵力相威胁，称法国海军不日将到天津保护侨民，如果到时候天津知府、知县和提督陈国瑞还没有被正法抵命，那么由法国海军司令"便宜行事"[201]。

曾国藩为此十分头疼，让官员抵命已经超出了他的底线。

曾国藩来到天津后确实也对官员进行了处理。发生如此重大的民众暴动，天津知府、知县确实有处理不当之处，曾国藩称他们"事前既疏于防范，事后又不能迅速获犯"[202]，而且他们审讯拐匪时也有操之过急之处。因此他来到天津后就将知府张光藻和知县刘杰撤任。总体来讲，曾国藩对两位官员的印象颇为不错，认为他们并无大过，更不能主使暴动。因此，他对两名官员一直是从轻处理。

法国人要求将二人抵命，曾国藩无法接受，但他一时又不知道如何回复罗淑亚。

崇厚给曾国藩出了一个主意,取个中间办法,将天津知府、知县革职,交刑部议罪。刑部毕竟是自己人,定罪的轻重可以自己做主,肯定不会定为死罪,而且这样还可以给外国人一个交代,稍平其气。

曾国藩一想,也没有其他办法,而且当初来天津办案的时候自己给崇厚写信说"有祸同当,有谤同分",意思是什么事都和崇厚商量着来,办法一起想,责任一起担。既然崇厚极力建议如此,自己也没有其他办法,于是曾国藩就和崇厚联名写折,奏请将张光藻和刘杰二人"即行革职","交刑部治罪"。

14　上折

六月二十三日,曾国藩连上两道奏折,针对英法的要求交出了两份答卷。

第一封奏折是《查明天津教案大概情形折》,这是对自己查案情况的汇报。全折有很大篇幅是在为外国人辩解,力辩传言指控外国教堂"挖眼剖心"和"迷拐人口"的两项罪状。

> 至挖眼剖心则全系谣传,毫无实据……此次详查挖眼剖心一条竟无确据,外间纷纷言有眼盈坛亦无其事。[203]

对于挖眼剖心之说,曾国藩开门见山,断言全系谣言,找不到任何确凿证据。接着,他从道德情理上为洋人辩解,连野蛮人都不会做的杀孩坏尸、割取器官的事情,英法等著名大邦怎么会做呢?然后,他又引前朝典故,称天主教在康熙年间就已盛行,如果不是劝人为善而是戕害民生,那么圣祖仁皇帝如何能允许呢?最后,曾国藩情理上为洋人鸣不平,天主教花费大量资金,创立仁慈堂,本意是收养孤儿穷民,从事慈善活动,结果没有得到仁慈之名,反而受尽诽谤,因此洋人才会愤愤不平。

对于迷拐人口一节,曾国藩没有能够完全挖掘出真相,排除教民迷拐的嫌疑，因此含糊用词，仅称"亦无教堂主使之确据"。

那么问题来了，既然天主教如此清白，谣言是从何而来的呢？难道是空穴来风吗？曾国藩也在奏折中做了分析，他提出教会的一些处事方法让天津百姓产生了具体疑惑，他们积疑生愤，导致流言四起，酿成剧变。

曾国藩总结了"五疑"。

第一，外国教堂一天到晚，一年到头，总是大门紧闭，高墙四起，给人的感觉很是神秘。教堂有地窖，又从外地招工修建。本地人只知堂里有地窖，却不知道地窖的用途，他们发挥了丰富的想象力，认为教堂地道深邃，专用幽闭幼孩。

第二，中国人去仁慈堂治病，一般都让住院，比如江西一前任知县的女儿带着她的女儿去教堂治病，住院好几天都不回家，知县过来喊女儿回家，结果他女儿坚决不回去。这一下传言开来，说教堂施药致人迷丧本心、蒙蔽理智。

第三，教堂医院、仁慈堂、育婴堂等收留孤儿病人，几乎不加挑剔，无论是乞丐、穷人，还是病入膏肓者，均来者不拒。临死前，神父会用圣水浇洗死者额头，然后给他合眼闭目。这是天主教葬礼前的一个仪式，用来洗涤一生罪孽，升入天堂。在津民看来，这样的仪式当然异常诡异，他们以为是在杀人取眼。而且，最近直隶北部瘟疫暴发，教会从外地用车船运来不少人，民众但见其入而不见其出，十分不解。

第四，教堂中院落很多，有念经的，有教学的，有看病的，有做工的，同一家人在教堂分居各处，往往经年不见一面，这也是一个造成疑惑的点。

第五，时机的巧合。今年四五月间发生了人贩子用迷药拐卖人口的事，正巧这个时候闹瘟疫，教堂里收的病人死亡率比较高，人死之后，教堂的人就在夜里掩埋尸体，由于棺材少，有时候两三具尸体共用一副棺材，由于掩埋得匆忙，棺材入土埋得又浅，野狗找食物的时候就会把尸体刨挖出来。五月初六那天，就发现了野狗刨出的两具尸体，胸腹皆烂，肠肚外露，谣言就此传开了。再结合平时的揭帖内容，民众就信以为真。再加上人贩子说自己和教堂有关系，民众自然怒不可止。

曾国藩称这"五疑"加深了双方的误解，加重了矛盾。他认为谣言积疑非一朝一夕之故，现在已经查明根源，希望朝廷明降谕旨，布告天下，咸使闻知，一以雪洋人之冤，一以解士民之惑。

尽管曾国藩用五疑为天津百姓进行了辩解，但是总揽全折，他的逻辑是天津民众听信谣言，积疑生愤而发起暴动，酿成巨案。

第二封奏折是《天津知府张光藻知县刘杰革职请旨交刑部议罪片》。这是在回应法国公使提出让天津府县抵命的要求。

> ……臣与崇厚妥筹熟商，该府县等实不应获此重咎，惟该使要求之意甚坚，若无以慰服其心，恐致大局决裂，且地方官事前既疏于防范，事后又不能迅速获犯，其讯办拐匪亦有操之过蹙之处，相应奏明将天津府知府张光藻、天津县知县刘杰二员即行革职，请旨饬交刑部治罪，以示惩儆而维大局。其陈国瑞一员不知法国有何证据，闻该员现在京城，因照复该使将陈国瑞交总理衙门就近查办……[204]

曾国藩在奏折中表述得十分坦白，他认为天津府县二员不应重罚，但是由于法国人强烈要求府县抵命，因此将二人革职交部治罪；而对于陈国瑞，曾国藩认为法国人提供的证据不足且他不属于自己的属官，因此交予总理衙门就近查办。

两封奏折，一封为外国人辩诬，而另一封则奏请革职得力的地方官。在当时很多中国人尤其是主战派看来，曾国藩的做法实在太屈辱。

两折一出，舆论哗然。

15　外惭清议，内疚神明

同治九年（1870年）六月二十五日，北京紫禁城乾清宫西暖阁，午初二刻。

慈安、慈禧两宫太后在后，同治皇帝在前，之间没有垂帘，三人南面而坐。下面跪着两拨大臣，恭亲王奕䜣、宝鋆、沈桂芬、李鸿藻军机大臣和董恂、毛昶熙总理大臣，面向西而跪；醇郡王、惇亲王以及官文、倭仁、徐桐等人，面东向跪。

上面坐着两宫太后和皇帝，下面跪着诸王、军机大臣、御前大臣、总理大臣、弘德殿诸臣等共十九人。掌管或影响朝廷大权的人都聚集在这间小屋内。

六月盛暑的中午，艳阳高悬，这么多人挤在一间小屋子里，闷热异常，每个人都汗透衣背。他们收到曾国藩的两封奏折和法国人的照会，正在讨论接下来如何处理天津教案。

两宫太后面色焦急，慈禧问："此事如何措置，我等不得主意。"

惇亲王奕誴首先答道："曾国藩上此二折，将天津府县革职，亦不得已。惟民为邦本，民心失则天下解体！"

醇郡王奕譞接过话，大声说："民心宜顺！天津府县并无大罪，不可革职。火器营陈国瑞忠勇可用！总理衙门做事太过憋屈，事事图悦洋人！照会内竟然有'天津举事者'和'大清仇人'的字样，如此措辞，有失国体！"

奕譞是强硬的主战派，矛头直指总理衙门大臣等主和派的官员。宝鋆、董恂等主和派进行辩解，竟然和奕譞一言一语地在御前争吵了起来。

慈禧太后为缓解双方，说道："夷人是我世仇，尔等若能出一策灭夷，我二人虽死甘心。皇帝幼冲，诸事当从长计较。"

慈安太后在奏对中多不发言，由慈禧代答，而慈禧这句话把两方都照顾到了，以"世仇""虽死甘心"肯定了奕譞等主战派，又以"皇帝幼冲""从长计较"安抚了主和派。

接着，倭仁说："天津知府张光藻、知县刘杰都是好官，不宜加罪。"官文、徐桐等大臣随声应和。

翁同龢说："曾国藩所奏两事皆天下人心所系，国法是非所系。望再申问曾国藩，此后如果夷人无要求，可以曲从；如果还没有把握，那么当从缓办事。"

虽然此间恭亲王奕䜣所说不多，但是他的态度很明确，赞成曾国藩的奏请。奕譞是主战派，认为此时可用民心与外国一战，慈禧也表示愿意拼命，但是奕譞毕竟不主办外交事务，也拿不出抵御外国人的办法。最终还得靠奕䜣等人拿主意。[205]

从这次御前奏对可以看出，朝廷内部的"言理"主战派和"言势"主和派明确地凸显出来。朝廷中央的主战派以奕譞、奕谅为首，高喊"民心不可失"且"民心可用"，不惜与外国人一战。不少地方官员也坚持主战，如山东巡抚丁宝桢称"如不讲理，只得开仗"。

支持曾国藩力保和局的人也不少，朝堂上便有奕䜣等人，地方上有李鸿章、丁日昌等人。李鸿章断言不可用兵，一味软磨为主，丁日昌说曾国藩老谋深识，必当如此办理。

当政治派别出现时，政治斗争也就随之而来。有学者认为，慈禧太后看到了反对奕䜣和曾国藩等人的声浪逐渐变大，她不失时机地加以利用，企图在中央打击奕䜣的势头，而在地方打击曾国藩的势头。

朝廷同意了曾国藩的奏请，将他的奏折内容明谕发了出去，但是却删掉了奏折后半段的五疑，只留下了他为洋人辩诬的部分，给人的感觉是曾国藩为洋人说尽好话。

京师和通都大邑一片哗然。很多官员看到曾国藩的奏折后都不认可。这些官员大多保守，深信谣传，而曾国藩处处为洋人辩解，竟然还称英法等国为"著名大邦"，称天主教"劝人为善"，在他们眼中，这种处理方式无异于"软弱惧外"。不少御史言官纷纷上疏弹劾曾国藩，形成了蔚为大观的抨击曾国藩的清流，就连好友至交也写信批评他。比如，他的门生王闿运就来信直言不讳地说，这种做法是"欲谢夷人而去良吏"，会"上损国体，下失民心"[206]。《年谱》也记载，当时"责问之书日数至，公惟自引咎"[207]。

更甚者，有些地方发生极端行为。据说在北京的湖南监生们把曾国藩在湖南会馆里题的匾额烧毁，还作联语讽刺："杀贼功高，百战余生真福将；和戎罪大，三年早死是完人。"

曾国藩感到了巨大的压力，原本焦灼不堪的心情更加凌乱。其实在上疏之前，他就预料到了后果。他先前在日记中写道："力辨外国无挖眼、剖心等事。语太偏徇，同人多不谓然，将来必为清议所讥。"[208] 看来，被清议所讥早在他的意料之中。上折后他立即给儿子写信，说出了自己的不安，除了清议的非难之外，他还提到了在天津所办之事让自己内疚神明："吾此举内负疚于神明，外得罪于清议，远近皆将唾骂。"[209]

到底是哪些处理让他内疚呢？

首先，曾国藩自己说得很明确，是将天津府县官员奏参革职，交部议罪。知府张光藻和知县刘杰都曾是曾国藩看好的官员，尤其是张光藻深得民望，二人都无大过。而自己却图悦洋人，将二人革职交部治罪，对此他十分内疚。曾国藩在给奕䜣的信中称："该府县本无大过，张守官声尤好，因欲曲全大局，忍心交部治罪，鄙人负疚极深。"[210]

其次，应该是曾国藩并没有完全彻查清楚教堂是否真有迷拐人口之事，这是曾国藩没有明确说出的。虽然没有直接证据显示迷拐与教堂有关，但是曾国藩结案却有些仓促。他为教堂释疑的理由虽然成立，但不那么充分。既然武兰珍和王三说了自己和教堂有些关系，不管之前是否屈打成招，曾国藩都应该花更多的时间，审问更多的人来查出二人拐卖人口到底是个人行为，还是和教堂有关。但是，曾国藩似乎有意不去穷究，十三天之后就上书说武兰珍和王三的供词前后矛盾，不足信。这样的结果更有利于曾国藩保住和局。

放在今天来看，崇尚西医的教会肯定不会剖心挖眼，用人体器官来做药引子，也不会来炼铅制银，这是基本常识。但是教堂有没有拐卖人口呢？这一点却由于曾国藩没有深究而终成了一个谜团。当时教堂应该不会直接拐卖人口，但是他们却鼓励民众往教堂送孤儿幼孩，甚至会用金钱刺激。这就会促使一些不法之徒迷拐幼童，送至教堂换钱。教堂虽然本意没有拐卖，但是它的措施却鼓励了人贩子拐卖人口。教堂可能并不知情，也可能迫于受洗人数要求的压力而知情不报。当然这只是后来史学家的一种猜测。

"外惭清议，内疚神明"，此时曾国藩内心受尽熬煎，痛苦难言，而当看到朝廷给他下发的谕旨后，心中更凉一截。

第五章　临淮遇险与天津名裂　　387

16　以和结局

尽管二十五日那天的奏对最终决定以确保和局为原则，朝廷也基本同意曾国藩的奏请，但是颁布上谕的措辞有了微妙的变化，即由先前力保和局变得态度稍有强硬：

> 曾国藩等此次陈奏各节，固为消弭衅端委曲求全起见，惟洋人诡谲性成，得步进步，若事事遂其所求，何所底止？是欲弭衅而仍不免起衅也。……此后如洋人仍有要挟恫吓之语，曾国藩务当力持正论，据理驳斥，庶可以折敌焰而张国维。至备预不虞，尤为目前至急之务。[211]

朝廷要求曾国藩在消弭衅端的同时，也在声明不能事事满足外国人的要求，以免他们得寸进尺，尤其面对外国人的恫吓时，一定要力持正论，据理驳斥，做到"折敌焰而张国维"。另外，朝廷也要求曾国藩针对外国的军事威胁，提前调兵遣将，早做布置。

有学者认为，这有可能是慈禧太后在利用两派的分歧，耍弄政治手腕。[212]

曾国藩看到这封谕旨，感到更加为难。论"理"，朝廷态度的微变可以理解；但是论"势"，这种变化很危险，容易刺激洋人采取非常行动，引发战争，无论是考虑兵力、海防，还是饷银和镇压国内起义，大清国都没有把握打赢一场对外战争，而目前朝廷居然还处在战与和的摇摆之间。[213] 想到这里，他感觉腹内一阵翻江倒海，勉强吃下去的汤饭又全都被呕了出来。

两日后，他不顾清议，再次上奏朝廷，强调力保和局、委曲求全的主张。

在这封奏折中，曾国藩全面阐释了和局的重要性：

> 中国目前之力，断难遽启兵端，**惟有委曲求全之一法**……时事虽极艰难，**谋画必须断决**。
>
> 伏见道光庚子以后办理夷务，失在朝和夕战，无一定之至计，遂

至外患渐深，不可收拾。皇上登极以来，外国盛强如故，**惟赖守定和议，绝无改更**。用能中外相安，十年无事，此已事之成效。

津郡此案因愚民一旦愤激，致成大变，初非臣僚有意挑衅。倘即从此动兵，则今年即能幸胜，明年彼必复来，天津即可支持，沿海势难尽备。朝廷昭示大信，不开兵端，此实天下生民之福。

虽李鸿章兵力稍强，然以外国之穷年累世专讲战事者尚属不逮，以后仍当坚持一心曲全邻好。惟万不得已而设备，乃取以善全和局。**兵端决不可自我而开，以为保民之道；时时设备，以为立国之本。二者不可偏废**。

臣此次以无备之故，办理过柔，寸心抱疚而区区愚虑不敢不略陈所见，伏乞皇太后、皇上圣鉴训示。谨奏。[214]

奏折的撰写颇费了一番心思，曾国藩委婉曲折地将"不开兵端"和"时时设备"两层意思说得十分明白。他还是要力保和局，因为他知道若论"势"，大清国此时无论如何都打不过外国的坚船利炮，必须委曲求全，争取和平时间，讲求自强。曾国藩也做到了"时时设备"，他调集驻守于张秋的军队于天津附近要隘驻扎，命淮军将领刘铭传迅速赶赴直隶统带铭军布防，同时曾国藩也奏请命在陕西的李鸿章带军前来。

当然，曾国藩保全和局也并不是毫无底线地答应外国人的一切要求。法国公使要求天津知府、知县抵罪，便是触犯了他的底线，曾国藩坚决不同意，并且与法国公使力争。双方针对此问题一度剑拔弩张，法国公使一再抬出法国海军相威胁，甚至他还离开天津前往北京，想绕过曾国藩直接与总理衙门对话。

不过幸运的是，法国公使的强硬多是虚张声势，他内心也并不想开战。因为此时在欧洲，法国与普鲁士开启了普法战争，但在战场上很不顺利，自然没有精力同时在东方发动对大清国的战争。

七月中旬，曾国藩收到了普法战争的消息。尽管清廷一时无法判断真假，但是足见中法之间爆发战争的可能性已然不大，和局应该是能确保了。接下来，曾国藩要做的是捉拿凶犯，给外国人一个交代。

捉拿凶犯也并不简单。案发当时，上万民众聚集，到底谁是首倡之人，谁又动手打了人，谁放火烧了教堂，并不好确认。况且，天津民众同仇敌忾，相互包庇。被抓之人也不配合案情审理，动不动就说"只要杀我便能了事，将我杀了便是，何必拷供"[215]。因此，到底谁是主犯，谁是胁从，很难辨认清楚，自然不好捉拿。

曾国藩从六月查到八月，抓捕凶犯的行动缓慢进行着。后来，因曾国藩病重，朝廷派来工部尚书毛昶熙、江苏巡抚丁日昌协同他办理教案。

正巧的是，八月初二日，时任两江总督的马新贻突然遇刺而亡。两江总督之位空缺出来，朝廷一方面觉得曾国藩在天津教案中的处理颇为狼狈，另一方面又认为他熟悉两江情况，便将他调任两江总督，由李鸿章补任直隶总督，处理天津教案的收尾工作。

曾国藩在天津的工作即将结束了。

他感觉身心俱疲。病情不断加重，他在奏折里经常提到，眩晕之病又复举发，连日心气耗散，精神不能支持，眼睛也越来越看不清，和别人商谈事情的时候都忍不住昏晕呕吐。身体情况实在令人担忧。

然而比身体更难受的是心情，他一方面为自己的所作所为而内疚，另一方面也忍受着来自四面八方的非议。他多年积攒下来的清誉在这一场天津教案中被损耗殆尽。

曾国藩本想辞官归隐，无奈朝廷没有同意。他不得不拖着疲病之躯再次履任两江总督。

天津教案对曾国藩的打击很大，他对自己办案的表现和结果都很不满意。虽然保住了和局，但是他总觉得自己对外态度过柔，导致清流物议不断，自己也内心愧疚。他一直念叨此事，事后一年多在给好友刘蓉的信中还称："鄙人为言势者所惑，以致办理过柔。谤议丛积，神明内疚，至今耿耿。"[216]

曾国藩在内疚的同时也为自己找了借口，称自己是被"言势者"迷惑，以至于办理过柔。"言势者"应该是指崇厚。办案时，曾国藩就抱怨崇厚"事事图悦洋酋之意以顾和局"。

不过，这个责任曾国藩是没有办法完全推卸掉的。作为办案的主要负责人，一切决策都得经过他的同意。他对这点认识得也很清楚，当时便认为自己"才衰思枯，心力不劲，竟无善策"，虽然在很多事情上不敢苟同崇厚的建议，但他也没有什么好办法，只能"随人作计"，导致名裂身败。[217]

事后一年，曾国藩难免寻找借口，为"所犯的粗糙"而掩饰。其实，与其说当时他为言势者所惑，不如说自己被形势逼迫。在敌强我弱的中外形势下，要想保全和局，难免委曲求全。虽然他强调"理势兼顾"，但他自己何尝不是"言势者"中的一员呢？中外形势不变，他就无法兼顾理势。

曾国藩深知问题关键所在，教案过后，他不但没有对洋人仇视，反而更加倡导洋务事宜，主张培养洋务人才，学习西方的技艺。他南下复任两江总督，利用上海等地的区位优势，加大办工厂、造轮船的力度，甚至他还破天荒地提出派遣青年才俊到西方各国留学深造，实施了"留美幼童"计划。

同治十年（1871年）十月，曾国藩趁着巡阅江苏各处的军营队伍，再一次来到上海，视察工厂，检阅轮船，以显示对洋务的重视。

三年前，曾国藩曾经来到江南制造总局，那时厂里正在建造第一艘轮船。曾国藩定名为"恬吉"号，取自"四海波恬、厂务安吉"，意思希望中国四海安定，国家太平。"恬吉"号下水时，曾国藩亲自乘坐试航，他在日记写下"中国初造第一号轮船，而速且稳如此，殊可喜也"[218]，并称"中国自强之道，或基于此"[219]。如今，工厂内还多了三艘轮船——"威靖"号、"操江"号和"测海"号，这都是曾国藩取的名字。现在第五艘轮船也将要制造完成。曾国藩在日记中描述第五号轮船"长二十八丈，高四丈许，伟观也"[220]。

上海一行正好赶上了曾国藩的生日。那一年曾国藩六十一岁了。

晚年长戚戚

同治十年（1871年）十月十一日，上海高昌庙江南制造总局。

这天是曾国藩六十一岁生日，僚属们本想为他大操大办，但被他拒绝了。一大早起床，曾国藩刚洗漱完，便有好友客人前来拜寿，每来一客，曾国藩都作揖还礼。后来客人越来越多，州县及武营官员也纷纷来拜，曾国藩只略一请安,不再行礼。他留下众人吃面,内厅外屋摆下了二十席,虽花了不少银钱,但是免得扰累僚属为他操办,他心中稍安。客人们吃完饭,便皆散去。曾国藩也乘船前往吴淞口,检阅水陆军操练,十月十四日乘船返回金陵衙署。

此时曾国藩的公务并不算繁重,看似恬淡闲适,但其实他应付起来却颇为劳累。大半年来,曾国藩多病缠身,衰老之象日益显现,他隐隐预感到油灯耗尽。对于即将逝去的生命,曾国藩既坦然,又忧虑。

坦然在于他视寿命长短为天命定数,并不为自己的病情而患得患失。从他此时对待孙子的病逝,就可以看出他对死亡的态度。

同治十年初,长子曾纪泽添了一个儿子,取名同儿。曾国藩多了一个孙子,自然高兴,他更为纪泽而高兴。儿子三十三岁,望子极殷,现在如愿以偿,满门欣喜。不过,曾国藩一看孙子的八字,有些疑虑。八字中五行缺水、缺火,他怀疑小孩容易生病,不易养成。[221] 果然,大半年后,孙子发病,竟然一命呜呼,仅活了六个月零六天。

这种丧事不能不使人难过,曾国藩在给国潢、国荃两位弟弟的信中自我安慰:"此等全凭天事,非人力所能主持,只得安命静听。余老年衰惫,亦畏闻此等事,强自排解,以惜余年,两弟尽可放心。"[222]

他并没有为晚年丧孙而过度伤心,他把此事归命于天,孙子五行缺水缺火,似乎先天就注定难以长成。衰老之年的他没有更多好办法顾及孙子,只能静听天命。

历经了人世代谢,曾国藩对于生死比较坦然,何况他从咸丰三年(1853年)带兵起,就自誓以身许国,无望生还,天幸一直活到现在。不过,当曾国藩慢慢感受日益衰老的过程时,他却又十分忧虑:"余向来本多忧郁,自觉生平之事多可愧者,近因右眼失明,身体衰弱,尤念从前愆咎难再补救,此生学业毫无成就,用是愧郁交乘,有如圣人所称长戚戚者。"[223]

晚年曾国藩的心境可以用"长戚戚"一词来概括,他内心充满了焦虑和抑郁。

首先,他在为因病而来的衰老感觉到无力。

他的右眼失明已经一年多了,左眼也昏蒙日甚,和右眼全盲比起来也没有太大区别。此外，春天以来，他的脚和小腿肿胀不堪，"肥而复硬"，连袜子都穿不上。曾国藩认为这可能是春发而肝旺，再加上自己作文看书导致用心太过，有损于血，致使气不能运化，导致腿脚肿胀。

同治十年十月二十一日，就在他六十一岁生日后的十天。那天晚上，曾国藩核改完几份信稿，二更五点就睡下了。他感觉夜晚极冷，令人多准备两床衣被。睡中，曾国藩梦到自己在找厕所，几经折腾后终于找到一处茅厕，酣畅之后，他突然惊醒，原来自己居然全都尿到床上，被褥都浸湿了。曾国藩无奈叹道："甚矣，老年衰弱乃至此极！"[224] 自此以后，曾国藩的身体一日不如一日。

其次，曾国藩因病老体衰无法正常履职而感到愧疚。

由于眼疾日剧，曾国藩看文写字深以为苦，除了家信以外，他几乎无法亲笔写公文信件。精神极易疲惫，甚至在会客座谈时都会打盹睡觉；核改稿件时，也会不知不觉地瞌睡。[225] 他不断对弟弟们说自己有碍公事，感觉十分愧疚。他说："余衰颓日甚，每日常思多卧多躺，公事不能细阅，抱愧之至。"[226] "老年记性愈坏，精力益散，于文武贤否、军民利弊全无体察，在疆吏中最为懈弛，则又为之大愧。"[227]

最让曾国藩感到不安和焦虑的是，他感受着时光流逝的同时，却无法利用好仅有的时光来补救生前的遗憾。年过六十的曾国藩回思过往，最大的遗憾是"生平学术百无一成"。他本想用老年的时光发奋，补救一二，结果右眼失明，身体衰弱，略一用心便神志模糊，无法作文，无法看书。为此，他"愧郁交乘"，十分沮丧。

为了能够尽力补救年轻时的荒废，他强迫自己尽可能多地读书。他一有时间就把之前看过的书重新翻阅，读了《孟子》《史记》《资治通鉴》以及各家文集。他甚至还制订了一个读《资治通鉴》的计划，每天读一点，随笔记录其中大事，以防遗忘。[228] 他不敢不看书，因为一间断，心中便感觉不安。[229] 为此，他劝勉儿子，争取在五十岁之前把应该看的书都看完，别像自己一样到老年后悔。

同治十一年，曾国藩进入了生命的第六十二个年头。

正月十四日是道光皇帝的忌辰。曾国藩触事生情，回想起二十三年前的今日。那天，他听说咸丰帝奕詝被立为皇太子，正要去圆明园给皇太子递送如意，不料行到半路南海淀，就得到了老皇帝驾崩的消息。那时，曾国藩刚满四十岁，正在为权势奔波，积极向新帝敬献如意。如今忽忽二十三年已过，曾经敬献如意的皇帝也早已作古，不经意间自己在宦海沉浮了三十余年。他不禁感慨，在日记中写道："位日高而学日退，德日减，闻望日损，回首但增惭悚。"[230]

回首往事，曾国藩并不在意官位高低，而是为学问、德业以及自己的名望感到担心。这些方面并没有达到预期，他只觉得内心惭愧和不安。

正月二十三日，曾国藩突然感到身体不适。当时他正在和朋友聊天，说话间感觉右脚麻木不仁，随即发抖，好像抽搐中风，过了好一会儿才恢复。曾国藩倒没有太当回事，因为近年来不是这里有问题，就是那里犯毛病。这天他还读了一卷《资治通鉴》，晚上又给儿子们讲《孟子》的"定于"一章，临睡前，他还读了《吕氏学案》。[231]

可是，又过了三天，病情突然加重。

那天，曾国藩乘轿去城外迎接一位官员，走到半路突然感觉"痰迷心中"，神志模糊。他想和轿旁的下人说话，结果怎么也发不出来声音。等到了金陵的水西门，曾国藩又想与人讲话，还是许久说不出。众人意识到他是中了风，劝他赶紧回去。曾国藩回到衙署，想和儿子说话竟然也说不出。不过这并没有耽误他写日记，这天的日记中曾国藩写道，"如欲动风者"[232]，认为自己是中了风。

第二天，大夫来诊治，曾国藩喝下两服药，预防自己再犯眩晕症。接着吃了两天药，中风的症状竟然全退。病患不能用心，他觉得很耽误事，在日记中写道："不能溘先朝露，速归于尽，又不能振作精神，稍治应尽之职事，苟活人间，惭悚何极！"[233] 接着，他又对自我进行了检讨和批评，这也是他最后一次自我的盖棺定论：

> 余精神散漫已久，凡遇应了结之件，久不能完，应收拾之件，久不能检，如败叶满山，全无归宿。通籍三十余年，官至极品，而学业一无所成，德行一无可许，老大徒伤，不胜悚惶惭赧。[234]

二月初二日,曾国藩再次发病,就像上一次在城外一样,"手执笔而如颤,口欲言而不能出声"[235]。

过了两天,到了二月初四,曾国藩仍然有手脚颤抖的症状。早上起来,他哆哆嗦嗦拿起毛笔在日记本上又写下了这几句话:"既不能振作精神,稍尽当为之职分,又不能溘先朝露,同归于尽,苟活人间,惭悚何极!"[236]

看来曾国藩一时不知所措,陷入两难,从这几句话中,可以感受到他既无奈,又有些气愤。不过很快他便如愿以偿。

吃完午饭后,曾国藩和儿子曾纪泽在署中花园散步,病情再次复发。他口不能言,被众人抬至书房静坐。

《年谱》记载:"公连呼足麻,扶掖回书房,端坐三刻乃薨。"[237]

一代名臣,就此陨落。

尾章 铜官感旧

光绪二年（1876年）秋天，章寿麟乘船走湘江水路，回长沙。船至靖港铜官渚，停靠歇息。靖港是长沙北边约六十里的繁华集镇，古时曾设置铜官，因此又被称为铜官渚。这里也是军事重镇，当年曾国藩亲率军队与太平军在此大战。那时章寿麟刚二十二岁，就在曾国藩帐中任幕僚。

此时，四十四岁的章寿麟故地重游，他站在船上，望着远处的铜官山，听着船下的水波声，思绪飘忽。突然，秋风乍来，水波荡漾，林壑作响，他又仿佛听到了当年战场上的喊杀声。章寿麟忍不住回想起二十二年前的那个春天。

那年，曾国藩率军攻袭靖港失败，愤而跳水自杀。幸亏当时章寿麟藏在船尾，见状跳出，救起落水的曾国藩，还骗他说湘潭大捷，以图打消他的自杀念头。

如今，二十二年过去了，山川依旧，往事随风，当事人曾国藩早已去世了四年。章寿麟触景生情，感慨颇多。回家后，他仍然无法释怀，干脆把当年靖港之战时自己救起曾国藩的情形画了下来，取名《铜官感旧图》，并写下了《铜官感旧图自记》，追忆往事，感叹古今：

> 时公（曾国藩）方被命治军于湘，乃命水陆诸将复湘潭，而自率留守军击靖港贼，战于铜官渚，师败，公投水。先是，予与今方伯陈公、廉访李公*，策公败必死，因潜随公出，居公舟尾，而公不知。至

---

* 方伯陈公指陈士杰，廉访李公指李元度，二人曾与章寿麟一同入幕曾国藩帐中，见证靖港之战。

尾章　铜官感旧

是，掖公登小舟，逸而免。公怒予曰："子何来？"予曰："师无，然湘潭捷矣，来所以报也。"已而，湘潭果大捷，靖港贼亦遁去。公收余众，师复振。[1]

章寿麟简述了靖港往事。当时曾国藩命水陆诸将全力攻湘潭，自己却临时决定率剩下的部队进攻靖港。临行前，章寿麟和其他两个幕僚陈士杰、李元度推测，曾国藩战败必会自杀。因此章寿麟偷偷藏在曾国藩座船的船尾。当曾国藩跳水自杀时，章寿麟及时救起，把曾国藩架到小舟上，免于一死。当时曾国藩怒气冲冲地问："你来干什么？！"章寿麟说："湘潭大捷，我特来报告。"不久，湘潭确实传来捷报，靖港太平军撤去，于是曾国藩收拾余众，重整旗鼓。

章寿麟在叙述中没有过于强调自己救下曾国藩的经历，仅用"掖公登小舟，逸而免"一句带过。他更多的还是对这段往事的反思和感慨。

章寿麟反思，靖港战败的尴尬局面本可以避免。他提到"兵者，阴事，惟忍乃能济"，强调"忍"是作战中的一项重要素养。当时，湘军面临着"敌诟于前，民疑于后"的严重困境，曾国藩已经把精锐都派往了湘潭，应该等着湘潭胜利后再会师一同进攻靖港。然而，曾国藩却不忍靖港之逼，明知其不利却出兵攻袭。而当时章寿麟和李元度等书生幕僚，明知其不利而出，却也没有办法劝阻。这才酿成悲剧。

不过，章寿麟并不是要批评曾国藩"疏于计划"，也不是批评自己这样的书生谋士料事不周，他其实是在为曾国藩遭靖港之败跳河自杀找理由。当时之所以战败，是因为像曾国藩这样仁智勇义的人没有丰富的作战经验和完备的军事素养，初涉战事，难免遇挫。曾国藩情急投水，正是他舍生取义的表现。所幸，曾国藩当日不死，日后凭借定力发愤图强，最终成功。

章寿麟作画题记，追思往事，纪念当时与曾国藩的生死情谊，感叹曾国藩"非偶然而生，即不能忽然而死"的经历，感叹他舍生取义的勇气，以及"挫而不挠，困焉而益励"的精神。

不仅如此，章寿麟还想寻求更多的知音，共同铭记那段往事。因此，他把画和记拿给当年有过共同经历的人，希望他们也能留下些文字，以示纪念。

于是，当年亲历过靖港之战，见证章寿麟救助曾国藩的人，如李元度、陈士杰、左宗棠等纷纷写文题诗来抒发情感。后来，章寿麟去世，他的儿子章同、章华继续邀请当时的名人权贵就此事写文作诗，发表议论，如张謇、林纾、蔡元培、徐世昌、郑孝胥、鹿传霖、章士钊、严复等名流都纷纷留下文字，前后共约二百人，留下诗文二百多篇，编成《铜官感旧图题咏册》。[2]

也许章寿麟画此图，写此记，仅仅是感叹往事，寻求知音共鸣。不过，当人们你一言我一语对曾国藩功绩、生死以及和章寿麟的关系进行评价时，不同身份、不同经历的人有了不同的话语，舆论的表达朝着章寿麟始料不及的方向发展。

我们摘录一些有代表性的言论，来看时人对曾国藩的生死和人事关系的评价，作为全书的结尾。

李元度、陈士杰当时都是曾国藩的幕僚，是靖港之败的亲历者，也是章寿麟救助曾国藩的见证人。李元度应章寿麟之邀，写成《题铜官援溺图》一文，是最早为《铜官感旧图》题字写文的人之一。

李元度在文章前半部详细地记叙了靖港之战、曾国藩自杀以及章寿麟救人的经过，揭露了很多不为人知的细节[*]。不过，最后李元度将文章的落脚点放在了感叹曾国藩对章寿麟的"忘恩负义"上面：

> 江宁既拔，湘军自将领以至厮养，卒并置身通显，价人（章寿麟的字）独浮沉牧令间垂二十年。傥所谓不言禄，禄亦弗及邪！抑曲突徙薪，固不得为上客邪？……窃窥文正意，使遽显擢君，是深德君以援己，而死国之心为伪也。然亦决不慭（yìn）置以负君，盖将有待耳。……乌呼！援一人以援天下，功在大局不浅。[3]

---

[*] 详见本书第一章。

李元度认为金陵被攻克后，湘军上下俱得高官厚禄，但是只有章寿麟仅仅做了一个知府，二十年间未得升迁。曾国藩并没有忘记章寿麟是自己的患难友人，但是为什么不给他升官呢？李元度认为曾国藩是在刻意表露自杀的纯粹性，如果因为章寿麟救自己而不断提拔他，则会显得自己临阵死敌是在作伪。因此，李元度在为章寿麟抱不平，认为如果没有他救曾国藩，也就没有了以后曾国藩的功绩和天下太平，因此他评价章寿麟"援一人以援天下，功在大局不浅"。

李元度在题咏册上开了为章寿麟鸣不平的头，不少人顺着他的论调继续讨论下去。比如，同为曾国藩幕僚的陈士杰写道：

> 今事隔三十年矣，从公游者，先后均致通显，而价人犹浮沉偃蹇，未得补一官，将无遇合通塞，自有数存耶？余既悲价人之坷坎不遇，且欲天下后世共知公之戡定大乱，皆由艰难困顿中而来，而价人之拯公，所关为不小也。[4]

陈士杰在为章寿麟的境遇抱不平，认为曾国藩身边的人都致通显，但章寿麟却未补一官，而实际上章寿麟救曾国藩的贡献却至关重要。

左宗棠也是靖港之战的见证者，当时他从长沙城中缒绳而下，探望曾国藩，看到他衣裳全湿，沾满泥沙，狼狈不堪，劝他"事尚可为，速死非义"。光绪九年，七十二岁的左宗棠也写文对此事发表议论：

> 公在朝以清直闻，及率师讨贼，规画具有条理，卒克复江东枝郡，会师金陵，歼除巨憝（duì）。
>
> 顾初起之军，水陆将才未集，阅历又少，往往为猾寇所乘，时形困踬。公不变平生所守，用能集厥大勋，中兴事功，彪炳世宙，天下之士皆能言之。**推事功之所由成，必有立乎其先者，而后以志帅气，历艰危险阻之境而不渝**。是故明夫生死之故者，祸福之说，不足动之。**明夫祸福之理者，毁誉之见忘，吉凶荣辱，举非所计，斯志壹动气，为其事必有其功矣**。志士仁人成其仁，儒者正其谊，功且在天下万世，

奚一时一事之足云乎？而即一时一事言之，则固有堪以共喻者。[5]

晚年的左宗棠少有地表现出对曾国藩的钦佩之意，肯定了他的功勋，甚至赞叹了他的精神和意志。在这篇文章中，左宗棠随后便对李元度和陈士杰的议论也做了回应，他不同意二人对章寿麟"援一人而援天下"的评价：

> 公不死于铜官，幸也。即死于铜官，而谓荡平东南，诛巢馘让，遂无望于继起者乎？殆不然矣。事有成败，命有修短，气运所由废兴也，岂由人力哉？**惟能尊神明而外形躯，则能一死生而齐得丧，求夫理之至是，行其心之所安，如是焉已矣。**……而论者不察，辄以公于章君不录其功，疑公之矫，不知公之一死生、齐得丧，盖有明乎其先者，而事功非所计也。**论者乃以章君手援之功为最大，不言禄而禄弗及，亦奚当焉**？[6]

左宗棠认为即使曾国藩死于靖港，那么荡平东南、平定太平军的任务仍然会有后继者来完成。事有成败，命有长短，这不是由人力能决定的，而是由气运决定的。左宗棠的言下之意是曾国藩死于靖港不会影响大局，那么也就没有了所谓的"援一人而援天下"了。他也认为曾国藩已经到了"一死生、齐得丧"的境界，论其对章寿麟是"不言禄而禄弗及"有些失当了。

吴汝纶是曾国藩晚年时的幕僚，对曾国藩也深有了解，后来他也做过李鸿章的幕僚。他于光绪九年也在这本题咏册上留下一篇文章，不过他的文章主要回应李元度等人的文字，并对其进行了批评：

> 自军兴以来，起徒步、解草衣，从文正公取功名通显者，不可选纪也。其处功名之地，退然若无与于己者，一二人而已耳。人奈何不贵其一二不多得之人，而贵其不可选纪者哉？夫有功于人，而望人之报我，不得，则郁郁焉，悄悄焉，寓于物以舒吾忧，非知道君子所宜出也。

且章君故不自以为功也，夫见人之趋死地，岂预计其人之能成功名于天下而后救之哉？虽一恒人无不救矣。见人之趋死地而救之，岂必有赡智大勇而后能哉？虽一恒人能之矣。事机之适相值，而不能自已焉云尔，夫何功之足云？闻有功而不求报者矣，未闻不自以为功而犹望人之报者也。然则，是图何为而作也？曰：**文正公之为人，非一世之人，千载不常遇之人也。**吾生乎千载之后，而遥望千载之前，有若人焉，吾不能与之周旋也，吾心戚焉。吾生乎百载数十载之后，而近在百载数十载之前，有若人焉，吾亦不能与之周旋也，犹之戚焉。并吾世而生，而有若人焉，而或限乎形势，或间阻乎千里百里之远，吾仍不能与之周旋也，吾心滋戚焉。若乃并吾世而生，无千载百载数十载之相望，而又不限于形势，不间阻乎千里百里之远，而获亲其人，朝夕其左右而与之周旋，则其为幸也至矣。虽其平居燕闲，游娱登览之迹，壶觞谈笑，偶涉之乐一与其间，而皆将邈然有千载之思也，而况相从于忧虞患难之场，而亲振之于阽危之地者乎？此章君所以作是图以示后之悕也。**妄者至谓使文正公显擢章君，是深德君援己，而死国为伪，此则韩公所谓儿童之见者矣。**[7]

《铜官感旧图题咏册》就像现代的论坛一样，对曾国藩靖港之败自杀和章寿麟拯救曾国藩的事情进行了充分的讨论，融合几代名流文人的墨迹，共有八册，有文有诗还有图画，具有极高的文学价值以及史料价值。

曾国藩成就大功，在此过程中表现出来的意志和精神受到时人和后人的追捧，因此关于他的事迹，人们也乐于发表言论。正如现在，曾国藩去世已经一百五十多年，但是人们仍然乐于讨论他的故事。

尾　注

序章　曾国藩之死

1　［清］黎庶昌：《曾国藩年谱》，卷十二同治九年至十一年，岳麓书社1986年版，第252页。
2　［清］赵尔巽等撰：《清史稿》，卷四百五列传一百九十二《曾国藩传》，中华书局1977年版，第11918页。
3　［清］黎庶昌：《曾国藩年谱》，卷十二同治九年至十一年，岳麓书社1986年版，第252页。
4　［清］黎庶昌：《曾国藩年谱》，卷十二同治九年至十一年，岳麓书社1986年版，第252页。
5　［清］赵烈文：《能静居日记》，同治十一年二月二十三日，太平天国历史博物馆编：《太平天国史料汇编》，凤凰出版社2018年版，第4079页。
6　1870年普法战争爆发。法国在战场上接连失利。1870年9月，法兰西第二帝国被推翻，第三共和国成立，普鲁士决心将战争继续下去。1871年1月18日，普鲁士国王威廉一世在法国凡尔赛宫加冕为德意志皇帝，帝国诞生。1871年1月至3月，法国政府与德意志展开最后谈判，法国投降，并签订停战协定，随后，3月18日巴黎工人起义，3月28日巴黎公社成立。至1871年5月10日，法国与德意志正式签订和约，普法战争结束。
7　1869年11月17日，苏伊士运河通航。

第一章　靖港跳河

1　《靖港败溃自请治罪折（附遗折遗片）》，咸丰四年四月十二日，《曾国藩全集·奏稿之一》，岳麓书社2012年第2版，第164页。
2　《靖港败溃自请治罪折（附遗折遗片）》，咸丰四年四月十二日，《曾国藩全集·奏稿之一》，岳麓书社2012年第2版，第164页。
3　［清］王闿运：《湘军志·曾军篇第二》，太平天国历史博物馆编：《太平天国史料汇编》，凤凰出版社2018年版，第1383页。
4　朱汉民、吴国荣：《曾国藩的礼学及其经世理念》，《中国哲学史》2007年第1期。
5　《圣哲画像记》，作于咸丰九年正月十九至二十一日，《曾国藩全集·诗文》，岳麓书社2012年第2版，第152页。
6　《大清律例》规定："内外官员例合守制者，……俱以闻丧月日为始，不计闰，二十七个月，服满起复。"

7 曾国藩在咸丰元年（1851年）给江忠源的信中，劝他在丁忧之际勿要轻于一出，并说："如此则从戎以全忠，辞荣以全孝，乃为心安理得。若略得奖叙，则似为利而出，大节一亏，终身不得为完人矣。"见《致江忠源》，咸丰元年，《曾国藩全集·书信之一》，岳麓书社2012年第2版，第75页。

8 《敬陈团练查匪大概规模折》，咸丰二年十二月二十二日，《曾国藩全集·奏稿之一》，岳麓书社2012年第2版，第68、69页。

9 "吾子在忧戚之中，宜托疾以辞，庶上不违君命，下不废丧礼。"《致江忠源》，咸丰元年，《曾国藩全集·书信之一》，岳麓书社2012年第2版，第75页。

10 《复江忠源》，咸丰二年二月，《曾国藩全集·书信之一》，岳麓书社2012年第2版，第89页。

11 "岷樵去年墨绖从戎，国藩曾以书责之，谓其大节已亏。"《与刘蓉》，咸丰二年十月，《曾国藩全集·书信之一》，岳麓书社2012年第2版，第91页。

12 《致欧阳秉铨》，咸丰二年十二月十五日，《曾国藩全集·书信之一》，岳麓书社2012年第2版，第93页。

13 《与刘蓉》，咸丰二年十月，《曾国藩全集·书信之一》，岳麓书社2012年第2版，第90页。

14 "若其认真督办，必须遍走各县，号召绅耆，劝其捐资集事，恐为益仅十之二，而扰累者十之八；若不甚认真，不过安坐省城，使军需局内多一项供应，各官多一处应酬而已。再四思维，实无裨于国事。"《致欧阳秉铨》，咸丰二年十二月十五日，《曾国藩全集·书信之一》，岳麓书社2012年第2版，第93页。

15 [清]黎庶昌：《曾国藩年谱》，卷一嘉庆十六年至咸丰二年，岳麓书社1986年版，第22页。

16 [清]赵尔巽等撰：《清史稿》，卷四百五列传一百九十二《曾国藩传》，中华书局1977年版，第11908页。

17 罗尔纲：《绿营兵志》，中华书局1984年版，第78页。

18 《议汰兵疏》，咸丰元年三月初九日，《曾国藩全集·奏稿之一》，岳麓书社2012年第2版，第18页。

19 《与文希范》，咸丰三年九月初二日，《曾国藩全集·书信之一》，岳麓书社2012年第2版，第188页。

20 《与江忠源》，咸丰三年八月三十日，《曾国藩全集·书信之一》，岳麓书社2012年第2版，第185页。

21 《与文希范》，咸丰三年九月初二日，《曾国藩全集·书信之一》，岳麓书社2012年第2版，第188页。

22 1850年10月12日　　　调湖南兵2000名入桂
   1850年10月22日　　　批准新任广西提督向荣率亲兵600名入桂
   1850年10月28日　　　调贵州兵2000名入桂
   1850年10月31日　　　调云南兵2000名入桂
   1851年2月5日　　　　调贵州兵1000名入桂
   1851年4月6日　　　　调贵州、云南、湖南、安徽兵各1000名入桂
   1851年4月25日　　　 调四川兵1000名入桂
   1851年5月6日　　　　调贵州兵1000名入桂
   以上共计调兵13600名。数据资料引自茅海建：《苦命天子：咸丰皇帝奕詝》，上海人民出版社1995年版，第63页。

23 "昔宋臣庞籍汰庆历兵八万人，遂以大苏边储；明臣戚继光练金华兵三千人，遂以荡平倭寇。臣书生愚见，以为今日论兵，正宜法此二事。"《议汰兵疏》，咸丰元年三月初九日，

《曾国藩全集·奏稿之一》,岳麓书社 2012 年第 2 版,第 21 页。

24　[清]黎庶昌:《曾国藩年谱》,卷一嘉庆十六年至咸丰二年,岳麓书社 1986 年版,第 17 页。

25　王尔敏:《清季军事史论集》,广西师范大学出版社 2008 年版,第 5 页。

26　[清]葛士濬编:《皇朝经世文续编》,卷六八《兵政七》,光绪二十四年(1898 年)上海文盛书局刊本,第 16、17 页。

27　崔岷:《咸丰初年清廷委任"团练大臣"考》,《历史研究》2014 年第 6 期。

28　"文正以团练始,不以团练终,且幸其改图之速,所以能成殄寇之奇功,扩勇营之规制也。"[清]薛福成:《叙团练大臣》,《薛福成选集》,上海人民出版社 1987 年版,第 308 页。

29　《派宋梦兰办理皖南团练片》,咸丰十年七月二十三日,《曾国藩全集·奏稿之二》,岳麓书社 2012 年第 2 版,第 568 页。

30　"团练之事,极不易言。乡里编户,民穷财尽,重以去年枯旱,十室九饥,与之言敛费以举团事,则情不能感,说不能动,威势不能劫。彼诚朝不谋夕,无钱可捐,而又见夫经手者之不免染指,则益含怨而不肯从事。"《复文希范》,咸丰三年二月,《曾国藩全集·书信之一》,岳麓书社 2012 年第 2 版,第 127 页。

31　"惟团练终成虚语,毫无实裨,万一土匪窃发,乡里之小民仍如鱼听鸣榔,鸟惊虚弦,惶怯四窜,难可遽镇也。"《与张亮基》,咸丰三年三月二十四日,《曾国藩全集·书信之一》,岳麓书社 2012 年第 2 版,第 140 页。

32　《复文希范》,咸丰三年二月,《曾国藩全集·书信之一》,岳麓书社 2012 年第 2 版,第 127 页。

33　《复文希范》,咸丰三年二月,《曾国藩全集·书信之一》,岳麓书社 2012 年第 2 版,第 127、128 页。

34　《敬陈团练查匪大概规模折》,咸丰二年十二月二十二日,《曾国藩全集·奏稿之一》,岳麓书社 2012 年第 2 版,第 69、70 页。

35　"曾国藩既请练军长沙,奋然以召募易行伍,尽废官兵,使儒生领农民各自成营。搜考规制,今古章式,无可仿效,独戚继光书,号为切时用,多因所言变通行之。"[清]王闿运:《湘军志·营制篇第十五》,太平天国历史博物馆编:《太平天国史料汇编》,凤凰出版社 2018 年版,第 1475 页。

36　《与王鑫》,咸丰三年八月二十日,《曾国藩全集·书信之一》,岳麓书社 2012 年第 2 版,第 180 页。

37　《与彭洋中曾毓芳》,咸丰三年九月十七日,《曾国藩全集·书信之一》,岳麓书社 2012 年第 2 版,第 215 页。

38　《敬陈团练查匪大概规模折》,咸丰二年十二月二十二日,《曾国藩全集·奏稿之一》,岳麓书社 2012 年第 2 版,第 69 页。

39　"勇营之制,营官由统领挑选,哨弁由营官挑选,什长由哨弁挑选,勇丁由什长挑选。譬之木焉,统领如根,由根而生干、生枝、生叶,皆一气所贯通。是以口粮虽出自公款,而勇丁感营官挑选之恩,皆若受其私惠,平日既有恩谊相孚,临阵自能患难相顾。"《遵旨筹议直隶练军事宜折》,同治八年五月二十一日,《曾国藩全集·奏稿之十》,岳麓书社 2012 年第 2 版,第 437 页。

40　[清]薛福成:《叙团练大臣》,《薛福成选集》,上海人民出版社 1987 年版,第 308 页。

41　《严办土匪以靖地方折》,咸丰三年二月十二日,《曾国藩全集·奏稿之一》,岳麓书社 2012 年第 2 版,第 71 页。

42　《严办土匪以靖地方折》,咸丰三年二月十二日,《曾国藩全集·奏稿之一》,岳麓书社 2012 年第 2 版,第 72 页。

43 《复欧阳兆熊》,咸丰三年二月,《曾国藩全集·书信之一》,岳麓书社2012年第2版,第130页。

44 《拿匪正法并现在帮办防堵折》,咸丰三年六月十二日,《曾国藩全集·奏稿之一》,岳麓书社2012年第2版,第84页。

45 《拿匪正法并现在帮办防堵折》,咸丰三年六月十二日,《曾国藩全集·奏稿之一》,岳麓书社2012年第2版,第84页。

46 《与陈源兖》,咸丰三年四月十六日,《曾国藩全集·书信之一》,岳麓书社2012年第2版,第147页。

47 《拿匪正法并现在帮办防堵折》,咸丰三年六月十二日,《曾国藩全集·奏稿之一》,岳麓书社2012年第2版,第84页。

48 徐一士:《一士类稿续集》,中华书局2019年版,第353页。

49 《与江忠源》,咸丰三年二月十五日,《曾国藩全集·书信之一》,岳麓书社2012年第2版,第115页。

50 《与刘蓉》,咸丰三年十月十五日,《曾国藩全集·书信之一》,岳麓书社2012年第2版,第279页。

51 "以为苟利于国,苟利于民,何嫌疑之可避,是以贸然为之。"《与骆秉章》,咸丰三年九月初六日,《曾国藩全集·书信之一》,岳麓书社2012年第2版,第197页。

52 《拿匪正法并现在帮办防堵折》,咸丰三年六月十二日,《曾国藩全集·奏稿之一》,岳麓书社2012年第2版,第85页。

53 《复胡林翼》,咸丰三年正月,《曾国藩全集·书信之一》,岳麓书社2012年第2版,第108页。

54 [清]王闿运:《湘军志·湘军篇第二》,太平天国历史博物馆编:《太平天国史料汇编》,凤凰出版社2018年版,第1381页。

55 《复张亮基》,咸丰三年三月初七日未刻,《曾国藩全集·书信之一》,岳麓书社2012年第2版,第133页。

56 《特参长沙协副将清德折》,咸丰三年六月十二日,《请将长沙协副将清德交刑部治罪片》,咸丰三年六月十二日,《曾国藩全集·奏稿之一》,岳麓书社2012年第2版,第88页。

57 《清史稿》记载,曾国藩"奇之"。[清]赵尔巽等撰:《清史稿》,卷四百九列传一百九十六《塔齐布传》,中华书局1977年版,第11971页。

58 《与王鑫》,咸丰三年八月二十日,《曾国藩全集·书信之一》,岳麓书社2012年第2版,第179页。

59 "为臣子者不能为国家弭大乱,反以琐事上渎君父之听,方寸窃所不安。"《与吴文镕》,咸丰三年九月初六日,《曾国藩全集·书信之一》,岳麓书社2012年第2版,第195页。

60 《与骆秉章》,咸丰三年九月初六日,《曾国藩全集·书信之一》,岳麓书社2012年第2版,第197页。

61 [清]赵烈文:《能静居日记》,同治六年八月二十一日,太平天国历史博物馆编:《太平天国史料汇编》,凤凰出版社2018年版,第4054页。

62 "弟归侍旬日,即来衡郡,此间局面隘小,舞袖不能回旋。军局应用器械,一无所有。官员固少,而各绅亦不似省垣之多而且贤,惟清静可爱,足以藏拙。"《与周子俨》,咸丰三年九月初十日,《曾国藩全集·书信之一》,岳麓书社2012年第2版,第206页。

63 《复曾涤生侍郎》,咸丰三年八月二十四日,《王鑫集》,谭伯牛校点,岳麓书社2013年版,第515页。

64 《复曾涤生侍郎》,咸丰三年八月二十四日,《王鑫集》,谭伯牛校点,岳麓书社2013年版,

65 《与王鑫》，咸丰三年八月二十九日，《曾国藩全集·书信之一》，岳麓书社2012年第2版，第184页。

66 《与骆秉章》，咸丰三年九月初六日，《曾国藩全集·书信之一》，岳麓书社2012年第2版，第197页。

67 《与江忠源》，咸丰三年八月三十日，《曾国藩全集·书信之一》，岳麓书社2012年第2版，第185页。

68 《与骆秉章》，咸丰三年九月十四日，《曾国藩全集·书信之一》，岳麓书社2012年第2版，第209页。

69 《与吴文镕》，咸丰三年九月十七日，《曾国藩全集·书信之一》，岳麓书社2012年第2版，第218页。

70 ［清］朱孔彰撰，向新阳校点：《中兴将帅别传》卷八，岳麓书社2008年版，第94页。

71 《与骆秉章》，咸丰三年十月初六日三更，《曾国藩全集·书信之一》，岳麓书社2012年第2版，第257页。

72 《与骆秉章》，咸丰三年十月初六日，《与王鑫》，咸丰三年十月初八日三更，《曾国藩全集·书信之一》，岳麓书社2012年第2版，第257、260页；王鑫：《与孙阆青经历》，咸丰三年九月二十一日，《王鑫集》，谭伯牛校点，岳麓书社2013年版，第518页。

73 《与王鑫》，咸丰三年九月二十三日，《曾国藩全集·书信之一》，岳麓书社2012年第2版，第225页。

74 "至省请银万金，自可仍照原议募成六营。"《与王鑫》，咸丰三年九月二十四日亥刻，《曾国藩全集·书信之一》，岳麓书社2012年第2版，第230页。

75 《与王鑫》，咸丰三年十月初八日三更，《曾国藩全集·书信之一》，岳麓书社2012年第2版，第260页。

76 《与骆秉章》，咸丰三年九月二十九日三更，《曾国藩全集·书信之一》，岳麓书社2012年第2版，第248页。

77 《与王鑫》，咸丰三年十月初八日三更，《曾国藩全集·书信之一》，岳麓书社2012年第2版，第261页。

78 《与吴文镕》，咸丰三年十月十四日，《曾国藩全集·书信之一》，岳麓书社2012年第2版，第273页。

79 《与刘蓉》，咸丰三年十月十五日，《曾国藩全集·书信之一》，岳麓书社2012年第2版，第278页。

80 《与骆秉章》，咸丰三年十月二十三日三更，《曾国藩全集·书信之一》，岳麓书社2012年第2版，第295页。

81 《与罗泽南》，咸丰三年十一月十六日，《曾国藩全集·书信之一》，岳麓书社2012年第2版，第346页。

82 《与王鑫》，咸丰三年十一月初六日，《曾国藩全集·书信之一》，岳麓书社2012年第2版，第325页。

83 《复骆秉章》，咸丰三年十一月初十日三更，《曾国藩全集·书信之一》，岳麓书社2012年第2版，第333页。

84 "惟赶造百架，须得两月功夫。仍欲坚实精致，不欲为苟且草减不可终日之象。"《与徐有壬》，咸丰三年十月初十日，《曾国藩全集·书信之一》，岳麓书社2012年第2版，第267页。

85 《与骆秉章》，咸丰三年十月初七日三更，《曾国藩全集·书信之一》，岳麓书社2012年第2

版，第 259 页。

86 《暂缓赴鄂并请筹备战船折》，咸丰三年十月二十四日，《曾国藩全集·奏稿之一》，岳麓书社 2012 年第 2 版，第 104 页。

87 [清]郭振墉撰，喻岳衡点校：《湘军志平议》，岳麓书社 2008 年版，第 247 页。

88 罗壬辑：《平发逆志》卷三，太平天国历史博物馆编：《太平天国史料汇编》，凤凰出版社 2018 年版，第 974、975 页。

89 《郭嵩焘奏稿》，转引自汪荣祖：《走向世界的挫折：郭嵩焘与道咸同光时代》，中华书局 2006 年版，第 19 页。

90 [清]王定安撰，朱纯点校：《湘军记》卷二十"水陆营制篇"，岳麓书社 2008 年版，第 679 页。

91 《与省城司道书》，咸丰三年九月二十七日四更，《曾国藩全集·书信之一》，岳麓书社 2012 年版，第 242 页。

92 《与省城司道书》，咸丰三年九月二十七日四更，《曾国藩全集·书信之一》，岳麓书社 2012 年版，第 243 页。

93 《与省城司道书》，咸丰三年九月二十八日午刻，《曾国藩全集·书信之一》，岳麓书社 2012 年版，第 245 页。

94 《与徐有壬》，咸丰三年十月初十日，《曾国藩全集·书信之一》，岳麓书社 2012 年版，第 267 页。

95 《与骆秉章》，咸丰三年十月初七日三更，《曾国藩全集·书信之一》，岳麓书社 2012 年版，第 259 页。

96 《与骆秉章》，咸丰三年十月初十日三更，《曾国藩全集·书信之一》，岳麓书社 2012 年版，第 268 页。

97 《复骆秉章》，咸丰三年十一月初九日戌刻，《曾国藩全集·书信之一》，岳麓书社 2012 年版，第 329 页。

98 《复骆秉章》，咸丰三年十一月初五日亥刻，《曾国藩全集·书信之一》，岳麓书社 2012 年版，第 321 页。

99 《复骆秉章》，咸丰三年十一月初九日戌刻，《曾国藩全集·书信之一》，岳麓书社 2012 年版，第 329 页。

100 [清]郭振墉撰，喻岳衡点校：《湘军志平议》，岳麓书社 2008 年版，第 246 页。

101 [清]王定安撰，朱纯点校：《湘军记》卷二十"水陆营制篇"，岳麓书社 2008 年版，第 682 页。

102 《拟补长江水师各缺并续陈未尽事宜折》，同治七年三月初五日，《曾国藩全集·奏稿之十》，岳麓书社 2012 年第 2 版，第 38 页。

103 "公前奏一疏，于十六日奉到朱批。"[清]黎庶昌：《曾国藩年谱》，卷二咸丰七年至同治元年，岳麓书社 1986 年版，第 33 页。

104 《筹备水陆各勇赴皖会剿俟粤省解炮到楚乃可成行折》，咸丰三年十一月二十六日，《曾国藩全集·奏稿之一》，岳麓书社 2012 年第 2 版，第 112 页。

105 [清]黎庶昌：《曾国藩年谱》，卷二咸丰七年至同治元年，岳麓书社 1986 年版，第 29 页。

106 《暂缓赴鄂并请筹备战船折》，咸丰三年十月二十四日，《曾国藩全集·奏稿之一》，岳麓书社 2012 年第 2 版，第 103 页。

107 《暂缓赴鄂并请筹备战船折》，咸丰三年十月二十四日，《曾国藩全集·奏稿之一》，岳麓书社 2012 年第 2 版，第 104 页。

108 《筹备水陆各勇赴皖会剿俟粤省解炮到楚乃可成行折》，咸丰三年十一月二十六日，《曾国藩全集·奏稿之一》，岳麓书社 2012 年第 2 版，第 110 页。

109 《筹备水陆各勇赴皖会剿俟粤省解炮到楚乃可成行折》,咸丰三年十一月二十六日,《曾国藩全集·奏稿之一》,岳麓书社2012年第2版,第112页。

110 《筹备水陆各勇赴皖会剿俟粤省解炮到楚乃可成行折》,咸丰三年十一月二十六日附朱批,《曾国藩全集·奏稿之一》,岳麓书社2012年第2版,第112页。

111 《沥陈现办情形折》,咸丰三年十二月二十一日,《曾国藩全集·奏稿之一》,岳麓书社2012年第2版,第117页。

112 《报东征起程日期折》,咸丰四年二月初二日,《曾国藩全集·奏稿之一》,岳麓书社2012年第2版,第125页。

113 贾熟村:《太平天国时期的湘军水师》,《云梦学刊》2007年第2期。

114 1851年底太平天国颁布《奉天诛妖救世安民谕》,1852年上半年颁布《奉天讨胡檄布四方谕》《救一切天生天养中国人民谕》,不久太平天国将三篇檄文以《颁行诏书》为名汇编成册以刊行。三篇檄文以东王杨秀清和西王萧朝贵的名义发布,史称"杨萧三谕"。参见吴善中:《太平天国三篇檄文初颁时间考》,《广西大学学报》1989年第3期;王庆成:《太平天国的文献和历史》,社会科学文献出版社1993年版,第185—188页。

115 《讨粤匪檄》,咸丰四年正月,《曾国藩全集·诗文》,岳麓书社2012年第2版,第139—141页。

116 [法]埃米尔·迪尔凯姆:《自杀论》,冯韵文译,商务印书馆2011年版,第16页。

117 简又文:《太平天国全史》,简氏猛进书屋1962年版,第449页。

118 简又文:《太平天国全史》,简氏猛进书屋1962年版,第493—496页。

119 "不失其所者久,死而不亡者寿",《道德经》第三十三章。

120 《庄子·内篇·大宗师》。

121 《江忠烈公神道碑》,作于同治四年正月三十日至二月初三日,《曾国藩全集·诗文》,岳麓书社2012年第2版,第329页。

122 [清]黎庶昌:《曾国藩年谱》,卷三咸丰四年,岳麓书社1986年版,第41页。

123 《致沅弟》,同治六年三月十二日,《曾国藩全集·家书之二》,岳麓书社2012年第2版,第488页。

124 [法]埃米尔·迪尔凯姆:《自杀论》,冯韵文译,商务印书馆2011年版,第214页。

125 《靖港败溃后未发之遗折》,咸丰四年四月初二日,《曾国藩全集·奏稿之一》,岳麓书社2012年第2版,第166页。

126 《靖港败溃后未发之遗折》,咸丰四年四月初二日,《曾国藩全集·奏稿之一》,岳麓书社2012年第2版,第166、167页。

127 [法]埃米尔·迪尔凯姆:《自杀论》,冯韵文译,商务印书馆2011年版,第230、231页。

128 "左生狂笑骂猪耶",出自王闿运的《题铜官感旧图》,收于[清]章寿麟等撰,袁慧光校点:《铜官感旧图题咏册》,岳麓书社2012年版,第525页。

129 [清]左宗棠:《铜官感旧图序》,收于[清]章寿麟等撰,袁慧光校点:《铜官感旧图题咏册》,岳麓书社2012年版,第519页。

130 "儿此出,以杀贼报国,非直为桑梓也。兵事时有利钝,出湖南境而战死,是皆死所;若死于湖南,吾不尔哭也。"[清]左宗棠:《铜官感旧图序》,收于[清]章寿麟等撰,袁慧光校点:《铜官感旧图题咏册》,岳麓书社2012年版,第519页。

131 [清]李元度:《题铜官援溺图》,收于[清]章寿麟等撰,袁慧光校点:《铜官感旧图题咏册》,岳麓书社2012年版,第513页。

132 张宏杰:《曾国藩传》,民主与建设出版社2019年版,第110页。

133 《会奏湘潭靖港水陆胜负情形折》,咸丰四年四月十二日,《曾国藩全集·奏稿之一》,岳麓书社 2012 年第 2 版，第 160 页。
134　《会奏湘潭靖港水陆胜负情形折》，咸丰四年四月十二日，《曾国藩全集·奏稿之一》，岳麓书社 2012 年第 2 版，第 160 页。
135　[清] 黎庶昌：《曾国藩年谱》，卷三咸丰四年，岳麓书社 1986 年版，第 43 页。
136　《官军水陆大捷武昌汉阳两城同日克复折》，咸丰四年八月二十七日，《曾国藩全集·奏稿之一》，岳麓书社 2012 年第 2 版，第 239 页。
137　《致澄弟温弟沅弟季弟》，咸丰四年九月十三日，《曾国藩全集·家书之一》，岳麓书社 2012 年第 2 版，第 247 页。
138　《致澄弟温弟沅弟季弟》，咸丰四年九月十三日，《曾国藩全集·家书之一》，岳麓书社 2012 年第 2 版，第 246、247 页。
139　"吾在外既有权势，则家中子弟最易流于骄，流于佚，二字皆败家之道也。万望诸弟刻刻留心，勿使后辈近于此二字。至要至要。"
140　《谢恩仍辞署鄂抚折》，咸丰四年九月十三日，《曾国藩全集·奏稿之一》，岳麓书社 2012 年第 2 版，第 276 页。
141　"不意曾国藩一书生，乃能建此奇功。"此为曾国藩的高足薛福成在《书宰相有学无识》中所记。转引自茅海建：《苦命天子：咸丰皇帝奕詝》，上海人民出版社 1995 年版，第 95 页。
142　薛福成：《书宰相有学无识》，转引自茅海建：《苦命天子：咸丰皇帝奕詝》，上海人民出版社 1995 年版，第 95 页。
143　《赏曾国藩兵部侍郎衔办理军务毋庸署理鄂抚等》，咸丰四年九月二十三日附录明谕，《曾国藩全集·奏稿之一》，岳麓书社 2012 年第 2 版，第 278 页。
144　《谢恩仍辞署鄂抚折》附朱批，咸丰四年九月十三日，《曾国藩全集·奏稿之一》，岳麓书社 2012 年第 2 版，第 276 页。
145　《申谢违旨辞署鄂抚蒙恩宽宥片》，咸丰四年（原件缺月日），《曾国藩全集·奏稿之一》，岳麓书社 2012 年第 2 版，第 278 页。
146　《复吴文镕》，咸丰三年十二月十五日，《曾国藩全集·书信之一》，岳麓书社 2012 年第 2 版，第 395 页。
147　《上吴文镕》，咸丰四年正月二十四日，《曾国藩全集·书信之一》，岳麓书社 2012 年第 2 版，第 459 页。
148　"缘水师一事，湖南之人素为耳所未闻，目所未见，一旦开辟草莱，人人疑惧……乌合之卒，未经训练，如何可恃？"《上吴文镕》，咸丰四年正月二十四日，《曾国藩全集·书信之一》，岳麓书社 2012 年第 2 版，第 459 页。
149　《上吴文镕》，咸丰四年正月二十四日，《曾国藩全集·书信之一》，岳麓书社 2012 年第 2 版，第 459、460 页。
150　《缕陈鄂省前任督抚优劣折》，咸丰四年九月二十七日，《曾国藩全集·奏稿之一》，岳麓书社 2012 年第 2 版，第 291 页。
151　《缕陈鄂省前任督抚优劣折》，咸丰四年九月二十七日，《曾国藩全集·奏稿之一》，岳麓书社 2012 年第 2 版，第 291 页。
152　《缕陈鄂省前任督抚优劣折》，咸丰四年九月二十七日，《曾国藩全集·奏稿之一》，岳麓书社 2012 年第 2 版，第 292 页。
153　《查明崇纶下落并押解来京》，咸丰四年十月初九日、十一日附录明谕二件，《曾国藩全集·奏稿之一》，岳麓书社 2012 年第 2 版，第 293 页。
154　《官军大破田家镇贼折》，咸丰四年十月二十一日，《曾国藩全集·奏稿之一》，岳麓书社

2012年第2版，第320页。
155 《陆军踏破半壁山贼营及水师续获大胜折》，咸丰四年十月初七日；《南路陆军斫断江中铁锁水师绕出贼前折》，咸丰四年十月十五日，《曾国藩全集·奏稿之一》，岳麓书社2012年第2版，第300、313页。
156 [清]王闿运：《湘军志·水师篇第六》，太平天国历史博物馆编：《太平天国史料汇编》，凤凰出版社2018年版，第1417页。

第二章　九江策马

1 《谢赏穿黄马褂等项恩折》，咸丰五年正月初五日，《曾国藩全集·奏稿之一》，岳麓书社2012年第2版，第399页。
2 《水师三胜两挫外江老营被袭文案全失自请严处折》，咸丰四年十二月三十日，《曾国藩全集·奏稿之一》，岳麓书社2012年第2版，第395页。
3 [清]李滨：《中兴别记》卷十九，太平天国历史博物馆编：《太平天国史料汇编》，凤凰出版社2018年版，第476页。
4 《湖口水师屡胜陆军围逼浔城折》，咸丰四年十二月初三日，《曾国藩全集·奏稿之一》，岳麓书社2012年第2版，第383页。
5 《暂缓赴鄂并请筹备战船折》，咸丰三年十月二十四日，《曾国藩全集·奏稿之一》，岳麓书社2012年第2版，第104页。
6 "帆幔蔽江，衔尾数十里。……行则帆如垒雪，住则樯若丛芦，炮声遥震。"[清]张德坚：《贼情汇纂》卷五，太平天国历史博物馆编：《太平天国史料汇编》，凤凰出版社2018年版，第2116页。
7 "民船甚少，纯用大小战船，抵死抗拒，又以两岸及洲中营盘木排互相保护，局势为之一变。"《陆军克复广济县城水师九江获胜折》，咸丰四年十一月初六日，《曾国藩全集·奏稿之一》，岳麓书社2012年第2版，第353页。
8 简又文：《太平天国全史》，简氏猛进书屋1962年版，第1117、1118页。
9 [清]唐训方：《从征图记》，陈士杰编《唐中丞（训方）遗集》，沈云龙《近代中国史料丛刊三编》，文海出版社1993年版。唐训方是曾国藩的将官。
10 《与夏憩亭方伯》，咸丰五年，《左宗棠全集·书信一》，刘泱泱等点校，岳麓书社2009年版，第114页。
11 《致澄弟温弟沅弟季弟》，咸丰五年正月初二日，《曾国藩全集·家书之一》，岳麓书社2012年第2版，第255页。
12 《水师三胜两挫外江老营被袭文案全失自请严处折》，咸丰四年十二月三十日，《曾国藩全集·奏稿之一》，岳麓书社2012年第2版，第393、394页。
13 《水师三胜两挫外江老营被袭文案全失自请严处折》，咸丰四年十二月三十日，《曾国藩全集·奏稿之一》，岳麓书社2012年第2版，第395页。
14 《陆军渡江剿小池口贼并陈近日贼势军情折》，咸丰五年正月初五日，《曾国藩全集·奏稿之一》，岳麓书社2012年第2版，第401页。
15 出自奏折中的"每闻春风怒号，则寸心欲碎"。《统筹全局折》，咸丰五年二月二十七日，《曾国藩全集·奏稿之一》，岳麓书社2012年第2版，第439页。
16 《大风击坏战船并近日剿办情形折》，咸丰五年正月初八日，《曾国藩全集·奏稿之一》，岳

	麓书社 2012 年第 2 版，第 403 页。
17	《大风击坏战船并近日剿办情形折》，咸丰五年正月初八日，《曾国藩全集·奏稿之一》，岳麓书社 2012 年第 2 版，第 403 页。
18	"每闻春风之怒号，则寸心欲碎；见贼帆之上驶，则绕屋彷徨。"《统筹全局折》，咸丰五年二月二十七日，《曾国藩全集·奏稿之一》，岳麓书社 2012 年第 2 版，第 439 页。
19	《陆军渡江剿小池口贼并陈近日贼势军情折》，咸丰五年正月初五日，《曾国藩全集·奏稿之一》，岳麓书社 2012 年第 2 版，第 401、402 页。
20	《统筹全局折》，咸丰五年二月二十七日，《曾国藩全集·奏稿之一》，岳麓书社 2012 年第 2 版，第 439 页。
21	《大风击坏战船并近日剿办情形折》，咸丰五年正月初八日，《曾国藩全集·奏稿之一》，岳麓书社 2012 年第 2 版，第 404 页。
22	简又文：《太平天国全史》，简氏猛进书屋 1962 年版，第 1133—1135 页。
23	《贼匪扑营轰击获胜并近日军情折》，咸丰五年正二十七日，《曾国藩全集·奏稿之一》，岳麓书社 2012 年第 2 版，第 408 页。
24	《致澄弟温弟沅弟季弟》，咸丰五年正月十八日，《曾国藩全集·家书之一》，岳麓书社 2012 年第 2 版，第 257 页。
25	道光二十一年二月初一日，《曾国藩全集·日记之一》，岳麓书社 2012 年第 2 版，第 64 页。
26	咸丰二年二月二十五日："未正三［刻］，刘午峰、陈竹伯来，久谈，酉初二［刻］散。"咸丰二年二月二十八日："夜，至陈竹伯帐房，久谈。"《曾国藩全集·日记之一》，岳麓书社 2012 年第 2 版，第 284 页。
27	"予尚有寄兰姊、蕙妹及四位弟妇江绸棉外褂各一件，仿照去年寄呈母亲、叔母之样。前乔心农太守行时不能多带，兹因陈竹伯新放广西左江道，可于四月出京，拟即托渠带回。"《致澄弟温弟沅弟季弟》，道光二十九年三月二十一日，《曾国藩全集·家书之一》，岳麓书社 2012 年第 2 版，第 163 页。
28	《致澄弟温弟沅弟季弟》，咸丰五年正月十八日，"官绅相待甚好"，《曾国藩全集·家书之一》，岳麓书社 2012 年第 2 版，第 257 页。
29	"臣国藩奏明驰至江省，亲自统带而安辑之。以三板艇不便宿食，与陈启迈商定，将江省现造之长龙三十号，先拨臣军应用。又虑春夏水盛，江湖并涨，非臣舰不足以压浪而立营，拟再造快蟹大船十余号，酌派员弁回楚续招水勇，自成一军，先将湖内支河贼艖剿灭净尽。一俟鄱阳春涨，冲出湖口，击破贼卡，以期与外江水师会合夹攻。此内湖水师重加整理之情形也。"《贼匪扑营轰击获胜并近日军情折》，咸丰五年正月二十七日，《曾国藩全集·奏稿之一》，岳麓书社 2012 年第 2 版，第 409 页。
30	"业已兴工造办，忽接陈启迈咨称，江西本省毋庸设立水师，停止造船等因。"《奏参江西巡抚陈启迈折》，咸丰五年六月十二日，《曾国藩全集·奏稿之一》，岳麓书社 2012 年第 2 版，第 482 页。
31	《奏参江西巡抚陈启迈折》，咸丰五年六月十二日，《曾国藩全集·奏稿之一》，岳麓书社 2012 年第 2 版，第 482 页。
32	《致澄弟温弟沅弟季弟》，咸丰五年三月二十日，《曾国藩全集·家书之一》，岳麓书社 2012 年第 2 版，第 259 页。
33	［清］李瀚章等修：《湖南通志》，卷一百九十二《国朝人物》，清光绪十一年（1885 年）刻本。
34	《致澄弟温弟沅弟季弟》，咸丰五年三月二十六日，《曾国藩全集·家书之一》，岳麓书社 2012 年第 2 版，第 261 页。

35	《致澄弟温弟沅弟季弟》，咸丰五年四月初八日，《曾国藩全集·家书之一》，岳麓书社2012年第2版，第262页。
36	《致澄弟温弟沅弟季弟》，咸丰五年六月十六日，《曾国藩全集·家书之一》，岳麓书社2012年第2版，第268页。
37	［清］赵烈文：《能静居日记》，同治六年七月十九日，太平天国历史博物馆编：《太平天国史料汇编》，凤凰出版社2018年版，第4051页。
38	《拟七月内与塔齐布会剿湖口片》，咸丰五年七月初六日，《曾国藩全集·奏稿之一》，岳麓书社2012年第2版，第496、497页。
39	《拟七月内与塔齐布会剿湖口片》，咸丰五年七月初六日，《曾国藩全集·奏稿之一》，岳麓书社2012年第2版，第496、497页。
40	《塔齐布病故出缺折》，咸丰五年七月二十四日，《曾国藩全集·奏稿之一》，岳麓书社2012年第2版，第498页。
41	《塔齐布病故出缺折》，咸丰五年七月二十四日，《曾国藩全集·奏稿之一》，岳麓书社2012年第2版，第498页。
42	［清］赵尔巽等撰：《清史稿》，卷四百九列传一百九十六《塔齐布传》，中华书局1977年版，第11974页。
43	［清］王闿运：《湘军志·湖南防守篇第一》，太平天国历史博物馆编：《太平天国史料汇编》，凤凰出版社2018年版，第1370页。
44	《塔齐布病故出缺折》，咸丰五年七月二十四日，《曾国藩全集·奏稿之一》，岳麓书社2012年第2版，第499页。
45	简又文在《太平天国全史》中认为曾国藩派周凤山接管塔齐布的遗军，所选非人，应该选择彭三元，可能是由于彭三元级别低而没有选他。但是周凤山非将才，这支军队自此一蹶不振，未有大战立功。王闿运在《湘军志·江西篇第四》中也说："彭三元者，敢战名一军，塔齐布薨，军中皆以三元当代将。而周凤山起行伍，治军号为有条理，三元徒勇，故凤山得统大众，竟偾军事。"太平天国历史博物馆编：《太平天国史料汇编》，凤凰出版社2018年版，第1396页。
46	［清］黎庶昌：《曾国藩年谱》，卷四咸丰五年六年，岳麓书社1986年版，第66页。
47	［清］缪荃孙编，王大康等整理：《续碑传集》，卷五十八忠节五《罗忠节公神道碑铭》，上海人民出版社2019年版，第2293页。
48	"所居穷僻，师承无人，萤灯糠火，夜以继日。"［清］郭嵩焘：《罗忠节公年谱》卷上，梁小进主编：《郭嵩焘全集》，岳麓书社2012年版，第461页。
49	［清］赵尔巽等撰：《清史稿》，卷四百七列传一百九十四《罗泽南传》，中华书局1977年版，第11945页。
50	《李忠武公神道碑铭》，同治八年六月初四至初八日，《曾国藩全集·诗文》，岳麓书社2012年第2版，第340页。
51	［清］黎庶昌：《曾国藩年谱》，卷四咸丰五年六年，岳麓书社1986年版，第66页。
52	［清］郭嵩焘：《罗忠节公年谱》卷下，梁小进主编：《郭嵩焘全集》，岳麓书社2012年版，第481页。
53	［清］郭嵩焘：《罗忠节公年谱》卷下，梁小进主编：《郭嵩焘全集》，岳麓书社2012年版，第481页。
54	［清］朱孔彰撰，向新阳校点：《中兴将帅别传》卷一，岳麓书社2008年版，第8页。
55	《陈明邻近各省援兵协饷片》，咸丰六年五月二十三日，《曾国藩全集·奏稿之二》，岳麓书

56 《致澄弟温弟沅弟季弟》，咸丰六年二月初八日，《曾国藩全集·家书之一》，岳麓书社 2012 年第 2 版，第 281 页。

57 《致罗泽南》，咸丰六年正月十三日，《曾国藩全集·书信之一》，岳麓书社 2012 年第 2 版，第 510 页。

58 《致罗泽南》，咸丰六年正月十三日，《曾国藩全集·书信之一》，岳麓书社 2012 年第 2 版，第 510 页。

59 太平天国历史博物馆编：《太平天国史料汇编·各地·江西地区·诗歌》，凤凰出版社 2018 年版，第 5564 页。

60 《报瑞州援军胜仗片》，咸丰六年八月初七日，《曾国藩全集·奏稿之二》，岳麓书社 2012 年第 2 版，第 110 页。

61 《湖北援师进攻瑞州府城折》，咸丰六年八月初七日，《曾国藩全集·奏稿之二》，岳麓书社 2012 年第 2 版，第 98 页。

62 《湖北援师进攻瑞州府城折》，咸丰六年八月初七日，《曾国藩全集·奏稿之二》，岳麓书社 2012 年第 2 版，第 99 页。

63 《围攻瑞州收复靖安安义二县折》，咸丰六年八月三十日，《曾国藩全集·奏稿之二》，岳麓书社 2012 年第 2 版，第 110 页。

64 《湖北援师进攻瑞州府城折》，咸丰六年八月初七日，《曾国藩全集·奏稿之二》，岳麓书社 2012 年第 2 版，第 100 页。

65 《复温兄》，咸丰六年四月十四日，《曾国荃集·家书》，岳麓书社 2008 年版，第 57 页。

66 《与温兄》，咸丰六年五月十一日，《曾国荃集·家书》，岳麓书社 2008 年版，第 59—62 页。

67 ［清］黎庶昌：《曾国藩年谱》，卷五咸丰七年八年，岳麓书社 1986 年版，第 87 页。

68 《与李元度》，咸丰七年二月十八日，《曾国藩全集·书信之一》，岳麓书社 2012 年第 2 版，第 575 页。

69 《报丁父忧折》，咸丰七年二月十六日，《曾国藩全集·奏稿之二》，岳麓书社 2012 年第 2 版，第 213 页。

70 《报丁父忧折》，咸丰七年二月十六日，《曾国藩全集·奏稿之二》，岳麓书社 2012 年第 2 版，第 213 页。

71 《致曾涤生》，咸丰七年三月初六日，《左宗棠全集·书信一》，岳麓书社 2009 年版，第 208 页。

72 《沥陈下情恳请终制折》，咸丰七年五月二十二日，《曾国藩全集·奏稿之二》，岳麓书社 2012 年第 2 版，第 218 页。

73 《恭谢天恩并吁请开缺折》，咸丰七年六月初六日，《曾国藩全集·奏稿之二》，岳麓书社 2012 年第 2 版，第 219 页。

74 《恭谢天恩并吁请开缺折》，咸丰七年六月初六日，《曾国藩全集·奏稿之二》，岳麓书社 2012 年第 2 版，第 221 页。

75 《恭谢天恩并吁请开缺折》，咸丰七年六月初六日，《曾国藩全集·奏稿之二》，岳麓书社 2012 年第 2 版，第 219—221 页。

76 《沥陈办事艰难仍吁恳在籍守制折》，咸丰七年六月初六日，《曾国藩全集·奏稿之二》，岳麓书社 2012 年第 2 版，第 221—224 页。

77 "虽保举至二三品，而充哨长者仍领哨长额饷，充队目者仍领队目额饷。"《沥陈办事艰难仍吁恳在籍守制折》，咸丰七年六月初六日，《曾国藩全集·奏稿之二》，岳麓书社 2012 年第 2 版，第 221 页。

78 《致沅弟》，咸丰八年正月初四日，《曾国藩全集·家书之一》，岳麓书社2012年第2版，第324页。
79 《致沅弟》，咸丰八年三月十三日，《曾国藩全集·家书之一》，岳麓书社2012年第2版，第335页。
80 《致沅弟》，咸丰八年五月初五日，《曾国藩全集·家书之一》，岳麓书社2012年第2版，第345页。
81 《致沅弟》，咸丰八年五月三十日，《曾国藩全集·家书之一》，岳麓书社2012年第2版，第351页。
82 梁绍辉：《曾国藩评传》，南京大学出版社2006年版，第109页。
83 张宏杰：《曾国藩传》，民主与建设出版社2019年版，第157页。
84 《致沅弟》，咸丰八年五月十六日，《曾国藩全集·家书之一》，岳麓书社2012年第2版，第349页。
85 《致沅弟》，咸丰八年五月三十日，《曾国藩全集·家书之一》，岳麓书社2012年第2版，第350页。
86 《致沅弟》，咸丰七年十二月十四日夜，《曾国藩全集·家书之一》，岳麓书社2012年第2版，第319页。
87 《致沅弟》，咸丰七年十二月十四日夜，《曾国藩全集·家书之一》，岳麓书社2012年第2版，第319页。
88 《致沅弟》，咸丰八年正月初四日夜，《曾国藩全集·家书之一》，岳麓书社2012年第2版，第323页。
89 《致沅弟》，咸丰八年二月初二日，《曾国藩全集·家书之一》，岳麓书社2012年第2版，第331页。
90 《致沅弟》，咸丰八年三月初六日，《曾国藩全集·家书之一》，岳麓书社2012年第2版，第334页。
91 《致沅弟》，咸丰八年五月十六日，《曾国藩全集·家书之一》，岳麓书社2012年第2版，第349页。
92 ［清］欧阳兆熊、金安清：《水窗春呓》，卷上"一生三变"，中华书局1984年版，第17页。
93 "自从丁巳、戊午大梅大悟之后，乃知自己全无本领，凡事都见得人家有几分是处。"《致沅弟》，同治六年正月初二日，《曾国藩全集·家书之二》，岳麓书社2012年第2版，第476页。
94 "吾往年在外，与官场中落落不合，几至到处荆榛。此次改弦易辙，稍觉相安。"《致澄弟沅弟季弟》，咸丰八年十二月十三日，《曾国藩全集·家书之一》，岳麓书社2012年第2版，第400页。
95 ［清］欧阳兆熊、金安清：《水窗春呓》，卷上"一生三变"，中华书局1984年版，第17页。
96 《致沅弟》，同治六年正月初二日，《曾国藩全集·家书之二》，岳麓书社2012年第2版，第476页。
97 《恭报起程日期折》，咸丰八年六月十七日，《曾国藩全集·奏稿之二》，岳麓书社2012年第2版，第230页。

第三章　祁门被围

1 《复胡林翼》，咸丰十年十月十五日，《曾国藩全集·书信之三》，岳麓书社2012年第2版，第 20 页。
2 　咸丰十年十月十一日，《曾国藩全集·日记之二》，岳麓书社 2012 年版，第 92 页。
3 　《致沅弟季弟》，咸丰十年十月二十日，《曾国藩全集·家书之一》，岳麓书社 2012 年第 2 版，第 536 页。
4 　"近日天气炎热，余心绪尤劣，愧恨交集。每中夜起立，有怀吾弟，不得相见一为倾吐。"《致沅弟》，咸丰八年五月三十日，《曾国藩全集·家书之一》，岳麓书社 2012 年第 2 版，第 351 页。
5 　"余身体尚好，惟出汗甚多，三年前虽酷暑而不出汗，今胸口汗珠累累，而肺气日弱，常用惕然。"《致沅弟》，咸丰八年五月十六日，《曾国藩全集·家书之一》，岳麓书社 2012 年第 2 版，第 348 页。
6 　《恭报起程日期折》，咸丰八年六月十七日，《曾国藩全集·奏稿之二》，岳麓书社 2012 年第 2 版，第 230 页。
7 　《致沅弟》，咸丰八年六月初四日，《曾国藩全集·家书之一》，岳麓书社 2012 年第 2 版，第 352 页。
8 　"国藩昔在湖南、江西，几于通国不能相容，六、七年间，浩然不欲复闻世事。然造端过大，本以不顾死生自命，宁当更问毁誉？以拙进而以巧退，以忠义劝人而以苟且自全，即魂魄犹有余羞。是以戊午复出，誓不反顾。"《复郭嵩焘》，同治四年正月初二日，《曾国藩全集·书信之七》，岳麓书社 2012 年第 2 版，第 296 页。
9 　《恭报起程日期折》，咸丰八年六月十七日，《曾国藩全集·奏稿之二》，岳麓书社 2012 年第 2 版，第 231 页。
10 　《致沅弟》，咸丰八年六月初四日，《曾国藩全集·家书之一》，岳麓书社 2012 年第 2 版，第 352 页。
11 　咸丰八年八月二十九日，《曾国藩全集·日记之一》，岳麓书社 2012 年第 2 版，第 346 页。
12 　咸丰八年十月二十五日，《曾国藩全集·日记之一》，岳麓书社 2012 年第 2 版，第 375、376 页。
13 　咸丰八年十月二十五日，《曾国藩全集·日记之一》，岳麓书社 2012 年第 2 版，第 376 页。
14 　《致澄弟沅弟季弟》，咸丰八年十一月二十三日，《曾国藩全集·家书之一》，岳麓书社 2012 年第 2 版，第 397 页。
15 　咸丰八年十月二十八日，《曾国藩全集·日记之一》，岳麓书社 2012 年第 2 版，第 377 页。
16 　"湘军仅千人，战于大桥，续宾率数骑驻山冈，贼至不动，俟兵渐集，亲搏战，驰斩贼目，夺其旗，追北十余里。"［清］赵尔巽等撰：《清史稿》，卷四百八列传一百九十五《李续宾传》，中华书局 1977 年版，第 11951 页。
17 　［清］赵尔巽等撰：《清史稿》，卷四百八列传一百九十五《李续宾传》，中华书局 1977 年版，第 11955 页。
18 　［清］彭玉麟：《彭玉麟集·诗词》，卷二《从征草·攻克九江屠城》，岳麓书社 2008 年版，第 25 页。
19 　［清］赵尔巽等撰：《清史稿》，卷四百八列传一百九十五《李续宾传》，中华书局 1977 年版，第 11954 页。
20 　［清］赵尔巽等撰：《清史稿》，卷四百八列传一百九十五《李续宾传》，中华书局 1977 年版，第 11954 页。
21 　《复胜保》，咸丰九年，《胡林翼集·书牍》，岳麓书社 2008 年版，第 233 页。
22 　［清］赵尔巽等撰：《清史稿》，卷四百八列传一百九十五《李续宾传》，中华书局 1977 年版，第 11954 页。

23	咸丰八年十月二十八日,《曾国藩全集·日记之一》,岳麓书社 2012 年第 2 版,第 377 页。
24	《致澄弟沅弟季弟》,咸丰九年正月十三日,《曾国藩全集·家书之一》,岳麓书社 2012 年第 2 版,第 407 页。
25	《母弟温甫哀词》,咸丰八年十一月二十至十二月初二日,《曾国藩全集·诗文》,岳麓书社 2012 年第 2 版,第 278 页。
26	《母弟温甫哀词》,咸丰八年十一月二十至十二月初二日,《曾国藩全集·诗文》,岳麓书社 2012 年第 2 版,第 277 页。
27	《致澄弟沅弟季弟》,咸丰八年十一月十二日,《曾国藩全集·家书之一》,岳麓书社 2012 年第 2 版,第 395 页。
28	《致澄弟沅弟季弟》,咸丰八年十一月十二日,《曾国藩全集·家书之一》,岳麓书社 2012 年第 2 版,第 395 页。
29	《母弟温甫哀词》,咸丰八年十一月二十至十二月初二日,《曾国藩全集·诗文》,岳麓书社 2012 年第 2 版,第 277 页。
30	曾国藩给李续宾的挽联是:"八月妖星,半壁东南摧上将;九重温诏,再生申甫佐中兴。"徐凌霄、徐一士著:《曾胡谈荟·曾胡左善为奏牍之文》,中华书局 2018 年版,第 385 页。
31	咸丰八年十二月十八日,《曾国藩全集·日记之一》,岳麓书社 2012 年第 2 版,第 390 页。
32	咸丰八年十二月二十日记:"天雨,少霁,意者吾温弟可得归骨乎?"《曾国藩全集·日记之一》,岳麓书社 2012 年第 2 版,第 391 页。
33	咸丰九年正月初十日,《曾国藩全集·日记之一》,岳麓书社 2012 年第 2 版,第 400 页。
34	咸丰九年正月二十七日,《曾国藩全集·日记之一》,岳麓书社 2012 年第 2 版,第 404 页。
35	《致澄弟沅弟季弟》,咸丰九年三月十三日,《曾国藩全集·家书之一》,岳麓书社 2012 年第 2 版,第 420 页。
36	《致澄弟沅弟季弟》,咸丰八年十一月二十三日,《曾国藩全集·家书之一》,岳麓书社 2012 年第 2 版,第 397 页。
37	《致澄弟沅弟季弟》,咸丰八年十一月十二日,《曾国藩全集·家书之一》,岳麓书社 2012 年第 2 版,第 396 页。
38	《致澄弟沅弟季弟》,咸丰八年十二月十六日,《曾国藩全集·家书之一》,岳麓书社 2012 年第 2 版,第 401 页。
39	咸丰八年十一月十四日,《曾国藩全集·日记之一》,岳麓书社 2012 年第 2 版,第 382 页。
40	咸丰九年正月初九日,《曾国藩全集·日记之一》,岳麓书社 2012 年第 2 版,第 400 页。
41	咸丰九年正月十六日,《曾国藩全集·日记之一》,岳麓书社 2012 年第 2 版,第 402 页。
42	咸丰九年正月十七日,《曾国藩全集·日记之一》,岳麓书社 2012 年第 2 版,第 402 页。
43	《致澄弟沅弟季弟》,咸丰八年十一月二十三日 ,《曾国藩全集·家书之一》,岳麓书社 2012 年第 2 版,第 397 页。
44	咸丰八年十二月二十日,《曾国藩全集·日记之一》,岳麓书社 2012 年第 2 版,第 391 页。
45	咸丰八年十二月二十日,《曾国藩全集·日记之一》,岳麓书社 2012 年第 2 版,第 391 页。
46	咸丰八年十一月二十七日,《曾国藩全集·日记之一》,岳麓书社 2012 年第 2 版,第 385 页。
47	咸丰八年十一月初三日,《曾国藩全集·日记之一》,岳麓书社 2012 年第 2 版,第 379 页。
48	咸丰九年十月十四日,《曾国藩全集·日记之一》,岳麓书社 2012 年第 2 版,第 477 页。
49	[清]赵尔巽等撰:《清史稿》,卷三百八十八列传一百七十五《官文传》,中华书局 1977 年版,第 11716 页。
50	[清]赵尔巽等撰:《清史稿》,卷三百八十八列传一百七十五《官文传》,中华书局 1977 年

版，第 11714 页。
51 董丛林：《安庆战役中湘军的"双帅格局"》，《军事历史研究》2016 年第 4 期。
52 《复曹琢如王少和蒋叔起》，咸丰十年二月二十一日，《胡林翼集·书牍》，岳麓书社 2008 年版，第 459 页。
53 《致李续宜》，咸丰九年八月十九日，《胡林翼集·书牍》，岳麓书社 2008 年版，第 325 页。
54 ［清］朱孔彰撰，向新阳校点：《中兴将帅别传》卷一，岳麓书社 2008 年版，第 10 页。
55 《致官文》，咸丰九年五月初六日，《胡林翼集·书牍》，岳麓书社 2008 年版，第 298 页。
56 《复刘蓉》，咸丰九年八月二十一日，《曾国藩全集·书信之二》，岳麓书社 2012 年第 2 版，第 226 页。
57 《遵旨会商大略折》，咸丰九年九月十二日，《曾国藩全集·奏稿之二》，岳麓书社 2012 年第 2 版，第 366 页。
58 《遵旨会商大略折》，咸丰九年九月十二日，《曾国藩全集·奏稿之二》，岳麓书社 2012 年第 2 版，第 366 页。
59 《遵旨会筹规剿皖逆折》，咸丰九年十月十七日，《曾国藩全集·奏稿之二》，岳麓书社 2012 年第 2 版，第 369 页。
60 "臣于九月初三日，由武昌回驻黄州下游四十里之巴河，简校军实，详考入皖形势。"《遵旨会商大略折》，咸丰九年九月十二日，《曾国藩全集·奏稿之二》，岳麓书社 2012 年第 2 版，第 367 页。
61 咸丰九年十月十七日，《曾国藩全集·日记之一》，岳麓书社 2012 年第 2 版，第 478 页。
62 "是夜睡至五更醒，觉心境光明甜适，或亦近日进境。"咸丰九年十月十六日，《曾国藩全集·日记之一》，岳麓书社 2012 年第 2 版，第 478 页。
63 咸丰九年十月十八日，《曾国藩全集·日记之一》，岳麓书社 2012 年第 2 版，第 478 页。
64 《遵旨会筹规剿皖逆折》，咸丰九年十月十七日，《曾国藩全集·奏稿之二》，岳麓书社 2012 年第 2 版，第 369 页。
65 《遵旨会商大略折》，咸丰九年九月十二日，《曾国藩全集·奏稿之二》，岳麓书社 2012 年第 2 版，第 367 页。
66 《咨官文胡林翼（转录廷寄：答遵旨会筹规剿皖逆等折片）》，咸丰九年十一月初六日附咨文，《曾国藩全集·奏稿之二》，岳麓书社 2012 年第 2 版，第 374 页。
67 "四路之说，亦恐徒托之空言。"《复郭崑焘》，咸丰九年十月十三日，《曾国藩全集·书信之二》，岳麓书社 2012 年第 2 版，第 266 页。
68 咸丰九年十一月十五日，《曾国藩全集·日记之一》，岳麓书社 2012 年第 2 版，第 487 页。
69 "中兴名将，塔、罗、彭、杨四公，随曾文正创立楚军，实开果毅坚贞之风气。稍后则满臣惟忠勇公多隆阿，汉臣唯子爵提督鲍公超，骁勇敢战，与之齐名，军中呼为'多龙鲍虎'。"［清］陈康祺撰，晋石点校：《郎潜纪闻二笔》卷十二，中华书局 1984 年版，第 538 页。
70 ［清］朱孔彰撰，向新阳点：《中兴将帅别传》卷十一上，岳麓书社 2008 年版，第 126 页。
71 ［清］赵尔巽等撰：《清史稿》，卷四百九列传一百九十六《多隆阿传》《鲍超传》，中华书局 1977 年版，第 11975—11986 页。
72 ［清］赵尔巽等撰：《清史稿》，卷四百九列传一百九十六《鲍超传》，中华书局 1977 年版，第 11981 页。
73 ［清］朱孔彰撰，向新阳校点：《中兴将帅别传》卷十一下，岳麓书社 2008 年版，第 127 页。
74 "多勇而忮，鲍勇而愎。"《致官文》，咸丰九年十一月十六日，《胡林翼集·书牍》，岳麓书社 2008 年版，第 367 页。

75	《致官文》，咸丰九年十一月十六日，《胡林翼集·书牍》，岳麓书社2008年版，第367页。
76	《致曾国藩三则》，咸丰九年十一月十五日，《胡林翼集·书牍》，岳麓书社2008年版，第364页。
77	《复李榕》，咸丰九年十一月十七日，《胡林翼集·书牍》，岳麓书社2008年版，第369页。
78	《致曾国藩三则》，咸丰九年十一月十五日，《胡林翼集·书牍》，岳麓书社2008年版，第364页。
79	《复胡林翼》，咸丰九年十一月十六日夜，《曾国藩全集·书信之二》，岳麓书社2012年第2版，第307页。
80	《胡文忠公年谱选录》卷三，太平天国历史博物馆编：《太平天国史料汇编》，凤凰出版社2018年版，第13164页。《年谱》里的这段记载，来自胡林翼写给曾国藩幕僚李榕的一封书信，见《复李榕》，咸丰九年十一月十七日，《胡林翼集·书牍》，岳麓书社2008年版，第368页。
81	《致曾国藩三则》，咸丰九年十一月十五日，《胡林翼集·书牍》，岳麓书社2008年版，第364页。
82	咸丰九年十一月十八日，《曾国藩全集·日记之一》，岳麓书社2012年版，第488页。
83	《复李榕》，咸丰九年十一月十七日，《胡林翼集·书牍》，岳麓书社2008年版，第369页。
84	《复胡林翼》，咸丰九年十一月三十日，《曾国藩全集·书信之二》，岳麓书社2012年第2版，第329页。
85	《致澄弟沅弟》，咸丰九年十二月初四日，《曾国藩全集·家书之一》，岳麓书社2012年第2版，第458页。
86	《复胡林翼》，咸丰九年十一月十九日申刻，《曾国藩全集·书信之二》，岳麓书社2012年第2版，第310页。
87	《复胡林翼》，咸丰九年十一月十九日申刻，《曾国藩全集·书信之二》，岳麓书社2012年第2版，第310页。
88	《致澄弟沅弟》，咸丰九年十二月初四日，《曾国藩全集·家书之一》，岳麓书社2012年第2版，第458页。
89	咸丰九年十二月十五日，《曾国藩全集·日记之一》，岳麓书社2012年第2版，第496页。
90	"萧军未到，而多礼堂急不能待，已调鲍、蒋移小池驿。"《致官文》，咸丰九年十二月十七日，《胡林翼集·书牍》，岳麓书社2008年版，第394页。
91	《致胡林翼》，咸丰九年十二月十八日申刻，《曾国藩全集·书信之二》，岳麓书社2012年第2版，第352页。
92	《致曾国藩》，咸丰九年十二月二十二日，《胡林翼集·书牍》，岳麓书社2008年版，第399、400页。
93	《复多隆阿》，咸丰九年十二月十八日，《胡林翼集·书牍》，岳麓书社2008年版，第394、395页。
94	［清］雷正绾辑：《多忠勇公勤劳录》卷一，太平天国历史博物馆编：《太平天国史料汇编·参考资料·传记（第二部分）·年谱》，凤凰出版社2018年版，第13344页。
95	［清］陈昌：《霆军纪略》，《近代中国史料丛刊》第十三辑，文海出版社1967年版，第167页。
96	［清］陈昌：《霆军纪略》，《近代中国史料丛刊》第十三辑，文海出版社1967年版，第168—170页。
97	《致鲍超》，咸丰九年十二月二十九日戌刻，《曾国藩全集·书信之二》，岳麓书社2012年第2版，第363页。
98	《复李鸿章》，咸丰十年正月初四，《曾国藩全集·书信之二》，岳麓书社2012年第2版，第

370 页。
99 ［清］雷正绾辑：《多忠勇公勤劳录》卷一，见太平天国历史博物馆编：《太平天国史料汇编·参考资料·传记（第二部分）·年谱》，凤凰出版社 2018 年版，第 13345 页。
100 ［清］雷正绾辑：《多忠勇公勤劳录》卷一，见太平天国历史博物馆编：《太平天国史料汇编·参考资料·传记（第二部分）·年谱》，凤凰出版社 2018 年版，第 13345 页。
101 《复罗遵殿》，咸丰十年正月十五日，《胡林翼集·书牍》，岳麓书社 2008 年版，第 433 页。
102 《致曾国藩》，咸丰九年十月十七日，《胡林翼集·书牍》，岳麓书社 2008 年版，第 347 页。
103 洪均：《咸丰年间太湖—潜山战役考论》，《江汉论坛》2010 年第 7 期。
104 "余会亭初六日已进英山、霍山交界之大枫树岭，此为总路，不可不防，部下三千余人，或可说守。"《致庄受祺严树森》，咸丰九年九月十一日，《胡林翼集·书牍》，岳麓书社 2008 年版，第 336 页；"第四路之李道湘军不足五千人，本已调赴霍山，因援贼大至，遂不能不暂行留防天堂后路。"《咨多副都统》，《胡林翼集·批札》，岳麓书社 2008 年版，第 923 页。
105 ［清］王闿运：《湘军志·湖北篇第三》，太平天国历史博物馆编：《太平天国史料汇编》，凤凰出版社 2018 年版，第 1393 页。
106 《致金国琛余际昌》，咸丰九年十二月二十五日，《胡林翼集·书牍》，岳麓书社 2008 年版，第 403 页
107 "多隆阿将五千人，鲍超三千人，唐训方三千五百人，蒋凝学四千人，朱品隆三千五百人。"［清］王闿运：《湘军志·湖北篇第三》，太平天国历史博物馆编：《太平天国史料汇编》，凤凰出版社 2018 年版，第 1393 页。
108 洪均：《咸丰年间太湖—潜山战役考论》，《江汉论坛》2010 年第 7 期。
109 咸丰十年四月十三日，《曾国藩全集·日记之二》，岳麓书社 2012 年第 2 版，第 41 页。
110 咸丰十年四月初二日，《曾国藩全集·日记之二》，岳麓书社 2012 年第 2 版，第 38 页。
111 学界对"奔袭杭州，二破江南大营"的战役基本定论，是以洪仁玕提出的，以李秀成执行的"围魏救赵"的战略。但是后续学者再次考证，认为该战役并不是洪仁玕和李秀成在天京城内商讨出来的，而是李秀成在实际的战场操作中探索出来的，将战火由己方的内线引到外线，由敌方的外线引入内线，参见王明前：《论太平天国二破江南大营战役的战术成就》，《福建师大福清分校学报》2008 年第 4 期；《太平天国二破江南大营战役军事艺术评述》，《广西师范学院学报（哲学社会科学版）》2008 年第 1 期；《太平天国一克杭州战事考》，《大庆师范学院学报》2007 年第 3 期；《太平天国芜湖会议考辨——对"围魏救赵"战略决策的质疑》，《江淮论坛》2002 年第 5 期。
112 王明前：《太平天国二破江南大营战役军事艺术评述》，《广西师范学院学报（哲学社会科学版）》2008 年第 1 期。
113 董蔡时：《论曾国藩与何桂清争夺江浙地盘的斗争》，《浙江学刊》1985 年第 2 期。
114 《复胡林翼》，咸丰十年六月二十八日，《曾国藩全集·书信之二》，岳麓书社 2012 年第 2 版，第 626 页。
115 内阁于四月十九日发出了这条上谕，但因驿递延迟，曾国藩实际接到上谕是在五月二十日。《咨官文等（转录廷寄：赏曾国藩兵部尚书衔署理两江总督并饬径赴苏州进剿）》，咸丰十年五月二十七日附咨文，《曾国藩全集·奏稿之二》，岳麓书社 2012 年第 2 版，第 495 页。
116 咸丰十年四月二十八日，《曾国藩全集·日记之二》，岳麓书社 2012 年版，第 45 页。
117 《复官文》，咸丰十年四月二十八日，《曾国藩全集·书信之二》，岳麓书社 2012 年第 2 版，第 545 页；《复胡林翼》，咸丰十年四月二十八日酉刻，《曾国藩全集·书信之二》，第 545 页。
118 《致澄弟》，咸丰十年四月二十九日，《曾国藩全集·家书之一》，岳麓书社 2012 年第 2 版，

第 487 页。

119　咸丰十年四月十七日，《曾国藩全集·日记之二》，岳麓书社 2012 年第 2 版，第 42 页。

120　咸丰十年四月二十七日，《曾国藩全集·日记之二》，岳麓书社 2012 年第 2 版，第 45 页。

121　[清] 王闿运：《湘军志·曾军后篇第五》，太平天国历史博物馆编：《太平天国史料汇编》，凤凰出版社 2018 年版，第 1403、1404 页。

122　[清] 王闿运：《湘军志·曾军后篇第五》，太平天国历史博物馆编：《太平天国史料汇编》，凤凰出版社 2018 年版，第 1404 页。

123　奏稿具体内容，见《苏常无锡失陷遵旨通筹全局并办理大概情形折》，咸丰十年五月初三日，《曾国藩全集·奏稿之二》，岳麓书社 2012 年第 2 版，第 501、502 页。

124　早在咸丰十年四月二十六日的奏稿中，曾国藩就批注说明了太平军这一行军情报。具体见《咨官文等（转录廷寄：饬赴援苏常）》，咸丰十年四月二十六日附咨文，《曾国藩全集·奏稿之二》，岳麓书社 2012 年第 2 版，第 494 页。

125　《苏常无锡失陷遵旨通筹全局并办理大概情形折》，咸丰十年五月初三日，《曾国藩全集·奏稿之二》，岳麓书社 2012 年第 2 版，第 502 页。

126　简又文：《太平天国全史》，简氏猛进书屋 1962 年版，第 1835 页。

127　《谢补授两江总督并授钦差大臣恩折》，咸丰十年七月十二日，《曾国藩全集·奏稿之二》，岳麓书社 2012 年第 2 版，第 556 页。

128　咸丰十年七月初七日，《曾国藩全集·日记之二》，岳麓书社 2012 年第 2 版，第 68 页。

129　《谢补授两江总督并授钦差大臣恩折》，咸丰十年七月十二日，《曾国藩全集·奏稿之二》，岳麓书社 2012 年第 2 版，第 556、557 页。

130　《谢补授两江总督并授钦差大臣恩折》，咸丰十年七月十二日附朱批，《曾国藩全集·奏稿之二》，岳麓书社 2012 年第 2 版，第 557 页。

131　咸丰十年八月初五日，《曾国藩日记·日记之二》，岳麓书社 2012 年第 2 版，第 75 页。

132　不少学者提出，太平天国后期的第二次西征并不存在，陈玉成、李秀成有各自打算，虽然都曾向西运动至武昌附近作战，给人以西征假象，但是这并不是他们按照计划所做出的合取武汉。因此，虽有他们在天京讨论的西征计划，但是由于种种原因，该计划并未实现。参见梁义群：《太平军"第二次西征"若干史实辨析》，《安徽史学》1984 年第 4 期；王国平：《太平军安庆保卫战战略决策试探——兼论所谓"二次西征战役"》，《苏州大学学报》1986 年第 2 期；董蔡时：《太平天国安庆保卫战中若干问题的研究》，《军事历史研究》1994 年第 4 期；王明前：《李秀成与太平天国第二次西征》，《安顺师范高等专科学校学报（综合版）》2006 年第 4 期。

133　《致张运兰》，咸丰十年八月十七日，《曾国藩全集·书信之二》，岳麓书社 2012 年第 2 版，第 713 页。

134　"足下当靖港败后，宛转护持，入则欢愉相对，出则雪涕鸣愤，一不忘也；九江败后，特立一军，初志专在护卫水师，保全根本，二不忘也；樟镇败后，鄙人部下别无陆军，赖台端支持东路隐然巨镇，力撑绝续之交，以待楚援之至，三不忘也。"《与李元度》，咸丰七年闰五月初三日，《曾国藩全集·书信之一》，岳麓书社 2012 年第 2 版，第 577 页。

135　"国藩以李元度前守贵溪有功，令权皖南道，元度亦自许能守之。"[清] 王定安撰，朱纯点校：《湘军记》卷六"规复安徽篇"，岳麓书社 2008 年版，第 414 页。

136　《致沅弟》，咸丰十年八月二十日，《曾国藩全集·家书之一》，岳麓书社 2012 年第 2 版，第 514 页。

137　咸丰十年八月十九日，《曾国藩全集·日记之二》，岳麓书社 2012 年第 2 版，第 79 页。

138 咸丰十年八月二十七日,《曾国藩全集·日记之二》,岳麓书社 2012 年第 2 版,第 81 页。
139 《致沅弟》,咸丰十年八月二十八日午初,《曾国藩全集·家书之一》,岳麓书社 2012 年第 2 版,第 516 页。
140 《徽州被陷现筹堵剿折》,咸丰十年九月初六日,《曾国藩全集·奏稿之二》,岳麓书社 2012 年第 2 版,第 591 页。
141 梁从国:《曾国藩与李元度关系的再辨析——从咸丰十年的一个奏折说起》,《沈阳师范大学学报(社会科学版)》2013 年第 2 期。
142 《复李续宜》,咸丰十年十月初五日,《曾国藩全集·书信之三》,岳麓书社 2012 年第 2 版,第 8 页。
143 [清]王闿运:《湘军志·曾军后篇第五》,太平天国历史博物馆编:《太平天国史料汇编》,凤凰出版社 2018 年版,第 1405 页。
144 "余于十一日看羊栈岭,大雾迷漫,目无所睹。十二日看桐林岭,为雪所阻,今果疏失,天也。"咸丰十年十月十九日,《曾国藩全集·日记之二》,岳麓书社 2012 年第 2 版,第 94 页。
145 咸丰十年十月十九日,《曾国藩全集·日记之二》,岳麓书社 2012 年第 2 版,第 94 页。
146 《致沅弟季弟》,咸丰十年十月二十日,《曾国藩全集·家书之一》,岳麓书社 2012 年第 2 版,第 536 页。
147 《致沅弟季弟》,咸丰十年十月二十日,《曾国藩全集·家书之一》,岳麓书社 2012 年第 2 版,第 536 页。
148 咸丰十年十一月十四日,《曾国藩全集·日记之二》,岳麓书社 2012 年第 2 版,第 100 页。
149 咸丰十年十一月十八日,《曾国藩全集·日记之二》,岳麓书社 2012 年第 2 版,第 101 页。
150 《致澄弟》,咸丰十一年正月十四日,《曾国藩全集·家书之一》,岳麓书社 2012 年第 2 版,第 567 页。
151 咸丰十一年正月初六日,《曾国藩全集·日记之二》,岳麓书社 2012 年第 2 版,第 122 页。
152 咸丰十年十一月二十三日,《曾国藩全集·日记之二》,岳麓书社 2012 年第 2 版,第 103 页。
153 咸丰十年十一月二十七日,《曾国藩全集·日记之二》,岳麓书社 2012 年第 2 版,第 104 页。
154 咸丰十年十二月初四日,《曾国藩全集·日记之二》,岳麓书社 2012 年第 2 版,第 106 页。
155 咸丰十年十二月初九日,《曾国藩全集·日记之二》,岳麓书社 2012 年第 2 版,第 108 页。
156 咸丰十一年正月十五日,《曾国藩全集·日记之二》,岳麓书社 2012 年第 2 版,第 124 页。
157 咸丰十一年正月十六日,《曾国藩全集·日记之二》,岳麓书社 2012 年第 2 版,第 124 页。
158 《致沅弟季弟》,咸丰十年十月二十日,《曾国藩全集·家书之一》,岳麓书社 2012 年第 2 版,第 536 页。
159 《致沅弟》,咸丰十一年正月元日,《曾国藩全集·家书之一》,岳麓书社 2012 年第 2 版,第 562 页。
160 《致沅弟季弟》,咸丰十一年二月二十二日辰刻,《曾国藩全集·家书之一》,岳麓书社 2012 年第 2 版,第 584 页。
161 《致澄弟》,咸丰十年十一月十四日午刻,《曾国藩全集·家书之一》,岳麓书社 2012 年第 2 版,第 544 页。
162 《致澄弟》,咸丰十年十二月初四日,《曾国藩全集·家书之一》,岳麓书社 2012 年第 2 版,第 552 页。
163 《致澄弟》,咸丰十一年二月二十四日,《曾国藩全集·家书之一》,岳麓书社 2012 年第 2 版,第 585 页。
164 《复胡林翼》,咸丰十一年三月十一夜,《曾国藩全集·书信之三》,岳麓书社 2012 年第 2 版,第 271 页。

165 胡林翼曰:"生死之际,如倦极思得一睡,睡着便安,即'没吾宁也'之义。"《复曾国藩》,咸丰十一年二月二十六日,《胡林翼集·书牍》,岳麓书社 2008 年版,第 769 页。

166 《复胡林翼》,咸丰十一年三月初七日申刻,《曾国藩全集·书信之三》,岳麓书社 2012 年第 2 版,第 258 页。

167 "以私情之敬爱论,则颇有回何敢死之义。"《复曾国藩》,咸丰十一年三月十二日,《胡林翼集·书牍》,岳麓书社 2008 年版,第 778、779 页。

168 《复胡林翼》,咸丰十一年二月二十日,《曾国藩全集·书信之三》,岳麓书社 2012 年第 2 版,第 214 页。

169 《致胡林翼》,咸丰十一年正月十七日申刻第六号,《曾国藩全集·书信之三》,岳麓书社 2012 年第 2 版,第 138 页。

170 咸丰十年十二月二十二日,《曾国藩全集·日记之二》,岳麓书社 2012 年第 2 版,第 112 页。

171 咸丰十一年三月初五日,《曾国藩全集·日记之二》,岳麓书社 2012 年第 2 版,第 142 页。

172 咸丰十一年三月十二日,《曾国藩全集·日记之二》,岳麓书社 2012 年第 2 版,第 145 页。

173 《谕纪泽纪鸿》,咸丰十一年三月十三日,《曾国藩全集·家书之一》,岳麓书社 2012 年第 2 版,第 593、594 页。

174 简又文:《太平天国全史》,简氏猛进书屋 1962 年版,第 1867 页。

175 《致沅弟季弟》,咸丰十一年三月二十一日辰刻,《曾国藩全集·家书之一》,岳麓书社 2012 年第 2 版,第 599 页。

176 《致澄弟》,咸丰十一年三月二十四日,《曾国藩全集·家书之一》,岳麓书社 2012 年第 2 版,第 604 页。

177 《扎营之规八条》,《曾国藩全集·诗文·杂著》,岳麓书社 2012 年第 2 版,第 407、408 页。

178 咸丰十一年三月二十九日,《曾国藩全集·日记之二》,岳麓书社 2012 年第 2 版,第 151 页。

179 咸丰十一年四月初一日,《曾国藩全集·日记之二》,岳麓书社 2012 年第 2 版,第 151 页。

180 "...but I was told by a Chinaman there that the garrison actually purchase supplies from the soldiers of the besieging force." Garnet Wolseley: *Narrative of the War with China in 1860*, Longman, Green, Longman, and Roberts, 1862, p. 370.

181 [美] 裴士锋(Stephen R. Platt):《天国之秋》,黄中宪译,谭伯牛校,社会科学文献出版社 2014 年版,第 219 页。

182 简又文:《太平天国全史》,简氏猛进书屋 1962 年版,第 1847、1848 页。

183 《致曾国荃》,咸丰十一年二月十七日,《胡林翼集·书牍》,岳麓书社 2008 年版,第 763 页。

184 二月二十二日辰刻:"群贼分路上犯,其意无非援救安庆。……去年之弃浙江而解金陵之围,乃贼中得意之笔。今年抄写前文无疑也。无论武汉之或保或否,总以狗逆回扑安庆时,官军之能守不能守以定乾坤之能转不能转。"《致沅弟季弟》,咸丰十一年二月二十二日,《曾国藩全集·家书之一》,岳麓书社 2012 年第 2 版,第 584 页。

185 简又文:《太平天国全史》,简氏猛进书屋 1962 年版,第 1881 页。

186 简又文:《太平天国全史》,简氏猛进书屋 1962 年版,第 1881 页。

187 《安庆围师扫平菱湖两岸贼垒折》,咸丰十一年六月二十二日,《曾国藩全集·奏稿之三》,岳麓书社 2012 年第 2 版,第 181—183 页。

188 "狗逆弃四垒而自窜于桐城,凡孤垒无援,必无守法,此狗逆之以术愚贼,非兵法也。"《致鲍超成大吉》,咸丰十一年四月十四日,《胡林翼集·书牍》,岳麓书社 2008 年版,第 829 页。

189 "顷于午间奉寄一函,切嘱莫攻贼垒,而于距贼垒二里外,以兵力分前后左右围之,每一面只须三营,遥遥相制,邀截樵汲。静待十日,贼必无水无米无薪,自行奔溃。"《致鲍超成大吉》,咸丰十一年四月十二日,《胡林翼集·书牍》,岳麓书社 2008 年版,第 828 页。

190 [清]陈昌:《霆军纪略》,《近代中国史料丛刊》第十三辑,文海出版社 1967 年版,第 261 页。

191 《请严禁英法等国商船附载汉奸济匪折》,咸丰十一年五月二十九日,《曾国藩全集·奏稿之三》,岳麓书社 2012 年第 2 版,第 114、115 页。

192 咸丰十一年四月二十一日,《曾国藩全集·日记之二》,岳麓书社 2012 年第 2 版,第 158 页。

193 《赠中宪大夫桃源县学教谕孙公暨桂太恭人墓表》,作于咸丰九年五月二十七、八日,《曾国藩全集·诗文》,岳麓书社 2012 年第 2 版,第 317、318 页。

194 咸丰十一年四月二十二日,《曾国藩全集·日记之二》,岳麓书社 2012 年第 2 版,第 158 页。

195 《请严禁英法等国商船附载汉奸济匪折》,咸丰十一年五月二十九日,《曾国藩全集·奏稿之三》,岳麓书社 2012 年第 2 版,第 114、115 页。

196 《致沅弟》,咸丰十一年五月十二日巳刻,《曾国藩全集·家书之一》,岳麓书社 2012 年第 2 版,第 647 页。

197 《奏陈楚军剿退安庆援贼疏》,咸丰十一年五月初六日督发,《胡林翼集·奏疏》,岳麓书社 2008 年版,第 731—738 页。

198 "闻玱林先生坚守如故,良可佩服,鲍军想又受伤不少矣。"《致沅弟》,咸丰十一年五月初三日酉正,《曾国藩全集·家书之一》,岳麓书社 2012 年第 2 版,第 639 页;"若决长壕以围玱林先生之营,断无不破之理,但须严密巡逻,无令玱翁一人脱逃耳。"《致沅弟季弟》,咸丰十一年五月初四日,《曾国藩全集·家书之一》,岳麓书社 2012 年第 2 版,第 640 页。

199 [清]陈昌:《霆军纪略》,《近代中国史料丛刊》第十三辑,文海出版社 1967 年版,第 262、263 页。

200 《复李续宜》,咸丰十一年五月初五日,《胡林翼集·书牍》,岳麓书社 2008 年版,第 850 页。

201 《致沅弟季弟》,咸丰十一年五月初四日,《曾国藩全集·家书之一》,岳麓书社 2012 年第 2 版,第 640 页。

202 [清]朱洪章:《从戎纪略》,太平天国历史博物馆编:《太平天国史料汇编》,凤凰出版社 2018 年版,第 3684 页。

203 《致沅弟季弟》,咸丰十一年六月十二日巳刻,《曾国藩全集·家书之一》,岳麓书社 2012 年第 2 版,第 661 页。

204 [清]赵烈文:《能静居日记》,咸丰十一年八月十三日,太平天国历史博物馆编:《太平天国史料汇编》,凤凰出版社 2018 年版,第 3863 页。

205 [清]赵烈文:《能静居日记》,咸丰十一年八月十三日,见太平天国历史博物馆编:《太平天国史料汇编》,凤凰出版社 2018 年版,第 3863 页。

206 简又文:《太平天国全史》,简氏猛进书屋 1962 年版,第 1900 页。

207 《致沅弟》,咸丰十一年八月初一日灯下,《曾国藩全集·家书之一》,岳麓书社 2012 年第 2 版,第 687、688 页。

208 《克复安庆省城片》,咸丰十一年八月初二日,《曾国藩全集·奏稿之三》,岳麓书社 2012 年第 2 版,第 199 页。

209 咸丰十一年九月初三日,《曾国藩全集·日记之二》,岳麓书社 2012 年第 2 版,第 202 页。

210 《挽胡文忠公林翼》,咸丰十一年九月十三日,《曾国藩全集·诗文》,岳麓书社 2012 年第 2 版,第 121 页。

第四章 金陵困局

1. 同治元年六月二十三日,《曾国藩全集·日记之二》,岳麓书社 2012 年第 2 版,第 303 页。
2. 同治元年七月二十四日,《曾国藩全集·日记之二》,岳麓书社 2012 年第 2 版,第 311 页。
3. 同治元年七月二十四日,《曾国藩全集·日记之二》,岳麓书社 2012 年第 2 版,第 311 页。
4. 咸丰十一年十二月十七日,《曾国藩全集·日记之二》,岳麓书社 2012 年第 2 版,第 238 页。
5. 同治元年三月初三日,《曾国藩全集·日记之二》,岳麓书社 2012 年第 2 版,第 267 页。
6. 这副挽联写于同治元年,但是难以判断是写于七月,还是腊月。见《挽何桂清》,《曾国藩全集·诗文》,岳麓书社 2012 年第 2 版,第 124 页。
7. 咸丰十一年十一月二十一日,《曾国藩全集·日记之二》,岳麓书社 2012 年第 2 版,第 229 页。
8. 咸丰十一年十月初六日,《曾国藩全集·日记之二》,岳麓书社 2012 年第 2 版,第 214 页。
9. 咸丰十一年十月初七日,《曾国藩全集·日记之二》,岳麓书社 2012 年第 2 版,第 214 页。
10. 咸丰十一年十月初九日,《曾国藩全集·日记之二》,岳麓书社 2012 年第 2 版,第 214 页。
11. 《致澄弟》,咸丰十一年十月十四日,《曾国藩全集·家书之一》,岳麓书社 2012 年第 2 版,第 710 页。
12. 咸丰十一年十月初十日,《曾国藩全集·日记之二》,岳麓书社 2012 年第 2 版,第 215 页。
13. 咸丰十一年十月二十四日,《曾国藩全集·日记之二》,岳麓书社 2012 年第 2 版,第 220 页。
14. 咸丰十一年十一月十四日,《曾国藩全集·日记之二》,岳麓书社 2012 年第 2 版,第 227 页。
15. 《致澄弟沅弟》,咸丰十一年十一月初四日,《曾国藩全集·家书之一》,岳麓书社 2012 年第 2 版,第 712 页。
16. 咸丰十一年十一月十四日,《曾国藩全集·日记之二》,岳麓书社 2012 年第 2 版,第 227 页。
17. 《致澄弟沅弟》,咸丰十一年十一月初四日,《曾国藩全集·家书之一》,岳麓书社 2012 年第 2 版,第 713 页。
18. 《着曾国藩统辖江苏安徽江西浙江四省军务并着速饬左宗棠赴浙剿贼》,咸丰十一年十一月十五日附录明谕,《曾国藩全集·奏稿之三》,岳麓书社 2012 年第 2 版,第 251 页。
19. 咸丰十一年十一月十四日,《曾国藩全集·日记之二》,岳麓书社 2012 年第 2 版,第 227 页。
20. "余近浪得虚名,亦不知其所以然,便获美誉。"咸丰十一年十一月十四日,《曾国藩全集·日记之二》,岳麓书社 2012 年第 2 版,第 227 页。
21. 《致官文》,咸丰十一年十一月十七日,《曾国藩全集·书信之三》,岳麓书社 2012 年第 2 版,第 604 页。
22. 简又文:《太平天国全史》,简氏猛进书屋 1962 年版,第 2005 页。
23. 咸丰十一年十二月初七日,《曾国藩全集·日记之二》,岳麓书社 2012 年第 2 版,第 235 页。
24. 《致左宗棠》,咸丰十一年十二月初七日,《曾国藩全集·书信之三》,岳麓书社 2012 年第 2 版,第 641 页。
25. 《复欧阳兆熊》,咸丰十一年十二月初八日,《曾国藩全集·书信之三》,岳麓书社 2012 年第 2 版,第 645 页。
26. 咸丰十一年十二月初七日,《曾国藩全集·日记之二》,岳麓书社 2012 年第 2 版,第 235 页。
27. 咸丰十一年十二月初十日,《曾国藩全集·日记之二》,岳麓书社 2012 年第 2 版,第 235 页。
28. 罗尔纲:《太平天国史》,卷五十七传第十六"李秀成、李容发",中华书局 2000 年版。
29. [清]许瑶光:《谈浙》,卷二"谈咸丰十一年十一月廿八日杭州复陷十二月初一日满城亦陷",太平天国历史博物馆编:《太平天国史料汇编》,凤凰出版社 2018 年版,第 9477 页。
30. 《忠王李秀成给侄容椿子容发谆谕》,太平天国历史博物馆编:《太平天国文书汇编》,中华书局 1979 年版，第 193 页。
31 ［清］华学烈：《杭城再陷纪实》，收于［清］丁丙辑：《庚辛泣杭录》卷九，太平天国历史博物馆编：《太平天国史料汇编》，凤凰出版社 2018 年版，第 9635 页。
32 ［清］华学烈：《杭城再陷纪实》，收于［清］丁丙辑：《庚辛泣杭录》卷九，太平天国历史博物馆编：《太平天国史料汇编》，凤凰出版社 2018 年版，第 9635 页。
33 崔之清主编：《太平天国战争全史》，南京大学出版社 2018 年版，第 2207 页。
34 咸丰十一年十二月十二日，《曾国藩全集·日记之二》，岳麓书社 2012 年第 2 版，第 236 页。
35 咸丰十一年十二月十二日，《曾国藩全集·日记之二》，岳麓书社 2012 年第 2 版，第 236 页。
36 《查复江浙抚臣及金安清参款折》，咸丰十一年十一月二十五日，《曾国藩全集·奏稿之三》，岳麓书社 2012 年第 2 版，第 347—352 页。
37 "陈吴中百姓阽危，上海中外互市，榷税所入，足运兵数万，不宜弃之资贼。"［清］赵尔巽等撰：《清史稿》，卷四百二十五列传二百十二《钱鼎铭传》，中华书局 1977 年版，第 12231、12232 页。
38 ［清］赵尔巽等撰：《清史稿》，卷四百二十五列传二百十二《钱鼎铭传》，中华书局 1977 年版，第 12232 页。
39 咸丰十一年十月十六日，《曾国藩全集·日记之二》，岳麓书社 2012 年第 2 版，第 217 页。
40 《左传·定公·四年》记载，"（申包胥）依于庭墙而哭，日夜不绝声，勺饮不入口七日"。郭丹等译注：《左传》（下册），中华书局 2018 年版，第 2122 页。
41 咸丰十一年十月二十一日，《曾国藩全集·日记之二》，岳麓书社 2012 年第 2 版，第 219 页。
42 《致澄弟沅弟》，咸丰十一年十二月十四日，《曾国藩全集·家书之一》，岳麓书社 2012 年第 2 版，第 720 页。
43 苑书义：《李鸿章传》，人民出版社 2004 年版，第 49 页。
44 《遵旨统筹全局折》，同治元年二月初二日，《曾国藩全集·奏稿之四》，岳麓书社 2012 年第 2 版，第 66 页。
45 简又文：《太平天国革命运动史》，王然译，九州出版社 2020 年版，第 470 页。
46 ［清］黎庶昌：《曾国藩年谱》，卷八同治元年，岳麓书社 1986 年版，第 135 页。
47 咸丰十一年十一月十四日，《曾国藩全集·日记之二》，岳麓书社 2012 年第 2 版，第 227 页。
48 同治元年二月初一日，《曾国藩全集·日记之二》，岳麓书社 2012 年第 2 版，第 258 页。
49 同治元年二月初一日，《曾国藩全集·日记之二》，岳麓书社 2012 年第 2 版，第 258 页。
50 同治元年二月二十四日，《曾国藩全集·日记之二》，岳麓书社 2012 年第 2 版，第 264 页。
51 同治元年二月十七日，《曾国藩全集·日记之二》，岳麓书社 2012 年第 2 版，第 262 页。
52 同治元年二月十七日，《曾国藩全集·日记之二》，岳麓书社 2012 年第 2 版，第 262 页。
53 ［清］杜文澜撰：《平定粤寇纪略》卷十三，太平天国历史博物馆编：《太平天国史料汇编》，凤凰出版社 2018 年版，第 148 页。
54 "若弟能派四千人助围庐郡，东路多公更易得手，但须与守巢县之兵声气联络，万一有大股援贼上犯，我之局势本紧，方能立于不败之地。"《致沅弟》，同治元年三月二十七日，《曾国藩全集·家书之二》，岳麓书社 2012 年第 2 版，第 10 页。
55 "目下弟与雪军、季军且坚守芜、太、金柱、南陵、黄池等处，休养锐气，不遽进兵。待鲍军扎围宁国，十分稳固，多军进至九洑洲，弟与雪（彭玉麟）、季（曾贞干）再议前进。"《致沅弟》，同治元年四月二十八日，《曾国藩全集·家书之二》，岳麓书社 2012 年第 2 版，第 20 页。
56 《致沅弟季弟》，同治元年五月初七日，《曾国藩全集·家书之二》，岳麓书社 2012 年第 2 版，第 22 页。

57	《致沅弟季弟》，同治元年五月初七日，《曾国藩全集·家书之二》，岳麓书社 2012 年第 2 版，第 22 页。
58	《致沅弟季弟》，同治元年五月初七日，《曾国藩全集·家书之二》，岳麓书社 2012 年第 2 版，第 22 页。
59	罗尔纲：《增补本李秀成自述原稿注》，中国社会科学出版社 1995 年版，第 296 页。
60	佚名：《陈玉成被擒记》，见罗尔纲：《太平天国史料考释集》，生活·读书·新知三联书店 1985 年版，第 204 页。
61	有关陈玉成被捕的经过，见中国科学院历史研究所第三所近代史资料编辑组编：《太平天国资料》，知识产权出版社 2013 年版，第 213 页。
62	《英王陈玉成自述》，罗尔纲：《太平天国史料考释集》，生活·读书·新知三联书店 1985 年版，第 210 页。罗尔纲怀疑这句话是胜保为了邀功写在陈玉成的自述中的。
63	《复多隆阿》，同治元年五月十八日，《曾国藩全集·书信之四》，岳麓书社 2012 年第 2 版，第 300 页。
64	隋丽娟：《多隆阿与安庆战役》，《黑龙江社会科学》1997 年第 1 期。
65	［清］雷正绾辑：《多忠勇公勤劳录》卷二，太平天国历史博物馆编：《太平天国史料汇编·参考资料·传记（第二部分）·年谱》，凤凰出版社 2018 年版，第 13359 页。
66	《谢两弟国荃贞干升秩恩折》，咸丰十一年十月二十六日，《曾国藩全集·奏稿之三》，岳麓书社 2012 年第 2 版，第 243 页。
67	［清］雷正绾辑：《多忠勇公勤劳录》卷二，太平天国历史博物馆编：《太平天国史料汇编·参考资料·传记（第二部分）·年谱》，凤凰出版社 2018 年版，第 13359 页。
68	［清］雷正绾辑：《多忠勇公勤劳录》卷二，太平天国历史博物馆编：《太平天国史料汇编·参考资料·传记（第二部分）·年谱》，凤凰出版社 2018 年版，第 13359 页。
69	［清］雷正绾辑：《多忠勇公勤劳录》卷二，太平天国历史博物馆编：《太平天国史料汇编·参考资料·传记（第二部分）·年谱》，凤凰出版社 2018 年版，第 13359 页。
70	［清］王闿运：《湘军志·湘军后篇第五》，太平天国历史博物馆编：《太平天国史料汇编》，凤凰出版社 2018 年版，第 1408 页。
71	《致澄弟沅弟》，咸丰九年十二月初四日，《曾国藩全集·家书之一》，岳麓书社 2012 年第 2 版，第 458 页。
72	同治元年七月二十八日，《曾国藩全集·日记之二》，岳麓书社 2012 年第 2 版，第 312、313 页。
73	同治元年七月初四日，《曾国藩全集·日记之二》，岳麓书社 2012 年第 2 版，第 306 页。
74	同治元年七月十七日，《曾国藩全集·日记之二》，岳麓书社 2012 年第 2 版，第 309 页。
75	［美］裴士锋（Stephen R. Platt）：《天国之秋》，黄中宪译，谭伯牛校，社会科学文献出版社 2014 年版，第 331—333 页。
76	余新忠：《咸同之际江南瘟疫探略——兼论战争与瘟疫之关系》，《近代史研究》2002 年第 5 期。
77	余新忠：《咸同之际江南瘟疫探略——兼论战争与瘟疫之关系》，《近代史研究》2002 年第 5 期。
78	余新忠：《咸同之际江南瘟疫探略——兼论战争与瘟疫之关系》，《近代史研究》2002 年第 5 期。
79	龚胜生编注：《中国三千年疫灾史料汇编·清代卷（1644—1911）》，齐鲁书社 2019 年版，第 830 页。
80	《金陵湘军陆师昭忠祠记》，同治七年八月初四至十四日，《曾国藩全集·诗文》，岳麓书社 2012 年第 2 版，第 166 页。
81	《近日军情形势片》，同治元年八月二十九日，《曾国藩全集·奏稿之五》，岳麓书社 2012 年

第 2 版，第 77 页。

82　《请简亲信大臣会办军务片》，同治元年闰八月十二日，《曾国藩全集·奏稿之五》，岳麓书社 2012 年第 2 版，第 84 页。

83　同治元年闰八月初七日，《曾国藩全集·日记之二》，岳麓书社 2012 年第 2 版，第 325 页。

84　《致沅弟季弟》，同治元年七月二十八日，《曾国藩全集·家书之二》，岳麓书社 2012 年第 2 版，第 42 页。

85　《谕纪泽》，同治元年八月初四，《曾国藩全集·家书之二》，岳麓书社 2012 年第 2 版，第 43 页。

86　《金陵通纪（选录）》，参见太平天国历史博物馆编：《太平天国史料汇编·各地·江苏地区·第二部分·南京地区》卷一《专著》，凤凰出版社 2018 年版，第 6310 页。

87　《近日军情片》，同治元年五月十七日，《曾国藩全集·奏稿之四》，岳麓书社 2012 年第 2 版，第 236 页。

88　[清] 王定安撰，朱纯点校：《湘军记》卷八 "围攻金陵上篇"，岳麓书社 2008 年版，第 452 页。

89　同治元年闰八月二十六日，《曾国藩全集·日记之二》，岳麓书社 2012 年第 2 版，第 333 页。

90　同治元年闰八月二十七日，《曾国藩全集·日记之二》，岳麓书社 2012 年第 2 版，第 334 页。

91　《致沅弟》，同治元年九月初一日，《曾国藩全集·家书之二》，岳麓书社 2012 年第 2 版，第 50 页。

92　"军中医疗卫生组织，各军设内医四员，治内科，职同总制，又内医十四员，职同军帅恩赏检点督医将军一员，掌医二十五员，治外科，职同总制。拯危急一员，职同监军，属官无数，皆治外科，主疗受伤的人员。这个数目相当大，以恩赏检点督医将军官职最高，当是各军的卫生工作领导人。其中可看出一个特点，即外科人员的配备可算得是坚强的，除二十五人外，还有拯危急，并且'属官无数'。太平军每军实际人数为二千五百人，以二十五个外科医生计算，每百人中就有一个外科医生，这是一个很健全的医疗机构了。此外尚有理能人，就是护理病人员，其员数无定额，其主要工作是料理伤病员的茶饭汤药。又设功臣一员，主管军中药料。" 罗尔纲：《太平天国史》，卷三十七志十六 "医疗卫生"，中华书局 2000 年版，第 332 页。

93　[清] 王定安撰，朱纯点校：《湘军记》卷九 "围攻金陵下篇"，岳麓书社 2008 年版，第 460 页。

94　"夫贼虽众，皆乌合无纪律，且久据吴会，习于骄佚，未尝经大挫。吾正苦其散漫难遍击，今致之来，聚而创之，必狂走。吾乃得专力捣其巢，破之必矣。愿诸君共努力。" [清] 王定安撰，朱纯点校：《湘军记》卷九 "围攻金陵下篇"，岳麓书社 2008 年版，第 460 页。

95　《与伯兄》，同治元年闰八月，《曾国荃集·家书》，岳麓书社 2008 年版，第 145 页。

96　罗尔纲：《增补本李秀成自述原稿注》，中国社会科学出版社 1995 年版，第 318 页。

97　《缕陈金陵鏖战四十六日得解重围折》，同治元年十月二十七日，《曾国藩全集·奏稿之五》，岳麓书社 2012 年第 2 版，第 242、243 页。

98　"贼数日增，勇病不减，警报纷来，如在惊涛骇浪之中，未卜能度此艰险不致决裂否？"《复黄冕》，同治元年九月初五日，《曾国藩全集·书信之五》，岳麓书社 2012 年第 2 版，第 15 页。

99　同治元年九月初五日，《曾国藩全集·日记之二》，岳麓书社 2012 年第 2 版，第 337 页。

100　"足见天伦血脉感触，息息相通。" 同治元年九月初六日，《曾国藩全集·日记之二》，岳麓书社 2012 年第 2 版，第 338 页。

101　《致李续宜》，同治元年闰八月二十九日，《曾国藩全集·书信之四》，岳麓书社 2012 年第 2 版，第 577、578 页。

102 同治元年九月初四日,《曾国藩全集·日记之二》,岳麓书社2012年第2版,第336页。
103 同治元年九月十七日,《曾国藩全集·日记之二》,岳麓书社2012年第2版,第342页。
104 同治元年九月十四日,《曾国藩全集·日记之二》,岳麓书社2012年第2版,第341页。
105 "余近日忧灼,迥异寻常气象,与八年春间相类。盖安危之机,关系太大,不仅为一己之身名计也。但愿沅、霆两处幸保无恙,则他处尚可徐徐补救。"《谕纪泽》,同治元年九月十四日,《曾国藩全集·家书之二》,岳麓书社2012年第2版,第60页。
106 同治元年九月十四日,《曾国藩全集·日记之二》,岳麓书社2012年第2版,第341页。
107 《致沅弟》,同治元年九月二十四日,《曾国藩全集·家书之二》,岳麓书社2012年第2版,第65页。
108 《致伯兄》,同治元年九月初三日,《曾国荃集·家书》,岳麓书社2008年版,第148页。
109 《致伯兄》,同治元年九月初四日,《曾国荃集·家书》,岳麓书社2008年版,第149页。
110 《致李鸿章》,同治元年九月初四日,《曾国藩全集·书信之五》,岳麓书社2012年第2版,第12页。
111 罗尔纲:《增补本李秀成自述原稿注》,中国社会科学出版社1995年版,第318页。
112 [清]王定安撰,朱纯点校:《湘军记》卷九"围攻金陵下篇",岳麓书社2008年版,第461页。
113 《谕纪泽》,同治元年十月初四日,《曾国藩全集·家书之二》,岳麓书社2012年第2版,第70页。
114 《谕纪泽》,同治元年十月十四日,《曾国藩全集·家书之二》,岳麓书社2012年第2版,第76页。
115 同治元年十月十三日,《曾国藩全集·日记之二》,岳麓书社2012年第2版,第354页。
116 同治元年十月二十四日,《曾国藩全集·日记之二》,岳麓书社2012年第2版,第357页。
117 《缕陈金陵鏖战四十六日得解重围折》,同治元年十月二十七日,《曾国藩全集·奏稿之五》,岳麓书社2012年第2版,第247页。
118 同治元年十月二十四日,《曾国藩全集·日记之二》,岳麓书社2012年第2版,第357页。
119 "今年季之劳苦功多,既不得邀世俗之荣,乃求一日之康强健爽,而天意亦尚若吝之。然则人生事无巨细,何一不由运气哉!"《致沅弟》,同治元年十月二十四日,《曾国藩全集·家书之二》,岳麓书社2012年第2版,第81页。
120 《致季弟》,同治元年十月十六日,《曾国藩全集·家书之二》,岳麓书社2012年第2版,第77页。
121 《季弟事恒墓志铭》,作于同治元年十二月十五、六日,《曾国藩全集·诗文》,岳麓书社2012年第2版,第321页。
122 《季弟事恒墓志铭》,作于同治元年十二月十五、六日,《曾国藩全集·诗文》,岳麓书社2012年第2版,第322页。
123 [清]朱孔彰撰,向新阳校点:《中兴将帅别传》卷十下,岳麓书社2008年版,第118页。
124 《季弟事恒墓志铭》,作于同治元年十二月十五、六日,《曾国藩全集·诗文》,岳麓书社2012年第2版,第322页。
125 [清]王闿运:《湘军志·曾军后篇第五》,太平天国历史博物馆编:《太平天国史料汇编》,凤凰出版社2018年版,第1408、1409页。
126 [清]王闿运:《湘军志·曾军后篇第五》,太平天国历史博物馆编:《太平天国史料汇编》,凤凰出版社2018年版,第1409页。
127 "日内心中有三大虑:一曰季病,二曰皖北,三曰宁国。"《致沅弟》,同治元年十一月初六日,《曾国藩全集·家书之二》,岳麓书社2012年第2版,第86页。

128 《致沅弟》,同治元年十一月初一日,《曾国藩全集·家书之二》,岳麓书社2012年第2版,第84页。

129 《答金陵各营屡捷出力员弁请赐奖恤折》,同治元年十一月十八日附录明谕,《曾国藩全集·奏稿之五》,岳麓书社2012年第2版,第254页。

130 同治元年十一月二十二日,《曾国藩全集·日记之二》,岳麓书社2012年第2版,第366页。

131 《致沅弟》,同治元年十二月十八夜,《曾国藩全集·家书之二》,岳麓书社2012年第2版,第101页。

132 《致沅弟》,同治元年十一月二十二日,《曾国藩全集·家书之二》,岳麓书社2012年第2版,第90页。

133 《致沅弟》,同治元年十一月二十四日,《曾国藩全集·家书之二》,岳麓书社2012年第2版,第91页。

134 《致沅弟》,同治元年十一月二十五日,《曾国藩全集·家书之二》,岳麓书社2012年第2版,第92页。

135 《季弟事恒墓志铭》,作于同治元年十二月十五、六日,《曾国藩全集·诗文》,岳麓书社2012年第2版,第323页。

136 《季弟事恒墓志铭》,作于同治元年十二月十五、六日,《曾国藩全集·诗文》,岳麓书社2012年第2版,第323页。

137 同治元年十一月二十二日,《曾国藩全集·日记之二》,岳麓书社2012年第2版,第369页。

138 《致沅弟》,同治元年十一月二十八日,《曾国藩全集·家书之二》,岳麓书社2012年第2版,第93页。

139 同治元年十一月二十九日,《曾国藩全集·日记之二》,岳麓书社2012年第2版,第366页。

140 《致沅弟》,同治元年十二月十五日,《曾国藩全集·家书之二》,岳麓书社2012年第2版,第100页。

141 "忠酋往年以偏师攻破浙江,分官军之势,而以全力攻扑金陵老营。此次或以攻窜和、含、巢、庐,效往年破浙之故智,而以全力再攻弟营与金柱。"《致沅弟》,同治元年十一月初八日,《曾国藩全集·家书之二》,岳麓书社2012年第2版,第87页。

142 "巢县西北直达庐郡,西南近接无为、庐江等州县以入省垣,略一进步,全局俱震。"《汇报近日各路军情并请调江忠义军移守皖北折》,同治元年十一月十二日,《曾国藩全集·奏稿之五》,岳麓书社2012年第2版,第267页。

143 《致沅弟》,同治元年十月初三日,《曾国藩全集·家书之二》,岳麓书社2012年第2版,第70页。

144 《曾忠襄公书札》卷七,文海出版社1970年版,第2页。

145 《致沅弟》,同治元年十月二十日、同治元年十月二十七日,《曾国藩全集·家书之二》,岳麓书社2012年第2版,第79、83页。

146 同治二年三月初二日,李秀成率大军攻无为州的石涧埠,久攻半月不下,由于连天下雨,军士病者多,再加之湘军援军到了,便撤围。三月十九日,李秀成会合对王、纳王、养王等攻庐江城,遭到守城清军顽强抵抗,二十日李秀成便撤围向西。二十一日,李秀成攻舒城,遭到蒋凝学的抵抗;二十四日,李秀成大军进逼六安州,二十五日会合各部分三路攻六安,守军力拒,四月初二日,李秀成撤离六安,前往寿州。四月初六到寿州。

147 《致沅弟》,同治元年十二月二十五日,《曾国藩全集·家书之二》,岳麓书社2012年第2版,第105页。

148 《致伯兄》,同治二年正月初一日,《曾国荃集·家书》,岳麓书社2008年版,第182页。

149 《致沅弟》，同治二年正月初七日，《曾国藩全集·家书之二》，岳麓书社 2012 年第 2 版，第 108 页。

150 《复伯兄》，同治二年正月初三日，《曾国荃集·家书》，岳麓书社 2008 年版，第 184 页。

151 《致伯兄》，同治二年正月初五日，《曾国荃集·家书》，岳麓书社 2008 年版，第 185 页。

152 《致伯兄》，同治二年正月初九日，《曾国荃集·家书》，岳麓书社 2008 年版，第 186 页。

153 《致沅弟》，同治二年正月十八日，《曾国藩全集·家书之二》，岳麓书社 2012 年第 2 版，第 114 页。

154 《致沅弟》，同治二年正月十八日，《曾国藩全集·家书之二》，岳麓书社 2012 年第 2 版，第 114 页。

155 曾国藩的金陵考察路线：

正月二十九日，他来到了池州。

二月初一，路过大通古镇。

初二到无为州，初三到荻港，彭玉麟来接，二人同行至三山，后至芜湖。初四，曾国藩周历芜湖城垒，然后坐船至裕溪口，到彭玉麟大营。下午，曾国藩乘船过西梁山，在西梁山下，陈桥洲的难民跪着求粮食赈济，曾国藩"自愧无以赈之"。傍晚，曾国藩来到金柱关。

初五，乘船到乌江，至杨载福军中用中饭。下午至大胜关住宿。当日听说李世忠在九洑洲和浦口的大营被太平军攻陷。

初六，曾国藩从大胜关到雨花台，行三十里，曾国藩坐亮轿，曾国荃骑马，二人在途中讲话。巳刻到雨花台大营，接见各营哨官，应酬颇多。中午饭后，给各营官写对联，下半日共写十七对。

初七，和沅弟外出拜各营营官，共拜七营。当日收到曾国潢来信，得知大姐去世，曾国藩感慨颇多。

十五日，曾国藩坐舢板到九洑洲一看，天晴风霾，看不清。之后，前往大胜关。见道旁难民数万，席棚被火焚烧，数千家化为焦土，睹之伤心。

十六日，辞别曾国荃，坐长龙至乌江到杨载福大营。

十八日，到金柱关、三汊河。一路检查营垒建造，有些建造粗糙，杂草丛生。

十九日，到东梁山，后至裕溪口。

二十日，见英国提督士迪佛立。

二十一日，到雍家镇。

二十二日，到巢县，无为州。

二十三日，周历无为州。

二十五日，到荻港。

二十六日，到大通。

二十七日，到黄溢夹。

二十八日，回到安庆。

参见同治二年正月二十九至二月日记，《曾国藩全集·日记之二》，岳麓书社 2012 年第 2 版，第 392—401 页。

156 同治二年二月初七日，《曾国藩全集·日记之二》，岳麓书社 2012 年第 2 版，第 394 页。

157 同治二年二月十五日，《曾国藩全集·日记之二》，岳麓书社 2012 年第 2 版，第 396 页。

158 《密陈巡阅诸军情况及可喜可惧形势片》，同治二年二月二十七日，《曾国藩全集·奏稿之六》，岳麓书社 2012 年第 2 版，第 44 页。

159 同治二年二月初四日，《曾国藩全集·日记之二》，岳麓书社 2012 年第 2 版，第 393 页。

160 同治二年二月十五日，《曾国藩全集·日记之二》，岳麓书社2012年第2版，第396页。
161 《密陈巡阅诸军情况及可喜可惧形势片》，同治二年二月二十七日，《曾国藩全集·奏稿之六》，岳麓书社2012年第2版，第44页。
162 《密陈巡阅诸军情况及可喜可惧形势片》，同治二年二月二十七日，《曾国藩全集·奏稿之六》，岳麓书社2012年第2版，第45页。
163 简又文：《太平天国全史》，简氏猛进书屋1962年版，第2231页。
164 ［英］呤唎（A. F. Lindley）著：《太平天国革命亲历记》，译文转引自简又文：《太平天国全史》，简氏猛进书屋1962年版，第2237页。
165 罗尔纲：《增补本李秀成自述原稿注》，中国社会科学出版社1995年版，第322页。
166 参见［唐］许嵩：《建康实录》卷第二"吴中·太祖下"部分，中华书局1986年版，第38页。"龙蟠虎踞"本是古人对天宫星象的描述，左青龙，右白虎，前朱雀，后玄武，是天上的四宫星象。青龙在东即左，白虎在西即右，两者一东一西护卫中宫。诸葛亮善看天文，用天文之语描述人间地理。
167 吴庆洲：《明南京城池的军事防御体系研究》，《建筑师》2005年第2期。
168 《复陈金陵皖北江西各路军务筹办情形折》，同治三年六月十二日，《曾国藩全集·奏稿之七》，岳麓书社2012年第2版，第285页。
169 《致沅弟》，同治二年五月二十一日，《曾国藩全集·家书之二》，岳麓书社2012年第2版，第165页。
170 《致沅弟》，同治二年六月十二日，《曾国藩全集·家书之二》，岳麓书社2012年第2版，第175页。
171 ［清］朱洪章：《从戎纪略》，太平天国历史博物馆编：《太平天国史料汇编》，凤凰出版社2018年版，第3695—3698页。
172 《致沅弟》，同治二年十月二十二日，《曾国藩全集·家书之二》，岳麓书社2012年第2版，第221页。
173 同治二年十一月十二日，《曾国藩全集·日记之二》，岳麓书社2012年第2版，第484页。
174 《致沅弟》，同治二年十一月十二日，《曾国藩全集·家书之二》，岳麓书社2012年第2版，第226、227页。
175 《致沅弟》，同治二年七月二十九日，《曾国藩全集·家书之二》，岳麓书社2012年第2版，第193页。
176 《致沅弟》，同治二年七月十五日，《曾国藩全集·家书之二》，岳麓书社2012年第2版，第187页。
177 《致沅弟》，同治二年七月二十一日，《曾国藩全集·家书之二》，岳麓书社2012年第2版，第189页。
178 《致沅弟》，同治二年九月十一日，《曾国藩全集·家书之二》，岳麓书社2012年第2版，第209页。
179 《致沅弟》，同治二年七月二十一日，《曾国藩全集·家书之二》，岳麓书社2012年第2版，第190页。
180 《致沅弟》，同治二年十一月十二日，《曾国藩全集·家书之二》，岳麓书社2012年第2版，第226页。
181 罗尔纲：《增补本李秀成自述原稿注》，中国社会科学出版社1995年版，第340页。
182 罗尔纲：《增补本李秀成自述原稿注》，中国社会科学出版社1995年版，第340页。
183 ［清］赵烈文：《能静居日记》，同治三年二月二十三日，太平天国历史博物馆编：《太平天国

	史料汇编》，凤凰出版社2018年版，第3964页。
184	［清］赵烈文：《能静居日记》，同治三年二月二十三日，太平天国历史博物馆编：《太平天国史料汇编》，凤凰出版社2018年版，第3964页。
185	同治三年三月初三日，《曾国藩全集·日记之三》，岳麓书社2012年第2版，第25页。
186	［清］朱孔彰撰，向新阳校点：《中兴将帅别传》卷十七上，岳麓书社2008年版，第184页。
187	《谕沈葆桢总理船政刘典帮办甘肃军务》，同治五年十月十三日附录上谕，《左宗棠全集·奏稿三》，岳麓书社2009年版，第121页。
188	《请起用沈葆桢折》，咸丰十年五月初三日，《曾国藩全集·奏稿之二》，岳麓书社2012年第2版，第503页。
189	《边钱会匪围攻广信府城浙兵援剿解围折》，咸丰六年八月三十日，《曾国藩全集·奏稿之二》，岳麓书社2012年第2版，第118页。
190	参见同治元年十月日记，《曾国藩全集·日记之二》，岳麓书社2012年第2版，第350、351、352页。
191	《致曾涤生》，《倭文端公遗书》卷八，文海出版社1969年版，第25页。
192	《附录户部倭仁原折抄件》，同治三年三月二十一日，《曾国藩全集·奏稿之七》，岳麓书社2012年第2版，第94、95页。
193	同治三年三月二十二日，《曾国藩全集·日记之三》，岳麓书社2012年第2版，第33页。
194	同治三年三月二十二日，《曾国藩全集·日记之三》，岳麓书社2012年第2版，第33页。
195	《因患病请假调理折》，同治三年三月二十五日，《曾国藩全集·奏稿之七》，岳麓书社2012年第2版，第117页。
196	同治三年三月二十五日，《曾国藩全集·日记之三》，岳麓书社2012年第2版，第35页。
197	同治三年三月二十八日，《曾国藩全集·日记之三》，岳麓书社2012年第2版，第36页。
198	同治三年三月二十八日，《曾国藩全集·日记之三》，岳麓书社2012年第2版，第36页。
199	同治三年三月二十九日，《曾国藩全集·日记之三》，岳麓书社2012年第2版，第37页。
200	［清］赵烈文：《能静居日记》，同治三年二月二十五日，太平天国历史博物馆编：《太平天国史料汇编》，凤凰出版社2018年版，第3965页。
201	［清］赵烈文：《能静居日记》，同治三年二月二十五日，太平天国历史博物馆编：《太平天国史料汇编》，凤凰出版社2018年版，第3965页。
202	《复毛鸿宾》，同治三年五月二十三日，《曾国藩全集·书信之六》，岳麓书社2012年第2版，第646页。
203	［清］赵烈文：《能静居日记》，同治三年二月二十五日，太平天国历史博物馆编：《太平天国史料汇编》，凤凰出版社2018年版，第3965页。
204	［清］赵烈文：《能静居日记》，同治三年二月二十五日，太平天国历史博物馆编：《太平天国史料汇编》，凤凰出版社2018年版，第3966页。
205	《致沅弟》，同治三年四月十三日，《曾国藩全集·家书之二》，岳麓书社2012年第2版，第274页。
206	《致沅弟》，同治三年四月十三日，《曾国藩全集·家书之二》，岳麓书社2012年第2版，第274、275页。
207	"此时之兄弟，实患难风波之兄弟，惟有互劝互勖互恭维而已。"《致沅弟》，同治三年四月初三日，《曾国藩全集·家书之二》，岳麓书社2012年第2版，第269、270页。
208	《致沅弟》，同治三年四月十三日，《曾国藩全集·家书之二》，岳麓书社2012年第2版，第274页。

209 《遵旨统筹会剿金陵折》，同治三年五月二十二日，《曾国藩全集·奏稿之七》，岳麓书社 2012 年第 2 版，第 223 页。

210 《致沅弟》，同治三年五月十五日，《曾国藩全集·家书之二》，岳麓书社 2012 年第 2 版，第 287 页。

211 《致沅弟》，同治三年四月十六日，《曾国藩全集·家书之二》，岳麓书社 2012 年第 2 版，第 276 页。

212 《致沅弟》，同治三年四月二十日，《曾国藩全集·家书之二》，岳麓书社 2012 年第 2 版，第 278 页。

213 《致沅弟》，同治三年五月十二日，《曾国藩全集·家书之二》，岳麓书社 2012 年第 2 版，第 285 页。

214 《致沅弟》，同治三年五月十六日，《曾国藩全集·家书之二》，岳麓书社 2012 年第 2 版，第 288 页。

215 [清] 赵烈文：《能静居日记》，同治三年六月十五日，太平天国历史博物馆编：《太平天国史料汇编》，凤凰出版社 2018 年版，第 3999 页。

216 简又文：《太平天国全史》，简氏猛进书屋 1962 年版，第 2252 页。

217 [清] 赵烈文：《能静居日记》，同治三年六月十六日，太平天国历史博物馆编：《太平天国史料汇编》，凤凰出版社 2018 年版，第 3999 页。

218 [清] 赵烈文：《能静居日记》，同治三年六月十六日，太平天国历史博物馆编：《太平天国史料汇编》，凤凰出版社 2018 年版，第 3999 页。

219 同治三年六月十八日，《曾国藩全集·日记之三》，岳麓书社 2012 年第 2 版，第 65 页。

220 《致沅弟》，同治三年六月十九日辰正，《曾国藩全集·家书之二》，岳麓书社 2012 年第 2 版，第 302 页。

221 [清] 赵烈文：《能静居日记》，同治三年七月初五日，太平天国历史博物馆编：《太平天国史料汇编》，凤凰出版社 2018 年版，第 4006 页。

222 [清] 赵烈文：《能静居日记》，同治三年六月十六日，太平天国历史博物馆编：《太平天国史料汇编》，凤凰出版社 2018 年版，第 4000 页。

223 《奏报攻克金陵尽歼全股悍贼并生俘逆酋李秀成洪仁达折》，同治三年六月二十三日，《曾国藩全集·奏稿之七》，岳麓书社 2012 年第 2 版，第 299 页。

224 同治三年六月二十四日、二十五日日记《曾国藩全集·日记之三》，岳麓书社 2012 年第 2 版，第 67 页。

225 同治三年七月初一日，《曾国藩全集·日记之三》，岳麓书社 2012 年第 2 版，第 69 页。

226 《金陵外城既破着曾国荃竭力攻拔洪逆所踞伪城李鸿章仍遵前旨驰助攻剿并分投堵截逸贼》，同治三年七月初五日附录廷寄，《曾国藩全集·奏稿之七》，岳麓书社 2012 年第 2 版，第 293 页。

227 《官军克复金陵外城情形疏》，同治三年六月二十一日，《曾国荃集·奏疏》，岳麓书社 2008 年版，第 20 页。

228 "余笑言：'此后当称中堂，抑称侯爷？'中堂笑云：'君勿称猴子可矣。'"[清] 赵烈文：《能静居日记》，同治三年七月初八日，太平天国历史博物馆编：《太平天国史料汇编》，凤凰出版社 2018 年版，第 4007 页。

229 同治三年七月初八日，《曾国藩全集·日记之三》，岳麓书社 2012 年第 2 版，第 72 页。

230 同治三年六月二十五日，《曾国藩全集·日记之三》，岳麓书社 2012 年第 2 版，第 67 页。

231 [清] 赵烈文：《能静居日记》，同治三年七月初六日，太平天国历史博物馆编：《太平天国史料汇编》，凤凰出版社 2018 年版，第 4007 页。

232 《奏报攻克金陵尽歼全股悍贼并生俘逆酋李秀成洪仁达折》，同治三年六月二十三日，《曾国藩全集·奏稿之七》，岳麓书社 2012 年第 2 版，第 299 页。

233 《江宁全城克复洪逆自焚贼党悉歼嘉赏曾国藩等有功诸员仍命槛送李秀成诸逆来京讯明正法并觅获洪秀全尸体剉尸枭示传首》，同治三年七月初十日附录明谕，《曾国藩全集·奏稿之七》，岳麓书社 2012 年第 2 版，第 313 页。

234 ［清］赵烈文：《能静居日记》，同治三年七月十八日，太平天国历史博物馆编：《太平天国史料汇编》，凤凰出版社 2018 年版，第 4010 页。

235 简又文：《太平天国全史》，简氏猛进书屋 1962 年版，第 2262 页。

236 《洪秀全逆尸验明焚化洪福瑱下落尚待查明李秀成等已凌迟处死抄送供词汇送并粗筹善后事宜折》，同治三年七月初七日，《曾国藩全集·奏稿之七》，岳麓书社 2012 年第 2 版，第 326 页。

237 《致毛鸿宾》，同治三年九月初一，《曾国荃集·书札》，岳麓书社 2008 年版，第 372 页。

238 《致沅弟》，同治三年八月十九日，《曾国藩全集·家书之二》，岳麓书社 2012 年第 2 版，第 324 页。

239 《致沅弟》，同治三年七月二十九日，《曾国藩全集·家书之二》，岳麓书社 2012 年第 2 版，第 317、318 页。

240 《致沅弟》，同治三年八月初五日，《曾国藩全集·家书之二》，岳麓书社 2012 年第 2 版，第 320 页。

241 《致沅弟》，同治三年八月初五日，《曾国藩全集·家书之二》，岳麓书社 2012 年第 2 版，第 320 页。

242 《沅甫弟四十一初度》，同治三年八月二十四至九月初二日，《曾国藩全集·诗文》，岳麓书社 2012 年第 2 版，第 86 页。

243 同治三年十月初一日，《曾国藩全集·日记之三》，岳麓书社 2012 年第 2 版，第 97 页。

第五章　临淮遇险与天津名裂

1 《致澄弟》，同治五年六月初五日，《曾国藩全集·家书之二》，岳麓书社 2012 年第 2 版，第 429 页。

2 "惟自五月下旬以后，淮南北诸郡大水为数十年所未有，积潦盈途，深过马腹，军中米粮子药，车载夫运，寸步难行，不特各军拨队因之濡滞，即臣处文报往来，亦多阻隔迟误。"《运河水势陡涨暂缓防河任赖捻逆回窜东路拟调兵分投剿办折》，同治五年七月初四日，《曾国藩全集·奏稿之九》，岳麓书社 2012 年第 2 版，第 136 页。

3 同治五年七月十五日，《曾国藩全集·日记之三》，岳麓书社 2012 年第 2 版，第 310 页；《江苏补用知县谭鳌因公溺毙请恤片》，同治五年七月二十八日，《曾国藩全集·奏稿之九》，岳麓书社 2012 年第 2 版，第 149 页。

4 同治五年七月十五日，《曾国藩全集·日记之三》，岳麓书社 2012 年第 2 版，第 310 页。

5 ［清］黎庶昌：《曾国藩年谱》，卷十一同治五年至八年，岳麓书社 1986 年版，第 218 页。

6 同治五年七月十五日，《曾国藩全集·日记之三》，岳麓书社 2012 年第 2 版，第 310 页。

7 《致沅弟》，同治五年七月十六日，《曾国藩全集·家书之二》，岳麓书社 2012 年第 2 版，第 436 页。

8 同治三年十月十一日，《曾国藩全集·日记之三》，岳麓书社 2012 年第 2 版，第 100 页。

9　《新甘军务孔棘饬曾国藩等速殄楚豫皖逆氛抽兵援剿西北并暂调整江督漕督苏抚人员》，同治三年十月十三日附录廷寄，《曾国藩全集·奏稿之八》，岳麓书社 2012 年第 2 版，第 60 页。

10　《致沅弟》，同治三年十月十四日，《曾国藩全集·家书之二》，岳麓书社 2012 年第 2 版，第 334 页。

11　《洪秀全逆尸验明焚化洪福瑱下落尚待查明李秀成等已凌迟处死抄送供词汇送并粗筹善后事宜折》，同治三年七月初七日，《曾国藩全集·奏稿之七》，岳麓书社 2012 年第 2 版，第 327 页。

12　《曾国荃因病请开缺回籍调理折》，同治三年八月二十七日，《曾国藩全集·奏稿之七》，岳麓书社 2012 年第 2 版，第 427 页。

13　《金陵遣撤勇丁及近日湖北皖北援剿军情片》，同治三年十月十二日，《曾国藩全集·奏稿之八》，岳麓书社 2012 年第 2 版，第 32 页。

14　顾建娣：《曾国藩对湘军陆师的裁撤与安置》，《军事历史研究》2019 年第 4 期。

15　同治四年三月十七日，《曾国藩全集·日记之三》，岳麓书社 2012 年第 2 版，第 154 页。

16　《致沅弟》，同治四年三月十八日，《曾国藩全集·家书之二》，岳麓书社 2012 年第 2 版，第 350 页。

17　同治四年三月二十八日，《曾国藩全集·日记之三》，岳麓书社 2012 年第 2 版，第 158 页。

18　同治四年四月二十一日，《曾国藩全集·日记之三》，岳麓书社 2012 年第 2 版，第 165 页。

19　同治四年四月二十二日，《曾国藩全集·日记之三》，岳麓书社 2012 年第 2 版，第 165 页。

20　《僧格林沁阵亡着曾国藩以钦差大臣赴山东督师》，同治四年五月初三日附录廷寄，《曾国藩全集·奏稿之八》，岳麓书社 2012 年第 2 版，第 331 页。

21　《着曾国藩以钦差大臣总督誓师剿捻》，同治四年五月初二日附录廷寄；《僧格林沁阵亡着曾国藩以钦差大臣赴山东督师》，同治四年五月初三日附录廷寄；《续催曾国藩星夜起程并着酌量航海北上》，同治四年五月十四日附录廷寄；《直东豫三省军务均着归曾国藩节制》，同治四年五月初九日附录明谕；《曾国藩全集·奏稿之八》，岳麓书社 2012 年第 2 版，第 329、330、331、341、346 页。

22　《致澄弟沅弟》，同治四年五月十五日，《曾国藩全集·家书之二》，岳麓书社 2012 年第 2 版，第 356 页。

23　《遵旨赴山东剿贼并陈万难迅速缘由折》，同治四年五月初九日，《曾国藩全集·奏稿之八》，岳麓书社 2012 年第 2 版，第 325 页。

24　《致澄弟沅弟》，同治四年闰五月二十四日，《曾国藩全集·家书之二》，岳麓书社 2012 年第 2 版，第 363 页。

25　[清] 王定安撰，朱纯点校：《湘军记》卷十六 "平捻篇"，岳麓书社 2008 年版，第 577 页。

26　"每侦官军至，避走若不及。或穷追数昼夜，乃返旗猛战，以劲骑分两翼抄我军，马呹人欢，剽疾如风雨，官军往往陷围不得出。" [清] 王定安：《求阙斋弟子记》卷十一 "剿捻上"，太平天国历史博物馆编：《太平天国史料汇编》，凤凰出版社 2018 年版，第 12853 页。

27　[清] 赵尔巽等撰：《清史稿》，卷四百四《僧格林沁传》，中华书局 1977 年版，第 11887、11888 页。

28　《致沅弟》，同治五年十二月二十二日，《曾国藩全集·家书之二》，岳麓书社 2012 年第 2 版，第 472 页。

29　[清] 震钧著，顾平旦点校：《天咫偶闻》卷四 "北城"，北京古籍出版社 1982 年版，第 80 页。

30　[清] 王定安撰，朱纯点校：《湘军记》卷十六 "平捻篇"，岳麓书社 2008 年版，第 581 页。

31　"臣军久在江南剿贼，习见洋人火器之精利，于是尽弃中国习用之抬鸟枪而变为洋枪队。现计出省及留防陆军五万余人，约有洋枪三四万杆。铜帽月须千余万颗，粗细洋火药月需十数万斤。"《复陈奉旨督军河洛折》，同治四年十月初八日，《李鸿章全集·奏议》，安徽教育出版社2008年版，第303页。

32 ［清］赵烈文：《能静居日记》，同治六年四月二十五日，太平天国历史博物馆编：《太平天国史料汇编》，凤凰出版社2018年版，第4040页。

33 "捻匪剿疾而多马，数月以来，流转于皖、豫、山东、江苏四省边境，尤顾恋蒙、亳老巢。"《复吴嘉善》，同治四年十月初三日，《曾国藩全集·书信之七》，岳麓书社2012年第2版，第738页；"而此贼尚眷恋蒙、亳老巢，旁县皆田荒屋毁，而蒙、亳尚有田庐之乐。斯又不甚似流寇，症之差善者也。"《钦奉谕旨复陈折》，同治四年七月初八日，《曾国藩全集·奏稿之八》，第449页。

34 "国藩以皖、豫艰于觅食，贼断不恋于西而忘齐、苏滨海膏腴之区，其志终欲东耳。此次东窜，虽受创而去，然尚不能忘情于齐。数月之后，仍当电掣东趋，垂涎于青、莱各属。"《复郭嵩焘》，同治四年十月十七日，《曾国藩全集·书信之七》，岳麓书社2012年第2版，第751页。

35 《钦奉谕旨复陈折》，同治四年七月初八日，《曾国藩全集·奏稿之八》，岳麓书社2012年第2版，第448、449页。

36 《贼众全萃皖境拟先赴临淮折》，同治四年闰五月二十一日，《曾国藩全集·奏稿之八》，岳麓书社2012年第2版，第420页。

37 牛贯杰：《十九世纪中期皖北的圩寨》，《清史研究》2001年第4期；顾建娣：《咸同年间河南的圩寨》，《近代史研究》2004年第1期。

38 同治四年七月十五日，《曾国藩全集·日记之三》，岳麓书社2012年第2版，第199页。

39 《虎牢关等处当预筹严防并询蒋凝学现有各营能否赴甘》，同治四年七月十五日附录廷寄，《曾国藩全集·奏稿之八》，岳麓书社2012年第2版，第464页。

40 《直东豫三省军务均着归曾国藩节制》，同治四年五月初九日附录明谕，《曾国藩全集·奏稿之八》，岳麓书社2012年第2版，第346页。

41 同治四年五月初九日，《曾国藩全集·日记之三》，岳麓书社2012年第2版，第170页。

42 《复刘长佑》，同治四年五月十二日，《曾国藩全集·书信之七》，岳麓书社2012年第2版，438页。

43 《谨陈筹办情形并请收回成命折》，同治四年五月十三日，《曾国藩全集·奏稿之八》，岳麓书社2012年第2版，第349页。

44 "同治四年五月十八日奉上谕：……曾国藩恳辞节制三省之命，具见谦抑为怀，不自满假。惟东、豫之军，自僧格林沁战殁后，军无统辖，号令不一，最为兵家大忌。该大臣更事既多，成效夙著，若非节制直、东、豫三省，恐呼应未能灵通，勿再固辞。"《仍令曾国藩节制直东豫三省并李鹤章准其留营等事》，同治四年五月二十三日附录廷寄，《曾国藩全集·奏稿之八》，岳麓书社2012年第2版，第351、352页。

45 "同治四年闰五月十六日奉上谕：……曾国藩因节制三省任大责重，复恳请收回成命，具见谦抑之忱。第贼氛猖獗，时孔艰巨，事权不专，则一切调度事宜深恐呼应不灵。该大臣惟当力任艰巨，与三省督抚和衷筹画，将此股贼众克期殄灭。彼时三省军务既平，自可毋庸该督节制。既为其实，毋避其名，万不可稍存过虑之心，再有渎请。"《陈国瑞暂留山东刘铭传迅赴皖北援剿等事》，同治四年闰五月二十日附录廷寄，《曾国藩全集·奏稿之八》，岳麓书社2012年第2版，第418、419页。

46 《雉河解围严檄各营四面兜剿并着拨陈州存银接济豫饷》，同治四年六月十八日附录廷寄，

《曾国藩全集·奏稿之八》，岳麓书社 2012 年第 2 版，第 442、443 页。

47 《遵旨复陈并请敕中外臣工会议剿捻事宜折》，同治四年七月二十四日，《曾国藩全集·奏稿之八》，岳麓书社 2012 年第 2 版，第 467 页。

48 《虎牢关等处当预筹严防并询蒋凝学现存各营能否赴甘》，同治四年七月十五日附录廷寄，《曾国藩全集·奏稿之八》，岳麓书社 2012 年第 2 版，第 464 页。

49 《谨陈筹办情形并请收回成命折》，同治四年五月十三日，《曾国藩全集·奏稿之八》，岳麓书社 2012 年第 2 版，第 350 页。

50 《仍请收回节制三省成命片》，同治四年闰五月二十八日，《曾国藩全集·奏稿之八》，岳麓书社 2012 年第 2 版，第 435 页。

51 《复杨翰》，同治四年七月十四日，《曾国藩全集·书信之七》，岳麓书社 2012 年第 2 版，第 636 页。

52 《复苏廷魁》，同治四年六月十三日，《曾国藩全集·书信之七》，岳麓书社 2012 年第 2 版，第 565 页。

53 《遵旨复陈并请敕中外臣工会议剿捻事宜折》，同治四年七月二十四日，《曾国藩全集·奏稿之八》，岳麓书社 2012 年第 2 版，第 468 页。

54 同治四年八月十九日，《曾国藩全集·日记之三》，岳麓书社 2012 年第 2 版，第 210 页。

55 ［清］王枚：《续修睢州志》卷二 "建置·城池（附寨工）"，清光绪十八年（1892 年）刻本，第 13 页。

56 《宁陵扶沟等处胜仗折》，同治四年十月三十日，《曾国藩全集·奏稿之八》，岳麓书社 2012 年第 2 版，第 524 页。

57 ［清］刘体智撰，刘笃龄点校：《异辞录》卷一 "曾李镇压捻军为帅受代交恶"，中华书局 1998 年版，第 46 页。

58 《查勘运河各段设防片》，同治五年四月二十五日，《曾国藩全集·奏稿之九》，岳麓书社 2012 年第 2 版，第 114 页。

59 《奏报近日剿捻军情及檄调各军防剿事宜折》，同治五年六月十四日，《曾国藩全集·奏稿之九》，岳麓书社 2012 年第 2 版，第 130、131 页。

60 《查勘运河各段设防片》，同治五年四月二十五日，《曾国藩全集·奏稿之九》，岳麓书社 2012 年第 2 版，第 114 页。

61 《奏报近日剿捻军情及檄调各军防剿事宜折》，同治五年六月十四日，《曾国藩全集·奏稿之九》，岳麓书社 2012 年第 2 版，第 131 页。

62 《批铭字营刘军门铭传禀防河事宜俟抵周口与潘张二军通力合作等情》，同治五年六月二十五日，《曾国藩全集·批牍》，岳麓书社 2012 年第 2 版，第 361、362 页。

63 《潘鼎新一军迎剿捻逆获胜任赖股匪西窜贾鲁河仍可办理河防折》，同治五年七月二十八日，《曾国藩全集·奏稿之九》，岳麓书社 2012 年第 2 版，第 148 页。

64 同治五年七月十五日，省略号为原稿难辨之处，《曾国藩全集·日记之三》，岳麓书社 2012 年第 2 版，第 310 页。

65 同治五年七月二十二日，《曾国藩全集·日记之三》，岳麓书社 2012 年第 2 版，第 312 页。

66 《致沅弟》，同治五年七月十六日，《曾国藩全集·家书之二》，岳麓书社 2012 年第 2 版，第 436 页。

67 同治五年七月十九日，《曾国藩全集·日记之三》，岳麓书社 2012 年第 2 版，第 311 页。

68 《复彭玉麟》，同治五年七月二十一日，《曾国藩全集·书信之八》，岳麓书社 2012 年第 2 版，第 336 页。

69	《江苏补用知县谭鳌因公溺毙请恤片》，同治五年七月二十八日，《曾国藩全集·奏稿之九》，岳麓书社 2012 年第 2 版，第 149 页。
70	"鄙人久践戎行，饱更事变，如操敝舟而行大海飓风之中，慎重则有之，致远则未也。"《复吴昌寿》，同治四年闰五月二十四日，《曾国藩全集·书信之七》，岳麓书社 2012 年第 2 版，第 519 页。
71	《致沅弟》，同治五年八月二十四日夜，《曾国藩全集·家书之二》，岳麓书社 2012 年第 2 版，第 445 页。
72	《致沅弟》，同治五年七月二十四日，《曾国藩全集·家书之二》，岳麓书社 2012 年第 2 版，第 438 页。
73	《致沅弟》，同治五年二月初一日，《曾国藩全集·家书之二》，岳麓书社 2012 年第 2 版，第 408 页。
74	［清］赵烈文：《能静居日记》，同治六年四月二十七日，太平天国历史博物馆编：《太平天国史料汇编》，凤凰出版社 2018 年版，第 4041 页。
75	《复刘霞仙》，同治五年七月，《曾国荃集·书札》，岳麓书社 2008 年版，第 388 页。
76	《致沅弟》，同治五年八月二十四日夜，《曾国藩全集·家书之二》，岳麓书社 2012 年第 2 版，第 445 页。
77	《致沅弟》，同治五年八月二十四日夜，《曾国藩全集·家书之二》，岳麓书社 2012 年第 2 版，第 445 页。
78	《致沅弟》，同治五年八月二十四日夜，《曾国藩全集·家书之二》，岳麓书社 2012 年第 2 版，第 445、446 页。
79	《致沅弟》，同治五年九月十二日，《曾国藩全集·家书之二》，岳麓书社 2012 年第 2 版，第 449 页。
80	《致沅弟》，同治五年九月十二日，《曾国藩全集·家书之二》，岳麓书社 2012 年第 2 版，第 449 页。
81	《御史奏请饬令统兵大臣迅督各路官军会剿捻逆》，同治五年八月二十六日附录廷寄、附御史原奏抄件，《曾国藩全集·奏稿之九》，岳麓书社 2012 年第 2 版，第 176 页。
82	同治五年八月十八日，《曾国藩全集·日记之三》，岳麓书社 2012 年第 2 版，第 320 页。
83	《御史奏请饬令统兵大臣迅督各路官军会剿捻逆》，同治五年八月二十六日附录廷寄、附御史原奏抄件，《曾国藩全集·奏稿之九》，岳麓书社 2012 年第 2 版，第 175—177 页。
84	《密陈捻匪四窜追逐无功请派李鸿章曾国荃等联络会剿片》，同治五年八月二十三日，《曾国藩全集·奏稿之九》，岳麓书社 2012 年第 2 版，第 171 页。
85	《批铭字营军门刘军门铭传禀防河事宜俟抵周口与潘张二军通力合作等情》，同治五年六月二十五日，《曾国藩全集·批牍》，岳麓书社 2012 年第 2 版，第 362 页。
86	"如果各军分路剿办，遏贼西趋，仍当一面追剿，一面防河，以符初义。"《调度各军堵截追剿任赖张牛两大股窜捻及防河布署军情片》，同治五年八月十二日，《曾国藩全集·奏稿之九》，岳麓书社 2012 年第 2 版，第 158 页。
87	《致沅弟》，同治五年九月十二日，《曾国藩全集·家书之二》，岳麓书社 2012 年第 2 版，第 449 页。
88	同治五年十月十二日，《曾国藩全集·日记之三》，岳麓书社 2012 年第 2 版，第 335 页。
89	《病难速痊请开各缺仍留军中效力折》，同治五年十月十三日，《曾国藩全集·奏稿之九》，岳麓书社 2012 年第 2 版，第 213 页。
90	《剿捻无功请暂注销封爵片》，同治五年十月十三日，《曾国藩全集·奏稿之九》，岳麓书社

2012年第2版，第216页。
91　《捻回纷扰陕甘军情吃重饬鲍超率军入关助剿湘楚各军入援陕境及晋豫鄂川严防阑入并斥总统师干剿捻无功》，同治五年十月十九日附录廷寄，《曾国藩全集·奏稿之九》，岳麓书社2012年第2版，第219页。
92　同治五年十月二十日，《曾国藩全集·日记之三》，岳麓书社2012年第2版，第337页。
93　《致沅弟》，同治五年十月二十三日，《曾国藩全集·家书之二》，岳麓书社2012年第2版，第456页。
94　《李鸿章暂署理钦差大臣关防曾国藩再赏假一月俟调理就痊即来京陛见并指授及查询近日军情》，同治五年十月二十五日附录廷寄，《曾国藩全集·奏稿之九》，岳麓书社2012年第2版，第222、223页。
95　《致沅弟》，同治五年十月二十六日，《曾国藩全集·家书之二》，岳麓书社2012年第2版，第457页。
96　《谕纪泽》，同治五年十月二十六日，《曾国藩全集·家书之二》，岳麓书社2012年第2版，第458页。
97　《饬回两江总督本任并署理通商大臣关防及授李鸿章钦差大臣专办剿捻事宜》，同治五年十一月初六日附录廷寄，《曾国藩全集·奏稿之九》，岳麓书社2012年第2版，第228页。
98　《复陈病状艰难请准不回江督本任仍命李鸿章暂行兼署折》，同治五年十一月十七日，《曾国藩全集·奏稿之九》，岳麓书社2012年第2版，第241、242页。
99　董丛林：《曾国藩传》，人民出版社2014年第3版，第346—350页。
100　《复李鸿章》，同治五年十一月初六日，《曾国藩全集·书信之八》，岳麓书社2012年第2版，第479—480页。
101　《致沅弟》，同治五年十月十一日，《曾国藩全集·家书之二》，岳麓书社2012年第2版，第455页。
102　《致沅弟》，同治五年十一月十二日，《曾国藩全集·家书之二》，岳麓书社2012年第2版，第462页。
103　《致沅弟》，同治五年十一月初七日，《曾国藩全集·家书之二》，岳麓书社2012年第2版，第461页。
104　《谕纪泽》，同治五年十一月初三日，《曾国藩全集·家书之二》，岳麓书社2012年第2版，第460页。
105　"余回任之说，系小泉疏中微露其意。"《致沅弟》，同治五年十一月初七日，《曾国藩全集·家书之二》，岳麓书社2012年第2版，第461页；《谢署钦差大臣沥陈大略折》，同治五年十月二十七日，《李鸿章全集·奏议》，安徽教育出版社2008年版，第553—555页。
106　《谕曾国藩懔遵前旨克期回任饬鲍超等军追剿捻匪并申斥曾国荃调度无方》，同治五年十二月十五日附录廷寄，《曾国藩全集·奏稿之九》，岳麓书社2012年第2版，第288页。
107　同治五年十二月十六日，《曾国藩全集·日记之三》，岳麓书社2012年第2版，第353、354页。
108　《遵旨暂回本任仍驻徐州并再沥陈下悃折》，同治五年十二月二十一日，《曾国藩全集·奏稿之九》，岳麓书社2012年第2版，第294页。
109　《复伯兄》，同治五年十二月二十七日，《曾国荃集·家书》，岳麓书社2008年版，第230页。
110　《致沅弟》，同治六年正月初二日，《曾国藩全集·家书之二》，岳麓书社2012年第2版，第476、477页。
111　同治五年十二月二十四日，《曾国藩全集·日记之三》，岳麓书社2012年第2版，第356页。
112　《着曾国藩调补直隶总督马新贻等调补新任事》，同治七年七月二十日附录明谕，《曾国藩全集·奏稿之十》，岳麓书社 2012 年第 2 版，第 188 页。
113 《致澄弟》，同治六年六月初六日，《曾国藩全集·家书之二》，岳麓书社 2012 年第 2 版，第 498 页。
114 《复刘典》，同治七年十月初七日，《曾国藩全集·书信之九》，岳麓书社 2012 年第 2 版，第 479 页。
115 "顷于冬月初四日北上展觐，鞭跛鳖而登太行，陨越实在意中。"《复郭嵩焘》，同治七年十一月初七日，《曾国藩全集·书信之九》，岳麓书社 2012 年第 2 版，第 486 页。
116 同治七年十一月初四日，《曾国藩全集·日记之四》，岳麓书社 2012 年第 2 版，第 110 页。
117 同治七年十一月初四日，《曾国藩全集·日记之四》，岳麓书社 2012 年第 2 版，第 110 页。
118 见曾国藩同治七年十二月十四日、十五日、十六日的日记，《曾国藩全集·日记之四》，岳麓书社 2012 年第 2 版，第 126—128 页。
119 "当是时，天下称东宫优于德，而大诛赏大举措主之；西宫优于才，而判阅奏章，裁决庶务，及召对时咨访利弊，悉中窾会。东宫见大臣，呐呐如无语者。每有奏牍必西宫为诵而讲之。"薛福成：《庸庵笔记》，收于徐一士：《一士类稿续集》，中华书局 2019 年版，第 204、205 页。
120 同治八年正月十七日，《曾国藩全集·日记之四》，岳麓书社 2012 年第 2 版，第 145、146 页。
121 《略陈直隶应办事宜并请酌调人才酌拨银两折》，同治八年正月十七日，《曾国藩全集·奏稿之十》，岳麓书社 2012 年第 2 版，第 313 页。
122 《谕纪泽》，同治八年二月十八日，《曾国藩全集·家书之二》，岳麓书社 2012 年第 2 版，第 509 页。
123 王明伦编：《反洋教书文揭帖选》，齐鲁书社 1984 年版，第 14、15 页。
124 佟更、赵润兰、梁立泉：《话说八国联军侵北京》，新蕾出版社 1990 年版，第 33 页。
125 天津市政协文史资料研究委员会编：《天津租界》，天津人民出版社 1986 年版，第 201 页。
126 《丁日昌又奏官民过出有因教务隐忧方大折》，同治九年八月，《筹办夷务始末》（同治朝）卷七十六，中华书局 2008 年版，第 3089 页。
127 《丁日昌又奏官民过出有因教务隐忧方大折》，同治九年八月，《筹办夷务始末》（同治朝）卷七十六，中华书局 2008 年版，第 3090 页。
128 《丁日昌又奏官民过出有因教务隐忧方大折》，同治九年八月，《筹办夷务始末》（同治朝）卷七十六，中华书局 2008 年版，第 3090 页。
129 "闻夷市中国铅百斤，可煎文银八两，其余九十二斤仍可卖还原价，惟其银必以华人睛点之乃可用，而西洋人睛不济事。故西洋病终无取睛之事，独华人入教则有之也，亦鸦片不行于夷，而行于华之类也。"[清] 魏源：《海国图志》，卷二十七《西南洋 天主教考》，魏源全集编辑委员会编校：《魏源全集》，岳麓书社 2004 年版，第 823 页。
130 《续查直隶各员据实举劾折》，同治八年八月初六日附续保贤员清单，《曾国藩全集·奏稿之十一》，岳麓书社 2012 年第 2 版，第 46 页。
131 张光藻：《同治庚午年津案始末》，见张光藻：《北戍草》附录，广德县地方志编纂委员会编：《广德县志》，方志出版社 1996 年版，第 705 页。
132 刘海岩：《有关天津教案的几个问题》，四川省哲学社会科学学会联合会等编：《近代中国教案研究》，四川省社会科学院出版社 1987 年版，第 227 页。
133 董丛林：《"迷拐"、"折割"传闻与天津教案》，《近代史研究》2003 年第 2 期。
134 张光藻：《同治庚午年津案始末》，见张光藻：《北戍草》附录，广德县地方志编纂委员会编：《广德县志》，方志出版社 1996 年版，第 705 页。

135 "该员清理旧案二百余起,又逐月记功较多,拟请给予随带加一级。"《直隶清讼完竣请将办理勤奋各员酌奖折》,同治九年二月初二日附请奖清单,《曾国藩全集·奏稿之十一》,岳麓书社2012年第2版,第297页。

136 中国第一历史档案馆、福建师范大学历史系合编:《清末教案》第六册,中华书局2006年版,第345、346页。

137 [法]樊国梁:《燕京开教略》下篇,救世堂1905年印本,第54页。

138 《天津民人焚毁教堂案关重大着妥商办理等事》,同治九年五月二十六日附录崇厚原折抄件,《曾国藩全集·奏稿之十一》,岳麓书社2012年第2版,第479、480页。

139 《罗淑亚所递照会着照所指逐一详讯及毛昶熙暂留天津等事》,同治九年八月初三日附录译出罗淑亚送到天津滋事记抄件,《曾国藩全集·奏稿之十二》,岳麓书社2012年第2版,第70页。

140 《罗淑亚所递照会着照所指逐一详讯及毛昶熙暂留天津等事》,同治九年八月初三日附录译出罗淑亚送到天津滋事记抄件,《曾国藩全集·奏稿之十二》,岳麓书社2012年第2版,第70页。

141 《查明天津教案大概情形折》,同治九年六月二十三日附清单,《曾国藩全集·奏稿之十一》,岳麓书社2012年第2版,第496页。

142 张坤、王宝红:《合作政策与英国公使威妥玛对天津教案的调停》,《暨南史学》2015年第2期。

143 《李崶海代理领事致威妥玛先生文(1870年6月22日)》,中国第一历史档案馆、福建师范大学历史系合编:《清末教案》第六册,中华书局2006年版,第353页。

144 中国第一历史档案馆、福建师范大学历史系合编:《清末教案》第一册,中华书局1996年版,第775、776页。

145 杨帆:《〈纽约时报〉视野中的天津教案》,《东岳论丛》2016年第4期。

146 "The Tientsin Affair-Naval Movements", *The New York Times*, September 13, 1870. 转引自杨帆:《〈纽约时报〉视野中的天津教案》,《东岳论丛》2016年第4期。

147 《天津民人焚毁教堂案关重大着妥商办理等事》,同治九年五月二十六日附录密谕,《曾国藩全集·奏稿之十一》,岳麓书社2012年第2版,第478页。

148 同治九年四月十六日,《曾国藩全集·日记之四》,岳麓书社2012年第2版,第315页。

149 《因病请假调理折》,同治九年四月二十一日,《曾国藩全集·奏稿之十一》,岳麓书社2012年第2版,第431页。

150 同治九年五月十三日,《曾国藩全集·日记之四》,岳麓书社2012年第2版,第322页。

151 《复斌椿》,同治九年五月二十四日,《曾国藩全集·书信之十》,岳麓书社2012年第2版,第262页。

152 《病尚未痊请续假一月折》,同治九年五月二十二日,《曾国藩全集·奏稿之十一》,岳麓书社2012年第2版,第467页。

153 同治九年五月二十五日、二十六日,《曾国藩全集·日记之四》,岳麓书社2012年第2版,第325页。

154 《钦奉谕旨复陈赴津查办夷务折》,同治九年五月二十九日,《曾国藩全集·奏稿之十一》,岳麓书社2012年第2版,第476、477页。

155 同治九年五月三十日,《曾国藩全集·日记之四》,岳麓书社2012年第2版,第326页。

156 同治九年六月初三日,《曾国藩全集·日记之四》,岳麓书社2012年第2版,第327页。

157 同治九年三月初九、初十日,《曾国藩全集·日记之四》,岳麓书社2012年第2版,第305页。

158 同治九年三月二十一日,《曾国藩全集·日记之四》,岳麓书社2012年第2版,第308页。

159 同治九年三月初十日,《曾国藩全集·日记之四》,岳麓书社2012年第2版,第305页。

160 《因病请假调理折》,同治九年四月二十一日,《曾国藩全集·奏稿之十一》,岳麓书社2012

年第2版，第431页。

161　同治九年五月初三日，《曾国藩全集·日记之四》，岳麓书社2012年第2版，第319、320页。

162　同治九年四月初八日，《曾国藩全集·日记之四》，岳麓书社2012年第2版，第313页。

163　同治九年三月三十日，《曾国藩全集·日记之四》，岳麓书社2012年第2版，第310页。

164　同治九年五月初四日，《曾国藩全集·日记之四》，岳麓书社2012年第2版，第320页。

165　《谕纪泽纪鸿》，同治九年六月初四日，《曾国藩全集·家书之二》，岳麓书社2012年第2版，第524页。

166　《奕谭奏敬陈管见折》，同治八年正月，《筹办夷务始末》（同治朝）卷六十四，中华书局2008年版，第2588页。

167　[清]刘锦藻撰：《清朝续文献通考》卷三三七，浙江古籍出版社2000年版，第10781页。

168　道光二十一年正月初十日，《曾国藩全集·日记之一》，岳麓书社2012年第2版，第60页。

169　《禀父母》，道光二十二年二月二十四日，《曾国藩全集·家书之一》，岳麓书社2012年第2版，第19页。

170　《禀父母》，道光二十二年正月十八日，《曾国藩全集·家书之一》，岳麓书社2012年第2版，第19页。

171　《廷寄（答徐广缙、叶名琛等折片）》，道光二十九年三月，《筹办夷务始末》（道光朝）卷七十九，中华书局2008年版，第3174页。

172　《禀父母》，道光二十九年四月十六日，《曾国藩全集·家书之一》，岳麓书社2012年第2版，第166页。

173　《致沅弟》，咸丰十一年四月二十日，《曾国藩全集·家书之一》，岳麓书社2012年第2版，第629页。

174　"久作达官，深虑蹈叶相末路之怨。"《致澄弟沅弟》，同治十年九月初十日，《曾国藩全集·家书之二》，岳麓书社2012年第2版，第569页。

175　《加毛鸿宾片》，同治二年十月二十五日，《曾国藩全集·书信之六》，岳麓书社2012年第2版，第248页。

176　《海疆要缺择员署理折》，同治九年八月初七日，《曾国藩全集·奏稿之十二》，岳麓书社2012年第2版，第43页。

177　《丁日昌奏铭军军火缺乏着密由海运解津等事》，同治九年七月十七日附录密谕，《曾国藩全集·奏稿之十二》，岳麓书社2012年第2版，第8页。

178　"鄙意则以中国兵力此时不能与彼族争锋，绿营规制隳颓已极，惟淮勇器械较精，然与穷年累月以战伐为事者尚难方驾。泰西各国内虽猜贰，其于中国则又狼狈相依，万无解散之法……边衅一开，各国合从，势必兵连祸结，无有已时。今年幸胜，明年彼必复来；一处能防，各口势难兼顾。"《复周寿昌》，同治九年九月初五日，《曾国藩全集·书信之十》，岳麓书社2012年第2版，第347页；"中国兵力目前实不足制御洋人，沿海各口防务全未讲求，而海关洋税尤为饷源所出，一开兵端，此源立断。今日西洋各国穷年累月讲求战事，约从连横，窥伺衅隙，乃古未有之局，与汉之匈奴，宋之辽、金迥然不侔，更不敢以津民一朝之忿，贻国家累世之忧。所以低首下心曲全邻好者，盖以大局安危所系，不敢轻于一试。"《致许庚身》，同治九年九月二十日，《曾国藩全集·书信之十》，岳麓书社2012年第2版，第383页。

179　《复李鸿章》，同治元年三月二十四日，《曾国藩全集·书信之四》，岳麓书社2012年第2版，第169页。

180　《复彭玉麟》，同治五年四月初五日，《曾国藩全集·书信之八》，岳麓书社2012年第2版，第156页。

尾　注　445

181 《复潘祖荫》，同治九年九月初七日，《曾国藩全集·书信之十》，岳麓书社 2012 年第 2 版，第 351 页。

182 《复崇厚》，同治九年五月二十六日，《曾国藩全集·书信之十》，岳麓书社 2012 年第 2 版，第 285 页。

183 《查明天津教案大概情形折》，同治九年六月二十三日，《曾国藩全集·奏稿之十一》，岳麓书社 2012 年第 2 版，第 493 页。

184 《镂斐迪致斐士函》，1870 年 8 月 24 日，见中国第一历史档案馆、福建师范大学历史系合编：《清末教案》第五册，中华书局 2000 年版，第 31 页。

185 《谕纪泽》，同治九年六月十一日，《曾国藩全集·家书之二》，岳麓书社 2012 年第 2 版，第 527 页。

186 《复李鸿章》，同治九年七月二十四日，《曾国藩全集·书信之十》，岳麓书社 2012 年第 2 版，第 324 页。

187 《复应宝时》，同治十年三月初三日，《曾国藩全集·书信之十》，岳麓书社 2012 年第 2 版，第 443 页。

188 《钦奉谕旨复陈赴津查办夷务折》，同治九年五月二十九日，《曾国藩全集·奏稿之十一》，岳麓书社 2012 年第 2 版，第 476 页。

189 《钦奉谕旨复陈赴津查办夷务折》，同治九年五月二十九日，《曾国藩全集·奏稿之十一》，岳麓书社 2012 年第 2 版，第 476 页。

190 《钦奉谕旨复陈赴津查办夷务折》，同治九年五月二十九日，《曾国藩全集·奏稿之十一》，岳麓书社 2012 年第 2 版，第 476 页。

191 《查明天津教案大概情形折》，同治九年六月二十三日，《曾国藩全集·奏稿之十一》，岳麓书社 2012 年第 2 版，第 494 页。

192 《复奕䜣等》，同治九年六月初八日，《曾国藩全集·书信之十》，岳麓书社 2012 年第 2 版，第 296、297 页。

193 《美国驻上海总领事西华致戴维斯函》，1871 年 8 月 22 日，中国第一历史档案馆、福建师范大学历史系合编：《清末教案》第五册，中华书局 2000 年版，第 68 页。

194 《复奕䜣等》，同治九年六月十四日，《曾国藩全集·书信之十》，岳麓书社 2012 年第 2 版，第 298 页。

195 《谕纪泽》，同治九年六月二十一日，《曾国藩全集·家书之二》，岳麓书社 2012 年第 2 版，第 529 页。

196 《查明天津教案大概情形折》，同治九年六月二十三日，《曾国藩全集·奏稿之十一》，岳麓书社 2012 年第 2 版，第 495 页。《复奕䜣等》，同治九年六月二十二日；《复李鸿章》，同治九年六月二十三日，以上见《曾国藩全集·书信之十》，岳麓书社 2012 年第 2 版，第 302、303 页。

197 同治九年六月二十一日，《曾国藩全集·日记之四》，岳麓书社 2012 年第 2 版，第 332 页。

198 "我们确信这些悲惨事件是得到官方认可的，尽管事先没有官方的批准。这一看法是基于以下其它方面的情况——（1）对公众的骚乱官府当然是知道的，然而并未采取措施平息它。（2）相反，在事件爆发前，府县在发布的告示中抱怨教会的内容，是最有煽动性的文字。（3）出于对知府所发的告示的回报，百姓对知府所赠的礼物是"一个赞美伞"和一个刻有"百姓活佛"的匾额，他接受了这些礼物。据说，这些礼物曾被可靠的当地人看见过。（4）发布一个相反的告示以保护外国人生命财产，你的这一请求并未引起重视。（5）暴徒们公然宣布除崇厚阁下以外的所有地方官同情和批准他们的行动。崇厚被怀疑串通外国人，成为公众强烈仇恨的对象，被人取了"洋人"和"天主教徒"绰号，并被人张贴了有辱体面的据帖。(6)陈台在百姓中的言行像已报告的那样。(7)至少有些事例可以证明,清朝的士兵是积极的参与者,如参与破坏美国差会的房屋和对伦敦会威胁性进攻之事。(8)不同的火会和志愿队("义民")都由士绅担任其首领,这些名字登记在衙门中。尽管这些人不会冒险积极参加运动,他们知道这样做违反官府的意愿。(9)直至今天,骚乱过后两周,还不能使人相信天津官府已做出积极的努力去抓获和惩罚任何杀人犯,尽管有一大批训练有素的外国军队受雇于清朝官吏。"《理一视和郝赒廉牧师致代理领事李蔚海函》,《近代史资料》第109期,中国社会科学出版社2004年版,第90、91页。

199 《罗淑亚所递照会着照所指逐一详讯及毛昶熙暂留天津等事》,同治九年八月初三日附录译出罗淑亚送到天津滋事记抄件,《曾国藩全集·奏稿之十二》,岳麓书社2012年第2版,第68—71页。

200 《照录与法国驻京公使罗淑亚往来照会三件》,同治九年六月二十三日附录咨呈军机处咨文,《曾国藩全集·奏稿之十一》,岳麓书社2012年第2版,第492页。

201 《照录与法国驻京公使罗淑亚往来照会三件》,同治九年六月二十三日附录咨呈军机处咨文,《曾国藩全集·奏稿之十一》,岳麓书社2012年第2版,第492页。

202 《天津知府张光藻知县刘杰革职请旨交刑部议罪片》,同治九年六月二十三日,《曾国藩全集·奏稿之十一》,岳麓书社2012年第2版,第489页。

203 《查明天津教案大概情形折》,同治九年六月二十三日,《曾国藩全集·奏稿之十一》,岳麓书社2012年第2版,第493、494页。

204 《天津知府张光藻知县刘杰革职请旨交刑部议罪片》,同治九年六月二十三日,《曾国藩全集·奏稿之十一》,岳麓书社2012年第2版,第489页。

205 同治九年六月二十五日,《翁同龢日记》第二卷,翁万戈编,翁以钧校订,中西书局2012年版,第814、815页。

206 中国社会科学院近代史研究所资料室编:《曾国藩未刊往来函稿》,岳麓书社1986年版,第372、373页。

207 [清]黎庶昌:《曾国藩年谱》,卷十二同治九年至十一年,岳麓书社1986年版,第242页。

208 同治九年六月十六日,《曾国藩全集·日记之四》,岳麓书社2012年第2版,第330页。

209 《谕纪泽》,同治九年六月二十四日未刻,《曾国藩全集·家书之二》,岳麓书社2012年第2版,第530页。

210 《复奕䜣等》,同治九年七月十三日,《曾国藩全集·书信之十》,岳麓书社2012年第2版,第316页。

211 《洋人诡谲成性着曾国藩力持正论据理驳斥并询李鸿章能否北援等事》,同治九年六月二十六日附录密谕,《曾国藩全集·奏稿之十一》,岳麓书社2012年第2版,第511页。

212 邱涛:《曾国藩的权势之死——清廷的天津教案对策与同光之际湘淮权势转移》,《晋阳学刊》2020年第5期。

213 同治九年六月二十六日,《曾国藩全集·日记之四》,岳麓书社2012年第2版,第333页。

214 《密陈津郡教案委曲求全大概情形片》,同治九年六月二十八日,《曾国藩全集·奏稿之十一》,岳麓书社2012年第2版,第509—511页。

215 《复奕䜣等》,同治九年八月初三日,《曾国藩全集·书信之十》,岳麓书社2012年第2版,第330页。

216 《复刘蓉》,同治十年十一月初十日,《曾国藩全集·书信之十》,岳麓书社2012年第2版,第640页。

217 《谕纪泽》,同治九年六月二十四日未刻,《曾国藩全集·家书之二》,岳麓书社2012年第2

版，第 530 页。
218　同治七年八月十三日，《曾国藩全集·日记之四》，岳麓书社 2012 年第 2 版，第 85 页。
219　《奏陈新造轮船及上海机器局筹办情形折》，同治七年九月初二日，《曾国藩全集·奏稿之十》，岳麓书社 2012 年第 2 版，第 214 页。
220　同治十年十月初八日，《曾国藩全集·日记之四》，岳麓书社 2012 年第 2 版，第 488 页。
221　《致澄弟沅弟》，同治十年正月二十五日，《曾国藩全集·家书之二》，岳麓书社 2012 年第 2 版，第 551 页。
222　《致澄弟沅弟》，同治十年七月二十六日，《曾国藩全集·家书之二》，岳麓书社 2012 年第 2 版，第 562 页。
223　《致澄弟沅弟》，同治十年正月十五日，《曾国藩全集·家书之二》，岳麓书社 2012 年第 2 版，第 550 页。
224　同治十年十月二十一日，《曾国藩全集·日记之四》，岳麓书社 2012 年第 2 版，第 493 页。
225　《致沅弟》，同治十年三月十七日，《曾国藩全集·家书之二》，岳麓书社 2012 年第 2 版，第 556 页。
226　《致澄弟沅弟》，同治十年七月二十六日，《曾国藩全集·家书之二》，岳麓书社 2012 年第 2 版，第 563 页。
227　《致澄弟沅弟》，同治十年九月初十日，《曾国藩全集·家书之二》，岳麓书社 2012 年第 2 版，第 569 页。
228　[清]黎庶昌：《曾国藩年谱》，卷十二同治九年至十一年，岳麓书社 1986 年版，第 252 页。
229　《致澄弟沅弟》，同治十年七月二十六日，《曾国藩全集·家书之二》，岳麓书社 2012 年第 2 版，第 563 页。
230　同治十一年正月十四日，《曾国藩全集·日记之四》，岳麓书社 2012 年第 2 版，第 528 页。
231　同治十一年正月二十三日，《曾国藩全集·日记之四》，岳麓书社 2012 年第 2 版，第 530 页。
232　同治十一年正月二十六日，《曾国藩全集·日记之四》，岳麓书社 2012 年第 2 版，第 531 页。
233　同治十一年正月二十九日，《曾国藩全集·日记之四》，岳麓书社 2012 年第 2 版，第 532 页。
234　同治十一年二月初一日，《曾国藩全集·日记之四》，岳麓书社 2012 年第 2 版，第 532 页。
235　同治十一年二月初二日，《曾国藩全集·日记之四》，岳麓书社 2012 年第 2 版，第 533 页。
236　同治十一年二月初四日，《曾国藩全集·日记之四》，岳麓书社 2012 年第 2 版，第 533 页。
237　[清]黎庶昌：《曾国藩年谱》，卷十二同治九年至十一年，岳麓书社 1986 年版，第 252 页。

尾章　铜官感旧

1　[清]章寿麟等撰，袁慧光校点：《铜官感旧图题咏册》，岳麓书社 2012 年版，第 511、512 页。
2　陈松青：《〈铜官感旧图题咏册〉的文学价值——兼及其成书、刊行与校理》，《湖南人文科技学院学报》，2020 年第 2 期。
3　[清]章寿麟等撰，袁慧光校点：《铜官感旧图题咏册》，岳麓书社 2012 年版，第 514、515 页。
4　[清]章寿麟等撰，袁慧光校点：《铜官感旧图题咏册》，岳麓书社 2012 年版，第 518 页。
5　[清]章寿麟等撰，袁慧光校点：《铜官感旧图题咏册》，岳麓书社 2012 年版，第 519、520 页。
6　[清]章寿麟等撰，袁慧光校点：《铜官感旧图题咏册》，岳麓书社 2012 年版，第 521 页。
7　[清]章寿麟等撰，袁慧光校点：《铜官感旧图题咏册》，岳麓书社 2012 年版，第 532、533 页。

参考文献

典籍、官书

1. 《道德经》
2. 《庄子》
3. 《左传》，郭丹等译注，中华书局 2018 年版。
4. ［唐］许嵩：《建康实录》，中华书局 1986 年版。
5. 《大清律令》
6. ［清］葛士濬编：《皇朝经世文续编》，光绪二十四年（1898 年）上海文盛书局刊本。
7. 龚胜生编注：《中国三千年疫灾史料汇编·清代卷（1644—1911）》，齐鲁书社 2019 年版。
8. ［清］刘锦藻：《清朝续文献通考》，浙江古籍出版社 2000 年版。
9. 齐思和等整理：《筹办夷务始末》，中华书局 2008 年版。
10. 沈云龙主编：《近代中国史料丛刊》，文海出版社 1967 年版。
11. 沈云龙编：《近代中国史料丛刊三编》，文海出版社 1993 年版。
12. 太平天国历史博物馆编：《太平天国文书汇编》，中华书局 1979 年版。
13. 太平天国历史博物馆编：《太平天国史料汇编》，凤凰出版社 2018 年版。
14. 天津市政协文史资料研究委员会编：《天津租界》，天津人民出版社 1986 年版。
15. ［清］赵尔巽等撰：《清史稿》，中华书局 1977 年版。
16. 中国社会科学院近代史研究所资料室编：《曾国藩未刊往来函稿》，岳麓书社 1986 年版。
17. 中国第一历史档案馆、福建师范大学历史系合编：《清末教案》第一、五、六册，中华书局 1996 年版、2000 年版、2006 年版。
18. 中国社会科学院近代史研究所近代史资料编辑部编：《近代史资料》，中国社会科学院出版社 2004 年版。
19. 中国科学院历史研究所第三所近代史资料编辑组编：《太平天国资料》，知识产权出版社 2013 年版。

日记、书信、年谱、笔记、诗文集

1. ［清］陈康祺：《郎潜纪闻二笔》，晋石点校，中华书局 1984 年版。
2. ［法］樊国梁：《燕京开教略》，救世堂 1905 年印本。
3. 《郭嵩焘全集》，梁小进主编，岳麓书社 2012 年版。
4. ［清］郭振墉：《湘军志平议》，喻岳衡点校，岳麓书社 2008 年版。
5. 《胡林翼集》，胡渐逵等校点，岳麓书社 2008 年版。
6. ［清］黎庶昌：《曾国藩年谱》，岳麓书社 1986 年版。

7. ［清］李瀚章等修:《湖南通志》，清光绪十一年（1885 年）刻本。
8. 《李鸿章全集》，顾廷龙、戴逸主编，安徽教育出版社 2008 年版。
9. ［清］刘体智:《异辞录》，刘笃龄点校，中华书局 1998 年版。
10. ［清］欧阳兆熊、金安清:《水窗春呓》，中华书局 1984 年版。
11. 《彭玉麟集》，梁绍辉等点校，岳麓书社 2008 年版。
12. ［清］王定安:《湘军记》，朱纯点校，岳麓书社 2008 年版。
13. ［清］王枚:《续修睢州志》，清光绪十八年（1892 年）刻本。
14. 《王鑫集》，谭伯牛校点，岳麓书社 2013 年版。
15. ［清］魏源:《海国图志》，魏源全集编辑委员会编校:《魏源全集》，岳麓书社 2004 年版。
16. 《翁同龢日记》，翁万戈编，翁以钧校订，中西书局 2012 年版。
17. 徐凌霄、徐一士:《曾胡谈荟·曾胡左善为奏牍之文》，中华书局 2018 年版。
18. 徐一士:《一士类稿续集》，中华书局 2019 年版。
19. 《续碑传集》，［清］缪荃孙编，王兴康等整理，上海人民出版社 2019 年版。
20. 《薛福成选集》，丁凤麟、王欣之编，上海人民出版社 1987 年版。
21. ［清］张光藻:《北戍草》，广德县地方志编纂委员会编:《广德县志》，方志出版社 1996 年版。
22. ［清］章寿麟等:《铜官感旧图题咏册》，袁慧光校点，岳麓书社 2012 年版。
23. 《曾国藩全集》，唐浩明修订，岳麓书社 2012 年第 2 版。
24. 《曾国荃集》，梁小进主编，岳麓书社 2008 年版。
25. ［清］震钧:《天咫偶闻》，顾平旦点校，北京古籍出版社 1982 年版。
26. ［清］朱孔彰:《中兴将帅别传》，向新阳校点，岳麓书社 2008 年版。
27. 《左宗棠全集》，刘泱泱等点校，岳麓书社 2009 年版。

专著

1. 崔之清主编:《太平天国战争全史》，南京大学出版社 2018 年版。
2. 董丛林:《曾国藩传》，人民出版社 2014 年第 3 版。
3. ［法］埃米尔·迪尔凯姆:《自杀论》，冯韵文译，商务印书馆 2011 年版。
4. Garnet Wolseley: *Narrative of the War with China in 1860*, Longman, Green, Longman, and Roberts, 1862.
5. 简又文:《太平天国全史》，简氏猛进书屋 1962 年版。
6. 简又文:《太平天国革命运动史》，王然译，九州出版社 2020 年版。
7. 梁绍辉:《曾国藩评传》，南京大学出版社 2006 年版。
8. 罗尔纲:《绿营兵志》，中华书局 1984 年版。
9. 罗尔纲:《太平天国史料考释集》，生活·读书·新知三联书店 1985 年版。
10. 罗尔纲:《增补本李秀成自述原稿注》，中国社会科学出版社 1995 年版。
11. 罗尔纲:《太平天国史》，中华书局 2000 年版。
12. 茅海建:《苦命天子:咸丰皇帝奕詝》，上海人民出版社 1995 年版。
13. ［美］裴士锋（Stephen R. Platt）:《天国之秋》，黄中宪译，谭伯牛校，社会科学文献出版社 2014 年版。
14. 四川省哲学社会科学学会联合会等编:《近代中国教案研究》，四川省社会科学院出版社 1987 年版。
15. 佟更、赵润兰、梁立泉:《话说八国联军侵北京》，新蕾出版社 1990 年版。

16. 汪荣祖：《走向世界的挫折：郭嵩焘与道咸同光时代》，中华书局 2006 年版。
17. 王尔敏：《清季军事史论集》，广西师范大学出版社 2008 年版。
18. 王明伦编：《反洋教书文揭帖选》，齐鲁书社 1984 年版。
19. 王庆成：《太平天国的文献和历史》，社会科学文献出版社 1993 年版。
20. 苑书义：《李鸿章传》，人民出版社 2004 年版。
21. 张宏杰：《曾国藩传》，民主与建设出版社 2019 年版。

论文

1. 陈松青：《〈铜官感旧图题咏册〉的文学价值——兼及其成书、刊行与校理》，《湖南人文科技学院学报》，2020 年第 2 期。
2. 池子华：《曾国藩剿捻方略探析》，《社会科学战线》1990 年第 1 期。
3. 崔岷：《咸丰初年清廷委任"团练大臣"考》，《历史研究》2014 年第 6 期。
4. 董蔡时：《论曾国藩与何桂清争夺江浙地盘的斗争》，《浙江学刊》1985 年第 2 期。
5. 董蔡时：《太平天国安庆保卫战中若干问题的研究》，《军事历史研究》1994 年第 4 期。
6. 董丛林：《"迷拐"、"折割"传闻与天津教案》，《近代史研究》2003 年第 2 期。
7. 董丛林：《安庆战役中湘军的"双帅格局"》，《军事历史研究》2016 年第 4 期。
8. 顾建娣：《咸同年间河南的圩寨》，《近代史研究》2004 年第 1 期。
9. 顾建娣：《曾国藩对湘军陆师的裁撤与安置》，《军事历史研究》2019 年第 4 期。
10. 洪均：《咸丰年间太湖—潜山战役考论》，《江汉论坛》2010 年第 7 期。
11. 贾熟村：《太平天国时期的湘军水师》，《云梦学刊》2007 年第 2 期。
12. 贾熟村：《醇王奕譞与天津教案》，《云梦学刊》2015 年第 3 期。
13. 梁从国：《曾国藩与李元度关系的再辨析——从咸丰十年的一个奏折说起》，《沈阳师范大学学报（社会科学版）》2013 年第 2 期。
14. 梁义群：《太平军"第二次西征"若干史实辨析》，《安徽史学》1984 年第 4 期。
15. 牛贯杰：《十九世纪中期皖北的圩寨》，《清史研究》2001 年第 4 期。
16. 邱涛：《曾国藩的权势之死——清廷的天津教案对策与同光之际湘淮权势转移》，《晋阳学刊》2020 年第 5 期。
17. 隋丽娟：《多隆阿与安庆战役》，《黑龙江社会科学》1997 年第 1 期。
18. 王国平：《太平军安庆保卫战战略决策试探——兼论所谓"二次西征战役"》，《苏州大学学报》1986 年第 2 期。
19. 王明前：《太平天国芜湖会议考辨——对"围魏救赵"战略决策的质疑》，《江淮论坛》2002 年第 5 期。
20. 王明前：《李秀成与太平天国第二次西征》，《安顺师范高等专科学校学报（综合版）》2006 年第 4 期。
21. 王明前：《太平天国一克杭州战事考》，《大庆师范学院学报》2007 年第 3 期。
22. 王明前：《太平天国二破江南大营战役军事艺术评述》，《广西师范学院学报（哲学社会科学版）》2008 年第 1 期。
23. 王明前：《论太平天国二破江南大营战役的战术成就》，《福建师范大学福清分校学报》2008 年第 4 期。
24. 吴庆洲：《明南京城池的军事防御体系研究》，《建筑师》2005 年第 2 期。
25. 吴善中：《太平天国三篇檄文初颁时间考》，《广西大学学报》1989 年第 3 期。

26. 杨帆:《〈纽约时报〉视野中的天津教案》,《东岳论丛》2016 年第 4 期。
27. 余新忠:《咸同之际江南瘟疫探略——兼论战争与瘟疫之关系》,《近代史研究》2002 年第 5 期。
28. 张坤、王宝红:《合作政策与英国公使威妥玛对天津教案的调停》,《暨南史学》2015 年第 2 期。
29. 朱汉民、吴国荣:《曾国藩的礼学及其经世理念》,《中国哲学史》2007 年第 1 期。

出版后记

 2022 年一个盛夏的午后，热心肠的春华介绍我们认识了她的朋友鞠海老师。那是一切的起点，至今回想起来依然感激。鞠老师谦逊温和，机敏而有定力。观其人，想见其文，我们对他的写作便天然存了些信任，却对作品的主题有隐隐的担忧。

 毕竟，曾国藩作为晚清中兴的重臣与当世的楷模，早已不是新鲜的书写对象。特别是讲述其"成事之道"的图书五花八门，常着墨于他如何从"笨人"修炼为"圣人"的奋斗历程。且不论我们对许多"成事之道"类的解读心存怀疑；最重要的是，在这些叙事的一遍遍强化下，曾国藩的生平已为人熟知，形象已然脸谱化。这样的热门人物，还能呈现出别的面孔吗？读者还有必要再读一本曾国藩传记吗？如果答案是肯定的，那就必须写出一个不同的曾国藩，写出他较少被关注，却对今日读者颇有价值的一面。

 从阅读样章到全稿，编辑部的兴奋劲儿逐渐高涨，先前的疑虑随之烟消云散。因为一个不同的曾国藩被挖掘了出来——一个同你我一样，在时代和个人困境夹缝中挣扎前行的凡人。他苦苦挣扎在政局、沙场、亲族间的夹缝里，数次自杀，求死不得，求退不可。

 鞠老师用镜头对准曾国藩五次动人心魄的生死瞬间，每组镜头又始终对准三类焦点：曾国藩本人、他周围的人、时代。镜头推得不疾不徐，既有晚清军政的大全景，亦有对曾国藩周边人的侧写，更有他生活细节的丰富特写。五组镜头下来，一个焦虑中年人的形象鲜活了起来：他面对绝境时的状态和我们大同小异——也会情绪崩溃，日常失眠，身体报警。一个人在社会大时代中，是无比渺小的；若是个体的理想与时代的洪流不一致，却又被裹挟着前进时，个体定然是无比迷茫、痛苦的。曾国藩被外力强推着往前走，走得相当吃力，途中明枪暗箭不断，处处由不得他做主，却要他来为全局挑上这副重担。他时常陷入精神内耗，无助而沮丧，但也只能苦苦支撑，一日一日地熬下去，熬到人事已尽，但凭天命。书里一副对联格外打动人："养活一团春意思，撑起两根穷骨头。"曾国藩是有信念之人，哪怕做事的空间狭窄、逼仄，他也坚守着信念，一日一日地化解困境，"心力交瘁，困知勉行"。最后，恰是这个爱焦虑的普通人，让晚清政局得以为继，在历史上留下了重重一笔。

  这本书写起来并不容易。在已有相关畅销作品的基础上，要给人新脸孔，呈现另一种"真"，是写作的主要难题之一。鞠老师注重综合各类公私文献，尤重解读信札、日记等"私领域"史料中较少被使用的部分，进而深入了人物的生活、心灵与情感世界，写出了这样一个曾国藩。历史大众写作，必然要处理文学性与史学性这一对难题，而这本书也确实做到了"文史互济"。此外，中国传统史学强调的"以人系事""因事见人"，当代历史学者省察的史学研究中"人的隐去"乃至"人的消失"，这本书皆有呼应。荷兰史家赫伊津哈曾说："如果我们看不到生活在其中的人，怎么能形成对那个时代的想法呢？假如只能给出一些概括的描述，我们只不过造就了一片荒漠并把它叫作历史而已。"

  历史永远是多面、复杂的。展现一个大人物在非常困境中的平凡一面，看看他在其中如何安顿自己，让生活始终保持秩序感，对我们在时代的洪流中处理个体的焦虑会有所启发。这或许是曾国藩留给当今时代的遗产——一套实实在在的日常经验。

  春华说，"人到难时得读曾国藩"，鞠老师和我们都觉得这句话甚好。人生时刻充满着不安定，难关随处在，如何处理这个真相？历史上无数的人已经面对过这个问题，曾国藩也是。如果你在困境和不安定中挣扎过，愿你能从这本《夹缝中的总督》里找到共鸣，与历史共情。

编辑 程彤、王晓晓

2024 年 8 月

曾国藩的五次困局

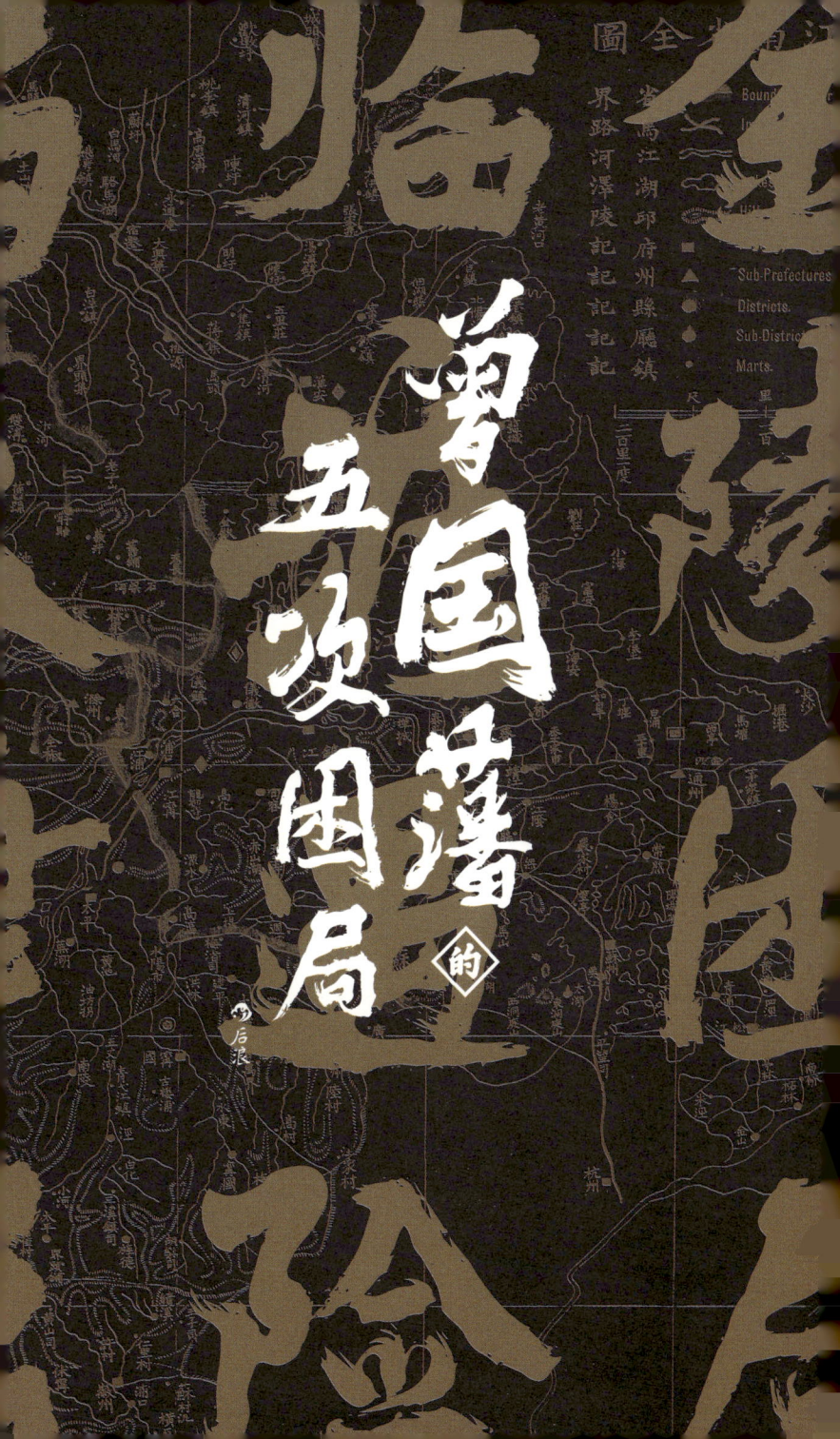

后浪

清廷

四次催促出兵，救援

催促全国各地办团练

曾国藩犹豫再三，
决定墨绖从戎

震动清廷　只给虚衔，不给实权

长江响警　　　　　　　　　　猜忌、防范曾国藩

⊗ 开始西征

定都天京　　　　　　　　　　⊗ 三败湘军于靖港

太平军　　　　⊗ 二败湘军于岳州

⊗ 一败湘军于宁乡

别叨叨了，我⋯

→ 战场压力　　→ 君臣压[力]

第一局　靖

湘军

- 安徽
- 练兵时间不多
- 造船遇到技术难题
- 王鑫离开，独立出湘军序列
- 筹饷难
- 裁汰王鑫新勇
- 湖南巡抚借机拉拢王鑫

曾国藩

- 插手军务
- 排挤、刁难、打压曾国藩
- 私设审案局
- 永顺营兵变，湖南巡抚坐视不管
- 手中权力有限，想做事，必令地方官吏不悦

长沙官场

➡ 人事压力　　➡ 官场压力

靖港河

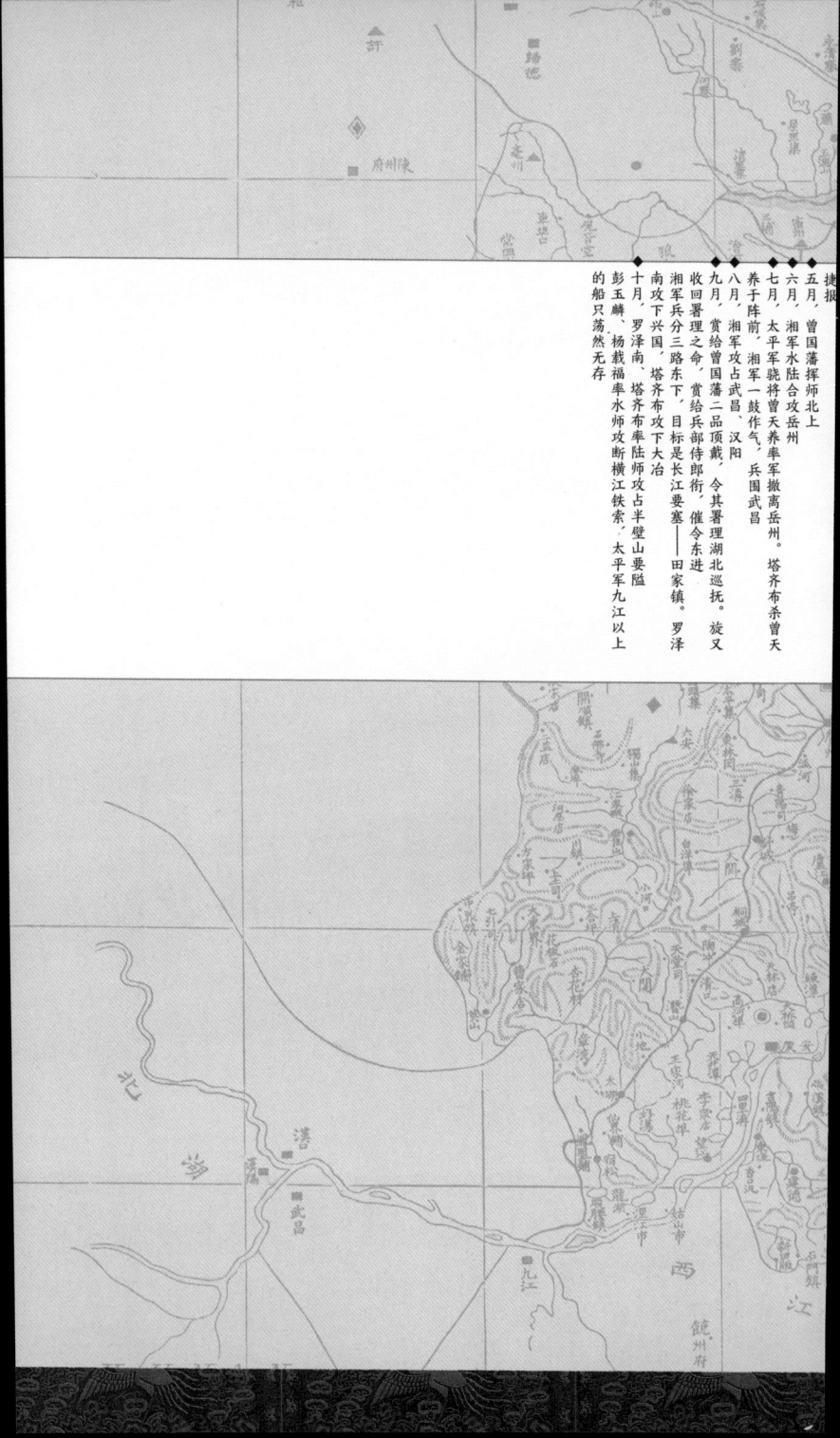

◆五月,曾国藩挥师北上,捷报频传。
◆六月,湘军水陆合攻岳州。
◆七月,太平军骁将曾天养率军撤离岳州。塔齐布杀曾天养于阵前,湘军一鼓作气,兵围武昌。
◆八月,湘军攻占武昌、汉阳。
◆九月,赏给曾国藩二品顶戴,令其署理湖北巡抚。旋又收回署理之命,赏给兵部侍郎衔,催令东进。罗泽南攻下兴国,塔齐布牵陆师攻占半壁山要隘,湘军兵分三路东下,目标是长江要塞——田家镇。
◆十月,罗泽南、塔齐布牵陆师攻下大冶,彭玉麟、杨载福率水师攻断横江铁索,太平军九江以上的船只荡然无存。

大事记年表

第一局 ◆ 靖港跳河

咸丰二年〔一八五二年〕42岁

- 正月，兼署吏部左侍郎
- 六月，担任江西乡试主考官，回家探亲
- 七月，得知母亲去世，沿九江、武昌、岳州、湘阴、宁乡一线回家奔丧
- 十二月十七日（1853年1月25日）与郭嵩焘去长沙办团练，湖南巡抚张亮基调集各地练勇支持曾国藩

咸丰三年〔一八五三年〕43岁

- 二月初十日，太平天国定都天京
- 二月十二日，在团练大臣行辕设审案局，剿办匪徒
- 三月，曾国藩派王鑫剿办衡山会党
- 四月，太平军开始西征，一路猛进
- 五月，曾国藩募湘勇一营，驻扎长沙南门外
- 八月，与王鑫产生分歧，由长沙移驻衡州永顺营事件后，着手改革军制，拟定营制、营规等奏请截留粤饷，用于在衡州设立船厂、筹建湘军水师
- 九月
- 十一月，咸丰皇帝一再催促救援鄂、皖，曾国藩拒绝出征，并加紧造船
- 十二月，江忠源兵败庐州，投水自尽

咸丰四年〔一八五四年〕44岁

- 正月，太平军火烧连营于黄州堵城，吴文镕投水自杀。太平军第三次占领汉口、汉阳，进围武昌，久攻不下
- 正月二十八日，曾国藩率水陆两师从衡州出征
- 二月，曾国藩邀请贵州候补道胡林翼加入湘军
- 三月，曾国藩派军迎击太平军，在宁乡惨败。太平军迅速占领湘潭，形成南北夹击长沙之势。湘军除了塔齐布一军，其余皆溃不成军

咸丰帝

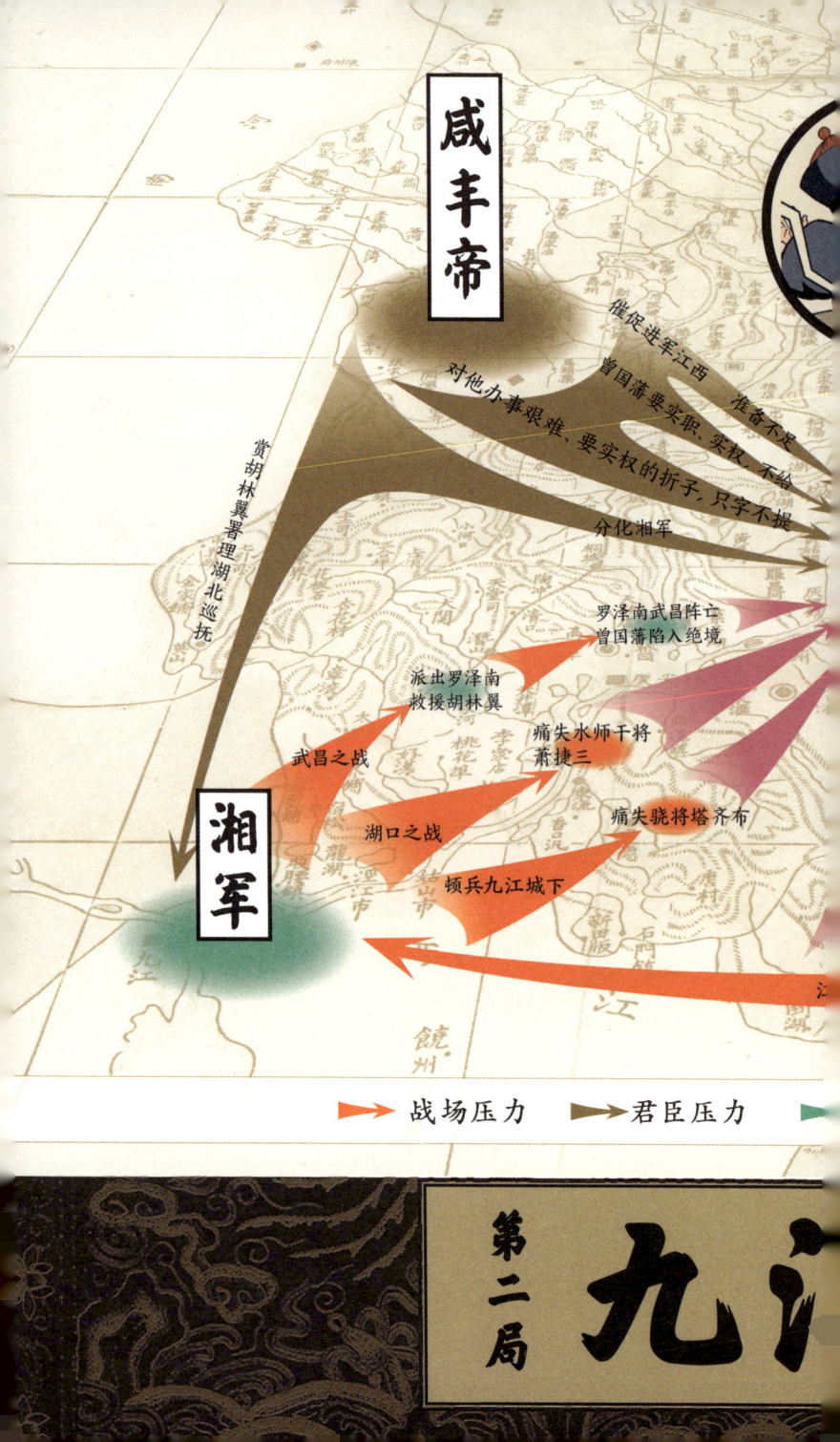

催促进军江西
准备不足
对他办事艰难、要实职、要实权的折子，只字不提
赏胡林翼署理湖北巡抚
分化湘军

罗泽南武昌阵亡
曾国藩陷入绝境

派出罗泽南救援胡林翼

痛失水师干将萧捷三

武昌之战

痛失骁将塔齐布

湖口之战

湘军

顿兵九江城下

➤ 战场压力　　➤ 君臣压力

第二局　九

路设了，我裂了

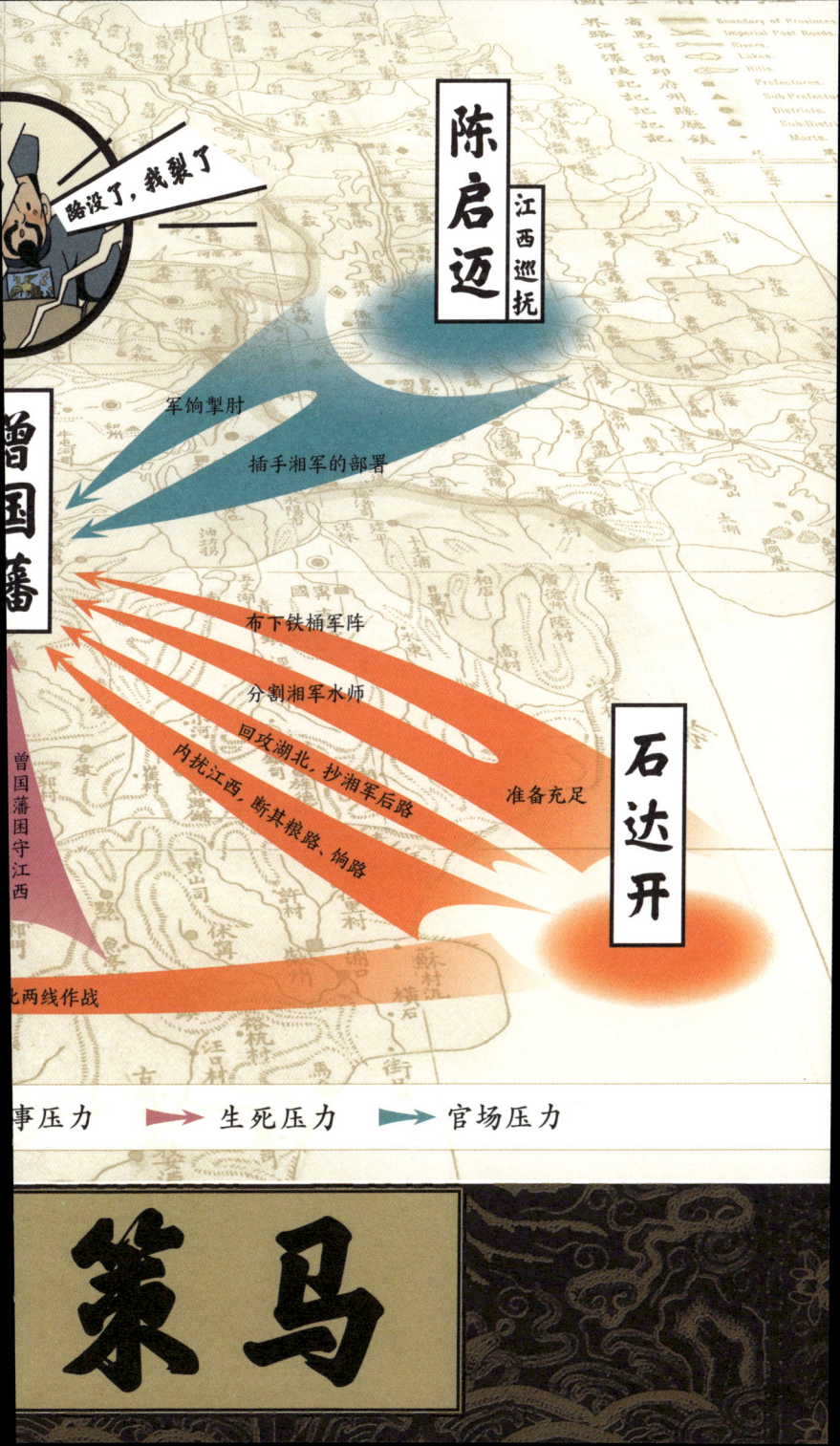

陈启迈 江西巡抚

曾国藩

军饷掣肘
插手湘军的部署

布下铁桶军阵
分割湘军水师
回攻湖北，抄湘军后路
内抚江西，断其粮路、饷路

准备充足

石达开

曾国藩困守江西

北两线作战

事压力　　生死压力　　官场压力

策马

咸丰六年（一八五六年）46岁

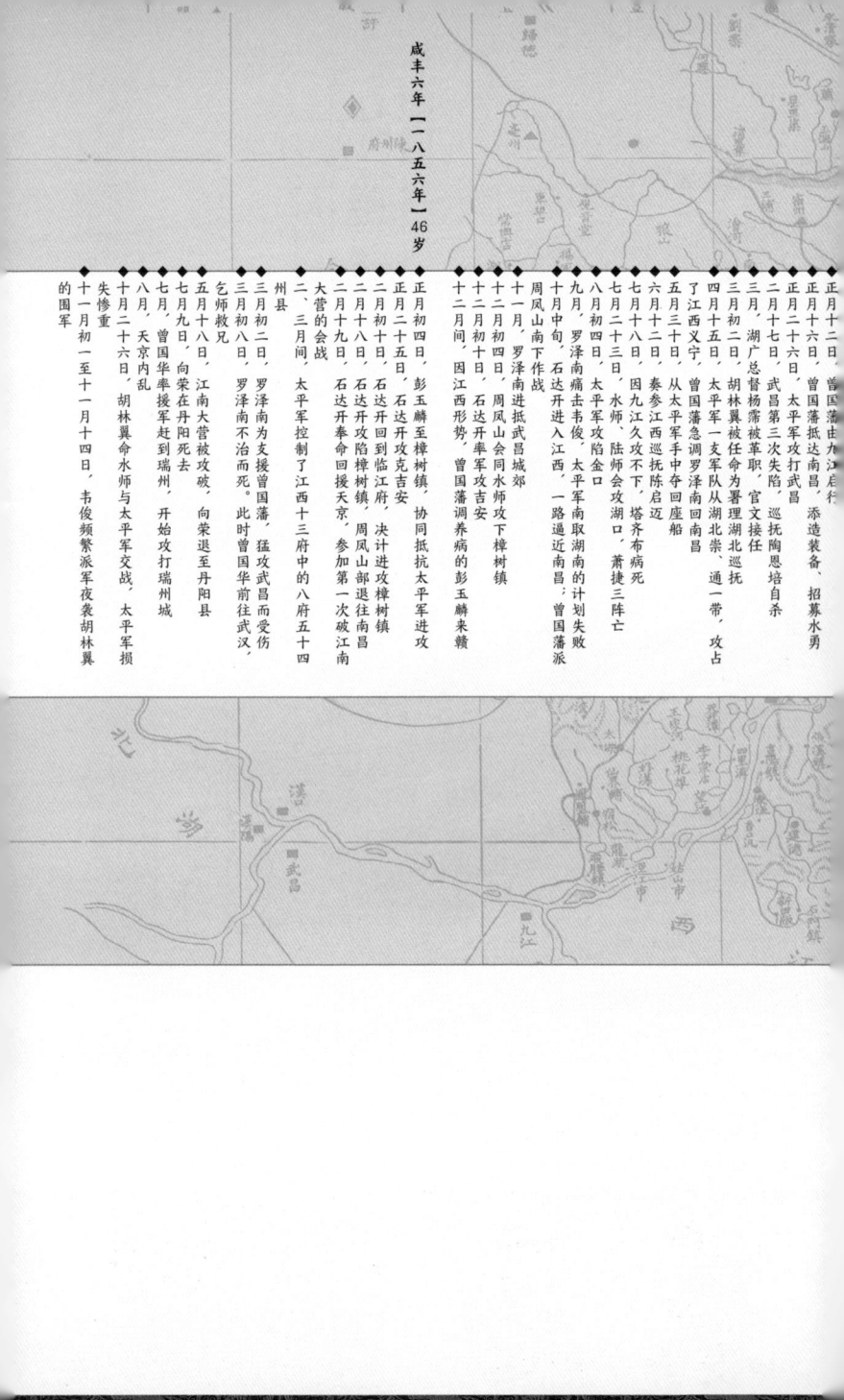

正月十二日，曾国藩由九江启行

正月十六日，曾国藩抵达南昌，添造装备，招募水勇

正月二十六日，太平军攻打武昌

二月，武昌第三次失陷

二月十七日，巡抚陶恩培自杀

三月初二日，湖广总督杨霈被革职，官文接任

三月初二日，胡林翼被任命为署理湖北巡抚

四月十五日，太平军一支军队从湖北崇、通一带，攻占了江西义宁

四月十八日，曾国藩急调罗泽南回南昌

五月三十日，从太平军手中夺回座船

六月十二日，参江西巡抚陈启迈

七月十二日，塔齐布病死

七月十八日，因九江久攻不下，曾国藩调养病的彭玉麟来赣

八月二十三日，水师、陆师会攻湖口、萧捷三阵亡

九月初四日，太平军攻陷金口

九月，罗泽南痛击韦俊，水师、陆师会攻湖口，萧捷三阵亡

十月中旬，石达开进入江西，一路逼近南昌；曾国藩派周凤山南下作战

十一月，罗泽南抵武昌城郊

十二月初四日，周凤山会同水师攻下樟树镇

十二月十四日，石达开率军攻吉安

十二月间，因江西形势，曾国藩调近周凤山部退往南昌

正月初四日，彭玉麟至樟树镇，协同抵抗太平军进攻

二月十五日，罗泽南攻开克吉安

二月二十日，石达开回到临江府，决计进攻樟树镇

二月二十八日，石达开陷樟树镇，周凤山部退往南昌

二月二十九日，石达开奉命回援天京，参加第一次破江南大营的会战

二、三月间，太平军控制了江西十三府中的八府五十四州县

三月初二日，罗泽南为支援曾国藩，猛攻武昌而受伤

三月初八日，罗泽南不治而死。此时曾国华前往武汉乞师救兄

五月十八日，江南大营被攻破，向荣退至丹阳县

七月初九日，向荣在丹阳死去

七月，曾国华率援军赶到瑞州，开始攻打瑞州城

八月，天京内乱

十月二十六日，胡林翼命水师与太平军交战，太平军损失惨重

十一月初一至十一月十四日，韦俊频繁派军夜袭胡林翼的国军

大事记年表

第二局 · 九江策马

咸丰四年【1854年】44岁

◆十一月初一日，太平军退至黄梅

◆十一月初七日，太平军退至湽港

◆十一月十二日，罗大纲率军退至江西湖口县

◆十一月十四日，湘军向九江、小池口进攻，湖广总督杨霈驻扎在九江江西。为配合湘军，湖广总督杨霈驻驻广济，王国才等进驻黄梅

◆十一月十八日，湘军开始进攻九江；胡林翼率军赴九江城外助攻

◆十一月二十一日，塔齐布攻九江南门，未果

◆十一月二十六日，塔齐布、胡林翼攻九江西门，被林启荣击退

◆十二月初一日，曾国藩分四路进攻，未果

◆十二月初七日，罗泽南改攻梅家洲，寸步难进

◆十二月十二日，胡林翼、罗泽南改攻梅家洲，水师营官萧捷三冲入内湖

◆十二月十六日，罗大纲占小池口，曾国藩欲将胡林翼、罗泽南调回九江

◆十二月二十五日，太平军夜袭九江、小池口，直攻曾国藩座船，在罗泽南营里，仍然想策马赴敌而死

咸丰五年【1855年】45岁

◆十二月二十六日（1855年2月12日）太平军从湖北以东陆路攻湖北

◆十二月三十日，湖广总督杨霈被秦日纲、罗大纲一再攻退

◆正月初二日，曾国藩派援军（胡林翼）回援武汉

◆正月初四日，东北风大作，停泊于九江的外江水师船只遭到损坏

咸丰七年【1857年】47岁

◆十一月二十二日，韦俊率太平军冲出武昌城

◆十一月二十三日，胡林翼军攻下武昌县

◆十一月二十五日，胡林翼军攻下黄州府

◆十一月二十七日，杨载福由武穴下驶，进入九江

◆十一月二十九日，李续宾攻下兴国

◆正月初五日，鲍超攻打小池口，惨败

◆二月十一日，曾国藩在瑞州城外大营接到父亲曾麟书病逝的消息

◆二月二十一日，在谕旨未到情况下，曾国藩与弟曾国华从瑞州出发回湖南老家

◆五月十一日，石达开从天京出走

◆六月，假期将满，曾国藩以守制为要挟，想要获得实权，结果咸丰皇帝批准了

◆七月二十二日，瑞州被湘军攻克

◆八月，陈玉成从湖北退回到安徽宿松，太湖等地

◆八月初八日，胡林翼派杨载福、李续宾攻打小池口

◆八月十五日，小池口被攻克

◆九月初七日，李续宣攻打梅家洲

◆九月初八日，杨载福、彭玉麟、李续宾对湖口发起攻势

◆九月初九日，梅家洲太平军皆遇难

◆湖口被攻陷

◆十二月初八日，临江被攻克

太平军

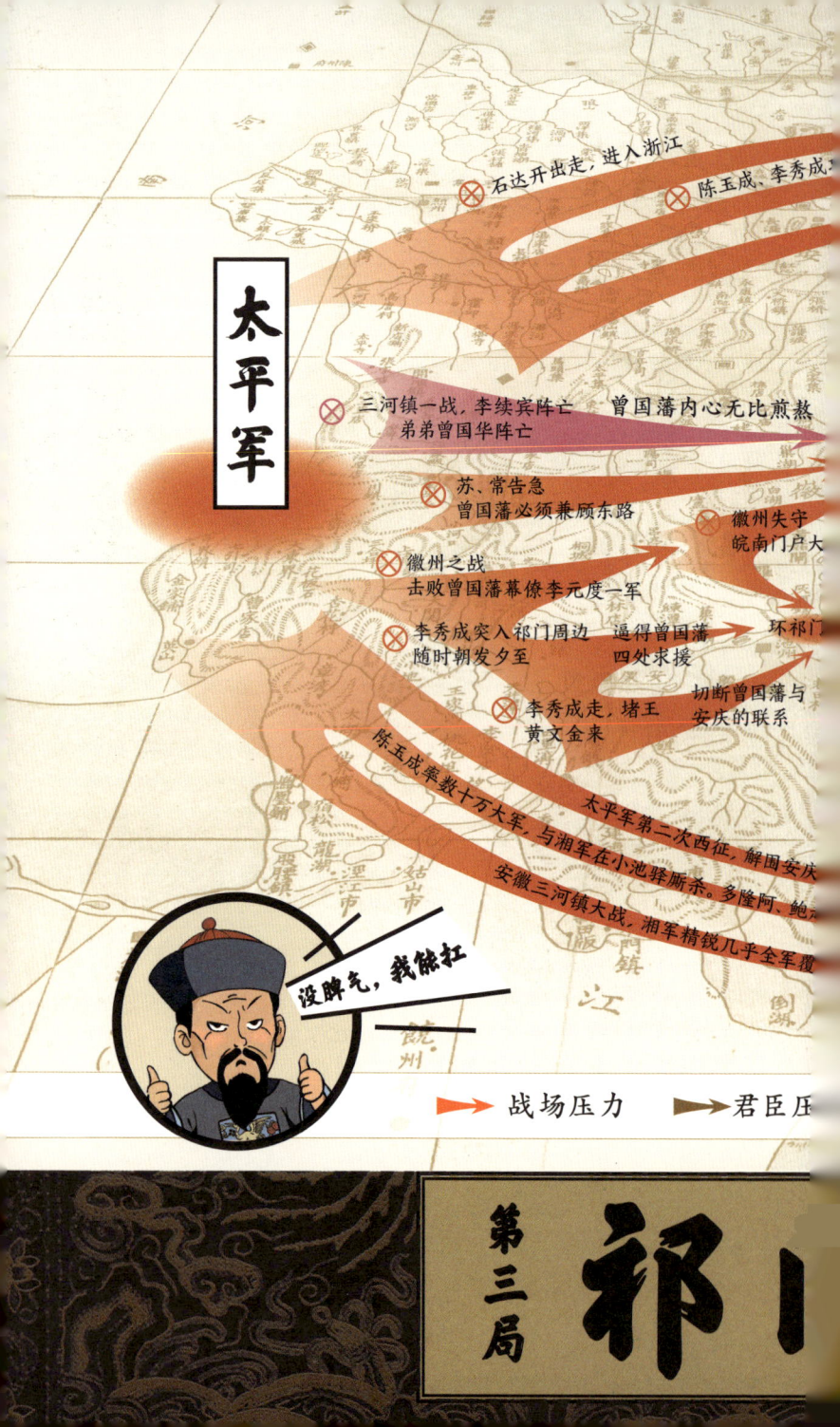

- ⊗ 石达开出走,进入浙江
- ⊗ 陈玉成、李秀成
- ⊗ 三河镇一战,李续宾阵亡 曾国藩内心无比煎熬 弟弟曾国华阵亡
- ⊗ 苏、常告急 曾国藩必须兼顾东路
- ⊗ 徽州之战 击败曾国藩幕僚李元度一军
- ⊗ 徽州失守 皖南门户大
- ⊗ 李秀成突入祁门周边 逼得曾国藩 环祁门 随时朝发夕至 四处求援
- ⊗ 李秀成走,堵王 切断曾国藩与 黄文金来 安庆的联系

陈玉成率数十万大军,

太平军第二次西征,解围安庆

与湘军在小池驿厮杀。多隆阿、鲍

安徽三河镇大战,湘军精锐几乎全军覆

没脾气,我能扛

➤ 战场压力 ➤ 君臣压

第三局 祁

江北大营

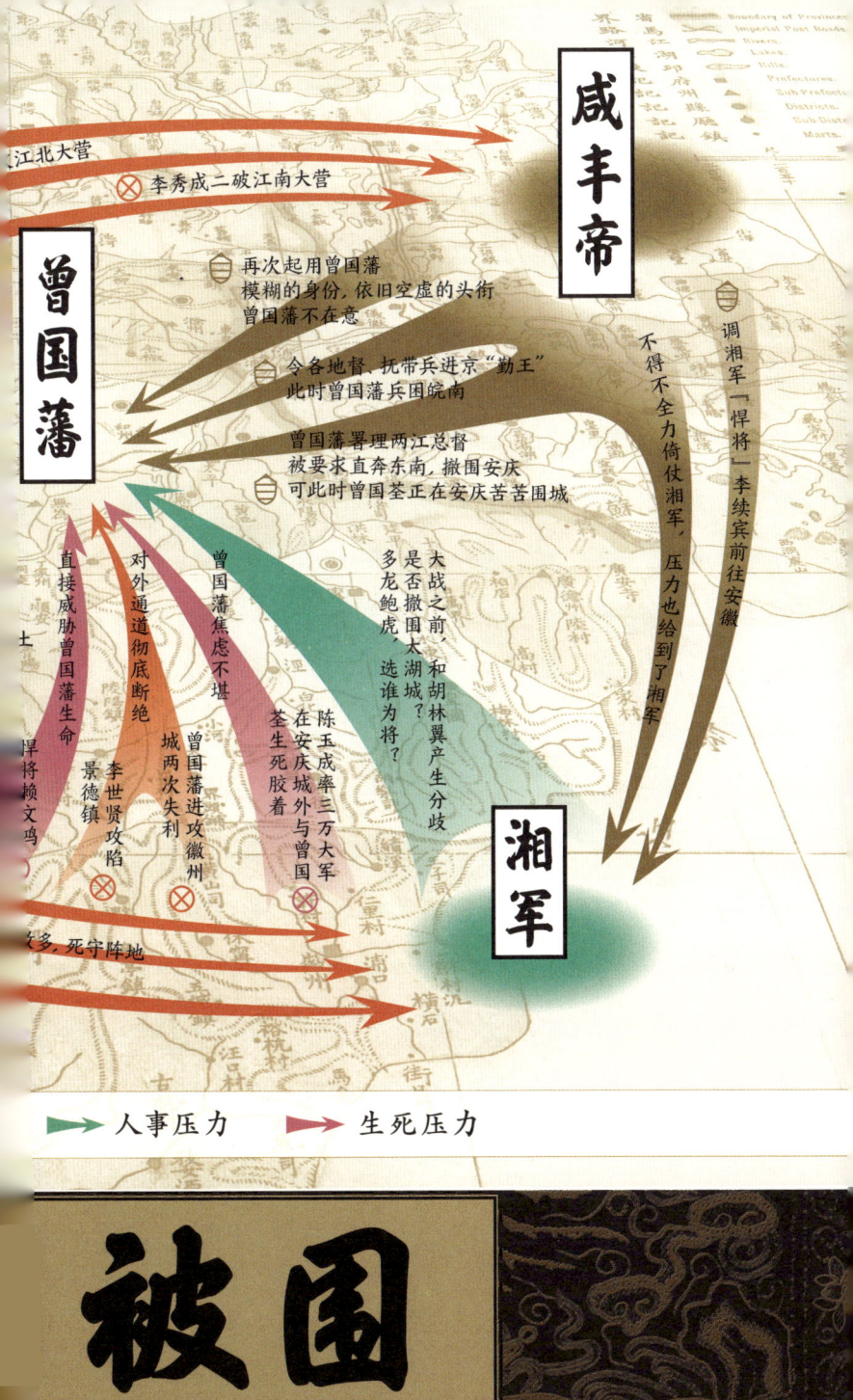

⊗ 李秀成二破江南大营

咸丰帝

曾国藩

再次起用曾国藩
模糊的身份，依旧空虚的头衔
曾国藩不在意

令各地督、抚带兵进京"勤王"
此时曾国藩兵困皖南

曾国藩署理两江总督
被要求直奔东南，撤围安庆
可此时曾国荃正在安庆苦苦围城

不得不全力倚仗湘军，压力也给到了湘军

调湘军"悍将"李续宾前往安徽

大战之前，和胡林翼产生分歧
是否撤围太湖城？
多龙鲍虎，选谁为将？

湘军

陈玉成率三万大军在安庆城外与曾国荃生死胶着

曾国藩焦虑不堪
曾国藩进攻徽州
城两次失利

对外通道彻底断绝
李世贤攻陷
景德镇 ⊗

直接威胁曾国藩生命
悍将赖文鸣
⊗ 多，死守阵地

━━▶ 人事压力　　━━▶ 生死压力

被围

咸丰十年（一八六〇年）50岁

其在湖南作战事结束

6月15日，曾国荃追击、杨辅清退往建德、景德镇战事结束

6月18日，张运兰部回湖南参战，联合攻打石达开

6月，石达开进入四川

9月，曾国藩和胡林翼、官文一起筹划进攻安徽的战略

10月21日，陈玉成的后路迁回出奇袭

11月2日，曾国藩率大军进军安徽

11月4日，曾国藩军到达宿松，安扎大营

12月6日，胡林翼大营移至英山县城。曾、胡命湘军对太湖发动攻击

12月21日，陈玉成联合捻军抵达桐城

12月22日，多隆阿、鲍超阻击陈玉成援军

12月22日至29日，陈玉成展开对小池驿鲍超军的攻击

12月30日，鲍超所部陷入困境，多隆阿、蒋凝学援助鲍超

正月初一日，曾国藩派军驰援小池驿

正月初六日，唐训方被陈玉成逼退至新仓

正月初十日，陈玉成分四路攻打小池驿，驻扎在天堂镇

正月25日，多隆阿、鲍超等多路出击，陈玉成接连败退

正月26日，太湖守将撤退，回到安庆，之后陈玉成弃潜山县城，太湖失陷

2月初，天京参与二破江南大营

2月27日，杭州城陷

3月，李秀成占领广德，留下驻守，之后李秀成奔杭州，李世贤去湖州

4月13日，李秀成五路大军攻破江南大营

闰3月初7日，太平军攻克苏州、和春自杀，江苏巡抚徐有壬死

4月19日，两江总督何桂清逃往上海

5月初1日，杨载福、彭玉麟攻占枞阳，枞阳失陷，曾国藩大军抵达安庆城下，开始围攻

5月15日，曾国藩由宿松移驻祁门

6月14日，曾国藩到达祁门县

6月24日，曾国藩实授两江总督，并授钦差大臣，计划举兵南渡长江，驻扎祁门前往对咸丰阁述安庆之国不可撤

7月，英法联军从北塘登陆，攻占天津

3月初5日，曾国藩命令鲍超，左宗棠收复景德镇

3月12日，曾国藩指挥各军进攻徽州，败退回休宁

3月13日，曾国藩写书给祁门

3月18日，曾国藩回驻祁门

3月，李世贤撤向浙江东部。陈玉成从湖北回救安庆，进驻集贤关。命悍将刘玱琳驻守，陈玉成在安庆城东的菱湖筑造营垒，用来取得和城内的联系

3月21日，黄文金自芜湖进入桐城，以图击败多隆阿

3月22日，多隆阿进驻高路铺，威胁着陈玉成的后路

3月27日，多隆阿与黄文金交战，黄文金退至天林庄，曾国藩将大营移到东流，命鲍超火速增援安庆

3月渡一带，洪仁玕等援军未援，扎营于桐城、新安，多隆阿与洪仁玕等援军交战，太平军退回桐城

4月初2日，多隆阿进入桐城

4月初2日，鲍超赴大吉抵达集贤关，攻赤岗岭四垒

4月11日，陈玉成突围

4月15日，曾国藩意欲歼灭陈玉成兵，派军分三路救援安庆

4月19日，第三次援救安庆，但再次失败

4月，李世贤占浙江金华府，杭州岭四垒太平军几手被湘军全歼。李秀成攻湖北

5月初8日，李秀成占领武昌县，8日后撤出

5月，成攻湖北

5月12日，胡林翼自太湖回到武昌

7月初1日，多隆阿亲自参战，击退太平军，由太湖东进

7月12日，曾国藩攻破了安庆城北门的三垒

7月13日，曾国藩亲自督战，与陈玉成军激烈交战

7月16日，陈玉成攻下热河避暑山庄

7月30日，曾国藩率大军对安庆进行援助。咸丰皇帝病死于热河避暑山庄

内，陈玉成撤出集贤关，退守庐州

8月初，安庆被攻陷，曾国荃军进入安庆后，开始了残暴的屠杀与劫掠

大事記年表

第三局 ◆ 祁門被圍

咸豐八年【一八五八年】48歲

二月十六日 李續賓晝夜圍攻九江

四月六日 整個東南城牆地道挖掘完畢

四月七日 陸軍攻東、南、西三面，水軍攻北面，九江失守

五月 石達開率軍進入浙江

五月初三日 因戰爭形勢，曾國藩接到出山諭旨

六月初七日 曾國藩出發，重返戰場

六月二十四日 石達開抵達武昌，與胡林翼暢談軍機

七月 陳玉成攻克廬州，並與李秀成部一起攻破江北大營

七月十一日 胡林翼因母親去世，回湖南安頓後事，軍事由官文負責

八月 官文命李續賓東進安徽

八月初八日 石達開從浙江撤退，轉戰福建、曾國藩伺機入福建進擊石達開

九月初九日 石達開抵達建昌

九月十七日 曾國藩抵達桐城

九月十八日 李續賓攻克舒城

九月二十八日 李續賓到達三河鎮外圍，分軍攻擊太平軍的外壘

十月初十日 太平軍的外壘被攻破，同時，陳玉成的援軍已到金牛鎮，將李續賓後路抄斷

十月十日 兩軍交戰，李續賓陣亡，曾國華戰死，李續賓所部湘軍所剩無幾。

十二月 李鴻章到建昌，投到曾國藩幕府

咸豐九年【一八五九年】49歲

四月，曾國荃在吉安戰役後，趕到建昌

五月初九日，曾國荃分兵進軍景德鎮

咸豐十一年【一八六一年】51歲

八月，英法聯軍直抵北京城，咸豐皇帝逃亡

八月十一日，咸豐皇帝發布諭旨，令各地督撫帶兵進京

八月十二日，寧國府城（祁門東向門戶）被太平軍攻克

八月十二日，李元度率平江勇抵達徽州，陳玉成由九洑洲渡江北上，圖解安慶之圍

八月十五日 李世賢部丛山关歼灭李元度所派援軍

八月二十二日 李世賢部直攻績溪縣

八月二十四日 李世賢部攻克徽州

八月二十五日 李世賢部攻占寧國

八月初 陳玉成到達桐城，扎大營四十餘座

十月十四日 陳玉成與多隆阿戰于挂車河，失利

十月十九日 李秀成攻入安徽野county羊栈岭，离曾國藩祁門大營（身邊仅有3000兵）仅八十里，李世賢從東面逼近祁門。祁門被圍

十月二十日 李文金在祁門西，李秀成攻占安徽黟縣，切斷湘軍糧道，鮑超、張運蘭二部与之大战

十一月十七日 劉官芳等太平軍分三路攻羊栈岭，祁門又陷入險境。西路楊輔清占領建德，切斷了祁門與安慶的聯繫；黃文金西進，占領江西浮梁；湘軍糧道受到威胁。後東宗棠、鮑超與黃文金大战，黃文金退至皖南，李续宜攻破太平軍四十余座营壘

十一月二十八日 陳玉成退至桐城

十一月二十二日，陳玉成攻祁門，以圖从侧翼解圍安慶。祁門再次渡過危機，但劉官芳等又開始了對祁門的包抄，百計環攻，終不得手

咸豐十一年（續）

正月初三日，陳玉成從安徽桐城出發，開始第二次西征，以解圍安慶

正月二十日，通向湖北的通道被打開

正月二十二日 陳玉成進攻霍山，霍山失守

正月二十九日 李世賢進占江西婺源，在贛北發起猛攻

二月初七日 陳玉成攻破黃州，潰了清軍四營

二月初八日 李世賢軍進入蘄水縣

二月二十七日 陳玉成与捻軍彙得樹于霍山縣樂兒嶺去，率軍北上，停留在霍北一帶，攻黃安、黃陂、德安

二月三十日 李世賢攻陷景德鎮，使祁門大營對外通道已全阻斷

清廷

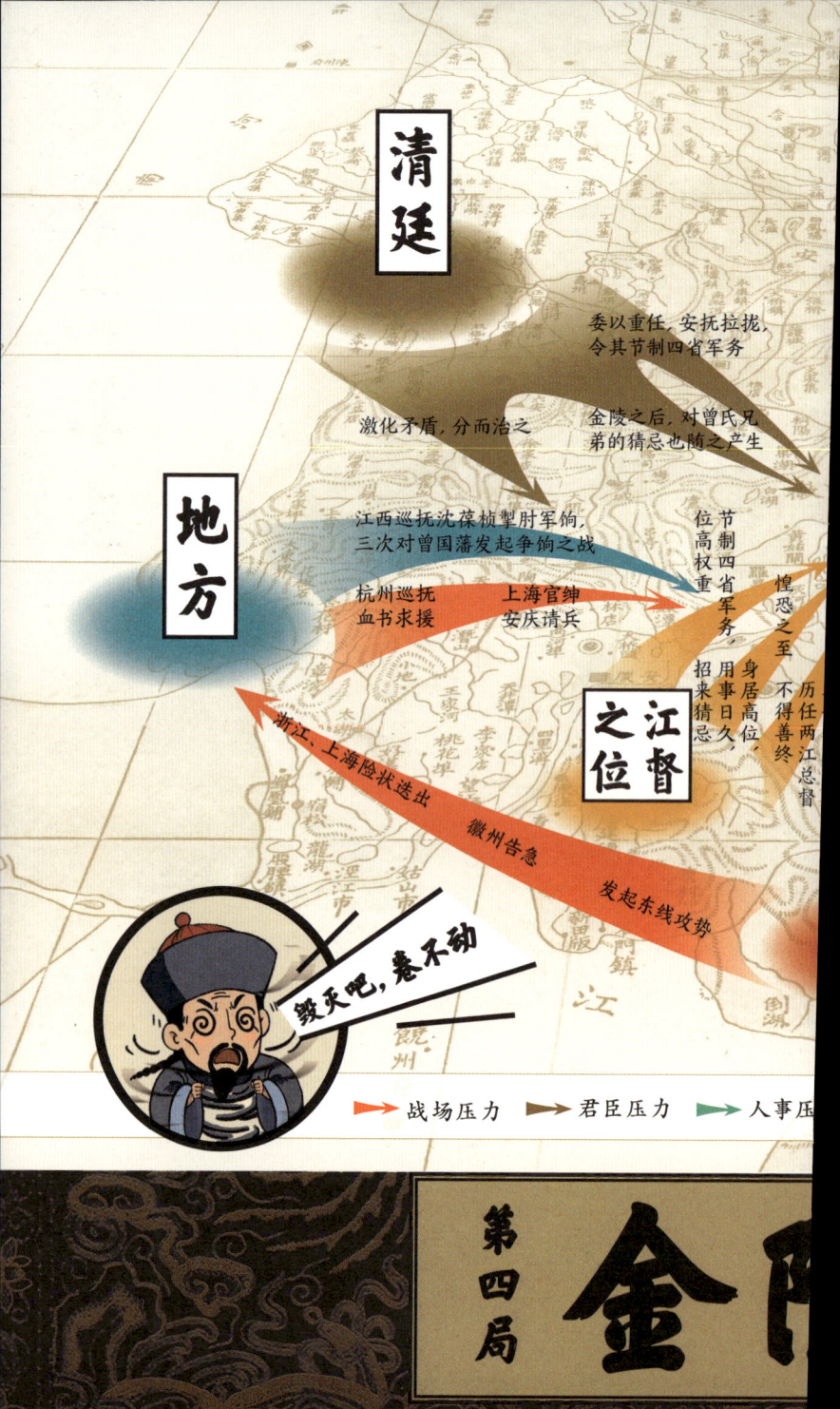

委以重任，安抚拉拢，
令其节制四省军务

激化矛盾，分而治之

金陵之后，对曾氏兄
弟的猜忌也随之产生

地方

江西巡抚沈葆桢掣肘军饷，
三次对曾国藩发起争饷之战

杭州巡抚　　上海官绅
血书求援　　安庆请兵

节制四省军务，
位高权重

身居高位，
用事日久，
招来猜忌

惶恐之至
不得善终

历任两江总督

江督之位

浙江、上海险状迭出

徽州告急

发起东线攻势

毁灭吧，卷不动

➤ 战场压力　➤ 君臣压力　➤ 人事压[力]

第四局　金[陵]

瘟疫

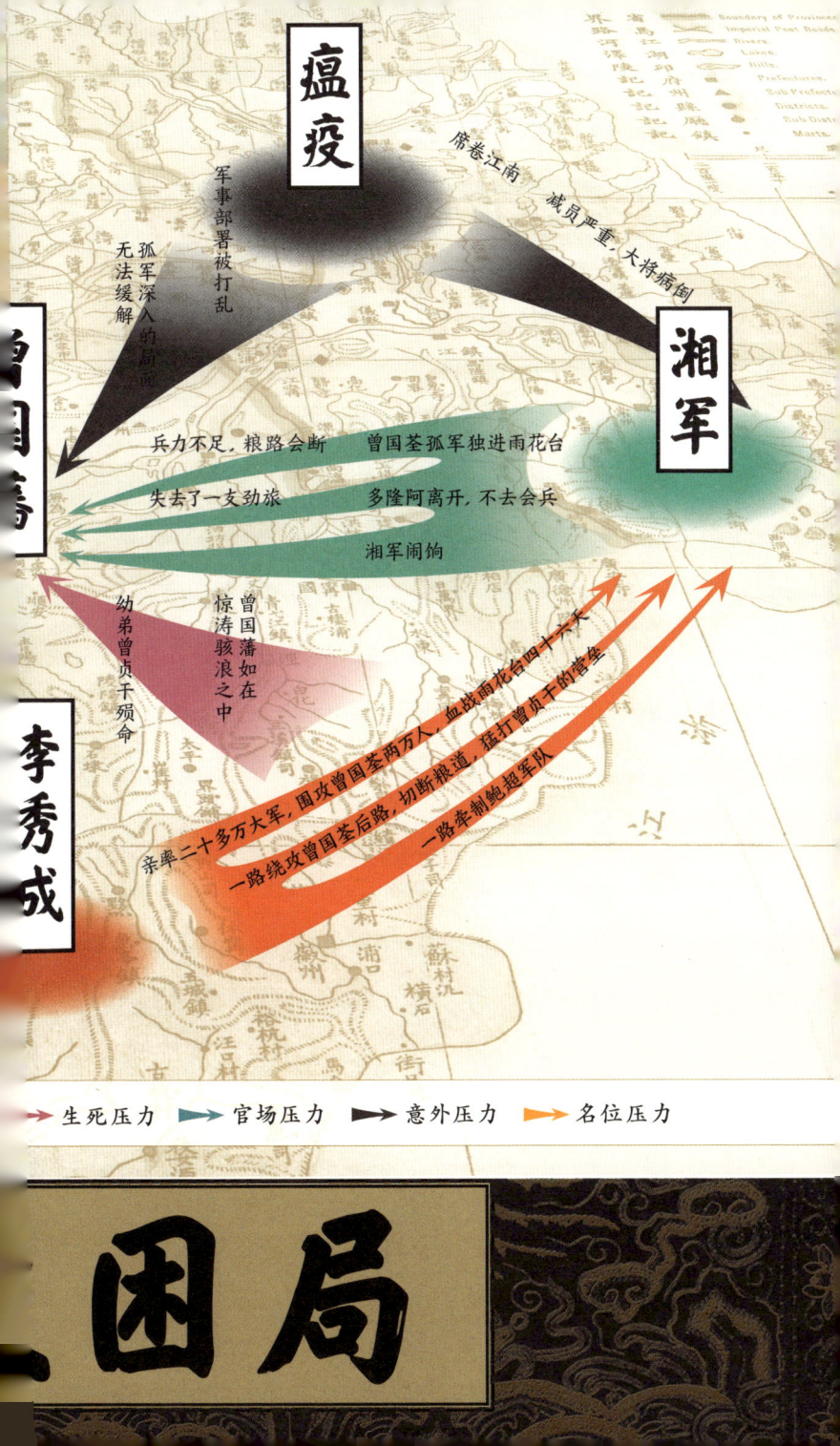

席卷江南

减员严重,大将病倒

军事部署被打乱

孤军深入的局面无法缓解

湘军

曾国荃

兵力不足,粮路会断　　曾国荃孤军独进雨花台

失去了一支劲旅　　多隆阿离开,不去会兵

湘军闹饷

李秀成

幼弟曾贞干殒命

曾国藩如在惊涛骇浪之中

亲率二十多万大军,围攻曾国荃两万人,血战雨花台四十六天

一路绕攻曾国荃后路,切断粮道,猛打曾贞干的营垒

一路牵制鲍超军队

➤ 生死压力　　➤ 官场压力　　➤ 意外压力　　➤ 名位压力

围局

同治二年（一八六三年）53岁

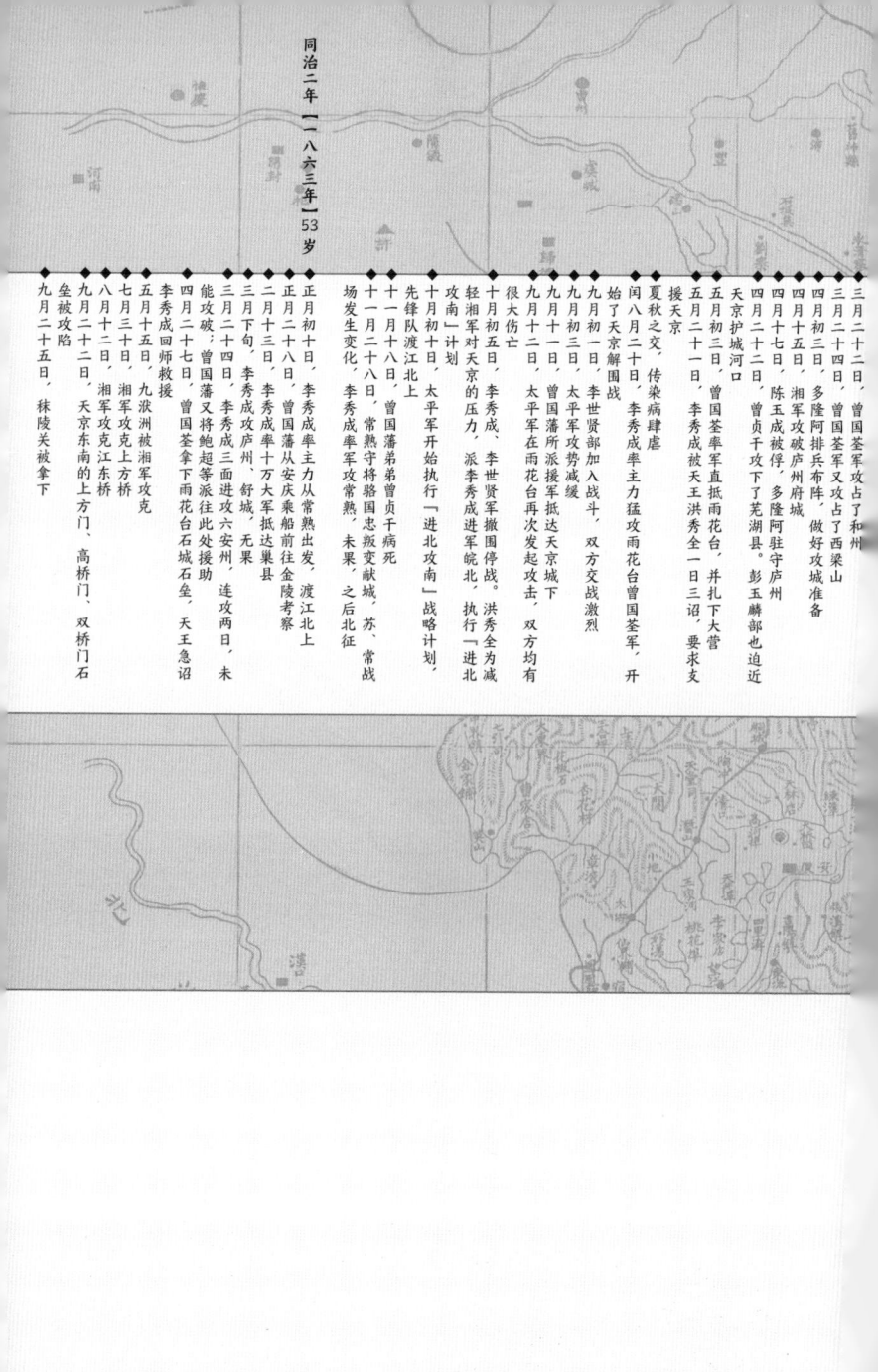

- 三月二十二日，曾国荃军攻占了和州
- 三月二十四日，曾国荃军又攻占了西梁山
- 四月初三日，多隆阿排兵布阵，做好攻城准备
- 四月十五日，湘军攻破庐州府城
- 四月十七日，陈玉成被俘，多隆阿驻守庐州
- 四月二十二日，曾贞干攻下了芜湖县。彭玉麟部也迫近天京护城河口
- 五月初九日，曾国荃率军直抵雨花台，并扎下大营
- 五月二十一日，李秀成被天王洪秀全一日三诏，要求支援天京
- 夏秋之交，传染病肆虐
- 闰八月二十日，李秀成率主力猛攻雨花台曾国荃军，开始了天京解围战
- 九月初一日，李世贤部加入战斗，双方交战激烈
- 九月初三日，太平军攻势减缓
- 九月初十日，曾国藩所派援军抵达天京城下
- 九月十二日，太平军在雨花台再次发起攻击，双方均有很大伤亡
- 十月初五日，李世贤军撤围停战。洪秀全为减轻湘军对天京的压力，派李秀成进军皖北，执行"进北攻南"计划
- 十月初十日，太平军开始执行"进北攻南"战略计划
- 十一月十八日，常熟守将骆国忠叛变献城，苏、常战场发生变化
- 十一月二十八日，李秀成率军攻常熟，未果，之后北征
- 正月初十日，李秀成率主力从常熟出发，渡江北上
- 正月二十八日，曾国藩从安庆乘船前往金陵考察
- 二月十三日，李秀成渡江北上
- 三月下旬，李秀成攻庐州，舒城
- 三月二十四日，李秀成三面进攻六安州，连攻两日，未能攻破
- 四月二十日，曾国藩又将鲍超等派往此处援助
- 五月十五日，曾国荃拿下雨花台石城石垒，天王急诏李秀成回师救援
- 七月三十日，九洑洲被湘军攻克
- 八月十二日，湘军攻克江东桥
- 八月二十二日，天京东南的上方门、高桥门、双桥门石垒被攻陷
- 九月二十五日，秣陵关被拿下

大事记年表

第四局 金陵困局

咸丰十一年（1861年）51岁

- 八月初七日，曾国藩自东流移驻安庆，多隆阿攻陷宿松、舒城
- 八月二十一日，李秀成率大军分三路由江西东进浙江
- 八月二十六日，胡林翼在武昌病逝
- 九月初六日，李秀成守军撤向无为州（屏障天京的战略要地，联系安徽南北的水陆要冲）
- 九月十七日，李秀成进攻杭州，王有龄向曾国藩求援。
- 曾国藩命左宗棠向浙江进军
- 九月二十八日，无为州粮食储运要地
- 漕镇（太平天国粮食储运要地）
- 九月三十日，辛酉政变
- 十月初四日，李秀成进围杭州
- 十月初五日，提督张玉良率领一万人驰援杭州
- 十月三十日，曾国藩节制苏、皖、浙、赣四省军务
- 十一月初八日，太平军攻陷宁波
- 十一月二十二日，浙江巡抚王有龄写血书求援
- 十一月二十八日，李秀成第二次攻占杭州外城
- 十二月初一日，太平军攻克内城，杭州将军瑞昌等先后自杀
- 十二月初七日，杭州人范鸿漠来到曾国藩衙署请援
- 十二月初八日，李秀成分五路水陆齐进上海，上海官绅及朝廷都要求派兵上海

同治元年（1862年）52岁

- 正月十七日，多隆阿由舒城进逼庐州
- 二月初四日，李鸿章陪同下，曾国藩在安庆检阅了淮勇，淮军正式成立
- 三月十五日，曾国荃军进逼巢县东南

同治三年（1864年）54岁

- 九月二十七日，湘军夺取孝陵卫
- 十月初五、初六日，先后将浮化、解溪、隆都、湖熟、三岔镇五个要隘攻克
- 十月初十日，曾国荃率军驻扎孝陵卫，天京城被合围
- 十月二十四日，苏州落入淮军手里
- 正月二十一日，湘军夺得天堡城
- 正月二十四日，天京城外，太平军只余地堡城
- 二月，沈葆桢奏请截留江西厘金
- 四月初一日，李鸿章攻克常州府城，护王陈坤书壮烈牺牲。太平军势力退出江苏
- 四月二十七日，洪秀全在天京病逝
- 五月十五日，李秀成殁死李秀成不成功
- 五月三十日，湘军攻陷地堡城
- 六月十六日，天京城陷落
- 六月十九日，李秀成被俘
- 七月初七日，曾国藩奏请裁撤湘勇
- 八月，曾国藩以曾国荃病势日增为由，奏请开缺回籍命其驰赴调理
- 九月，曾国藩又从安庆移驻江宁，曾国荃离开江宁返籍。曾国藩接到清廷命其驰赴鄂、皖一带，督剿捻军的谕旨
- 十一月，接上谕，令曾国藩仍驻江宁
- 十二月，捻军由湖北开赴河南，僧格林沁进行围追堵截

清廷

湘淮军

在剿捻战略上产生分歧
不准其请辞
继续委以重任,令其担任直隶总督

罢黜恭亲王风波令曾国藩如临深渊

金陵城破后,裁减湘军被提上日程

北上剿捻,水土不服

淮军中有人不服从曾国藩的调度

军中派系纷杂

恐有闹饷兵变

剿捻

▶ 战场压力　▶ 君臣压力　▶ 人事压力　▶ 生死压

第五局　临淮遇阻

与天津名裂

名位
- 直隶是个烂摊子
- 抱病处理天津教案
- 想隐退而不得
- 立下遗嘱
- 又增节制三省大权

中外交涉
- 七国联合威逼
- 主和、主战两派交锋

曾国荃
- 弹劾湖广总督，撼动人事集团
- 得罪湖北官场
- 佥佳骂金，身八生毛司

曾国藩

你快停下吧，我不干了

➤ 亲族压力　➤ 外交压力　➤ 名位压力

同治七年〔一八六八年〕58岁

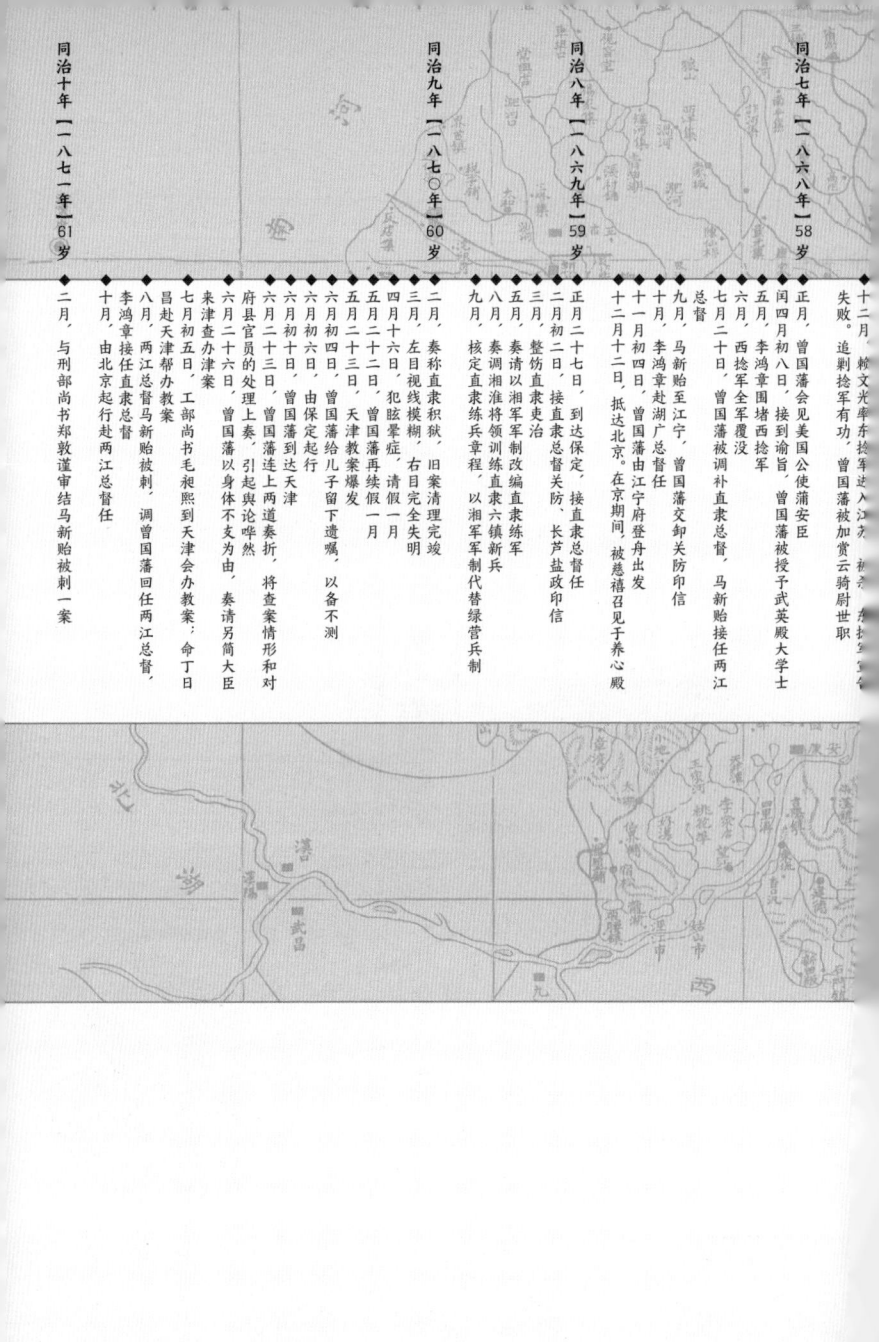

- 正月,曾国藩会见美国公使蒲安臣
- 闰四月初八日,接到谕旨,曾国藩被授予武英殿大学士
- 五月,李鸿章堵西捻军
- 六月,西捻军全军覆没
- 七月二十日,曾国藩被调补直隶总督,马新贻接任两江总督
- 九月,马新贻至江宁,曾国藩交卸关防印信
- 十月,李鸿章赴湖广总督任
- 十一月初四日,曾国藩由江宁府登舟出发
- 十二月十二日,抵达北京。在京期间,被慈禧召见于养心殿

同治八年〔一八六九年〕59岁

- 正月二十七日,到达保定,接直隶总督任
- 二月初二日,接直隶总督关防、长芦盐政印信
- 三月,整饬直隶吏治
- 五月,请以湘军军制改编直隶练军
- 八月,奏调湘准将领训练直隶六镇新兵
- 九月,核定直隶练兵章程,以湘军军制代替绿营兵制

同治九年〔一八七〇年〕60岁

- 二月,奏称直隶积狱,旧案清理完竣
- 三月,左目视线模糊,右目完全失明
- 四月十六日,犯眩晕症,请假一月
- 五月十二日,曾国藩再续假一月
- 五月二十三日,天津教案爆发
- 六月初四日,曾国藩给儿子留下遗嘱,以备不测
- 六月初六日,由保定起行
- 六月十日,曾国藩到达天津
- 六月二十三日,曾国藩连上两道奏折,将查案情形和对府县官员的处理上奏,引起舆论哗然
- 六月二十六日,曾国藩以身体不支为由,奏请另简大臣来津查办津案
- 七月初五日,工部尚书毛昶熙到天津会办教案;命丁日昌赴天津帮办教案
- 八月,两江总督马新贻被刺,调曾国藩回任两江总督,李鸿章接任直隶总督
- 十月,由北京起行赴两江总督任

同治十年〔一八七一年〕61岁

- 二月,与刑部尚书郑敦谨审结马新贻被刺一案

大事记年表

第五局 ◆ 临淮遇险与天津名裂

同治四年〔一八六五年〕55岁

正月，赖文光所部太平军与任化邦等捻军合编，史称新捻军

二月，命曾国荃病愈后来京陛见；李瀚章补授湖南巡抚；彭玉麟署漕运总督，坚辞不受

三月，恭亲王被革职，为此，曾国藩不无忧心

四月，清廷赐封曾国藩为「毅勇侯」

四月二十四日，捻军全歼僧格林沁部

四月二十九日，令曾国藩赴山东剿捻；两江总督暂由李鸿章署理

五月二十五日，曾国藩从江宁出发剿捻

六月，授曾国荃山西巡抚，曾国荃以病体为由，辞而不就

十月三十日，湘淮军取得徐州小捷，并在丰县、宁陵、扶沟取得大胜

同治五年〔一八六六年〕56岁

三月，曾国藩奏请鲍超一军北上剿捻；曾国荃赴湖北巡抚任

四月，曾国藩奏请「河防之策」，建议分段防守，并沿河巡查

六月，采纳刘铭传建议，实行河防之策

七月，曾国藩巡河险情

八月，曾国藩驻扎周家口集

十一月初六日，命曾国藩回任两江总督，李鸿章接任钦

同治十一年〔一八七二年〕62岁

七月，与李鸿章会奏选派聪颖子弟赴美国留学

十月，至上海视察江南制造总局

正月二十三日，曾国藩右脚麻木，休息后恢复

二月初二日，手颤，口不能发声

二月初四日，记下最后一篇日记。午后病重，端坐三刻而死

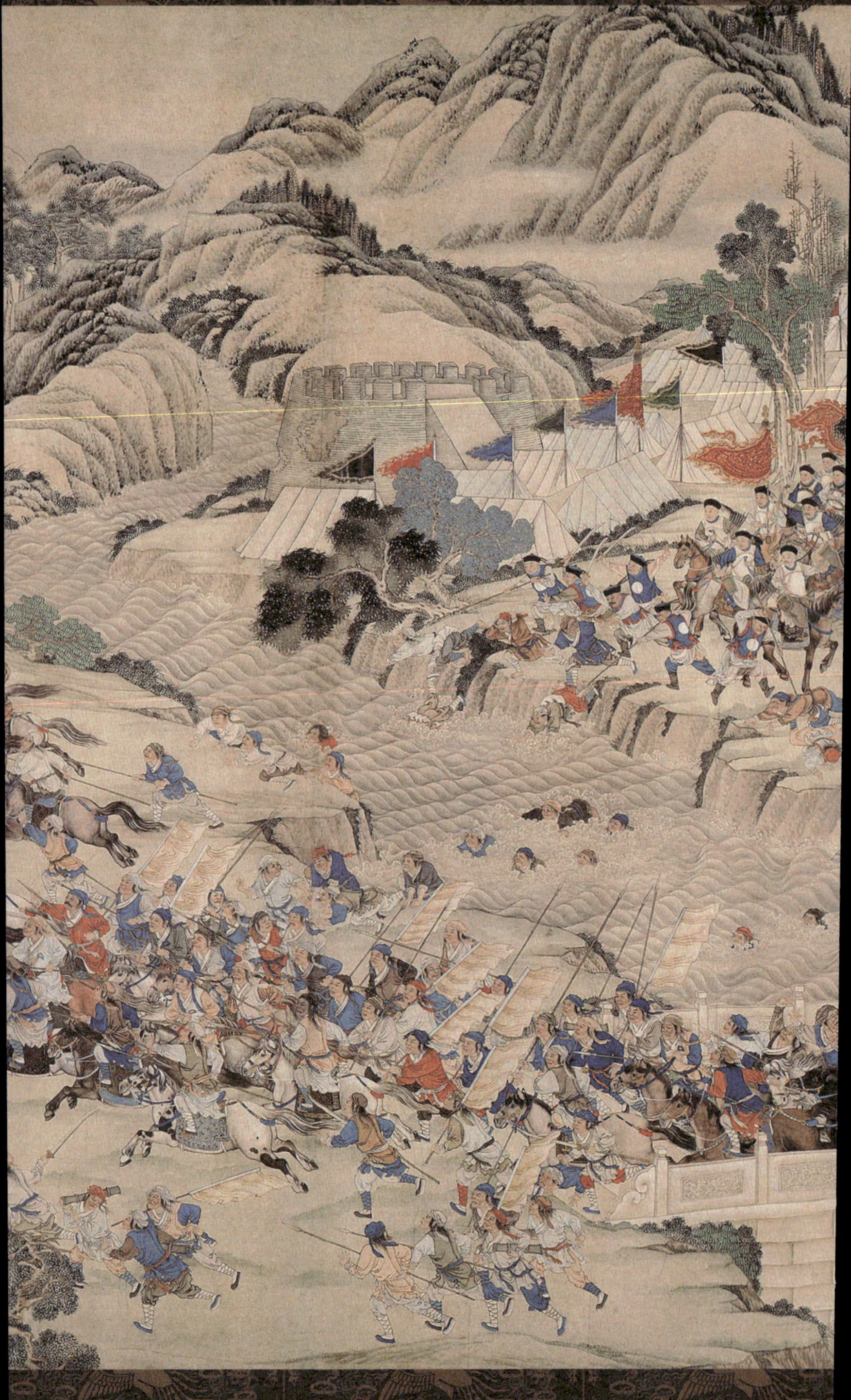

克復金陵圖

- 第一局 靖港觖河
- 第二局 九江策马
- 第三局 祁门被围
- 第四局 金陵困局
- 第五局 临淮遇险与天津名裂

建议售价：16.90元

扫码免费加入《夹缝中的总督》读书圈
打卡｜笔记｜与作者交流问答

装帧设计：墨白空间 张萌
漫画绘制：浪花朵朵 刘小玲